中国学前教育
史料集成

卷四

# 幼稚园论集

上册

总主编　喻本伐
本卷主编　喻本伐　李先军

国家出版基金项目
NATIONAL PUBLICATION FOUNDATION

中国教育出版传媒集团
人民教育出版社·北京

# 编者说明

一、“学前教育”术语，是近代西方“新教育”传入中国后，才得以在中国确立和广泛运用的。学前教育，有广义和狭义之分。广义的学前教育，是指对从出生到6周岁或7周岁的儿童所实施的保育和教育。从这个意义上说，它与中国原本使用的“慈幼教育”或“童蒙教育”同义，并非严格意义的公共教养机构，以与正规学校制度对接。而狭义的学前教育，则是指对3~6周岁或7周岁的儿童所实施的保育和教育，它仅指广义学前教育的后半段。它的重要特征，一为有专设的公共教养机构，二为此机构能与其后的小学教育紧密衔接。本丛书命名之要义，实则偏重于狭义。

二、最早由西方基督教传教士在中国开办的学前教育机构，名为“小孩察物学堂”。中国政府于1902年颁布《钦定学堂章程》时，并未配套设置学前教育机构；在1904年颁布《奏定学堂章程》时，首次以“蒙养院”作为学前公共教养机构的名称。1912年中华民国成立，在随后颁行的“壬子癸丑学制”中，将“蒙养院”变更一字，改称“蒙养园”。在1922年颁行的“壬戌学制”中，又将“蒙养园”改称“幼稚园”。1949年中华人民共和国成立，在1951年颁行的《关于改革学制的决定》中，最终将“幼稚园”改定为“幼儿园”。本丛书的史料收集，依照蒙养院、蒙养园、幼稚园和幼儿园四段展开。

三、本丛书的史料，又依据制度、实践和思想三要素，各自进行分类编年。具体而言，制度部分由“制度、章则、令案”合构，实践部分由“绍介、创设、办理”合构，思想部分由“理论、思想、主张”合构。史料选取，以蒙养院、蒙养园、幼稚园和幼儿园教育为主体，兼及托儿所教育、幼儿师范教育、慈幼教育和家庭教育等诸方面。史料的上、下时限，一般均依法定学制的颁布时间而定，而思想渊源或影响，或则稍溢出此范畴，实为学制颁布前后的铺垫或延伸。

四、具体来说，本丛书由如后10卷合构：《卷一　蒙养院论集》（1904—1911年，包括制度、实践和思想三部分），《卷二　蒙养园论集　上册》（1912—1922年，包括制度、实践二部分），《卷三　蒙养园论集　下册》（1912—1922年，包括思想部分），《卷四　幼稚园论集　上册》（1922—1951年，包括制度、实践二部分），《卷五　幼稚园论集　中册》（1922—1932年，包括《幼稚园课程标准》颁布前之思想部分），《卷六　幼稚园论集　下册》（1932—1951年，包括《幼稚园课程标准》颁布后之思想部分），《卷七　幼儿园论集　上册》（1951—2001年，包括制度部分），《卷八　幼儿园论集　中上册》（1951—2001年，包括实践部分），《卷九　幼儿园论集　中下册》（1951—1978年，包括"十一届三中全会"召开前之思想部分），《卷十　幼儿园论集　下册》（1978—2001年，包括"十一届三中全会"召开后之思想部分）。

五、本丛书的选录对象为各种文论，包括手稿、论文、演讲记录、调查报告、提案、书信、日记、参观记等，原则上不包括单独成册的专著（序、跋除外）。至于论文集、文献汇编等，则选取其中的单篇。对于文论的选录，以全篇整录为通例；其特例，则为部分选录（篇名后标明"节录"或"未完稿"，正文中部分省略）。少量与正文相关并确有必要的文字，收作正文附录。

六、所收文论，以"保留原貌"为准则。尽可能依据最早发表时的原件，而不取全集、文选等再发表件编者之删改或修饰的结果。原文中的繁体字、异体字等，按照国家所颁行的相关规定统一处理。明显的错别字、脱字等，编者统一后置"〔　〕"，并将供参考之字或词置于其内。已无法辨识的文字，由编者用"□"表示。原竖版中的"如左”“如右”等表述，均改为“如下”“如上”等。

七、对于原文中的断句和标点符号使用，由编者依照通例统一处理；对于原文未分段或分段不当者，由编者根据文意，重新进行分段；对于原文中的各式序号标列，由编者按相关标准统一处理。原文（表格除外）中的中文数字，皆保留原样。原文中的表格，均尽可能保留原有形式，但为阅读便利，其中凡为竖式者，皆改为横式；中文数字，一般情况下改为阿拉伯数字。全书的表号和表题，由编者进行统一处理。文中原发表时的附图，保留原样，以“原图”表示；由编者插入的图片等，则用“另图”表示。书中的原图与另图，也分别由编者统一拟题和加冠序号。

八、本书各篇文论的题目之下，标明作者或发文单位及该文面世时间，并置“题解”，交代文章撰写或发表时间、原载刊物、作者简介、相关背景或载刊简介等。文内注释，采用脚注形式，每页均重编序号。注释对象，为人物、事件、专用术语、特殊名词、个别难僻字词、非通译人名或外文等。同一注释对象，在同一卷中仅详注一次，且以首次出现时加注为原则。对于在题解中已介绍的人物等，不再详注。对于难以查找到的非通译人名、地名，权且从略。

九、本丛书的总主编为喻本伐。各分卷主编依次为:《卷一　蒙养院论集》，喻本伐、郑刚;《卷二　蒙养园论集　上册》，喻本伐、张汶军;《卷三　蒙养园论集　下册》，喻本伐、赵燕（武汉市城市职业学院）;《卷四　幼稚园论集　上册》，喻本伐、李先军;《卷五　幼稚园论集　中册》，喻本伐、徐恩秀（集美大学师范学院）;《卷六　幼稚园论集　下册》，喻本伐、王帅;《卷七　幼儿园论集　上册》，喻本伐、郑刚、张汶军;《卷八　幼儿园论集　中上册》，喻本伐、郑刚、张汶军；《卷九　幼儿园论集　中下册》，喻本伐、郑刚、张汶军；《卷十　幼儿园论集　下册》，喻本伐、郑刚、张汶军。除已标明者外，余皆为华中师范大学教育学院教师。

喻本伐

2022 年 4 月 13 日

# 目录

# 第一编

## 制度　章则　令案


1　学校系统改革案｜教育部　1922 年 11 月 1 日　003

附录《第七届全国教育联合会议决案：学制系统草案》　007

2　请本社依据儿童玩具展览会审查结果，委托各地玩具店制造优良玩具，以供儿童之需求案｜丁锡纶　1923 年 8 月 19—26 日　011

3　请本社设法促各地方普设幼稚园，并广储保姆人材案｜王广田　1923 年 8 月 19—26 日　013

4　审查儿童玩具标准案｜丁锡纶　1923 年 8 月 19—26 日　015

5　推广幼稚教育案｜欧阳晓澜　1923 年 8 月 19—26 日　017

6　由本社请专家编译幼稚教育书籍案｜陈鸿璧　黄觉　1924 年 7 月　020

7　请本社组织编辑《幼稚园教育法》委员会案｜黄觉　1924 年 7 月　023

8　请本社组织幼稚园课程标准委员会案｜沈渔雷〔雷渔〕　1924 年 7 月　025

9　请本社调查全国幼稚教育现状案｜吴有容　1924 年 7 月　027

10　请本社征集关于幼稚教育之论文及其他材料，在《新教育》杂志内刊印幼稚教育特号案｜丁锡纶　1924 年 7 月　029

11　请政府明令各地普设平民幼稚园，并指拨烟酒特税为基金案｜吴有容　1924 年 7 月　030

12　本社宜速定幼稚教育之方针案｜陈鸿璧　1924 年 7 月　032

13　请政府令各地女子师范附设幼稚师范讲习科案｜吴有容　1924 年 7 月　034

14　附属小学增设幼稚园案｜浙江省立一中　1925 年 4 月 9 日　035

15　向世界教育会联合会提出的提案（要点）｜蔡元培　1925 年 7 月 25 日　037

16 建设一种“教育自然科学”（科学的教育学），且实际应用之，
以树立各级教育之科学的根本 | 卫中 1925 年 8 月 039
17 推促实行第六届《推广蒙养园（改称幼稚园）案》| 全国教育会联合会
1925 年 10 月 21 日 042
18 外人捐资设立学校请求认可办法 | 教育部 1925 年 11 月 16 日 044
19 附属幼稚园简章 | 国立广东大学 1926 年 2 月 6 日 046
20 南京燕子矶乡村幼稚园开办简章及预算 | 陶知行 1926 年 10 月 19 日 049
21 改进乡村幼稚教育计画书（节录）| 中华教育改进社 1926 年 12 月 5 日 052
22 推广幼稚教育办法 | 福建教育改造委员会 1927 年 4 月 12 日 054
23 附设中小学校及蒙养园组织纲要 | 国立京师大学校 1927 年 9 月 055
24 请拨市立幼稚园设备费 | 陈剑脩 1927 年 10 月 12 日 058
25 拟遵省令添设宁波市立幼稚园案 | 汪焕章 1927 年 11 月 30 日 060
26 南京市幼稚园课程参考 | 张宗麟 1928 年 2 月 063
27 注重幼稚教育案 | 第一次全国教育会议 1928 年 5 月 15—28 日 074
28 调查全国幼稚教育案 | 陶知行 1928 年 5 月 15—28 日 076
29 各省、各县、各市实验小学设立幼稚园案 | 陶知行 1928 年 5 月 15—28 日 077
30 令各省、各市、各县实验小学先行设立幼稚园案 | 陈鹤琴 1928 年 5 月 15—28 日 079
31 推广乡村幼稚园案 | 陶知行 1928 年 5 月 15—28 日 081
32 各省师范学校急须设幼稚科案 | 陈鹤琴 1928 年 5 月 15—28 日 083
33 各省开办试验幼稚师范案 | 陶知行 1928 年 5 月 15—28 日 084
34 审查编辑幼稚园课程及教材案 | 陶知行 1928 年 5 月 15—28 日 088
35 训政时期施政大纲（节录）| 大学院 1928 年 6 月 30 日 090
36 通令推广幼稚教育 | 大学院 1928 年 7 月 24 日 093
37 办理幼稚教育情形呈大学院文 | 上海市教育局 1928 年 8 月 13 日 095
38 设立区立幼稚园师资养成所及其招生简章 | 中央大学区 1928 年 9 月 097
39 创设幼稚园呈文和简章 | 永川县教育局 1929 年 2 月 3 日 103
40 中华民国教育宗旨及其实施方针 | 国民政府 1929 年 4 月 26 日 106
附录 《有关三民主义教育宗旨的其他表述》 108
41 关于幼稚教育议案 | 安徽省教育会议 1929 年 4 月 111
附录 《令知各县宜设立幼稚园（安徽省政府教育厅训令第八七七号）》 113
42 拟购民房开办幼稚园呈文 | 天津市教育局 1929 年 12 月 7 日 115
43 一九三〇年晓庄学校幼稚教育进行计划 | 陶知行 1929 年 12 月 25 日 117
44 一九三〇年的计划 | 晓庄学校蟠桃学园 1929 年 12 月 25 日 119

45 省立小学校附设幼稚园暂行通则｜湖北省教育厅 1930 年 4 月 30 日 121
46 呈报成立幼稚园等事｜北平市教育局 1930 年 5 月 1 日 123
47 令发《中小学幼稚园训育暂行标准》（节录）｜上海市教育局 1930 年 10 月 10 日 126
48 呈报所拟《私立幼稚园暂行办法》｜吉林省教育厅 1930 年 11 月 21 日 128
49 为扩充幼稚园等事呈报广东省教育厅｜汕头市政府 1931 年 2 月 13 日 132
50 为蒙台梭利事致外交部函｜教育部 1931 年 2 月 16 日 134
51 训令本市幼稚园尽量聘用市立女中保姆学校毕业生｜汕头市政府 1931 年 7 月 8 日 136
52 儿童节纪念办法｜教育部 1931 年 8 月 19 日 138
53 令各县筹设幼稚园｜河南省教育厅 1931 年 8 月 27 日 141
54 三民主义教育实施原则（节录）｜国民党中央执行委员会 1931 年 9 月 3 日 143
55 幼稚生结束最低限度标准｜鄞县教育局 1931 年 11 月 8 日 148
56 幼稚园举行儿童玩具展览会出品办法｜鄞县教育局 1932 年 4 月 24 日 151
57 颁幼稚生生活历｜上海市教育局 1932 年 6 月 8 日 153
58 批复潼南县创办幼稚园呈请｜四川省教育厅 1932 年 10 月 156
59 发起中国儿童公育院公启及组织计划｜杜从坡 1932 年 11 月 1 日 158
60 幼稚园课程标准｜教育部 1932 年 11 月 4 日 167
附录一 《幼稚园课程标准》（1932 年 11 月）对《幼稚园课程暂行标准》（1929 年 8 月）的修订之处 177
附录二 《修正幼稚园课程标准》（1936 年 7 月）对《幼稚园课程标准》（1932 年 11 月）的修订之处 180
61 《幼稚园小学课程标准》施行办法｜教育部 1932 年 11 月 4 日 184
62 呈请教育厅添设省立中学附小幼稚园案｜浙江省立十中附小 1932 年 11 月 12 日 186
63 施行部颁《幼稚园小学课程标准》办法｜北平市社会局 1932 年 11 月 188
64 师范学校法｜国民政府 1932 年 11 月 26 日 190
65 小学法｜国民政府 1932 年 12 月 24 日 193
66 江西省督学视察省会幼稚园报告｜涂琳 1933 年冬 195
67 日校幼稚园招生简章｜香港青年会 1933 年 2 月 1 日 197
68 创设平民幼稚园缘起、计划和招生简章｜陈济成 1933 年 2 月 1 日 200
69 编订幼稚园小学课程｜江苏省教育厅 1934 年 3 月 31 日 206
70 视导江西省幼稚园报告｜卢祝平 1934 年冬 209
71 创办试验劳工幼儿团初步计划说明书｜戴自俺 孙铭勋 1934 年 3 月 19 日 222
72 训令统一幼稚园生收费问题｜汕头市政府 1934 年 7 月 18 日 228
73 劳动托儿所简章｜上海市儿童幸福委员会 1935 年 1 月 23 日 230
74 修正师范学校规程（节录）｜教育部 1935 年 6 月 21 日 233
75 教职员子弟入实验学校幼稚园暂行办法｜国立中央大学 1936 年 1 月 8 日 247

76 创办津头村幼稚园计划｜阳玉容　1936 年 2 月 1 日 249
77 转发幼稚教育组讨论各案通令遵照｜湖北省政府　1936 年 5 月 19 日 252
78 训令幼稚园文字教学应循标准｜北平市社会局　1936 年 5 月 261
79 令农村学校创办农忙托儿所｜江宁县　1936 年 8 月 15 日 264
80 函知各校可聘上海幼稚师范学校毕业生｜江西省政府教育厅　1936 年 9 月 10 日 266
81 矿厂小学附属幼稚园简章｜河北省井陉矿务局　1937 年 1 月 15 日 269
82 战时幼稚教育的设施案｜福州省立小学非常时期小学教育联合研究会　1938 年 1 月 20 日 272
83 战时各级教育实施方案纲要（节录）｜国民党临时全国代表大会　1938 年 4 月 277
84 招收幼稚园艺友办法｜湘湖师范　1939 年 4 月 15 日 281
85 幼稚园规程｜教育部　1939 年 10 月 24 日 286
86 私立托儿所监督及奖励办法｜行政院　1940 年 8 月 21 日 291
87 四川省立成都实验幼稚园组织规程｜四川省政府　1941 年 5 月 6 日 294
88 设立中央儿童学园以倡导幼年社会教育案｜陶行知　1941 年 11 月 26 日 296
89 实验研究工作合作办法｜四川省立成都实验幼稚园等　1943 年 5 月 15 日 299
90 幼稚园设置办法｜教育部　1943 年 12 月 20 日 301
91 幼稚园设备参考｜台湾教育处　1946 年 10 月 16 日 305
92 推行幼稚教育增设幼稚园办法规定｜河南省政府　1946 年 12 月 30 日 307
93 转发《台湾省幼稚园（或幼稚班）员额设置及经费支给标准》｜屏东市政府　1947 年 5 月 26 日 309
94 邮工托儿所的初步计划｜宝　1948 年 6 月 15 日 311
95 在第一次全国教育工作会议上的总结报告要点（节录）｜钱俊瑞　1949 年 12 月 30 日 313
96 接受外国津贴及外资经营之文化教育救济机关及宗教团体登记条例｜政务院　1950 年 12 月 29 日 316
97 关于处理接受美国津贴的教会学校及其他教育机关的指示｜教育部　1951 年 1 月 10 日 319
98 有关幼稚园指令或规章辑佚｜1923—1950 年 323

# 第二编

## 绍介　创设　办理


99　香山慈幼院创办史｜熊希龄　1923年2月　341
100　南昌葆灵女校幼稚园之进步｜单议珊　1923年7月4日　373
101　第二届年会会议纪要｜中华教育改进社幼稚教育组　1923年8月19—26日　375
102　九江儒励书院培植幼稚园的进步｜黄醒民　1923年12月2日　378
103　第三届年会会议纪要｜中华教育改进社幼稚教育组　1924年8月　381
104　“上海幼稚教育联合会”的发起成立｜1925年12月20日　386
105　本园沿革大要｜上海养真幼稚园　1925年12月　392
附录《养真幼稚园改组迁屋》　394
106　上海沪江大学之附小及幼稚园｜范兰恩　1926年4月　395
107　南京鼓楼幼稚园概况｜张宗麟　李韵清　1926年6月1日　398
108　欢送江卢岫霙女士赴美｜1926年7月16日　421
109　组织幼稚教育研究会｜青浦县教育会　1927年1月5日　424
110　南京燕子矶乡村幼稚园成立｜1927年11月11日　426
111　幼稚教育组开会记录｜南京特别市教育研究会　1928年2月　428
112　大江滨的乡村幼稚园
——一周岁的燕子矶中心幼稚园｜张宗麟　王荆璞　1928年12月　439
113　一个山村幼稚园
——十个月的晓庄幼稚园｜张宗麟　徐世璧　1928年12月　447
114　南京鼓楼幼稚园实施课程概况｜屠哲梅　1929年2—10月　453
115　招收新生及插班生｜上海幼稚师范学校　1929年7月12日　459
116　幼稚教育组现况｜福建省教育厅研究部　1929年10月13日　461
附录一《幼稚教育组研究会情形》　462
附录二《初等教育课幼稚教育组工作计画大纲》　462
附录三《小学教育组、幼稚教育组开会议决的五个议案》　463
附录四《幼稚教育组第六次开会议决案（十月廿四）》　463

117 筹办幼稚师范科经过｜安徽省立一女中 1929年12月20日 464
附录《一女中添设幼稚师范专科》 465
118 本校幼稚园概况｜安徽省立一女中 1930年2月1日 468
119 召集幼稚园教学讨论会｜上海市教育局 1930年3月22日 475
120 中华儿童教育社第一届年会纪｜ 1930年7月10日 477
121 粤幼稚园最近调查
——二十余校，幼稚生二千余｜ 1930年8月31日 485
122 中央大学实验学校幼稚园（节录）｜吴增芥 陈中瑾 1930年8月 488
123 江苏省立南京中学实验小学校幼稚园概况｜马客谈 徐枫吟 1930年8月 496
124 南京幼稚教育研究社大会｜ 1930年10月27日 501
125 浦东陈行幼稚园落成典礼记｜ 1930年11月5日 503
附录《陈行幼稚园新屋落成》 504
126 空谷幽兰
——介绍一个极有研究精神的幼稚园｜张宗麟 1931年3月 505
127 马来西亚槟榔屿协和幼稚园历史｜ 1931年 509
128 《幼稚园、小学课程标准》编订经过｜ 1932年10月20日 511
129 北平师大附属幼稚园历年状况及将来计划｜焦真 1932年11月1日 516
130 一个乡村幼稚园的发动及其成立
——致戴自俺函｜孙铭勋 1932年12月5日 526
131 一九三〇年四川幼稚园教育概况｜ 1933年9月 536
132 上海私立广东幼稚园概况｜陈鸿璧 1934年1月 538
133 上海幼稚园及上海幼稚师范史略｜陈济成 1934年5月13日 544
附录《私立上中十周纪念》 547
134 太仓县城中小学幼稚园概况报告｜汪开基 1934年5月 548
135 十九届年会幼稚教育组会议纪录｜华东基督教教育会 1934年5月 553
136 介绍“北平儿童公育院”｜ 1935年5月5日 556
137 劳动托儿所添设婴孩寄托抚育｜上海市儿童幸福委员会 1935年5月30日 559
138 国内七市幼稚园教育今昔的比较观｜张克勤 1935年7月 561
139 本校附属幼稚园概况｜广肇女子小学 1935年 579
140 我们办理幼稚教育的情形｜北平市东四十二条幼稚园 1936年4月1日 584
141 厦门集美师范附属幼稚园概况｜庄宝珍 1936年6月10日 589
142 全国著名幼稚园一览｜许晚成 1937年1月1日 606
143 幼稚班试教经过｜钟昭华 1937年1月10日 612

144 重庆幼稚园调查｜ 1937 年 1 月 621
145 北平幼稚师范学校｜王冰 1937 年 6 月 30 日 623
146 陕甘宁边区战时儿童保育第一院概况｜ 1938 年 9 月 25 日 628
147 赣南儿童新村｜程甦 1942 年 7 月 1 日 632
附录 《孩子笑了——中华儿童新村开幕典礼参观记》（节录）｜彭灿 637
148 四川省立实验幼稚园一瞥｜萧世杰 1943 年 2 月 15 日 638
149 南京鼓楼幼稚园简史｜葛鲤庭 1947 年 9 月 1 日 641
150 创办幼师的动机和经过（节录）｜陈鹤琴 1947 年 11 月 1 日 644
151 乐山进德幼稚园简述｜翁德芳 1947 年 12 月 20 日 656
152 惠康幼稚园｜马骥声 1948 年 7 月 31 日 658
153 延安洛杉矶托儿所｜沅芷 1949 年 9 月 660
154 树基学园秋季概况｜刘培瑛 1949 年 12 月 20 日 669
155 北京分司厅幼稚园的劳动教育｜穆扬 1950 年 7 月 24 日 671
156 港九唯一的托儿所｜ 1951 年 8 月 7 日 673
157 有关幼稚园办理辑佚｜ 1923—1950 年 677

# 第一编

# 制度·章则·令案

# 1 学校系统改革案

## 教育部

1922年11月1日

**题 解** 本篇原载《教育公报》第9卷第10期“法规”栏。发文时间为1922年11月1日，发表时间为1922年11月8日。原发表时，题后附有“教令第二十三号”。

发文单位教育部，为中华民国教育行政管理机关，设立于1912年1月。首设南京，后迁北京。首任教育总长为蔡元培。其后，范源濂、汪大燮、汤化龙、张国淦、傅增湘等继任。时任教育总长为汤尔和（任期极短）。

此次学校系统改革的发端，始于1919年“全国教育会联合会”第五届年会。在次年召开的第六届年会上，即有奉天（辽宁）教育会提出的《改革学制案》、云南省教育会提出的《改革学校系统案》和福建省教育会提出的《学制改革案》。此后，各省教育会纷纷进行学制试验，并制订完善学制的方案。在1921年广州召开的第七届年会上，讨论通过了以广东省教育会的提案为主而修订的“新学制草案”。1922年9月，教育部专门召开“学制会议”，对全国教育会联合会所提交的草案进行修订。最终，由时任大总统黎元洪于1922年11月1日，以“大总统令：教令第二十三号”《学制系统改革令》的名义正式公布。因是年为中国农历壬戌年，故通称该制为“壬戌学制”。

《教育公报》，教育双月刊、月刊，1914年6月28日创刊于北京，由教育部主办，由公报编审处编纂、经理处发行。旨在报告教育现状，推动教育事业的发展，集中刊载教育法令。主要栏目，有命令、法规、公牍、教育时事、评述、学说、译述、附录等；主要撰稿人，有朱胡彬夏、黎锦熙、刘清江、孙松龄、王应伟、[日]田中穗积等。1925年3月20日终刊，共出126期。

## 一、标准

（1）适应社会进化之需要；

（2）发挥平民教育精神；

（3）谋个性之发展；

（4）注意国民经济力；

（5）注意生活教育；

（6）使教育易于普及；

（7）多留各地方伸缩余地。

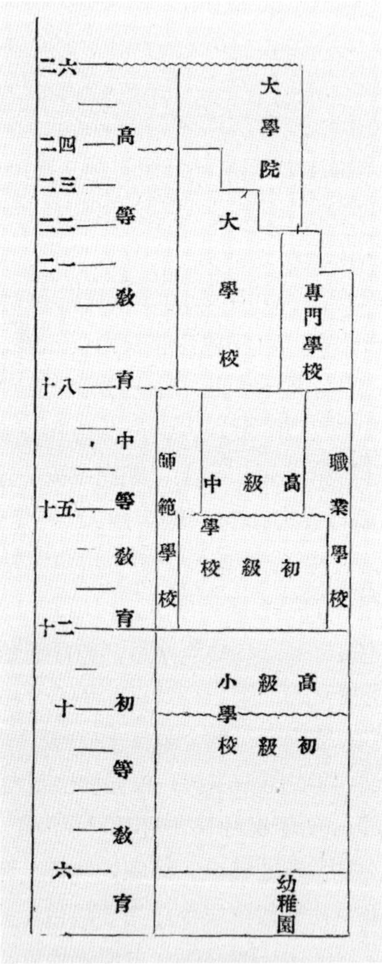


原图1　学校系统图

本图左行之年龄，表示各级学生入学之标准；但实施时，仍以其智力与成绩或其他关系，分别定之。

## 二、说明

### （一）初等教育

（1）小学校修业年限六年。

附注一：依地方情形，得暂展长一年。

（2）小学校得分初、高两级。前四年为初级，得单设之。

（3）义务教育年限暂以四年为准，但各地方至适当时期得延长之。

义务教育入学年龄，各省区得依地方情形自定之。

（4）小学课程得于较高年级，斟酌地方情形，增置职业准备之教育。

（5）初级小学修了后，得予以相当年期之补习教育。

（6）幼稚园收受六岁以下之儿童。

（7）对于年长失学者，宜设补习学校。

### （二）中等教育

（8）中学校修业年限六年，分为初、高两级。初级三年、高级三年；但依设科性质，得定为初级四年、高级二年，或初级二年、高级四年。

（9）初级中学得单设之。

（10）高级中学应与初级中学并设；但有特别情形时，得单设之。

（11）初级中学施行普通教育；但得视地方需要，兼设各种职业科。

（12）高级中学分普通、农、工、商、师范、家事等科，但得酌量地方情形，单设一科或兼设数科。

附注二：依旧制设立之甲种实业学校，酌改为职业学校，或高级中学农、工、商等科。

（13）中等教育得用选科制。

（14）各地方得设中等程度之补习学校或补习科，其补习之种类及年限，视地方情形定之。

（15）职业学校之期限及程度，得酌量各地方实际需要情形定之。

附注三：依旧制设立之乙种实业学校，酌改为职业学校，收受高级小学毕业生；但依地方情形，亦得收受相当年龄之修了初级小学学生。

（16）为推广职业教育计，得于相当学校内酌设职业教员养成科。

（17）师范学校修业年限六年。

（18）师范学校得单设后二年或后三年，收受初级中学毕业生。

（19）师范学校后三年，得酌行分组选修制。

（20）为补充初级小学教员之不足，得酌设相当年期之师范学校或师范讲习科。

（三）高等教育

（21）大学校设数科或一科均可。其单设一科者，称某科大学校，如医科大学校、法科大学校之类。

（22）大学校修业年限四年至六年（各科得按其性质之繁简，于此限度内酌量定之）。

医科大学校及法科大学校，修业年限至少五年。

师范大学校修业年限四年。

附注四：依旧制设立之高等师范学校，应于相当时期内提高程度。收受高级中学毕业生，修业年限四年，称为师范大学校。

（23）大学校用选科制。

（24）因学科及地方特别情形，得设专门学校。高级中学毕业生入之，修业年限三年以上；年限与大学校同者，待遇亦同。

附注五：依旧制设立之专门学校，应于相当时期内提高程度，收受高级中学毕业生。

（25）大学校及专门学校得附设专修科，修业年限不等（凡志愿修习某种学术或职业，而有相当程度者入之）。

（26）为补充初级中学教员之不足，得设二年之师范专修科，附设于大学校教育科或师范大学校；亦得设于师范学校或高级中学，收受师范学校及高级中学毕业生。

（27）大学院为大学毕业及具有同等程度者研究之所，年限无定。

（四）附则

（28）注重天才教育，得变通年期及教程，使优异之智能尽量发展。

（29）对于精神上或身体上有缺陷者，应施以相当之特种教育。

附录 《第七届全国教育联合会议决案：学制系统草案》(原图 2)

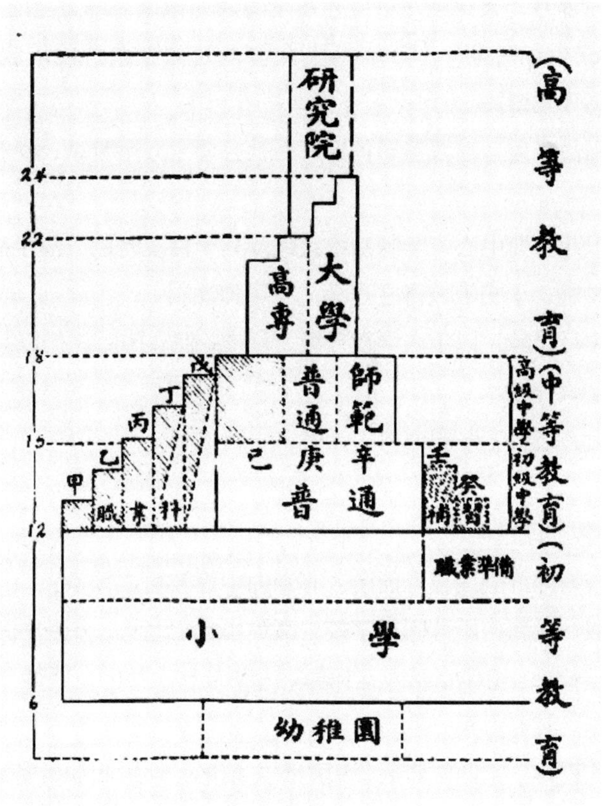


原图 2 学校系统图

(一) 标准

(1) 根据共和国体，发挥平民教育精神；

(2) 适应社会进化之需要；

(3) 发展青年个性，使得选择自由；

(4) 注意国民经济力；

(5) 多留各地方伸缩余地；

(6) 使教育易于普及。

（二）总说明

（1）全系统分三段，即初等教育、中等教育、高等教育。

（2）各段之划分，大致以儿童身心发达时期为根据。即童年时期（六岁至十二岁）为初等教育段，少年时期（十二岁至十八岁）为中等教育段，成年时期（十八岁至二十四岁）为高等教育段。

（3）中国幅员广大，地方情形各异，而社会要求亦至繁杂；故于设校分科，取纵横活动主义。

（4）教育以儿童为中心，学制系统宜顾及其个性及智能。故于高等及中等教育之编课，采用选科制；于初等教育之升级，采用弹性制。

（5）图之左行年龄，以示入学及升级之标准；但实施时，仍以其智力与成绩或他种关系，分别入学或升级。

（6）图内有斜线者表示职业科，无者表示普通科。

（三）初等教育段说明

（1）小学校为施行国民教育而设，非专为中等教育之预备。

（2）小学取一级制，不分国民学校、高等小学之名称，统称为小学校。

（3）定小学修业年限为六年，自满六岁起至十二岁止。但得分为二期，第一期四年、第二期二年。其专办第一期者，听。

（4）小学课程得于第四学年后，斟酌地方情形，增置职业准备之教育。

（5）义务教育定为四年，各省区应于普及后延长之。

（6）义务教育入学年龄，各省区得依地方情形自定之。

（7）幼稚园收容六岁以下之儿童。

（8）对于年长失学者，宜设补习学校。

（四）中等教育段说明

（1）图中甲、乙、丙为一年期、二年期、三年期之完全职业科。

（2）丁、戊为渐减普通、渐增职业学科之四年期，五年期职业科。

（3）己为完足三年普通，继续三年职业学科之职业科。

（4）庚为完全普通科，辛为师范科。

（5）己、庚、辛各科毕业后，俱得升入大学或高专之相当分科。

（6）壬、癸为补习学校，专为作工儿童而设者。凡半日、半夜、日曜等校属之。

（7）此段中等教育，以一校或多校办之，均听其便。

（8）此段中等教育，一中学区内一时未能全办者，得酌量地方情形及经济状况，择若干种办之。

（9）中等教育采用选科制。

（10）各种职业需要普通学识之准备，有多少之不同。故选科制精神，于普通与职业之过渡，并无截然划分之界限。此系统采用中学“三三”制，分为初、高两期，不过于六年中之第三年定为小结束；且按儿童生理、心理，十二至十五岁为少年发育时期，与十五至十八岁其身心发达有不同之点。为教授便利计，亦宜划分。其分科性质，有宜于“四二”制或“二四”制者，得酌量变通之。

（11）初、高两级，得分校办之。

（五）高等教育段说明

（1）大学与小学相对取义。设单科者，亦得以大学称之，不限定集合某某等科而始成。

（2）大学毕业期限，定为四年至六年。各科得按其性质之繁简，于此限度内斟酌定之。

（3）大学不设预科，其入学资格，以高级中学毕业者或有同等学力者为限。

（4）大学学生至少须习两种外国文。

（5）毕业于大学者，得入研究院，不定年限。

（6）大学得附设专科，不定年限。凡志愿对于大学某科之一部或他种职业加以修习者入之。

（7）高等专门学校之毕业期限，定为三年至四年。其四年者，待遇与大学四年毕业者同。

（8）高等专门学校不设预科，其入学资格与大学同。

（六）师范教育说明

（1）师范六年毕业。前三年普通科，后三年师范科。

（2）师范学校得办六年完全科，或专招初级中学毕业生，授以三年师范科。如中学校力能兼办师范科者，听。

（3）高等师范四年毕业。其入学资格与大学同。

（4）高等师范毕业后，得入大学研究院。

（5）大学得设师范科，高等师范得仍独立。

（6）在义务教育推行之始，得视各地方需要之缓急，设相当年期之师范讲习所。

（7）为推行职业教育计，得于高级中学职业科内，附设职业教员养成科。

本草案系以广东提案为根据，参以黑龙江、甘肃、浙江、湖南、江西、山西、奉天、云南、福建各案，附制各案比较表，并录各原案全文，以资参考。

原载《教育杂志·第七届全国教育会联合会纪略》

第 14 卷第 1 号（期），1922 年 1 月 20 日

# 2　请本社依据儿童玩具展览会审查结果，委托各地玩具店制造优良玩具，以供儿童之需求案

丁锡纶

另图 1　丁锡纶像

1923年8月19—26日

**题　解**　本篇原载《新教育》第 7 卷第 2、3 期合刊“第二届年会报告号”。提案时间为 1923 年 8 月 19—26 日，发表时间为 1923 年 10 月 15 日。

该案于 1924 年 7 月 20 日，在《浙江教育月刊》第 7 卷第 7 期予以全文转载。

提案者丁锡纶（1888—1946），字叔言，山东潍县（今潍坊市）人。出身于官宦世家，是潍县富家之一。1911 年协助生父丁毓庚创设“丁氏第一小学”，出任校长。1918 年秋，赴青岛、济南、天津等地考察教育。1921 年主持创办“丁氏第二小学”。次年加入“中华教育改进社”。后参加了该社济南、北京、南京三届年会。力主在该社分设“幼稚教育组”，用以专门研讨幼教问题。1927 年，当选为潍县中区教育会会长。除投身于教育事业外，又以诗画名世。参与组织了“端阳诗社”“神州画社”“同志画社”。著作有《养静轩诗草》《孟浩然年谱》《崂山游记》《潍县半月围城记》《傅戈庄盐店被焚记实》《张士保先生评传》《考察日记》《五十年之回顾》等。

本提案提出于中华教育改进社第二届年会期间（在北京清华学校举行）。该社为当时中国最为活跃的全国性教育社团；而该社的“幼稚教育组”，在第一届年会上并未设立。在此届年会增设后，提出并通过了有关幼稚教育的提案 4 件，提交教育部以供采择。此案即为其中之一。案后附注为：“本案系就丁锡纶提议之《请本社设立模范儿童玩具制造所》一案付讨论。讨论结果，为修正全文如左〔下〕。”

《新教育》，教育月刊，1919 年 2 月创刊于上海，先为“新教育共进社”社刊，后为“中华教育改进社”社刊，蒋梦麟、陶行知等先后担任主编。该刊以“养成健全个人，创造进化的社会”为宗旨，坚信“欲求此新时代之发

达，教育其基本也”。主要栏目，有评论、专论、演讲录、世界教育、亚东问题、世界知识、人物志、社务报告、调查统计、要闻、国外教育消息则要等；主要撰稿人，有杨鄂联、郑宗海、邓恩、张宗麟、常乃德、陶行知、赵叔愚、余家菊、汪懋祖、周谷城、张仲祺等。1925 年 10 月终刊，共出 11 卷 44 期。

玩具系儿童惟一之恩物，有发展儿童思想、涵养儿童德性之功能。若制造偶不合法，不独不能引起儿童兴趣，甚至有害卫生，远且影响家庭之经济。

本社既开会展览，详加审查，别其优劣；若只研究改进之法，而不于制造上设法进行，则所得效果必甚微弱。

拟请本社将儿童玩具展览会审查结果，认为优良之玩具，委托京、沪各地玩具店，依式制造、发行，以供儿童之需求。

# 3 请本社设法促各地方普设幼稚园，并广储保姆人材案

王广田

1923年8月19—26日

**题 解** 本篇原载《新教育》第7卷第2、3期合刊“第二届年会报告号”。提案时间为1923年8月19—26日，发表时间为1923年10月15日。该案于1924年7月20日，在《浙江教育月刊》第7卷第7期予以全文转载。

提案者王广田，生卒年、籍贯未详，女，字倬民。时任山东私立玉成蒙养园主任。参加第二届年会时，为幼稚教育组成员。

有关本案提出的背景，参见前文《请本社依据儿童玩具展览会审查结果，委托各地玩具店制造优良玩具，以供儿童之需求案》题解。该组对于王广田案的处理结果为：“本案原就王广田提议之《谋普及教育，必先普设蒙养园；普设蒙养园，必先广储保姆人材案》付讨论。讨论结果，为修正全案如右（原提案过长，兹不备录）。”

有关《新教育》，参见前文《请本社依据儿童玩具展览会审查结果，委托各地玩具店制造优良玩具，以供儿童之需求案》题解。

强国根本，端赖教育；而教育始基，非从幼稚教育着手不为功。但现在各地方，对于幼稚园之设立及保姆人材，均甚缺乏。

拟请本社设法，促各地方普设幼稚园，并广储保姆人材。拟具办法如下：

（1）普设幼稚园。为救时计，宁可失之简单，不可缓之须臾；下至一乡一区，亦期必设一处。

（2）每园可并设保姆讲习科，招集附近妇女来园学习。即由园中保姆，担任指导，

以期普及保姆常识。

（3）请各处女子师范特设保姆一科，广储保姆人材；并设幼稚园，以便实习。

# 4 审查儿童玩具标准案

丁锡纶

1923年8月19—26日

**题 解** 本篇原载《新教育》第7卷第2、3期合刊“第二届年会报告号”。提案时间为1923年8月19—26日，发表时间为1923年10月15日。

该案于1924年7月20日，在《浙江教育月刊》第7卷第7期予以全文转载。

有关提案者丁锡纶，参见前文《请本社依据儿童玩具展览会审查结果，委托各地玩具店制造优良玩具，以供儿童之需求案》题解。

有关本案提出的背景，参见前文《请本社依据儿童玩具展览会审查结果，委托各地玩具店制造优良玩具，以供儿童之需求案》题解。该组对于丁锡纶案的处理结果为：“本案原为丁锡纶之提议。经讨论后，修正通过。”

有关《新教育》，参见前文《请本社依据儿童玩具展览会审查结果，委托各地玩具店制造优良玩具，以供儿童之需求案》题解。

本社《儿童玩具展览会规程》第九、第十一、第十二各条，对于审查研究，均视为重要，拟推举研究员详加研究，并拟印行《儿童研究刊》。

为此，提出审查儿童玩具标准六项，备研究员之参考：

（1）合儿童心理、生理的；

（2）含教育意味的；

（3）不害卫生的；

（4）活动多变换的；

（5）质料坚实的；

（6）价值合宜的。

# 5　推广幼稚教育案

欧阳晓澜

另图 2　欧阳晓澜像

1923年8月19—26日

**题　解**　本篇原载《新教育》第 7 卷第 2、3 期合刊“第二届年会报告号”。提案时间为 1923 年 8 月 19—26 日，发表时间为 1923 年 10 月 15 日。该案于 1924 年 7 月 20 日，在《浙江教育月刊》第 7 卷第 7 期予以全文转载。

提案者欧阳晓澜（1887—1971），女，江西南城人。早年留学日本，专攻师范教育。归国后，先任江西女子师范学校校长，后赴京担任北京女子师范学校附小主任，一度兼任该校附属蒙养园主任。该校升格为北京女子高等师范学校后，长期担任附属女子中学（亦称辟才胡同女附中）主任（校长）。治校严谨，督课认真，校风优良；惟不准剪发女生报考该校，引发社会普遍非议。在中华教育改进社第二届年会上，她为“女子教育组”成员，并向幼稚教育组提交了这份议案。抗日战争爆发后，南归任教于南昌的一所女子中学。终身未婚。晚年课授侄辈和乡邻于故里，以半隐居式的清贫生活终老。

有关本案提出的背景，参见前文《请本社依据儿童玩具展览会审查结果，委托各地玩具店制造优良玩具，以供儿童之需求案》题解。该组对于欧阳晓澜案的处理结果为：“经讨论后，略加修正，通过。”

有关《新教育》，参见前文《请本社依据儿童玩具展览会审查结果，委托各地玩具店制造优良玩具，以供儿童之需求案》题解。

世界各国之幼稚教育，以一八三七年佛罗培尔[①]创设于白兰庆堡（Blankenburg）[②]之蒙养园为嚆矢。厥后，经裴幼罗夫人[③]之宣传、鼓吹，设立者日见其多。我国亦于民国四年八月，在北京女子师范学校中附设一所[④]。各省推行，渐有成效。然较诸先进诸国，相去终不可以道里计。观欧战前调查记录，可了然矣。

欧洲各国中，蒙养园办理完善者，以比利时为首屈一指，匈牙利次之。欧战以前，比利时蒙养园为二一九八，其收容幼儿数为二二二六〇八；匈牙利蒙养园数为二四二七，幼儿数为二〇二八六一。至太平洋东西沿岸之日、美两国，美国蒙养园数为四三六三，幼儿数为一八九六九四；日本蒙养园数为六〇五，幼儿数为四八八一三。

故我国即竭力奔驰，欲与之并驾齐驱，已非大需时日不可；矧乃因循迟滞，更何从步其后尘！此幼稚教育，所以不能不亟谋推广也。谨拟办法如下：

（1）蒙养园可单独设立。

查我国《师范学校令》第十条："女子师范学校于附属小学校外，应设蒙养园；女子高等师范学校于附属小学校外，应设附属女子中学校，并设蒙养园。"又查《国民学校令》第十一条："国民学得附设蒙养园。"蒙养园单独设立，法令上不曾规定。虽附设他校，未尝无相当效果，究不若并行不悖之为愈。拟请于各校附设外，请各地方筹设独立之蒙养园，似可促幼稚教育之发达。

（2）设中央模范蒙养园。

国内已成立之蒙养园，大都因陋就简者居多。当此教育停滞之秋，学龄以下之儿童，

---

① 佛罗培尔：通译福禄培尔，即弗里德里希·福禄培尔（Fredrich Froebel，1782—1852），德国教育家、幼儿园制度的创始者。他崇尚裴斯泰洛齐的教育思想，曾在其身边工作了两年。1816年，他在家乡创办了一所学校，实验裴斯泰洛齐的教育主张，并取得了成功。1837年，他在家乡为学龄前儿童创办了一所活动学校，几年后，将该校正式改名为"幼儿园"。著有《人的教育》《慈母曲及唱歌游戏集》《幼儿园教育学》等。

② 白兰庆堡：通译勃兰登堡，德国地名。1837年，福禄培尔在此创办了一所新型教育机构，专门招收3～6岁幼儿进行教育。1840年，他正式将此机构命名为"幼儿园"。

③ 裴幼罗夫人：通译别劳夫人，即玛伦霍尔兹·别洛（Marenholtz Buelow，1810—1893），德国侯爵夫人。1849年结识福禄培尔，遂成为幼儿园事业的热情宣传者和实践者。先后发起创设"柏林福禄培尔主义幼儿园促进妇女协会""家庭教育和民众教育协会""柏林福禄培尔协会"，推动了幼儿园的办理。她还周游欧洲各国，发表演讲，倡行幼儿园。著有《回忆福禄培尔》。

④ 此"附设"蒙养院，创设于1915年8月，设于该校附属小学之内。首届招收幼稚生30名，由附小主任孙世庆兼主其事。其后兼主其园事者，有刘亮机、欧阳晓澜、沈葆德、卢岫霙等。

尤不足引起社会一般之注意。请中央政府，应于首都设一规模宏备之国立蒙养园，以为之创。庶几各省有所取法，自足以树风声而资观感。

（3）师范大学中特设保育科，师范学校特设幼稚师范科。

向来保姆育成，假手于师范学校。万一素养稍有不充，其影响于幼稚教育前途者，实非浅鲜。宜于师范大学中特设保育科，各地师范学校特设幼稚师范科，以为保育人材供给之地。

（4）规定幼稚教育经费。

现各地方于幼稚教育经费，鲜有相当准备。应特筹专款，编入地方教育经费预算内；或将小学教育费划出四分之一，作为幼稚教育费，以资扩充。

（5）优待幼稚教员。

各地方所设幼稚园，教员薪水太薄。规之现时生活，实有不能维持之苦。以致幼稚教育一途，少人过问。为推广幼稚教育起见，宜特别优待幼稚教员。

总之，证诸我国近日情形，第一，家族制度渐有变迁之势，则幼稚教育愈形切要；第二，将来工业发达，幼儿在家庭中减少受教育之机会，不能不为之准备。故推广幼稚教育，实属当务之急。

# 6 由本社请专家编译幼稚教育书籍案

陈鸿璧　黄觉

1924年7月

另图3　陈鸿璧像

**题　解**　本篇原载《新教育》第9卷第3期“第三届年会报告号”。提案时间为1924年7月上旬，发表时间为1924年10月15日。

提案者陈鸿璧（1884—1966），女，原名碧珍，广东新会人。幼年随父旅居上海，毕业于上海中西女塾。后执教于育贤女学，任《神州日报》《大汉日报》编辑。1912年，主持创设广东幼稚园，任园长。后增设小学、中学和女校，并以“广东中小学”名校，继续掌校，并继续兼任附设幼稚园主任。终身未婚，主理该校数十年，直至1953年退休。著有《幼稚恩物教授法》，撰有《幼稚教育之历史》等。

联名提案者黄觉，女，生平事迹未详。为第三届年会幼稚教育组成员。

该案系在中华教育改进会第三届年会上提出。是届年会，于1924年7月3—9日，在南京东南大学举行，共收到提案127件。其中，幼稚教育组所提者，为9案。此案即为其中之一，原题为《本社宜多编译幼稚教育之专门书籍以资参考案》。后经陈鹤琴提议，与黄觉所提第四案《请本社选译关于幼稚教育之书籍案》合并，并改定为今题。该案由幼稚教育组通过，被列为本届年会的“议决案”。

有关《新教育》，参见前文《请本社依据儿童玩具展览会审查结果，委托各地玩具店制造优良玩具，以供儿童之需求案》题解。

文化事业之进行，颇有一日千里之势。关于小学教育之出版物日见其盛，良可喜也；然幼稚教育之急要，实在小学之上。而关于幼稚教育之出版书籍，乃寥若晨星。若仅凭少数人暗中摸索，而不设法扩充见闻，非特幼稚教育不易发达；即已成立之幼稚园，将以教师知识缺乏，不能时时改进，致陷于因循敷衍之途，危险孰甚！

宜由本社聘请专家，编译关于幼稚教育书籍，以供参考；则见闻日新、取法有道，幼稚教育实利赖之。

## (丙)議決案彙錄

### (1)通過案五件

(一)由本社請專家編譯幼稚教育書籍案

文化事業之進行，頗有一日千里之勢。 關於小學教育之出版物日見其盛，良可喜也。 然幼稚教育之急要，實在小學之上。 而關於幼稚教育之出版書籍，乃寥若晨星，若僅憑少數人暗中摸索，而不設法擴充見聞，非特幼稚教育不易發達，即已成立之幼稚園，將以教師知識缺乏不能時時改進，致陷於因循敷衍之途，危險孰甚！ 宜由本社聘請專家編譯關於幼稚教育書籍，以供參考，則見聞日新，取法有道，幼稚教育實利賴之。

(二)請本社組織編輯幼稚園教育法委員會案

現在幼稚園，既已成為學制系統的第一階段，各縣區鄉鎮自有設立的必要。 惟當此初創之際，教師人才極為缺乏。如不設法指導，而任其濫竽從事，則直接害及兒童身心之發育；間接影響教育前途，愈使社會不信仰。 故以救濟目前幼稚教師人才恐慌計，必須編輯一種幼稚園教育法，使皆有所遵循，易於進步。 但編輯之事，極為重要；又不可專憑個人之經驗見解，出以武斷。 此所以有組織編輯幼稚園保育法委員會之必要。 茲謹擬辦法數條於左：

(一)由本社指定委員若干人，組織編輯幼稚園保育法委員會。

(二)徵集各省幼稚園教育實況，以備取材。

(三)各委員擔任編輯辦法，可由委員會議定之。

(三)請本社組織幼稚園課程標準委員會案

中小學之溝通與夫中等高等教育之銜接問題，已引起教育界之注意，而研究之矣。 惟初等教育內幼稚園與小學如何銜接，尚鮮有論及之者。 近年以來，幼稚園漸見擴充，細考其課程，有與小學之低學年相同者，有徒襲外人形式而失

另图 4　中华教育改进会《第三届年会幼稚教育组议决案》原发表件（部分）

# 7　请本社组织编辑《幼稚园教育法》委员会案

黄觉

1924年7月

**题　解**　本篇原载《新教育》第9卷第3期“第三届年会报告号”。提案时间为1924年7月上旬，发表时间为1924年10月15日。

有关提案者黄觉，参见前文《由本社请专家编译幼稚教育书籍案》题解。

该案系在中华教育改进会第三届年会上提出。相关背景参见前文《由本社请专家编译幼稚教育书籍案》题解。此案原题为《请本社组织编辑幼稚园保育法委员会案》，后经陈鹤琴提议，将“保育”更易为“教育”，由幼稚教育组通过，被列为本届年会的“议决案”。

有关《新教育》，参见前文《请本社依据儿童玩具展览会审查结果，委托各地玩具店制造优良玩具，以供儿童之需求案》题解。

现在，幼稚园既已成为学制系统的第一阶段，各县、区、乡、镇，自有设立的必要。惟当此初创之际，教师人才极为缺乏。如不设法指导，而任其滥竽从事，则直接害及儿童身心之发育；间接影响教育前途，愈使社会不信仰。

故以救济目前幼稚教师人才恐慌计，必须编辑一种《幼稚园教育法》，使皆有所遵循，易于进步。

但编辑之事，极为重要；又不可专凭个人之经验、见解，出以武断。此所以有组织编辑幼稚园保〔教〕育法委员会之必要。兹谨拟办法数条于左〔下〕：

（1）由本社指定委员若干人，组织编辑《幼稚园保〔教〕育法》委员会；

（2）征集各省幼稚园教育实况，以备取材；

（3）各委员担任编辑办法，可由委员会议定之。

# 8　请本社组织幼稚园课程标准委员会案

沈渔雷〔雷渔〕

1924年7月

**题　解**　本篇原载《新教育》第9卷第3期“第三届年会报告号”。提案时间为1924年7月上旬，发表时间为1924年10月15日。

提案者沈渔雷〔雷渔〕(1892—?　)，江苏吴江人。江苏省立一师毕业后，旋留校担任附小教务主任。后历任江苏省立第三女子师范教务主任，福建集美学校小学部主任、师范部教务主任，吴江县教育局局长，南通中学秘书，遗族学校小学部主任，浙江省立第二中学附属小学主任，南洋荷属苏门答腊培善中学校长等职。为中华教育改进社、中华职业教育社、中华儿童教育社社员。关心幼稚教育，踊跃为此进言献策。著有《小学组织法》《小学各科成绩考查法》《各科教学法》等。

该案系在中华教育改进会第三届年会上提出。相关背景，参见前文《由本社请专家编译幼稚教育书籍案》题解。此案原题为《请本组规定初等教育与幼稚教育课程衔接标准，以增教育效率案》。经众讨论的意见为：“原案之意，系以幼稚园课程标准为前提，应将主文改为《请本社组织幼稚园课程标准委员会案》。以幼稚园课程，如有一定之标准，则不难与小学课程衔接。”遂“表决通过”，被列为本届年会的“议决案”。

有关《新教育》，参见前文《请本社依据儿童玩具展览会审查结果，委托各地玩具店制造优良玩具，以供儿童之需求案》题解。

中小学之沟通，与夫中等、高等教育之衔接问题，已引起教育界之注意，而研究之矣。惟初等教育内，幼稚园与小学如何衔接，尚鲜有论及之者。

近年以来，幼稚园渐见扩充。细考其课程，有与小学之低学年相同者；有徒袭外人形式，而失民族性教育之本旨者；或拘拘于毕业年限，而迟延其入小学年龄者。似于初等教育转多妨碍。况夫幼稚教育，重在官能之发展，兼以辅助家庭教养之不逮。

非明定课程标准，不能有所遵循。特请本社组织委员会从速厘定，以利进行。

# 9 请本社调查全国幼稚教育现状案

吴有容

1924年7月

**题 解** 本篇原载《新教育》第9卷第3期“第三届年会报告号”。提案时间为1924年7月上旬，发表时间为1924年10月15日。

提案者吴有容，生平事迹未详。早年留学日本。在这次年会上，他不仅参加了幼稚教育组的会议，提出了相关提案，而且参加了地理教育组和历史教育组的分组会议，并提出了《请本组速编各级现代本国地理、世界地理教本及教学新图表以利教学案》和《请本组速编各级现代本国、世界史教本及教学新图表以利教学案》。与翁文灏合撰有《我国山脉系统究竟怎么样》。

该案系在中华教育改进会第三届年会上提出。相关背景，参见前文《由本社请专家编译幼稚教育书籍案》题解。此案经讨论，多数认为：“调查幼稚教育状况，实为当今急务。议决照原案通过。”该案被列为本届年会的“议决案”。

有关《新教育》，参见前文《请本社依据儿童玩具展览会审查结果，委托各地玩具店制造优良玩具，以供儿童之需求案》题解。

无论那种事情，要讲整顿，要讲改良，必先从调查而明白他的真相入手。幼稚教育也是这样。

我以为，我国幼稚教育实在还是幼稚得很。但是，未经切实的调查，便难言促进和改善。所以特提这个议案，并附调查表式（原图3），请本社设法调查宣布。

## 中華民國全國幼稚教育狀況調查表

編號

|  |  |
| --- | --- |
| 名稱 | 幼稚園 |
| 領袖姓名 | |
| 教師保姆人數 | 教師　人　保姆　人 |
| 地址 | 省　縣　地方 |
| 成立年月 | 年　月成立 |
| 創辦人的姓名 | |
| 園史 | |
| 學科 | |
| 作業和在園的時間 | 第一年每週　小時　全日／半日<br>第二年每週　小時　全日／半日<br>第三年每週　小時　全日／半日 |
| 現有人數 | 第一年男　人女　人<br>第二年男　人女　人<br>第三年男　人女　人 |
| 年齡 | 最大　歲<br>最小　歲<br>最多數　歲 |
| 納費 | 學費每年　全日／半日　元<br>膳費每月　全膳／半膳　元<br>其他費　元 |
| 經濟狀況 | 開辦費　元　經常費　元　基金　元　由…… |
| 備註 | |

中華民國十三年　月　日　幼稚園填

中華教育改進社幼稚教育組製　民國十三年　月　日

原图3　中华民国全国幼稚教育状况调查表

# 10　请本社征集关于幼稚教育之论文及其他材料，在《新教育》杂志内刊印幼稚教育特号案

丁锡纶

1924年7月

题　解　本篇原载《新教育》第 9 卷第 3 期“第三届年会报告号”。提案时间为 1924 年 7 月上旬，发表时间为 1924 年 10 月 15 日。

有关提案者丁锡纶，参见前文《请本社依据儿童玩具展览会审查结果，委托各地玩具店制造优良玩具，以供儿童之需求案》题解。

该案系在中华教育改进会第三届年会上提出。相关背景，参见前文《由本社请专家编译幼稚教育书籍案》题解。此案原题为《请本组委员会编印幼稚教育季刊或年刊建议案》。“经众讨论，因我国幼稚教育尚属萌芽，编印季刊，恐材料不能充足。不如附在《新教育》内，按期发表。陈鹤琴主张，《新教育》每岁出幼稚教育特号一册。众赞成，表决通过。又，议将原案请建议人照议决办法，自行修正。众无异议。”该案被列为本届年会的“议决案”。

有关《新教育》，参见前文《请本社依据儿童玩具展览会审查结果，委托各地玩具店制造优良玩具，以供儿童之需求案》题解。

近年以来，研究初等教育、中等教育的专刊均有出版，中小学很受一点利益。

幼稚园虽是初等教育的一部分，但是现在研究初等教育的，似乎是还没有顾虑〔及〕到六岁以下的儿童。

现在本社幼稚教育委员会业已成立，急应联络同志，搜集材料，编辑“幼稚教育专号”，在《新教育》杂志上发表。一方面，征求大家关于幼稚教育改进的方法和意见；一方面，调查全国幼稚教育状况，以资参证而谋改进。

# 11 请政府明令各地普设平民幼稚园，并指拨烟酒特税为基金案

吴有容

1924年7月

**题　解**　本篇原载《新教育》第9卷第3期"第三届年会报告号"。提案时间为1924年7月上旬，发表时间为1924年10月15日。

有关提案者吴有容，参见前文《请本社调查全国幼稚教育现状案》题解。

该案系在中华教育改进会第三届年会上提出。相关背景，参见前文《由本社请专家编译幼稚教育书籍案》题解。此案讨论的结果为："对于提案本意，极表赞同；惟本社现时，实无要求政府照办之把握。如通过而不能实行，不如暂时保留；俟后遇有机会，再审慎讨论。此案表决：暂行保留。"

有关《新教育》，参见前文《请本社依据儿童玩具展览会审查结果，委托各地玩具店制造优良玩具，以供儿童之需求案》题解。

"平民幼稚园"，这是我三年前新定的名词。我三年前在日本将要归国的时候，便去考察日本的教育，而尤其注意幼稚园。

我最初参观的一间幼稚园，他每年学费是四十元。我当时便叹一口气道："好却很好，但是平民们是享不到这种幸福的。"出校门，忽看见几千金一架的汽车好几架，各载着一个三五岁的小孩子去。我当时觉得非常有趣，说："怪不得这是'贵族的幼稚园'，四十元是不算多的。"

后来，又找到一间"平民幼稚园"。我看了极端赞叹，恨不得即时遍设这种幼稚园，使全世界的小朋友，都得着这种良好的教育。他的好处是怎样呢？是能使社会的生产力

增加，是能使人类有平等享受教育的幸福，是能使社会永久安宁，是能使人类一齐进化。

何以见得呢？他是专收贫民子女的。譬如有贫民夫妇两个，生下两个小孩，平日是要夫妇力作，才能不饥不寒的；现在有了小孩，这妇人便要在家抚养小孩，不能到工厂里去作工，这一家生计便一天困难一天了。小则生活不安，大则卖子鬻[①]女。

有了这种“平民幼稚园”便不然。今早要上工厂去，夫妇两个，你抱一个、我抱一个，送到“平民幼稚园”去，给他几个铜子或一盒“便当”；等到今晚散工，才到园里把爱子、爱女抱回来。日里分工，夜里团圆，这是何等快乐、何等合理的呢！

这便是我提议“普设平民幼稚园”的理由。

烟、酒皆属嗜好。有害物品，文明各国均特征重税，以寓禁于征，法至善也。近来，江苏省已有“卷烟特税”之创办。只因各省尚无响应，是以进行诸多不便。倘由政府明令公布，自可各省并行；以之拨充“平民幼稚园”经费，尤为合理。是否有当，敬候公决。

---

① 鬻（yù）：卖。

# 12　本社宜速定幼稚教育之方针案

陈鸿璧

1924年7月

**题　解**　本篇原载《新教育》第9卷第3期"第三届年会报告号"。提案时间为1924年7月上旬，发表时间为1924年10月15日。

有关提案者陈鸿璧，参见前文《由本社请专家编译幼稚教育书籍案》题解。

该案系在中华教育改进会第三届年会上提出。相关背景，参见前文《由本社请专家编译幼稚教育书籍案》题解。此案讨论的结果为："本案主文有成立之必要。惟理由、办法须加修正。"后公推陈鹤琴、曹学海、唐若兰、郭业耜、甘梦丹五人，为幼稚教育方针起草委员。待草成后，再提交会议。然而，会议结束时，此稿仍未改成。故该组发有通函云："幼稚教育方针起草委员诸先生均鉴：本组会议，至八日第四次业已期满。该日开会，未蒙将草案交到。为期限所迫，只好将此案暂行保留；并请诸先生将对本案之意见，在《新教育》杂志上详细发表，与全国研究幼稚教育者，作充分之讨论。俟下届年会时，再提出会议为荷。幼稚教育组启。"

有关《新教育》，参见前文《请本社依据儿童玩具展览会审查结果，委托各地玩具店制造优良玩具，以供儿童之需求案》题解。

幼稚教育科，我国目前尚少专门家。各幼稚园所聘教师，多出自教会学校，遂使我纯粹的中华幼稚园，咸带有教会色采〔彩〕。儿童天性，先入为主。倘不及早设法，行见举凡受过幼稚教育者，皆将变为教民矣。危险殊甚！

又尝见，幼稚园中牙牙学语之幼稚生，本国语言尚不了利，即遽教以外国歌词。歌词之于幼稚生，当以言词浅白、易于悟解，且合天籍〔籁〕、易于上口者，方期以可收获启发知识、陶冶性情之效果。若教以吉骨敖〔诘屈聱〕牙之词、茫不了解之句，幼生学时，既伤脑力，不明词中意指，仅如鹦鹉之学作人言，是只可以炫耀教师之博学多能，实无裨益于幼生也。

各地风土人情，未能尽同。教育云者，所以指导儿童以适应其环境之生活也。若不因地量材以施教，只一意将西洋材料、教会色采〔彩〕，尽行敷设于我国，各幼稚园中，非但代他人制造教民、殖民，抑且不足以适应儿童环境之生活也。

近日提倡幼稚教育之说渐盛，已经成立之幼稚园，尚多无定见。故以为，本社宜速定幼稚教育方针。蠡测之见，是否有当，及应如何规画晋行，敬请公决。

# 13 请政府令各地女子师范附设幼稚师范讲习科案

吴有容

1924年7月

**题 解** 本篇原载《新教育》第9卷第3期“第三届年会报告号”。提案时间为1924年7月上旬，发表时间为1924年10月15日。

有关提案者吴有容，参见前文《请本社调查全国幼稚教育现状案》题解。

该案系在中华教育改进会第三届年会上提出。相关背景，参见前文《由本社请专家编译幼稚教育书籍案》题解。此案讨论的结果为：“因第二届年会通过议案，有与此案相同者；现各省亦多实行，故毋庸再议。”所谓“第二届年会通过议案”，即前文欧阳晓澜所提《推广幼稚教育案》。

有关《新教育》，参见前文《请本社依据儿童玩具展览会审查结果，委托各地玩具店制造优良玩具，以供儿童之需求案》题解。

幼稚教育是一切教育的基础，而幼稚师范实为幼稚教育之母。苟幼稚师范不兴，则幼稚师资缺乏，幼稚教育便难有发达的希望。

惟当此变乱连年、财政困乏之秋，欲另行设立，殊觉困难。倘能就各地女师范附设幼稚师范讲习科，似较轻而易举。是否有当，敬候公决。

# 14 附属小学增设幼稚园案

浙江省立一中

1925年4月9日

**题 解** 本篇原载《浙江教育》第8卷第7期“会议事项”栏。通过时间为1925年4月9日，发表时间为1925年7月30日。原发表时，总题为《浙江教育行政会议第一次会议录》，分题为《会议事项·提出各案》。会议共提出议案44件，本案系第20号。在1925年4月9日召开的第八次全体会议上议决：“将原案送厅参考，酌量筹设。”

拟定单位浙江省立一中，浙江省知名中等教育机构。其前身有二：一为1899年创设的“养正书塾”；二为1906年的“浙江官立两级师范学堂”（民国改名“浙江一师”）。1923年，两校合并成为“浙江省立第一中学校”；1928年，改称“浙江省立第一中学”；1929年，成立“浙江省立高级中学”，1933年，改名为“浙江省立杭州高级中学”；1951年，杭州市立中学并入，并改名为“浙江省杭州市第一中学”，1988年复名“浙江省杭州高级中学”。

《浙江教育》，教育月刊、季刊，1918年创刊于杭州，浙江省教育厅主办、编辑并发行。旨在刊布政令，报道教育实况，推进地方教育的发展。主要栏目，有命令、部令、省令、厅令、法规、公牍、统计、论著、纪载、讲演、译述、附录等；主要撰稿人，有陈贻荪、陈立夫、林宗礼、张汉英、许公鉴、支才庸、马寅初、张其昀、方朝阳、刘振羽等。后更名《浙江教育季刊》《浙江教育行政月刊》，1941年10月终刊，共出14卷百余期。

## 理由

（1）按《新学制系统表》，幼稚园已列入初等教育段内。

（2）我国女子教育尚在幼稚时期，故家庭之中，对于未达学龄之儿童，不能胜保育之任。

（3）我国社会不良，又乏社会教育之设施，故儿童不如早受教育为佳。

（4）凡三岁至六岁之儿童，在家庭，则因父母热烈之爱情，每易流于放任；入学校，则尚未达学龄。欲求一家庭与学校过渡之教育场所，具形式之组织，类于学校；保育之方法，类于家庭，俾儿童适于自然之发展，非幼稚园莫属。

基此数因，附属小学急应添设幼稚园。兹拟办法如下。

办法

（1）自民国拾四年度始，各附属小学添设幼稚园一级；

（2）幼稚园之经常费及临时费，列入拾四年度预算案内。

# 15　向世界教育会联合会提出的提案（要点）

蔡元培

1925年7月25日

另图5　蔡元培像

**题　解**　本篇原载高平叔编《蔡元培教育论集》（湖南教育出版社）。提案呈交时间为1925年7月20日，原题为《世界教育会两提案》。据《蔡元培教育论集》编者介绍，此篇为蔡元培当年所抄留的底稿。

提案者蔡元培（1868—1940），字鹤卿，又字仲申、民友、孑民等，化名蔡振、周子余等，浙江绍兴人。17岁时考取秀才，22岁中举人，23岁成贡士。25岁时，经殿试中进士，选庶吉士。1894年任翰林院编修。1898年归里任绍兴中西学堂监督。后历任上海澄衷学堂校长、上海南洋公学特班总教习、中国教育会会长、爱国学社和爱国女学总理。发起成立光复会，并加入同盟会，参加反清革命活动。1907年自费赴德国留学，入莱比锡大学，研习心理学、美学、哲学等，闻武昌首义消息后归国。1912年1月4日出任中华民国南京临时政府教育总长，领导了民国元年的教育改革。此后历任大学院院长、中央研究院院长等职。著作有《蔡元培全集》等。

"世界教育会联合会"，也称"世界教育联合会""万国教育会议"或"世界新教育会"。该会于1923年6月28日至7月6日在美国旧金山召开成立大会暨第一届年会，中国教育界曾组团参加，郭秉文后当选为该会副主席。

1925年7月20—28日，该会在英国爱丁堡举行第二次大会。原定蔡元培率中国教育代表团出席，故他提前准备了论文《中国教育的历史与现状》及两份提案。后蔡元培因故未能成行。论文由陈剑翛在7月25日的全体大会上用英文代为宣读，提案则由中国代表团代为提交。本案所提出的"胎教院与育婴院的试验"，与蔡元培一贯主张的"儿童公育"密切相关。

《蔡元培教育论集》，系高平叔在自编《蔡元培全集》的基础上，所选编的一本教育专辑。由湖南教育出版社于 1987 年 4 月初版。共收蔡元培的教育文论 189 篇，计约 45 万字。该书选文精当，依时序编排，较好地反映了蔡元培教育思想的发展脉络。

胎教院与育婴院的试验——

大意谓，现在自幼稚院[①]以至大学，教育制度渐备；而又有淑种学[②]，以为根本上改良人种之预备。

然自受胎以后，至入幼稚院时期，除所设家庭教育以外，注意者尚少。

拟采中国周代胎教[③]之制，设胎教院以安置孕妇。

又，生儿童后，母亲得携儿住于育婴院，至入幼稚院为止。院中设备，均以调养性情为主。

脱离宗教教育——

宗教各宗并立，永不别黑白而定一尊。

宜俟成年人自由选择，始合于“信仰自由”之主义。

不宜于幼年时代。

---

① 幼稚院：通称幼稚园。清末“癸卯学制”中，定名“蒙养院”；民初“壬子·癸丑学制”中，定名“蒙养园”；1922 年的“壬戌学制”中，定名幼稚园。

② 淑种学：通译优生学。即专门研究人类遗传、改进人种的一门科学。一方面，即用分子生物学和细胞分子学的研究，修饰、改造遗传的物质，控制个体发育，使后代更加完善；另一方面，在于防止或减少有严重遗传性和先天性疾病的个体出生，也称“预防性优生学”。

③ 周代胎教：此制可由如后两段追记得以反映：“周妃后妊成王于身，立而不跛，坐而不差，笑而不喧，独处不倨，虽怒不骂，胎教之谓也。”（贾谊：《新书·胎教》）“及其有娠，目不视恶色，耳不听淫声，口不出敖言，能以胎教。”（刘向：《说苑·列女传》）

# 16 建设一种“教育自然科学”（科学的教育学），且实际应用之，以树立各级教育之科学的根本

卫中

另图 6 卫中像

1925年8月

**题 解** 本篇原载《新教育》第 11 卷第 2 期“第三届年会报告号”。提案时间为 1925 年 8 月中下旬，发表时间为 1925 年 9 月。

提案者卫中，即卫西琴（Alfred Westharp），生卒年未详。中文名卫中，字西琴。出生于普鲁士贵族家庭。初习医、哲，后改习音乐，获三个博士衔。旅英期间，曾专研蒙台梭利法。后改隶美国籍。因钦慕东方文化，于民国初年来华从事文化、教育交流。与严复、梁漱溟、熊十力等多有交往。曾在保定“高师”教授音乐。精通英、法、德三种文字，能说一口流利的中国话。1919 年，应阎锡山之约，赴太原主持开办“山西外国文言学校”，办学有成。中华教育改进社第三届年会在太原召开时，与会并提案。1926 年移居北京，后随梁漱溟客居广州，1931 年后移居上海，抗战期间流落日本，以教书维生。著有《中国教育议》等。

有关《新教育》，参见前文《请本社依据儿童玩具展览会审查结果，委托各地玩具店制造优良玩具，以供儿童之需求案》题解。

## 理由

目下全世界之教育，概由宗教之迷信，或政治之迷信，或兼由两种迷信而生。在这种教育内，人之自然力量，毫无活动之余地。所以，不惟无发达之望，且有受病之险。此种力量之病象，业经靡漫全球。将来之危险何如，真令不堪设想。

本社负教育改进之责，对此世界大病，自不可不极〔亟〕谋治疗与预防。本案建设

"教育自然科学"之主张，即由此而生。况且外国之"物质自然科学"日研日精，现时已到可以产生"心理自然科学"之程度。假使会用外国之最新物质自然科学，以阐发中国旧有之自然心理，则可以产生一种研究人心的"心理自然科学"（详细说明请参看拙著之《人心新力学》《大通学院缘起》及《对于新中国教育之三个疑问》等说明书）。

这种"人心自然科学"，一面靠中国文化之内部原动力，一面靠外国文化之外面原动力。不惟按学问言之，有极高之程度，按作事言之，有创造之效能；且按联络人类情意言之，实世界大同之基础也。

## 办法

（1）先立学院一所，切据上述原理，给新教育预备实用的新教授法、新教具及新图书等等，一切应当预备之事项。

（2）同时，在院中招收四五岁之儿童，借其天真烂漫之自然心力，使"教育自然科学"在教育内得以实在成功。

上述办法，目下或与现有之学校合办，或单独创办，均可。而在将来，则师范大学、高等师范、初级师范等每个师范学校，均须设立此种"教育自然科学"之实验场。否则，不惟中国之教育短少根本，且恐中国之国性也不易存在。

总之，这种"教育自然科学"之目的有二：一使人的精神，当其一切活动之自然的原动力；一使人所作的事物，带有真实创造的活气。能否达此目的，对于人类进化，实有绝大关系。按吾人所以为人之程度，及其作事之程度言之，人之精神能否为其自然的原动力，及其所作之事物，能否带有创造活气，实现在世界上最大、最要急应解决之问题也。

略贡鄙见，借为大家教正之资。详细探讨，容俟异日。

## 幼稚教育组议决

除照原案完全通过外，并议决补救幼稚教育办法四项如下：

（1）陈请教育部通令各省教育当局，于各初级小学宜兼收幼稚生。

（2）陈请教育部通令各省教育当局，于各级师范宜加关于幼稚教育科之课程为必修科。

（3）由改进社特邀专家，编辑幼稚教育课本，以符应用。

（4）陈请教育部通令各省教育当局，得专设保姆讲习所，以资补救而广应用。

新教育

應由國家特列保護案』內

（二）黃炎威所提之『請將此次滬案事實及我國積弱致侮之原因函請各書坊編作小學教科書之教材培養國民根本知識案』併入『小學校應勵行國恥教育案』內

## 幼稚教育組

### （甲）通過案一件

（一）建設一種『教育自然科學』（科學的教育學）且實際應用之以樹立各級教育之科學的根本案（衛中提）

議決：除照原案完全通過外，並議決補救幼稚教育辦法四項如下：

（一）陳請教育部，通令各省教育當局，於各初級小學宜兼收幼稚生。

（二）陳請教育部，通令各省教育當局，於各級師範宜加關於幼稚教育科之課程爲必修科。

（三）由改進社特邀專家，編輯幼稚教育課本以符應用。

（四）陳請教育部，通令各省教育當局，得專設保姆講習，所以資補救而廣應用。

（附錄）衛中之原提案

主文：

建設一種『教育自然科學』（科學的教育學）且實際應用之以樹立各級教育之科學的根本

理由：

另图7　《建设一种“教育自然科学”（科学的教育学），且实际应用之，以树立各级教育之科学的根本》原发表件（部分）

# 17 推促实行第六届《推广蒙养园（改称幼稚园）案》

全国教育会联合会

1925年10月21日

**题　解**　本篇原载《中华基督教教育季刊》第 2 卷第 1 期。通过时间为 1925 年 10 月 21 日，发表时间为 1926 年 3月。

该案原名《广设幼稚园以树教育基础案》（奉天提案）。是届年会提案审查组“第五次审查会”的审议结果为，将本案变更为《推促实行第六届〈推广蒙养园（改称幼稚园）案〉》。

《申报》1925 年 11 月 25 日第 7 版曾刊载此案。

拟定单位全国教育会联合会，亦称“全国省教育会联合会”，为民国初期民间教育社团。发起人有沈恩孚、黄炎培、经亨颐等，即由各省教育会各派代表合组。1915 年 4 月发起成立于天津，并召开了第一届年会。此后，每年在各省轮流召开年会。至 1925 年共召开年会 11 届。每届年会的议决案，均提交教育部或相关单位，作为布政施教的参考。这次第十一届年会，于 1925 年 10 月在湖南长沙举行。

《中华基督教教育季刊》，教会教育季刊，1925 年 3 月创刊于上海，由中华基督教教育会主办、编辑并发行。旨在贯彻基督教教育之中国化，发扬基督化教育之真精神，宣布科学的各种教育方法，交流中西各派教育意见。主要栏目，有论著、通信、演讲、讨论、报告、专载、研究等；主要撰稿人，有朱有光、刘廷芳、胡适、陶行知、沈体兰、程湘帆等。1935 年 12 月终刊，共出 11 卷 44 期。

奉天[1]提出《广设幼稚园以树教育基础案》。大会议决：原案主张甚当。惟目前各省情形，对于第六届议决《推广蒙养园案》，尚未完全做到，似未便进一步立言。故公认，应将本案变更为《推促实行第六届〈推广蒙养园（改称幼稚园）案〉》较合实际，由会通函各省催行。

附录第六届如〔的〕议决案（《推广蒙养园（改称幼稚园）案》）如下。

查蒙养园之应设，约有二故：

吾国今日女学幼稚，母教莫兴；而为父兄者，教育知识亦多缺乏。故子女于学龄时期之前，即未受适宜保育。但儿童值此时期，身心之发育甚为敏速；其发展之不适宜，于将来品性之成就影响匪浅。故必于此时间，施以相当之保育，以补救家庭教育之缺点，而养成善良之根本；则学校教育，方克收美满之功效。此就事实言之，蒙养园之急宜推广者一也。

家庭教育，基于亲子之情爱，多失于放任；学校教育，出乎教师之理想，易趋于严格。儿童由家庭入于学校，其境遇之变迁，过于急遽；而身心之发育，或不免受障害。若蒙养园者，其形式之组织同于学校，其保育之方法类于家庭，能调和家庭与学校境遇之变迁，使适于自然之发展。此就理论言之，蒙养园之急宜推广者二也。

谨拟办法如下，请大部采择施行。

（1）女子师范学校应附设保姆科。

（2）除女子师范学校及女子师范讲习所应附设蒙养园外，每县至少必须设蒙养园一所。

---

① 此“奉天”，系指奉天（辽宁）省教育会。

# 18 外人捐资设立学校请求认可办法

教育部

另图 8　章士钊像

1925年11月16日

**题　解**　本篇原载《政府公报》第 3459 期“布告”栏。发文时间为 1925 年 11 月 16 日，发表时间为 1925 年 11 月 20 日。原发表时，题为《教育部布告第一六号》。今题系编者据附件名称而定。

有关发文单位教育部，参见前文《学校系统改革案》题解。时任教育总长为章士钊。

签署人章士钊（1881—1973），字行严，笔名青桐、秋桐，湖南善化（今长沙市）人。早年肄业于武昌两湖书院、南京陆师学堂、上海爱国学社。任上海《苏报》主笔，从事反清活动，筹组“华兴会”。1905 年流亡日本，入东京正则学校习英语。1908 年入英国阿伯丁大学，学法律、政治，兼攻逻辑学。1912 年归国，主办《民立报》，倡导宪政，参与“二次革命”。失败后，再次流亡日本，创办《甲寅》月刊，既反对专制，又反对采用暴力手段。1916 年归国，参与“护国运动”。袁世凯死后，任国会议员、北京大学伦理学教授。推荐李大钊担任北大图书馆馆长。后历任护法军政府秘书长、北京农业学校校长、上海《新闻报》主笔。1925 年 4 月，任司法总长兼教育总长。致力整顿学风，激起青年学生反对。不久，去教育总长职。著有《柳文指要》等。

这里所谓“外人”，主要是指西方来华的传教士。他们在华所办理的学校（包括幼稚园），通称“教会学校”。此外，尚有西方列强在各地租界，以及日本侵略者在山东和东北所办理的学校（包括幼稚园）。此类机构，通称“殖民学校”。此办法，同样适用于学前教育机构的立案。

《政府公报》，政务日刊。1912 年年 5 月 1 日创刊于北京，由中华民国北京政府主办、编辑并发行。旨在传达政令、反映民情并改进治理。主要栏目，有大总统令、部令、通告、电报、呈文、公启、致辞等；主要撰稿人，有袁世凯、唐绍仪、林森、陆征祥、赵秉钧、段祺瑞、朱启钤等政要。1928 年 6 月 12 日终刊，共出 5 663 期。

查外人捐资设立学校，应与本国各私立学校一律待遇。

前经本部于民国六年布告第八号，订定《中外人士设立专门以上同等学校考核待遇法》；于九年布告十一号，申明外人所设专门以上各学校，准照大学及专门学校各项法令、规程呈部核办；又于十年四月间，订定《教会所设中等学校请求立案办法》，通行各省区遵照在案。

近来，此类学校向所在地之教育官厅，商请立案者日见其多，亟应重订统一办法，以资遵守。兹特规定《外人捐资设立学校请求认可办法》六条，明白宣布。

自此次规定之后，所有民国六年布告第八号、九年布告第十一号及十年四月间通行之《教会中等学校请求立案办法》，均即废止。特此布告。

《外人捐资设立学校请求认可办法》

（1）凡外人捐资设立各等学校，遵照教育部所颁布之各等学校法令、规程办理者，得依照教育部所颁关于请求认可之各项规则，向教育行政官厅请求认可。

（2）学校名称上应冠以“私立”字样。

（3）学校之校长须为中国人。如校长原系外国人者，必须以中国人充任副校长，即为请求认可时之代表人。

（4）学校设有董事会者，中国人应占董事名额之过半数。

（5）学校不得以传布宗教为宗旨。

（6）学校课程须遵照部定标准，不得以宗教科目列入必修科。

部印

中华民国十四年十一月十六日，教育总长章士钊

# 19　附属幼稚园简章

国立广东大学

1926年2月6日

**题　解**　本篇原载《广东大学周刊》第41期。发表时间为1926年2月6日。原发表时，题为《国立广大附属幼稚园简章》。今题系编者所拟。

拟定单位国立广东大学，广东省最高学府。1924年，由孙中山领导组建。同时创设者，还有黄埔军校。一文一武，双珠闪耀。广东大学前身，为晚清创设的广东优级师范学堂、广东法政学堂和广东农务学堂。1926年7月17日，为纪念孙中山，正式更名为"国立中山大学"。

《广东大学周刊》，校办周刊，1925年6月创刊于广州，由国立广东大学主办、编辑并发行。旨在报道办学实况，介绍新兴社会思潮，并联谊师生情感。主要内容，有部令校章、校务会议纪录、学校社团消息、校闻、往来公文函电等；主要撰稿人，有邹鲁、杨时中、周鼎培、陆哲超、卢兴源、谢涛等。1926年8月30日终刊，共出62期，另出6期纪念刊或特刊。

一、宗旨　以发展幼稚教育，养成品行端淑、性情和蔼、身体强健、精神活泼、启发智识为宗旨。

二、定名　国立广大附属幼稚园。

三、校址 在广州市“惠爱十约”[1]广大附属小学内。

四、入学 本园内分两组。无论男女，凡年满三岁以上、七岁以下者为合格。但必须经本园检验体格许可后，及有保证人到本园填入园书（原图 4）方得入学（如遇迁居时，须报知本园登记）。

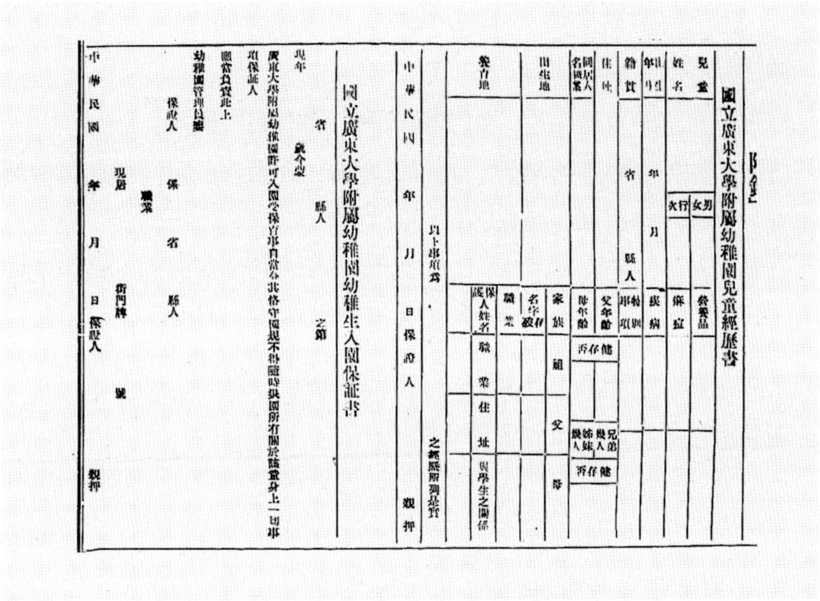
國立廣東大學附屬幼稚園兒童經歷書
兒童姓名 男女 次行
出生年月 年 月
籍貫 省 縣人
住址
同居人名稱職業
出生地
發育地
嗜好品
保姆
疾病
特別事項
父年齡 母年齡 健存否
兄弟幾人 姊妹幾人 健存否
家族組 父 母
名字 存歿
職業
保護人姓名 職業 住址 與學生之關係
以上事項為 之經歷所列是實
中華民國 年 月 日保證人 親押

國立廣東大學附屬幼稚園幼稚生入園保證書
現年 歲個月 省 縣人 之第
廣東大學附屬幼稚園許可入園學保育事宜當令其恪守園規不得違時與園所有關於該童身上一切事項保證人
願當負責此上
幼稚園管理員鑒
保證人 保 省 縣人
職業
現居 街門牌 號
中華民國 年 月 日 保證人 親押

原图 4 国立广东大学附属幼稚园儿童经历书和幼稚生入园保证书

五、保育费 每年十二元。按学期分两次，于入学时清交入园。不得中途退学。如遇有必要时，须由家长函知本园管理员，否则须缴全年保育费。

六、学科

第一组：游戏、唱歌、手工、谈话、解结、图画、排板、积木、环箸、算术（用实物教授应对、食之练习、礼仪练习、感官练习・蒙台梭利式教法）。

第二组：学科照上列，增多认字、习字、识数、常识等。

---

① 惠爱十约：广州市地名，后改名惠爱街，现名惠爱路。“约”为街名、弄名或里名。其来源，与明清时期的“乡约”有关。凡共同遵循某一乡规的地方基层单位，称为某“约”，其后逐渐演化为地名。

七、书籍　凡科学上应需书籍，均由自备；惟关于公共玩物，由本园供给。

八、上课　每日上午八时至十时三十分，下午十二时三十分至一时；冬季则上午九时起，下午两点。星期六下午停课。该生入园时，第一、二星期，可许其从仆为伴，惟听本园管理员指挥。

九、膳费　上午在本校搭膳，每人每月收膳费三元（或由家庭送膳者听）。

十、校徽　入学时纳费领取。如有中途退学，例须缴回。

十一、通学　本园不设寄宿舍。

十二、开学　秋季始业开学后，如学额未满，随时均可插班。

十三、请假　如无要事不得请假；遇有紧要事，则由家长到园或通信说明理由，方能准假。否则，请假一月后即行除名。

十四、制服　本园制服，预备国庆日、纪念日，以及遇庆祝开会等用。取庄严、检〔俭〕朴。平日则否，由家长自便。男生海军装，女生西装衫裙。冬天用白斜布，夏季用白斜土布；花长袜、白帆布卫生装鞋，男女生均同（制服须由本园代办，以归一律）。

十五、如有未尽事宜，可随时增订变通办法。

# 20 南京燕子矶乡村幼稚园开办简章及预算

陶知行

另图 9 陶行知像

1926年10月19日

**题 解** 本篇原载《申报》1926 年 10 月 19 日第 12 版。原发表时无署名，题为《改进社将在宁开办乡村幼稚园》。今题系编者所拟。

撰著者陶知行（1891—1946），原名文濬，1934 年改为行知，安徽歙县人。早年受教于歙县教会学校、南京金陵大学。1914 年赴美留学，获伊利诺伊大学政治学硕士学位，后入哥伦比亚大学攻读教育学博士学位。1917 年归国，任南京高师专任教员、教务主任。1922 年，任中华教育改进社主任干事，全力推进平民教育。1927 年创办晓庄师范，以振兴乡村教育为职志。1932 年创办山海工学团，以此推行“现代普及教育”。1939 年在重庆北碚创办育才学校，致力难童中人才幼苗的培陶。平生热衷教育试验，并创立了“生活教育”理论。本文即富含生活教育因子。著作有《陶行知全集》。

燕子矶乡村幼稚园，系陶行知当时推动乡村教育运动所选定的切入点。但是其后未久，他又选定首先创办“南京晓庄试验乡村师范学校”。故燕子矶幼稚园的创办，实际展延至 1927 年 11 月，并以此作为晓庄师范的试验点之一。

《申报》，日报，原名《申江新报》。创刊于清同治十一年三月二十三日（1872 年 4 月 30 日），是近代中国发行时间最久、具有广泛社会影响的报纸。报馆设上海，后出有汉口版、香港版。创办时，由英商安纳斯托・美查（E. Major）等投资，由中国人主执笔政。1909 年后，转由中国人经营，并由史量才长期担任总经理。抗日战争期间，《申报》数度停刊、复刊，历经波折。1945 年 12 月 22 日，《申报》再次复刊。1949 年 5 月 27 日上海解放，《申报》随之终刊。前后历时 77 年，共出 25 599（一说 25 600）号。

中华教育改进社拟在南京燕子矶，开办试验乡村幼稚园，日前假南京安徽公学[①]开第一次董事会，推陈省长[②]为董事长、陶知行为副董事长。兹将董事会简章及预算录下。

## 一、简章

第一条　本董事会由中华教育改进社聘请之董事组织之。

第二条　本董事会设董事长一人、副董事长一人、书记一人、会计一人。由董事会互选任之。

第三条　本董事会之职权如下：

（1）规定进行方针；

（2）审定计划与预算、决算；

（3）筹画经费；

（4）任免职员；

（5）其他重要事项。

第四条　本董事会每年开常会两次，于六月、一日〔月〕举行。但遇必要时，得由董事长召集临时会议。

第五条　本董事会每学年将试验情形、结果，向中华教育改进社报告。

第六条　本董事会简章如有不适之处，得由董事三人以上之建议，出席董事三分之二以上之通过，修改之。

---

① 南京安徽公学，系"安徽旅宁同乡会"所创设的教育机构。创设于 1924 年，私立性质，中学程度。主要为旅居南京的徽籍子弟入学。陶行知兼任该校校长，实由副校长姚文采综理校务。其后，成为陶行知实验生活教育理论的基地之一。

② 陈省长，即时任江苏省省长陈陶遗（1881—1946），名公瑶，以字行，号道一，上海金山人。光绪二十七年（1901 年）秀才。后入松江融斋师范学堂，肄业，旋留学日本早稻田大学。在日期间加入同盟会。归国后，参加黄花岗之役和武昌起义。中华民国成立后，参与发起组织"南社"，任南京临时政府"临时参议会"副议长。1925 年 12 月至 1926 年 12 月，被孙传芳任命为江苏省省长。其间，对陶行知在江苏筹办的乡村教育事业多有支持，并为乡村幼稚园的筹办拨付了 500 元开办费。

## 二、预算

（一）幼稚园本身建筑五百元，设备二百元。以上临时费，共计七百元。

主事薪金一百二十元，助理薪金八四元，教材费二十元，点心费四十元，杂费四四元。以上经常费，共计三百零八元。

（二）随学助理[①]之训练名额，以十名为限，每名每月补助膳费四元。以乡村教员家属为限。姑以六名计算，共须二百八十八元。

国文、音乐教员薪金九十六元，手工、图画教员薪金七十二元，幼稚园教员薪金九十六元，杂费一百元。以上经费，共计六百五十二元。

宿舍修理一百二十元，宿舍设备八十元。以上临时费，共计二百元。

（三）教材、教法之试验，研究员夫马费，二百元。

---

① 随学助理：在园见习、实习而接爱保姆训练者。1928年初，定名为“幼稚园艺友”，此制也定名为“艺友制。”

# 21　改进乡村幼稚教育计画书（节录）

中华教育改进社

1926年12月5日

**题　解**　本篇原载1926年12月5日《申报》第10版。原发表时，题为《教育改进社之改进乡村教育计画》。今题系编者所拟。

该计划书又称《积极改进乡村教育计画书》，共26项。本文仅摘其前二项。计划书篇末载有："全部计画预算总数，每年经常费九三〇〇〇元，一次临时费三一六〇〇元。本计画分别缓急轻重，定进行先后。拟于五年内，使之完全实现。"

拟定单位中华教育改进社，民国前期知名教育社团。1921年12月23日宣布成立，由新教育共进社、新教育杂志社、实际教育调查社三者合并组成。由蔡元培、范源濂、郭秉文等九人任董事，陶行知为总干事。该社宗旨为："调查教育实况，研究教育学术，力谋教育改进。"对于推进普及教育、平民教育、女子教育、科学教育、乡村教育等，均有所作为。1926年后，在陶行知主导下，开始全力推进乡村教育运动。

有关《申报》，参见前文《南京燕子矶乡村幼稚园开办简章及预算》题解。

中华教育改进社《积极改进乡村教育计划书》已拟定如下：

一、在全国各部中心地点，创设省钱的、平民的、适合国情的乡村幼稚园，以节省农妇之精力，而谋农民幼儿之幸福。

（1）经常费：南京附近乡村幼稚园，每年三〇〇元；武昌附近乡村幼稚园，每年三〇〇元；成都附近乡村幼稚园，每年三〇〇元；奉天附近乡村幼稚园，每年三〇〇元；

广州附近乡村幼稚园，每年四○○元；北京附近乡村幼稚园，每年四○○元。共计每年二○○○元。

（2）临时费：每处一次开办费六○○元，共计一次三六○○元。

二、在南京附近乡村，创设试验乡村幼稚师范，训练乡村教师夫人，以便推广乡村幼稚园。

（1）经常费，每年四○○○元。

（2）临时费，一次三○○○元。

# 22　推广幼稚教育办法

## 福建教育改造委员会

1927年4月12日

**题　解**　本篇原载《福建政务委员会特刊》。发文时间为1927年4月12日，发表时间为1927年5月。原发表时，题下标有“十六年四月十二日通令”。

拟定单位福建教育改造委员会，系北伐军入闽后所设立的教育行政机关，负责对福建全省的学校教育和社会教育实行全面改造。南京国民政府成立后，改行教育厅制。在《推广幼稚教育办法》颁发前后，该委员会还颁发了《推广平民教育办法》《推广乡村教育办法》《义务教育期限普及办法》等文件。

《福建政务委员会特刊》，行政刊物，1927年5月出刊于福州，由福建政务委员会主办、编辑并发行。旨在配合国民革命军进驻福建后，进行政治、经济、文化、教育各方面的改革。刊头由陈乃光题写。主要刊载有福建各行政部门的组织大纲或条例、议事细则或办事规则、章程或办法、薪俸标准或考成办法等。全册共154页。仅此一期。

（1）大学应设立保姆科，以造就幼稚教育人才。

（2）省立各高中师范科，应附设保姆训练班。

（3）省立各高中师范科，应附设幼稚园一所，为幼稚教育之实习。

（4）各市、乡应设幼稚园一所。

（5）保姆待遇，与小学级任教员同。

# 23 附设中小学校及蒙养园组织纲要

国立京师大学校

1927年9月

题 解 本篇原载《山东教育月刊》第6卷第8、9期合刊“附录”栏。发表时间为1927年9月。

该纲要为《国立京师大学校之各项重要章则》之第二部分。第一部分为《京师大学校组织总纲》。该章则共由七部分组成。

发文单位国立京师大学校，特殊时期的高等教育机构。1927年6月，张作霖控制下的北京政府任命刘哲担任教育总长，以“将解散喻于改组”的方式，强力将北京的国立9所高校，合并改组为“京师大学校”，分设“六科五部”，实行“学长制”。然而次年南北统一后，此制便宣告破产。

《山东教育月刊》，地方教育月刊。1922年1月创刊于济南，由山东省教育厅主办，《山东教育月刊》经理处编辑并发行。旨在发布相关命令及教育厅公文、报告，介绍最新教育论著和教学方法，报道各地的教育概况，用以促进山东教育事业的发展。主要栏目，有要闻、公文、论著、讲坛、通讯、调查、统计、附录等；主要撰稿人，有梁漱溟、梁启超、祁伯文、张文昌、杜定友、任鸿隽、韩定生、潘文安、吴家镇、邱椿、汤茂如、杨荫庆、王克仁等。1928年1月终刊，共出7卷数十期。

第一条 京师大学校为筹设普通教育之模范，研究教学训练之方法，并使师范教育之实习，特附设中小学及蒙养园。

第二条 附设学校，分列如下：

（1）中学校；（2）女子中学校；（3）小学校；（4）蒙养园。

第三条　附设学校及蒙养园，各设主任一人，教员或保姆若干人，事务员、书记若干人。

第四条　职教员之薪俸数目表列下：

第一表，中学适用之：

第一级

主任，一八〇、一七〇、一六〇、一五〇、一四〇、一二〇、一〇〇。

事务员，七〇、六五、六〇、五〇、四〇、二五。

中学教员按授课时间给薪。教授高级者，每小时二元；初级者，每小时一元五角。其兼学级主任者，每月加给薪俸分二级：（1）十五元；（2）十元。其进级标准，由主任呈请校长，按其年限成绩定之。

第二表，小学校及蒙养园适用之：

第一级

主任，一二〇、一〇〇、九〇、八〇、七〇、六〇。

教员及保姆，七〇、六〇、五五、五〇、四五、四〇。

事务员，五〇、四五、四〇、三五、三〇、二五、二〇。

中小学及蒙养园之职教员，任职之始，由校长指定等级。

其进级细则，另定之。

第五条　中小学事务员之组织，得分为教务、庶务、会计、图书、仪器等课。其有学生寄宿者，得另设舍监，但须陈请校长核定。

第六条　中学分为初、高两级，以“四二制”为原则。其应设“三三制”者，应声明理由，陈请校长核定。其高级设分科者，亦如之。小学校分为单式、复式两种。其教学训练方法之研究，亦如之。

第七条　附设学校及蒙养园主任，由校长委任。

第八条　附设学校之任免教职员，应由主任提出，经校长核定，再由主任聘任或辞退之。

第九条　附设学校及蒙养园，于学年之终，应制定下学年之预算及教育计画，由主任呈送校长审核之。每月终，须送决算书。

第十条　附设学校征收学费：高级中学，得比照大学预科，每学年二十五元；初级中学，每学年十八元；小学及蒙养园，每学年十二元。

第十一条　附设学校主任或教员，应承校长之分配，协同指导本校师范学生之实习。

第十二条　附设学校及蒙养园之主任，关于中等以下教育事件，得出席校务会议，陈述意见。

第十三条　附设学校、蒙养园之办事细则，应由主任拟定后，呈请校长核准施行，并报部备案。

第十四条　本组织纲要，自公布日施行。

# 24 请拨市立幼稚园设备费

陈剑翛

另图 10　陈剑翛像

1927年10月12日

**题　解**　本篇原载《南京特别市市政公报》第 2 期“指令”栏。呈报时间为 1927 年 10 月 12 日，发文时间为 1927 年 10 月 14 日，发表时间为 1927 年 10 月 15 日。原发表时，题为《南京特别市市政府公报指令（第三五五号）》。今题系编者所拟。

撰呈者陈剑翛（1896—1953），名宝锷，以字行，江西遂川人。早年毕业于国立北京大学，后赴英国留学，就读于伦敦大学。其间接受委派，作为中国代表，就近赴爱丁堡参加世界教育会议。1926 年获硕士学位后归国，任教于北京大学、北京女子大学。次年出任南京特别市教育局局长，援引陈鹤琴等对地方教育大力整顿，并全力发展学前教育。1928 年 4 月后，历任大学院社会教育处处长、教育部参事、教育部蒙藏教育司司长、教育部社会教育司司长、武汉大学教授、江西省教育厅厅长、广西大学校长等职。著有《儿童的幻梦》《品性与本能的相互作用的研究》等。

《南京特别市市政公报》，政务半月刊。1927 年 9 月 1 日创刊于南京，由南京特别市市政府主办、编辑并发行。旨在传达政令、沟通政情，用以提高执政效能。主要栏目，有通电、例规、命令、呈文、咨文、公函、布告、报告、公议录、纪事、附载等；主要撰稿人，有何民魂、沈砺、孙伯文、陈光组、徐策、陈扬杰、陈德琦、杨宗炯等。1927 年 12 月 31 日终刊，共出 6 期。

令教育局局长陈剑翛：

呈一件，呈为请拨市立幼稚园设备费由。

呈悉。候令财政局查核、酌拨。仰即知照。此令。

中华民国十六年十月十四日

附原呈：

呈为呈请拨发市立幼稚园设备费事。窃职局前时提出《建设市立学校计划》中，拟就本市适当地点，开办幼稚园十所。嗣经第二十二次市政会议议决，每所预算以三百元为度，先筹设八所。

职局自奉此议决案后，即日着手筹备。各校校长应设幼稚园者，拟具计划书，筹备开学，一面向各方定购各种设备。现在各幼稚园开课多日，园中设备毫无，席地而听故事，徒手而作游戏；甚且唱歌无风琴，写字无黑板。因此，各校校长均来呈，请发给幼稚园设备。

加以各方定购诸件，又因逾期催提定货，种种急需，不能再待。为此，沥情恳请钧长，设法拨予幼稚园设备费二千四百元，俾各幼稚园得勉力进行，职局可以维持各方信用，则职局与全市幼稚教育，两受其便。

兹据前情，理合呈请钧长鉴核，指令祗遵，实为公便。谨呈
南京特别市市长何①。

教育局局长陈剑翛（十月十二日）

---

① 何：何民魂（？—1953），字啼红，江苏松江（今属上海）人。早年参加国民革命。1927年6月任江苏省政府委员，1928年4月代理南京特别市市长。次年1月去“代理”，但仅任职半年。后历任国民政府建设委员会委员、南京文化大学校长、第五战区副司令长官（李品仙）部参谋长等职。

# 25　拟遵省令添设宁波市立幼稚园案

汪焕章

1927年11月30日

**题　解**　本篇原载《宁波市政月刊》第1卷第3期“提案”栏。发表时间为1927年11月30日。原发表时，署名为“提出者教育科科长汪焕章”。

提案者汪焕章，生卒年未详。字奂伯，浙江鄞县人。1913年考取北京大学文科。毕业后，归里担任宁波商业学校校长。1927年任宁波教育局教育科科长，后任局长。抗战期间，任浙东临时联合中学校长。抗战胜利后，任“管理天一阁委员会”委员、鄞县文献委员会修志馆馆长，参与续印《鄞县通志》，负责发行《宁波日报》，任鄞县教育会理事长、宁波肃奸会主席。1949年去台湾。撰有《宁波风物述旧》。

《宁波市政月刊》，政务月刊，1927年9月30日创刊于宁波，由宁波市政府主办、编辑和发行。宗旨为：“培养民众市政观念，鼓舞民众市政兴趣，并破除民众对于地方政治之隔阂，促进民众与市政府之合作。”主要栏目，有论著、计划及提议、法规、公牍、会议录、纪事等；主要撰稿人，有罗惠侨、张傅保、蔡新民、杨贻诚、俞佐廷、俞宗元、王程之等。1930年11月30日终刊，共出3卷30期。

呈奉省政府批令，教育经费计画支出门第二项第三款，幼稚园应即筹款添设一案。

查本市建设伊始，百废待举，教育事业自应力谋发展。顾目前经费有限，不得不分别缓急，择要举办幼稚教育，为学校教育之基础。

今市内幼稚园，仅有市立第一幼稚园、近圣幼稚园、甬北幼稚园及群学社之附设幼稚园等四所。以市区学童之发达，其不敷收容，可想而知。

爰遵省令提议，添办幼稚园四所，分设要地，以资补救；并依据本年教育经费计画书内，对于增设幼稚园项下原定预算数（二六〇〇元），拟具预算书一份（表 1、表 2），敬请公决。

表 1　增设市立幼稚园岁入预算书

| 科目 | 预算数（元） | 说明 |
|---|---|---|
| 第一款　学费 | 汪焕章 | |
| 第一项　市立第二幼稚园 | 一二〇 | 幼稚生三十名，每名年收学费四元，合计如上数 |
| 第二项　市立第三幼稚园 | 一二〇 | 幼稚生三十名，每名年收学费四元，合计如上数 |
| 第三项　市立第四幼稚园 | 一二〇 | 幼稚生三十名，每名年收学费四元，合计如上数 |
| 第四项　市立第五幼稚园 | 一二〇 | 幼稚生三十名，每名年收学费四元，合计如上数 |
| 总计 | 四八〇 | |

表 2　增设市立幼稚园岁出预算书①

| 科目 | 预算数（元） | 说明 |
|---|---|---|
| 第一款　市立第二幼稚园经费 | 六八四 | |
| 第一项，薪资 | 六一二 | |
| 第一目，薪水 | 四九二 | 园长一人，月支二十五元；保姆一人，月支十六元。合计如上数 |
| 第二目，工资 | 一二〇 | 园役一人，月支十元。合计如上数 |
| 第二项，办公费 | 七十二 | 月支六元，合计如上数 |
| 第二款　市立第三幼稚园经费 | 八八四 | |
| 第一项，薪资 | 六一二 | |

① 此表表线为编者所加。

续表

| 科目 | 预算数（元） | 说明 |
| --- | --- | --- |
| 第一目，薪水 | 四九二 | 园长一人，月支二十五元；保姆一人，月支十六元。合计如上数 |
| 第二目，工资 | 一二〇 | 园役一人，月支十元。合计如上数 |
| 第二项，办公费 | 七十二 | 月支六元，合计如上数 |
| 第三项，开办费 | 二〇〇 | 购置费约一百五十元，装修费五十元 |
| 第三款　市立第四幼稚园经费 | 九八四 | |
| 第一项，薪资 | 六一二 | |
| 第一目，薪水 | 四九二 | 园长一人，月支二十五元；保姆一人，月支十六元。合计如上数 |
| 第二目，工资 | 一二〇 | 园役一人，月支十元。合计如上数 |
| 第二项，办公费 | 七十二 | 月支六元，合计如上数 |
| 第三项，开办费 | 三〇〇 | 装修费约一百五十元，购置费约一百五十元 |
| 第四款　市立第五幼稚园经费 | 九八四 | |
| 第一项，薪资 | 六一二 | |
| 第一目，薪水 | 四九二 | 园长一人，月支二十五元；保姆一人，月支十六元。合计如上数 |
| 第二目，工资 | 一二〇 | 园役一人，月支十元。合计如上数 |
| 第二项，办公费 | 七十二 | 月支六元，合计如上数 |
| 第三项，开办费 | 三〇〇 | 装修费约一百五十元，购置费约一百五十元 |
| 总计 | 三五三六 | |

# 26　南京市幼稚园课程参考

张宗麟

另图 11　张宗麟像

1928年2月

**题　解**　本篇连载于《南京特别市教育月刊》第 1 卷第 6 期、第 8 期、第 9 期、第 10 期。发表时间为 1928 年 2 月、4 月、5 月、6 月。原发表时，题为《幼稚园课程参考》或《课程参考》。今题系编者所拟。

撰著者张宗麟（1899—1976），乳名德保，浙江绍兴人。先后肄业于绍兴浙江第五师范、宁波浙江第四师范。1922 年考入南京高等师范教育科，师从陶行知、陈鹤琴等名师。1925 年毕业后，应陈鹤琴之邀，主持办理南京鼓楼幼稚园，成为中国"第一位男性幼儿教师"；又致力于幼稚教育研究，发表了一批科研成果。1927 年 9 月，任南京市教育局指导员，主持组建南京市幼稚教育研究会（组），创办《幼稚教育》杂志。1928 年 9 月，应陶行知之邀，任晓庄学校指导部主任，主持创办了燕子矶幼稚园、晓庄幼稚园，并任吉祥学园园长，全身心投入乡村教育运动。1930 年晓庄学校被封后，历任集美幼师、集美乡师教职，湖北教育学院乡村教育系主任，邹平简易师范学校校长。1936 年回沪，主持山海工学团和国难教育社。抗战全面爆发后，在上海从事文化救亡活动。1942 年赴苏北新四军辖区，筹办江淮大学。后赴延安，任延安大学教育系主任。中华人民共和国成立后，任教育部高等教育司副司长。著作有《张宗麟幼儿教育论集》等。

此"课程参考"，系由张宗麟草拟，经南京特别市教育局研究会幼稚教育组讨论、审定并通过，并作为南京市幼稚园开设课程的参考，因而具有"准法规"性质。此课程，大体为一学期的安排，唯独缺 3 月 6—18 日两周。此二周课程，理当在教育组第 7 次研讨会上通过，只是未见载于《南京特别市教育月刊》。特此说明。

《南京特别市教育月刊》，教育月刊，1927 年 9 月创刊于南京，由南京特别市教育局主办、编辑并发行。旨在推进地方教育，“研究教育学术，传布教育消息”。主要栏目，有论坛、研究、报告、教学参考、文牍、规程、记事、消息等；主要撰稿人，有陈剑翛、陈鹤琴、陈泮藻、李静安、钱希乃、李清悚、张宗麟等。1928 年 12 月终刊，共出 14 期。

## （一）二月六日至十九日课程参考[①]

1. 做什么

（1）熟悉——教师熟悉儿童的个性，儿童熟悉幼稚园的环境、教师等。

（2）整理——把旧有儿童的各方面，都做一番温习的工作。

（3）新年——旧式新年未过，着实可以引来做活动。

（4）布置环境——布置环境一事，教师切不可看轻儿童，应该请儿童大家来合作做。

2. 怎样做

（1）从全校行开学礼的时候，就可以引起各种动机来。

（2）上述四项活动，可以当作一个大活动。以“新年”来做中心，那末布置、整理、熟悉，更加有意义了。

（3）新年里，可以做“闹年”“敲年锣鼓”“赛灯”“玩具比赛”“新年游戏”等活动。

3. 参考材料

《小朋友》的“新年号”（每年有的，今年的很好）（中华），赛船图、旅行图、合家欢图、秘密珍藏图等（商务、中华、世界都有）。其他布置环境，最好是利用废物。如葡萄干的袋、小花纸片等，都可以做成很雅观的装饰品。

4. 附告

课程日记务须继续。格式如下：

（1）年、月、日、星期、天气；

（2）本日的活动；

① 这份课程参考，是由张宗麟草拟，在南京特别市教育局研究会幼稚教育组第 6 次研讨会上，经讨论、审定并通过的。开会时间约为 1928 年 2 月中旬，地点未详。

（3）儿童的反应；

（4）材料的来源；

（5）特殊事项。

## （二）二月二十日至三月五日课程参考①

1. 做什么

除试验工作以外，做下列的几件活动：

（1）迎春；

（2）百花节（旧历二月十二日）；

（3）芽；

（4）地菜；

（5）水仙花；

（6）放纸鹞等。

2. 怎样做

（1）图画读法的试验，可以做一个设计的单元。用看画引起动机。怎样下去，随故事的内容来活用。

（2）1〔（1）〕项所列各种活动，可以用“迎春”一个活动来做线索，把各种〔活〕动打成一片，最为要紧。

3. 参考资料

（1）材料——鼓锣、香烛、鞭炮，水仙花、大算〔蒜〕、葱，狗、猫、老鼠，老鼠阱、小锄（或小刀）、剪刀，旧报纸、旧杂志，岁寒三友图、春嬉图，竹、纸、线。

（2）图书——《甜歌七十首》（商务）、《形象艺术教科书》（商）、《动物与人生》（商）、《我的书》《有功的牛大哥》《孙猴子的剃头店》（中华）、《幼稚游戏》（商）、《三蝴蝶剧本》（第一、二、三首）、《儿童画报（风筝图）》《种草的方法》（中华）。

---

① 这份课程参考，是由张宗麟草拟，在南京特别市教育局研究会幼稚教育组第6次研讨会上，经讨论、审定并通过的。开会时间约为1928年2月中旬，地点未详。

4. 附告

（1）本市幼稚园皆为全天的，下半天也要有工作的。

（2）朝会可以有的，但是，走朝会圈可以废除了。

（3）多让儿童自由活动，不必处处都在教师命令之下讨生活。

（4）课程日记务须逐日记录。格式详前次印刷品中。

5. 附本学期最低限度的读书目录

（1）杂志——每园至少须定阅关于教育的杂志一种。例如，商务的《教育杂志》、中华的《中华教育界》，或英文的。

（2）儿童用书——每园定阅《小朋友》一份，其中有很好的教材。《我的书》十本（中华）。

（3）教育书——《教育杂志》十九卷二号“幼稚教育专号”（商）、唐谷译《幼稚园课程》（中华）、郑宗海译《设计组织小学课程编》。

（4）普通书——涉猎《少年百科全书》（自然界、奇象、常识）、《动物与人生》（商务）。

（三）三月十九日至四月一日课程参考①

1. 做什么

（1）者〔春〕分；

（2）燕子（到了吗）；

（3）换衣服；

（4）兰花（继续）；

（5）小鸡（孵出来了吗）；

（6）苜蓿（母鸡头）；

（7）荠菜；

（8）豆花；

（9）牛痘；

（10）天花；

---

① 这份课程参考，是由张宗麟草拟，在南京特别市教育局研究会幼稚教育组第8次研讨会上，经讨论、审定并通过的。开会时间为1928年3月18日；开会地点列为“郊叙”。

（11）苍蝇（发现了吗）；

（12）蚊子（发现了吗）。

2. 怎样做

（1）春分——春分的讨论；春分祭祀；植树（浙江已改春分为植树节）；植树的故事。

（2）燕子——找燕子到了没有；预备欢迎燕子；做燕子（剪贴）；找燕子图；燕子的故事。

（3）小鸡——鸡蛋的研究（谈话）、孵小鸡；养小鸡、画小鸡的图画与手工。

（4）苜蓿、荠菜——采苜蓿、荠菜，装饰作业室，烧苜蓿或荠菜来吃，研究苜蓿与荠菜，苜蓿的故事（班超通西域载苜蓿归来）。

（5）苍蝇、蚊子——找苍蝇与蚊子、做苍蝇拍、苍蝇害（谈话）、蚊子害（谈话）。

（6）兰花、豆花——兰花、豆花的研究（猜花游戏），豆子研究（预卜吃豆子），兰花〔的〕故事。

（7）牛痘、天花——牛痘与天花之比较（谈话）、请校内卫生教员〔讲〕种痘、牛〔痘〕的功用。

3. 参考资料

（1）书籍——《可怕的蝇》（中）、《万知博士》（中）、《鲜花》（中）、《谈天》（中）、《种花的方法》（中）、《养鸡浅说》（中）、《小儿病治疗法》（中）、《小朋友》（最近的）、《奇象》（商）、《中国寓言》（商）、《自然研究》（商）、《小谜语》（世①）、《儿童理科丛书》（蚊、蝇、蜜蜂）。

（2）材料——炊具、小剪刀、鸡蛋、小鸡、竹、铁丝网、兰花，其他如手工纸及材料等不计。

本期材料，函约各幼稚园分头寻找。本次必可得极好材料。

4. 附告

（1）杂志订了没有？小朋友关于教育的杂志。

（2）参考书看了几多？有困难吗？

（3）试验的情形如何？

---

① 此“世”，指世界书局。

（4）本学期举行过恳亲会吗？

（5）全园分班吗？

（6）各位教师备有《儿童问题簿》吗？

（7）派值日生担任整洁及其他园务吗？

（8）儿童早到园或迟回去，做些什么？

（9）以后每次开会，各位教师每人用书面提出两个问题（至少）。

（10）下次讨论题，为课程编制与读法二种。请各位老师多多预备材料。

（11）下次又须讨论蚕的饲养法。倘天气已热，在本期课程活动内，可加“孵蚕子”一种活动。

（四）四月二日至四月十五日课程参考[①]

前次的教料〔材〕做了几多？还可以继续做吗？

1. 做什么

（1）儿童种过牛痘吗？

（2）几番春雨，园里的笋长得几许，草加〔儿〕嫩吗？

（3）桃花开了吗？杏花还有码〔吗〕？菜花正当时了。豆花快落了？

（4）燕子到了，小朋友的家里有多少？幼稚园里有多少？黄莺、百舌〔灵〕……的声音听到了吗？

（5）野花开得正好看，蒲公英、卷耳、毛茛[②]、野紫罗兰。

（6）清明节，种树未免太迟，不如踏青、扫墓去。

（7）蚕可以孵子了。本年希望每个幼稚园，至少有一百个茧子，预备来开展览会（大约在五月里，全市开一个小学生蚕茧展览会）。

（8）桑树发叶了。

2. 怎样做

本次教材，可以分几个单元做。

① 这份课程参考，是由张宗麟草拟，在南京特别市教育局研究会幼稚教育组第9次研讨会上，经讨论、审定并通过的。开会时间为1928年3月30日下午3时；开会地点在后湖昆明小学。

② 毛茛（gèn）：植物名。

（1）踏青去——看菜花、豆花、桃花……开了没有。回来以后，就做手工、游戏、读法、唱歌……活动。

（2）扫墓——这是追念先人的好动机。一方面，练习社会上的礼节；一方面，可以使儿童知道，为什么要迅〔追〕念先人。这个，可以用谈话来行起的。

（3）蚕桑——买蚕子来孵，看桑树发芽没有，定买桑树的手续，预备养蚕的器具，预祝蚕宝宝的出头。

3. 材料

本次材料，已函约各位老师寻找试验。

以下所述，不过指示来源:《有毒的植物》（商务平民丛书）、《养蚕》（同上）、《桑树》（同上）、《中国故事》（商）、《人类的衣》（商）、《儿童新歌曲》（同）、《甜歌》（同）、《幼稚园小学唱歌集》（同）、《自然界》（商务少年百科丛书）、《自然研究》（同）、《种菜的方法》（中）、《儿歌》（中）、《胡氏儿歌》（中）、《小朋友·鲜花》（中）、《唱歌表演集》（大东[①]）。

此外，应用品很多，以利用废物为要。

4. 附告

（1）参考书看了多少？有困难吗？以后每次将提出问题讨论。

（2）你的园里有几个孩子有沙眼的？瘌头呢？

（3）有问题吗？平时感觉到的，请记录在簿子上，抄一份给我，当设法代为解决。倘临时想到的，多多的提出来。

（4）本次的问题有几多？

（5）注意养蚕的一事，切勿儿戏等闲过去。

### （五）四月十六至廿九日课程参考[②]

1. 候〔做〕什么

（1）园里各种草都发了，斗草是一件极好的材料。

---

① 此“大东”，指大东书局。

② 这份课程参考，是由张宗麟草拟，在南京特别市教育局研究会幼稚教育组第 10 次研讨会上，经讨论、审定并通过的。开会时间为 1928 年 4 月 14 日下午 3 时，开会地点在南京中区实验学校。

（2）豆好吃了吗？麦有穗了吗？

（3）瓜要种了，黄豆也要下种了。

（4）蚕非赶快饭〔饲〕养不可了。每幼稚园至少养一百条。

（5）蜜蜂、蝴蝶等昆虫飞舞于花间。

（6）小蝌蚪捉到了几多？

（7）开过恳亲会吗？

（8）展览会的成绩品怎样？

2. 怎样做

（1）养蚕——用故事体的谈话，使儿童爱护蚕宝宝。

（2）采桑——这件工作有几所幼稚园不容易做到，但是，可设法去买的。编一种〔首〕蚕的歌谣，可以在换叶出沙的时候唱的。

（3）旅行去——可以捉小蝌蚪，寻野草来斗草。

（4）找新豆子来吃。

（5）预备一块小地种黄瓜——此事不能每个儿童都做到，但是要使他们都知道，已经种瓜了。所以，可以再做一个游戏——种瓜游戏。

（6）筹备开恳亲会——用野花、鲜草来布置教室，不要只用红红绿绿的色纸，也不多花钱去买盆花。

（7）恳亲会的成绩陈列品，可尽量预备。将来就可移到全市学生成绩展览会里去的。

### （六）四月三十日至五月十三日课程参考①

1. 做什么

（1）养蚕？到什么时期了？

（2）国耻纪念——“五九”纪念可以做，其他如“五一”“五四”等纪念，幼稚园是否能做不敢说。但是，也不妨试做试做。

---

① 这份课程参考，是由张宗麟草拟，在南京特别市教育局研究会幼稚教育组第 11 次研讨会上，经讨论、审定并通过的。开会时间为 1928 年 4 月 28 日下午 3 时，开会地点在南京夫子庙小学。

（3）吃桃子、豆子、桑〔葚〕、萝卜。

（4）薇花、杨花、灭蝇。

2. 怎样做

（1）养蚕的支配法怎样？儿童负责的吗？倘若蚕不够支配，可以把儿童分组的。大约以二人为一组，每天要饲。到成茧时，可以开一个展览会。

（2）国耻纪念——应当做一个极重要的设计，可以和小学联络起来。这次，可以做日本人的横暴举动；可以做一个表演，可以开一个极痛心的纪念会。千万不要有快乐的跳舞与唱歌，更不可把礼堂布置得像结婚的喜堂。

（3）有一次旅行——倘若能与低年级合起来举行，可到后湖去玩一次。把本期自然科的材料，都可以相机而做了，且且可可可以带许多材料回来做。

（4）杨花如雪——可以做装饰品。

（5）杨花、萝卜、蔷薇都是极可爱的东西，大可利用做玩具和儿童的奖品。

（6）日本、满洲、山东、福建的地域观念，可以用东西或故事引起来的。如日本人的木屐鞋、日本人席地而坐的故事等。又，山东的料珠多么可爱，福建的漆器、茶盘和假山等都很可爱。

在举例时，要留心下列诸点：（a）中国的东西可爱，不要先下了一个“凡是中国都不好”的观念。（b）外国东西与人，不是都可恶的。不过，他们在中国的举动，很使中国人切齿的。

（7）灭蝇——做苍蝇拍，实行拍绳。

3. 参考资料

《小朋友》（国耻号）、《东方杂志》（五卅专号）、《姣艳的蔷薇》（中）、《美丽的蝴蝶》（中）、《跳蚤与苍蝇》（中）、中群卫生教育会挂〔图〕、江苏昆虫局《灭蝇》《治蝇要览》（商）、《爱国教材》（商）、《儿童世界游记》（商）、《食物卫生》（商）、《平民小丛书·有毒的植物》（商）。

此外，函约各园分头搜集。

## （七）五月廿八日到六月十日课程参考[①]

1. 做什么

（1）蚕茧；

（2）梅子、杏子、桃子；

（3）玫瑰花、蔷薇花、石榴花；

（4）麦饭、麦秆；

（5）黄莺、蚱蜢、蜻蜓；

（6）藕、荷叶；

（7）蚯蚓；

（8）小鸭、牛；

（9）“五卅”国耻。

2. 怎样做

（1）茧——开茧子展览会，搜集出蛾的茧壳做玩具，搜集浮丝，做壳；蛾与蝶的分别，做〔作〕歌。

（2）梅子、杏子、桃子——训练儿童的味觉，可以做一个游戏；各种核都可染色，又可做玩具；孙猴子偷桃子，可以做表演……

（3）玫瑰花、蔷薇花、石榴花——采花去，考察花；利用落花做手工、画图画；搜召〔求〕无敌牌牙粉袋子等，展转来做材料；三种的歌谣，可以在画图等时间内唱的。

（4）麦子——收麦子、买麦子、洗麦子，煮麦饭吃；麦秆编织玩具，不要太难，使儿童扫兴。

（5）荷藕——荷荷〔花〕之分别，荷花、荷身做小囡囡；初夏的植物，考察与搜集。

（6）黄莺——初夏鸟类的观察，听莺声；其他如画、手工、读法等，都可以做的。

（7）蚯蚓、蚱蜢、蜻蜓——取〔初〕夏在田园中常见的虫，搜集取〔初〕夏常见的虫类，他们的功用和利用。

（8）养小鸭吗——与养小鸡的做法同。

---

① 这份课程参考，是由张宗麟草拟，在南京特别市教育局研究会幼稚教育组第 12 次研讨会上，经讨论、审定并通过的。开会时间为 1928 年 5 月 26 日下午 2 时，开会地点未详。

（9）牛——耕田，因此做秧田、农忙程〔诸〕事。

（10）“五卅”国耻——与“五九”的方法同。

3. 参考书

《形象艺术教科书》（商）、《儿童理科丛书·牛》（商）、《卫生故事》（商）、《玫瑰仙子》（我的书，中）、《故手〔事〕画——阔嘴先生》（中）、《鸭蛋壳》（中）、《自然研究》《“五卅”专号》（《东方杂志》）。

五月份整个月的:《京报》（济南惨案）、《小乐园》（文较）、《模范中人》（商）。

# 27　注重幼稚教育案

## 第一次全国教育会议

1928年5月15—28日

**题　解**　本篇原载《全国教育会议报告·乙编（成立案）》一书第304—305页。提案议决时间为1928年5月15—28日，该书出版时间为1928年8月。

决议组织第一次全国教育会议，系由大学院主持，于1928年5月15—28日在南京召开。与会代表和专家78人，收到议案402件，这次会议，掀开了民国后期教育改革的序幕。

会上，正式代表陶行知与参会者陈鹤琴，共同提交了发展幼稚教育的提案7件。后经提案审查会合并，进而整理为此案。提案说明为："陶知行、陈鹤琴原案。审查会决定办法。大会照审查报告通过。"

《全国教育会议报告》，系由大学院编纂，由商务印书馆于1928年8月初版。全书分为如后四编：甲编，收录大会宣言、概程及大会经过；乙编，收录大会决议成立各案；丙编，收录参考、审核、酌办之各案；丁编，收录演讲词、文电、筹办经过及各保留案。另收照片多幅。

### 理由

见附列各案

### 办法

（1）大学院派遣全国视学时，应派有幼稚教育专家一人。

（2）通令全国十七年度起，各省、各县、各市实验小学及师范附属小学，应设立幼稚园。

（3）教育研究所，应研究创造平民的、省钱的、适合国情的幼稚园。

（4）每省区应就环境适宜之地，开设幼稚师范学校；或就各省之师范（或高中师范科）内，添设幼稚师范科，以培养专门人才，供给良好师资。乡村幼稚园，不易单独设立。最初办法，应就可能范围以内，多招现成乡村教师之夫人、未婚妻或近亲训练之，方能造就一人，得一人之用。

附陶拟《乡村师范幼稚师范院简章》[①]，留供大学院参考（见附案）。

① 此“简章”，参见后文《各省开办试验幼稚师范案》附件。

# 28 调查全国幼稚教育案

陶知行

1928年5月15—28日

另图 12　陶行知像

**题　解**　本篇原载《全国教育会议报告·乙编（成立案）》一书第 305 页。提案议决时间为 1928 年 5 月 15—28 日，该书出版时间为 1928 年 8 月。

有关提案者陶知行，参见前文《南京燕子矶乡村幼稚园开办简章及预算》题解。

此案系在“第一次全国教育会议”上提出。陶行知为此次会议“普通教育组”成员。该案后与陈鹤琴所提二案，合并整理为《注重幼稚教育案》（见前），大会照提案审查委员会报告通过。

早在 1923 年前后，当陶行知与汪懋祖在编制《中国之教育统计》时，有关幼稚园的统计资料搜罗无多，又无信度可言。有鉴于此，他专门提出此案。

有关《全国教育会议报告》，参见前文《注重幼稚教育案》题解。

## 理由

我国从前幼稚园，多为外人代办，全国并无统计。为自办幼稚园计，为考查〔察〕幼稚教育现状计，急须有调查办法。

## 办法

大学院派遣全国教育调查员时，增加幼稚教育调查员一人。

# 29 各省、各县、各市实验小学设立幼稚园案

陶知行

1928年5月15—28日

**题 解** 本篇原载《全国教育会议报告·乙编（成立案）》一书第305—306页。提案议决时间为1928年5月15—28日，该书出版时间为1928年8月。

有关提案者陶知行，参见前文《南京燕子矶乡村幼稚园开办简章及预算》题解。

此案系在“第一次全国教育会议”上提出。陶行知为此次会议“普通教育组”成员。该案后与陈鹤琴所提二案合并整理为《注重幼稚教育案》，大会照提案审查委员会报告通过。

实验小学之设，是“壬戌学制”颁行后的产物。为了推广幼稚教育，陶行知认为，在各级实验小学附设幼稚园，既符合“实验”之本意，又可减少经费、设备、场地、师资等方面的困难。客观来说，这确实为可行之法。

有关《全国教育会议报告》，参见前文《注重幼稚教育案》题解。

## 理由

（1）幼稚园之重要与需要，已有极显明之事实。

（2）各省、各县、各市因经费关系，不能各小学皆设幼稚园；然而在实验小学，幼稚园为必需之事业，必须创办。

办法

（1）通令全国十七年度起实行。

（2）每所幼稚园，开办费约二百元，经常费年约三百六十元。令各县列入田税附捐[①]用途预算。

① 田税附捐：恒定田税基础之上的附加税。在此实指教育附加税。历代的田税附加税的税种多有变化，教育附加税是近代普及教育后新增的税种。

# 30　令各省、各市、各县实验小学先行设立幼稚园案

陈鹤琴

另图 13　陈鹤琴像

1928年5月15—28日

**题　解**　本篇原载《全国教育会议报告·乙编（成立案）》一书第306页。提案议决时间为1928年5月15—28日，该书出版时间为1928年8月。

提案者陈鹤琴（1892—1982），浙江上虞人。早年肄业于杭州蕙兰中学、上海圣约翰大学。1911年秋考入清华学堂高等科。1914年夏，庚款留美，先获约翰斯·霍普金斯大学文学士学位，后获哥伦比亚大学师范学院硕士学位。1919年归国，任南京高师专任教员、东南大学教授。后创设南京鼓楼幼稚园，致力于儿童心理和幼儿教育研究，并以此名家。在上海主持公共租界华人教育处期间，创设中华儿童教育社，担任理事长。1940年，主持创设江西省立幼稚师范学校，任校长。后改国立，并增设专修科。抗战胜利后，创设上海幼师和上海幼专。著有《儿童心理之研究》《家庭教育》，著作有《陈鹤琴全集》。

1928年5月，在"第一次全国教育会议"召开时，陈鹤琴虽非正式代表，但参与了会议的筹备工作。会上，他与正式代表陶行知共同提交了发展幼稚教育的提案7件。后经提案审查会合并整理为《注重幼稚教育案》。大会照提案审查委员会报告通过。在这次会议上，陈鹤琴还单独提出了《中学校外国语一科一律改为选修科案》，只是"大会决议保留"，未能予以通过。

有关《全国教育会议报告》，参见前文《注重幼稚教育案》题解。

## 理由

查我国教育系统，小学教育从六周岁起；六周岁以下教育，则由幼稚园施行之。幼

稚教育之有无，影响于小学教育甚大。欧美各国，除穷乡僻壤之区，莫不有幼稚园之设立，以教养未达学龄之儿童，导以正当游戏，养成其良好基本习惯。根本既佳，小学教育自易收效。回顾我国，除附设于大都会内一二贵族的小学外，施行幼稚教育之幼稚园，竟如凤毛麟角；所谓幼稚教育，事实上尚付阙如。幼稚教育实为小学教育之基本，应加提倡，以增加小学教育效能。

办法

先令各省立实验小学一律添设幼稚园，或附设幼稚班；再推及其他小学校，以谋幼稚教育之普及。

# 31 推广乡村幼稚园案

陶知行

1928年5月15—28日

**题 解** 本篇原载《全国教育会议报告·乙编(成立案)》一书第306—307页。提案议决时间为1928年5月15—28日，该书出版时间为1928年8月。

有关提案者陶知行，参见前文《南京燕子矶乡村幼稚园开办简章及预算》题解。

此案系在“第一次全国教育会议”上提出。陶行知为此次会议“普通教育组”成员。该案后与陈鹤琴所提二案，合并整理为《注重幼稚教育案》。大会照提案审查委员会报告通过。

早在1926年10月，陶行知便提出创设燕子矶乡村幼稚园的设想；1927年11月，该园正式创设，第一所乡村幼稚园由此诞生。本提案，意在使此典型能普遍推广。

有关《全国教育会议报告》，参见前文《注重幼稚教育案》题解。

## 理由

(1)乡村幼稚园，是乡村社会普偏〔遍〕的、永久的需求。农忙时，农妇忙得天昏地黑，那里有空来管小孩子？如果有了乡村幼稚园，便能节省农妇好些精力。与其开幼稚园帮助城里太太抛下小孩子去打麻将，倒不如帮助采桑娘子照应儿女，使得她可以多养些蚕、多生点利。

(2)农忙时，幼儿无人照应。父母往往令稍长儿女辍学回家，陪小弟弟、小妹妹玩。

如果有了乡村幼稚园，便可减少小学儿童之缺课。

（3）乡村小学教师办小学，夫人办幼稚园，便可造成夫妻学校，减少乡村教师之寂寞，树立乡村家庭之模范。

（4）乡村幼稚园倘能推广，便可为乡村受过教育的妇女，开一职业上之出路。

（5）乡村幼稚园，是乡村妇女运动之惟一的中心。要想彻底去干乡村妇女运动，非从乡村幼稚园入手，便不能成功。

办法

（1）教育研究所，应研究创造平民的、省钱的、适合国情的幼稚园，使幼稚园在乡间易于设立。

（2）每省区应先试办一乡村幼稚师范，依据中心幼稚园办法，训练乡村幼稚园教师。

（3）乡村幼稚园不易单独设立，故最初办法，应多招现任乡村教师之夫人、未婚妻、近亲训练之，方能造就一人，便得一人之用。

（4）乡村幼稚园，不限定要房屋。倘使无校舍，便可在露天里办起来。天晴开，雨来散，有何不可？

# 32 各省师范学校急须设幼稚科案

陈鹤琴

1928年5月15—28日

**题 解** 本篇原载《全国教育会议报告·乙编(成立案)》一书第307—308页。提案议决时间为1928年5月15—28日,该书出版时间为1928年8月。

有关提案者陈鹤琴,参见前文《令各省、各市、各县实验小学先行设立幼稚园》题解。

陈鹤琴在"第一次全国教育会议"上所提二案,后与陶行知所提五案,经提案审查会合并整理为《注重幼稚教育案》。大会照提案审查委员会报告通过。

有关《全国教育会议报告》,参见前文《注重幼稚教育案》题解。

## 理由

幼稚教育既甚重要,今后是当积极扩充。师资一项,宜早准备。查我国培养幼稚教育师资之机关,除师范有临时性质之保姆科外,并无专门处所。以故,幼稚园教员异常缺乏,应从事培植。

## 办法

就环境适宜之地,开设幼稚师范学校;或就各省之师范内,添设幼稚科,以培养专门人才,供给良好师资。

# 33　各省开办试验幼稚师范案

陶知行

1928年5月15—28日

**题　解**　本篇原载《全国教育会议报告·乙编（成立案）》一书第308—311页。提案议决时间为1928年5月15—28日，该书出版时间为1928年8月。

有关提案者陶知行，参见前文《南京燕子矶乡村幼稚园开办简章及预算》题解。

此案系在“第一次全国教育会议”上提出。陶行知为此次会议“普通教育组”成员。该案后与陈鹤琴所提二案，合并整理为《注重幼稚教育案》。大会照提案审查委员会报告通过。

该案之后，附有《试验乡村师范学校幼稚师范院简章》共15条。此简章不仅能为创设乡村师范提供依据，而且也能为各种幼稚师范的开办和办理提供参照。此后集美幼师、北平幼师和江西幼师的开办，或多或少也与此案有所关联。

有关《全国教育会议报告》，参见前文《注重幼稚教育案》题解。

## 理由

（1）幼稚教育为国民教育之基础，又为农工社会的家庭所急需。近年来，幼稚园数日增，将来必极发达，政府必须有相当机关培植师资。

（2）全国若能令各县区创办幼稚师范，实为最善之事。然而国家财力有限，一时恐难完全办到。所以，不如每省创办试验幼稚师范一所。一方面，培植幼稚园师资；又一方面，可以供给全省幼稚园各种材料与方法，使全省幼稚教育改进。

办法

（1）财力较裕之省，如江苏、浙江等省，可以独立创办；

（2）财力较难之省，可以附设在女子中学师范部内；

（3）从十七年度开始实行；

（4）学校内部详细办法，如学生应否男女兼收及课程等等，另订。

附　实验乡村师范学校幼稚师范院简章

第一条　本院宗旨，在根据中心学校办法，造就乡村幼稚园及幼稚师范学校教师。俾能与乡村儿童、妇女共甘苦，以谋乡村儿童、妇女幸福之增进。

第二条　本院培养人才，以下列四事为目标：

（1）看护的身手；

（2）科学的头脑；

（3）儿童的伴侣；

（4）乡村妇女运动之导师。

第三条　本院教育，以中心学校生活为训练中心。本院中心学校分三种：一为乡村蒙养园，二为乡村幼稚园，三为乡村小学幼稚园。于二年内次第设立，以为训练之根据。

第四条　本院现设课程如下：

（1）中心蒙养园活动教学做；

（2）中心幼稚园活动教学做；

（3）中心小学幼稚园活动教学做；

（4）分任院务教学做；

（5）儿童文学教学做；

（6）园艺教学做；

（7）自然科学教学做；

（8）美术教学做；

（9）音乐教学做；

（10）家庭教学做；

（11）医药卫生教学做；

（12）乡村妇女运动教学做。

第五条　本院设院长一人，商承校长，总理本院一切事宜。

第六条　本院设指导员数人，指导学生依照课程实地工作。

第七条　本院只用校工一名，担任挑水、烧锅事务。其余一切操作，皆列为正课，由学生躬亲办理。

第八条　本院学生名额，依中心学校学习容量而定，暂以十四名为限。招收高级小学修业完毕、新制初级中学修业完毕、大学二年修业完毕之学生，及在职教师之有相当程度者培养之。

第九条　本院入学考试项目如下：

（1）园艺操作二小时；

（2）做儿童点心一件；

（3）智慧测验；

（4）常识测验；

（5）作国语文一篇；

（6）说儿童故事一则。

第十条　第八条所列各级学生，应缴学业证明书；在职教师，应缴学业证明书及服务证明书。

第十一条　本院修业期限，暂定为二年。但得依据各人学力，酌量伸缩。

第十二条　本院修业期满，如学业成绩合格，先给予修业证书。俟服务半年，经过考查〔察〕，确能根据中心学校精神办学者，得给予毕业证书如下：

（1）初级中学程度学生，给予蒙养园、幼稚园及小学幼稚园教师证书；

（2）高级中学程度学生，给予蒙养园、幼稚园及小学幼稚园主任教师证书；

（3）大学程度学生，给予幼稚师范学校教师证书。

第十三条　本院高级程度学生，有辅导低级程度学生之义务。

第十四条　本院不收学费，每学期只收膳费三十二元、杂费十元。

第十五条　本院不放暑假，星期六放半天，寒假放半月。其余例假，均应作有教育价值之活动。

# 34 审查编辑幼稚园课程及教材案

陶知行

1928年5月15—28日

**题 解** 本篇原载《全国教育会议报告·乙编（成立案）》一书第311页。提案议决时间为1928年5月15—28日，该书出版时间为1928年8月。

有关提案者陶知行，参见前文《南京燕子矶乡村幼稚园开办简章及预算》题解。

此案系在“第一次全国教育会议”上提出。陶行知为此次会议“普通教育组”成员。该案后与陈鹤琴所提二案，合并整理为《注重幼稚教育案》。大会照提案审查委员会报告通过。

有关《全国教育会议报告》，参见前文《注重幼稚教育案》题解。

## 理由

（1）十六年来[①]，幼稚园课程及教材，迄无标准。

（2）全国所有幼稚园课程与教材，多半是从国外来的，不很适合国情。

① 此“十六年来”，指1903年“湖北幼稚园”首创以来。

办法

（1）大学院聘请专门人才，搜集国内已有之幼稚园课程与教材，并严格审查。

（2）大学院特约试验幼稚园，从事试验、编辑幼稚园教材、方法与课程。

（3）在京都创办试验幼稚园，聘请专门人才，从事编辑、试验。

# 35 训政时期施政大纲（节录）

## 大学院

1928年6月30日

**题　解**　本篇原载《大学院公报》第1卷第8期“教育纪载”栏。发文时间为1928年6月30日，发表时间为1928年8月。原发表时，题为《大学院拟定训政时期施政大纲》。今题系编者所拟。

该大纲，最早见载于《申报》1928年7月8日18版。《申报》在文前所撰编者按为：“中国大学院草订《训政时期施政大纲》，实事求是，期以三年，分别见诸实施。其中仅有一部计划，因特殊情形，事实上或进行较缀；余多可以办到，非尚空谈。该项施政大纲，迭经院务会议详细规定。兹将此项《训政时期施政大纲草案》，采录于下。”

发文单位大学院，全称中华民国大学院，为1927年10月1日成立的管理全国学术及教育行政之最高行政机构，由蔡元培出任院长。该制模仿法国的教育管理模式，是教育相对独立的尝试。然而试行结果远非理想，1928年10月24日，大学院裁撤，恢复教育部制。

所谓“训政时期”，又称“约法之治”，是孙中山于1924年在《国民政府建国大纲》中提出的，即将建立的民国，分为“军政、训政、宪政”三个时期。训政时期的主要任务是：施行约法，进行政治训练；筹备地方自治，并以三民主义训练人民，使其了解应行使的民权和应尽的义务；发展经济，并进行社会建设。预定6年时间完成。1928年，国民党召开二届五中全会，宣告“军政时期”结束，“训政时期”开始。

《大学院公报》，教育行政月刊。1928年1月创刊于南京，由大学院主办，大学院公报编辑处编辑、大学院公报经理处发行。该刊宗旨，依蔡元培在《发刊辞》中所言：“一曰实行科学的援救与普及科学的方法”；“二曰养成劳动的习惯”;“三曰提起艺术的兴趣”。主要栏目,有大学院院章、中央教育法令、教育公牍、教育表格、教育记载、各省区教育法令择登、附录等;主要撰稿人,有蔡元培、蒋梦麟、孙科、李云良、高维昌、曾传统、张西曼、许寿裳、金曾澄、徐广德等。1928年9月终刊,共出9期。

本院依本党主义及政纲,酌量训政时期所应赶办之教育事项,草拟《训政时期施政要目》,凡十六大纲:(1)教育经费;(2)幼稚园及小学;(3)中等学校;(4)专门学校;(5)大学;(6)国外留学生;(7)图书;(8)公民教育;(9)民众教育;(10)博物院及图书馆;(11)公共体育;(12)公共美育;(13)特殊教育;(14)蒙藏教育;(15)华侨教育;(16)教育统计。至于教育行政制度,则依照中央政治会议之决议,正在江、浙二省试行大学区制,与他省区教育厅制并行,兹不列入。

第一,教育经费(略)

第二,幼稚园及小学

1. 义务教育

第一年:(1)调查全国学龄儿童人数;(2)调查全国小学校教员人数;(3)调查全国小学校经费实数;(4)规定各省区、各特别市义务教育实施计划。

第二年:(5)试验新定《全国义务教育实施计划》,逐渐加以改善。

第三年:(6)继续推行《义务教育实施计划》,以期每两年减少失学儿童人数百分之二十,至全国学龄儿童皆得入学时为止。

2. 小学课程及训育方针

第一年:(1)改订小学课程(由中小学课程标准起草委员会负责办理);(2)订定小学训育方针。

第二年:(3)试验新订《小学课程及训育方针》,逐渐加以改善。

第三年:(4)实施新订《课程标准及训育方针》。

3. 幼稚教育

第一年:(1)于全国实验小学或师范附设立幼稚园;(2)研究幼稚园各种设施,使适合本国事情;(3)编定幼稚园教材;(4)于各省师范学校内,酌设幼稚师范科。

4. 公共设备

第一年：（1）在首都试行学校公共设备（如公共理化实验室等）。

第二年：（2）在各省省城及各大商埠，推行学校公共设备。

第三年：（3）在各县推行学校公共设备。

5. 设施标准

第一年：（1）规定幼稚园、小学校地、校舍等最低标准；（2）规定小学教职员之资格、服务、待遇等标准；（3）规定小学及幼稚园教科设备及普通设备之标准；（4）规定关于小学学校行政之各项标准。

第二年：（5）继续上年未完之工作；（6）试验新定各种标准，逐渐加以改善。

第三年：（7）实施新定各种标准。

6. 小学教师之检定

第一年：（1）厘定《检定小学教师条例》，逐渐加以改善；（2）试验新订《检定小学教师条例》，逐渐加以改善。

第二年：（3）实施《检定小学教师条例》。

第三年：（4）继续实施《检定小学教师条例》。

7. 私立小学

第一年：（1）调查全国私立小学之总数、学生人数、课程、设备、教员资格等；（2）严令全国私立小学一律依照条例立案；（3）厘定《取缔及奖励私立小学办法》。

第二年：（4）实施《取缔及奖励私立小学办法》。

第三年：（5）限制外人设立小学。

8. 私塾

第一年：（1）调查全国私塾之总数、教师及学生人数、教授科目等概况；（2）厘订《改良私塾条例》。

第二年：（3）试验新订《改良私塾条例》，逐渐加以改善。

第三年：（4）实施《改良私塾条例》。

（第三中等学校、第四专门学校、第五大学、第六外国留学生、第七图书、第八公民教育、第九民众教育、第十博物院及图书馆、第十一公共体育、第十二公共美育、第十三特殊教育、第十四蒙藏教育、第十五华侨教育、第十六教育统计略）

# 36 通令推广幼稚教育

大学院

1928年7月24日

**题 解** 本篇原载《湖北政府公报》第10期。发文时间为1928年7月24日，发表时间为1928年8月8日。原发表时，题为《国民政府大学院通令推广幼稚教育》。今题系编者所拟。

该令在《广西教育公报》第2卷第12期发表时，题为《中华民国大学院令》，且题后标明“训令第五三二号（通令推广幼稚教育）”。

此件还在《安徽教育行政周刊》第1卷第19期、《金山县教育月刊》第4卷第9期等刊物发表。

有关发文单位大学院，参见前文《训政时期施政大纲（节录）》题解。

《湖北政府公报》，政务周刊，后改三日刊、半月刊，1928年6月1日创刊于武昌。由湖北省政府主办、编辑并发行，“以公布省政府之命令、法规及关于湖北之变革大政为主旨”。主要栏目，有命令、法规、公牍、议案、报告、党务、丛录等；主要撰稿人，有张难先、张知本、严重、关树方、刘树杞、甘介候、张家鼎、汪以南等。1947年9月26日终刊，共出752期。

为通令推广幼稚教育事：

查幼稚教育为一切教育之基础，至关重要。欧美各国人口稍多之区域，即在乡村亦莫不设有幼稚园。我国幼稚教育尚在萌芽时代，因经费等种种关系，固不能尽量扩充；但按部就班、分年筹划进行，实不容缓。

为此，令行务希于十七年度起，即饬所属实验小学或师范附属小学，尽先设立幼稚园；并于师范学校内，酌设幼稚师范科，以培养幼稚园师资。

十八年度开始，更希设法在乡村师范学校内，酌设乡村幼稚师范科；在乡村小学内，酌设乡村幼稚园，以期幼稚教育渐次推广，并望改良其各种设施及课程、教材，务使适合国情，期臻完美。

除分令外，仰即遵照办理。此令。

# 37　办理幼稚教育情形呈大学院文

上海市教育局

1928年8月13日

**题　解**　本篇原载1928年8月13日《申报》第11版。原发表时，题为《市教育局办理幼稚教育情形》，题下标注文字为："在市立比德、万竹、尚文、南熏、仓基等校设幼稚园，设法将小学低年级教育方法与幼稚园衔接。"今题系编者所拟。

呈文单位上海市教育局，亦称上海特别市教育局，为地方教育行政管理机构。时任局长为韦悫（1896—1976）。他任内贯彻"党化教育方针"，主张教学科学化，推行"行验教学法"，严格视导制，实行学校健康计划，使上海教育面貌一新。

有关《申报》，参见前文《南京燕子矶乡村幼稚园开办简章及预算》题解。

大学院接上海特别市教育局呈文云：

呈为谨将办理幼稚教育情形呈请鉴核事。案奉钧院第五三二号训令，以幼稚教育为一切教育之基础，甚关重要，令饬分年筹备进行。等因，奉此。

查本市人口繁密，幼稚园甚感缺少，私人创办学校，好高务名，多办大学；市立学校因经费或校舍关系，亦未得逐校附设。职局以是项幼稚教育需要急迫，虽值经济艰难，不能骤多设办，但亦未敢置为缓图。

经于市立各校中调查适当校舍及附近居民状况，酌量添设幼稚园。兹决定，下学期于比德、万竹、尚文、南薰、仓基等小学内，各附设一所；以后逐年增加，以期普及。

又，下学期职局拟办实验小学二所，各附设幼稚园。教材、设备务使完善，俾示模范。又因小学校低年级教育方法，与幼稚园不相衔接，影响于升学者颇大；并拟将初小一年级教学法略事变更，使小学与幼稚园两相联络；俾儿童升学后，不因环境骤变而影响学业进步。

奉令前因，除对于幼稚教育格外注意、努力遵行外，理合将职局办理幼稚教育情形，备文呈报，仰祈钧长鉴核示遵，实为公便。

谨呈大学院院长蔡。

# 38 设立区立幼稚园师资养成所及其招生简章

## 中央大学区

1928年9月

**题 解** 本篇原载《国立中央大学教育行政周刊》第59期“公牍”栏。发文时间为1928年9月上旬，发表时间为1928年9月17日。原发表时，题为《国立中央大学训令院字第一三六三号——令各县教育局长为抄发〈幼稚园师资养成所招生简章及课程表〉，仰遵照章程保送学生，依期应试由》。今题系编者所拟。记录报道者未详。

该训令，曾以《中大令考幼稚园师资养成所——国立中央大学为令发幼稚园师资养成所办法事，通令六十一县教育局长》为题，发表于1928年9月10日《申报》第12版。内容大同小异。

发文单位中央大学区，一度称“江苏大学区”，系地方教育行政和学术研究的管理机构，为“大学院制”的配套设施。创设于1927年，由原东南大学为龙头，将江苏境内的河海工程大学、江苏医科大学、上海商科大学、江苏法政大学、上海商业专门学校、南京工业专门学校、南京农业学校、苏州工业专门学校合组为“中央大学”。此既为办学实体，又为地方教育行政管理机构，用以取代了原设江苏省教育厅的功能。时任中央大学校长张乃燕（1894—1958），既是中央大学校长，又是中央大学区的掌门人。

《国立中央大学教育行政周刊》，地方教育周刊。1927年7月创刊于南京。由国立中央大学主办、编辑并发行。旨在推进中央大学办学和研究的同时，对江苏地方教育也进行全面改革。主要栏目，有公牍、法规、言论、统计、建议、行政消息、学校消息等；主要撰稿人，有张乃燕、蒋梦麟、董淮、熊子容、常导之、蔡元培等。1929年8月26日终刊，共出108期。

## 一、训令院字第一三六三号

令六十一县教育局长：

为令行事，查幼稚园在学制上，已占有相当地位；亟宜广储师资，以为推广之预备。

前经本大学第三十九次行政会议议决，设立中央大学区立幼稚园师资养成所。暂在南京女子中学内附设，以该校校长主持一切筹办事宜。

兹由该校长拟具招生简章、应考须知及课程学分表等，呈送前来，业经本大学分别核定。除指令准予施行外，合行检发招生简章及课程学分表等各一份，令仰该局长按照投考资格，备具投考学生保送证书，径送南京女中依期应试，以资普遍而免向隅。此令。

计发中央大学区立幼稚园师资养成所招生简章、应考须知及课程学分表各一份（见法规栏）。

## 二、幼稚园师资养成所招生简章（十七年八月订）

### （一）学额

四十五名。

### （二）资格

（1）高中师范科毕业；

（2）有同等学力者：（a）高中普通科毕业而有教育常识者；（b）高中肄业二年，或旧制中学师范本科毕业，曾在小学服务一年以上，而有服务证明书者。

### （三）考期

九月十五、六两日。

### （四）报名期

自九月一日起，至考试前一日止。

（五）报名手续

（1）呈送教育局保送书；

（2）呈验毕业证书或修业证书，及曾在某校服务之证明书；

（3）填写投考报名单及履历书；

（4）缴四寸半身最近相片一张；

（5）缴试验费壹元半（录取与否概不发还）。

以上手续不完备者，不准与试。

（六）考试科目

（1）国文——国文常识及作文；

（2）教育常识——教育原理、教育史、教育统计、教育测验及教育心理；

（3）常识——自然、公民及史地；

（4）图画——写生画；

（5）音乐——音乐欣赏、唱歌及弹琴；

（6）手工——基本技能；

（7）口试——国语口才、教育兴趣及性情；

（8）体格检查。

（七）报名及试验地点

南京马府街南京女子中学校本所。

（八）纳费

（1）学、膳、宿费均免缴；

（2）体育费，一元；

（3）讲义费，二元；

（4）杂费，四元；

（5）保证金，十元（毕业时发还。但于肄业期内，有损坏公物应赔偿时，即于该〔保〕证金内扣算）；

（6）仆费，半元。

（九）附则

（1）函索本所招生简章者，须附邮票一分；

（2）通函报名，须挂号寄交本所招生委员会。

## 三、幼稚园师资养成所入学应考试验应考须知

（1）考生须于九月十五、六两日上午七时四十分，到马府街南京女子中学校本所报名处报到。各凭报名收据，向本所招考办公处换取准考证及膳食证。

（2）送考者不得在试验室外观望。

（3）试验须誊写清楚。考时除笔、墨外，不得携带纸张、书籍。作弊者，试卷无效。

（4）姓名须一律填写于粘在考卷左角之白纸上。忘书姓名者，其试卷作为无效。

（5）考生午膳，由校供给。午膳时，即凭本校所发之膳食证入膳。

（6）应考学科及时间表（表3）：

表3　应考学科及时间表

| 时间／试验科目／日期 | 上午 | | 下午 | |
|---|---|---|---|---|
| | 八时半至十时 | 十时二十分至十二时 | 一时半至三时 | 三时二十分至五时 |
| 第一日 | 国文 | 常识 | 手工 | 图画 |
| 第二日 | 教育 | 音乐、口试 | 体格检查 | |

（7）考生相片、文凭证书等件，如未录取，于揭晓后一星期内，凭报名收据发还。

（8）本届录取新生，于九月十七日上午九时，在本校大门口揭晓。

## 四、幼稚园师资养成所课程学分表（表4）

表4 幼稚园师资养成所课程学分表

| 学期<br>每周时间及学分<br>学科 | 第一学期 | | 第二学期 | | 备注 |
|---|---|---|---|---|---|
| | 时数 | 学分 | 时数 | 学分 | |
| 三民主义 | 1 | 1 | | | 凡未习过教育心理者，应补习教育心理3学分 |
| 儿童心理学 | 3 | 3 | | | |
| 幼稚教育原理及幼稚教育史 | 3 | 3 | 3 | 3 | |
| 幼稚园儿童文学及教学法 | 3 | 3 | 3 | 3 | |
| 幼稚园音乐及教学法 | 3 | 2 | | | |
| 幼稚园图画及教学法 | 3 | 2 | | | |
| 幼稚园手工及教学法 | 3 | 2 | 3 | 2 | |
| 幼稚园自然、社会常识及教学法 | 3 | 3 | 3 | 3 | |
| 幼稚园园艺及教学法 | | | 2 | 1 | |
| 幼稚园游戏、舞蹈及教学法 | 2 | 1 | 2 | 1 | |
| 幼稚园应用家事学 | 2 | 2 | | | |
| 幼稚园管理及行政 | | | 2 | 2 | |
| 幼稚园课程研究 | | | 2 | 2 | |
| 教育观察及实习 | 另定 | 2 | 另定 | 4 | |
| 医学常识 | 2 | 2 | | | |
| 体育 | 另定 | 1 | 另定 | 1 | |
| 练琴 | 4 | 2 | 4 | 2 | |

國立中央大學訓令院字第一三六二號

（令各縣教育局長爲抄發幼稚園師資養成所招生簡章及課程表仰遵照章程保送學生依期應試由）

令六十一縣教育局長

爲令行事：査幼稚園在學制上已佔有相當地位，亟宜廣儲師資，以爲推廣之預備；前經本大學第三十九次行政會議議決設立中央大學區立幼稚園師資養成所，暫在南京女子中學內附設，以該校校長主持一切籌辦事宜。茲由該校長擬具招生簡章，應考須知及課程學分表等，呈送前來，業經本大學分別核定。除指令准予施行外，合行檢發招生簡章及課程學分表等各一份，令仰該局長按照投考資格，備具投考學生保送證書，逕送南京女中，依期應試，以資普遍，而免向隅。此令！

計發中央大學區立幼稚園師資養成所招生簡章應考須知及課程學分表各一份（見法規欄）

中華民國十七年九月　校長張乃燕

國立中央大學訓令院字第一三八三號

（令各中小學校通知訓育主任於本月二十日來京檢定非黨員則無考試資格仰遵照辦理由）

令本大學區立各中小學

爲令知事：案准中央大學區區立學校黨義教師檢定委員會函開：『茲經本會第四次會議議決：請貴院通知各中等學校及實驗小學訓育主任，一律於本月二十號來京檢定；並且非黨員者，一概無考試資格在案。理合函達貴院，即請通知各校爲荷』等因。准此，除分行外，合亟令仰該校長遵照。此令！

中華民國十七年九月十一日　校長張乃燕

國立中央大學訓令第一四〇三號

（令各屬爲奉院令抄發刑法勘誤表仰知照由）（不另行文）

令各縣教育局<br>中央大學區立各學校<br>各場及各館

爲令知事：案奉

中華民國大學院訓令第六三八號內開：

『爲令知事：奉　國民政府令第四三三號開：「案據司法

教育行政週刊　第五十九期　三

另图14　《设立区立幼稚园师资养成所及其招生简章》原发表件（部分）

# 39　创设幼稚园呈文和简章

## 永川县教育局

1929年2月3日

**题　解**　本篇原载《永川教育月刊》第1期“公牍”栏。呈文时间为1929年2月3日，发表时间为1929年4月。原发表时，题为《咨呈县署为创设幼稚园及夜课学校请立案一案（永川县教育局咨呈）》和《永川县教育局附设幼稚园收生简章》。今题系编者所拟。

发文单位永川县教育局，系四川省永川县（现为重庆市永川区）的教育行政机构。该县位于长江上游地区、重庆市西部，教育事业相对落后。当时人口40万，小学仅10余所，且时开时停。时任教育局局长黄孝永，到任未久，决计加以大力整顿，并以创立幼稚园为切入点。

《永川教育月刊》，地方教育月刊。1929年4月创刊于永川，由永川县教育局主办、编辑并发行。该刊“以发挥教育原理、传达教育事业，及报告本县学务情形为宗旨”。主要栏目，有论著、教导方法、补充教材、通讯、研究、史摘、时事评述、教育消息、研究报告、书报评介等；主要撰稿人，有黄孝永、苏致远、胡德渊、龚杰人、苏维崧、向楚等。仅出此一期。

## 一、呈文

为创设幼稚园及夜课学校，请予立案备查事。

窃查近代以来，欧美各国富强原因，无不归功小学教育发达；而小学教育之初基，尤以幼稚园为起点。东西各国皆实行强迫教育，是以满四岁之儿童，必令送入幼稚园学校，使之观摩，以养成向学之志。其有失学者，则设平民教育以普及之。

我国虽屡有此项通令，无如各地都未实行，以致文化毫无进展。查我邑自民国十二年陈师长国栋驻防永川，即欲提倡教育、促进文明。故特转请立案，附加“二五中资”①，以为开办女子职业、平民学校、幼稚园、夜课学校、露天讲演之需。

现女子职业、平民学校，已次第成立；所有幼稚园及夜课学校，亦应赓续办理，以广造就而期普及。昨经召集同人会议，其幼稚园园长，由局长自兼，不另支薪；延聘保姆一人、教员一人，地点则就教育局内附设，经费在“二五中资”项下拨支。

平民夜课及露天讲演，即由局内固定之讲演员二人担任，不另聘员。每岁所需，仍于“二五中资”项下划拨，地点则就本〔局〕内附设。

除候各校成立，再行表报外，所有开办缘由，理合具文，咨呈贵署，查核备案见复。实为公便。此咨呈

永川县知事彭

局长黄孝永

中华民国十八年二月三日

## 二、简章

一、名称　本园系教育局附设，故定名为“永川县教育局附设幼稚园”。

二、宗旨　本园以健康幼童之身体、诱育幼童之智能、陶冶幼童之心性、指导改良幼童之家庭为目的。

三、年岁　不论男女，凡四岁至六岁之幼童，均可入园。

四、地点　教育局内开办，期在旧历二月二十日。

五、名额　四十名为限。

六、学费　不缴学费，取点心费四角。

---

① 此“二五”，系“二五附税”的简称。即在原税种之上，自动征收2.5％的附加税。“二五中资”，即从二五中资附税中拨出一部分办学。

七、课程　识字、谈话、游戏、唱歌、图画、算术、手技、卫生。

八、修业时间　两年毕业。

九、课程时间　每日上午自九时起至十二时止。

十、报名地点　在新街三五书店内，并请同时缴纳点心费四角。

中华民国十八年三月十八日

# 40　中华民国教育宗旨及其实施方针

国民政府

1929年4月26日

**题　解**　本篇原载《教育部公报》第1卷第5期“国民政府令”栏。发文时间为1929年4月26日，发表时间为1929年5月。原发表时，题为《国民政府令：为公布中华民国教育宗旨及其实施方针由》。今题系编者所拟。

本文所录“实施方针”，既与前文《教育方针及其实施原则案》有所不同，又与其后国民党“四大”上的修订稿略有所异，因而须全文采录。有关“三民主义教育宗旨”的精要表述，除前文《教育方针及其实施原则案》外，尚有多种提法，兹以附录形式呈现，以供参考。

发文单位国民政府，即中华民国南京国民政府，是为训政时期的中央政府机构与最高行政机关。于1927年4月18日成立于南京，与“武汉国民政府”分庭抗礼。后经“宁汉合流”，于1928年2月改组，终成统一的国民政府。后实行“五院制”，政府由行政院、立法院、司法院、考试院、监察院组成。时任国民政府主席为蒋介石（1887—1975）。

《教育部公报》，教育行政月刊。1929年1月创刊于南京，取代此前的《大学院公报》，由教育部主办、编辑并发行。旨在发布教育政令，刊载各种制度规章，并报道各省教育实践状况。主要栏目，有政府命令，教育部公牍、法规、会议录、附载等；主要撰稿人，有蒋梦麟、马叙伦、张西曼、周淦、孟寿椿等。1948年11月30日终刊，共出20卷239期。

## 国民政府令（十八年四月二十六日）

案奉中国国民党第三次全国代表大会第十一次会议通过《确定教育宗旨及其实施方针》，饬即照办等因。查此项决议案，关系以党建国、以党治国之根本大计，至为宏巨。兹将原案公布，著行政院令饬教育部，转饬遵照，切实施行。务期启迪全民，实现三民主义。此令。

## 中华民国教育宗旨及其实施方针

### 一、教育宗旨

中华民国之教育，根据三民主义，以充实人民生活、扶植社会生存、发展国民生计、延续民族生命为目的，务期民族独立、民权普遍、民生发展，以促进世界大同。

### 二、实施方针

前项教育宗旨之实施，应守下列之原则：

（1）各级学校之三民主义之教学，应与全体课程及课外作业相贯连。以史地教科，阐明民族真谛；以集合生活，训练民权主义之运用；以各种之生产劳动的实习，培养实行民生主义之基础。务使智识、道德，融会贯通于三民主义之下，以收笃信、力行之效。

（2）普通教育，须根据总理遗教，以陶融儿童及青年“忠孝、仁爱、信义、和平”之国民道德，并养成国民之生活技能、增进国民生产能力，为主要目的。

（3）社会教育，必须使人民具备近代都市及农村生活之常识、家庭经济改善之技能，公民自治必备之资格，保护公共事业及森林、园地之习惯，养老、恤贫、防灾、互助之美德。

（4）大学及专门教育，必须注重实用科学，充实学科内容，养成专门知识、技能，并切实陶融为国家、社会服务之健全品格。

（5）师范教育，为实现三民主义的国民教育之本源。必须以最适宜之科学教育，及最严格之身心训练，养成一般国民道德上、学术上最健全之师资，为主要之任务。于可能范围内，使其独立设置，并尽量发展乡村师范教育。

（6）男女教育机会平等。女子教育，并须注重陶冶健全之德性、保持母性之特质、建设良好之家庭生活及社会生活。

（7）各级学校及社会教育，应一体注重发展国民之体育。中等学校及大学、专门，须受相当之军事训练。发展体育之目的，固在增进民族之体力，尤须以锻炼强健之精神、养成规律之习惯，为主要任务。

（8）农业推广，须由农业教育机关积极设施。凡农业生产方法之改进、农民技能之增高、农村组织与农民生活之改善、农业科学智识之普及，以及农民生产、消费、合作之促进，须以全力推行。

附录 《有关三民主义教育宗旨的其他表述》

（一）大学院第一次全国教育会议议决之教育宗旨（1928 年 5 月）

民国十七年五月十五日，中华民国大学院召集第一次全国教育会议，确定具体的、一贯的中华民国教育宗旨为“三民主义的教育”。于说明书上，说明如下：

所谓三民主义的教育，就是实现三民主义的教育，就是以实现三民主义为目的的教育；就是各级行政机关的设施、各种教育机关的设备和各种教学科目，都是以实现三民主义为目的的教育。

（二）国民党中央执委会第五次全体大会关于教育宗旨之提案（1928 年 7 月）

（1）中央训练部向中央执行委员会常委会提出之原案——

中华民国之教育，以发扬民族精神、提高民权思想、增进民生幸福、促进世界大同为宗旨。

（2）中央训练部向中央执行委员会第五次全体大会提出之修正案——

中华民国之教育，以根据三民主义，发扬民族精神、实现民主政治、完成社会革命，而臻于世界大同为宗旨。

（3）国民政府大学院向中央执行委员会第五次全体大会提出之草案——

中国国民党以三民主义建国，应以三民主义施教。从前所颁布之教育宗旨，自不适用。今特仰遵总理遗教，根据教育原理，订定中华民国教育宗旨如下：

恢复民族精神，发扬固有文化，提高国民道德，锻炼国民体格，普及科学知识，培养艺术兴趣，以实现民族主义。

灌输政治知识，养成运用四权之能力，阐明自由界限，养成服从法律之习惯；宣扬平等精义，增进服务社会之道德；训练组织能力，增进团体协作之精神，以实现民族主义。

养成劳动习惯，增高生产技能，推广科学之应用，提倡经济利益之调和，以实现民生主义。

提倡国际主义，涵养人类同情，期由民族自决，进于世界大同。

（4）于委员右任在中央执行委员会临时提出之草案：

中华民国教育，以培养主义化、革命化、社会化、平民化、科学化之人民，实行民族主义、民权主义、民生主义，以完成国民革命、达到世界大同为宗旨。

（5）经委员亨颐在中央审查会提出之修正案：

中华民国教育，以三民主义治本、军民主义治标，统一思想、强健体力、促进国际平等、完成社会革命为宗旨。

（6）蔡委员元培在中央审查会提出之修正案：

中华民国教育，以根据三民主义，统一思想、强健体力、促进国际平等、完成社会革命为宗旨。

（7）陈委员果夫在中央审查会提出之修正案：

中华民国教育，以发扬民族精神、启发民权思想、增进民生幸福、完成三民主义为宗旨。

中央执行委员会各部会处秘书审查会提出之修正案：中华民国教育，以根据三民主义，发扬民族精神、启发民权思想、增进民生幸福，而臻于世界大同为宗旨。

原载《第一次中国教育年鉴·甲编教育总述·第一教育宗旨》
第 10—11 页，开明书店 1934 年 5 月版

准此令

◉國民政府令十八年四月二十六日

案奉

中國國民黨第三次全國代表大會第十一次會議通過確定教育宗旨及其實施方針飭即照辦等因查此項決議案關繫以黨建國以黨治國之根本大計至爲宏鉅茲將原案公布著行政院令飭教育部轉飭遵照切實施行務期啟迪全民實現三民主義此令

◉中華民國教育宗旨及其實施方針

甲 教育宗旨

中華民國之教育根據三民主義以充實人民生活扶植社會生存發展國民生計延續民族生命爲目的務期民族獨立民權普遍民生發展以促進世界大同

乙 實施方針

前項教育宗旨之實施應守下列之原則

一 各級學校三民主義之教學應與全體課程及課外作業相貫連以史地教科闡明民族眞諦以集合生活訓練民權主義之運用以各種之生產勞働的實習培養實行民生主

另图 15 《中华民国教育宗旨及其实施方针》原发表件（部分）

# 41　关于幼稚教育议案

## 安徽省教育会议

1929年4月

**题　解**　本篇原载《女钟》第16期“幼稚师范专科特号”。议案通过时间为1929年4月，发表时间为1929年10月。原发表时，题为《本省教育会议关于幼稚教育议案》。今题系编者所拟。

发文组织安徽省教育会议，指1928年4月召开的安徽省第一次省立中等学校校长会议和安徽全省教育局长会议。此时，安徽省教育厅厅长为程天放，他同时兼任安徽大学校长，并一度代行安徽省主席之职，因而可能在推进地方教育上有所作为。

《女钟》，校刊，不定期。创刊时间未详，出版地为安徽合肥。由安徽省立第一女子中学主办、编辑并发行。旨在介绍女子教育的理论和主张，推进地方女子教育，报道办学近况和联络师生感情。主要栏目，有言论、讲坛、译述、研究、文艺、纪事等；主要撰稿人，有钱竞雄、陆启华、朱政芳、李令、陈明坤、张汝娴、沈祥芳等。1932年终刊，共出16期（仅存3期）。

### 一、关于幼稚师范科议案

本校提出《女子中学附设幼稚师范专科》一案，于第一次省立中等学校校长会议（十八年四月）议决，照案通过；全省教育局长会议，亦有相同性质之提案，经两会联席会议通过。

（一）主文

女子中学应添设幼稚师范专科案。

（二）理由

教育为国家之大本，而儿童教育又为一切教育之基础。此总理《建国大纲》所以关于教育一项，首先谆谆昭训、以全力厉行普及儿童本位之教育也。

查本省幼稚园之专设者，固属缺如；即小学之附设有幼稚园者，亦寥寥无几，实为党治下国民教育之一大缺陷。然欲实施儿童教育，必自造就师资始，因拟添设幼稚师范专科。

可否请求教厅施行，敬希公决。

（三）办法

（1）凡女子中学之有师范科者，于十八年秋季，一律添设幼稚师范科一级或二级；

（2）如限于经费，即指定学校先后添设；

（3）在第一次招生时，每县至少选送一人或二人；

（4）其待遇，除照师范生免膳外，另给书籍、制服费。

## 二、第三中学关于幼稚园议案

安徽省第一次省立中等学校校长会议，由第三中学提出《各中学、实小添设幼稚园》一案。又，教育局长会议，由亳县教育局提出《各县宜设立幼稚园》一案，均经该项会议照原案通过。兹录原案如下：

（一）主文

各中学、实小添设幼稚园案。

（二）理由

幼稚教育及于近世，益感重要，世人无不知之。

实小方面，尤宜添设幼稚园，一以供师范科学生之实习，一以作学区内幼稚教育之圭臬。

本学期厅令严厉取缔私塾后，幼稚园之设立，尤为切应需要。

### （三）办法

凡无幼稚园之学校，计划建筑费由厅规定临时经常预算，列入下年度实支预算数内。

是否有当，敬候公决。

## 三、亳县教育局关于幼稚园议案

### （一）主文

各县宜设立幼稚园案。

### （二）理由

查我国教育系统，小学教育从六周岁起。六周岁以下教育，则由幼稚园施行之。幼稚教育之有无，影响于小学教育甚大。

以幼稚园教养未达学龄之儿童，导以正当游戏，养成良好基本习惯；根本既佳，小学教育自易收效。

### （三）办法

先令各实验小学，一律添设幼稚园；再推及其他学〔校〕，以谋幼稚教育之普及。

附录 《令知各县宜设立幼稚园（安徽省政府教育厅训令第八七七号）》

令六十县教育局：

为令遵事。查此次全省教育局长会议议决《各县宜设立幼稚园》一案。兹据该会主席赵宝锐、罗会坦等呈送前来，查核尚属切要。除分行外，合行抄发原提案，令仰

该局长即便遵照，酌量办理。此令。（五月三十一〔日〕）

计抄发原提案一件《各县宜设立幼稚园案》（亳县教育局局长黄金堂提）。

原载《安徽教育行政周刊》第 2 卷第 19 期，1929 年 6 月 17 日

# 42 拟购民房开办幼稚园呈文

天津市教育局

1929年12月7日

**题 解** 本篇原载《天津特别市教育局教育公报》第21期“公牍”栏。呈文时间为1929年12月7日；发表时间为1930年2月16日。原发表时，题为《呈为价购民房开办幼稚园仰祈鉴核文（第四七六号）》。今题系编者所拟。

发文单位天津市教育局，1928年6月，国民政府根据《行政法》，在天津原城厢及其周围地区，设立“天津特别市”，并下设教育局，综理全市教育行政事务。时任教育局局长为邓庆澜（1880—1960），对于发展地方基础教育十分重视。

《天津特别市教育局教育公报》，地方教育半月刊。1929年4月16日创刊于天津，由天津特别市教育局主办、编辑并发行。该刊旨在发挥上传下达作用，及时刊布训令、法规、公牍和教育动态，辅助本市教育的推进。主要栏目，有训令、公牍、指令、记录、法规、学术纪要、教育消息、附录等；主要撰稿人，有邓庆澜、孙瑞元、崔廷献、任王德、蒋梦麟、刘德昭等。1937年7月停刊，共出178期。

呈为价购民房开办幼稚园仰祈。

鉴核令导〔遵〕事。窃职局因本市幼稚教育感觉供不应求，拟于适宜地点添设幼稚园数处，以应需要。曾列入行政计画，呈报钧府在案。

现在公安局第二区界内卫生局胡同，觅得刘姓住房一所，堪充开办幼稚园之用。缘该处居民稠密，幼稚儿童为数极多。倘购置该房开办幼稚园一处，不惟幼稚儿童有受教育之机会，即职局设学预定计画，亦得完成一部分之实施。

查该住房颇合设立幼稚园之用。再，该房连同地基，索价四千五百元。职局未敢擅专，为此仰祈钧府派员勘估，借定价格，以资信允。

所有价买民房开办幼稚园缘由，理合具文，呈请鉴核令遵，实为公便。谨呈

天津特别市市长崔。

计呈送房图一纸（略）。

中华民国十八年十二月七日

天津特别市教育局局长邓庆澜

# 43 一九三〇年晓庄学校幼稚教育进行计划

陶知行

1929年12月25日

**题 解** 本篇原载《晓庄一年计画》一书第 21—22 页。提交时间为 1929 年 12 月 25 日，出版时间为 1933 年 1 月。原件系《晓庄学校蟠桃学园十九年的计划》之附录。原发表时，题为《陶先生的十一项提案》。今题系编者改拟。

有关计划拟定者陶知行，参见前文《南京燕子矶乡村幼稚园开办简章及预算》题解。

晓庄学校，其前身为南京晓庄试验乡村师范学校（晓庄师范）。1928 年 5 月“第一次全国教育会议”上，确立了师范教育不得由私家办理的指导性意见，加之晓庄师范亦有扩大规模、提升规格的设想，于是在 1928 年 8 月正式改称“晓庄学校”。

提出此“计划”的背景是：1929 年底，陶行知为改变晓庄学校“生活但呈乱象”的状况，提出了今后要过“有计划的生活”；要求各个部门和全校师生，均须订立 1930 年的全年计划，并须严格依照计划办事。陶行知率先垂范，提交了《我今年的计划》和《晓庄学校民国十九年计划大纲》。本案系他就幼稚教育所提出者。

《晓庄一年计画》，系由陶行知主编、方与严编，由上海儿童书局 1933 年 1 月初版。全书收有团体计划 7 件、个人计划 63 件。所收计划，大多均曾在《晓庄战报》上发表。晓庄学校被强令封闭后，仅“保全此半璧计画”。该书共 237 页，8 万余字。

十八年十二月二十五日，在和平门幼稚园幼稚〔教育〕研究会中，通过十九年度的《幼稚教育进行计画》：

（1）现任指导员一律不得辞职；

（2）增设迈皋桥幼稚园一所；

（3）购置世界幼年教育书籍及工具，并陈列之；

（4）翻译 *Pre-School Education*（1929）①；

（5）出版《幼稚教育论文》② 第二集；

（6）编辑儿歌一百首；

（7）编辑儿童故事一百首〔篇〕；

（8）编辑儿童游戏五十种；

（9）创造儿童玩具十种；

（10）编辑《儿童口算》一册；

（11）编辑《幼稚园课程标准草案批评》一册。③

---

① *Pre-School Education*：杂志名，译作《学前教育》。

② 《幼稚教育论文》：书名，全称《幼稚教育论文集》，收有陶行知、陈鹤琴和张宗麟的幼稚教育论文 8 篇。当时业已编成，1932 年由上海儿童书局出版。

③ 此“编辑”，指结集出版对 1929 年 8 月教育部颁行的《幼稚园课程暂行标准》的评价、批评。该法规由陈鹤琴主持制订，原名为《幼稚园课程标准草案》。

# 44 一九三〇年的计划

## 晓庄学校蟠桃学园

1929年12月25日

**题 解** 本篇原载《晓庄一年计画》一书第18—20页。提交时间为1929年12月25日，出版时间为1933年1月。原发表时，题为《蟠桃学园十九年的计画》。今题系编者所拟。

计划拟订单位晓庄学校蟠桃学园，系晓庄学校的组成部分之一。在晓庄师范改制为晓庄学校后，顺序试行了“集团军制”“学院制”和“学园制”，并最终确定为“六学园制”。蟠桃学园，原名“幼稚学院”。后依陶行知在《〈中国教育改造〉自序》中所言：“当吾母六十寿辰，吾立志要将吾父母传给我最好的精神，在中国教育上充分表现出来，作为我献与她的寿礼。她所最喜欢的，是她的四个孙儿，她常呼他们为她的蟠桃。因此，我便想到最好的寿礼，无过于把她爱蟠桃的心推广出去，使全国的蟠桃都得到他们所应得的爱护。”于是有此定名。简言之，蟠桃学园即办理乡村幼稚园，又以“艺友制”培养乡村幼教师资。

有关《晓庄一年计画》，参见前文《一九三〇年晓庄学校幼稚教育进行计划》题解。

### （一）关于发展事业

（1）建筑房物，修造道路；

（2）购买中西图书及音乐器具；

（3）置备福氏、蒙氏和美国新发明之恩物；

（4）开辟花园，种植竹木；

（5）增加新同志，添办小学一年级，以谋幼稚园与小学之沟通。

（二）关于研究事业

（1）实现陶先生的十一项提案；

（2）继续幼稚教育研究会；

（3）编《晓庄幼稚园概况》；

（4）编辑《乡村幼稚园》；

（5）分园试验课程与方法；

（6）分园试编材料；

（7）参观京沪、沪杭路各幼稚园及幼稚师范。

（三）关于指导事业

（1）请张宗麟先生，协同指导幼稚园的新方法和新试验；

（2）燕子矶幼稚园，请徐先生担任；晓庄幼稚园，由王先生担任；和平门幼稚园，请陶、张二先生兼任指导；[①]

（3）请陈鹤琴先生作特别指导；

（4）聘请卫生指导员，定期指导儿童卫生。

（四）关于社会事业

（1）做乡村妇女运动；

（2）开“母亲会”；

（3）开“婴儿会”；

（4）创办妇女夜校。

---

① 此“徐先生”，为徐世璧女士；此“王先生”，指王荆璞女士；此“陶、张二先生”，指陶行知和张宗麟。

# 45 省立小学校附设幼稚园暂行通则

湖北省教育厅

1930年4月30日

**题 解** 本篇原载《湖北教育厅公报》第1卷第1期“本厅法规”栏。发表时间为1930年4月30日。原发表时，题为《湖北省立小学校附设幼稚园暂行通则》。今题系编者所拟。

发文单位湖北教育厅，地方教育行政管理机构。时任教育厅厅长为黄建中（1889—1959）。他到任后，除大力推进乡村教育，创设湖北乡村师范学校（湖北教育学院前身）外，还大力整顿和发展基础教育，并以学前教育作为先导。

《湖北教育厅公报》，地方教育半月刊、月刊。1930年4月30日创刊于武昌。由湖北省教育厅主办、编辑并发行。该刊旨在及时传达教育指令、公布教育法规、交流教育经验，用以扩大影响和提高效能。主要栏目，有命令、法规、公牍、会议记录、论著、计划、报告、统计、教育消息、特载、附录等；主要撰稿人，有黄建中、黄昌谷、吕耀先、吴泽霖、杨汉章、吴醒亚、廖如璧等。1933年6月30日终刊，共出4卷57期。

第一条 幼稚园附设于某小学者，定名为某小学附设幼稚园。

第二条 幼稚园应根据三民主义，顺应儿童自己活动，实行保护、助长和诱导，使儿童在儿童时代之生活得以合理完成，以补助家庭教育之不及。

第三条 幼稚园得按所有儿童年龄程度，分为若干组。

第四条 幼稚园课程暨教育方法，悉参照部颁《暂行幼稚园课程标准》施行。其教育方法，大略以混合设计为主眼。

其课程大别为:(1)音乐;(2)故事和儿歌;(3)游戏;(4)社会和自然;(5)工作;(6)静息;(7)餐点。

第五条　幼稚园采全日制。其保育时间，普通每日从午前九时到午后四时；夏期每日从午前八时到午后五时。但中午休业，得按时伸缩。

第六条　幼稚园儿童，年龄由四岁至六岁，男女兼收，概不寄宿。

第七条　男女儿童四岁而身体完全者，得依幼稚园订定日期，报名入园。但报名时，须有家长率领，填具履历及志愿书。

第八条　幼稚园儿童名额，以五十名为最高限度，逾限不收。

第九条　保育年限定为二年，但遇特别情形，得增加一年。

第十条　幼稚园学期之起讫，与小学同。

第十一条　幼稚园休业日期，与小学同。

第十二条　幼稚园儿童，不得无故中途辍学。但有下列情事之一者，得令退学:

(1)有疾病须离开调治者;

(2)患传染病者;

(3)有正常事故者。

第十三条　幼稚园保姆，应常与儿童家庭接近。在雨雪〔天〕时儿童不能到园，更应特行家庭访问。

第十四条　幼稚园设备，应随儿童需要，力求经济，并尽量利用环境的自然事物。其作业，尤应利用废物，化无用为有用，养成儿童惜物和俭朴习惯。

第十五条　幼稚园儿童保育期满、试验及格，给予升学证书，得升入各该本校初级部肄业。

第十六条　幼稚园不收学费。惟制服费、餐点费以及儿童书籍、文具等费，均由儿童家庭担负。

第十七条　幼稚园组织及各种章则、表簿，应由各该学校呈厅备案。

第十八条　本通则在教育部未颁布幼稚园正式条例以前，得适用之。

第十九条　本通则自教育厅公布之日施行，并呈报省政府备案。如有未尽事宜，得随时修改之。

# 46 呈报成立幼稚园等事

## 北平市教育局

1930年5月1日

**题 解** 本篇原载《北平特别市市政公报》第45期“教育”栏。发文时间为1930年5月1日，发表时间为1930年5月12日。原发表时，题为《呈报成立幼稚园一处、小学校两处，请予备案并请颁发钤记，以便转发由》。今题系编者所拟。

发文单位北平市教育局，地方教育行政管理机构。1928年南北一统后，改北京为北平，将北京学务局改为北平特别市教育局，时任局长为张之洞之子张见庵，负责管理北平市属各级各类教育。后将教育局改隶社会局，成为该局第三科。

《北平特别市市政公报》，地方政务周刊、半月刊。1929年7月8日创刊于北平，其前身为《北平特别市市报》（1928年7月）。由北平特别市政府主办、编辑并发行。旨在发布政令、沟通政情，促进地方自治。主要栏目，有法规、电文、命令、公牍、报告、纪事等，主要撰稿人，有张荫梧、延毓琪、黄子方、赵以宽、华南圭等。1930年9月22日终刊，共出64期。

呈市政府：呈报成立幼稚园一处、小学校两处，请予备案，并请颁发钤记，以便转发由。

为呈报事，窃职局前拟就《筹办义务教育经费，拓增小学五处、幼稚园一处》。自十八年九〔五〕月起至八月底止，陆续成立。曾经缮具计划书呈奉。

钧府第四七二五号指令内开，呈暨计划书均悉，应准如拟办理。仰仍于每校成立时，即行呈报备查。附件存。此令。等因。

奉此遵即从事筹划。所有寻觅校舍、研订办法，颇费周折。迄今已成立幼稚园一处、小学校两处。其幼稚园，定名为“北平特别市教育局委托试验幼稚园”①，地址西长安街艺文中学校内。已于三月一日拨款开办。内中详细办法，业已呈经钧府核准在案，不再赘叙。

其小学校两处，一名“北平特别市市立第四十二小学校”，地址在西安门里光明殿后部；一〔名〕“北平特别市市立第四十三小学校”，地址在后门内东板桥五号，租房充作校舍。以上两校均已招生，于四月二十六日开始授课。

理合具文呈报，恭祈鉴核备案，并请为该园校等各颁钤记一颗，以便转发，俾资信守，实为公便。谨呈。

中华民国十九年五月一日奉

指令呈悉，应准备案。兹刊发该园校等钤记各一颗，仰即转发具领，并饬将启用日期呈报备查。此令。

---

① 此“园”，简称“试验幼稚园”。实则是将原私立北京艺文中学附属幼稚园收归公办。该校系高仁山手创，该园则是在高仁山遇害后，为纪念他而由张雪门主持创设。因此，该园负责人，长期由张雪门兼任，并成为北平幼稚师范学校的实习基地。

爲公便謹呈

中華民國十九年四月三十日奉

指令呈悉此令

呈市政府　呈報成立幼稚園一處小學校兩處請予備案并請頒發鈐記以便轉發由

爲呈報事竊職局前擬就籌辦義務教育經費拓增小學五處幼稚園一處自十八年九月起至八月底止陸續成立曾經繕具計劃書呈奉　鈞府第四七二五號指令內開呈暨計劃書均悉應准如擬辦理仰仍於每校成立時即行呈報備查附件存此令等因奉此遵即從事籌劃所有尋覓校舍研訂辦法頗費周折迄今已經成立幼稚園一處小學校兩處其幼稚園定名爲北平特別市教育局委託試驗幼稚園地址西長安街藝文中學校內已於三月一日撥款開辦內中詳細辦法業已呈經　鈞府核准在案不再贅敘其小學校兩處一名北平特別市市立第四十二小學校地址在西安門裏光明殿後部一北平特別市市立第四十三小學校地址在後門內東板橋五號租房充作校舍以上兩校均已招生於四月二十六日開始授課理合具文呈報恭祈　鑒核備案并請爲該園校等各頒鈐記一顆以便轉發俾資信守實爲公便謹呈

中華民國十九年五月一日奉

指令呈悉應准備案茲刊發該園校等鈐記各一顆仰即轉發具領并飭將啓用日期呈報備查此令

另图 16　《呈报成立幼稚园等事》原发表件

# 47　令发《中小学幼稚园训育暂行标准》（节录）

上海市教育局

1930年10月10日

**题　解**　本篇原载1930年10月10日《申报》第21版。原发表时题为《市教局令发〈中小学幼稚园训育暂行标准〉》。今题系编者所拟。

该标准共分如后数项：（1）中学训育暂行标准；（2）中学训育实施要点；（3）小学训育暂行标准；（4）小学训育实施要点；（5）幼稚园训育暂行标准。本文仅摘录其第5项（无“实施要点”）。

有关发文单位上海市教局，参见前文《办理幼稚教育情形呈大学院文》题解。时任局长为陈德征。

有关《申报》，参见前文《南京燕子矶乡村幼稚园开办简章及预算》题解。

上海市教育局训令市立中小学、幼稚园，及已立案私〔立〕中小学、幼稚园云：查本局前以本市《中小学校幼稚园训育标准》尚未颁布，各校无可遵循，因订定《中学训育暂行标准实施要点》《小学训育暂行标准实施要点》《幼稚园训育暂行标准》各一种，呈奉教育部令准试行，市政府核准备案。合将各训育标准抄发，令仰本市中小学校、幼稚园一体遵照。此令。

兹将标准分录如下：

（中学、小学训育标准略）

幼稚园训育暂行标准：

（1）养成幼童健全的体格：（a）饮食起卧有定时；（b）喜欢运动；（c）服装整洁；

（d）身体清洁；（e）姿势端正。

（2）养成幼童勇敢亲爱的精神：（a）作事不怕难；（b）和人家亲爱；（c）帮助人家；（d）说话不怕羞。

（3）养成幼童善良的习惯：（a）礼貌；（b）诚实；（c）守秩序；（d）爱护物品；（e）能自己作业。

# 48 呈报所拟《私立幼稚园暂行办法》

## 吉林省教育厅

1930年11月21日

**题　解**　　本篇原载《吉林教育公报》第95期“公牍”栏。呈报时间为1930年11月21日，发表时间为1931年1月20日。原发表时，题为《本厅呈省政府：为奉部令拟具〈私立幼稚园暂行办法〉仰祈存转文（十九年十一月二十一日，第四三一号）》。今题系编者所拟。

《第一次中国教育年鉴·乙编教育法规》（开明书店1934年5月初版）收入此文。但名为《修订私立幼稚园暂行办法》，修订时间标明为1931年2月。办法内容并无更易。

发文单位吉林省教育厅，为省级教育行政管理机构。时任教育厅厅长为王莘林（1868—1954），字可耕，吉林榆树人。于1925年担任教育厅厅长，任用新人，推进新教育；在筹建吉林大学的同时，又注重义务教育和学前教育，使吉林教育出现欣欣向荣之势。正是在此背景之下，制定并颁行了此办法。

《吉林教育公报》，地方教育月刊、周刊。1918年4月创刊于吉林，前身为《吉林教育官报》《吉林教育杂志》，由吉林省教育厅主办、编辑，吉林图书馆发行。该刊旨在发布教育法令或规章，提供教育实践的准绳；并介绍中外教育经验，以便教育工作者参照。主要栏目，有命令、法规、公牍、公函、报告、布告、记载、附录等；主要撰稿人，有盛振声、张成之、李显廷、关正礼、汤树人等。1931年2月22日终刊，1929年后，共出99期。

呈为奉部令，拟具《私立幼稚园暂行办法》仰祈鉴核存转事。

窃职厅前以幼稚教育有关始基〔提〕高。本省幼稚园，除省立女子师范附设及宁安县立者外，其他多为宗教团体所设立。阳以教育为名，阴行宣传宗教之实。若漫然不理，不独有关于教育权，诚恐贻幼稚以不良影响。爰径呈。

教育部第二二八九号指令内开呈："悉查我国幼稚园目下尚未普设，私立者更属无多。来呈所称私立幼稚园规程，应由各省市教育行政机关，参照部颁《私立学校规程》，酌量当地情形，分别拟具单行章则，呈候核夺。至外人或宗教团体所设立者，在本部未颁布办法以前，暂准继续办理。惟于宣传教文一端，自应严加限制，并于章则中，期自规定。仰即遵照。此令。"

等因奉此，遵即拟具《私立幼稚园暂行办法》十六条。是否可行，理合检同。办法二份，呈请钧府鉴核，准予存转施行。谨呈

吉林省政府主席张①

附呈《私立幼稚园暂行办法》二份。

## 第一章 总则

第一条 凡私人、私法人、外国人及宗教团设立之幼稚园，均为私立幼稚园。

第二条 私立幼稚园须经主管教育行政机关之许可，方得设立；其变更及停办，亦须经主管教育行政机关之许可。

私立幼稚园，无论单独设立或附设于各级学校，均以所在地之市、县教育局为主管机关。

第三条 私立幼稚园须经主管机关立案，受教育行政机关之监督及指导。

第四条 私立幼稚园之课程，须遵照《暂行幼稚园课程标准》办理。

第五条 凡关于幼稚园之现行教育法令及通令，私立幼稚园均须遵守。

第六条 私立幼稚园如系外国人所设立，其园长或主任，须以中国人充任。

第七条 私立幼稚园如系宗教团体所设立，不得在课内作宗教宣传，园内不得举行宗教仪式；日曜日并不得强迫或诱惑幼稚生在教堂及其他处所，参加或举

① 此"张"，即时任吉林省省长兼省保安司令张作相（1881—1949）。

行宗教仪式。

第八条　私立幼稚园办理不善，或违背教育法令时，主管机关得撤销其立案或解散。

第九条　私立幼稚园须于名称之上，冠以“私立”二字。

## 第二章　设立及立案

第十条　私立幼稚园之设立，须由设立者开具下列各事项，呈经主管机关核准。

（1）名称；

（2）目的；

（3）所在地；

（4）设立者之姓名、籍贯、职业及住址；

（5）经费来源。

第十一条　私立幼稚园于开办后一年内，开具下列各事项，呈请主管机关立案。

（1）名称；

（2）所在地；

（3）批准设立年、月、日；

（4）设立者之姓名、籍贯、职业及住址：

（5）经费来源及收入详细项目；

（6）设备概况；

（7）员生一览表。

第十二条　私立幼稚园须具下列资格，方得呈准设立。

（1）有确实收入者；

（2）有相当设备者。

第十三条　私立幼稚园须具下列资格，方得呈准立案。

（1）呈报事项，经查确实者；

（2）园长或主任，确能合格胜任者；

（3）经费充裕，确能维持其每年经常费者；

（4）设备完善者。

## 第三章　附则

第十四条　本办法在《私立幼稚园规程》未颁布以前适用之。

第十五条　本办法自呈准之日施行。

# 49 为扩充幼稚园等事呈报广东省教育厅

汕头市政府

1931年2月13日

**题 解** 本篇原载《汕头市市政公报》第66期“教育”栏。呈文时间为1931年2月13日，发表时间为1931年3月1日。原发表时，题为《呈教育厅呈报本学期增办小学五班、幼稚园三班请察核由》。今题系编者所拟。

发文单位汕头市政府，广东省下属行政机构。汕头于1930年正式设市，位于韩江三角洲南端。时任汕头市市长为张纶。到任未久，便将教育局降格为科，并开展了评选市花的活动。

《汕头市市政公报》，地方政务月刊。1921年创刊于汕头，原名《汕头市政府公报》，由汕头市政府主办、编辑并发行。旨在贯彻上级政策精神，辅助地方政务的推进。主要栏目，有要闻、公牍、财政、工务、公用、教育、卫生、报告、附录等；主要撰稿人，有黄开山、骆昂三、陈祖贻、徐希仁、黄一山、古锡龄等。1935年12月终刊，共出121期。

查初等教育，为国民教育之基础，关系重要，亟应设法推广，以期普及。

属市公私立小学校及幼稚园为数不少。若以人口为比例，失学之学龄儿童应近万人。体察情形，自非扩充小学班数及推广幼稚园，殊不足以资救济。

职府财力虽感支绌，惟对于教育根本大计，仍不敢不急其所急。因于本学期开始之时，先令市立第四小学增办小学四班，市立小学校增办小学一班，及市二、市四、市五三校，各增办幼稚园一班。预算每年增加教育经费约八千五百元，增加学额约三百余人。

至二十年度，再令私立小学校充实内容、增加班数、普及教育，庶几有豸[①]。

理合将属市市立小学校，于本学期增办小学五班及幼稚园三班各情形，备文呈报钧厅察核。谨呈

广东教育厅厅长金。

汕头市市长张纶，二月十三日

① 豸（zhì）：通“解”，有解决之义。

# 50　为蒙台梭利事致外交部函

教育部

1931年2月16日

**题　解**　本篇原载《教育部公报》第3卷第7期“公函”栏。发函时间为1931年2月16日，发表时间为1931年2月22日。原发表时，题为《教育部公函第一一五号（二十年二月十六日）——为函送〈蒙台梭利与其教育〉一书，请转寄蒙台梭利博士，并将我国学校实验方法之评论，及近日中国幼稚园、小学低年级教学情形转达由》。今题系编者所拟。

有关发函单位教育部，参见前文《学校系统改革案》题解。时任教育部部长，由行政院院长蒋中正兼署。

事由对象蒙台梭利，即玛丽亚·蒙台梭利（Maria Montessori，1870—1952），女，意大利学前教育家，意大利历史上第一位女医学博士。1907年，蒙台梭利在罗马贫民区建立“儿童之家”，招收3~6岁的儿童加以教育，获得了惊人的效果。她所创立的“蒙台梭利教育法”，风靡整个西方世界，深刻地影响着世界各国的儿童教育。著有《教育人类学》《运用于儿童之家的科学教育方法》等。

所赠《蒙台梭利与其教育》，系由张雪门所著。1927年11月由世界书局初版，全书共分5章，计约5万字，随书附有44帧插图。

有关《教育部公报》，参见前文《中华民国教育宗旨及其实施方针》题解。

贵部函开：

“据驻义[①]使馆呈称：‘兹据 Montessori 博士函送《Montessori 教育方法》一册，及《传习所章程》五份，并致教育部部长函一件，嘱为转送；并称贵国如有施用《Montessori 教育方法》学校之报告文件，乞转请贵国教育部赐寄一二等语。理合检同，该函件呈送、察收、转送，并请示复以便转达’等情，相应检同原件，函请查照，并希见复为荷。”等因，并附送《蒙台梭利教育法》一册过部。

前准蒙台梭利函请，派员前往罗马习其教育方法等由到部，当经函复，并允随时检寄《蒙台梭利教育方法》华文编译本，各在案。

查该项教育方法，我国学校于十年以前早已实验。当时，因力求适合其教学原则起见，并制就蒙台梭利教具应用。惟据实验者言，该项方法，需用教具过多，每个儿童须给以价值华币五十元左右之教具，似觉不甚经济，难以通行于中国。

近日，中国各地方所设幼稚园及小学低年级，大率用设计教学法，利用生活环境、日常所见所闻之事物为教学材料，不甚注意选用较有机械性之特制教具。故对于该项教学方法，仅师其意，实无具体之试〔实〕验报告可以转达。

除检同《蒙台梭利与其教育》一书，函请贵部转送，以示该项教学方法华文译本之一斑外，相应据情，函复查照！

此致

外交部。

附《蒙台梭利与其教育》一册。

① 义：通译“意”，即意大利，蒙台梭利的祖国。

# 51 训令本市幼稚园尽量聘用市立女中保姆学校毕业生

汕头市政府

1931年7月8日

**题　解**　本篇原载《汕头市市政公报》第71期“训令”栏。发文时间为1931年7月8日，发表时间为1931年8月1日。原发表时，题为《训令本市公私立各幼稚园尽量聘用市立女中保姆学校毕业生由》。今题系编者所拟。

有关发文单位汕头市政府，参见前文《为扩充幼稚园等事呈报广东省教育厅》题解。时任汕头市市长，为黄子信。其生卒年未详，广东台山人，岭南大学毕业，美国南加利福尼亚大学市政学士、哈佛大学硕士。任汕头市长时年仅31岁。

有关《汕头市市政公报》，参见前文《为扩充幼稚园等事呈报广东省教育厅》题解。

现据市立女子中学校校长文锡仁呈称：

“窃属校附设保姆学校，现有学生十九名，本届修业期满，理应举行毕业考试，查核成绩，以凭办理。业经呈报钧府，并请派员莅校监考在案。

“惟查该生等毕业以后，志在服务幼稚教育；而本市各小学，多有附设幼稚园者，关于此项教师需求必切。

“谨按：该生等平日在校研究、实习，具有相当经验；且以本市市立保姆学校之毕业生，服务于本市各幼稚园，不但人地相宜，谅亦可以胜任愉快。

“为此，谨将保姆学校本届应行毕业之学生，开其姓名，呈请钧府通令本市各幼稚园，尽量聘用，使毕业者得以学合所用；而幼稚教育亦得蒸蒸日上，益臻发达，何幸如之！

“所有以上缘由，理合备文，连同名单一份，呈请钧长鉴核。俯如所请，实为公便。”等情，附缴名单一份。

据此，除指令暨分行外，合将原名单抄发，仰该校长即便知照！此令。

附抄发原名单一份。

市长黄子信，七月八日

汕头市立女子中学校附设保姆学校本届应行毕业学生名单：

沈佩芳、章妙之、侯泽熙、杨利萍、余昙影、李一鸣、袁悦洁、许瑞云、周连贵、陈淑仁、冯秀卿、陈孟芬、沈兰芳、王励明、唐小雪、李剑侬、陈淑苹、方楚玉、方楚娇。

# 52　儿童节纪念办法

## 教育部

1931年8月19日

**题　解**　本篇原载1931年8月19日《申报》第12版。

此办法当时还发表于《教育部公报》《教育周刊》《中华教育界》《慈幼月刊》《儿童世界》《现代父母》等报刊。

有关发文单位教育部，参见前文《学校系统改革案》题解。时署理教育部部长为李书华（1899—1979）。

儿童节，此为中国自定儿童节，而非“国际六一儿童节”。1931年3月7日，中华慈幼协会向上海市社会局提出，请将每年的4月4日定为儿童节，并请该局转呈上海市政府及南京国民政府批准。当时的民国教育部经研究，采纳了这一建议；并参考该协会5月份补充呈报的意见，制定了相关纪念办法，通令各省、市、县教育厅局一体施行。中国历史上第一个儿童节，就这样被确定下来。从1932年起，每年4月4日，全国均会组织相关活动来庆祝这一节日。

有关《申报》，参见前文《南京燕子矶乡村幼稚园开办简章及预算》题解。

教育部制定《儿童节纪念办法》，通令各省市教育厅局云：

案查中华慈幼协济会，请定四月四日为儿童节一案，前准行政院秘书处奉交转函本部，会同内政部核议。节〔业〕经两部会同讨论，认为事属可行。当经函复查照，转陈在案。

嗣奉行政院第二一七四号训令，《儿童节纪念办法》应由教育部制定、颁行等因，除由本部制定《儿童节纪念办法》，呈请行政院备案，并分别咨令施行外，合行检发前项办法一份，令仰该厅、局署、知照，并转饬知照。

此令。

附 儿童节纪念办法

一、宗旨

本节举行纪念，以鼓舞儿童兴趣，启发儿童爱群、爱国、爱家庭之心理，并唤起社会注意事业为宗旨。

二、办法

（一）各小学（幼稚园）应举行下列事项：

（1）演讲本国革命先烈及古代伟人之儿时轶事（以阐明忠孝、仁爱、信义、和平之德目为主），或世界上科学家、发明家之儿时生活。

（2）表演足以启发儿童爱群、爱国、爱家庭的心理之游戏或短剧（特别注重亲子之爱）。

（3）印发关于儿童教育及卫生等有色画片。

（4）赠送儿童节纪念品（如文具、图画、用物等，限于本校或本园生）。

（5）本校或本园儿童恳亲会。

（6）本校或本园儿童健康比赛会或运动会。

（7）本校儿童文艺成绩展览会。

此外，并得举行各种足以引起兴趣之活动，如选举模范儿童等。

（二）各社会教育机关（如民众教育馆等），应举行下列事项：

（1）召集儿童节纪念大会（鼓励当地民众携带儿童参加），并酌量举行儿童节纪念游行。

（2）公开展览关于本地儿童调查之各种统计图表。

（3）举行婴儿比赛及儿童健康或儿童知能比赛，前数名酌赠奖品。

（4）演讲“为父母者之责任与义务”“保胎、保产、保婴之常识”“训练贤父良母之方法”及“社会救济孤贫儿童之必要”等。

（5）联络当地慈幼机关（如育婴堂、孤儿院等）及为儿童谋求幸福之团体，扩大关于儿童幸福及儿童救济的宣传。

（6）印发“儿童卫生”及“保胎、保产、保婴”等常识之传单，散发于为父母者。

（7）表演关于儿童生活的电影或戏剧，欢迎儿童参观。

（8）当地之美术馆、博物馆等，应特别为儿童开放，欢迎儿童参观。

（9）提倡各家庭，于是日在家庭内举行下列事项：

（a）亲族朋友儿童恳亲会。

（b）举行贺节。成人送儿童之物品，大孩送小孩以物品（物品限用国货，以引起儿童爱美、爱群及寓有科学意味者为主）。

（c）备办特为儿童节蒸制之糕饼食品（此种食品，设计应衔有教育意味），以点缀节令。

（10）提倡儿童从事下列适当之游戏：

（a）放风筝；

（b）打棒；

（c）踢毽；

（d）其他。

# 53　令各县筹设幼稚园

## 河南省教育厅

1931年8月27日

**题　解**　本篇原载《河南教育行政周刊》第1卷第50期“本厅公牍”栏。发文时间为1931年8月27日，发表时间为1931年8月29日。原发表时，题为《令各县教育局——择校筹设幼稚园》。今题系编者所拟。

发文单位河南省教育厅，省级地方教育行政机构。时任教育厅厅长为李敬斋（1890—1975），原名鹤，字敬斋，河南汝南人。早年留学美国，1917年获工学硕士学位。次年归国，任教于河南留学欧美预备学校，后升任校长。1927年后，历任河南省政府教育厅厅长、民政厅厅长、行政院地政部部长、台湾“总统府”国策顾问等职。

《河南教育行政周刊》，地方教育行政周刊。1931年1月创刊于开封，由河南省教育厅主办、编辑并发行。旨在便利教育行政，也发表研究文论，探讨教育理论，并报道国内外教育界重要消息。主要栏目，有论评、命令、公牍、法规、布告、会议录、工作报告、统计、专载等；主要撰稿人，有李敬斋、邵元冲、张名功、叶楚伧、吴家镇、刘芦隐等。1931年11月21日终刊，共出2卷62期。

查幼稚教育为各级教育之基础，与小学教育关系尤切。良以根本既佳，小学教育自易收效也。

我国教育系统：小学教育从六周岁起；六周岁以下则由幼稚园施行之。欧美各国城乡中幼稚园之设立，日渐普遍，虽苏俄政府亦知，对于幼稚教育竭力提倡；幼儿自三岁至七岁，均须入幼稚园。计一九二五年，有儿童六〇一九六人；至一九二七年，两年中间竟有儿童八五三四九人。进步之速，出人意外。

吾豫于十七年，曾由本厅通令各县设立幼稚园；嗣后，奉部令通饬各县遵照办理。惟因连年战争迭起，全省尽沦入战区，以是各县多未举办。现在大局底定，全省统一，本厅为谋教育之根本发展，及增加小学教育效能计，特通令各县择规模较为完善之学校，各附设幼稚园一处，以资提倡。

除分行外，合亟令仰该县于本年度，务必择校附设幼稚园，以重教育基础；并将办理情形，具报查考！此令。

厅长李敬斋，八月廿七日

# 54　三民主义教育实施原则（节录）

国民党中央执行委员会

1931年9月3日

**题　解**　本篇原载《教育部公报》第3卷第38期“专载”栏。通过时间为1931年9月3日，发表时间为1931年10月4日。

该实施原则，由国民党中央第三届执行委员会第17次常务会议通过，令发全国教育实施机关遵行。全文共8章：（1）初等教育（幼稚园、小学）；（2）中等教育（包括初中、高中及相当程度之学校）；（3）高等教育；（4）师范教育；（5）社会教育；（6）蒙藏教育；（7）华侨教育；（8）关于派遣留学生者。兹节录与幼稚教育相关的一、四两章，以反映其相关要求。

议决单位国民党中央执行委员会，是由国民党全国代表大会选举产生的最高党务机关。1926年1月23日，国民党二届一中全会通过《中央执行委员会政治委员会组织条例》，执委会便依此组织。1929年3月，组成第三届中央执行委员会。常务委员为：蒋中正、胡汉民、谭延闿、孙科、戴传贤、于右任、丁惟汾、陈果夫、叶楚伧。

有关《教育部公报》，参见前文《中华民国教育宗旨及其实施方针》题解。

## 第一章　初等教育（幼稚园、小学）

### 第一节　目标

（1）使儿童整个的身心，融育于三民主义教育中。

（2）使儿童个性、群性，在三民主义教育指导下平均发展。

（3）使儿童于三民主义教导下，具有适合于实际生活之初步的知能。

## 第二节　实施纲要

1. 课程

（1）应以三民主义重要的观念为编订全部课程之中心。

（2）应注重伦理知识及实践，以助长儿童忠孝、仁爱、信义、和平之德性。

（3）应注重自然科学之教授，以养成儿童爱好自然、利用自然、改造自然的兴趣，及破除对于自然现象一切的迷信。

（4）应注重实际生活的知识和实习。

（5）应酌量当地情形，制定特殊之课程或教材，以养成儿童适合于实际生活之初步技能。

2. 训育

（1）根据中山先生遗教中，合于儿童身心发展之事理，制为信条，以指导其整个的生活。

（2）注意训育和课程之联贯，并谋学校训育与家庭、社会相联贯。

（3）由史地、时事及各种纪念会之讲解，以启发儿童爱民族、爱国家之精神。

（4）由游戏、运动、学校卫生及课外作业的教导，以养成儿童对于筋肉劳动的兴趣及生产的观念。

（5）由日常生活实际知识之教导，以引起儿童好学的兴趣；并由童子军之训练，以养成勇于从事、洁己奉公的精神。

（6）由乐歌、图画等以陶冶儿童的情操，并使多与自然界接触，以养成审美的情趣。

（7）由团体运动、集会等训练，以养成儿童守时、重律的习惯。

（8）于公共场所揭示有关公德之标语，以养成儿童注意公共卫生、爱护公物之美德。

（9）由消费合作的训练及储蓄等事项之指导，以养成儿童节俭的习惯。

（10）由民权初步的演习，使儿童略知“四权”[①]之运用。

3. 设备

（1）一切设备均应含有三民主义的精神；且须与儿童日常生活相接近，尤宜注意与

---

① 四权：孙中山政治学说中，人民享有的选举、罢免、创制和复决这四种权利。

课程、训育之联络。

（2）一切设备应多采用科学方法，并须具备清洁、整齐、经济三要件。

（3）书籍之设备，除党义课程参考用书及学校必备之书籍外，应斟酌经济情形，尽量购置启发常识的书报，俾儿童阅读之余，兼可供附近民众浏览之用。

（4）图表之设备，应多选中山先生遗教中足以激发儿童民族精神者；并多采用浅显、警动之标语或图画，分期张挂，以资激励。

（5）学校于可能范围内，应多购儿童恩物、理科仪器及设置学校园；增加学童实习的机会，并图教授和实物之联络。

（中等教育、高等教育章略）

## 第四章　师范教育

### 第一节　目标

（1）应根据三民主义的精神，并参照社会生活之需要，施以最新式的科学教育及健全的身心训练，以培养实施三民主义教育师资。

（2）学校应与社会沟通，并造成“教”“学”“做”三者合一的环境；使学生对于教育事业，有改进能力及终身服务的精神。

（3）乡村师范教育应注重改善农村生活，并适应其需要，以养成切实从事乡村教育或社会教育的人才。

### 第二节　实施纲要

1. 课程

（1）编制课程宜顺应师资养成之年限及地方的需要。

（2）各科教学应注意教材的运用和实习，以养成学生自编教材的能力和兴趣。

（3）师范学校应酌加有关实施社会教育的课程，俾可兼备社会教育之师资。

（4）乡村师范课程应注重农业生产及农村改良教材。

（5）女子师范课程应兼重育婴知识及家政实习。

2. 训育

（1）根据本党师范教育宗旨，并采用党员训练方式，以指导其全部生活。

（2）由思想上之诱导，及各种纪念集会之剀切指示，以养成其对于三民主义之明确的认识和坚定的信仰。

（3）指示教育救国之真义，及中外大教育家献身教育事业的精神，以坚定其毕生尽瘁教育事业的志向。

（4）由国民道德之提倡、民族意识之灌输，以唤起其爱护国家、发扬民族的精神。

（5）由军事训练、运动竞技，以锻炼其健全的体格、规律的生活及坚〔艰〕苦耐劳的习惯。

（6）由科学研究的实验和成绩考查的厉行，以养成其彻底探讨和精密观察的能力。

（7）由各种节约运动及合作事业的指导，以养成其俭朴的习惯、合群的兴趣。

（8）利用正当的娱乐及适度的郊外旅行，以陶冶其审美的情绪。

（9）由家庭伦理观念之指导及勤劳操作之鼓励（对于女生尤应注意），以唤起其改进家庭生活之责任。

（10）由学生自治会及其他团体事业之指导，以养成其运用“四权”之能力和其他关于公民生活的准备。

3. 设备

（1）一切设备应于可能范围内，发挥三民主义的精神，并合于质朴、适用等条件。

（2）一切设备应与训育及教学相关联，尤须与实验学校暨实验区之设备，有相当的连络。

（3）一切设备务求适应社会之需要，并酌量开放，以资民众的观摩或利用。

（4）一切设备除遵照一般学校之设施外，应注意教育名家肖像之布置；并应将中山先生关于教育之遗教，制为校训及信条。

（5）关于图书、仪器、设备，应注重党义及教育方面，并应多备儿童读物，以供学生研究之用。

（第五章社会教育、第六章蒙藏教育、第七章华侨教育、第八章关于派遣留学生者略）

# 專載

## ◉三民主義教育實施原則 二十年九月三日第三屆中央執行委員會第一七次常務會議通過

### 第一章 初等教育（幼稚園小學）

#### 第一節 目標

一、使兒童整個的身心融育於三民主義教育中

二、使兒童個性羣性在三民主義教育指導下平均發展

三、使兒童於三民主義教導下具有適合於實際生活之初步的知能

#### 第二節 實施綱要

壹 課程

一、應以三民主義重要的觀念爲編訂全部課程之中心

二、應注重倫理知識及實踐以助長兒童忠孝仁愛信義和平之德性

三、應注重自然科學之教授以養成兒童愛好自然利用自然改造自然的興趣及破除對於自然現象一切的迷信



另图17 《三民主义教育实施原则》原发表件（部分）

# 55 幼稚生结束最低限度标准

鄞县教育局

1931年11月8日

**题　解**　本篇原载《鄞县教育周刊》第2期。发表时间为1931年11月8日。原发表时，题为《鄞县幼稚生结束最低限度标准》。今题系编者所拟。

发文单位鄞县教育局，县级地方教育行政管理机构。鄞县位于长三角南翼，浙江省东部，现为宁波市鄞州区。时任教育局局长为叶谦谅。任内重视乡邦教育，多有建树；并牵头成立"重修天一阁委员会"，在全国范围内，为修缮天一阁奔走呼吁、捐资出力，终使古阁焕然一新。

《鄞县教育周刊》，地方教育周刊，前身为《鄞县教育公报》。1931年11月2日创刊于鄞县，由鄞县教育局主办、编辑并发行。旨在协助推进地方教育，阐扬乡邦文化。主要栏目，有法规、章则、公牍、特载、会议录、附录等；主要撰稿人，有张道藩、张难先、陈宝麟、叶谦谅、黄振中、任应培等。1932年12月1日终刊，共出42期。

## （一）音乐

（1）唱歌的声音清晰，拍子大致无误；

（2）对于简单的律动（如快慢、高低、轻重、远近等），有辨别和反应的能力；

（3）明了四首以上歌词的意义，并能表情或独唱。

（二）故事

（1）能讲简单的故事四则，而意思很明了；

（2）能自动表演二则故事；

（3）能创作一则最简单的故事，而有明显的内容。

（三）游戏

（1）能做节奏动作，跳跑、马步、滑步三种；

（2）能参加群儿的集合，成行成圈而觉协调；

（3）能使用园中所设备的三种以上游戏器具；

（4）知道游戏的简要规则。

（四）社会和自然

（1）认识自己的日常生活所用的主要衣、食、住、行各项物品；

（2）能认识自己家庭和学校的地名；

（3）认识家畜和五种以上的植物；

（4）晓得豆、米、麦的功用；

（5）略知家庭、邻里、商铺、工场、农田以及地方公共机关的作用；

（6）知道四肢、五官的机能作用；

（7）能知道太阳、风雨的作用；

（8）能认识四个方向的名称和日月出没的方向；

（9）晓得一年有几个月，一月几天，一星期几天；

（10）认识党旗、国旗及总理遗像；

（11）对于师长、家长，有相当的礼貌，有爱好整洁的习惯。

（五）工作

（1）能认识六种颜色（三种原色红、蓝、黄，三种间色绿、紫、橘）；

（2）能爱惜工具和材料；

（3）能整理工具、材料、作品和安置工具的地方，并能保持清洁；

（4）能画成有意义的图画二张；
（5）能剪纸人物，而剪得边光滑；
（6）能用泥做成一种东西；
（7）能纸折三种东西；
（8）能独做简单的工作，而不求助于人；
（9）能种活一二种蔬菜和花卉。

（六）计数
（1）能数五十个实物；
（2）能知道自己家中人数；
（3）能写数目字一至三十；
（4）能认识加减符号，且能做五以内的加减。

（七）识字
（1）能认识日常应用字五十〔个〕以上；
（2）能认识三则最简短的故事画；
（3）能写自己的姓名、年龄和园名。

# 56 幼稚园举行儿童玩具展览会出品办法

鄞县教育局

1932年4月24日

**题 解** 本篇原载《鄞县教育周刊》第19期。发表时间为1932年4月24日。原发表时，题为《鄞县幼稚园举行儿童玩具展览会出品办法》。今题系编者所拟。

有关发文单位鄞县教育局，参见前文《幼稚生结束最低限度标准》题解。

有关《鄞县教育周刊》，参见前文《幼稚生结束最低限度标准》题解。

（一）出品范围规定如下

（1）自己创造的玩具；

（2）购买来的玩具；

（3）仿制的玩具；

（4）利用废物改制的玩具；

（5）关于玩具制作调查等的研究；

（6）利用玩具的教学的活动报告；

（7）其他。

（二）出品标签由教育局印发，式样如下（表 5）

表 5　鄞县幼稚园儿童玩具展览会展品标签

| | |
|---|---|
| 品名 | |
| 用途 | |
| 价值 | |
| 出品机关 | |
| 来源 | |
| 备注 | |

（三）出品报告单

由各幼稚园于会前一日依式填送，以便统计。其格式如下（表 6）。

表 6　鄞县幼稚园儿童玩具展览会出品报告单

| 项别 | 创造的 | 购买的 | 仿制的 | 改制的 | 研究 | 报告 | 其他 | 总计 | 备注 |
|---|---|---|---|---|---|---|---|---|---|
| 件数 | | | | | | | | | |

（四）布置

由各幼稚园自行来会布置。

# 57　颁幼稚生生活历

上海市教育局

1932年6月8日

**题　解**　本篇原载《上海市教育局教育周报》第151期“训令”栏。发文时间为1932年6月8日，发表时间为1932年6月12日。原发表时，题为《为颁发幼稚生生活历仰遵照办理由（上海市教育局训令　上字第二五四三号）》。今题系编者所拟。

有关发文单位上海市教育局，参见前文《办理幼稚教育情形呈大学院文》题解。时任局长为徐佩璜，生卒年未详，字君陶，江苏吴县人。获美国麻省理工大学学士学位，曾任纽约市市政卫生工程副工程师。回国后任南洋大学中学部主任、中国工程学会会长、上海市农工局第四科科长、社会局第二科科长等职。升任市教育局局长后，官声不佳，遂任上海市工用局局长。著有《十年来上海市公用事业之演进》，撰有《交通工作概论》。

《上海市教育局教育周报》，地方教育周刊。1929年5月创刊于上海，由上海特别市教育局主办、编辑并发行。旨在“发表教育言论，传布教育行政消息”。主要栏目，有短评、法规、局务会议、演说、要闻、通告、特载等；主要撰稿人，有朱经农、韦悫、陈德征、粤若、陆秉公、潘公展等。1936年6月29日终刊，共出343期。

令本市各中小学校校长、本市各幼稚园主任：

查幼稚园课程编制之良否，与儿童生活之健全至有关系，本局因此须规定本市各幼稚园课程之具体编制办法。现经本局研究之结果，认幼稚园课程编制，应以儿童生活为中心。当即根据儿童生活之需要，拟定《幼稚生生活历》一种，俾各幼稚园编制课程时有所遵守。兹以是项生活历业经编就，合亟颁发《幼稚生生活历》，并附该历用法，通令本市各幼稚园遵照办理。除分令外，合仰该校长转饬该园主任遵照！此令。

计发《幼稚生生活历》（表7）及该历用法各一份

中华民国廿一年六月八日，局长徐佩璜

表7　上海市教育局幼稚园儿童生活历

| 活动<br>月份 | 节期 | 气候 | 动物 | 植物 | 农事 | 儿童玩具 | 风俗 | 儿童卫生 |
|---|---|---|---|---|---|---|---|---|
| 二 | 立春 | 冰雪融化、东风 | 猫、狗、鼠、兔 | 梅花、大蒜、葱、牡丹 | 菜、除草、麦地 | 迎灯、放爆竹 | 迎春 | 饮食过分、曝日利害 |
| 三 | 总理逝世周年纪念、黄花岗烈士纪念、百花节、旧历二月十二 | 植树季、春分 | 燕子、蝴蝶、蜜蜂 | 兰、嫩叶、芹菜、甘蔗 | 孵小鸡 | 放风筝 | 赛会 | 喉症 |
| 四 | 清明、儿童节 | 春雨 | 蚕、蛙 | 桃花、桑、春笋、豆花 | 种瓜、做豆腐 | 斗草 | 扫墓 | 牛痘 |
| 五 | 国耻、岳飞诞辰、八日母亲节（暂定） | 换季、南风 | 蚌、黄莺 | 蔷薇、野生植物 | 收麦、布谷、插秧、养蚕 | 草地、翻筋斗 | 竞渡 | 灭蚊蝇种子 |
| 六 | 立夏、端午、六日教师〔节〕（暂定） | 夏至、黄梅雨、雷雨、虹、热 | 萤火虫、牵牛、蝉、蚱蜢 | 石榴、牵牛花、荷花、瓜、杨梅 | 耘田、收瓜 | 冷水浴、偶人、卫生、玩具 | 测量身长、身〔体〕重 | 受暑、受凉 |
| 九 | 中秋、孔子诞辰、“九一八”纪念 | 秋分、明月、大潮、西风 | 蜗牛、蟋蟀、纺织娘、蚌、鹅、马 | 凤仙、鸡冠、桂花、菱、龙眼 | 收山芋、玉蜀黍，收稻、棉花 | 旅行、滚铁环 | 赏月、观潮 | 痢疾 |
| 十 | 国庆、重阳 | 换季 | 蟹、虾、鸽 | 菊花、柚子、柿子 | 种豆、麦，拔萝卜 | 旅行、踢毽子 | 登高 | 眼疾 |

续表

| 活动 / 月份 | 节期 | 气候 | 动物 | 植物 | 农事 | 儿童玩具 | 风俗 | 儿童卫生 |
|---|---|---|---|---|---|---|---|---|
| 十一 | 总理诞辰 | 露、霜 | 鹰、鸦 | 红叶、野果 | 收白菜、做腌腊货 | 跳绳 | 做寿 | 伤风 |
| 十二 | 云南起义 | 北风、冬至 | 羊、牛、麻雀 | 月季、干草 | 修理农具、修茅屋 | 踢球、拍球 | 送礼 | 冻疮 |
| 一 | 元旦、“一·二八”纪念 | 冰雪、西北风 | 金鱼、鸽子 | 芽、腊梅 | 种葱、韮、胡萝卜 | 新年锣鼓、武装玩具 | 贺年 | 伤寒 |

附　幼稚园生活历用法说明

幼稚园的课程，是各方面所精选的材料和各种活动（Activities）所组成的。所谓精选的材料，就是儿童和自然界与人事界接触后，所得到的各种经验。所以幼稚园的课程，要把儿童生活作中心，根据儿童生活上的需要，及我们希望的那种健全儿童生活，来规定幼稚生的各种活动的顺序。这就是幼稚生生活历之由来。

为说明本历使用法之便利计，订定办法如下：

（1）幼稚园教师可根据本生活历，预定幼稚教材及编制幼稚园课程。

（2）幼稚园教师可根据本生活历，订定幼稚园中幼稚生的活动方向。

（3）使用本历仍应视儿童之需要，而变更其教材与活动方向；切忌拘泥本历，失却儿童自由活动之机会。

（4）教师应将本历油印分发幼稚生各家长，并于恳亲会中详为说明本历之意义，以收家庭与学校联合协作之效。

# 58　批复潼南县创办幼稚园呈请

四川省教育厅

1932年10月

**题　解**　本篇原载《四川省教育厅公报》第11期“命令”栏。批复日期为1932年10月，发表时间为1932年11月30日。原发表时，题为《指令潼南县县政府呈为创办幼稚园请予立案由（四川省教育厅指令第一四四〇五号）》。今题系编者所拟。

发文单位四川省教育厅，省级地方教育行政管理机构。时任厅长张铮（1883—？），字仲明，四川成都人。早年赴日本留学，归国后历任成都联合中学校长、北京成达中学校务主持人、国立成都大学教授。1929年4月任四川省政府秘书长；1931年2月任四川省政府委员兼教育厅厅长。著有《宪法新论》《读说文私记》。

潼南县，原属四川省，现为重庆市潼南区，位于重庆西北部。当时，该县教育相对落后，小学未能普设，遑论幼稚园的设立。

《四川省教育厅公报》，地方教育月刊。1932年1月3日创刊于成都，由四川省教育厅主办、编辑并发行。旨在及时刊布各项命令、法规，广泛介绍最新学理及办学经验，以促进地方教育的发展。主要栏目，有命令、公牍、法规、报告、统计、会议录、特载等；主要撰稿人，有李书华、刘文辉、张铮、黄德毅、黄元赞、段锡朋、廖思祯、朱家骅、郭鸿銮、王兆荣、王世杰、南希曾等。1933年12月31日终刊，共发行24期。

令潼南县县长：

呈一件：呈报《创办幼稚园请予立案以资琢育》一案由。

呈件均悉。查该县创办幼稚园作育儿童，自无不可。惟所需常年经费，据称系由县属小学经费项下开支，究竟年需若干，教局能否负担，来呈概未叙及，殊难悬揣。

又，简章内所列学程，与部颁《幼稚园课程标准》所定课程范围相差甚远，亦属不合。应分别详晰声叙，并遵照部定标准更定学程，妥拟指导要点，另呈候核。此令（件姑存）。

中华民国二十一年十月　日

四川省政府委员兼教育厅厅长　张铮

附原呈：

呈为呈报创办幼稚园请予鉴核立案，以资作育事。

窃查潼南立县较晚，风气锢闭，蒙养一项，尤无初基。县长有鉴于此，始于本年六月，在行政会议提倡创办幼稚园于城内帝主宫①，以资作育儿童。所需开办费用，即以教育、财务厘局历年旧欠项下，划拨洋三千元以供支拂；此后常年经费，县属小学经费项下开支。当经全体通过，一致赞成。随即鸠工庀②材，改建修葺，惨淡经营，迄今已具规模。

本期延聘教师三员，新招幼稚生六十余名，业经遵照课程进行。理合缮具《幼稚园简章》及《组织纲要》，具文赍呈钧厅，俯赐察核立案，以资作育，并乞指令祇遵。

谨呈

四川省教育厅厅长张。

计呈《幼稚园简章》一份、《组织纲要》一份（略）。

潼南县县长李松

中华民国二十一年九月　日

① 帝主宫：道教宫观。“帝主”，是兴于湖北麻城的神祇，为祈求平安、幸福的心灵寄托。后因“湖广填四川”的移民潮，在四川多地都有帝主宫或庙的兴建。

② 庀（pǐ）：具备、治理。

# 59　发起中国儿童公育院公启及组织计划

杜从坡

1932年11月1日

**题　解**　本篇原载《民生》第1卷第7期。发表时间为1932年11月1日。原发表时，题为《发起中国儿童公育院启》。今题系编者所拟。

该文“公启”部分，曾以《发起中国儿童公育院的意见》为题，于1933年3月在《现代父母》第1卷第2期再次发表。

撰著者杜从坡，生平事迹未详。此“儿童公育院”的办理实况，也未见后续报道。

《民生》，综合半月刊。1932年8月1日创刊于上海，由民生出版社主办、编辑并出版。其宗旨为：“建设国民经济，改进民众生活。”主要内容为报道民生现状，探讨改进方略，并载录“中华民生改进社”的活动；主要撰稿人，有曹亮、朱懋澄、应生、沈体兰、郑文汉、黄警顽等。1934年8月15日终刊，共出2卷48期。

## 一、中国儿童公育院公启

在全世界横溢着恐慌与杀气的今日，在全中国泛滥着饥饿与灾荒的目前，儿童问题本来是不容易引起大众的注意的。尽管有不少的慈善事业家，在那里进行着儿童救济事业；尽管有不少的教育专家，在那里办理儿童教育事业。然而直到现在，能够真正为儿童利益服务的运动，即使在以文明自居的国家中，还很少出现。目前世界上，除了苏联已经兴起了保护新时代儿童的抚育事业外，在所有的资本主义国家中，仅仅是少数富有者的儿童，能够享受到较丰满的抚养与教育；而大多数体力劳动者和知识劳动者之子女，莫不在穷困与失业之下，受着饥饿与疾病。

至于在中国大多数的儿童们，目前是遭遇着更悲惨、更残酷的命运。堕胎、杀婴、卖儿鬻女、易子而食，已经成为最平常的现象。无数的婴儿与幼童们，辗转于饥饿、号哭于流亡之中，匍匐于可怖的死〔亡〕线上。生存且难说到，更无论卫生与教育了。便是一般薪水生活者的子女们，亦受着营养不足与死亡疾病的威胁；更有不少的革命战士与文化运动者，至因子女之累而堕落到消极与变节的道路上去的。因此，在这虐杀儿童的制度下面，不仅牺牲了无量的天才与人类精锐；同时，还断送了无数的革命与文化事业。这等痛心的巨大损失，试问从何算起?

中国以前并不是没有救济贫苦婴儿与幼童的组织。如像育婴堂、孤儿院、清节室（附设抚育孤儿所）、习艺所等类的机关，到处都有设立。可是，此等封建的慈善机关，与其说是救济儿童，毋宁说是残杀儿童。它们都是在那里伸出血手，摧残儿童的生命与健康，破坏儿童的智慧与品格。我们万不能希望，此种组织来作为儿童救济者。

为着儿童自身的幸福，为着中国的文化发展的前途，我们敢向全国的人士请命，并且来发起一个收养婴儿与教育幼童的机关——中国儿童公育院。

我们首先要声明，中国儿童公育院，绝对不是一个点缀现社会的慈善事业，或温情主义的机关。因为我们认定，每个人自小都应享有生存与受教育的权利。对于儿童的培养与教育，乃是我们许身社会事业者的应有任务。我们不愿也不敢拿“良心”“慈爱”一类的空谈来装璜自己，以所谓慈善事业家自居。这一点，是希望全国的同情者与赞助者特别认识清楚的。

其次，我们还要宣告：我们绝对不敢怀着什么乌托邦的妄想，企图利用这个组织来逃避现实；打着所谓“儿童公育主义的招牌”，来实现什么“儿童完全归社会负责，为社会公育”的自欺欺人的理想。因为这在目前，是万分不可能的。

我们发起儿童公育院这个组织，乃是在下面三〔四〕大任务与目的之下进行的：

第一，希望借此培养和教育无力养育子女者，或是因子女之累而不能进行社会文化与革命事业者的婴儿与幼童，使这许多的儿童，能够在一种比较优良、安全的环境中，发展他们的智慧与健康，使他们将来为新时代最优适的社会成员。

第二，希望借此减少许多从事社会文化教育事业和革命战斗的人士们，对于子女在物质上、精神上的负担；使他们能比较集中自己的精力，为人类的智慧与正义而战斗、而努力。

第三，希望借此训练一批抚养和教育儿童的男女人才。这种人才，在目前是异常缺乏的；同时，希望引起一个广大的、带有全国性的儿童生活改善运动。

第四，希望借此救济一般受着灾难与疾病侵害的儿童，减少中国儿童的死亡率。

因此，我们想在中国儿童公育院下面，进行下列的四个部门的作业：

（1）幼儿养育所。这是专门以科学的卫生的方法与设备，来养育自生下来至二三岁的幼儿的部门。其中，有受过训练的保姆与看护，专门负养育、照料幼儿之责；并设有儿科专门医师，随时注意和增进幼儿的疾病与健康。

（2）幼稚教育团。这是为二三岁至六七岁的儿童而设的，与普通幼稚园大致相同。不过，特别注意幼童期与婴儿期的生活之衔接。

（3）育儿人才训练所。这是专门训练、养育及教育儿童的保姆与教师的专门人才。本院第一步就要开办这种训练班，以后更要逐渐扩充。

（4）儿童救济部。这是要救济被灾的儿童，并担任院外儿童健康及养育顾问之责。

我们愿集合国内的教育家、社会事业家与文化运动者的力量，来完成上述的任务。我们决不畏难，亦不望速成，只要按部就班做去。希望全国的热心人士，给予我们以有力的赞助与同情，使能达到我们所期望的目的。

## 二、中国儿童公育院组织计划

### 第一章　总纲

一、本院定名为中国儿童公育院。

二、本院以收养及教育儿童、增进儿童健康与智能为宗旨。

三、为达到上项目的，本院任务规定如下：

（1）接受各界人士委托，代育初生男女婴儿（办法详后）。

（2）收受儿童，施以幼稚教育（办法详后）。

（3）训练抚育及教育儿童之专门人才。除为本院服务外，并分配于各处育婴机关及幼稚园服务（办法详后）。

（4）救济各地被灾儿童。

（5）担任儿童健康顾问之责，必要时得附设儿童医院。

## 第二章 组织一般

一、分部：

（1）本院设立院务委员会一，总辖本院一切事务之进行（组织法详第三章）。

（2）本院设立幼儿育成所一，专负哺育幼儿之责（组织法详第四章）。

（3）本院设立幼稚教育园一，负教育三岁以上、八岁以下儿童之责（组织法详第五章）。

（4）本院设立育儿人才训练班一，专门训练保姆、护士及幼稚园教师（组织法详第六章）。

（5）本院设立儿童救济部一，专门救济被灾儿童，并负儿童保健顾问之责（组织法详第七章）。

二、系统：

（1）本院以院务委员会为最高机关。

（2）幼儿育成所、幼稚教育园及儿童救济部，为本院三个机能组织，完全受院务委员会指挥。

（3）为适应实际需要，必要时得组织各种专门委员会。或直接隶属于院务委员会，或附设于各部组织之下，由院务委员会决定之。

（4）本院各部如遇有互相关系之问题发生，由院务委员会议或常务委员会解决之。院务委员会每届年终召集全院职员大会一次，检阅过去一年间工作情况，并征求院务改进意见。

## 第三章 院务委员会

一、院务委员会，由本院发起人大会推举委员若干人组织之（另举候补委员二人）。

二、院务委员会设院长一人、副院长一人，由常务委员会产生。

三、院务委员会推举常务委员若干人，成立常务委员会（另举候补委员二人），处理日常院务。而由常务委员互举一人为院长，一人为副院长。

四、院务委员会推举三人成立财政委员会。由财政委员互举一人为主席。

五、院务委员会职权规定如下：（1）督促本院常务委员会事务之进行；（2）计划本院工作方针；（3）选举常务委员会及财政委员会；（4）召集全院职员大会；（5）筹划本院财政，并审查财政委员会预决算；（6）任免各部主任及重要职员；（7）解决重要对外问题；（8）聘任委员，设立各种专门委员会。

六、院务委员会每年开会一次。主席临时推定，改选院长、副院长及常务、财务两委员会。遇有特别事故，得临时召集会议解决之。

七、院长得设常住秘书处于院内，执行院长委托，分派职务。人数由院务委员会决定。

八、常务委员会职权规定如下：（1）接受院务委员会决议，处理本院经常事务；（2）督促各部工作之进行；（3）交涉一切对外事务；（4）检查各部经费之用途及报告。

九、常务委员会分工如下：（1）设总务委员一人，司处理一切总务之责。下分会计、庶务、文牍三科。（2）设育婴委员会一。由常务委员会二人，会同幼儿育成所主任一人组成。每周开会一次，专门计划育儿事务。育婴委员互举一人为主席。（3）设教育委员会一。由常务委员一人，会同幼稚教育园主任及育儿人材所主任各一人组成。每周开会一次，专门计划教育事务。由委员中，互举一人为主席。（4）设救济委员会一。由常务委员会一人，会同儿童救济部主任一人，及本院医务主任一人组成。每周开会一次，专门计划对外救济工作。至于儿童健康顾问，则由医务主任担任；并由委员中互举一人为主席。（5）设外务主任一人，专司办理对外交涉之责。（6）对外宣传，由常务委员全体负责。

十、财务委员，专负保管、检查及计划分配本院财政之责。每月照预算规定或院务委员会决议，拨付银行存款于院长或总务委员（常费）。所有对外财政出纳，除院长须签名负责外，财务委员会主席亦须副署。

十一、财务委员会每年须作成预算及决算，交院务委员会议审查、核准。

十二、本院设常任医师若干人、特约医师若干名，以一人为医务主任。皆由院长聘任。常任医师须住院。

## 第四章　幼儿育成所

一、幼儿育成所设主任一人、副主任一人，总理本所事务，由院务委员会聘任之。主任为本院常务委员会附设育婴委员会之当然委员。

二、幼儿育成所职务如下：（1）办理外界委托育婴事件；（2）哺育婴儿及照料婴儿的日常卫生；（3）检查婴儿身体健康状况，并治疗婴儿疾病；（4）处理本所与婴儿家属的关系诸问题；（5）对外报告本所婴儿健康状态。

三、幼儿育成所聘任事务员若干名、保姆若干名、护士若干名，由育婴委员会决定。

四、本所设事务部一，办理本所日常内外事务。事务员直接受常务委员会总务委员指挥。人数由常务委员会决定之。

五、本所设育儿部一，为保姆、护士办公之处。

六、本所设保健部一，为医师办公之处。

## 第五章　幼稚教育园

一、本园设主任一人、副主任一人，总理教育事务，由院务委员会聘任之。主任，为本院常务委员会附设教育委员会当然委员。

二、幼稚教育园职务如下：（1）办理外界委托教育儿童，及接受幼儿育成所移交儿童入园事件；（2）训练儿童智慧及身体，并灌输儿童以初步智识；（3）处理本园与儿童家属的关系诸问题；（4）设计儿童教学法；（5）调查各地幼稚教育状况。

三、园设事务部一。事务员直接受常务委员会总务委员指挥。人数由常务委员会决定。

四、本园设教务部一，为主任及专任教员办公之处。

五、本园设社会部一，为指导儿童游戏、表演、娱乐及练习社会活动之处。

六、本园每周召集教员会议一次，以本园主任为主席。

## 第六章　育儿人才训练所

一、本所设主任一人、副主任一人，由院务委员会聘任之。主任为本院常务委员会附设教育委员会当然委员。

二、本所职务规定如下：（1）训练幼儿保姆及护士；（2）训练幼稚师范人才。

三、本所设事务部一。事务员直接受常务委员会常务委员指挥。

四、本所分保姆训练班、看护训练班及幼稚师范班三班。

五、本所设教务部一，为主任及教务员办公之处。

六、本所设指导介绍部一，专门指导学生实习及介绍至各地幼稚学校服务。

七、本所每周召集教员会议一次，以本主任为会议主席。

## 第七章　儿童救济所

一、本所设主任一人、副主任一人，由院务委员会聘任之。主任为本院常务委员〔会〕附设儿童救济会当然委员。

二、本所职务如下：（1）救济各地被灾儿童；（2）调查各地杀婴及虐待儿童事件；（3）担任外界儿童健康顾问。

三、本所设事务部一，事务委员受常务委员会总务员指挥。

四、本所设救济部一，内分调查与救济二科。

五、本所设健康顾问部一，由本院常任医师，担任顾问之职。

六、本所每周召集所务会议一次，由本所主任任主席。

## 第八章　代育儿童办法

一、凡信任本院宗旨者，不论何界，皆得委托本院抚育及教育儿童。

二、入院婴儿须满一个月；并于入院时检查身体，有疾病者不收（俟本院设立儿童医院后，当代送医院疗治）。

三、凡委托婴儿入本院者，须由家长觅取店保或店保人，填写信任书。如无家长者（如私生子、孤儿），亦须由委托者代填信任书，并留下固定通信处。

四、委托婴儿入本院者，须由家长或委托人，按期缴纳托育费（每年____元）。如贫苦儿童或无家属负责儿童，得酌量减收或全免。

五、婴儿家属得按规定时间来院探视婴儿。

六、婴儿患病，由本院医师诊治或送医院治疗，并通知婴儿家属、委托人。如愿将婴儿领回者，听之。

七、婴儿入院后，所有食物、衣服，均由本院供给，家属不许送入不卫生食物。

八、婴儿如有死亡，由本院通知其家属或委托人，料理一切。

九、本院按照一定方法、时间料理儿童，每月公布《儿童健康报告书》一次。

十、代育儿童满一定年间（另定），得通知其家属或委托人领回；或征得前者同意，转送本院幼稚教育园受教育。

十一、如家属或委托人要求领回婴儿，须陈明理由，并按期报告儿童健康状况于本院。

## 第九章　幼稚教育园规程

一、幼稚教育园〔收〕受本院幼稚育成所儿童；外界儿童，亦可酌量收受。

二、由本院幼儿育成所转移儿童入幼稚教育园时，须经幼儿育成所主任签字。

三、外界送来儿童，须经过身体检查，觅取保证人及填写信任书等手续，始许入园。

四、外界送儿童，须由家属或委托人按期缴纳学费（每年____元）；由幼儿育成所转来儿童，亦须通知其家属或委托人，缴相同学费。惟贫苦无告之儿童，得酌量减收或全免。

五、儿童入园后，所有书籍、文具、玩具、衣服、食物，均由本院供给。

六、儿童患病，由院医生诊治，或送入医院治疗，并通知其家属或委托人。如前者愿领回儿童，听之。

七、本院按照最新幼稚教育方法教育儿童，每月公表〔布〕儿童成绩及健康报告一次。

八、如家属或委托人要求领回儿童，须述明理由。

九、儿童满相当年龄后，由本院通知其家属或委托人领回，或由本院代送入小学。

## 第十章　办理程序及经费

一、本院业务进行分三个时期：（1）第一期为预备期。此期专办育儿人才训练所（期限半年），并预备本院一切事务之物质的、精神的设施。（2）第二期为试办期。此期开办幼儿育成所，除物色有经验的保姆、护士外，并指导育成人才训练所毕业生实习。（3）第三期为扩充期。此期添设儿童救济部。必要时，得开办儿童医院及小学。

二、本院经费来源有三：（1）对外募捐；（2）基金贮存利息；（3）收取代育费及幼童教育费。

三、本院募得捐款，划定十分之____为开办费，十分之____为常年费，十分之____为扩充费，十分之____为基金。

四、本院基金贮存、出纳，概由财政委员会负责。

五、本院除开办之前须对外募捐外，开办后如有必要，亦可募捐。募捐概由院务委员会推定募捐委员会负责。

第十一章　附则

一、本计划为本院章程之草本。如章程订成后，本计划即作废。

二、本计划无组织上、法律上效力。

# 60 幼稚园课程标准

教育部

1932年11月4日

题 解 本篇原载《安徽教育行政周刊》第5卷第43号"特载"栏。发文时间为1932年11月4日，发表时间为1932年11月7日。

此标准由《教育部令第九一一二号》所确立。1932年11月4日，教育部发布此令："兹制定《幼稚园、小学课程标准》公布之。此令。"

有关发文单位教育部，参见前文《外人捐资设立学校请求认可办法》题解。但是，南京国民政府在废止大学院制、恢复教育部制后，将"教育总长"更名为"教育部长"。时任教育部部长，由交通部长朱家骅（1893—1963）兼任。

在《幼稚园课程标准》颁发前，教育部于1929年8月颁布《幼稚园课程暂行标准》；在《幼稚园课程标准》颁布后，教育部又于1936年7月颁布了《修正幼稚园课程标准》。为反映此标准的前后变化，兹由编者将修订之处一一标出，收作附录，以供研究者参照。

《安徽教育行政周刊》，地方性教育周刊。1928年4月创刊于安庆，由安徽省政府教育厅主办、编辑并发行。该刊旨趣为"传播教育行政消息及商榷教育行政问题"。主要栏目，有公牍、法规、统计、调查、建议、论著、教育消息等；主要撰稿人，有程天放、章友三、潘楚基、杨月生、许恪士、席凤阁等。1932年12月26日终刊，共出5卷200余期。

## 第一，幼稚教育总目标

（1）增进幼稚儿童身心的健康；

（2）力谋幼稚儿童应有的快乐和幸福；

（3）培养人生基本的优良习惯（包括身体、行为等各方面的习惯）；

（4）协助家庭教养幼稚儿童，并谋家庭教育的改进。

## 第二，课程范围

（一）音乐

1. 目标

（1）满足唱歌的欲望。

（2）启发并增进欣赏音乐的机能（包括口唱和乐器的两种）。

（3）发达发声的官能、节奏的感觉，并训练节奏的动作。

（4）发展亲爱、协同等的情感。

（5）引起对于事物（如猫、狗，耕田、洗衣之类）的兴趣。

2. 内容大纲〔要〕

（1）以下各种歌词的听唱、表演及欣赏：（a）关于家庭生活的；（b）关于纪念和庆祝的：（c）关于时令、节日的；（d）关于自然现象的：（e）关于习见的动植物；（f）关于日常工作的；（g）关于爱国的；（h）关于社交的；（i）关于表演用的。

（2）节奏的听和演作。

（3）通常音乐（小锣、小鼓、小木鱼等都可应用）的欣赏和演作（如听音起、坐、立、行等）。

（4）自然声音的欣赏和模仿（如鸟鸣、猫叫等声）。

3. 最低限度

（1）唱歌的声音清晰，拍子大致无误。

（2）对于简单的律动（快、慢、高、低等），有辨别反应的能力。

（3）明了四首以上歌词的意义，并能表演。

（4）有独唱两首简单的歌词〔曲〕的能力。

## （二）故事和儿歌

1. 目标

（1）引起对于文学的兴趣。

（2）发展想像。

（3）启发思想。

（4）练习说话，增进发表能力。

（5）发展对于故事的创作能力，培养快乐、高尚和爱等的情感。

2. 内容大要

（1）以下各种故事的欣赏、演习（如口述、表演、创作等）：（a）童话；（b）自然故事；（c）历史故事；（d）生活故事；（e）民间传说；（f）笑话；（g）寓言。

（2）各种故事画片的阅览。

（3）各种有趣味而不恶劣的儿童歌谣、谜语的欣赏、吟唱和表演。

3. 最低限度

（1）能述说四则最简单的故事，而意思很明了。

（2）能创作一则最简单的故事，而有明显的内容。

（3）能作简单、明白的应对。

## （三）游戏

1. 目标

（1）顺应爱好游戏的自然性向，而与以适当的游戏活动。

（2）发展筋肉的连〔联〕合作用，并训练感觉和躯肢的敏活反应。

（3）训练互助、协作等社会性。

2. 内容大要

下列各种游戏的练习：

（1）计数游戏（如抛掷皮球等，可兼习计数）。

（2）故事表演和唱歌表情的游戏。

（3）节奏的（例如听音而作鸟飞、兽走等的游戏）和舞蹈的游戏。

（4）感觉游戏（闭目摸索、听音找人等，练习触觉、听觉、视觉等的游戏）。

（5）应用简单用具（如秋千、滑梯等）的游戏。

（6）摹拟游戏（如小兵操、猫捉老鼠等）的摹拟动作。

（7）我国各地方固有的各种良好的游戏。

3. 最低限度

（1）能参加群儿的集合，成行成圈，而觉协调。

（2）能使用园中所设备的游戏器具三种以上。

（3）知道游戏的简要规则。

（四）社会和自然

1. 目标

（1）引导对于自然环境和人民活动的观察和欣赏。

（2）增进利用自然、满足生活、组织团体等的最初步的经验。

（3）引导对于“人和社会、自然的关系”的认识。

（4）养成爱护自然物和卫生、乐群等的好习惯。

2. 内容大要

（1）关于食、衣、住、行等生活需要、卫生方法，以及家庭、邻里、商铺、邮局、救火组织、公园、交通机关等社会组织的观察、研究，与本地名胜古迹的游览。

（2）日常礼仪的演习。

（3）纪念日和节日（如元旦、国庆、总理忌辰诞辰、五九、五卅、儿童节，以及其他令节）的研究、举行。

（4）身体各部的认识和简易卫生规律（如不吃担上的糖果、不吃杂食，食前必洗手、食后必洗脸，不随地便溺、不随地吐痰，不吃手、不用手挖耳揉眼，早睡早起、爱清洁等）的实践。

（5）健康和清洁的查察。

（6）党旗、国旗、总理遗像……等的认识。

（7）习见的鸟、兽、虫、鱼、花草、树木和日、月、雨、雪、阴、晴、风、云等自然现象的认识和研究。

（8）月份、星期、日子和阴、晴、雨、雪等逐日天象的填记。

（9）附近或本园内动植物的观察、采集，并饲养或培植。

（10）集会的演习（以培养公正、仁爱、和平的态度、精神为主）。

3. 最低限度

（1）认识自己日常生活所用的，主要衣、食、住、行各项物品。

（2）略知家庭、邻里、商铺、工场、农田以及地方公共机关的作用。

（3）知道四肢、五官的机能、作用。

（4）认识家禽、家畜及五种以上植物，并太阳、风、雨的作用。

（5）认识总理遗像和党旗、国旗。

（6）对于师长、家长，有相当的礼貌。

（7）有爱好清洁的习惯。

### （五）工作

1. 目标

（1）满足对于工作的自然需要。

（2）培养操作习惯，增进工作技能，并锻炼感觉能力：（a）发育粗大的基本动作，以为日后精细动作发育的基础；（b）使关于身心的各种动作，常常有表演的机会。

（3）训练关于群体的活动力。例如：（a）自信、自重、坚忍、专心、勤奋、互助、热心、服务等的精神；（b）自动的能力；（c）领袖才〔能〕和服从领袖的精神；（d）批评能力和接受批评的度量；（e）不浪费时间和材料的习惯；（f）遵守秩序的习惯；（g）爱护公共的用具。

（4）发展智力：（a）锻炼思想；（b）培养发表、创造、建设的能力；（c）发展欣赏能力。

2. 内容大要

由儿童各随所好，实做以下范围内的任何工作：

（1）沙箱装排——在沙盘或沙箱中，利用各种玩具、物品，堆装、观察、研究过的许多立体的东西。如村舍、城市、山景、园景、江河、动物场、植物园或其他模型等。

（2）恩物装置——用大小积木等，装置成房屋和其他建筑物等。

（3）画图——自由单色画或彩色画。彩色画可用各种现成图物，使儿童自己设色；或用自己所制的图物，施以彩色。

（4）纸工——用剪刀剪各种图形，或以纸折各种物件（如桌、椅之类）；或将剪的、折的、撕的图形，用浆〔糊〕粘在纸上；或用纸条织成各种花纹。

（5）泥工及纸浆工——用泥或纸浆做成模型。如鸡、狗、桃、李、杯、盘、糕、饼、舟、车等类，并研究泥的性质等。

（6）缝纫——缝纫的动机，大概由玩弄玩偶而来。如装饰玩偶的房屋，或为玩偶做小衣服、小被、小窗帘等。这种工作，应由年龄稍大的〔儿童〕担任；年龄较小的儿童，可用硬纸刺孔，成为苹果、萝卜或猫、狗之类，让他们用颜色线穿编。

（7）木工——用简单木工器具。如锥、锯之类，并能计划做成几种简单的玩具模型（如床、桌、椅、秋千架等）；而且知道做的方法和顺序（例如做一桌，知道四脚应一样长，桌面和脚的比例应相当，四脚应钉在桌面之下等）。

（8）织工——能用最粗的梭织线带等。

（9）园艺——种菜、种豆、种普通花卉等。

（10）其他——利用各种自然物及废物，做成玩具、装饰品等。

附注：以上各种工作，最好都有；但可视环境的情形而选择。

3. 最低限度

（1）能独立做简单的工作，而不求助于人；

（2）能爱惜工具和材料；

（3）能整理工具、材料、作品和安置工具、材料、作品的地方；

（4）能保持地上的清洁；

（5）能不弄脏身体和衣服；

（6）能用铅笔或蜡笔；

（7）能用剪刀；

（8）能选择颜色；

（9）能排列图形；

（10）能种活一两种蔬菜或花卉。

## （六）静息

1. 目标

（1）直接的，满足精神康健；

（2）间接的，增进精神活动的效率。

2. 内容

（1）静默——仿照蒙德〔台〕梭利的办法，举行定时的静默。听得某种声音符号后（或振铃，或用某种音调的声音），都须端坐。教师指导值日儿童，取静牌（灰色黑字牌）竖在黑板边上，同时观察有无不静默的儿童。等到大家静了，然后叫大家闭起眼睛来。这时：（a）或合掌把头垂下，支颐休息；（b）或隐几而卧；（c）或就桌而睡。教师退处一隅，两三分钟后，再作一种声音符号，使大家抬起头来。

声音符号，行了一两个月后，也可以变换；有时可参入游戏的意味，时间可逐渐加长。例如：教师于一室人静后，退到别一室去。隔二三分钟后，以和悦的声音，叫一个儿童的姓名。被叫到的儿童，便飞也似的跑到她的怀里，然后再叫另一个儿童的姓名。一一如法跑去，直到人走完了为止。这种游戏，或者可称为《飞燕归巢》，事前可向儿童说明。

静息功课，在蒙氏儿童院中，每天不止一次。以在十时左右（吃小点者，可在十时后）为最相宜。

（2）静卧——凡行全日制的，最好为各个儿童备卧具。午饭后退休静卧。凡小儿童，应睡二小时以上；年龄较大的，睡一小时半。醒时不当〔得〕扰及他人（按：英国新式幼稚园，对于此点极为注重）。

## （七）餐点

1. 目标

（1）适应需要——儿童食量小，所以进食时间的距离须短。自早餐至午刻，有五时之久，中间一定需要少许饼饵之类充饥。

（2）练习饮食时所应有的礼节。

（3）养成饮食应有的清洁习惯。

（4）养成爱惜食物的习惯。

2. 内容

每日上午十时左右，每儿食适当的食品（山芋、饼干之类）和饮开水一杯（经费宽裕者，可用牛奶代水，或吃水果少许）。

## 第三，教育方法要点

（1）以上所列各种活动（音乐、游戏、故事和儿歌、社会和自然、工作等），于实际施行时，应该打成一片，无所谓科目。打成一片的方法，应该以一种需要的材料（应时的，如三月的植树节、十月的国庆、秋天的红叶、冬天的白雪等；在环境内发现的，如替玩偶做生日、公葬某种已死的益鸟、开母姊会等等），做一日或两三日内作业的中心，一切活动都不离乎这个中心的范围。

（2）幼稚儿童每天在园的时间，全日约六小时。在都市有特殊情形的幼稚园，可用半日制，每日上午约三小时。中间除定时餐点、静息，和全日制的中午停止作业、进午餐和定时静卧外，各种活动不可呆板的分节规定（如每时应教何种功课）。但是，教师应该胸有成竹，在繁重作业之后，引导儿童作轻便的活动；在桌间作业之后，引导儿童作户外的运动……并可相机在某种活动之后，间以几分钟的休息，以调节儿童的身心。

（3）各种作业，可由儿童各从所好，自由活动。但是团体作业，每日也应有一次。由教师用暗示法，吸引儿童共同操作。当团体作业时，如有少数儿童不愿参加，不必强迫。

（4）故事、游戏、音乐、社会和自然，大部分都可由教师引导，实行团体作业；工作，则大部分应该由儿童个别活动，由教师个别指导。——此等活动，可将全部作业分为若干项目（例如图画、剪贴、积木……），由儿童分组合作，分工活动。

但须注意二事：

（a）分组，以两三人为一组合作一事为最有效。

（b）分工，儿童往往未做完这事，又去做那事，或半途而废，或苟且塞责。教师应该训练他们，使他们有责任心。训练的方法，或用表记录。能做完成的，与〔予〕以奖的符号，否则与〔予〕以戒的符号；或对做完成的表示好感，对未做完成的表示冷淡。

（5）教师应该充分的预备，以免临时困难。预备的事项，应该随儿童活动的趋向而定。例如，在国庆纪念的活动之前，教师对于儿童在国庆纪念的活动中，预料应有若干问题和事实发生，就应向这一方面搜集材料、准备技能……以便应付。

（6）教师所提出以引导儿童活动的材料和指导儿童活动的方法，以及一切进行……都须体察儿童的心理，切合儿童的经验。

（7）幼稚教育所用的材料，不是空话，而是日常可见、可接触，至少可想像的实物、实事。幼稚教育所用的场所，不限于室内；而须以户外的自然界、家庭、村、市、工商业……为最好的活动的地方。

（8）幼稚园的设计教学，须注意下列各点：

（a）从儿童自由活动中，发现设计的题材（例如，一个儿童在沙箱中栽种白菜。教师发现后，便可集合许多儿童设计种菜），这是设计教学中一个很好的机会，应该利用。

（b）在设计中应有的一切活动，应该早就体察儿童的能力，把儿童不能做或做不成功的部分省去；以免儿童因不能做而废止，或因中途失败而懊丧。

（c）设计的材料，以易达目的、易得结果的为最好。在一个设计中，又须分为许多小段落。每一小段落，有一小目的，可得一小结果。那么，儿童照着做去，得达目的，得有结果，也自然发生兴趣而自肯努力了。——万一整个的设计，做到中途而多数儿童的兴趣已转移了，那么，教师也可把这个设计放下，便从事于多数儿童兴趣所在的设计。等相当的时机到来，再行设法继续。

（9）教师是儿童活动中的把舵者，要使儿童跟着他的趋向而进行；在未达目的前，不要改变宗旨。所发的暗示，也当一贯而不杂乱。在儿童既反应而未到完成时，不可再有另一种的新暗示。

（10）教师是最后裁判者。儿童的问题，应由儿童自己解决。到儿童的确不能解决时，教师才可从旁启发、引导。

（11）教师应利用奖励，以鼓励儿童对于某种作业的兴趣。幼儿的奖励，以言语和玩具的赠与为最有效，标帜〔志〕、符号等的奖励次之。奖励所应注意的：

（a）奖励不可常用，常用则滥而失效；

（b）在群众中优胜，固然当奖；个人前后比较而突然有进步的，也应该奖励。

（12）有几种技能，应该用“练习”的方法，使儿童纯熟。练习必须顾到的条件如下：

（a）时间应该短，以保持儿童对于练习的兴趣和注意。

（b）次数的分配，应该合于分布练习的原则（开始时，每天在一定的短时间内连续练习；熟后，乃间歇练习；纯熟后才停止）。

（c）练习所用的材料，须估计其有无真正价值；不必练习的，不可枉费工夫。

（d）练习的方法，须查考其是否最优良；误用了方法（例如不用实物，而练习抽象符号），也一定劳而无功。

（e）练习时，不但要注意儿童所表显的成绩；并且要注意儿童所用的方法，是否合宜。不合的，一定要随时矫正。

（13）园中的事务，凡儿童能做的，如扫地、揩桌子、拔草、分工管理园具等，应充分的由儿童去做。

（14）每半年举行“体格检查”一次，每月举行“体高体重检查”一次，每日举行“健康并清洁检查”一次（法详小学卫生等科课程标准）。儿童身体上的缺陷和各种疾病，教师应该设法补救。——教师不但应有母亲和师长的智能，并且须具有看护的身手、治病的常识。

（15）教师对于儿童的身体、性情、好尚，以及家庭、环境……都应注意。最好备一本小册子，将观察所得的记录起来，以为研究和施教的资料。

（16）教师应该常常到儿童家庭去，或请家长到园中来……尽力联络感情，宣传幼稚育和家庭教育的方法。

（17）幼稚园除利用户外的自然和社会外，依下列标准设备一切：

（a）要合乎我国的民族性。我国的民族性，是诚朴、坚忍，和欧美、日本不同的。幼稚园的设备，不必过于华美，而须注意于坚固；不必多取洋式和舶来品，而须尽量中国化。

（b）要合乎当地社会情形。我国地方辽阔，都市、乡村，南方、北土，富饶地、贫瘠区……社会情形，各各〔个〕不同。幼稚园的设备，应该多取当地常见的物品，而不和社会的实际情形分离。

（c）要适应儿童的需要。要体察儿童的生理状况、心理状态、生活情形，随其需要而设备：量不宜太简陋，期够用；质应便于儿童，以求适用。

（d）要不背教育的意义。积极方面要：可以发展儿童创造力和激引儿童想像力的；可由儿童自己使用，并自己装置或拆开的；可以引起儿童的兴趣和美感的；可以引起儿童的情感的；可以发展儿童的智力的；有益于儿童身体的。消极方面要：有碍卫生的不取；容易发生危险的不取；儿童不感兴趣的不取；有损美观的不取。

（e）要利用废物、天然物和日用品。废物，如旧书、旧报、破布，无用的玻璃片、玻璃瓶、布片、破碗片；天然物，如果核、树叶、花瓣、种子、蛤壳、贝壳、鸟羽、石子；日用品，如肥皂、洋烛……都可利用了做成教育用品、装饰品和作业材料等。这不但省钱，并可启发儿童的创造力。

附录一 《幼稚园课程标准》（1932 年 11 月）对《幼稚园课程暂行标准》（1929 年 8 月）的修订之处

第一，幼稚教育总目标

“暂行”为 3 项，现增补为 4 项。

即将“暂行”之（1）“增进幼稚儿童应有的快乐和幸福”，增补改定为：“（1）增进幼稚儿童身心的健康；（2）力谋幼稚儿童应有的快乐和幸福。”后两项同。

第二，课程范围

（一）音乐

1. 目标——

将“暂行”之“（3）发达发声的官能，并训练节奏的动作”，增改为“（3）发达发声的官能、节奏的感觉，并训练节奏的动作”。余皆同。

2. 内容大纲——

将“暂行”之“（1）以下各种歌词〔曲〕的听唱、表情”，增改为“（1）以下各种歌词〔曲〕的听唱、表演及欣赏”。

将“暂行”之“（4）歌的试行创作”，删改为“（4）自然声音的欣赏和模仿（如鸟鸣、猫叫等声音）”。余皆同。

3. 最低限度——

将“暂行”之“（3）明了四首以上歌词〔曲〕的意义，并能表情”，改定为“（3）明了四首以上歌词〔曲〕的意义，并能表演”。余皆同。

（二）故事和儿歌

1. 目标——5 项皆同。

2. 内容大要——

将“暂行”之“（1）以上各种故事的欣赏、演习（如口述、表演、发表、创作等）”，删定为“（1）以上各种故事的欣赏、演习（如口述、表演、创作等）”。

将“暂行”（1）之下的“（a）神仙故事；（b）民间传说；（c）物语；（d）历史故事；（e）笑话；（f）寓言”，改增为“（a）童话；（b）自然故事；（c）历史故事；（d）生活故事；（e）民间传说；（f）笑话；（g）寓言”。

将“暂行”之“（3）各种有趣味而不恶劣的儿童歌谣、谜语的欣赏、吟唱和表情”，改定为“（3）各种有趣味而不恶劣的儿童歌谣、谜语的欣赏、吟唱和表演”。余皆同。

3. 最低限度——前 2 项皆同。

在“暂行”（2）之后，增加了“（3）能作简单、明白的应对”。

（三）游戏

1. 目标——3 项皆同。

2. 内容大要——7 项皆同。

3. 最低限度——3 项皆同。

（四）社会和自然

1. 目标——

将“暂行”之“（1）引导对于自然环境和人民活动的观察，并培养其兴趣”，改定为“（1）引导对于自然环境和人民活动的观察和欣赏”。余皆同。

2. 内容大要——

将“暂行”之“（1）关于衣、食、住、行等生活需要、卫生方法，以及家庭、邻里，商铺、邮局、救火组织、公园、交通机关等社会组织的观察、研究”，增补为“（1）关于食、衣、住、行等生活需要、卫生方法，以及家庭、邻里，商铺、邮局、救火组织、公园，交通机关等社会组织的观察、研究，与本地名胜古迹的游览”。

将“暂行”之“（8）月、日、星期、日子和阴、晴、雨、雪等逐日天象的填记”，改定为“（8）月份、星期、日子和阴、晴、雨、雪等逐日天象的填记”。余皆同。

3. 最低限度——7 项皆同。

（五）工作

1. 目标——

将“暂行”之（2）下的“（b）使身心上各种动作，常常有表演的机会”，改定为“（b）使关于身心的各种动作，常常有表演的机会”。余皆同。

2. 内容大要——

将“暂行”之“（4）剪贴”，更名为“（4）纸工”。

将“暂行”之“（5）泥工——用泥做成模型”，增补为“（5）泥工及纸浆工——用泥或纸浆做成模型”。

将“暂行”（9）之后，增加“（10）其他——利用各种自然物及废物，做成玩具、装饰品等”。

将“暂行”附注“以上各种工作最好都有，但可视环境的情形而选择；并可视儿童的需要，而增设其他工作”，删减为“以上各种工作，最好都有；但可视环境的情形而选择”。余皆同。

3. 最低限度——

将“暂行”之“（6）能用铅笔、毛笔或蜡笔”，删改为“（6）能用铅笔或蜡笔”。余皆同。

（六）静息

1. 目标——2 项皆同。

2. 内容——2 项皆同。

（七）餐点

1. 目标——

将“暂行”（3）之后，增加“（4）养成爱惜食物的习惯”。余皆同。

2. 内容——文字相同。

第三，教育方法要点

将“暂行”（2）中之“各种活动，不要呆板的分时、分节规定”，删改为“各种活动，不可呆板的分节规定”。

将“暂行”（14）中之“法详小学体育、自然等科课程标准草案”，更定为“法详小学卫生等科课程标准”。

将“暂行”（17）（d）之下“可以引起儿童的情爱的”，更定为“可以引起儿童的情感的”。

将“暂行”（17）（d）之下“要发生危险的不取；儿童不感兴趣的不取；非儿童所能应用的不取；有损美观的不取”，删改为“容易发生危险的不取；儿童不感兴趣的不取；有损美观的不取”。

将“暂行”（17）（e）最后一句“并可启发儿童的创造心”，更定为“并可启发儿童的创造力”。余皆同。

喻本伐整理。所据《幼稚园课程暂行标准》，
原载《教育杂志》第21卷第10号（期）
“附录”栏，1929年10月20日

## 附录二 《修正幼稚园课程标准》（1936年7月）对《幼稚园课程标准》（1932年11月）的修订之处

第一，幼稚教育总目标

与正文“第一，幼稚教育总目标”4项均同。

第二，课程范围

（一）音乐

1. 目标——

将“标准”（5）“引起对于事物（如猫、狗、耕田、洗衣之类）的兴趣”，更定为“引起对于事物（如动物、工作、游戏、故事、儿歌之类）的兴趣”。余皆同。

2. 内容大纲〔要〕——

在“标准”（1）之下所列9项之后，增列了如后2项：（j）关于儿童歌谣的；（k）关于故事的。

将“标准”（2）（3）合并又分列为：（2）节奏的听和演作：（a）小乐器的应用（小锵、小鼓、小木鱼、小铃等的合奏）；（b）听音跑、跳、坐、行、转、鞠躬等的想象或表演。

将“标准”（4）改为（3），并在其下增列：（a）鸟鸣、鸡啼、猫叫等声音；（b）火车、轮船、飞机等声音。余皆同。

3. 最低限度——4项皆同。

（二）故事和儿歌

1. 目标——

将“标准”（4）“练习说话，增进发表能力”，增补为“练习说话、吟唱，并增进发表能力”。余皆同。

2. 内容大要——

将“标准”（1）之下的7项内容，增补为8项：即在“生活故事”之后，增加了“爱国故事”一项。余皆同。

3. 最低限度——

将“标准”所列3项，增补为6项：“（1）能吟唱四则以上的儿歌、童谣或谜语，而字句很清晰；（2）能述说四则最简单的故事，而意思很明了；（3）能创作一则最简单的故事，而有明显的内容；（4）能参加表演故事一则；（5）能作简单明白的应对；（6）能看图述说图中大意。”

（三）游戏

1. 目标——

将“标准”所列3项，增补为4项：首列“（1）增进儿童身体的健康”。

原（1）改作（2），原（2）改作（3）。

原（3）改作（4），并将内容扩充为：“训练互助、协作、合群、守纪律、公正、耐苦等社会性。”

2. 内容大要——

将“标准”之“（1）计数游戏（如抛掷皮球等，可兼习计数）”，扩充为“（1）计数游戏（如搬运豆囊、抛掷皮球等，可兼习计数）”。

将“标准”之“（5）应用简单用具（如秋千、滑梯等）的游戏”，扩充为“（5）应用简单用具（如秋千、滑梯、木马、跷跷板等）的游戏”。余皆同。

3. 最低限度——3项皆同。

（四）社会和自然

将“标准”之“社会和自然”，更名为“常识”。

1. 目标——

将“标准”之“（4）养成爱护自然物和卫生、乐群等的好习惯”，扩充为“（4）养成爱护自然物和卫生、乐群、互助、合作等的好习惯”。余皆同。

2. 内容大要——

将“标准”之（10）移作（4）、“标准”之（6）移作（5）、“标准”之（7）移作（6）。

将“标准”之（8）移作（7），并将内容“（8）月份、星期、日子和阴、晴、雨、雪等逐日天象的填记”，改定为“（7）月、日、星期和阴、晴、雨、雪等逐日气候的填记”。

将“标准”之（9）移作（8）、将“标准”之（4）移作（9）、将“标准”之（5）移作（10）。余皆同。

3. 最低限度——7项皆同。

（五）工作

1. 目标——4项皆同。

2. 内容大要——

将“标准”之“（2）恩物装置”，改名为“（2）积木”。

在“标准”（4）“或用纸条，织成各种花纹”之后，增加“或用纸做成各种玩具（如动物模型、家具模型）”。

在“标准”（5）中“如鸡、狗、桃、李、杯、盘、糕、饼、舟、车等类”，改定为“如动物、水果、玩具等类”。

在“标准”（6）“年龄较小的儿童”之后，将文字增改为：“可用硬纸刺孔，成为果类、鸟兽类或其他图形类，让他们用颜色线穿编，或用颜色珠穿线等。”

将“标准”（7）中“如锥、锯之类”，增补为“如锥、锯、钉、刨之类”。

将“标准”之“（8）织工——能用最粗的梭，织线带等”，增补为“（8）织工——能用最粗的梭，织线带，编织针、编织架，织成玩具或玩偶用的物件。或用藤条、麦秆等，编成玩具”。

将“标准”之“（9）园艺——种菜、种豆、种普通花卉等”，增补为“（9）园艺——种菜、种豆、种普通花卉及园地整理等”。余皆同。

3. 最低限度——

在“标准”（3）之后，增加“（4）能与人合作做成一件工作”。

将“标准”（3）（4）合并列作：“（5）能保持地上的清洁，并不弄脏身体和衣服”。

将“标准”之“（6）能用铅笔或蜡笔”，增补为“（6）能用铅笔、蜡笔或粉笔”。余皆同。

（六）静息

1. 目标——2项皆同。

2. 内容——

在“标准”（2）“按：英国新式幼儿园，对于此点极为注重”之后，增加：“我国幼稚园行全日制的，儿童大都回家吃午饭。如果园中没有适当的设备，最好和家庭合作，使学生在家里睡了再来。”余皆同。

（七）餐点

1. 目标——4 项皆同。

2. 内容——文字相同。

第三，教育方法要点

将“标准”（1）中“社会和自然”，更定为“常识”。

将“标准”（3）中“各种作业，可由儿童各从所好，自由活动”，增改为：“各种作业，务须布置一个适当的环境，以引起儿童对于作业的兴趣，使儿童各从所好，自由活动。”

将“标准”（4）中“社会和自然”，更定为“常识”。

将“标准”（14）中“体格检查”，增补为“体格健康检查”。余皆同。

喻本伐整理。所据《修正幼稚园课程标准》，
原载《福建教育》第 2 卷第 9 号（期）
“特别纪载”栏，1936 年 9 月 10 日

# 61 《幼稚园小学课程标准》施行办法

教育部

1932年11月4日

**题 解** 本篇原载《教育部公报》第5卷第7、8期合刊“附载”栏。发文时间为1932年11月4日，发表时间为1933年2月26日。

有关发文单位教育部，参见前文《幼稚园课程标准》题解。

有关《教育部公报》，参见前文《中华民国教育宗旨及其实施方针》题解。

一、本标准颁布后，全国各小学应即一律遵照施行。但经教育部核准备案的实验小学，或因地方特殊情形，由主管教育行政机关，呈经教育部核准备案的，得酌量变通办理。

二、各地方对于本标准如有意见，应随时报告教育部，作为修改时的参考材料。

三、各省市施行本标准，如因师资欠缺，不免窒碍难行。应即改进师范教育，并给予现有小学教员以进修和研究的机会。例如：

（1）利用假期或晚间余暇，由各地方教育行政机关，召集各校担任某科目的教员，予以关于某科目的基本知识和技能，并授以教学方法。

（2）由小学教员组织关于某种学科的研究会，研究、练习关于某学科的知识和技能。

四、本标准颁布后，关于幼稚园、小学具体课程，如教材要目、教学实例等，除国语、算术、社会各科的大部分，自然科的一部分，有教育部审定全国通用的教科书可资依据外，其余带有地方性及时间性，而无教科书可资依据的，应由教育部指定若干省及行政院直辖市教育厅局，尽先延聘专家及实地研究者，组织委员会，各按时令及本地情形，分年分目，编成具体的“教材要目”“教学实例”，适于乡村及都市的各二份以上，呈请教育部审核施行，并供各省市作编订具体课程的参考。

五、本标准颁布后，关于地方性的补充教材，各县市教育局，应即组织地方教材搜集委员会，依据本标准各科作业要项，搜集各地方实际应用的乡土教材，作为补充教材，呈请主管教育行政机关审核后，加入于具体教材要目中。

六、本标准各科“各学年作业”要项，都用论理的方法排列；所以往往以学科为本位，自成系统。课程的编订，应依生活时令，用心理的排列方法，并将需要的教材，组织成相互联络的各个单元。

七、课程的编订，各省市应依据标准所含的弹性，订定完备的和简易的两种或两种以上，以便城市、乡村或办理完善和未臻完善的各式小学遵用。

八、南洋等处华侨小学课程，应由当地华侨教育管理者，及华侨教育会和华侨学校代表，根据本标准，斟酌地方情形分别编订，呈请教育部审核备案。

# 62　呈请教育厅添设省立中学附小幼稚园案

浙江省立十中附小

1932年11月12日

**题　解**　本篇原载《浙江教育行政周刊》第4卷第20期。提案时间为1932年11月12日，发表时间为1933年1月14日。

提案单位浙江省立十中附小，民国浙江省立十中，亦称"温州中学"。其前身为温州府中学堂，创设于1903年，由孙诒让主持创办。1923年，温州师范及其附小也并入其中，时任校长为张棡（幼丞）。该校附小在1926年便附设了幼稚园。王醉霞当年便曾任附小音乐教师兼幼稚园主任。

《浙江教育行政周刊》，地方教育周刊。1929年9月7日创刊于杭州，由浙江省教育厅主办、编辑并发行。时任浙江省教育厅厅长陈布雷，为提高教育行政效率，推进浙江省教育的发展，特专发此刊。主要栏目，有法规、训令、公牍、议案、调查报告、教育消息等；主要撰稿人，有朱家骅、孙𪩘侯、张人杰、方祖桢、蒋梦麟、赵季俞等。1935年6月1日终刊，共出6卷300余期。

## 理由

本案之提出，一缘于本会议之第一届决议案，一缘于附小现状之需要。

查《省立中学附小应一律设幼稚园》一案，已于第一届会议，由在会十一中附小提出，当经在会各校决议通过；并呈报浙江大学〔区〕，请求核办在案。后经浙江大学普通教育管理处函示："附小一律设幼稚园案，全省教育设施，宜横里顾到全局，纵里顾〔到〕时间。大学〔院〕方针，拟定几年内，用全力于义务教育。等义务教育办到相当程度时，再推行幼稚教育，等等。事有缓急，全省经济有限，不能不量缓急定先后的呢。”因此，省立中学附小应一律设幼稚园案，即被搁置。翌年，普通教育管理处撤销[①]，本案当提交教育厅办理矣。

岁月匆匆，越时四载，是项设施，迄未举办。各校自动呈请设立，又以经费未编入预算见驳。

按附小现状，已非往昔可比；关于辅导、试验二项，日见扩大。凡此幼稚教育之设施，实与辅导、试验有密切之关系。向之所谓缓者，迄今已急矣。惟举办须赖有经费，是项经费，又须由教厅编入预算；故此，本案有提出之必要。

办法

由本会议呈请教育厅，自二十二年度起，各附小一律添设幼稚园，并将经费编入预算。

决议

修正通过。

① 此“撤销”，实指“大学区制”废止，恢复教育厅制，故可旧案重提。

# 63　施行部颁《幼稚园小学课程标准》办法

北平市社会局

1932年11月

**题　解**　本篇原载《时代教育（北平）》第1卷第7、8期合刊“幼稚园小学具体课程专号”。颁发时间为1932年11月中旬，发表时间为1933年8月31日。

呈文单位北平市社会局，为北平市政府下属机构之一，掌管社会福利事业、文化、体育和民众教育设施。1932年，原设北平市教育局归并于社会局，成为其下的教育科（第三科），专门掌管全市中小学和幼稚园。在部颁《幼稚园小学课程标准》颁发后，北平市社会局依据本地实况，制订、领发了此办法。

《时代教育（北平）》，地方性教育月刊，后改季刊。1933年1月创刊于北平，由北平市社会局教育科主办、编辑并出版。该刊旨在研究讨论教育问题，提出教育改革计划和方案，扩充乡村教育，注重职业教育，整理中学教育等。主要栏目，有章则、法规、论著、教育漫谈、国内教育新闻汇编、国际教育消息择要、附录等；主要撰稿人，有潘晓风、仔肩、李静澄、博文、雷嗣尚、张拓、傅庆隆、武三多等。1936年7月终刊，共出3卷24期。

一、北平市社会局根据部颁“课程标准办法”第四条，组织幼稚园、小学具体课程编订委员会，编成具体的教材要目及教学实例，以为本市幼稚园、小学施行之准则。

二、编订的工作分为二段。根据部颁“施行办法”第四条之意义，限期完成之。

第一段：先就无教科书可资依据之科目，如体育、工艺等，于二十〔二〕年度开学前，编订完成。

第二段：再就有教科书一部分或大部分，可资依据之科目，如社会、自然等，于二十二年度开学后，再继续编订。

以上二项，限于二十二年度内，编订完备的和简易的两种。

三、本局拟定之施行办法，凡属市私立幼稚园及小学，于二十二年度第一学期起，应即一律遵照施行。师范附属小学及实验小学，得酌量变通一部分，但须先期呈报。

四、全市市、私立幼稚园及小学校，对于施行办法如有意见，应按规定时限呈报社会局，以凭核办。

五、本办法施行后，各园、各校如发见〔现〕有应行修改处，须随时呈报意见，以为试验期满修改时参考资料。

六、本市所定施行办法，凡遇与部颁课程标准有出入处，均系参酌地方特殊情形，审慎变通。各园、各校不得任意自行变通。

七、关于地方性的补充教材，应先期拟定大纲，随时搜集。一经选定，即须认作正式教材，不得再视为补充性质。

八、实地施行时，对于本局规定办法，认为确有必须更换时，须将变更的理由及修正办法，分别记出。遇督学视察时，须首先声明学期末再一齐汇报。

九、各园、校施行本局规定办法，遇担任工作人员发生困难时，只可以人来迁就标准，不得以标准去迁就人。

十、市、私立幼稚园及各小学，应由全体教职员组织课程讨论会及教学研究会，由校长领导，每隔一周各开会一次，对于教材的组织及教学的方法，力谋改进；并于月终，呈报讨论及研究的结果。

# 64 师范学校法

国民政府

1932年11月26日

**题　解**　本篇原载《教育部公报》第4卷第51、52期合刊"法规"栏。

立法院通过时间为1932年11月26日，国民政府发布时间为1932年12月17日，发表时间为1932年12月31日。

有关发文单位国民政府，参见《中华民国教育宗旨及其实施方针》题解。时任国民政府主席为林森（1868—1943）。

有关《教育部公报》，参见前文《中华民国教育宗旨及其实施方针》题解。

第一条　师范学校应遵照中华民国教育宗旨及其实施方针，以严格之身心训练，养成小学之健全师资。

第二条　师范学校得附设特别师范科、幼稚师范科。

第三条　师范学校修业年限三年，特别师范科修业年限一年，幼稚师范科修业年限二年或三年。

第四条　师范学校由省或直隶于行政院之市设立之。但依地方之需要，亦得由县、市设立，或两县以上联合设立之。

第五条　师范学校由省、市或县设立者，为省立、市立或县立师范学校；由两县以上联合设立者，为某某县联立师范学校。

第六条　师范学校之设立、变更及停办，由省或直隶于行政院之市设立者，应由省、市教育行政机关，呈请教育部备案；由县、市设立者，呈由教育厅核准，转呈教育部备案。

第七条 师范学校及其特别师范科、幼稚师范科之教学科目及课程标准、实习规程，由教育部定之。师范学校应视地方需要，分别设置职业科目。

第八条 师范学校及其特别师范科、幼稚师范科之教科图书，应采用教育部编辑或审定者。

第九条 师范学校得设附属小学。其附设幼稚师范科者，并得设幼稚园。

第十条 师范学校设校长一人，综理校务。省立师范学校，由教育厅提出合格人员，经省政府委员会议通过后，任用之；直隶于行政院之市，市立师范学校由市教育行政机关，选荐合格人员，呈请市政府核准任用之；县、市立师范学校，由县、市政府选荐合格人员，呈请教育厅核准任用。除应担任本校教课外，不得兼任他职。

前项师范学校校长之任用，均应由省、市教育行政机关按期汇案，呈请教育部备案。

第十一条 师范学校教员，由校长聘任之，应为专任。但有特别情形者，得聘请兼任教员。其人数不得超过教员总数四分之一。师范学校职员，由校长任用之。均呈请主管教育行政机关备案。

第十二条 师范学校校长、教员之任用规程，由教育部定之。

第十三条 师范学校及其幼稚师范科入学资格，须曾在公立或已立案之私立初级中学毕业；特别师范科入学资格，须曾在公立或已立案之私立高级中学或高级职业学校毕业，均应经入学试验及格。

第十四条 师范学校及其特别师范科、幼稚师范科学生，修业期满、实习完竣、成绩及格，由学校给予毕业证书。

第十五条 师范学校及其特别师范科、幼稚师范科，均不征收学费。

第十六条 《师范学校规程》及《师范学校毕业生服务规程》，由教育部定之。

第十七条 本法自公布日施行。

# 法規

## ◉師範學校法 二十一年十二月十七日公布

第一條 師範學校應遵照中華民國教育宗旨及其實施方針以嚴格之身心訓練養成小學之健全師資

第二條 師範學校得附設特別師範科幼稚師範科

第三條 師範學校修業年限三年特別師範科修業年限一年幼稚師範科修業年限二年或三年

第四條 師範學校由省或直隸於行政院之市設立之但依地方之需要亦得由縣市設立或兩縣以上聯合設立之

第五條 師範學校由省市或縣設立者爲省立市立或縣立師範學校由兩縣以上聯合設立者爲某某縣聯立師範學校

第六條 師範學校之設立變更及停辦由省或直隸於行政院之市設立者應由省市教育行

另图 18 《师范学校法》原发表件（部分）

# 65 小学法

国民政府

1932年12月24日

**题 解** 本篇原载《教育部公报》第4卷第51、52期合刊。发布时间为1932年12月24日，发表时间为1932年12月31日。

有关发文单位国民政府，参见《中华民国教育宗旨及其实施方针》题解。

有关《教育部公报》，参见前文《中华民国教育宗旨及其实施方针》题解。

第一条 小学应遵照《中华民国教育宗旨及实施方针》，以发展儿童之身心、培养国民之道德基础，及生活所必需之基本知识、技能。

第二条 小学修业年限六年，前四年为初级小学，后二年为高级小学。

初级小学，得视地方情形，单独设立。

第三条 小学由市、县或区、坊、乡镇设立之。其有特殊情形者，得由省设立之。

私人或团体，亦得设立小学。

第四条 小学由市或县设立者，为市立或县立小学；由区设立者，为区立小学；由坊或乡镇设立者，为坊立或乡镇立小学；由两区坊或两乡镇以上设立者，为某某区、某某坊或某某乡镇联立小学；由私人或团体设立者，为私立小学。

第五条 师范学校附设之小学，为师范学校附属小学。

第六条 小学之设立、变更及停办，在省行政区域内者，除省立小学外，应经该管县、市教育行政机关核准，呈请教育厅备案。在直隶于行政院之市区域内者，应经市教育行政机关核准。

第七条　小学学级，用单式编制。但有特殊情形者，得用复式编制。在初级小学，并得用二部或单级编制。

第八条　小学之教学科目及课程标准，由教育部定之。

高级小学应视地方情形，设置简易职业科目。

第九条　小学教科图书，应采用教育部编辑或审定者。

前项编辑或审定，并应注重各地方乡土教材。

第十条　小学得附设幼稚园。

第十一条　小学得设校长一人，综理校务。

省立或直隶于行政院之市，市立小学校长，由教育厅或市教育行政机关，遴选合格人员任用之，并请教育厅备案。

县市立、区立、坊立或乡镇立小学校长，由县市教育行政机关，选荐合格人员，呈请县市政府任用之。

私立小学校长，由校董会或设立人遴选合格人员聘任之，并呈请主管教育行政机关备案。附属小学校长，由主管学校校长聘请合格人员充任，并呈请主管教育行政机关备案。但私立学校之附属小学，有特殊情形另设校董会者，由校董会聘任之。

第十二条　小学教员，由校长聘请合格人员充任。如合格人员有不敷时，得聘任具有相当资格者充之。均应呈请主管教育行政机关备案。

小学教员之检定、任用、保障各规程，由教育部定之。

第十三条　小学校长、教员，均应为专任，校长并应担任本校教课。

第十四条　小学得单独或联合设校医或看护。其有六学级以上者，得酌设事务员。

第十五条　初级或高级小学学生，修业期满、成绩及格，由学校给予毕业证书。

第十六条　小学不收学费，但得视地方情形，酌量征收。在公立小学，每人每学期，初级至多不得逾一圆，高级至多不得逾二圆。在私立小学，每人每学期，初级至多不得逾三圆，高级至多不得逾六圆。

学生无力缴纳学费者，小学校长应酌量情形，免除其学费之一部或全部。

第十七条　《小学规程》由教育部定之。

第十八条　本法自公布日施行。

# 66 江西省督学视察省会幼稚园报告

涂琳

1933年冬

**题 解** 本篇原载《江西教育旬刊》第5卷第9期“特载”栏。视察时间为1932年冬，发表时间为1933年5月21日。原发表时，题为《省督学视察省会幼稚园报告（二十一年度上学期）》。今题系编者所拟。

撰著者涂琳，生卒年未详，江西高安人。1931年毕业于暨南大学社会系，归里担任江西省教育厅督学，撰写发表了视学报告十余种。后历任江西省财政厅视察员、宜黄县县长、南丰县县长、万安县县长等职。撰有《地方行政导论》等。

《江西教育旬刊》，地方教育旬刊，1928年创刊于南昌。由江西教育厅主办，江西教育设计委员会编译部编辑并发行。该刊“以登载教育法令、传布教育消息、探究并介绍新教育学术，及讨论教育实际问题为宗旨”。主要栏目，有命令、论著、讲演、会议录、教育要闻、特载、选录等；主要撰稿人，有程时煃、程宗宣、吴自强、周克刚、舒垚、萧谦等。1934年9月11日终刊，共出11卷，存数十期。

该园现有学生一百零八人，计分甲、乙、丙三组。园址系租赁民屋，屋宇狭小，颇不适用，以故一切设施多有未合。游戏场所，竟付阙如，仅于甲组室内装置摇船、小篮球架等，似不足供孩童活动之需要。

其他各种设备亦多缺憾。清洁室内，儿童盥洗用具仅容十付〔副〕，且手帕类皆污黑不洁，应加注意。儿童各种玩具尤属罕见，亟应添置，以资应用。儿童家属接送学生，应指定休息处所，不得令其在教室内守候，至妨碍儿童上学〔课〕精神，影响教学效果。

主任杨富予[①]，处划园务颇为热心。甲组保姆罗钰课谈话，出席学生三十一人。态度慈和，谈话娓娓动听，内容取材亦颇合宜；惟该教室光线不佳，且偏西隅，尚有潮湿处所，布置亦欠精美，应加注意。复次，课游戏，列队距离太紧〔近〕，秩序欠佳。应多注重基本动作练习，左右概念务必分清。跳舞应用琴声领导，使养成有规律之举动。

乙组保姆龚佩珍、助教萧冰筠课恩物，出席学生三十四〔人〕。任学生自由练习，未将中心题材示出，徒忙于从旁指正，顾此失彼，教法似有未合。

丙组保姆熊兰贞、助教周竡课自由画，出〔席〕学生三十四人。黑板未示范，学生用彩色笔，对于颜色尚多不能辨别，教法似嫌零碎无系统。

以上乙、丙两组保姆及助教，对于幼稚教法，均应多加研究，以启迪儿童之天性，陶冶儿童优美、活泼之性情为指归，切忌含混、无整个之步骤与计划也。

省督学涂琳

① 杨富予：女，生卒年未详，字柏寿，江西泰和人。早年毕业于江西省立女子甲种职业学校，1919年考入北京女子高等师范学校"保姆讲习科"。次年结业后，归里在南昌长期从事幼稚教育。撰有《儿童与玩具的关系》《对于家庭教育的意见》等。

# 67 日校幼稚园招生简章

香港青年会

1933年2月1日

**题 解** 本篇原载《香港青年》第1卷第3期。发表时间为1933年2月1日。

发布单位香港青年会，全称“香港基督教青年会”，系宗教社团。1901年创办，行政上分为“华人部”及“西人部”。初期租用德辅道中27号作为集会场地，开办“汉文日馆”（即“日校”），即今青年会中学的前身。1929年在九龙兴建正式会所。后设立会所多处，且多附设有教育设施。

《香港青年》，宗教半月刊。1931年1月10日创刊于香港，由香港基督教青年会主办、编辑并发行。旨在满足现代青年的精神需求，提供相关材料，并讨论切要问题。主要内容，为该会内部事物、活动、计划、统计等；主要撰稿人，有陈隆敢、王衍流、李显宏、王国璇等。1935年12月15日终刊，共出3卷数十期。

一、目标 本园目标有三：

（1）增进幼稚儿童应有之快乐及幸福；

（2）培养人生优良习惯之基础（包括身体、行为等各方面之习惯）；

（3）协助家庭教养幼稚儿童，并谋家庭教育之改进。

二、定名 本园附属于青年会日校，故名为“青年会日校幼稚园”。

三、园址　设在必列者士街[1]青年会健身室内。

四、编级　分甲、乙二级。满五岁者入甲级，满四岁者入乙级。无论男女，皆可来学。惟入学时须举行智力测验及体格检查，始确定级次。

五、课程

（1）音乐：（a）各种歌词〔曲〕、节奏的听唱表情；（b）通常乐音的欣赏、演作；（c）歌的试行创作。

（2）故事及儿歌：（a）各种故事的欣赏、演习；（b）各种故事画片的阅览；（c）各种优良儿童歌谣、谜语的欣赏、吟唱、表情。

（3）游戏：（a）计数游戏；（b）舞蹈游戏；（c）感觉游戏；（d）简单用具游戏；（e）摹拟游戏：（f）良好的通俗游戏。

（4）社会及自然：（a）衣、食、住、行等生活需要的研究；（b）家庭、商店、公共机关等社会组织的观察研究；（c）日常礼仪的演习；（d）纪念日、节期日的研究、举行；（e）身体各部的认识、简易卫生规〔则〕的实践；（f）国旗、名人肖像的认识；（g）自然现象的认识、研究；（h）逐日天象的填记；（i）集会的演习。

（5）工作：（a）沙箱装排；（b）恩物装置；（c）画图；（d）剪贴；（e）泥工；（f）缝纫。

（6）儿童之年龄、智力、体质较强者，酌加字课、联句、算术等，使衔接本校小学一〔年级〕之程度。

六、学时　每日上课，由上午九时至十二时，星期日休课。

七、学额　每级二十五名，共招新生五十名。

八、学费　全年学费三十元、堂费四元、游戏费二元。学费分春、秋季，入学时各缴一半。堂费、游戏费则春季入学时一次缴清。惟秋季入学新生，则须缴一半。开课三日后缴费者，加收过期费一元；开课一星期仍未缴清者，不能留位。倘中途自行退学，或因犯规被革退者，所缴过各费，概不给还。

九、开学　本园校历悉照本校小学所规定者。春季定于二月四日编级，六日开学；

---

① 必列者士街：位于香港上环，街长 330 米。街名源自港英时代的一位律政司（William Thomas Bridges）的中文译音。该处设有青年会会所，并为日校的前校址，现租给圣公会圣马太小学作为校舍。

秋季定于九月二日编级，四日开学。

十、报名　凡有志来学者，须于编级期前，到本校校务处或本会事务所报名，随缴报名费一元。取录与否，此款例不发还。

十一、要点　本园教学、训导、养护之要点，兹略述于后：

（1）教学。本园教学要点，注重儿童自身之自由活动与发展。在相当范围内，尽量使儿童发挥各个之个性，教师从旁指导，用暗示方法，吸引儿童共同操作。

（2）训导。本园训导要点有三：（a）与教学联络，使儿童在日常生活中，得到生活技能与规律习惯。（b）与儿童联络，在训练时，教师抱温和的态度，使儿童不致害怕。倘有特殊顽劣儿童，则特别训导。（c）与家庭联络，教师常到儿童家庭去访问，或请家长到园中谈话，使彼此明了、共同训导，以谋幼稚教育与家庭教育之改进。

（3）养护。本园养护要点：一是保护儿童身体，使之发育而强壮；二是在察知其缺陷，而谋矫治之方法。故定每半年举行体格检查一次，每月举行体高、体重检查一次，每日举行健康并清洁检查一次。

十二、教职员　主任欧阳淑婉，广州协和师范幼稚科毕业；助教黄宝玉，广州圣希利达女书院毕业；保姆区励镛，东华医院看护学校毕业。

68

# 创设平民幼稚园缘起、计划和招生简章

陈济成

另图 19　陈济成像

1933年2月1日

**题　解**　本篇原载《上海教育界》第 1 期。发表时间为 1933 年 2 月 1 日。原发表时，题为《创设平民幼稚园缘起》。今题系编者所拟。

撰著者陈济成（1896—?），上海嘉定人。早年毕业于江苏省立第二师范。毕业后，于 1924 年秋创设上海幼稚园及上海小学各一所。1927 年 8 月，增设上海中学。1928 年 2 月，另创私立上海幼稚师范学校，长期担任各校校长。为上海工部局华人教育委员。在办理教育的同时兼办实业，成为“海上闻人”。1940 年出任汪伪侨务委员会委员长，成为汉奸。抗战胜利后，以汉奸罪被判无期徒刑。著有《儿童文学研究》（与陈伯吹合著）、《幼稚教育学》（与杨道弘合著）、《儿童教育论文集》，撰有《一年来之幼稚教育》《我国幼稚教育之发轫与推进》《幼稚师范实习指导的一个具体方案》等。

《上海教育界》，地方教育月刊。1933 年 2 月 1 日创刊于上海，由上海教育会主办、编辑并发行。旨在报道上海大、中、小学状况，研讨教育方法，并重在推动平民职业教育和幼稚教育。主要栏目，有论著、译介、会务报告、调查报告、教育漫谈、教育谈屑等；主要撰稿人，有刘湛恩、杜少文、郑保华、杨卫玉、胡朴安、卢冠六、褚辅成等。1934 年 4 月终刊，共出 10 期。

## 创设平民幼稚园旨趣[①]

我人倾全力以提倡幼稚教育者，其旨趣究何所在？苟为少数贵族之家庭，求得儿童享乐之处所，使为父母者多其打牌、跳舞、观电影之机会；而于社会、国家大多数之幼稚儿童，不加注意，则任凭一二先知先觉者声嘶力竭、大呼特呼之提倡。而其结果，仅仅于通都大邑之中装点门面，则又何裨？

闲尝考之幼稚教育之历史，凡从事于幼稚教育诸人，莫不致力于孤贫儿童之教养。若瑞士裴斯塔罗齐[②]在斯塔基地方，赁一寺院教育该地兵灾蒙难儿童八十余人；若英吉利巴托汪维恩[③]，在苏格兰巴拉那地方，设立教育该地工人子女的保育所；若德意志福禄培尔，受瑞士政府之聘，在布尔德尔夫地方，教育该地四岁至六岁之孤儿；若意大利蒙台梭利，曾任职于罗马市慈善团体所发起之贫儿学校，其事业皆彰彰在人耳目。诚以新时代的教育，应使全人类、全民众能蒙其福利。救济孤贫儿童，正所以救济社会、国家耳。

况幼稚时期在人生各时期中最为重要。儿童在此时期内之发展，足以决定此后发展之途径；最初六年间之儿童生活，正是一切教育之基本。一人之体质、性情，皆于此时定之。从生理学的观点言，生物愈幼小，则发育愈迅速，体重及身高之百分比之增加，在幼稚时期较其他任何时期为大。从医学的观点言，幼稚时期是死亡率最大之时期。美人该塞尔[④]谓，在全国死亡的总数中，有三分之一以上，是在六岁以下发生的。再从心

---

① 此标题系由编者加拟。

② 裴斯塔罗齐：通译裴斯泰洛齐（J. H. Pestalozzi，1746—1827），瑞士教育家。毕生重视儿童教育，兴办了两所学校，作为实验教育理论的基地，获得了极大成功。著有《林哈德与葛笃德》《葛笃德怎样教育她的子女》《天鹅之歌》《我一生的命运》等。

③ 巴托汪维恩：通译罗伯特·欧文（Robert Owen，1771—1858），英国空想社会主义者，也是一位实业家、慈善家。出生于北威尔士蒙哥马利郡的牛顿城。早年做缝衣工学徒，后又尝试过多种职业，积累了丰富的职业经验。18岁时，借款开办了自己的工厂。后卖掉工厂，担任工厂经理，成为出色的管理者。其后，便致力于“新村”试验，开办学前教育设施，并宣传其社会主义或共产主义理想。著有《新社会观》《新道德世界书》等。

④ 该塞尔：通译格塞尔（A. L. Gesell，1880—1961），美国心理学家。1903年，毕业于威斯康星大学；1906年，获得克拉克大学的心理学博士学位。后长期任教于耶鲁大学，重点研究儿童的智力发展，以“双生子爬楼梯”实验知名。著有《学前儿童心理发展》《同卵双生子的学习与成长》《现代文明中的婴儿和儿童》等。

理学的观点言，幼稚时期心的发展之速率，与身体发育之速率相同；心的发展，不仅限于智慧方面，在社会的、感情的道德方面，亦极显著。我人倘能驱全国六岁以下之儿童，尽受此幼稚时期之教育，则影响于人类身体之发育、疾病之抵抗、品性之养成，至为巨大。

乃今之办理幼稚教育者，醉心欧化。一园之设，莫不有其精美之校舍、富丽之玩具、虚浮之作业，竞尚奢华，收费昂贵。罔论孤贫儿童无插足之地，即少康之家亦往往望而却步。陶知行氏于《创设乡村幼稚园宣言〔书〕》中，谓今之幼稚园，辄害三病：一为外国病，二为化钱病，三为富贵病。今后欲创办幼稚园，务须革此三病：将外国化成中国，奢侈化成节俭，贵族化成平民，前途庶有希望。

上海人口三百万，幼稚儿童若干，惜无精确之统计。设以全人口十分之一计算，当有幼稚儿童三十万人；设以每所幼稚园收容百人计算，当有幼稚园三千余所。乃据上海市教育局十九年度之统计，公私立幼稚园仅三十一所，儿童一千七百十六人。其数之相差，良足惊骇。

不佞既心仪先哲，而又目击上海幼稚教育进展之濡滞，于是有造设平民幼稚园之志愿。拟先就沪西工厂区域，租定校舍若干所，由我校实习级学生分任其事。每所收儿童三十人至五十人，一切陈设简而不陋、朴而不俗。如是，则每年所费不过百金。无幼稚园收费昂贵之嫌，有托儿所代为教养之实。计划所及，条析以陈。惟是才力有限，智虑难周。当世不乏明达之士，尚祈相率倡导，共策进行。不仅平民之幸，抑亦社会、国家之福也。是为启。

## 创设平民幼稚园计划大纲

一、校址之选择　先就沪西工厂区域，租定校舍若干所作为实验之地。惟沪上房价奇昂，倘得热心之士概予捐助，或工厂当局设法腾出一部分房屋，则着手尤易。

二、校舍之布置　校中仅需房屋一大间，儿童工作、游戏以及教师休憩等等，悉在其内。倘有空地一方，略植花木，四周备游戏器具若干种，尤属相宜。

三、校具之设备　校具分下列数种：

（1）日常用品——桌子十二只，椅子五十只，风琴一架，小黑板，四方面盆五只，手巾、牙刷、茶杯各五十件，镜子一方，便桶五只，扫帚、拂帚、痰盂、畚箕各二件。

（2）游戏用品——摇马一具，木枪、竹刀各十余把，小车三四架，球数十个，及其他室内游戏器具数种。

（3）工作用品——积木二十副，剪刀二十把，蜡笔、铅笔数十枝〔支〕。

（4）医药用品——普通的十余种。

（5）其他教师用品。

四、儿童之收容　每所收容儿童若干人，须视校舍之大小而定。倘以每所办一级计算，则暂定收容儿童三十〔人〕至五十人。多则类推。

五、教师之职责　教师由师范实习生中，每所指定二人担任，负一切教养之责，并由师范实习〔教师〕指导之。

六、课程之编订　课程编订悉照部颁课程标准办理。

儿童在校时间，夏季每日午前七时至午后五时，冬季每日午前八时至午后四时。其日课表暂订如下：

春分后——

八时前，清洁保育室

八时二刻～八时三刻，朝会

八时三刻～九时一刻，谈话

九时一刻～九时三刻，工作

九时三刻～十时，静息

十时～十时一刻，餐点

十时一刻～十时三刻，音乐

十时三刻～十一时，午会

十一时，午膳静卧

二时～二时二刻，自由活动

二时二刻～三时一刻，游戏

三时一刻～三时二刻，晚会

四时后，自由活动

秋分后——

九时前，清洁保育室

九时二刻～九时三刻，朝会

九时三刻～十时一刻，谈话

十时一刻～十时三刻，工作

十时三刻～十一时，静息

十一时～十一时一刻，餐点

十一时一刻～十一时三刻，音乐

十一时三刻～十二时，午会

十二时，午膳静卧

二时～二时二刻，自由活动

二时二刻～三时一刻，游戏

三时一刻～三时二刻，晚会

四时后，自由活动

日课表因教材之长短和儿童兴趣之久暂，随时可以伸缩、增减。

七、经费之预算　经费分下列二项：

（1）开办费每所约三百元。

（2）经常费以每所每学期计：（a）点心费二十元。每天费小银圆二角，每星期一元。一学期分二十星期，合计如上数。午膳儿童于每日清晨入校时带来，校方代为温热。倘家属须领回自理者听，故不计费。（b）消耗费十元。（c）课品费二十元。一切消耗费用，力求撙节，布置、陈设以及工作、美术等科，悉以利用天然物及废物为原则。

八、实习之指导　其规程另订之。

## 上海第一平民幼稚园招生简章

一、宗旨　本园依照教育部之规定，增进幼稚儿童身心的健康，力谋幼稚儿童应有的快乐和幸福，培养人生基本的优良习惯，并协助家庭教育幼稚儿童为宗旨。

二、学额　暂定五十名。

三、入园资格　凡四岁以上、七岁以下，身体健全之儿童，住本园附近者，皆可报名入园。惟须由家长取得切实之保证。

四、课程　悉照部颁课程标准办理。

五、保育期限　二年期满，考查成绩及格，给予毕业证书。

六、保育日数　每年保育日数及放假日数，悉照市教育局所颁学校历办理。

七、保育时间　夏季，每日午前七时至午后五时；冬季，每日午前八时至午后四时。

八、课业用品　由校供给。非必要时，不得带回家中。

九、膳宿　本园暂时不办寄宿。午膳由儿童每日清晨入校时带来，校方代为温热。如家属须领回自理者听。

十、费用　本园为欲实现社会主义教育的理想起见，故一切保育费，概不收取。

十一、园址　胶州路梹〔槟〕榔路口上海幼稚师范学校内。

十二、附则　儿童中途辍学，非经证明有特殊事故者，须向保证人追缴保育费，每学期作十五元计算。

# 69 编订幼稚园小学课程

江苏省教育厅

1934年3月31日

**题 解** 本篇原载《湖北教育厅公报》第4卷第4期“教育要闻”栏。发表时间为1933年3月31日。原发表时，题为《苏教厅编订幼稚园小学课程》。今题系编者所拟。

发文单位江苏省教育厅，为江苏省教育行政主管机构，隶属于江苏省政府。1917年12月成立，1927年撤厅试行大学区制，1929年8月恢复教育厅制。该厅职能，是掌管各级学校、图书馆、音乐戏剧、电影播音等教育以及其他社会教育事务。内部机构设5科、8室、12股。幼稚教育由第2科主管，时任教育厅厅长为周佛海。

有关《湖北教育厅公报》，参见前文《省立小学校附设幼稚园暂行通则》题解。

苏教厅为编订幼稚园、小学课程，特聘请专家吴研因、陈鹤琴、葛承训、龚家驷等四人，及实地研究者马客谈、施仁夫、盛朗西、沈子善、沈善芝、沈寿金、金应元、潘仁等八人，并指派厅员若干人，组织委员会，着手进行。将委员会规程及编订办法录如下。

## 委会规程

江苏省教育厅幼稚园、小学课程编订委员会规程：

第一条 遵照教育部令，组织江苏省幼稚园、小学课程编订委员会。

第二条　本会以依据部颁《幼稚园、小学课程标准》各科各学年作业要项，编成具体的教材要目、教学实例为任务。

第三条　本会委员由教育厅长延聘幼稚园、小学专家及实地研究者若干人，并指派厅内职员若干人组织之。

第四条　本会由教育厅长指定委员一人，为开会时主席，并负召集开会之责。

第五条　本会为编订课程便利起见，得设置若干组分工进行。

第六条　本会议决事项，由教育厅呈请教育部核准施行。

第七条　本会委员均为义务职。但外埠委员开会时，得酌量致送旅费。

第八条　本会会务由教育厅长指派厅内职员兼理之。

第九条　本规程由江苏省教育厅订定，呈请教育部备案。

## 编订办法

江苏省教育厅编订幼稚园、小学课程办法如下。

### （一）组织委会

本厅为遵照部令，编订幼稚园、小学课程，特延聘专家及实地研究若干人，并指派厅员若干人，组织编订委员会办理。

### （二）编订范围

依据部颁《幼稚园、小学课程标准》各科、各学年作业要项，编成具体的教材要目、教学实例。

### （三）进行程序

分五步骤：

第一步骤，三月中旬开第一次委员会，讨论编订进行办法；同时分别认定起草科目，限四月下旬将教材要目起草完竣送会。

第二步骤，五月上旬召开第二次委员会，审查要目，并由各组商定足以代表之中心单元为题材；再由原起草人，分别编订各科教学旧例，限五月底完成送会。

第三步骤，汇印各科编订要目及实例，分寄各委员签注，尽六月二十日以前复会。

第四步骤，七月上旬召开第三次委员会，讨论整理办法，同时整理完成，呈报教育厅转呈教育部审核备案。

第五步骤，教育部核准后，由教育厅印发各小学及幼稚园试行，并指定若干学校限期将试行结果呈厅查核，以资修订。

（四）编订办法

（1）为编订课程便利起见，设置下列七组：（a）幼稚园组；（b）小学国语组；（c）小学算术组；（d）小学体育组；（e）小学音乐组；（f）小学美术、劳作组；（g）小学社会、自然、卫生组。

（2）每委员担任一组或二组，每组定委员一人主稿，其余委员应尽量参加意见、供给材料。

（3）每组依据《课程标准施行办法》第四项及第七项之规定，各编成完备的（城市适用）和简易的（农村适用）两种具体的教材要目及教学实例。

（4）各组间应力谋沟通，以免割裂、搀〔掺〕杂、重复等弊。

（五）注意事项

（1）关于编订教材要目者：（a）编订要目要依照《课程标准》的各科教学时间数，并分别年级及学期；（b）编订要目要适合《课程标准》的各科目标和各学年作业要项；（c）编订要目要具体，并含有代表性；（d）编订要目要顾及本省情形；（e）编订要目要兼顾儿童心理、社会情况和国家需要；（f）编订要目除知能外，要兼顾精神、习惯、态度、技术等各方面；（g）编订要目要附以最低限度的教学设备。

（2）关于编订教学实例者：（a）教学实例应分，幼稚园、小学低级、小学中级、小学高级四组分别编订；（b）教学实例要适合《课程标准》幼稚园教育方法及《小学教学通则》各科教学要点。

# 70 视导江西省幼稚园报告

卢祝平

1934年冬

**题 解** 本篇原载《江西教育旬刊》第11卷第2期“报告”栏。撰成时间为1933年冬，发表时间为1934年9月11日。原发表时，分别题为《视导省会幼稚园报告（二十二年度上学期）》《视导省会实小附属幼稚园报告（二十二年度上学期）》《视导省会百花洲小学附属幼稚园报告（二十二年度上学期）》《视导省会广润门小学附属幼稚园报告（二十二年度上学期）》《视导省会右营街小学附属幼稚园报告（二十二年度上学期）》《视导省立南昌一中附小附属幼稚园报告（二十二年度上学期）》《视导省立南昌女中附小附属幼稚园报告（二十二年度上学期）》。今题系编者所拟。

撰著者卢祝平，生平事迹未详。时任江西省督学（指导员）。此期还撰有《对于本年本省地方教育之展望》《保学师资问题》《二十四年度江西省教育统计》《小学环境如何可以科学化》《国难愈亟愈要教育》《学校教育与家庭教育》《儿童年闭幕后》《家长教育与佣妇教育》等文论数十篇。

有关《江西教育旬刊》，参见前文《江西省督学视察省会幼稚园报告》题解。

## 一、视导省会幼稚园报告

### （一）概述

（1）学级编制：该园略依儿童之生理和心理年龄及入园先后，分成甲、乙、丙三组。丙组最低，甲组最高，均系单式编制。

（2）在籍儿童：全校儿童在籍者一百四十人。视导时实到者：甲组三十八人，乙组四十六人，丙组三十四人，共一百十八人，出席百分比为八四. 二九。

（3）行政组织：分教务、训育、事务三部，并组有经济委员会。

（4）保姆：主任杨富予，保姆罗钲、龚佩珍、熊兰贞三人，助教萧冰筠、周踴二人。

（5）园舍和设备：（a）儿童生活场所——保育室三、游戏室一、图书室一、清洁室一、饮食室一、天井二方；（b）运动器具——浪船一、轩轾板①一、转板一；（c）玩具——藏在游戏室前边橱内，为数尚多，天井内有沙箱二只；（d）图书——约百五十本；（e）清洁用具——面盆十只、毛巾九条、镜子一架；（f）饮食室用具——茶壶一把，茶杯由儿童自备。

（6）环境布置（除上列各项用具外）：（a）游戏室——国耻挂图及党义挂图等；（b）保育室——自然挂图（动植物）；（c）大天井——卫生挂图；（d）图书室——四周贴有标语，标语中间用美术字；（e）清洁室——画片三张及清洁室规则；（f）饮食室——画片三张及饮食规则；（g）其他各处——略有标语；（h）各室空间——均有小党国旗。

（7）课程：分谈话、唱歌、社自②、图画、手工、游戏、识数、识字、恩物、餐点，共二十四节，每节三十分〔钟〕。每天第二节后有五分钟静息。各组各种课程节数，略有差异。乙组、丙组无识字，将节数增加于谈话课及社自课。

（8）每日生活概况：（a）早上（课前）——儿童自由活动或阅图书，或弄沙箱中的沙；（b）第一节前十五分钟——操作指导，由儿童轮流担任拂拭桌椅；（c）上午四节——每节有休息，下午无课，儿童得自由来园，游玩运动器具及沙箱；（d）星期六有餐点一次，由园内供给之，其他各日无。

（9）训育标准（分精神、思想、习惯三方面）：（a）精神——养成活泼而尚武的精神；（b）思想——有三民主义及合群和道德的思想；（c）习惯——养成清洁、勤俭、守秩序等习惯。

（10）训育方法（分奖励、训导、惩戒三种）：（a）奖励——分言语和实物两种；（b）训导——分个人训话、团体训话两种；（c）惩戒——罚站。

---

① 轩轾板：跷跷板的别称。因轩轾有高低、上下之意。

② 社自：社会和自然的简称，其后更定为“常识”。

（11）成绩考查：每学期举行一次，以甲、乙、丙、丁等等第记之。

（12）毕业标准：（a）普通年龄至七岁者；（b）智力较高而普通年龄已至六岁者。

## （二）优点

（1）杨主任常川住园，对于儿童之照顾确较便利。

（2）有迁园计划。

（3）园务日志尚能按日记载。

（4）全园各场所尚属整洁。

（5）编有一部分教材。

## （三）改进意见

（1）甲组保育室宜改采左面光。

（2）行政组织不必划分教务、训育、事务三部，更不必有各部会议，一切由园务会议解决之。园务会议下设总务、保育两干事，处理日常事务已足。如以人数不多，园务会议不举行仪式亦可；惟须将日常谈话中所决定之事项，随时记录，以便考查。

（3）课程不甚适合，且每节休息亦欠妥。应即依照课程标准改正。下午，亦宜令儿童入园，指导一切生活（注：该园日课表，于视导时即行指导更正，甲、乙组并已实施全日制）。

（4）成绩考查不必拘于形式，在平时留心观察、记载已足。

（5）训育标准欠妥。应参照课程标准之最低限度，酌定毕业标准。甲、乙、丙三组中，须有相当界限。

（6）训育方法少〔欠〕妥。应参照课程标准上之教育方法，酌订该园之保育方法。

（7）各室环境布置，再求切实。应注意下列各点：（a）各种挂图或照片，应充分与各该室室名发生关系。例如清洁室，应有清洁方面之挂图是。（b）标语以少用为是，尤不宜用美术字及艰深之字句。（c）空间不必布置。

（8）餐点以每日一次为宜，可酌向家长收点心费。如经济困难，于星期六由校方供给一次，则不如不用餐点，以重儿童卫生。

（9）每日课前自由活动时，应将园内全部玩具开放，充分指导儿童自动。

（10）该园缺乏自然环境及场地，所定迁园计划，应设法于最短时间内实现。

（11）各项簿籍图表须略加整理，以实用、美观，且能供给将来统计或参考者为主。

（12）指导儿童生活宜酌定中心。全学期或学年，应预定“生活历”。俾得先事准备，或充临时参考之用。

（13）静息以叫笛为号，欠妥。宜改用音乐。

（14）桌椅排列，应予儿童多方便利。

### （四）保育情形

（1）全园纪念周[①]秩序井然，唱党歌时用动作表演，颇有意义。

（2）乙、丙组谈话，由保姆熊兰贞讲述买布故事，激发儿童爱国心理，颇当。熊保姆态度自然，言语亦抑扬有度；惟不能避免土白[②]，为美中不足耳。

（3）甲、乙、丙三组集合唱歌，由保姆龚佩珍奏琴、熊兰贞领导。全体保姆协助指导，教材尚合；惟教学新歌时，应先讲明词意，然后口授。

（4）甲组静息，保姆罗钰指导。入座秩序颇佳，惟略有声音，应注意训练；且佣妇谈话，易于扰乱儿童静息，应绝对禁止。

（5）甲组图画，保姆罗钰指导。先说明，次练习，过程尚是；惟每个儿童之蜡笔，仅拿到一支，不能令儿童自由选择。宜设法添置蜡笔，以一人一匣为妥。平时尤须多多指导自由画。

（6）乙组社会自然，保姆龚佩珍、萧冰�指导。用幼稚读本第二册，教学《小车推推》，应用实物引导讨论，较易引起儿童兴味，勿专流于形式之识字教学。

（7）丙组社会自然，保姆熊兰贞、周竬指导。“党旗国旗”方法尚多变化。

（8）甲组识数，保姆罗钰指导。发石板时颇有礼貌，练习时应采用游戏式或故事式。板书矫正儿童错误，勿阻碍儿童视线。

---

① 纪念周：全称“总理纪念周”或“国父纪念周”，是为纪念孙中山而予以制度化的仪式。当“党化教育”全面推行后，各级各类学校每周一均须举办纪念周，全体师生必须出席。其仪程，要面对总理遗像行三鞠躬礼（后增加向“党国旗”行三鞠躬礼），然后默哀三分钟，再恭读总理遗嘱，最后由师生代表，或由校长、训育主任演讲时事政治与党义，以此来作为强化训育的手段。

② 土白：指土话、方言。

（9）乙组识数，保姆龚佩珍、萧冰筠指导。用竹片计数，用意甚是，惟方法尚嫌呆板。

（10）丙组识数，保姆熊兰贞、周竩指导。用竹片作教具，先团体教学，后个别指导，方法尚是。

（11）甲组游戏，保姆萧冰筠奏琴，罗钲指导。教材适合，过程恰当，儿童秩序尚佳。惟所弹进行曲太单调，儿童之动作，纯粹仿效保姆，未合听琴动作原旨。

（12）乙组手工，保姆龚佩珍指导儿童折纸。个别指导颇勤，惟材料嫌深。

（13）丙组恩物，保姆熊兰贞、周竩指导儿童玩积木。指导认真，惟积木太少。

指导员卢祝平

## 二、视导省会实小附属幼稚园报告

### （一）概述

（1）儿童及编制：在籍儿童共四十人，实到三十四人，出席百分比八五；略依儿童之生理年龄与心理年龄及入园先后，分成甲、乙两组。

（2）保姆及职务：主任夏宗秀，第一次视导时生育在假，由李秀媛代，助理危大麟。

（3）园舍及设备：该园除有较大之游戏、作业室外，另有清洁室及准备室各一间。游戏室有天井一小方，惟时为小学占用。运动器具有浪船一。此外如小木马、皮球等其他玩具，亦有相当设备。图书与清洁器具不甚多，饮食器具如茶杯、小碟子等，足敷应用。

（4）环境布置：尚嫌简单。

（5）课程：与部定标准相仿。

（6）每天生活：课前指导儿童自由活动；十时左右，餐点一次，静息一次；下午无课。

### （二）优点

（1）能注意中心教学。

（2）课前开放玩具，指导自由活动，方法甚是。

（3）餐点前指导儿童洗手，颇合卫生。

（4）餐点前，由儿童散发碟子，养成儿童为团体服务习惯。

（5）儿童拿到点心后，均说谢谢，尚有礼貌。

（6）以玩具转移儿童哭泣，方法甚当。

（7）全园尚属整洁。

（三）改进意见

（1）清洁检查结果，应随时记载，使儿童直接发生观念，并宜按周结束，记载于竞赛表上。

（2）团体运动（如玩皮球之类），宜利用前面之天井，借免室内灰尘飞扬，而重卫生。

（3）餐点前，分组至清洁室取开水，未规定次序，秩序仍欠佳；且有佣妇代劳者，应指导儿童自己担任；食时宜同时开始，食毕亦应有相当礼貌。

（4）静息时应禁止小学生在庭前游戏，俾免扰乱儿童静息。

（5）桌椅排列，须使儿童工作便利；分组教学时，讲故事或谈话之一组，可排半圆形，注意力更易集中。

（6）分组教学时，两组距离宜较远。天晴时，一组可移至天井内西边；如小学全体上课时，更可利用校门口之甬道。

（7）应充分联络家庭，实施家长教育与佣妇教育，务使彼等明了积极训练儿童方法，不宜施以体罚。

（8）应订定全学期或全学年之儿童生活历。

（9）应依据课程标准详定毕业标准，并可供平时成绩考查之依据。

（10）该园平时除可利用小学之园艺教学外，并宜酌量添置小动物，以为饲养、观察、研究之用。

（11）甲组似可改为全日制。

（12）对于各项院务设施，应有纪录。

指导员卢祝平

## 三、视导省会百花洲小学附属幼稚园报告

### （一）概述

（1）儿童及编制：在籍儿童共五十四人，实到者四十一人，出席百分比七五.九三。略依儿童之生理与心理年龄及入园先后，分成两组。

（2）保姆及职务：主任周绪葆，助理周绪蕙。

（3）园舍及设备：该园除作业室、游戏室、准备室外，场地甚少，尤乏自然环境。运动器具有轩轾板一、滑梯一、木马二，其他玩具不多。饮食器具嫌少，只能供一班应用；清洁器具与图书亦太少。

（4）环境布置：亦嫌简单。

（5）课程：与部定标准相仿。

（6）每天生活：课前儿童自由活动，十一时前餐点一次、静息一次，下午无课。

### （二）优点

（1）对于家长，时有通告或访问联络，颇佳。

（2）订有一学期之生活历。

（3）国庆单元成绩尚佳。具微〔征〕平时对于单元教学，颇肯努力。

（4）清洁检查，每月有报告表发给家长，方法甚是。

（5）视导时举行“秋虫”单元教学，准备尚充分。

（6）餐点时由儿童分发点心，顺便指导计数，方法甚当；餐点时，儿童礼貌尚能注意。

（7）保姆周绪蕙教态较活泼，指导唱歌表演亦甚得法；讲述故事，随时板划，亦尚得体；运用国语谈话，尤为难得。

（8）全园尚属整洁。

### （三）改进意见

（1）生活历之编排，宜顾及时令；每一单元名称，须富有动作意味。

（2）点名，应在唱早会歌之后行之。

（3）记日记时，〔个〕别指导一个小友，颇不经济，且全体儿童不甚关心。宜改换办法，或用固定之板子，或用旋转板。

（4）儿童坐位勿过于接近黑板，以重儿童之目力与呼吸之卫生；坐位排列，须顾及儿童进出便利。

（5）分组教学时，可利用游戏室。

（6）儿童工作时，应多多指导，自由发表。

（7）美术体字不甚相宜，以改换正体为是。

（8）研究时（例如观察秋虫以后），应多予儿童思考机会，令儿童报告，共同讨论。不宜全由保姆暗示发问。

（9）一部分小友未参与唱歌与表演，应多多鼓励、诱导，或另行特别指导。

（10）甲组似可改为全日制。

（11）每日课前，应供给全部玩具材料、工具及图书，指导儿童自由活动。

（12）应依据课程标准上之最低限度，订定毕业标准，作为指导时与考查时之参考。

（13）各项园务设施，应有纪录。

指导员卢祝平

## 四、视导省会广润门小学附属幼稚园报告

### （一）概述

（1）儿童及编制：在籍儿童共三十八人，实到者二十七人，出席百分比为七一. ○五。略依儿童生理与心理年龄及入园之先后，分为甲、乙两组。

（2）保姆及职务：主任黄宗珍，助理陈婉珍。

（3）园舍及设备：该园除有游戏室、作业室、清洁室各一间外，尚少场地，致户外运动器具无从设置。饮食用具，尚敷应用，惟图书不多，玩具亦嫌少。

（4）环境布置：简单而整齐。

（5）课程：与课程标准相仿。

（6）每天生活：课前儿童自由活动，十时左右休息一次、餐点一次，下午无课。

（二）优点

（1）指导颇认真。对于四肢运动、早会、清洁检查等，均尚适合。

（2）用复式指导儿童识字，并将图画与识字打成一片，办法尚合。

（3）自编教材，尚可应用。

（4）全园整齐清洁。

（三）改进意见

（1）应预定生活历以资参考。每日或每单元教学后，应有纪录，以利反省与改进。

（2）休息应改为静息，时间并宜与餐点对调。

（3）腊〔蜡〕笔应添置，使每人有一匣。

（4）记日记宜改作团体指导。

（5）应依据课程标准上之最低限度，厘订毕业标准，以为指导时、考查时之参考。

（6）早上应供给玩具材料等，指导儿童自由活动。

（7）甲组可改为全日制。

（8）迟到儿童颇多，应指导改正。

指导员卢祝平

## 五、视导省会右营街小学附属幼稚园报告

（一）概述

（1）儿童及编制：在籍儿童共四十四人，实到者二十七人，出席百分比为六一.三六。略依儿童生理与心理年龄及入园之先后，分成甲、乙两组。

（2）保姆及职务：主任李淑贞，助教崔瑞兰。

（3）园舍及设备：该园有作业室二及清洁室一。作业室外有天井，惜未能利用。饮食器具尚敷应用，惟运动器具、玩具、清洁用具等甚少。

（4）环境布置：尚嫌简单，壁橱未利用。

（5）课程：与部令〔定〕标准相仿。

（6）每天生活：课前儿童自由活动，十时后静息一次；星期六加餐点一次；下午无课。

（二）优点

（1）清洁检查由儿童任之。

（2）能利用现实环境，引起教学动机，实施中心教学。

（3）指导唱歌表情，均颇适当。

（4）教学时大部分用国话。

（5）餐点前先指导儿童洗手，颇合卫生。

（6）餐点时由儿童分发用具、食物，食时同时开始，颇有礼貌。

（7）指导儿童讲述故事，亦尚适合。

（8）该园有教学日志，一切措施，较上学期确有相当进步。

（三）改进意见

（1）应预定生活历，先事准备，以为实施时之参考。

（2）餐点应每日一次，专在星期六供给一次，不合卫生。

（3）清洁检查后，应同时记载。

（4）检查后，应立刻指导儿童洗手、剪指甲等。

（5）静息以排在餐点之后为宜。

（6）早上应供给玩具及各种材料，指导儿童自由活动。

（7）壁橱似可利用，且宜加以整理之。

（8）甲组似可施行全日制。

（9）应参照课程标准上之最低限度，订定毕业标准，以为指导与考查时之参考。

（10）各项园务设施应有纪录。

指导员卢祝平

## 六、视导省立南昌一中附小附属幼稚园报告

### （一）概述

（1）儿童及编制：在籍儿童共四十人，实到二十七人，出席百分比为六七.五。略依儿童生理和心理年龄及入学先后，分成甲、乙两组。

（2）保姆及职务：主任曹和媛，助理陈坤维。第一日视导时，陈坤维病假。

（3）园舍及设备：该园仅有作业室一、天井一方，操场、小农场可与小学合用。原址有各种运动器具，现被伤兵医院占据。迁入新址后，尚无力购置。饮食器具足敷应用，玩具、清洁用具、图书等，尚嫌少耳。

（4）环境布置：尚嫌简单。

（5）课程：与部定课程标准相仿。

（6）每天生活：早上儿童自由活动，十时后餐点一次、静息一次，下午无课。

### （二）优点

（1）第一日视导时，主任曹和媛单独指导全园小友，秩序井然，具见平时训练得法。

（2）儿童到校颇有礼貌。

（3）检查清洁后，即刻矫正，方法甚是。

（4）讲述故事，欣赏、批评颇得体。

（5）指导儿童唱歌，方法尚佳。

（6）餐点时亦有相当礼貌。

（7）全园颇整洁。

### （三）改进意见

（1）餐点时以用开水为宜，不必用茶；点心亦以面包、蛋片等为佳。抹桌子等工作，可由儿童担任。

（2）清洁检查后，须有纪载。

（3）讲述故事尚嫌太快。

（4）静息以揿铃为号，似少妥，不如用音乐。

（5）应预定生活历，实施单元教学。

（6）应参照部颁课程标准上之最低限度，订定毕业标准，以为指导与考查时之依据。

（7）甲组似可试行全日制。

（8）各项园务设施应有纪录。

指导员卢祝平

## 七、视导省立南昌女中附小附属幼稚园报告

### （一）概述

（1）儿童及编制：在籍儿童共五十六人，实到者二十九人，出席百分比为五一. 七九。略依儿童生理和心理年龄及入园之先后，分成甲、乙两组。

（2）保姆及职务：主任陶端柔，助理傅绮苹。

（3）园舍及设备：该园仅有作业室一，及饲养动物之空地一方，兼充户外游戏之用。他如雨操场及园艺实习场地，均与小学合用。饮食器具、运动器具、玩具、清洁用具、图书等，均嫌少。

（4）环境布置：简单而整济〔齐〕。

（5）课程：与部定标准相仿。

（6）每天生活：早上供给玩具，指导儿童自由活动；十一时左右，餐点一次、静息一次。

### （二）优点

（1）课前开放玩具，指导儿童自由活动，方法甚是。

（2）听琴动作时间，以表情唱歌，指导颇得法。

（3）静息时助以音乐，方法颇合。

（4）户外游戏自由指导，亦颇认真。

（5）餐点时，由儿童发碟子、发面包。

（6）餐点时，相机指导常识，并鼓励整洁，确甚得法。

（7）指导儿童攒菜叶给兔子，亦颇得宜。

（8）对于中心教学尚能注意。

（9）全园颇整洁。

（三）改进意见

（1）应预定生活历，俾得先事准备一切，并充指导时之参考。

（2）应参照部定课程标准上之最低限度，订定毕业标准，兼供指导时及考查时之参考。

（3）餐点前，应指导儿童洗手；餐点时，应使每个小友均有开水。茶杯不宜合用，点心以常用面包、蛋片等为宜。

（4）甲组似可改为全日制。

（5）对于社会、自然之教学，应充分准备。

（6）应积极计划实施家长教育与佣妇教育。

（7）儿童缺席颇多，应设法补救。

（8）各项园务设施，应有纪录。

指导员卢祝平

# 71 创办试验劳工幼儿团初步计划说明书

戴自俺　孙铭勋

1934年3月19日

**题　解**　本篇原载《生活教育》第1卷第4期“特载”栏。撰成时间为1934年3月19日，发表时间为1934年4月1日。

撰著者戴自俺（1909—1994），原名治安，贵州省长顺人。早年就读于贵阳师范学校，1928年春，与孙铭勋共同考入晓庄师范，肄习幼稚教育。在校协助办理晓庄幼稚园，创设迈皋桥幼稚园。后协助陶行知办理山海工学团和劳工幼儿团。历任河南百泉乡村师范、北平幼师、桂林幼师教师、教务主任，并致力于幼稚教育理论研究。1949年后，历任贵阳市政府学校教育科科长、中央教育部民族教育司教学指导处处长。著有《晓庄幼稚教育》《幼稚园生活进程》等，主编有《陶行知全集》（四川教育出版社）。

联名撰著者孙铭勋（1905—1961），贵州平坝人。早年肄业于贵阳师范学校。1928年初，入晓庄师范，专习幼稚教育。1931年执教于新安小学，创设新安幼稚园。1934年协助陶行知开办“劳工幼儿团”。此团为中国第一个专为工人开办的学前教育机构。1935年，赴广西协助雷沛鸿推行“国民基础教育”，试办“前学龄教育”。1939年，在重庆北碚协助陶行知办理育才学校。1949年后，历任西南军政委员会文教部研究员、西南师范学院副教授。著有《晓庄幼稚教育》，著作有《孙铭勋教育文选》。

劳工幼儿团，系中国第一个专为女工子弟开办的学前教育机构。是在陶行知的指导之下，由其门生戴自俺、孙铭勋具体筹办的。开办时间为1934年4月1日；设团地点在沪西劳勃生路（现胶州路）纱厂女工聚居区。招生对象为断乳至8岁的婴幼儿，实将托儿所、幼稚园和小学一、二年级联成一气，故采用“幼儿团”名称。在办理过程中，除招收到艺友协助外，还得到上海女青年会志愿者的无偿服务。后因经费难以为继，开办未及一年便停辍。

《生活教育》，教育半月刊，1934 年 2 月 16 日创刊于上海。由陶行知主编，儿童书局印行。旨在阐释“生活教育”理论，报道“工学团”实验和“小先生运动”，并宣传“普及现代生活教育”主张。主要栏目，有言论、特载、教学做报告、笔记、通信、儿歌等；主要撰稿人，有陶行知、方与严、张宗麟、孙铭勋、张世德（劲夫）、戴自俺、潘一尘等。1936 年 8 月 16 日终刊，共出 3 卷 60 期。

## 一、缘起

穷苦的农村和都市的女工区域，是五年前我们决定要探获的幼儿教育之新大陆。不知是受了什么物观条件的支配，迄今，我们只到了农村；而都市的女工区域之幼儿教育，尚未有以顾及。

现在，为着了要完成我们最初及现在的试验计划，为着了要负起我们这一历史的使命，我们便下了决心，要把这劳工幼儿的世界创造起来（请参阅《生活教育》第 1 期《创办劳工幼儿团宣言》）。

## 二、我们的主张（也就是我们的办法）

### （一）生活即教育

我们要运用幼儿的日常生活，实施幼儿的教育。但生活是应该有目的的、有计划的、有组织的。我们在运用幼儿的日常生活以实施教育时，这个原则是不能违背。

我们要培养健康的生活，以实施健康的教育；培养劳动的生活，以实施劳动的教育；培养科学的生活，以实施科学的教育；培养艺术的生活，以实施艺术的教育；培养集团的生活，以实施集团的教育。

这是我们实施生活教育的标准，也就是我们培养幼儿的标准。要想达到我们所定的标准，在组织一切生活的内容时，我们必须遵守下列的原则：

（1）顾到环境的需要；
（2）顾到儿童的需要；
（3）顾到环境的能力；
（4）顾到儿童的能力。

（二）培养小陪伴

我们要试用七八岁的小孩，做幼儿的陪伴。我们对于这些小陪伴①，除了指导他们自己做学问之外，还要指导他们陪着幼儿过生活。

他们是幼儿的小朋友，幼儿的小看护，幼儿的小先生。他们是比老妈子容易接受指导，也比老妈子减少一些牢不可破的坏习惯。

（三）劳工的主体

我们这个幼儿团的主体，是女工和她们的幼儿。我们要把它造成一个女工自需、自有、自办的幼儿团。在学术与经济上面，创办人只处于辅导地位。

我们的计划，是依据女工需要，在女工指导之下继续产生。幼儿生活费用的大部分，是由女工自任，小部分由创办人筹措。我们开始就选收女工做艺友；学成后，整个幼儿团即可由女工自办。

（四）力谋普及条件之具备

我们的实验焦点，在创造一个适应劳工幼儿需要而具有普及性之幼儿团。例如，我们这个幼儿团，是决定办在女工住所左近，并且只用女工平常住的房子来办。一切设备都求俭朴；幼儿生活费用，大部分系由女工自己担负……欲求普及，似不甚难。

总之，我们是要用科学的方法，在省钱、便当、需要方面，继续不断的追求。

---

① 此“小陪伴”，指幼儿团中的一、二级生（七八岁的小孩），可学习做“小先生”，帮助照料同团中的年幼小朋友，使他们形成“儿童社会”。

## 三、教师

劳工幼儿团是幼儿摇篮，是幼儿学校，是幼儿工场，是幼儿社会。这里包括着，长进的意义、劳动的意义、平等互助的意义。幼儿们要在这个集团里，运用集团的力量，解决他们现实生活的困难，取得他们现实生活的需要，满足他们现实生活的欲望。

在这里的教师，只是一个儿童的看护辅导者，及儿童自愿从事工作的帮助人。儿童要做什么，教师便辅导他们做什么；儿童能做什么，教师便辅导他们做什么。儿童所需要的，便由教师辅导他们去追求。这里的教师，是一个母亲，是一个伙伴，是一个探险家，是与幼儿共同经营这个集团的生活之一员。他与幼儿，只有工作性质之不同；大家相师相学，而无程度、地位之高下。在这里的教师，以著述自谋生活，不支薪水，但抱着坚强的决心和试验的精神。

现在，除由自俺、铭勋负责而外，还须在女工队伍中物色知能较高者数人，并另征求对于幼儿教育具有热忱，而有初中毕业以上程度的女子数人作为艺友，大家共同在办劳工幼儿团上，学办劳工幼儿团。

## 四、设备

### （一）普通用具

小床二十架，小被二十条，小垫毯二十条，小枕头二十个，小桌子八张，小椅子三十把，小黑板两块，团牌一块，小时钟一个，图章一个，印泥一盒，小书架及玩具架共六个，小钳子一把，小钉锤一个，小铃子一个，国旗、党旗、团旗各一面，教师用大床、桌、椅等一套（八人用）。

### （二）饮食用具

厨房用具（三十人用）一套，儿童饮食具三十套（包括汤匙、小茶杯、小碗、小筷、小碟子、小盆子、小铅壶等）。

（三）清洁卫生用具

小扫帚八把，小喷壶四个，大小鸡毛帚各二个，抹布十块，大扫帚四把，小畚箕二个，大畚箕一个，拖帚二把，铅桶两个，肥皂三块，臭药水[①]一瓶，洗澡盆三个，自装抽水马桶一个，镜子一面，儿童洗漱用具三十套（包括小面盆、小手巾、小脸巾、小牙刷、小漱口缸等），蒸笼一套（用以代替消毒器），其他。

（四）医药

根据本园现在的环境，除与附近有医药设备之机关尽量合作外，拟先购置急用药品及设备若干。此事还须与专家（医生）接头后，再作具体之计划。

（五）玩具

木马两个（一大一小）、滑梯一座、轩轾板一个、小摇篮两个、大小积木各一套、小宝宝六个、山东料珠子五百粒、小皮球五个，其他。

（六）音乐用具

五组风琴一架，留声机及各种音乐节奏片一套，无线电收音机及放大喇叭筒一套，小乐器一套（包括小锣、小钹、小磬、小摇鼓、小摇铃等）。

（七）劳动试验用具

沙地一块，沙箱二个，小铲十把，小玻璃瓶若干个，小畚箕五个，木条或竹条制成的圆规十个，砖头、瓦片等若干块，正方形、三角形、多角形的碎木块几百块，木条或竹条制成的笔三十支，小号玻璃杯二个，大的颜色铅笔十支，大号腊〔蜡〕笔（各种颜色）四盒，粉笔一盒，新闻纸半刀，其他各种纸若干张，写生板二十块，小捕虫网两个，小采集袋两个，小圆头剪刀十把，旧杂志、报章若干；浆糊、马粪纸、编物针、线等若干，其他。

---

① 臭药水：亦称来苏尔（英文 Lysol 的音泽），均为煤酚皂溶液的俗名，是消毒防腐药剂。因其有强烈的刺激性气味，故有此俗称。

（八）图书

（1）儿童用书。第一步，先拟酌买一部分重要者；第二步，凡国内所有幼儿读物之不违反生活教育原则者，须置备全套。

（2）教师用书。除一部分幼稚教育书籍自俺、铭勋已有，可暂缓购置外；对于幼儿之培养及幼儿卫生等类书籍，现拟酌量增购若干。第一步，暂以二十五元为限，以应急需。

## 五、招生的办法

不登报，不贴广告。由教师亲与有儿童的女工（或其他家长）先接头，叙述本团开办旨趣及所有办法。再同时与儿童结成朋友，便开始一切可能的工作。

又以本团试验伊始，物力、才力均属有限，所收幼儿暂以断奶者为限。一俟试验稍有头绪，当本诸劳工的需要，而继续招收乳儿，并继续开办第二团、第三团……这是我们的招生办法。

## 六、开始的日期

自二月十一日起，已开始筹备一切。我们预定，以这儿童年的儿童节（四月四日），为这个劳工幼儿团的生辰。

二十三年三月十九日夜，第四次修稿于劳勃生路鸿寿坊

# 72　训令统一幼稚园生收费问题

汕头市政府

1934年7月18日

**题　解**　本篇原载《汕头市市政公报》第104—107期“训令”栏。发文时间为1934年7月18日，发表时间为1934年10月。原发表时，题为《训令市立各小学自廿三年度起，幼稚园生一律征收学费一元，及糖果、恩物费二元由》。今题系编者所拟。

有关发文单位汕头市政府，参见前文《为扩充幼稚园等事呈报广东省教育厅》题解。时任汕头市市长，为翟宗心（1900—1967），号静存，广东东莞人。黄埔陆军速成学校第六期步科毕业。1932年11月任市长职。次年2月便主持召开了汕头史上第一次全市教育会议，通过了《汕头市第一次教育会议宣言》，决定对地方教育加大改革。

有关《汕头市市政公报》，参见前文《为扩充幼稚园等事呈报广东省教育厅》题解。

现据市立女子中学校校长陈瑞华呈称：窃维属校附设幼稚园，举办数载，学生人数，尚属寥寥，不及半百，未甚见发达，殊失培养儿童之本意。揆厥原因，由于学费之征收，又为其他免费之幼稚园所影响。查本市市立各小学附设幼稚园，一律免收学费；惟属校则照向例，每生每学期征收大洋二元。附近贫家欲培养其子弟，多向免费者而去。同是市立学校，似应同一待遇，不宜有所歧异。兹为普及儿童教育起见，照各市立小学附设幼稚园办理，由二十三年度上学期起，免收幼稚生学费，以期一视同仁，而副钧府养育人才之至意。所有免收幼稚生学费缘由，理合备文，呈报钧长鉴核，恳请准予备案，实为公便。等情。

据此，当经指令："呈悉。查市立小学对于幼稚园生，每学期仅收糖果、恩物等费，毫洋二元而已，该校向例。现征糖果、恩物费大洋二元，复加学费大洋二元，比较未免过多，难怪幼稚生人数每每不足。惟此次收入既经列入预算，未便遽予免收。兹酌定拆〔折〕衷办法：由廿三年度起，凡属市立学校幼稚园生，每名每学期征收学费毫洋一元，糖果费毫洋一元，恩物费毫洋一元。不得自由增减，以昭一律。除分令各市立小学遵照外，仰即遵照办理可也。此令。"等语在案。除外行外合行令，仰该校长即便遵照。

此令。

市长翟宗心，七，十八

# 73　劳动托儿所简章

## 上海市儿童幸福委员会

1935年1月23日

**题　解**　本篇原载《玲珑》第5卷第3期。发表时间为1935年1月23日。原发表时，题为《劳动托儿所》。今题系编者所拟。文后附有说明："下期续载《接送须知》。"

发文单位上海市儿童幸福委员会，系半官方教育社团。1933年9月8日成立。由上海市教育局局长潘公展牵头，联络公安、社会、卫生三局，以及中华儿童教育社等社团合组，选定常务委员，为教育局长、慈幼协会代表、卫生局长、儿童晨报代表、陈鹤琴五人。其下分设儿童保障部、儿童健康部、儿童研究部和儿童事业部，推进儿童幸福事业。会所设上海市教育局。

《玲珑》，女性时尚周刊。1931年3月18日创刊于上海，由周世勋等主编，三和公司出版部主办并发行。以"增进妇女优美生活，提倡社会高尚娱乐"为宗旨。主要内容，有时装美容、室内装饰、大众心理学、性与婚姻、影星照片、家庭生活、花边新闻等；主要撰稿人，有杨一珠、彭兆良、朱玉铭、王希明、陆士谔、宣明珍、廖健民、雪薇、珍玲等。1937年3月31日停刊，共出7卷298期。

本市儿童幸福委员会主办之第一劳动托儿所，自去年筹备迄今，大致均已就绪。业于本月七日起，开始收容、寄托儿童。记者探录托儿简章如后：

一、宗旨　本所鉴于一般女工，有因抚育子女而无暇工作，或因工作而妨碍抚育，以代办日间抚育，俾可兼顾谋生工作与养育子女为宗旨。

二、范围　本所只收劳动者之子女。凡因职业或环境关系，日间确属不能兼顾育儿者，均得照章送入本所代养。如假借劳动名义寄托小儿者，经查觉后，除停止寄托外，并加倍追缴寄托费。

三、年龄　凡年在两岁以上、四岁以下之孩，皆可送所代养。

四、寄托时间　以日间为限。每日由家属于上午七时至八时送所，下午六时至七时领回。其办法另订之。但星期例假停止寄托。

五、名额　暂定三十名。

六、教养　本所设护士及保姆担任护养工作，并设女教师一人，担任幼稚教科。其目的有二：

（1）注重科学教养，活泼指导，务使环境适宜、发育正当。

（2）每月举行恳亲会一次，使本所与幼孩之家庭双方联络，教导儿童良好习惯。

七、医药　如有疾病，由本所延医诊治，同时通知家属领回，或送入医院治疗。

八、制服　凡寄托本所之小儿，须一律穿着制服。制服由本所制备，概不收费。但入时为之穿着，出时为之解脱。

九、纳费　寄托费包括粥、饭、牛乳、豆腐浆、水果、饼干及教养、沐浴、洗衣等费，每月一律两元，但须于月初预缴。

十、附则

（1）本简章如有未尽事宜，得随时呈请上海市儿童幸福委员会修改之。

（2）本简章由上海市儿童幸福委员令〔会〕核准施行。

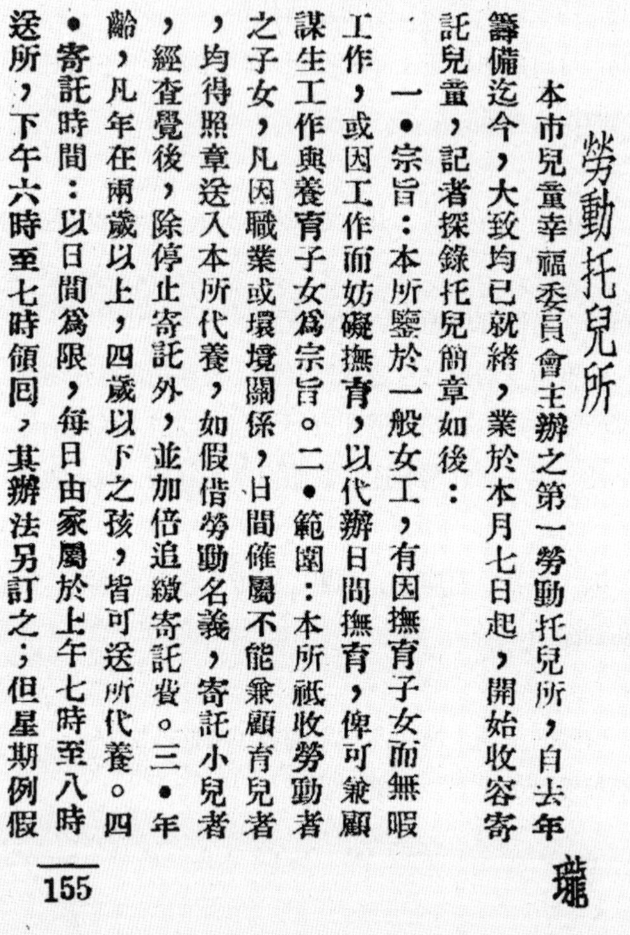

勞動托兒所

瓏

本市兒童幸福委員會主辦之第一勞動托兒所，自去年籌備迄今，大致均已就緒，業於本月七日起，開始收容寄託兒童，記者採錄托兒簡章如後：

一・宗旨：本所鑒於一般女工，有因撫育子女而無暇工作，或因工作而妨礙撫育，以代辦日間撫育，俾可兼顧謀生工作與養育子女爲宗旨。二・範圍：本所祇收勞動者之子女，凡因職業或環境關係，日間確屬不能兼顧育兒者，均得照章送入本所代養，如假借勞動名義，寄託小兒者，經查覺後，除停止寄託外，並加倍追繳寄託費。三・年齡，凡年在兩歲以上，四歲以下之孩，皆可送所代養。四・寄託時間：以日間爲限，每日由家屬於上午七時至八時送所，下午六時至七時領回，其辦法另訂之；但星期例假

155

另图 20 《劳动托儿所简章》原发表件（部分）

# 74　修正师范学校规程（节录）

教育部

1935年6月21日

**题　解**　本篇连载于《教育部公报》第7卷第25、26期合刊，第27、28期合刊，第29、30期合刊，第33、40期合刊。教育部公布时间为1935年6月21日，发表时间为1935年6月30日、7月14日、7月28日、8月25日。原发表时，后附各类师范课程表11件，编者仅取与幼稚师范相关的"附表五""附表六"于后。

在1933年3月18日，教育部曾颁布《师范学校规程》。该规程与《小学规程》《中学规程》和《职业学校规程》同时颁布。《师范学校规程》共16章、138条。经两年多试行后，又予以修正，使之更臻完善。共计16章、143条。章名顺序为：（1）总纲；（2）设置及管理；（3）经费；（4）编制；（5）课程；（6）训育；（7）设备；（8）成绩及考查；（9）学年、学期及休假日期；（10）入学、转学、休学、复学、退学及毕业；（11）待遇及奖学金额；（12）服务；（13）教职员及学校行政；（14）附属小学及幼稚园；（15）简易师范学校及简易师范科；（16）附则。兹节录与幼稚师资培养相关的章条如下。

有关发文单位教育部，参见前文《幼稚园课程标准》题解。时任教育部部长为王世杰（1891—1981），字雪艇，湖北崇阳人。1920年获法国巴黎大学法学研究所法学博士。回国后，历任北京大学教授、国民政府法制局局长、湖北省教育厅厅长、武汉大学校长等职。1933年4月出任国民政府教育部部长。著有《比较宪法》等。

有关《教育部公报》，参见前文《中华民国教育宗旨及其实施方针》题解。

## 第一章　总纲

第一条　本规程根据《师范学校法》第十六条之规定订定之。

第二条　师范学校为严格训练青年身心、养成小学健全师资之场所。依照《师范学校法》第一条之规定，以实施下列各项之训练：

（1）锻炼强健身体；

（2）陶融道德品格；

（3）培育民族文化；

（4）充实科学知能；

（5）养成勤劳习惯；

（6）启发研究儿童教育之兴趣；

（7）培养终身服务教育之精神。

第三条　师范学校得附设特别师范科及幼稚师范科；公立中学及高级中学内，亦得附设特别师范科。

第四条　专收女生之师范学校，称“女子师范学校”。

以养成乡村小学师资为主旨之师范学校，得称“乡村师范学校”。

第五条　师范学校修业年限三年，幼稚师范科修业年限三年或二年，特别师范科修业年限一年。

第六条　各地方为急需造就义务教育师资起见，得设简易师范学校；或于师范学校及公立初级中学内，附设简易师范科。其办法另章规定之。

第七条　师范学校之入学年龄，为十五足岁至二十二足岁。

## 第二章　设置及管理

第八条　省、市（指行政院直辖市）立师范学校之设立、变更及停办，应先由省、市教育行政机关，拟具计划或理由，呈报教育部核准后办理；县、市立及联立师范学校之设立、变更及停办，应先由主管教育行政机关，拟具计划或理由，呈报省教育厅核准后办理，并由厅报部备案。师范学校不依照前项规定程序办理者，上级教育行政机关得撤销之。

第九条　师范学校应视地方情形，分设于城市或乡村。于可能范围内，应多设在乡村地方。

第十条　各省教育厅得依各该省情形，将全省分划为若干师范区；每一师范区内，得设师范学校及女子师范学校各一所。

前项师范学校招收学生，应先就区内各县招收。

第十一条　省立师范学校以所在地地名名之，县、市立师范学校径称某某县、市立师范学校。一地有立别相同之师范学校二校以上时，得以数字顺序别之，或以区域较小之地名为校名。联立师范学校，称某某数县联立师范学校。

第十二条　师范学校应于每学年第一学期开始后一个月内，开具下列各项，径呈或转呈各该省、市主管教育行政机关备案。

（1）本学年新生、各级插班生、复学生、休学生、退学生，及各级学生名册；

（2）本学年校长、教职员学历、经历、职务、俸给、专任或兼任事项；

（3）本年度经费预算；

（4）本学年学则、校舍及设备之变更事项；

（5）前学年各级学生学业成绩表；

（6）前年度决算或收支项目；

（7）前学年毕业生服务及学校指导状况。

前项第二款事项，应由省、市教育行政机关，汇报教育部。其第一、三、四、五、六、七各款事项，并应造简表送部。

第十三条　师范学校应于第二学期开始后一个月内，开具下列各项，径呈或转呈各该省、市主管教育行政机关备案。

（1）本学期新生、各级插班生、复学生、休学生及退学名册；

（2）本学期新任教职员学历、经历、职务、俸给、专任或兼任事项，去职教职员姓名及去职原因；

（3）上学期各级学生成绩表。

前项第二款事项，应由省、市教育行政机关汇报教育部。其第一及第三款事项，并应造简表送部。

第十四条　师范学校每届办理毕业，应于期前二个月，造具应届毕业学生履历及历年各项成绩表，径呈或转呈省、市教育行政机关核准后，举行毕业考试，或参加毕业会考。

第十五条　师范学校每届办理毕业，应于期后一个月内，造具毕业生毕业成绩表及分配服务办法，径呈或转呈省、市教育行政机关，转报教育部备案。

第十六条　师范学校每学期应由省、市教育行政机关，派遣督学，视察、指导至少一次；并将其视察及建议事项，于视察完毕一个月内，呈报教育部备核。

## 第三章　经费

第十七条　省市立师范学校之开办、经常、临时各费，由省、市款支给之；县立或联立师范学校经费，由县或联立各县县款支给之。

第十八条　县立师范学校如确因地方贫瘠及成绩优良，得受省款补助。

第十九条　省款补助县立师范学校之标准，由省教育厅规定，呈报教育部备案。

第二十条　师范学校经常费之支配，除学生膳食外，俸给至多不得超过百分之七十，设备费至少应占百分之二十，办公费至多不得超过百分之十；其预算款式另定之。

第二十一条　师范学校经费之开支，应力求撙节核实，并须将全部收支情形，由经费稽核委员会，为公开及慎密之审核。其审核办法，由省市教育行政机关订定，呈报教育部核准施行。

## 第四章　编制

第二十二条　师范学校学生，除特别师范科学生外，依课程进度及各科年限，各分为一年级、二年级及三年级。

第二十三条 每学级学生，以五十人为度，但至少须有二十五人。

第二十四条 师范学校各学科，除体育及军事训练得采用其他分组方法教学外，均不得合班教学。

第二十五条 师范学校学生，以男女分校或分班为原则。

第二十六条 新开办之师范学校，第一年不得招收二年级以上学生，第二年不得招收三年级学生。

## 第五章 课程

第二十七条 师范学校之教学科目，为公民、体育、军事训练（女生习军事看护）、卫生、国文、算学、地理、历史、生物、化学、物理、论理学、劳作、美术、音乐、教育概论、教育心理、小学教材及教学法、小学行政、教育测验及统计、实习等。

乡村师范之教学科目，为公民、体育、军事训练（女生习军事看护及家事）、卫生、国文、算学、地理、历史、生物、化学、物理、论理学、劳作、美术、音乐、农业及实习、农村经济及合作、水利概要、教育概论、教育心理、小学教材及教学法、小学行政、教育测验及统计、乡村教育及实习。

第二十八条 三年制幼稚师范科之教学科目，为公民、体育及游戏、卫生、军事看护、国文、算学、历史、地理、生物、化学、物理、劳作、美术、音乐、论理学、教育概论、儿童心理、幼稚园教材及教学法、保育法、幼稚园行政、教育测验及统计及实习。

二年制幼稚师范科之教学科目，为公民、体育及游戏、卫生、国文、算学、历史、地理、生物、理化、劳作、美术、音乐、教育概论、儿童心理、幼稚园教材及教学法、保育法、幼稚园行政及实习。

（中略）

第三十二条　《师范学校课程标准》，另订之。

第三十三条　师范学校教科书，须采用教育部编辑或审定者。教员自编教材，须适合部定课程标准；并须于每学期终，将全部教材送呈主管教育行政机关审核，转报教育部备案。

第三十四条　各科教学应活用教本，采用地方性及临时补充之教材；并须注重实验及实习。

师范学校，除外国语教本外，一律采用中文本教科书，不得用外国文书籍。

师范学校教员，一律用国语为教授用语。

第三十五条　教员须起〔启〕发学生观察、思考，及自动研究之能力，并须养成其教育者之精神。

第三十六条　师范学校学生实习时，应由其所实习之学科教员、教育学科教员及附属小学教员，到场指导。

第三十七条　师范学校学生之实习场所，除自设之附属小学及幼稚园外；并得在附近小学及其他相当学校实习。

第三十八条　师范学校应随时利用余暇，领导学生参观邻近小学。最后一学期，并应为参观旅行。其时间以两周为限，费用由学校负担。

## 第六章　训育

第三十九条　师范学校训育，应遵照《中华民国教育宗旨及其实施方针》所规定："以最适宜之科学教育，及最严格之身心训练，养成一般国民道德上、学术上最健全之师资。"

第四十条　根据实施方针所规定劳动实习，师范学校学生除劳作科作业外，凡校内整理、清洁、消防及学校附近之修路、造林、水利、卫生、识字运动等项，皆须分配担任。学校工人须减至最低限度。

第四十一条　师范学校校长及全体教员，均负训育责任。须以身作则，采用团体训练及个别训练，指导学生一切课内、课外之活动。

第四十二条 师范学校每一学级，设级任一人。择该级一专任教员任之，掌理各该级之训育及管理事项。

第四十三条 校长及专任教员，均以住宿校内为原则，与学生共同生活。

第四十四条 师范学校学生宿舍，须有教员住宿，负管理之责。

第四十五条 师范学校学生，应照《学生制服规程》规定，一律穿着制服。

制服之重制，须视一般学生穿着损坏情形；不得于每学期或每学年令学生新制。

第四十六条 师范学校学生旷课及怠于自修或劳动作业等情，应于操行成绩内减算。

第四十七条 师范学校之训育标准，另定之。

第四十八条 师范学校学生训育管理及奖惩办法，由各省、市教育行政机关规定大纲，呈报教育部核定施行。各师范学校于其学则内，根据是项大纲，订定详细规则，呈请主管教育行政机关核定施行。

（第七章设备略）

## 第八章 成绩及考查

第五十六条 师范学校学生成绩，分学业、实习、操行及体育成绩四项。

第五十七条 考查学生成绩，分下列四种：

（1）日常考查；

（2）临时试验；

（3）学期考试；

（4）毕业会考或毕业考试。

师范学校学生毕业会考规程，另定之。

第五十八条 日常考查之方式如下。各科依其性质，酌用之。

（1）口头问答；

（2）演习、练习；

（3）实验、实习；

（4）读书报告；

（5）作文；

（6）测验；

（7）调查采集报告；

（8）其他工作报告；

（9）劳动作业。

第五十九条　临时试验，由各科教员随时于教学时间内举行，不得预先通告学生。每学期每科至少举行二次以上。

第六十条　学期考试，于学期终各科教学完毕时，就一学期内所习课程考试之。考试前得停课一日至二日，备学生复习。

第六十一条　毕业考试，于规定修业期满后，就全部课程考试之。考试前，得停课三日至四日，备学生复习。

参加毕业会考之学生，免除毕业考试。

第六十二条　各科日常考查成绩与临时试验成绩，合为各科平时成绩。日常考查成绩，在平时成绩内占三分之二；临时试验成绩占三分之一。

第六十三条　各科平时成绩与学期考试成绩，合为各科学期成绩。平时成绩在学期成绩内占五分之三，学期考试成绩占五分之二。师范学校最后一学年第二学期，得免除学期考试；而以各科平时成绩作为学期成绩。但参加毕业会考之学生，仍须举行〔参加〕最后学期考试。

第六十四条　每学生各科学期成绩之平均，为该生之学期成绩；每学生一、二两学期成绩之平均，为该生之学年成绩。

第六十五条　每学生各学年成绩平均与其毕业考试成绩，合为该生之毕业成绩。各学年成绩平均，在毕业成绩内占五分之三，毕业考试成绩占五分之二。

第六十六条　学生实习、操行或体育成绩不及格者，不得进级或毕业。

第六十七条　每学期各科缺席时数，达该科教学总时数三分之一以上之学生，不得参与该科之学期考试。

第六十八条　无学期成绩之学科，或成绩不及格之学科，在三科以上之学生；或仅二科无学期成绩或不及格，但其科目为公民、国文、算学、理化、劳作，及各种教育学科等科中之任何二科之学生，均应留级一学期。连续留级，以二次为限。如本校无相当学级，可发给转学证书，转入其他师范学校，插入相当班次。

第六十九条　无学期成绩之学科，或成绩不及格之学科，仅有一科之学生；或虽有二科无学期成绩或不及格，但其科目非如前条所规定者之学生，均应令于次学期，仍随原学级附读。一面设法补习各该科目，经补行学期考试，成绩及格后，准予正式进级。如仍不及格，应于次学年，仍留原年级肄业。但此项补考，以二次为限；连续留级，亦以二次为限。如仍不能进级，发给修业证书，令其退学。

第七十条　毕业考试成绩内，不及格学科在三科以上；或仅二科不及格，但其科目为公民、国文、算学、理化、劳作，及各种教育学科等科中之任何二科之学生，均应令留级一学年（有〔由〕春季始业班级之学校，得留级一学期）。但此项留级，以二次为限。如仍不能毕业，发给修业证书，令其退学。

第七十一条　毕业考试成绩内，有一科不及格，或虽有二科不及格，但其科目，非如前条所规定者之学生，均应令补行考试二次。如仍不能及格，应照前条办法办理。

第七十二条　实习、操行及体育成绩考查办法，另定之。

第七十三条　学业成绩计算方法，由各省、市教育行政机关规定，呈报教育部核准施行。各师范学校为实验教育起见，得于主管教育行政机关规定计算方法外，采用其他方法。但须经转呈教育部核准施行。

（第九章学年学期及休假日期略）

## 第十章　入学、转学、休学、复学、退学及毕业

第七十八条　师范学校及幼稚师范科入学资格，为初级中学毕业；特别师范科入学资格，为高级中学或高级职业学校毕业，均须经入学试验及格。

师范学校、乡村师范学校幼稚师范科及特别师范科入学试验，均应免试外

国语。

第七十九条　师范学校学生，于学期或学年终了，考试成绩及格，如必须转学其他师范学校，或有第六十八条规定情形时，得请求学校发给转学证书。

第八十条　师范学校第二学期以上之学级，如有缺额，得于学期或学年开始前，收受插班生。此项插班生，须有其他师范学校学期衔接之转学证书或成绩单，仍须经编级试验。

第八十一条　师范学校最后一年级，不得招收插班生。

第八十二条　师范学校学生，因身体或家庭之特殊情形，得请求休学一学期或一学年。

第八十三条　休学期满之学生，得请求复学，编入与原学期或学年衔接之学级肄业。

第八十四条　经学校开除学籍之学生，不得发给转学证书及修业证书。

第八十五条　师范学校学生，因身体或家庭之特殊情形，经保证人证明，确属理由正当，并经调查属实者，得请求学校准予退学。

第八十六条　学生修业年限期满，毕业成绩及格或经会考成绩及格者，准予毕业，由学校给予毕业证书。

## 第十一章　待遇及奖学金额

第八十七条　师范学校学生一律免收学费。各省、市应斟酌情形，免收学生膳费之全部或一部。

免向学生征收之膳费，应核实收支，专案呈报。

第八十八条　师范学校学生入学时，得征收保证金五元至十元；毕业时应予发还。无故退学或被开除学籍者，概不发还。

上项保证金，由学校专款存储，不得挪用。其不发还之保证金，作添购图书之用，并应专案呈报主管教育行政机关备案。

第八十九条　师范学校不得征收图书及体育等任何费用。其学生用书、制服及一切工艺材料费，由学生自备，或由学校发给；或由学校或所在地教育行政机关，组织学生消费合作社，廉价发售。如由学校代办时，应按实价向学生征收。

前项工作材料及制服，必须采用国货，尤以本地产品为主。

第九十条 师范学校应设置奖学金额，由省、市、县教育行政机关规定办法，分别径呈或转呈教育部备案。

第九十一条 师范学校学生无故退学或被开除学籍者，应追缴其学费；如免膳费者，并追缴其膳费。

## 第十二章 服务

第九十二条 师范学校毕业生服务年限，须照其修业年限加倍计算。

第九十三条 师范学校每届毕业生，应由省、市、县教育行政机关分配于各地方，充任小学或相当学校教员。

第九十四条 师范学校及特别师范科毕业生，得充任小学教员；幼稚师范科毕业生，得充任幼稚园及初级小学教员。

第九十五条 师范学校毕业生，在规定服务期内，不得升学或从事教育以外之职务。违者，除照第九十一条追缴学膳费外；如系升学，仍由其升入之学校令其退学。但有特殊情形，经省、市教育行政机关核准者，得展缓其服务期限。

（第十三章教职员及学校行政略）

## 第十四章 附属小学及幼稚园

第一百二十一条 师范学校为便利学生实习及实验初等教育起见，应设附属小学，并得附设幼稚园。

第一百二十二条 附属小学设校长一人，由师范学校校长聘请合格人员，呈请主管教育行政机关备案。

第一百二十三条　附属小学及幼稚园，应设于师范学校附近。

第一百二十四条　附属小学应领导附近各县小学，对教育问题研究及实验，以谋改进。

第一百二十五条　附属小学，依照《小学法》及《小学规程》办理之。

（第十五章简易师范学校及简易师范科略）

## 第十六章　附则

第一百四十二条　本规程得由教育部必要时修改之。

第一百四十三条　本规程于中华民国二十四年六月二十一日修正公布。

表 8　三年制幼稚师范科教学科目及各学期每周教学及自习时数表

| 学期<br>时数<br>科目 | 第一学年 | | 第二学年 | | 第三学年 | |
|---|---|---|---|---|---|---|
| | 第一学期 | 第二学期 | 第一学期 | 第二学期 | 第一学期 | 第二学期 |
| 公民 | 2 | 2 | 2 | 2 | | |
| 体育及游戏 | 3 | 3 | 3 | 3 | 2 | 2 |
| 卫生 | 2 | | | | | |
| 军事看护 | | | 1 | 1 | | |
| 国文 | 4 | 4 | 4 | 4 | 4 | 4 |
| 算学 | 2 | 2 | 3 | 3 | | |
| 历史 | 3 | 3 | | | | |
| 地理 | 3 | 3 | | | | |
| 生物 | 3 | 3 | | | | |
| 化学 | | 4 | | | | |
| 物理 | | | 4 | | | |
| 劳作・农艺 | 3 | 3 | | | | |
| 劳作・家事 | | | | | 3 | 3 |

续表

| 学期<br>时数<br>科目 | 第一学年 | | 第二学年 | | 第三学年 | |
|---|---|---|---|---|---|---|
| | 第一学期 | 第二学期 | 第一学期 | 第二学期 | 第一学期 | 第二学期 |
| 劳作・工艺 | | | 3 | 3 | | |
| 美术 | 3 | 3 | 3 | 3 | | |
| 音乐 | 3 | 3 | 3 | 3 | 3 | 3 |
| 论理学 | 2 | | | | | |
| 教育概论 | 3 | 3 | | | | |
| 儿童心理 | | | 3 | 3 | | |
| 幼稚教材及教学法 | | | 2 | 2 | 2 | 2 |
| 保育法 | | | 3 | 3 | | |
| 幼稚园行政 | | | | | 2 | 2 |
| 教育测验及统计 | | | | | 2 | 2 |
| 实习 | | | | 6 | 18 | 18 |
| 每周教学总时数 | 36 | 36 | 34 | 36 | 36 | 34 |
| 每周课外运动及在校自习总时数 | 24 | 24 | 26 | 24 | 24 | 26 |

说明：（1）实习，包括参观、试习、试教三项。每项实习前后，须具预备、报告、讨论三种手续。每三小时之实习，约须占半日时间。

（2）幼稚师范科学生，每日上课、自习及课外运动，总时数规定为十小时。每星期以六十小时计算。

（3）每日除上课时间外，以一小时为早操及课外运动时间，余为自习时间。

（4）在校自习及课外运动时间，均须有教员督促、指导。

（5）在校自习，住校学生必须一律参加；通学生晚间可免参加，惟应由各校严定督促考查办法。

**表 9　二年制幼稚师范科教学科目及各学期每周教学及自习时数表**

| 学期<br>时数<br>科目 | 第一学年 | | 第二学年 | |
|---|---|---|---|---|
| | 第一学期 | 第二学期 | 第一学期 | 第二学期 |
| 公民 | 1 | 1 | 1 | 1 |
| 体育及游戏 | 3 | 3 | 3 | 3 |

续表

| 科目 \ 时数 \ 学期 | 第一学年 | | 第二学年 | |
|---|---|---|---|---|
| | 第一学期 | 第二学期 | 第一学期 | 第二学期 |
| 卫生 | 1 | 1 | | |
| 国文 | 5 | 5 | 5 | 5 |
| 算学 | 3 | 3 | 2 | |
| 历史 | 2 | 2 | | |
| 地理 | 2 | 2 | | |
| 生物 | 2 | 2 | | |
| 理化 | 2 | 2 | | |
| 劳作·农艺 | 2 | 2 | | |
| 劳作·工艺 | | | 2 | 2 |
| 劳作·家事 | 2 | 2 | | |
| 美术 | 2 | 2 | 2 | 2 |
| 音乐 | 3 | 3 | 3 | 3 |
| 教育概论 | 2 | 2 | | |
| 儿童心理 | 2 | 2 | | |
| 幼稚教材及教学法 | 2 | 2 | 2 | |
| 教育法 | | | 2 | 2 |
| 幼稚园行政 | | | 2 | |
| 实习 | | | 12 | 18 |
| 每周教学总时数 | 36 | 36 | 36 | 36 |
| 每周课外运动及在校自习总时数 | 24 | 24 | 24 | 24 |

说明：（1）实习，包括参观、试习、试教三项。每项实习前后，须具预备、报告、讨论三种手续。每三小时之实习，约须占半日时间。
（2）幼稚师范科学生，每日上课、自习及课外运动，总时数规定为十小时。每星期以六十小时计算。
（3）每日除上课时间外，以一小时为早操及课外运动时间，余为自习时间。
（4）在校自习及课外运动时间，均须有教员督促、指导。
（5）在校自习，住校学生必须一律参加；通学生晚间可免参加，惟应由各校严定督促考查办法。

# 75 教职员子弟入实验学校幼稚园暂行办法

国立中央大学

1936年1月8日

**题　解**　本篇原载《国立中央大学日刊》第1590期。发表时间为1936年1月8日。

发文单位国立中央大学，民国后期中国最高学府，于1928年定名，位于南京。其前身为1902年创设的三江师范学堂，1914年升格改办为南京高师，1921年升格改办为东南大学。1927年后，一度改办为第四中山大学、江苏大学，并曾试行“大学区制”。南京高师和东南大学，均曾附设过幼稚园。

《国立中央大学日刊》，校刊，每日刊。1928年9月创刊于南京，由中央大学主办、编辑并发行。旨在公布办学章则，报道办学实况，联络校友情谊。主要栏目，有布告、通告、规则、校闻、学程、启事等；主要撰稿人，有罗家伦、梅光迪、王鹤亭、凌梦痕、张其昀、顾执中等。1937年6月19日终刊，共出1956期。

一、凡中央大学及实验学校教职员子弟欲入实验学校幼稚园者，均得适用此项暂行办法。

二、实验学校幼稚园每隔一年，设立“代办中央大学教职员子弟班”一班。

三、教职员子弟班名额，以四十人为度。

四、教职员子弟班之入学，以请求登记之先后为序。倘登记人数超过规定名额时，仍得采用测验办法甄录之。

五、如不在教职员子弟班招生时，而教职员欲送子弟〔入〕幼稚园者，仍依向例办理：随同外来儿童入学测验，不得采用此项办法。

六、教职员子弟班之入学年龄，仍照实校幼稚园原有之规定。其应纳费用及其他一切办法，悉与普通班同。

七、小学部其他各级、中学部高初中各级入学，均不得引用此例。

八、本暂行办法由校长核准施行之。

# 76　创办津头村幼稚园计划

阳玉容

1936年2月1日

**题　解**　本篇原载《国民基础教育丛刊》第13期“计划举例”栏。发表时间为1936年2月1日。

撰著者阳玉容，生卒年未详，女，后名何恒，广西南宁人。时为广西国民基础教育研究院幼师班学员。当时在雷沛鸿领导、孙铭勋指导下，负责开展“前学龄教育”，筹办津头村幼稚园，以将“普及国民基础教育运动”推向深入。中华人民共和国成立后，曾任江西省委统战部副部长、江西省政协秘书长。

津头村，当时位于南宁市郊，是城乡结合部的一个自然村，为时任广西省教育厅厅长雷沛鸿的故里。当他发动“普及国民基础教育运动”后，设“普及国民基础教育研究院”于此，并在此开办了“幼师班”，以培养学前教育师资。为使该班学员有实习之处，故有开办津头村幼稚园之举。

《国民基础教育丛刊》，地方教育半月刊。1935年3月1日创刊于南宁，由广西国民基础教育研究院主办、编辑并发行。旨在报道普及国民基础教育的最新进展，并研讨相关理论问题。主要栏目，有论文、规章、专载、院讯、漫谈等；主要撰稿人，有雷沛鸿、方与严、潘一尘、金逸农、雷荣甲、吴心甫、陈希文等。1936年2月15日终刊，共出14期。

## （一）关于社会方面

（1）调查本村幼稚生数目；（2）认识幼稚生家长；（3）开幼稚生家长联合会；（4）创

办成人班;（5）调查本村妇女生活之状况;（6）调查儿童生活状况。

（二）关于园务方面

（1）整理园舍;（2）购买应用器具;（3）购置常用药品;（4）培植环境;（5）开学;（6）自做简单的用具;（7）自己平地修路。

（三）关于儿童方面

（1）考察儿童固有的习惯;（2）调查儿童年龄及性别;（3）检查儿童身体。

（四）关于园具方面

（1）普通用具:（a）小黑板两块;（b）小铃子一个;（c）小桌子十张;（d）小椅子卅张;（e）小书架二架。

（2）饮食用具:（a）小茶杯卅个;（b）茶壶两把。

（3）清洁用具:（a）小手巾十条;（b）小面盆三个;（c）镜子一面;（d）肥皂四块;（e）洗面架一个;（f）小扫帚四把;（g）小畚箕两个;（h）鸡毛扫一个;（i）抹布五块;（j）草纸一刀;（k）旧报纸（作抹鼻涕之用）;（l）字纸篓两个。

（4）音乐器具:（a）木鱼、小鼓、拍板、小锣、小钹等一套;（b）风琴两架;（c）留声机一架。

（5）儿童玩具:（a）摇马二架;（b）小公仔[①]两个;（c）小皮球二个;（d）上、中、下之积木各一套;（e）铁环五个;（f）变〔辨〕认颜色之玩具;

（6）图画用具:（a）小簿子每人一本;（b）铅笔每人一枝〔支〕;（c）腊〔蜡〕笔每人一盒。

（7）药品:（a）万金油;（b）八卦丹;（c）金鸡纳霜[②];（d）〔硼〕酸粉。

（8）儿童书籍:（a）图画故事十本;（b）《儿童画报》十本;（c）《小朋友》十本。

---

① 小公仔：广西方言，意即布娃娃或偶人。

② 金鸡纳霜：西药奎宁的俗称，是治疗疟疾的特效药。

（五）儿童训练之标准

（1）能唱歌曲若干首。音调正确，态度庄重，能表情，能听名曲。

（2）能画简单之图画。

（3）能欣赏自然界之景物。

（4）能表演极简单的戏剧，并有欣赏的态度。

（5）养成清洁习惯。

（6）不吃零食，多喝开水；常到野外去吸收新鲜空气。

（7）能玩极简单的科学把戏。

（8）能认识最显的星座。

（9）能做洒扫、拂抹、洗濯等工作。

（10）能认识日常接触之物件。

（11）能讲简单的故事。

（12）能报告简单的事情。

（13）能认识自己的姓名。

（14）能认识一到十的数字。

（15）能背诵当地的儿歌若干首。

# 77 转发幼稚教育组讨论各案通令遵照

## 湖北省政府

1936年5月19日

**题　解**　本篇原载《湖北省政府公报》第203期。发文时间为1936年5月19日，发表时间为1936年5月25日。原发表时，题为《教育厅案呈湖北省第二届小学教员暑期讲习会幼稚教育研究组讨论事项各案决议办法，请准通饬遵行等情，令仰转饬遵照（省教三字一三七八八号，二五·五·一九）》。今题系编者所拟。

发文单位湖北省政府，为民国后期湖北省地方行政管理的首脑机构。时任省政府主席为杨永泰（1880—1936），字畅卿，广东茂名人。早年毕业于北京法政专门学校。步入政坛后，历任广州军政府财政厅厅长、广东省长、南京国民政府军事委员会参议等职。1935年3月，任军事委员会委员长武昌行营秘书长；同年12月出任湖北省政府主席。任内对地方建设和教育颇为重视。

湖北省第二届小学教员暑期讲习会，由湖北省教育厅于1935年暑期组织举行。主持人为时任教育厅厅长程其保。该讲习会，下分教育行政研究组、国语教学研究组、算术教学研究组、自然教学研究组、音乐教学研究组、体育卫生教学研究组和幼稚教育研究组。各组所提出、讨论和议决的问题，经整理、审定后，转发各相关单位遵行。

《湖北省政府公报》，地方性政务周刊，后改三日刊、半月刊。1928年6月1日创刊于武昌，由湖北省政府主办，省政府公办处编辑并发行。旨在及时传达政令、公布章则，并报道施改得失。主要栏目，有命令、法规、公牍、议案、报告、党务、丛录等；主要撰稿人，有张知本、严重、刘树杞、甘介侯、张难先、胡宗铎、陈诚、万耀煌等。1947年9月28日终刊，共出752期。

令汉市府、各县县政府：

本府教育厅呈，据湖北省第二届小学教员暑期讲习会赍送幼稚教育研究组讨论事项：

第一案——幼稚园卧具设备不全，是否应实行午睡？

第二案——幼稚生识字、写字，是否需要和可能？

第三案——幼稚园应否收取超过六周岁的儿童？

第四案——幼稚园读法教材，应注重课文教学。

第五案——幼稚生识字应否教笔顺？

第六案——幼稚园与一年级应如何取得联络？

第七案——怎样教学幼稚生识字？和小学读法教学有无不同之处？

第八案——生产教育，可否实施于幼稚园？

第十一案——在园甲组儿童，除应习之各科外，并须能写十个亚剌伯数字[①]和自己的姓名，以为出园升级之准备。

第十二案——儿童在园自由活动时，园内应购许多儿童画片、儿童画报和儿童有关系的书籍，让儿童自由翻阅，养成儿童阅读的习惯，增加课外知识。

第十三案——社会和自然两科，应取儿童经验和环境中应有的材料，以引起动机，使儿童尽量发表所知之事物。

第十四案——幼稚生礼仪训练，应如何充实及划一方式？

第十五案——幼稚生出入教室，应否换鞋子？

第十六案——幼稚生应否出席纪念周？

第二十案——保姆究〔竟〕应怎样领导儿童活动？

第二十一案——入园新生应用何种方式测验？

第二十二案——不爱说话的儿童，应用何种方法鼓励发表？

第二十三案——幼稚生每学期成绩通告表，应否用百分数？

第二十四案——欲测验幼稚生成绩之优劣，应用何种方式？

第二十五案——幼稚生出席、缺席次数统计，应以何种为单位（日数或时数）

---

① 亚剌伯数字：通译阿拉伯数字，即0，1，2，3，4，5，6，7，8，9。最初由印度人发明、使用，因后经阿拉伯人传入欧洲，所以叫阿拉伯数字。

计算？

第二十八案——乡村幼稚园最低限度设备的标准，应如何规定？

各案议决办法，经查核尚无不合。除令饬省私立各小学附设幼稚园遵照外，请准予通饬遵行等情。抄附原决议案一份，据此。除分令外，合行抄发原决议案，令仰该市、县府，转饬所属各小学附设幼稚园，一体遵照。此令。

计抄发原决议案一份（附后）。

主席杨永泰

委员兼秘书长卢铸代行

附　幼稚教育研究组讨论事项

第一案——案由：幼稚园卧具设备不全，是否应实行午睡？

说明（略）。

决议：幼稚园卧具设备不全，可按各园情形，依照后开各点斟酌采用：

（1）各校应设大的木床数张，置薄棉盖被数条，供儿童午睡之用。

（2）通知儿童家长，令儿童在家午睡后再行来园。如不愿意午睡的儿童，可作静的工作，或弹奏轻声的音乐，给他们欣赏。

（3）校中住宿生寝室，如在幼稚园附近，可借作幼稚生午睡之用。如幼稚园的活动室地板干燥，亦可席地而卧。又，一张小桌、数把小椅，均可代作卧具。

第二案——案由：幼稚生识字、写字，是否需要和可能？

说明（略）。

决议：不愿识字的儿童，不必勉强。手指小肌肉未发达的儿童，不应强令写字；已满四岁的儿童，可用石笔、铅笔、粉笔学习。如用毛笔描红时，笔头须短。

第三案——案由：幼稚园应否收取超过六周岁的儿童？

说明（略）。

决议：身〔生〕理年龄已足六岁，而心理年龄不足六岁时，可酌量收入。

第四案——案由：幼稚园读法教材，应注重课文教学。

说明：单字教学，儿童多感枯燥无味，不易唤起兴趣。课文教学，虽较单字教学困难，但课文含有意义，学习兴趣较为浓厚。故除单字教学外，教师要选教幼童读物。

决议：通过。不一定采用设计教学。而自编课文，可选用《幼稚园课本》。

第五案——案由：幼稚生识字应否教笔顺？

说明（略）。

决议：幼稚生写字，不主张教笔顺。但须注意，握指〔指握〕笔时，手指部位正确与否。

第六案——案由：幼稚园与一年级应如何取得联络？

说明：各小学一年级学生，授课时间及课外活动时间（如朝读、朝会、朝操、课前谈话、课后整理、课后活动等），多超过课程标准之规定，甚或与中高年组无甚差异。故幼稚园初出园之儿童，一到一年级受课时间和课外活动时间，较在幼稚园时，几增加一倍，以致精神疲乏、妨害健康。亟应取得联络，使儿童身心得以健全发展。故各校一年级上课时间，不得超过课程标准；课外活动时间，应尽量减少。

决议：

（1）两者的教师，应该互相明了两方的教育。

（2）在课程上谋联络。例如共同设计，或共同做中心活动。但必须双方打破成见。

（3）养成习惯上谋联络。例如把幼稚生的毕业标准与低年级公民训练（好学生）标准，合一训练。

第七案——案由：怎样教学幼稚生识字？和小学读法教学有无不同之处？

说明（略）。

决议：教学幼稚生识字，可用游戏法；不必如小学读法，拘于认识字句。

第八案——案由：生产教育可否实施于幼稚园？

说明（略）。

决议：幼稚生工作时，可根据小时做蜻蜓、大来造飞机之原则，以培养注意生产教育之观念。

第十一案——案由：在园甲组儿童，除应习之各科外，并须能写十个亚剌伯数字和自己的姓名，以为出园升级之准备。

说明（略）。

决议：出园升级之准备，除能写亚剌伯数字和自己的姓名外，并须注意下列各点：

（1）须读完一套幼稚课本，能写课本内简单的字。

（2）能知1、2、3、4、5、6、7、8、9，一、二、三、四、五、六、七、八、九，Ⅰ、Ⅱ、Ⅲ、Ⅳ、Ⅴ、Ⅵ、Ⅶ、Ⅷ、Ⅸ，壹、弍〔贰〕、叁、肆、伍、陆、柒、捌、玖，各种数字之比较。

第十二案——案由：儿童在园自由活动时，园内应购许多儿童画片、儿童画报、和儿童有关系的书籍，让儿童自由翻阅，养成儿童阅读的习惯，增加课外知识。

说明（略）。

决议：通过。但须注意画片、画报、书籍管理方法。免致儿童阅览，易于乱翻，养成轻视物件的习惯。

第十三案——案由：社会和自然两科，应取儿童经验和环境中应有的材料，以引起动机，使儿童尽量发表所知之事物？

说明（略）。

决议：通过。

第十四案——案由：幼稚生礼仪训练，应如何充实及划一方式？

说明（略）。

决议：幼稚生礼仪训练，须依照《公民训练标准》，划一进行。

第十五案——案由：幼稚生出入教室，应否换鞋子？

说明（略）。

决议：可不必换鞋子。但入室之先，须在门外擦鞋垫上，把鞋泥擦掉。

第十六案——案由：幼稚生应否出席纪念周？

说明（略）。

决议：纪念周非常重要。但应与低年级合并举行。其仪式与小学同。惟报告与讲演，可改用师生讲演故事，或各班儿童表情唱歌。

第二十案——案由：保姆究〔竟〕应怎样领导儿童活动？

说明（略）。

决议：

（1）关于教师方面：（a）每晨，教师应比儿童早到一小时或半小时，以便分配一日间工作和材料。（b）每天除中心活动外，如朝会、吃点心、排队等项，务必按规律进行。如排队时，小的在前，大的在后；入室内后，小的坐前面，大的坐后面。但事先可训练几个较大儿童帮助照料。至吃点心一事，最为麻烦，每日不一定只吃饼干一样。最好在朝会谈话时，与儿童讨论爱吃的食品，及购置的方法和人数。朝会时，应注意下列数事：“今天是几月几日？”“星期几？”“天气怎样？”“寒暑表若干度？”“数到园的人数。”（c）每日午后，儿童精神较易感觉疲乏。两教师应常常领导儿童作野外活动；并须携带布囊，以备检〔捡〕取石子、螺蛳等等之用。（d）放学时，可用分组排队法。每队由队长领取该队的衣、鞋、零件，发给儿童。

（2）关于课程方面：（a）中心活动有分科与混合之别。分科的重心在教师，混合的重心在儿童。初步实行中心制的幼稚园，可用分科中心活动法。如用自然做中心。假令中心是无线电，动机发生后，即将无线电的构造与功用，简单的讲给儿童听。然后将无线电的用具陈列给儿童看；或布置无线电的环境（多半用假的环境代替），让儿童一一接触，使其发生研究的兴趣。同时，教师当准备轮廓图，供儿童要求画图之用；标准备描红字，供儿童要求写字之用。若儿童用积木搭成无线电台，教师可帮同表演。如教师的教材预备不及时，可随时请专长某科的先生帮做。（b）中心活动施行时，事先须将计划进行的阶级（另表式）列入表内；再按表中进行之记号，以考察儿童之成绩。表式如下（原图 5）：

**工作成績考察表**

| 姓名＼進展 | 1 | 2 | 3 | 4 | 5 | 6 | 7 | 8 | 9 | 10 | 11 | 12 | 總結 |
|---|---|---|---|---|---|---|---|---|---|---|---|---|---|
| | | | | | | | | | | | | | |
| | | | | | | | | | | | | | |
| | | | | | | | | | | | | | |
| | | | | | | | | | | | | | |
| 人數總計 | | | | | | | | | | | | | |

原图 5　工作成绩考察表

（c）教师多、儿童少的幼稚园，一切的活动都应由儿童发动、儿童解决、儿童处理。放〔教〕师只在旁指导。

（3）关于训练方面：（a）每天升国旗时，必使儿童全体参加，以期养成敬国旗、爱国家之观念。（b）每个儿童，均须受平等的训练。（c）教师训练儿童，须用极和蔼、亲爱的态度，与之接谈。务期养成守纪律的习惯。（d）教师须与儿童家庭联络，以期双方训练，俾易养成模范儿童，以作其他儿童之模范。

第二十一案——案由：入园新生应用何种方式测验？

说明（略）。

决议：

（1）口试。

（2）简单的智力测验。

（3）体格测验。如有皮肤传染病者，非经治好，概不收入。

第二十二案——案由：不爱说话的儿童，应用何种方法鼓励发表？

说明（略）。

决议：

（1）用夸誉法；

（2）用比赛法。

第二十三案——案由：幼稚生每学期成绩通告表，应否用百分数？

说明（略）。

决议：不用百分数。但幼稚生的成绩，每学期须报告家庭一次。其成绩，则根据儿童努力的分数计算。

第二十四案——案由：欲测验幼稚生成绩之优劣，应用何种方式？

说明（略）。

决议：在智力方面，可选用皮奈西门[①]氏的测验方法。在工作成绩方向〔面〕，除依照第二十提案的表式外；其他各科，则采用各科的标准。如图画、音乐、读法等，都已有标准，可依法测验。

---

① 皮奈西门：皮奈，通译比纳，即阿尔弗雷德·比奈（Alfred Binet，1857—1911），法国实验心理学家、智力测验的创始人。西门，通译西蒙，为法国医生。他与比奈合作制订了“比奈－西蒙量表”，用以作为智力测验的工具。1908 年发表该量表的修订本；1911 年发表该量表的第二次修订本，适用年龄为 3~18 岁。不久，比奈－西蒙的智力量表便被引入许多国家。

第二十五案——案由：幼稚生出席、缺席次数统计，应以何种为单位（日数或时数）计算？

说明（略）。

决议：以半日及一日为单位。

第二十八案——案由：乡村幼稚园最低限度设备的标准，应如何规定？

说明（略）。

决议：

（1）普通用具：靠椅四十把、二人合用的长形桌二十张、小黑板两块、小钉锤一把、钟一架、寒暑表一个、铃一个、园旗一面、党国旗各一面、总理遗像一张、园牌一个。

（2）饮食用具：小锅炉、铲刀、茶杯二十个、茶壶两把、筷子四扎、点心盘四十个。

（3）清洁用具：脸盆四个、手巾四十条、镜子一面、剪子二十把、提水桶两个、便桶两个、痰盂两个、扫帚、撮箕、喷水壶、抹布。

**教育廳案呈湖北省第二屆小學教員暑期講習會幼稚教育研究組討論事項各案決議辦法請准通飭遵行等情令仰轉飭遵照**

省教三字一三七八八號
二五・五・一九。

令漢市府
各縣縣政府

本府教育廳案呈，據湖北省第二屆小學教員暑期講習會賫送幼稚教育研究組討論事項第一案幼稚園臥具設備不全，是否應實行午睡？第二案幼稚生識字寫字，是否需要和可能？第三案幼稚園應否收取超過六週歲的兒童？第四案幼稚園讀法教材應注重課文教學。第五案幼稚生識字應否教筆順？第六案幼稚園與一年級，應如何取得聯絡？第七案怎樣教學幼稚生識字和小學讀法教學有無不同之處？第八案生產教育，可否實施於幼稚園？第十一案在園甲組兒童，除應習之各科外，並須能寫十個亞刺伯數字和自已的姓名，以爲出園升級之準備？第十二案兒童在園自由活動時，園內應購許多兒童畫片，兒童畫報，和兒童有關係的書籍，讓兒童自由翻閱，養成兒童閱覽的習慣，增加課外知識。第十三案社會和自然兩科應取兒童經驗和環境中應有的材料，以引起動機，使兒童盡量發表所知之事物。第十四案幼稚生禮儀訓練，應如何充實及劃一方式？第十五案幼稚生出入教室，應否換鞋子？第十六案幼稚生應否出席紀念週？第二十案保姆究應怎樣領導兒童活動？第二十一案入園新生應用何種方式測驗？第二十二案，不愛說話的兒童應用何種方法鼓勵發表？第二十三案幼稚生每學期成績通告表，應否用百分數？第二十四案，欲測驗幼稚生成績之優劣，應用何種方式？第二十五案幼稚生出席缺席次數統計，應以何種爲單位（日數或時數）計算？第二十八案鄉村幼稚園最低限度設備的標準，應如何規定？各案決議辦法，經查核尚無不合。除令飭省私立各小學附設幼稚園遵照外，請准予通飭遵行等情：抄附原決議案一份，據此。除分令外，合行抄發原決議案令仰該市縣府轉飭所屬各小學附設幼稚園一體遵照。此令。

計抄發原決議案一份。（附後）

主　席楊永泰
委員兼秘書長盧　鑄代行

另图21　《转发幼稚教育组讨论各案通令遵照》原发表件（部分）

# 78 训令幼稚园文字教学应循标准

北平市社会局

1936年5月

**题　解**　本篇原载《时代教育（北平）》第1卷第2期“公牍”栏。发文时间为1936年5月，发表时间为1936年7月1日。原发表时，题为《北平市社会局训令第三六一一号》。今题系编者所拟。

有关发文单位北平市社会局，参见前文《施行部颁〈幼稚园小学课程标准〉办法》题解。时任局长雷嗣尚（1906—1946），字季尚，又字不同，湖南嘉禾县人。早年肄业于北京师范大学，后历任北平《世界日报》编辑、《新社会杂志》主编、《世界日报》主笔。1935年11月出任北平市社会局局长。

具呈者张雪门（1891—1973），原名显烈，字承哉，浙江鄞县人。早年就读于家塾，后肄业于浙江省立四中。1912年受聘执教于宁波私立星荫小学。升任该校校长后，于1918年在该校附设星荫幼稚园，致力于幼教研究。1920年4月，主持创设宁波幼稚师范学校。1924年，受聘担任北京大学注册课职员，以旁听生身份，肄习北大教育学系课程。1926年秋，受聘担任“孔德南分校”主任，在该校增设幼稚师范科和幼稚园。1930年后，协助熊希龄创设北平幼稚师范学校。抗战期间迁校至桂林。1946年赴台湾，创设台北保育院（后改育幼院），任院长。著作有《张雪门幼儿教育文集》。

有关《时代教育（北平）》，参见前文《施行部颁〈幼稚园小学课程标准〉办法》题解。

令市立、私立各幼稚园：

为据张雪门等呈《以幼稚园文字教学，应循标准实施》，除分令外，仰切实注意由。

案据张雪门等呈《为幼稚园文字教学，应循部局标准实施》，请通令遵照等情。据此，除批示并分令外，合行抄录原呈，令仰该园切实注意为要。此令。

计抄发张雪门等原呈一件。

中华民国二十五年五月　日

局长雷嗣尚

张雪门等原呈：

查近来市内各幼稚园，对于文字教学，大半采用方字，甚或用注音字母；一味机械注入，殊与儿童身心有绝大影响。推其原因，不外适应家庭之要求，徒求表面上数量之成绩，企图越级升班而已。

殊不知此种教学，教材与儿童生活既漠不相关，而方法又仅限于符号之练习。呆板规定，每日竟达半小时之久。非特于儿童生理发育上，受莫大之损害；且先抽象而后具体，先分析而后综合，又正与儿童心理完全相反。

按部定《幼稚园小学课程标准》，本无文字一科之规定。而本市于二十二年奉钧局令发《幼稚园具体课程实施方案》第二章第二节各级教材要目中，虽有文字一项，但其用意则在于采游戏方法，唤起儿童需要，培养其运用文字的兴趣。非如现时一般幼稚园之重符号练习也。况方案中第一章第三节课程活动时间之分配中，亦本无文字一项之规定。当时犹恐一般成人泥于传统之见，故又于同一节说明三、四中，详细加以解释。

夫政令明晰如是，而仍因循不行者，岂以为小学招生多用文字，如幼稚园无是种科目，恐致落选耶？则各级招生，部令早经规定，应以下级毕业为标准，本不容任意出入。若以为家庭要求，不得不谋相当迁就；则部定幼稚教育总目标之第四项“并谋家庭教育的改进”之谓何也？

慨我国之提倡儿童教育以来，儿童节之外，本年又有儿童年[①]之规定，政府对儿童之重视可知。不谓身任儿童基础教育之幼稚园，反袭于成人之传统观念，抹煞儿童，仍沿用从前学房式文字之机械注入，可叹孰甚！

---

① 此“儿童年”，系国民政府行政院在《全国儿童年实施办法大纲》中所规定。其实施期，定为自 1935 年 8 月 1 日起，至 1936 年 7 月 31 日止。在此期间举行各种活动，以唤起全国民众注意儿童教养保障，图谋儿童福利。

为此，敬请钧局顾念政令之尊、儿童之重，通令市内各幼稚园：自后对文字教学，务须遵守二十二年局令《幼稚园具体课程实施方案》。如果故意违抗，凡已立案者，拟撤销之案；得补助金者，拟停止补助。庶政令之尊严得以维护，儿童之教育不致为成人所蹂躏。不胜盼祷，待命之至！

理合备文，呈请鉴核，伏乞批示施行。

# 79　令农村学校创办农忙托儿所

江宁县

1936年8月15日

**题　解**　本篇原载《妇女文化》第1卷第1期。发表时间为1936年8月15日。原发表时，题为《江宁各校创办托儿所》。今题系编者所拟。

发文单位江宁县，江苏省属县，现为南京市江宁区，位于南京市中南部。当时的教育水平，在全国居于中上地位。

《妇女文化》，妇女月刊。1936年8月15日创刊于南京，由"妇女文化月刊社"主办，赵清阁主编，上海杂志公司发行。旨在"普及妇女教育"和"联合农村劳工妇女"，以投入"救亡"运动。主要栏目，有社评、论坛、生活、文艺、批评与介绍、信箱等；主要撰稿人，有冯浩然、狄漠、陈凝秋、杨郁文、青谷、季瑛、上官公仆等。1937年9月15日终刊，仅出3期。

江宁县鉴于农忙期届，农民对于婴儿，因农作而无暇顾及；即婴儿之身体健康，亦鲜见注意。故特令饬各农村学校，在农忙时间，应举办农忙托儿所。由女教师及高〔年〕级女生，担任保姆。视农村情形而定收受名额。凡受托之婴儿，概不取费，惟膳食须自备。兹志托儿预知如下。

（1）凡本县农村学校，如遇村内农户因忙于农事，而无暇保育幼儿者，应即举办托儿所，代为保育。

（2）各学校办理农忙托儿所，应以农忙期为限。其起讫日期，由各校参照《农忙时期农村学校学生缺席限制办法》，另订之。

（3）农忙托儿所招收之幼儿，须年在六岁以下，其名额由各学校斟酌农村情形而定。

（4）农忙托儿所之保姆，由各学校女教师担任；或派女生年长者充任；必要时，并得请当地妇女为义务保姆。

（5）农忙托儿所每日以唱游、童话、清洁、识数、识字、睡眠、饮食等为主要活动。

（6）农忙托儿所用具，应充分利用校具。不足时，得向校外筹借。

（7）农忙托儿所应特别注意幼儿健康问题，必要时，得请附近卫生机关对幼儿施行身体检查。

（8）农忙托儿所成立后，应将保姆姓名、名册及设备情形，呈报县府备查。

# 80　函知各校可聘上海幼稚师范学校毕业生

江西省政府教育厅

1936年9月10日

**题　解**　本篇原载《江西省政府公报》第588期“公牍”栏。发文时间为1936年9月10日，发表时间为1936年9月1日。原发表时，题为《准上海幼稚师范学校函送本届毕业生名册，请分配各地充任幼稚园或小学教员等由，函达查照》。今题系编者所拟。

发文单位江西省政府教育厅，省级地方教育行政管理机构。时任教育厅厅长为程时煃（1890—1951），字柏庐，江西新建人。早年留学日本东京高等师范学校，后又留学美国芝加哥大学、哥伦比亚大学，获硕士学位。历任江西省立一中校长、北平师范大学教授、中央大学教授、中央大学区普通教育处处长、福建省教育厅厅长等职。1933年转任江西教育厅厅长。著作有《柏庐讲稿论文集》。

上海幼稚师范学校，私立学前教育师资培养机构，由陈济成创设于1928年2月，校址位于上海胶州路、槟榔路之潘园。该校与上海中学、上海小学和上海幼稚院（园），实为一个办学联合体，校长均为陈济成。1929年7月，蒙上海市教育局批准立案，办学更趋规范。

《江西省政府公报》，地方政务旬刊、周刊、日刊。1927年10月1日创刊于南昌，由江西省政府秘书处主办、编辑并发行。旨在刊载江西省政府颁布的各项法规、命令、电文、批示等，用以提高施政效能。主要栏目，有民政、公牍、法规、法令、文电、议事录、附录等；主要撰稿人，有朱培德、杨赓笙、林祖溴、熊育锡、陈礼江等。1928年12月21日第一次停刊于第45期。此后多次改行刊期，终刊于1948年12月新1 680期。

径启者：

案准上海幼稚师范学校函开："本校历届毕业学生，荷蒙贵处分配任用，至深感幸。兹检送本届毕业生名册，函请鉴核，烦分配各地充任幼稚园或小学教员，益纫公谊！"等由，准此。查小学、幼稚园自以聘用师范人材为原则。准函前由，亟应广为介绍。除分函暨登公报外，特照抄名册一份，函送该校，遇有员缺，酌量聘用可也。此致

省立中学师范附小及中心学校、省会公私立各级小学校。

计抄发《私立上海幼稚师范学校简科本届毕业生名册》一份。

江西省政府教育厅启，二五，九，一

附　私立上海幼稚师范学校简科本届毕业生名册（表10）

表10　私立上海幼稚师范学校简科本届毕业生名册

| 姓名 | 毕业年岁 | 籍贯 | 姓名 | 毕业年岁 | 籍贯 | 姓名 | 毕业年岁 | 籍贯 |
|---|---|---|---|---|---|---|---|---|
| 王　敏 | 二〇 | 浙江鄞县 | 徐　珍 | 二一 | 江苏如皋 | 符季芳 | 二五 | 江苏松江 |
| 王蕴文 | 二二 | 江苏江阴 | 徐蕙贞 | 一八 | 江苏松江 | 章　建 | 二〇 | 江苏江阴 |
| 王美棣 | 二三 | 江苏江阴 | 陈德英 | 一九 | 江苏青浦 | 凌　贤 | 一九 | 江苏如皋 |
| 毛来官 | 二一 | 浙江鄞县 | 陈瑞麟 | 二一 | 江苏宝山 | 杨秀珍 | 一九 | 江苏镇江 |
| 甘秉洁 | 一八 | 江苏宝山 | 陈雪英 | 一九 | 江苏宝山 | 杨佩涵 | 一八 | 江苏常熟 |
| 朱　明 | 二二 | 江苏江都 | 陈　昭 | 一七 | 江苏崇明 | 杨昌秀 | 二三 | 江苏南汇 |
| 朱慕庄 | 二三 | 浙江鄞县 | 陈冬英 | 二一 | 江苏嘉定 | 虞桂珍 | 二二 | 江苏常熟 |
| 何世英 | 二〇 | 江苏江阴 | 陈静仙 | 二一 | 江苏金山 | 虞莲清 | 二〇 | 江苏溧阳 |
| 何士林 | 二五 | 江苏金山 | 陈淑贞 | 二〇 | 江苏江阴 | 赵莲芳 | 一九 | 江苏南汇 |
| 汪凤苓 | 二一 | 江苏南汇 | 唐蕙华 | 二〇 | 江苏宜兴 | 赵富珊 | 二一 | 江苏上海 |
| 李月华 | 一九 | 江苏松江 | 唐尚德 | 二〇 | 江苏吴江 | 褚宗秀 | 二〇 | 江苏吴江 |
| 李宗茝 | 一九 | 江苏江阴 | 夏崇强 | 一八 | 江苏奉贤 | 诸淑英 | 二一 | 江苏江阴 |
| 李崇琏 | 一八 | 江苏青浦 | 孙品芳 | 二〇 | 江苏上海 | 刘德行 | 一八 | 江苏常熟 |

续表

| 姓名 | 毕业年岁 | 籍贯 | 姓名 | 毕业年岁 | 籍贯 | 姓名 | 毕业年岁 | 籍贯 |
|---|---|---|---|---|---|---|---|---|
| 吴素珍 | 二二 | 江苏江阴 | 孙永熙 | 二一 | 江苏崇明 | 潘碧筠 | 二五 | 江苏南汇 |
| 吴淑贞 | 一九 | 浙江上虞 | 殷文秀 | 一九 | 江苏江阴 | 薛蕴华 | 二〇 | 江苏青浦 |
| 巫云祥 | 一九 | 江苏南通 | 殷素安 | 二三 | 江苏江阴 | 顾惠卿 | 一九 | 江苏江阴 |
| 沈延巧 | 一九 | 江苏宝山 | 张淑贞 | 二二 | 江苏如皋 | 顾　沅 | 二四 | 江苏南汇 |
| 沈秀芳 | 一八 | 江苏吴江 | 张其伟 | 二一 | 江苏江阴 | 顾　汶 | 二〇 | 江苏南汇 |
| 邵家恒 | 二二 | 江苏嘉定 | 张织秋 | 一八 | 江苏青浦 | 顾丽珍 | 一九 | 江苏江阴 |
| 邵家华 | 二〇 | 江苏嘉定 | 张珍玉 | 一九 | 江苏昆山 | 金静怡 | 一八 | 江苏南汇 |
| 林雪晴 | 一八 | 江苏如皋 | 张菊珍 | 一九 | 江苏吴县 | 黄月华 | 一九 | 江苏靖江 |
| 周映桐 | 二一 | 安徽宣城 | 张静兰 | 一九 | 江苏嘉定 | 施熙恭 | 一七 | 江苏崇明 |
| 周一吾 | 一七 | 江苏崇明 | 黄积云 | 二〇 | 江苏吴江 | 黄秀珍 | 二三 | 江苏崇明 |
| 姚利平 | 二二 | 江苏如皋 | 黄时芬 | 二二 | 江苏江阴 | 徐凤珊 | 二一 | 江苏如皋 |
| 马尔玉 | 二二 | 江苏如皋 | 冯明淑 | 二二 | 江苏嘉定 | 曹杏林 | 一九 | 浙江奉化 |
| 马尔璧 | 二一 | 江苏如皋 | 商秀兰 | 二一 | 浙江嵊县 | 徐书俄 | 二〇 | 江苏吴县 |
| 胡钟淑 | 二四 | 江苏常熟 | 许映雪 | 一九 | 江苏吴江 | 屠爱珍 | 一九 | 浙江上虞 |

# 81　矿厂小学附属幼稚园简章

## 河北省井陉矿务局

1937年1月15日

**题　解**　本篇原载《井矿月刊》第4期“规章”栏。发表时间为1937年1月15日。

发文单位河北省井陉矿务局，前身为中德合资的私营“井陉矿务公司”，位于河北省井陉县境。后由袁世凯收归官商合办，于1912年设立“井陉矿务局”。主要经营煤矿采掘，有“北方最良之煤田”美誉，并成为全国十大矿厂之一。有一说法是：“先有井陉矿，后有石家庄。”

《井矿月刊》，矿务月刊。1936年10月15日创刊于河北井陉，由河北省井陉矿务局总务处主办、编辑并发行。旨在“沟通情况，指导经营”。主要栏目，有插图、规章、文件、著述、会议记录、附载等；主要撰稿人，有马震垚、陈树屏、刘景标、檀育楫、谷种秀等。1937年6月终刊，共出9期。

一、定名　本园定名为河北井陉矿厂幼稚园。

二、宗旨　本园采用自动教学法，以充实儿童生活，其目的在发展儿童之健全之身心，培植国民之基本的习惯与技能，并协助家庭教养幼稚儿童，借谋家庭教育的改进。

三、组织

（1）本园直属于矿厂小学管理之；

（2）本园聘请教员一人并助教一人。

四、招考学级　本幼稚园共一个年级，分甲、乙两组。

五、资格　投考儿童之智力年龄与岁月年龄，须相差不远；且须经医士证明，确无宿疾及传染病者。

六、年龄　定为四岁至六岁。

七、测验项目　新生测验，用“西蒙－皮奈智力测验法”。

八、修业年限　修业不拘年限，以确能升入初小一年级为毕业标准。但修业年限至多不得超过二年。

九、费用　一学年分两学期。每学期学费贰元五角，杂费一元五角（杂费内包括制服费），须于入学前缴清。

十、课程

（1）作业（各种手工、各种积木与恩物、图画、园艺、家事、缝纫等）；

（2）音乐（唱歌、欣赏、演奏、律动等）；

（3）游戏（略分感觉、竞争、猜测、表演、追逐、舞蹈、模仿、自由活动、游戏数种）；

（4）言语与故事（发音、讲话、歌谣、故事等）；

（5）社会和自然（做人习惯、卫生习惯，以及人事界、自然界常识等）；

（6）读与写（日常习见的字、画中的字、故事中字、唱歌中的字）；

（7）数字练习（数数、识数、计数）；

（8）静息、餐点（闭目静息、默声音乐；餐点时，用饼干少许，或水果、青菜之类，借以充饥，兼习会食礼貌）。

十一、保育时间　每日三时。春分后，午前七时半至十时半；秋分后，每日八时半至十一时半。

十二、附则　本简章自呈请通过之日起有效。如有未尽事宜，得随时呈请修改之。

家属须知：

（1）本园认为，儿童教育须由家庭与学校双方一致负责，始能获优良之效果。因之对于儿童之整个生活，希望家长与学校共同注意。

（2）凡有本园报告或通知事项，务请协助执行；遇有约请会商时，亦盼准时惠临。

（3）欢迎家长随时来园参观。惟在授课时间，请勿高声谈论，以免防〔妨〕碍课业。如有接洽事项，得随时与本校校长接洽，或于课后与本园教师面商。

（4）除例假外，不得无故旷课。

（5）如有特别事故不得已而须请假时，应由家长致函通知。

（6）半途退学，所缴之费概不退还。

# 82　战时幼稚教育的设施案

## 福州省立小学非常时期小学教育联合研究会

1938年1月20日

**题　解**　本篇原载《闽政月刊》第1卷第9、10合期“教育辑”。议决时间为1938年1月20日，发表时间为1938年7月31日。原发表时，总题为《福州省立小学非常时期小学教育联合研究会纪录》。今题系编者所拟。

提案组织福州省立小学非常时期小学教育联合研究会，系由福建省教育厅利用寒假，特邀相关人员，于1938年1月20—22日，在福州市举行的专门研讨会，用以应对“非常时期”的教育施行。此次研讨会，分为小学行政组、教材教学法组、儿童训练组和幼稚教育组。原发表时，文前写有如后说明文字:“福州省立小学非常时期小学教员联合研究会，于本年一月二十日行开幕式。会议三日，并请陈主席、郑厅长莅临训话。到会参加讨论者，有三校教员魏而立、邹有华、梁士杰、蒋遒、郑瀚、叶祖彬、陈有勋、周慧侬、陈伯平、刘家兆、林庆涛、谢锡麒、游剑观、陈与潮、黄开绛、魏树藩、黄贤沂、林长源、陈人粹、邹有奋、林筱秋、何孝绮、陈维光、方碧璋、高宣、尤媲干、张淑媛、叶一啸、廖淑辉、李玉珍、杨碧芬、陈挺、庄宝珍、林春生、林家珍等五十二人。主席团：魏而立、邹有华、梁士杰；纪录：梁天生。兹录其议决案于下。”

《闽政月刊：教育辑》，地方政务月刊，1937年3月20日创刊于福州，由福建省政府秘书处主办并发行，福建教育厅闽政月刊编辑委员会编辑。旨在“介绍教育学术思想，阐扬政府教育主张，辅导地方教育设施，沟通省内外教育消息，探讨各种教育实际问题”。主要栏目，有教育论坛、教育研究、教育资料、教育情报、统计报告、特别记载、文化史料、工作月报、教育文艺、读者园地等；主要撰稿人，有邓梦渔、叶鸿宝、王衍康、孙邦正、潘安业、林景润、梁士杰等。1939 年 8 月 31 日终刊，共出 2 卷 20 余期。

## （一）目标

（1）培养幼稚儿童有国家、民族的观念和意识。

（2）加强幼稚儿童抗战的情绪和信心。

（3）增进幼稚儿童抗战的知能。

（4）培养幼稚儿童抗战的美德，如勇敢、牺牲、耐劳、互助、团结等。

## （二）教育原则

（1）战时幼稚教育的设施，应以儿童实际生活和经验为出发点。

（2）战时幼稚教育的设施，应特重于乡土的研究。

（3）战时幼稚教育的设施，应与家庭、社会取着密切的联络。

（4）战时幼稚教育的设施，应注重实物的体验。

（5）战时幼稚教育的设施，应以行动为基础。

## （三）战时幼稚教育的课程及教材

1. 音乐

（1）慷慨激昂歌词的听唱表演及欣赏；

（2）激发抗战情绪的乐器演奏和欣赏；

（3）雄壮行动的演作（如表演飞机、拉大炮出征）；

（4）关于战争声音的模仿（如防空警报、飞机响声等）。

2. 故事与儿歌

（1）关于抗战救国故事的欣赏和演习；

（2）关于抗敌故事图片的阅览；

（3）关于抗敌儿歌的欣赏、吟唱和表演。

3. 游戏

（1）关于军事动作的摹拟游戏（如兵操、抗战等）；

（2）关于国防及抗敌的计数游戏、感觉游戏；

（3）关于国防游戏；

（4）关于应用军器游戏；

（5）杀敌救国故事表演和唱歌表情的游戏。

4. 常识

（1）关于社会抗敌活动的观察（如壮丁检阅、救护演习等）；

（2）关于抗敌活动的演习；

（3）防空、防毒的演习；

（4）战争器具的认识；

（5）关于协助军事的工作和认识；

（6）乡土事物的研究；

（7）关于重要时事的认识；

（8）关于抗战美德的认识及实践，如储金救国；

（9）关于集体活动的演习。

5. 工作

（1）关于抗敌的自由画、想像画；

（2）关于简易国防玩具及用具的制作及积木装排；

（3）关于抗敌的沙箱装置；

（4）关于救国的活动，如破铜破铁的搜集；

（5）园艺生产的工作。

## （四）战时幼稚教育方法应注意之点

（1）教学应以大单元设计为准则；

（2）儿童活动应注意于集体组织的训练；

（3）环境布置应以能够激发抗战情绪者为主，并应设法指导其认识；

（4）儿童作业应多采用团体的活动；

（5）教学材料应以当地自然、社会将有、已有的事物为主；

（6）教育设施应顾及儿童身心的发展；

（7）各项教育设施教师应参加活动；

（8）各项救国活动儿童能够做得到的，应充分让儿童去做。

## （五）战时幼稚教育应有的设备

除一般设备外，应注意下列数项：

（1）开设避难所；

（2）充实国防玩具；

（3）购置儿童防毒用具；

（4）置备户外教学用具；

（5）充分置备关于抗敌的图片、实物；

（6）其他有关于激发抗战情绪及增加抗战力量的设备。

## （六）附录——战时幼稚生必具的知能

战时幼稚教育材料，除前面第三项所叙述外，尚有其他生活知能未列入。故另拟本项，以便教学者的参考。

1. 一般的常识

（1）认识党国旗；

（2）认识总理、国府主席、最高领袖和民族英雄（如岳飞、文天祥、明太祖、戚继光、史可法、郑成功、凯末尔[①]等）的图像；

（3）认识中国地图和被敌人占领或蹂躏的各省地图；

（4）知道抗战的意义；

（5）知道抗战的现状、军事进行情形、敌人在华的暴行、迁都的意义、服兵役的意义等；

（6）知道陆、海、空军的普通军器的名称和用途；

（7）知道简单社会组织（救火会、保甲制度等）；

---

① 凯末尔：基马尔·凯穆尔（Kemal Atatürk，1881—1938），土耳其革命家、改革家、民族英雄，土耳其共和国缔造者，土耳其共和国第一任总统。

（8）知道四个〔人〕以上民族英雄的史迹；

（9）知道伪组织和汉奸的意义；

（10）知道新生活的要点；

（11）知道乡土的实物（如位置、交通、生产等）。

2. 抗战的最低限度的技能

（1）日常生活的技能:（a）穿衣服（会扣纽扣，穿衣服、鞋、袜）;（b）会自己盛饭、吃饭，区别调味用品;（c）会铺被褥、启闭门户;（d）会快步行走、靠左走。

（2）自卫的技能（防空、防毒、简单救护等）。

（3）处理简单事务的技能:（a）处理衣、食、住的用具;（b）能用巾擦鼻涕、洗脸、自理大小便;（c）能洗扫、应对、缝纫;（d）能传递物件;（e）能饲养家畜（如鸡、羊、兔、猫、狗）;（f）能种菜、拔草、捕虫、灌〔浇〕水。

（4）能做下面的课业:（a）会叙述自己的住址、姓名、年龄和父母的姓名;（b）会计算50以内的物件、10以内的加减;（c）会度量;（d）会认钱币;（e）会认〔唱〕抗战歌曲四首以上;（f）会讲民族复兴的故事四首以上。

（5）能做下面的游戏:（a）会走木桥、爬梯子;（b）会摇木马、溜滑板、坐环绕板、骑三轮车、打秋千;（c）会拍球、踢球、掷球和接球、抛藤圈、滚铁环。

# 83 战时各级教育实施方案纲要（节录）

国民党临时全国代表大会

1938年4月

**题 解** 本篇原载《教育研究（广州）》第84期“教育文化消息”栏。发文时间为1938年4月，发表时间为1938年5月。

文前，转载编者冠有如后的话：“民国二十七年四月，中国国民党临时全国代表大会通过《战时各级教育实施方案纲要》。全文如左。”

议决组织国民党临时全国代表大会，于1938年3月在武昌召开，通过了《抗战建国纲领》，确定了抗战救国的总方针，并制定、通过了这份《战时各级教育实施方案纲要》，以作为教育应变的方针和方法。此后，在教育部确定的“各级教育实施之目标及施教之对象”中，便明确规定：“幼稚教育，应使保育与教导并重，增进幼儿身心之健康，使其健全发育，并培养其人生基本的良好习惯。施教对象，应推广及于贫苦儿童。”

《教育研究（广州）》，教育学术月刊。1928年2月创刊于广州，由国立第一中山大学教育学研究所及教育学系主办、编辑并发行。该刊旨在“研究中外教育学、教育方法，分析教育现状，介绍教育规程”，以及报道地方教育的实施概况。主要栏目，有论著、译作、章则、调查报告、教育消息等；主要撰稿人，有许崇清、庄泽宣、崔载阳、黄恩澧、陶行知、梁瓯第、雷沛鸿、阮镜清等。1948年9月终刊，共出110期。

教育为立国之本。整个国力之构成，有赖于教育。在平时然，在战时亦然。国家教育在平时若健全充实，在战时即立著其功能；其有缺点，则一至战时，此等缺点则全部显露，而有待于急速之补救与改正。所贵乎战时教育之设施者，即针对教育上之缺点，以谋根本之挽救而已，非战时教育之必大有异于平时也。

我国古代教育，向以德、智、体三育为纲，礼、乐、射、御、书、数六艺为目。故德智并重而不偏废，文武合一而无轩轾。文科与实科兼顾，而克应群己之需要；家庭教育与学校教育一贯，以造成完全之公民。迨六艺之真义一失，而教育之基础动摇矣。

今试检讨过去吾国所谓新教育者之病根，大要不外数端：

学校徒偏重课本之讲授，而忽略德行之指导，此由于修己合群之德育未加重视者，一也。

运动之目的在竞赛，操场之建筑为点缀，此由于强身卫国之体育，全被误解者，二也。

本国之文史不重，乡土之教材不谈，社会生活与学校设备绝不相侔，经济组织与学校课程截然两事。此由于利用厚生之智育远离实际者，三也。

积此三者之症结，而社会乃充满人人谋事、事事找人之怪象，国家亦充满贫、病、乱、愚之惨象，驯至国力空虚薄弱。在平时已失其自立自存之基础；至战时更不能适应非常之需要。挽救之道，更有恃乎教育。

今后教育之设施，其方针有可得而言者：

一曰，三育并进；

二曰，文武合一；

三曰，农村需要与工业需要并重；

四曰，教育目的与政治目的一贯；

五曰，家庭教育与学校教育密切联系；

六曰，对于吾国固有文化精粹所寄之文、史、哲、艺，以科学方法加以整理发扬，以立民族之自信；

七曰，对于自然科学，依据需要，迎头赶上，以应国防生产之急需；

八曰，对于社会科学，取人之长，补己之短，对其原则整理，对于制度应谋创造，以求一切适合于国情；

九曰，对于各级学校教育，力求目标之明显，并谋各地平均之发展；对于义务教育，依照原定期限，以达普及；对于社会教育与家庭教育，力求有计划之实施。

根据上述之方针，拟具整理及改善教育之方案，以为今后实施之准则。其要点为：

（1）对现行学制，大体应仍维〔持〕现状。惟遇拘泥、模袭他国制度，过于划一而不易施行者，应酌量变通，或与以弹性之规定，务使用〔因〕事制宜、因材施教，而收得实际效果。

（2）对于全国各地各级学校之迁移与设置，应有通盘计划，务与政治、经济实施方针相呼应。每一学校之设立及每一科系之设置，均应规定其明确目标与研究对象，务求学以致用、人尽其才，庶几地尽其利、物尽其用、货畅其流之效可见。

（3）对师资之训练，应特别重视，而亟谋实施。各级学校教师之资格审查与学术进修之办法，应从速规定。为养成中等学校德、智、体三育所需之师资，并应参酌从前高等师范之旧制，而急谋设置。

（4）对于各级学校、各科教材，应彻底加以整理，使之成为一贯之体系，而应抗战与建国之需要。尤宜尽先编辑中小学公民、国民〔文〕、史、地等教科书，及各地乡土教材，以坚定爱国、爱乡之观念。

（5）对于中小学教学科目，应加以整理，毋使过于繁重，致损及学生身心之健康。对于大学各院科系，应从经济及需要之观点，设法调整，使学校教学力求切实，不事铺张。

（6）订定各级学校训育标准，并切实施行导师制，使各级学生在品格修养及生活指导与公民道德之训练上，均有导师为之负责。同时，可重立师道之尊严。

（7）对于学校及社会体育，应普遍设施，整理体育教材，使与军训、童训取得联贯，以矫正过去之缺点。强迫课外运动，以锻炼在学青年之体魄；并注意学生卫生方法之指导，及食物营养之充足。

（8）对于管理，应采严格主义，尤注重于中学阶段之严格管理。中等以上学校，一律采军事管理方法，养成清洁、整齐、确实、敏捷的美德，劳动服务之习惯，与负责任、守纪律之团体生活。

（9）对于中央及地方之教育经费，一方面应有整个之筹集与整理方法，并设法逐年增加；一方面务使用得其当，毋使虚糜。

（10）对于各级学校之建筑，应只求朴实合用，不宜求其华美。但仪器与实习用具之设备，应尽量充实，期达到规定之标准。

（11）各级教育行政机构，应设法使其完密，尤应重视各级督学工作之联系与效能。对各级教育行政人员之人选，应以德行与学识并重，特别重视其铨衡。

（12）全国最高学术审议机关，应即设立，以提高学术标准。

（13）改订留学制度，务使今后留学生之派遣，成国家整个教育计划之一部分。对于私费留学，亦应加以相当之统制，革除过去分歧、放任之积弊。

（14）中小学之女生，应使之注重女子家事教育，并设法使学校教育与家庭教育相辅推行。

（15）督促、改进边疆教育与华侨教育，并分别编订教材，养成其师资，从实际需要入手。

（16）确定社会教育制度，并迅速完成其机构，充分利用一切现有之组织与工具，务期于五年内普及识字教育，肃清文盲，并普及适应于建国需要之基础训练。

（17）为谋教育行政与国防及生产建设事业之沟通与合作，应实施“建教合作”办法，并尽量推行职业补习教育，使各种职业之各级干部人员，均有充分之供给，俾生产机构早日完成。

以上数点，均切合国家、社会之急迫需要，务期于最短期间完成其使命。

# 84 招收幼稚园艺友办法

湘湖师范

1939年4月15日

**题 解** 本篇原载《湘湖通讯》第10期。发表时间为1939年4月15日。

原发表时，题为《浙江省立湘湖师范招收幼稚园艺友办法》，题下标有："第九二次校务会议通过，教厅指令第二〇九三号核准，附艺友课程。"今题系编者所拟。

拟定单位湘湖师范，全称"浙江省立湘湖乡村师范学校"。位于萧山县（今萧山市）湘湖定山。系1928年秋，在陶行知的指导下创设。晓庄师范毕业生操震球、方与严、李楚材等先后在此任教。时任校长金海观，为陶行知在南京高师的学生。抗日战争爆发后，该校七迁校址，办学不辍。

"艺友办法"，即实施艺友制的方法。艺友制是陶行知在办理乡村幼稚教育时所创立的方法，旨在借鉴传统艺徒制，通过师傅带徒弟的方式来培训幼教师资。只是要求师生要平等相待，处之以"朋友之道"。湘湖师范自开办后，便试行此制。

《湘湖通讯》，不定期校刊。1937年创刊于浙江萧山，由浙江省立湘湖乡村师范学校主办、编辑并发行。以"努力教育革命，促进乡村建设"为宗旨。主要栏目，有言论、学校动态、重要新闻、校友动态、通讯、法令等；主要撰稿人，有金海观、俞公达、俞承祜、徐德春、王济民等。1943年2月16日终刊，共出17期。

一、本校采取工学制，招收本地高小毕业女生，为幼稚园艺友。

二、艺友在园工学，须受本校附小主任及幼稚园教师之指导。

三、艺友须依照课程进修，共分五期：第一、二两期，每期各三个月；第三期四个月；第四、五期各五个月。前后共计二十个月，约二学年可以修毕。进行迅速，得酌量缩短，但不得少于十五个月。

四、艺友修毕全课程，得发给证明书。

五、艺友免除学杂各费，并津贴全膳。但半途退出时，须全数追回。

六、艺友入园须经考试，其项目如下：

（1）国文；（2）讲故事；（3）唱歌；（4）口试。

七、艺友年龄须在十四岁以上、十八岁以下之未婚女子，并不得在工学期间结婚。

八、艺友以住园工学为原则。

九、艺友课程另订之。

十、本办法经校务会议通过，呈请教育厅备案施行。

附幼稚园艺友课程一份：《浙江省立湘湖师范学校附设幼稚园艺友课程》

第一期——三个月

目标：实地参加幼稚生各种活动，做一个儿童的领袖。

（1）要和小朋友一起玩耍（像一个小朋友一样）；

（2）会时〔时〕留意乐园里的整齐和清洁；

（3）会帮助小朋友扣纽、穿鞋、洗手、大小便……等日常生活问题；

（4）会讲故事，合于儿童的口吻；

（5）会跟小朋友唱儿歌及其他歌曲；

（6）会跟小朋友听琴、做律动；

（7）会领导小朋友玩积木、沙箱、娃娃及其他玩具；

（8）会领导小朋友吃点心；

（9）会领导小朋友室外游戏；

（10）会暗示或纠正小朋友的行为习惯；

（11）会矫治小朋友痧〔沙〕眼和癞头；

（12）会弹朝会歌、放学歌各一首，简单歌曲三首；

（13）会在每天预备功课时，把应用教材笔录；

（14）会在功课完毕时，把次日的活动材料准备齐全；

（15）读教育书籍如后：（a）开明版夏丏尊译《爱的教育》；（b）中华版唐谷译《幼稚园课程的研究》。

做读书笔记，并开讨论会三次以上。

第二期——三个月

目标：培养基本技能，增进教育兴趣。

（16）继续参加第一期各项活动；

（17）会选儿歌，并领导小朋友唱歌；

（18）会用问题来指导小朋友学习；

（19）会用正谱弹熟小朋友的歌曲六首；

（20）会奏普通的“节奏”和“舞蹈”的乐〔曲〕；

（21）会计划歌表演；

（22）会计划故事表演；

（23）会领导小朋友做黏土、剪纸等工作；

（23）会领导小朋友看图画；

（25）会画简单的黑板画；

（26）会处理问题儿童；

（27）会在功课完毕时，把次日的活动材料准备齐全；

（28）读教育书籍如下：（a）商务版王骏声编《幼稚园教育》；（b）商务版陈鹤琴编《家庭教育》；（c）商务版葛承训编《幼稚教育》。

做读书笔记，并开讨论会三次以上。

注：本期有一部分练习工作，得利用暑假或寒假修习。

第三期——四个月

目标：独立自力办理普及性的幼稚教育。

（29）继续第一、二期各项课程；

（30）会收集适合程度的儿歌二十首；

（31）会弹奏幼稚园的歌曲二十首；

（32）会编选幼稚游戏二十则；

（33）会〔讲〕幼稚园故事二十则；

（34）会订一个月的常识要目；

（35）会随时随地实行幼稚园的常规训练（以身作则）；

（36）会用中心问题来布置乐园；

（37）会制造玩具五种以上；

（38）会画表格；

（39）会联络家庭；

（40）读教育书籍如后：（a）中华版张宗麟编《幼稚教育教论》；（b）张宗麟编《乡村幼稚教育》；（c）商务版陈华编《实际幼稚园学》。

注：第一学年终。

第四期——五个月

目标：修习基本学识，增进幼稚教育效率。

（41）继续第一学年各项课程；

（42）会画彩色的故事画五次以上；

（43）会编辑儿童喜〔欢〕听的故事五则以上；

（44）会认识注音符号；

（45）会把国音读得正确，并会说国语；

（46）会认识幼稚园四周的树木、花草；

（47）会观察天象，并会记载天气；

（48）会观察鸟、兽、虫、鱼各十种以上；

（49）会装无线电话；

（50）会做理化试验十种以上；

（51）会把衣、食、住、行的进化史教会小朋友；

（52）会修琴；

（53）会调查学籍，做统计；

（54）读教育书籍如后：（a）儿童版陶知行编《幼稚教育论文集》；（b）商务版唐谷译《近代教育家及其理想》；（c）商务版但〔焘〕编《蒙台梭利教育法》；（d）儿童版胡叔异编《血〔四〕国儿童教育》。

第五期——五个月

目标：完成健全的初期教育师资。

（55）继续前四期课程；

（56）会造积木及其木制玩具；

（57）会缝制初期儿童的合式衣服；

（58）会把本地产物选作工艺材料；

（59）会种植蔬菜和观赏品各五种以上；

（60）会指导儿童畜养家畜三种；

（61）会选择儿童食品，并会烹调三种以上；

（62）会教儿童发表；

（63）会选择名画及名曲，给儿童欣赏三次以上；

（64）会用游戏的方法，教会儿童识字和计算；

（65）会讲时事给小朋友听；

（66）会种牛痘；

（67）会测量身体，并会统计；

（68）会用设计法教儿童学习；

（69）会设计扩充幼稚园设备；

（70）会知道儿童个性；

（71）会保管校产；

（72）会管理经济；

（73）会考查幼稚园小朋友的程度；

（74）读教育书籍如后：（a）商务版艾伟编《初级心理学》；（b）商务版朱经农译《明日之学校》；（c）中华版《一个小学十年努力记》；（d）《鼓楼幼稚园概况》。

做读书笔记，开讨论会五次以上。

注：第二学年终。

# 85 幼稚园规程

教育部

1939年10月24日

**题 解** 本篇原载《浙江省政府公报》第3188期“中央法规”栏。发文时间为1939年10月24日，发表时间为1939年11月26日。原发表时，题下标有：“二十八年十月二十四日教育部第二六二五〇号训令颁发。”

有关发文单位教育部，参见前文《幼稚园课程标准》题解。时任教育部部长为陈立夫（1900—2001），名祖燕，字立夫，浙江吴兴（今湖州）人。叔陈其美，兄陈果夫。1922年毕业于北洋大学（今天津大学）采矿系；1925年获美国匹兹堡大学采矿学硕士学位。归国后，历任黄埔军校校长办公厅机要秘书、国民党中央组织部调查科主任、国民党中央组织部部长等要职。1938年任教育部部长，并掌部7年，使中国战时教育维持不辍，且有发展。著有《四书道贯》。

《浙江省政府公报》，地方政务日刊。1927年5月13日创刊于杭州，由浙江省政府主办、编辑并出版。该刊旨在传布政令、沟通政情，以提高施政效率。主要栏目，有训令、函电、布告、批示、判决书、会议录、通告等；主要撰稿人，有蔡元培、张静江、蒋梦麟、马叙伦、周凤歧、郑文礼等。1949年3月24日终刊，共出数千期。

第一条 幼稚园为保育幼稚儿童之场所。其教育之目的如下：

（1）增进幼稚儿童身心之健康；

（2）力谋幼稚儿童应有之快乐与幸福；

（3）培养幼稚儿童关于人生基本之优良习惯（包括身体、行为等各方面之习惯）；

（4）协助家庭教养幼稚儿童，并谋家庭教育之改进。

第二条　幼稚园收受四足岁以上至六足岁以下之幼稚儿童，予以一年或二年之保育。但必要时，得呈准主管教育行政机关，收受未满三足岁之婴儿，予以三年或四年之保育。

第三条　幼稚园附设于小学，并得单独设置。

第四条　幼稚园由市、县视地方需要及经济能力设置之。但各级师资训练机关，得设置幼稚园，以供实习与示范。私人亦得设置幼稚园，以协助发展幼稚教育。

第五条　幼稚园之单独设立者，应以地名、人名或切合于幼稚教育意义之词语命名。

第六条　幼稚园之设立，应由设立者开具下列各事项，呈请主管教育行政机关核准。

（1）名称；

（2）园址（附平面图及面积、地质、环境状况、饮用水质等说明书）；

（3）园则（包括儿童之数额、班数及入园年龄，儿童入园、退园之手续，入园费及保育费额，并免费学额，保育项目、保育时间及每期日数，每周时数，每日出园、入园时间等）；

（4）设备；

（5）经费及维持方法；

（6）开办日期。

前项各款变更时，应呈请主管教育行政机关核准备案。

（7）幼稚园之停办，应先由设立者声叙停办之缘由及日期，并停办后儿童之处置方法，呈请主管教育行政机关核准。

第八条　私立幼稚园之设立及停办，除遵照本规程之规定外，应比照《修正私立学校规程》关于私立小学之规定办理。

第九条　幼稚园之管辖及呈报事项，比照《修正小学规程》第十条至第十二条之规定办理。

第十条　幼稚园之经费，由主管教育行政机关，比照《修正小学规程》第十六条至

第十九条规定之办法办理。

第十一条　幼稚园之儿童数，以一百二十人为限。但必要时，呈准主管教育行政机关，增至二百人。

第十二条　幼稚园之编制，应按儿童之年龄、智力分班。视儿童多寡，合并或分别保育。但一教员应保育之儿童数，不得超过四十人。

第十三条　幼稚园得视地方情形，分别为半日制、上下午半日二部制或全日制。

第十四条　幼稚园儿童之活动项目，为音乐、故事、儿歌、游戏、常识、工作、静息、餐点等。其内容及教育方法，遵照教育部《修正幼稚园课程标准》之规定。

第十五条　幼稚园之各项活动，应充分应用乡土材料。

第十六条　幼稚园对于儿童，应顺应其个性，依照其身心发展之程序，施以适当之保育。不得授以读书、写字等类于小学功课之事项，或使为过度之工作。

第十七条　幼稚园之保育，应注意养成良好习惯，遏止不良习惯。不得施行体罚及足使儿童感觉痛苦之苛罚。

第十八条　幼稚园应联络并协助家庭，对于儿童作一致之保育。

第十九条　幼稚园园址，应择便于幼稚儿童来往之地点，并须有善良之环境。

第二十条　幼稚园园舍建筑，以平房为原则，应有保育室、游戏室、工作室及其他必要各室，并须有游戏园庭。

保育室，每幼儿一人至少应占有六方尺以上之地位。

游戏园庭，每幼儿一人至少应占有三十六方尺以上之地位。

全日制之幼稚园，并应有寝室，以供儿童午睡。

第二十一条　幼稚园应设有保育用具、各种游戏运动器具、各种玩具、各种积木、各种挂图、各种乐器、各种卫生设备，及黑板、桌椅、沙盘等。

第二十二条　幼稚园设备标准，由教育部另定之。

第二十三条　幼稚园儿童受保育期满，得由园给予幼稚园受保育期满证明书。开具儿童姓名、性别、年龄、籍贯、入园年月、受保育年期等，由主任签名、盖章。其式样，可〔比〕照小学毕业证书。

第二十四条　在幼稚园受保育期满之六足岁以上儿童，得尽先入小学肄业。

第二十五条　幼稚园儿童在园日期及休息日期，比照《修正学校学年、学期及休假日期规程》关于小学之规定办理之。

第二十六条　幼稚园得视地方情形，每期向儿童酌收入园费及保育费。其额数，呈由主管教育行政机关核定之（数额变更时亦同）。但总数不得超过五元，并应为贫寒优秀儿童设置免费额。其额数，呈准主管教育行政机关定之。

第二十七条　单独设置之幼稚园，设主任一人，综理园务。附设于小学之幼稚园，设主任一人，秉承校长，掌理园务。必要时，得由校长兼任之。

第二十八条　幼稚园应按照儿童班数、保育项目等，设相当额数之教员，掌理保育儿童事宜。

第二十九条　单独设立之幼稚园主任，以幼稚师范学校毕业，或具有《修正小学规程》第六十二条所列资格之一，或检定合格，办理幼稚教育二年以上，著有成绩者为合格，并应以女子为原则。

第三十条　幼稚园教员，以幼稚师范学校毕业，或具有《修正小学规程》第六十二条所列资格之一，曾为幼稚园教员一年以上之女子为合格。

第三十一条　幼稚园教员无前条所列资格者，应受省、市教育行政机关所组织之“小学教员检定委员会”之检定。

第三十二条　幼稚园教员之检定，比照《小学教员检定规程》，分无试验检定及试验检定二种；并就其性行、身体，查核决定之。

前项试验检定之科目，为公民（包括党义）、国语（语体文之写作及书法）、算术（四则、诸等数、分数、百分数、比例）、历史（本国史）、地理（本国地理）、自然（生物大要）、教育（教育概论、儿童心理、教学法）、保育法（育儿法、保育法、卫生等）、美术（绘画、剪贴）、劳作（烹饪、裁缝、园艺等）、游戏、音乐（唱歌、奏乐等）。

第三十三条　幼稚园教员受检定合格者，由省、市教育行政机关给予检定合格证明书。

前项证明书有效期间，适用《小学教育〔员〕检定规程》第十六条之规定。其式样，比照该规程所附证明书之式样及尺寸。此项证明书通用于全国各地。

第三十四条　幼稚园于合格之教员不易延聘时，得呈准主管教育行政机关，以未受检定者为代用教员。

第三十五条　关于幼稚园教员之聘任、退职、俸给、生产时间之休息，任职满十年后之休假，年功加俸，养老金及恤金之给予、保障、奖励等，运用《修正小学规程》第六十五、七十、七十一、七十二、七十四、七十五、七十六、七十七、七十八、七十九、八十、八十一各条之规定。

第三十六条　幼稚园主任及教员，均应参加各地方之小学教育研究会，及初等教育之讲习会等。

第三十七条　本规程于必要时，由教育部修改之。

第三十八条　本规程自中华民国二十八年____月____日公布施行。

# 86　私立托儿所监督及奖励办法

行政院

1940年8月21日

**题　解**　本篇原载《浙江省政府公报》第3246期“法规”栏。发文时间为1940年8月21日，发表时间为1940年9月16日。

拟定单位行政院，中华民国的最高行政机关，为“五院制”之一。1928年10月25日设立，下属内政、外交、军政、财政、农矿、工商、教育、交通、铁道、卫生等10部及各委员会。时任院长为蒋中正（1887—1975）。

有关《浙江省政府公报》，参见前文《幼稚园规程》题解。

## 第一章　总则

第一条　凡私人及私人团体设立之托儿所，为私立托儿所。其监督及奖励，除法令别有规定外，依本办法行之。

## 第二章　监督

第二条　私立托儿所，应由设立者聘请相当人员组织董事会。其名额不得超过十五人，并应互推一人为董事长。

设立者为当然董事。设立者人数过多时，得互推一人至三人为当然董事。

第三条　董事会应开具后列各事项，呈请当地主管官署立案：（1）名称；（2）事务所所在地；（3）董事会章程；（4）资产、资金或其他收入详细项目，及其确实证明；（5）董事姓名、年龄、籍贯、职业及住址。

前项第三款董事会章程，应将组织、职权、董事任期及改选办法，一并规定。

第四条　董事会应于呈准立案后四个月内，将托儿所筹备开办，并应在开办前开具后列各事项，推定主持人，呈报当地主管官署查核。非经核准，不得开办。（1）托儿所名称；（2）所址；（3）组织编制及设备；（4）经费来源及经常、开办各费预算表；（5）主持人姓名、年龄、籍贯、资历及住址。

第五条　私立托儿所，应于每年年度终结后一个月内，开具后列各事项，连同财产项目，呈报当地主管官署查核。（1）所务状况；（2）前年度所办重要事项；（3）前年度经费收支情形；（4）职员及托儿一览表。

第六条　前三条规定各事项，当地主管官署应专案递报内政部备案；并分报教育部、振济委员会及卫生署备查。

第七条　各地私立托儿所，内政部、教育部、振济委员会及各级地方政府，均应随时督察。必要时应派员视察指导。关于卫生事务，由卫生署及各地方卫生机关督导协助之。

## 第三章　奖励

第八条　凡私人或私人团体捐助托儿所资金，得按照捐助数目，依下列规定，分别颁给各等奖状。由内政部审核行之。（1）捐资在五百元以上者，颁给五等奖状；（2）捐资在一千元以上者，颁给四等奖状；（3）捐资在二千元以上者，颁给三等奖状；（4）捐资在五千元以上者，颁给二等奖状；（5）捐资在一万元以上者，颁给一等奖状。

前项奖状式样，由内政部另定之。

第九条　捐资在三万元以上者，除颁给一等奖状外，并于年终汇报，呈请国民政府明令嘉奖。捐资在十万元以上者，除颁给一等奖状外，并专案呈请国民政府明令嘉奖。

第十条　凡已受有奖状者，如续行捐助，并得计先后数目，呈请按等或超等晋给奖状。

第十一条　凡私人或私人团体，经募托儿所资金超过八条各款之金额十倍以上者，得比照同条原规定请奖。

第十二条　凡以动产或不动产捐助者，准折合法币计算。

第十三条　呈请颁给奖状，应造具事实清册，连同证件，呈由当地主管官署查明属实，转请核给。

第十四条　内政部颁给各等奖状，应于年终列表，分咨教育部、振济委员会及卫生署备查。

## 第四章　附则

第十五条　本办法所称当地主管官署，在各县市，为县市政府；院辖市，为社会局。院辖市政府如未成立社会局时，得指定其他各局为主管官署。

第十六条　本办法自公布日施行。

# 87 四川省立成都实验幼稚园组织规程

四川省政府

1941年5月6日

**题　解**　本篇原载《四川省政府公报》第26期（原第二三七期）“本省法规”栏。发表时间为1941年5月6日。

拟定单位四川省政府，中华民国国民政府省级行政管理机构，1929年3月22日成立于成都。时任省主席为张群（1889—1990），教育厅厅长为郭子杰（有守）。

成都实验幼稚园，为当时公立并独立设置的学前教育机构。由四川省教育厅主持创设，利用原成都县立中学原址，于1941年9月1日开园。首任园长为陆秀，首届招生82人，分编为三组进行保教。后招生规模扩大，并增设婴儿部；至1945年，在园生已逾600人，成为当时国内规模最大，设备较完备，办理绩效最好的学前教育机构。

《四川省政府公报》，地方政务半月刊，后改旬刊、五日刊。1931年6月15日创刊于成都，由四川省政府主办，省政府秘书处编辑并发行。旨在及时公布政府法令，并反映舆情民意，促进施政清明。主要栏目，有命令、训令、布告、呈文、电函、报告、会议记录等；主要撰稿人，有叶秉诚、刘湘、侯建国、萧致平、王应嵩、谢无忌、张群、郭有守、张铮等。1949年9月终刊，共出838期。

第一条　四川省政府为发展幼稚教育，并研究、实验其方法起见，特设四川省立成都实验幼稚园（以下简称本园）。

第二条　本园设施之目标如下：

（1）计划实施部颁《幼稚园规程》第一条各款之具体办法；

（2）注意幼稚教育方法之研究与实验；

（3）辅导全省公私立幼稚园。

第三条　本园收受四足岁以上、六足岁以下之幼稚儿童，予以一年至二年之保育；并得收受二足岁至四足岁之幼儿，予以三年至四年之保育。

本园学则另订之。

第四条　本园设主任一人，综理园务。由教育厅遴选合格人员，呈请省政府委派之。

第五条　本园设教员若干人，由主任聘请。员额视编制及保育项目定之。设会计员一人，由主计机关依法委派；并设文书干事、庶务干事各一人，书记一人。必要时，得设护士一人。均由主任任用，并呈报省政府备查。本园《教职员服务细则》，另订之。

第六条　本园儿童活动项目之内容及教育方法，以教育部所颁《修正幼稚园课程标准》为根据。其实验计划，于每学期开学前，拟呈省政府核定施行。期终，应将实验概况及保育儿童成绩，具报备查。

第七条　本园设园务会议，由主任及全园教职员组织之。每月开会一次，由主任召集。《园务会议细则》，另订之。

第八条　本园为辅导各县市幼稚园起见，得承受各县市幼稚园之请求，派现任教员来园实习。其办法另订之。

第九条　本园为教养儿童之示范，及指导园址附近家庭教育之改进起见，得附设托儿所、母姐讲习班、女佣保姆训练班。其办法分别另订之。

第十条　本园经费由主任依《幼稚园规程》第十条之规定，拟具概算书，呈由省政府核定后，在省教育文化费项下拨支。

第十一条　本规程未尽事宜，依《幼稚园规程》及有关法令之规定办理。

第十二条　本规程自公布之日施行，并咨教育部备案。

# 88 设立中央儿童学园以倡导幼年社会教育案

陶行知

1941年11月26日

**题　解**　本篇原载《国民参政会第二届第二次大会记录》一书第132页。

原发表时，为提案“（六）关于教育文化事项者”第6件，题前署名为“陶参政员行知等提”。连署人姓名，依据中国第二历史档案馆《国民参政会第二届第二次大会记录·提案目录》（编号80）补录。提案时间为1941年11月17—26日，自刊时间为1942年9月。文末附注文字为：“决议：本案修正通过，送请政府从速筹办。修正如下：原办法外，增加一项，文为‘（三）各省市应参照此办法逐渐设置儿童学园’。”

有关提案人陶行知，参见前文《南京燕子矶乡村幼稚园开办简章及预算》题解。

该案提交后，在11月24日下午召开的“第七次会议”上，宣读了《第五审查委员会报告（第2号）》。审查意见为：“本案修正通过，送请政府从速筹办。修正如下：原办法外，增加一项，文为（3）各省市应参照此办法，逐渐设置儿童学园。”讨论后的决议为：“照审查意见通过。”但是，该案通过后，“中央政府”却未见有相关行动。

《国民参政会第二届第二次大会记录》，由国民参政会秘书处编纂，并于1942年自刊。封面标有“秘”字。该书内容共分如后6类：（1）国民参政会第二届第二次大会开会经过；（2）重要法规；（3）主席团及参政员名单；（4）国民参政会第二届第二次大会议事记录；（5）演词；（6）提案原文。全书20余万字。

近来，有十几位关心儿童幸福的朋友，举行了一个非正式的谈话会，希望我为小朋友在参政会里提一个建议案。首先，是想建立一个儿童剧场；后来，越谈越起劲，觉得我们应该为小朋友来它一个较大的建设，包含一剧场、二音乐馆、三美术馆、四科学实验馆、五历史地理博物馆、六工艺室、七图书室、八俱乐部、九体育场、十宿舍。

这个建设，一切都是要根据儿童的需要设计。名称拟了好几个，例如“儿童之家”“儿童之宫”“儿童世界”“儿童乐园”，各有优点。最后提出“儿童学园”的名称，似乎更为恰切。因为“学”有长进之义，“园”有欣欣向荣之意，故暂用此名。但也不拘泥，倘有更好的名称，尤为欢迎。我们所注重的，是中国需要有这样一个建设，以丰富儿童之学习与生活。

理由

（1）一般小学及初中之教育偏重书本，要有儿童学园来补其不足。

（2）一般之展览会为期甚短。最近举行之国防科学展览[①]甚佳，但匆匆数日，参观者多数走马看花，不能详细领略；若动手体验，机会更无。儿童学园对于有系统之展览，可以长期举行，并设实验，俾儿童手脑并用，以资体验。

（3）失学儿童，可以学园中自由探讨，仍能长进。

（4）儿童各有所好，学园多方设备，可依性之所近，展其所长。

（5）近年，已有热心儿童幸福之团体，创办“儿童之家”。但因经费有限，供不应求。故儿童学园，应以中央政府之力为之倡导。

（6）重庆为战时首都，各省人士来往，络绎不绝。一经观摩，便可推广，以为全国儿童造福。

（7）爱护儿童之国，前途必是远大。陪都为中外观瞻所系，倘能搜集、陈列儿童对于抗战所发挥的贡献，尤能使侨胞、友邦加强对中国之认识。

---

① 国防科学展览：于 1941 年 4 月 4 日，为庆祝“儿童节”在重庆举办。除展览外，还举行了各种比赛和表演，深受儿童欢迎。

办法

（1）请政府组织中央儿童学园筹备委员会，聘请专家设计、筹备。

（2）一部分，应于三十一年四月四日儿童节前完成。

提案人　陶行知

连署人　陈希豪　程希孟　马宗英　余家菊　常乃德　梁实秋　许德珩　沈钧儒　王家桢　刘蘅静　陶　玄　黄炎培　江　庸　陶百川　冷　遹　金曾澄　江恒源　李永新　张其昀　陈裕光　李中襄　杭立武　吴贻芳　傅斯年　何联奎

# 89 实验研究工作合作办法

## 四川省立成都实验幼稚园等

1943年5月15日

**题 解** 本篇原载《国民教育指导月刊（成都）》第2卷第4、5期合刊“民众补习教育、教师待遇与福利事业专号”。发表时间为1943年5月15日。原发表时，题为《四川省立教育科学馆、四川省立成都实验小学茶店子分校、四川省立成都实验幼稚园：实验研究工作合作办法》。今题系编者所拟。

有关成都实验幼稚园，参见前文《成都实验幼稚园组织规程》题解。

《国民教育指导月刊（成都）》，教育月刊，1941年8月创刊于四川成都。由教育部国民教育司、四川省政府教育厅共同主办，四川省政府教育厅编辑并发行。旨在研究国民教育问题，报告并交流实施经验，用以推进国民教育的普及。主要栏目，有教育消息、国民教育计划、教材教法、教育简讯、教师园地等；主要撰稿人，有钟俊、邵鹤鸣、顾树森、王衍康、郝更生、郭有守、陈立夫等。1947年1月终刊，共出4卷26期。

一、四川省立教育科学馆（以下简称教育科学馆）、成都实验小学茶店子分校（以下简称实小分校）及四川省立成都实验幼稚园（以下简称实验幼稚园），为促进国民教育实验研究工作起见，特订定本办法。

二、教育科学馆、实小分校及实验幼稚园，为谋实验研究工作切实合作起见，特联合组织“国民教育研究会”，每月开会一次。开会地点，在各馆、校轮流。详细办法另订之。

三、教育科学馆对于实小分校及实验幼稚园之实验工作，予以下列各项之协助：

（1）协助制订各种实验研究计划；

（2）供给各种实验研究参考资料；

（3）协助解答实验研究时所发生的困难问题；

（4）推广实验研究之结果；

（5）协助教师之进修。

四、实小分校、实验幼稚园，对于教育科学馆之研究工作，予以下列各项之协助：

（1）供给各种实验研究之资料；

（2）协助解答各科教学及训育等方面的实际问题；

（3）供给实验之对象，并协助实验工作之进行；

（4）其他。

五、省立教育科学馆及实小分校、实验幼稚园等，为便于研究及实验起见，特联合举办下列各项工作：

（1）举办教育学术演讲；

（2）划定国民教育辅导乡、镇，予以辅导；

（3）举办各种调查研究；

（4）编印实验研究报告；

（5）其他联合研究事项。

六、推行本办法所需用之经费，由教育科学馆、实小分校及实验幼稚园，共同筹划之；并得呈请教厅，酌量补助。

七、本办法经三方面之主管人员认可后施行。如有未尽事宜，得随时会商修正之。

# 90 幼稚园设置办法

教育部

1943年12月20日

**题 解** 本篇原载《教育部公报》15卷15期“法规”栏。发文时间为1943年12月20日，发表时间为1943年12月30日。原发表时，题下标有：“第六二〇三七号部令公布（三十二年十二月二十日）。”

该设置办法，是对教育部前颁《幼稚园规程》（1939年10月24日）的修正。《第三次中国教育年鉴》第三编国民教育第三章幼稚教育中，对此有明确的说明：“民国三十二年，教育部将《幼稚园规程》酌加修正，并呈奉行政院，改为《幼稚园设置办法》，同年十二月二十日，以第六二〇三七号部令公布施行，作为设置幼稚园之准则。”

有关发文单位教育部，参见前文《幼稚园课程标准》题解。时任教育部部长为陈立夫。

有关《教育部公报》，参见前文《中华民国教育宗旨及其实施方针》题解。

第一条 幼稚园之设置，除法令别有规定外，依本办法之规定。

第二条 幼稚园收受四足岁以上至六足岁以下之儿童。必要时，得呈准主管教育行政机关，收受未满三足岁之婴儿，予以保育。

第三条 幼稚园附设于国民学校、中心学校或小学，并得单独设置。

第四条 幼稚园由市、县政府，视地方需要及经济能力设置之；但各级师资训练机关及私人，亦得设置之。

第五条 幼稚园之单独设立者，应以地名、人名或切合于幼稚教育意义之词语命名。

第六条　幼稚园之设立，应由设立者开具下列各事项，呈请主管教育行政机关核准。

（1）名称；

（2）主持人员姓名及资历等；

（3）园址（附平面图及面积、地质，环境状况、饮料水质等说明书）；

（4）园则（包括儿童之额数、班数及入园年龄，儿童入园、出园之手续，入园费及保育费额，并免费学额、保育项目、保育时期及每期日数、每周时数，每日出园、入园时间等）；

（5）设备；

（6）经费及维持方法；

（7）开办日期。

前项各款变更时，应呈请主管教育行政机关核准备案。

第七条　幼稚园之停办，应先由设立者声叙停办之缘由及日期，并停办后儿童之处置方法，呈请主管教育行政机关核准。

第八条　幼稚园之儿童数，以一百二十人为限。但必要时，得呈准主管教育行政机关，增至二百人。

第九条　幼稚园之编制，应按儿童之年龄、智力分组。视儿童多寡，合并或分别保育。但一教员应保育之儿童数，不得超过二十人。

第十条　幼稚园得视地方情形，分别为半日制、上下午半日二部制或全日制。

第十一条　幼稚园儿童之活动项目，应遵照《幼稚园课程标准》之规定。《幼稚园课程标准表》，由教育部另定之。

第十二条　幼稚园之各项活动，应充分应用乡土材料。

第十三条　幼稚园对于儿童，应顺应其个性，依照其身心发展之程序，施以适当之保育。不得授以读书、写字等类于小学功课之事项，或使为过度之工作。

第十四条　幼稚园之保育，应注重养成良好习惯，不得施行体罚，及足使儿童感觉痛苦之苛罚。

第十五条　幼稚园应联络并协助家庭，对于儿童作一致之保育。

第十六条　幼稚园园址，应择便于幼稚儿童来往之地点，并须有善良之环境。

第十七条　幼稚园园舍建筑，以平房为原则。应有保育、游戏、工作、午睡及其他必要之园舍，并须有游戏及自由活动之园庭。

供保育应用之园舍，每幼儿一人，至少应占有六方尺以上之地位；游戏园庭，每幼儿一人，至少应占有三十六方尺以上之地位。

第十八条　幼稚园应设有保育用具，各种游戏运动器具、各种玩具、各种积木、各种挂图、各种乐器、各种卫生设备，及黑板、桌椅，沙盘等。

第十九条　《幼稚园设备标准》由教育部另定之。

第二十条　幼稚园儿童，受保育期满，得由园给予“幼稚园受保育期满”证明书。

第二十一条　幼稚园得视地方情形，每期向儿童酌收入园费及保育费。其额数，呈由主管教育行政机关核定之（额数变更时亦同），并应为贫寒、优秀儿童设置免费额。其额数呈准主管教育行政机关定之。

第二十二条　单独设置之幼稚园，设主任一人，综理园务。附设于国民学校、中心学校及小学之幼稚园，设主任一人，秉承校长掌理园务。必要时得由校长兼任之。

第二十三条　幼稚园按照儿童额数、保育项目等，设相当额数之教员，掌理保育儿童事宜。

第二十四条　单独设立之幼稚园主任，以幼稚师范学校毕业，或具有小学教员资格，办理幼稚教育二年以上，著有成绩者为合格；并应以女子为原则。

第二十五条　幼稚园教员，以幼稚师范学校毕业，或具有小学教员资格，曾任幼稚园教员一年以上之女子为合格。

第二十六条　幼稚园教员，无前条所列资格者，应受省、市教行政机关所组织之“小学教员检定委员会”之检定。

第二十七条　幼稚园教员之检定，除试验检定外，其余比照《小学教员检定规程》办理之。前项试验检定之科目，为公民（包括党义）、国语（语体文之写作、书法）、算术（四则、诸等数、分数、百分数、比例）、历史（本国史）、地理（本国地理）、自然（生物大要）、教育（教育概论、儿童学、教学法）、保育法（育儿法、保育法、卫生等）、美术（绘画、剪贴）、劳作（烹饪、缝纫、园艺等）、游戏、音乐（唱歌、奏乐等）。

第二十八条　幼稚园于不易延聘合格教员时，得呈准主管教育行政机关，以未受检定者，为代用教员。

第二十九条　幼稚园主任及教员，均应参加当地对于国民教育之研究会及讲习会等。

第三十条　幼稚园之管辖、呈报及经费事项，儿童在园日期及休假日期，教员之任用、待遇及服务等，均比照《小学规程》之规定办理。

第三十一条　本办法所称之主管教育行政机关，为县、市政府。但为县、市政府所设立者，其应行呈报事项，应向省主管教育行政机关为之。

第三十二条　本办法自公布日施行。

# 91　幼稚园设备参考

## 台湾教育处

1946年10月16日

**题　解**　本篇原载《台湾省行政长官公署公报》第2卷冬字13期（第219页）。发文时间为1946年10月12日，发表时间为1946年10月16日。原发表时，题为《幼稚园课程标准及设备参考（系教育处致西文署教三字第三三一八一号代电附件）》（连载于该刊第11—13期）。因“课程标准”本卷前已载录，故仅取“设备参考”。

文前写有：“各县（市）政府、各师范附属小学、国语推行委员会附设实验小学：兹转发部颁《幼稚园课程标准》及《设备参考》各乙份，希查照转饬属校遵照办理为要。处长范寿康，酉（　）卅五、教三，台湾教育处。”

拟定单位台湾教育处，省级地方教育行政管理机构。1945年抗战胜利后，国民政府接收台湾后设立。首任处长为范寿康（1896—1983），字允藏，浙江上虞人。1913年留学日本，1923年获教育与哲学硕士学位。归国后，任商务印书馆编译所编辑，主编《教育大词典》。1927年，任故里春晖中学校长。后历任安徽大学文学院院长、武汉大学教育系教授、政治部第三厅副厅长。晚年任台湾大学哲学系教授。著有《个性教育》《教育哲学大纲》等。

《台湾省行政长官公署公报》，地方政务三日刊、日刊。1945年12月1日创刊，由台湾省行政长官公署主办、编辑并发行。旨在“反映台湾省地方行政工作，公布中央地方法规，发布地方行政命令”。主要栏目，有法令类、命令类、行政主管类、附录类等；主要撰稿人，有严家淦、陈仪、范寿康、马威、陈国琛、夏涛声等。1949年1月终刊，共出数百期。

（1）小桌子、小椅子,《活教育》月刊一卷二期五一页（有图）;
（2）游戏平台,《活教育》月刊一卷五期一四九页（有图）;
（3）摇马,《活教育》月刊一卷六期一八八页（有图）;
（4）沙箱,《活教育》月刊一卷六期一八九页（有图）;
（5）竹圈,《陈氏儿童活教具》一页（有图）;
（6）傀儡戏,《陈氏儿童活教具》五页（有图）;
（7）活动影戏,《陈氏儿童活教具》九页（有图）;
（8）儿童识字牌,《陈氏儿童活教具》十七页;
（9）积木,《陈氏儿童活教具》二二页（有图）;
（10）动物拼图,《陈氏儿童活教具》二四页（有图）;
（11）响板，共十八件（陈鹤琴先生设计，系江西教具厂出品，无图，须另绘）;
（12）竹鼓（同上）;
（13）指挥棒（同上）;
（14）活动指挥台（同上）;
（15）木刀（同上）;
（16）木枪（同上）;
（17）小推车（同上）;
（18）投球网板（同上）;
（19）投杯盘（同上）;
（20）木棍棒（陈鹤琴先生设计，江西教具厂出品）;
（21）六面图（同上）;
（22）活动影戏（同上）;
（23）转转看（同上）;
（24）剪刀插（同上）;
（25）五彩积木（同上）;
（26）三板板（同上）;
（27）活动画架（同上）;
（28）编织架（同上）。

# 92 推行幼稚教育增设幼稚园办法规定

河南省政府

1946年12月30日

**题　解**　本篇原载《豫教通讯》第1卷第3期。发表时间为1946年12月30日。

发文单位河南省政府，省级行政管理机构。时任省政府主席为刘茂恩（1898—1959），字书霖，河南巩县人。早年毕业于保定军官学校，由连长、营长等升任军长。抗日战争期间，任第十三军团军团长、第十四集团军总司令。1939年7月，任河南省政府主席兼河南省警备总司令。

《豫教通讯》，地方教育月刊。1946年10月30日创刊于开封，由豫教通讯社主办、编辑，开封中国书局发行。旨在“辅助文教事业，发展阐扬学术精神”。主要栏目，有检评、论著、学术、法规、实况报导、教育与文化、特载等；主要撰稿人，有蔡衡溪、黄绵中、黄玉璋、赵敏政、吴益曾、李至纯等。1948年元月1日终刊，共出2卷14期。

豫省府为推行幼稚教育，经规定《三十六年度增设幼稚园办法三项》，提由省府第一三〇六次委员会议通过。兹探录其此项办法于后：

（1）省立小学应就原有员额增设幼稚园。俟本省财力充裕时，再按教部颁《幼稚园设置办法》调增员额，以符规定。省立师范附属小学，俟本省财力充裕时，再行增设幼稚园。

（2）各县如财力充裕，得就城厢或重要市镇中心国民学校及师范附小，设置幼稚园。其员额，应照教部颁《幼稚园设置办法》之规定。设置所需经费，应列入年度自治预算。

（3）各县应奖励私人或团体设立幼稚园。如财力充裕，并得酌予补助。

兹悉，业经省府汴会财教三字第六八七九号训令，各县遵照矣云。

# 93　转发《台湾省幼稚园（或幼稚班）员额设置及经费支给标准》

屏东市政府

1947年5月26日

**题　解**　本篇原载《台湾省屏东市政府公报》第16期。发表时间为1947年5月26日。原发表时，题为《屏东市政府代电：36辰灰教屏字第二九五八号　中华民国卅六年　月　日（不另行文）》。今题系编者所拟。

发文单位屏东市政府，为台湾省屏东县县辖市行政管理机构。时任市长龚履端，生卒年未详，福建南平人。抗战胜利后任该市市长，1948年改任台中市市长。

《台湾省屏东市政府公报》，地方政务周刊。1947年1月创刊于屏东。由屏东市政府主办、编辑并发行。旨在刊载中央、台湾省和屏东市政府的法令，尽快完成台湾的接收与改造。主要栏目，有命令类、政令主管类、附录类；主要撰稿人，有龚履端、徐箕、黄永芝等。1947年12月31日终刊，共出34期。

事由：饬电本省幼稚园（班）员额设置及经费支给标准，希遵照由。

私立各幼稚园、市立各国民学校：案奉台湾省行政长官公署教育处参陆辰冬教三字第四〇三二五号代电开："兹颁发《台湾省幼稚园（班）员额设置及经费支给标准》乙份，希查照转饬所属各国民学校，遵照办理为要"等因。奉此，除分电外，合行抄发原标准一份，电希遵照为要。

市长龚履端辰　教印

附 《台湾省幼稚园（或幼稚班）员额设置及经费支给标准》

一、本省公私立小学及私人团体等，附设或单独设立幼稚园或幼稚班，其员额之设置与经费之支给，概依本标准办理。

二、幼稚园（或幼稚班）设主任一人；教员每二班（每办〔班〕以三十人为限）设置三人。但附许〔设〕于小学之幼稚园（或幼稚班），其主任一人，必要时得由校长兼任之。

三、幼稚园（或幼稚班）如因特殊情形，经呈准收受未满三足岁之婴儿予以保育者，得设置保姆，负保育之责。其人数，以每十五至二十〔名〕婴儿，设置一人为原则。

四、幼稚园（或幼稚班）工役之设置，以二班一人为准。其附设于国民学校者，得合并于儿童班内设置之。

五、幼稚园（或幼稚班）完〔工〕役之待遇，适用《台湾省各县市国民学校员额经费支给标准》之规定。保姆比照事务员之待遇，支给薪津〔金〕。

六、幼稚园（或幼稚班）之经费支给，依据《台湾省各县市国民学校员额及经费支给标准》之规定办理。

七、标准自领希〔颁布〕之日施行。

# 94 邮工托儿所的初步计划

宝

1948年6月15日

**题　解**　本篇原载《绿讯》第3期。发表时间为1948年6月15日。撰拟者宝，当为笔名或名之简省。真名及生平事迹等均未详。

《绿讯》，专业季刊，1947年11月12日创刊于上海。由全国邮务公会全国联合会宣传处主办并发行，全国邮务总工会妇女组织科编辑。取“绿”所寓“邮政、女性、和平”之意；“讯”，因多为通讯，主要内容是加强全国女邮工的通讯与联络，发表与邮工生活相关的文艺作品。主要栏目，有专论、论述、特辑、通讯联络、特写、文艺园地等；主要撰稿人，有俞镜城、施于条、顾锡章、杨筱云、田惠明、水祥云等。1948年9月20日终刊，共出5期。

职业妇女而又兼为母亲的姊妹们，眼见着她们自己的孩子，不能过着较正常、合理的生活，该是怎样的烦恼、苦闷！她们不愿意埋存了既得的知识与工作的能力，而放弃职业；同时又不愿意她们的孩子放浪无教、沾染恶习。孩子是将来国家的主人翁，要建立健全的国家，建设新中国，首应努力为儿童谋福利。

要解决这些严重的问题，创办托儿所是唯一的办法。去年邮工“五全”大会，已通过了设立邮工托儿所的提案。可是，为着地点与经济的无着，或其他问题的不能解决，迄今尚不能设立。希望不久的将来，邮工托儿所如雨后春笋般地创办起来。这儿要写的，是邮工托儿所的初步计划。

一、名称　××邮工第×托儿所（××代表邮区名称）。一个邮区，按需要可能产生一至数十个托儿所。依成立时间的先后，题名第一、第二……以资统一。

二、地点　附设在各地邮工宿舍或邮务工会所在地内。这样，可以节省许多不必要开支与麻烦。房舍至少须二间，要宽敞高爽、空气流通、光线充足。最好周围有绿草如茵的广场。

三、种类　万事开端难。在初办的时候，宜先设立“日托”托儿所。寄托时间，与邮局办公时间相同，早晚由孩子母亲亲自接送。继日托之后，可以设立“全托”托儿所，这是需要加倍的导师与保姆的。

四、阶级　寄托的孩子分为两级：满一足岁至三足岁以下者，为初级；满三〔足〕岁至四足岁以下者，为高级。分别由教师领导。

五、工作人员　所长一人，由各地邮务工会福利科科长担任；教师若干人（教师人数视儿童人数决定，一个教师可以教导五至十个儿童），由教师中选定一人，为托儿所主任；保姆若干人、工友若干人（以儿童人数多寡决定之）。按月召开工作会议，检讨工作的得失，求达到完美的境地。

六、生活的程序　八时三十分至十时，早晨身体检查、室外自由活动；十时至十时十五分，洗手、清洁等；十时十五分至十一时十五分，〔进〕点心、室内活动、安静游戏、讲故事、音乐、图画、阅读等；十一时十五分至十一时三十分，休息；十一时三十分至十二时十五分，午膳、洗手……十二时十五分至下午二时，午睡；二时至二时十五分，洗手……二时十五分至三时十五分，进点心、室外自由活动；三时三十分至四时三十分，室内活动、自由安静游戏、讲故事、音乐、黏贴作业等；四时三十五分，准备回家。

七、经费　假如没有其他补助，单靠孩子寄托费的收入，那末至少每人每月须缴纳五斗米的代金，才够开支。不过，能够缴得出的，只有少数的高级人员；大多数的低级工，决无此能力。所以欲求邮工托儿所能设立，经费一项是需要寻求合理由的解决的。

最后要讨论的是开办费。这是一笔比较大的数目，要请局方和会方给我们解决的。据云，各地现今正筹划邮工宿舍，希望我们贤明当局，本局会〔以〕合作的精神，把托儿所视作急切须要的一件福利设施，而包括在邮工宿舍内一并办理，给予地址、开办费及相当的补助费。

# 95 在第一次全国教育工作会议上的总结报告要点（节录）

钱俊瑞

1949年12月30日

**题　解**　本篇原载《教育文献法令汇编（1949—1952）》一书第8页。报告时间为1949年12月30日，出版时间为1958年6月。

第一次全国教育工作会议，是中华人民共和国成立后首次召开的全国性教育会议，于1949年12月23—31日在北京召开；出席会议的，有东北、华东、中南、西北大行政区和华北各省、市、自治区的代表，以及中央有关部门的负责干部，共200余人。会上，集中讨论了新中国教育工作的总方针，即通常所言的“教育改造”方针，钱俊瑞在报告中对此进行了精到的总结。此方针，对于幼稚园的接收和改造，同样具有指导意义，从而为幼儿园制度的创立铺平了道路。

报告人钱俊瑞（1908—1985），又名陶直夫、周彬等，江苏无锡人。1928年考入无锡民众教育学院，次年参加陈翰笙的农村经济调查。后历任左翼文化总同盟宣传委员、上海文化界救国会和全国各界救国会中共党团书记、战时书报供应所所长等职。1940年后，历任新四军政治部宣传部长、中共中央华中局文委书记、山东军区宣传部部长、新华通讯社北平分社社长等职。中华人民共和国成立后，担任教育部副部长、党组书记，参与领导了教育改造工作。1954年后，历任文化部副部长、安徽省安庆地委副书记、安徽省政协副主席、中国社会科学院世界经济研究所所长等职。著有《中国国防经济建设》等，著作有《钱俊瑞文集》。

全报告共分八点，本书节录为第二点。其他各部分的要点为：第一部分，概要报告本次会议的任务；第三部分，指出老区教育的巩固与提高，关键在于解决师资和教材问题；第四部分，指出新区教育必须维持原有学校，关键是争取、团结和改造知识分子；第五部分，明确新区学校安顿后的主要工作是进行政治与思想教育；第六部分，明确当前任务是积累经验，逐步改革旧教育制度；第七部分，阐明对中国人所办私立学校，将采取逐步改造的方针；第八部分，阐明在目前条件下，应依旧执行勤俭办学的方针。

《教育文献法令汇编（1949—1952）》，由中华人民共和国教育部办公厅编纂，并于1958年6月自刊。编者在本书“前言”中说明：“这次整理付印的主要目的，在于供各方面研究和总结全国解放以来教育工作的经验时参考。”全书分有如后类别：（1）总类；（2）师范教育；（3）普通教育；（4）工农速成中学；（5）工农业余教育；（6）民族教育；（7）附录。共收文献132件，计60余万字。

（前略）

## 二、以老解放区新教育经验为基础，吸收旧教育有用经验，借助苏联经验，建设新民主主义教育

建设中华人民共和国的新教育，是一个长期的奋斗过程。中国的新教育，正和中国的新政治、新经济一样，开始于二十多年前的老解放区（即当时的土地革命根据地）。经过八年抗日战争与三年的解放战争，在毛主席的文教政策领导下，有了重要的发展，并积蓄了不少经验，尤其在民众教育、知识分子的思想改造教育、农村小学教育等方面。这种新教育，是民族的、科学的、大众的教育，其方法是理论与实际一致，其目的是为人民服务，首先为工、农、兵服务，为当前的革命斗争与建设服务。

但这些老解放区的经验，是长期农村环境和战争环境中的产物。现在全国的绝大部分都已解放，今后主要的任务将由战争转入全面的建设。在全国范围的建设任务前面，我们的教育必须根据《共同纲领》①，以原有的新教育的良好经验为基础，吸收旧教育的某些有用的经验，特别要借助苏联教育建设的先进经验，建设我们的“以提高人民文化

① 《共同纲领》：全称《中国人民政治协商会议共同纲领》，于1949年9月29日中国人民政治协商会议第一届全体会议通过。除序言外，共6章60条。其中的第五章为“文化教育政策”，其中的第41、46条和第47条，与教育直接相关。

水平，培养国家建设人材，肃清封建的、买办的、法西斯主义的思想，发展为人民服务的思想为主要任务”[①] 的新民主主义教育。

（后略）

① 语出《共同纲领》第 41 条。

# 96 接受外国津贴及外资经营之文化教育救济机关及宗教团体登记条例

政务院

1950年12月29日

**题　解**　本篇原载《人民日报》1950 年 12 月 30 日，通过时间为 1950 年 12 月 29 日。

1950 年 12 月 29 日下午 3 时，政务院召开第 65 次政务会议，由郭沫若副总理作了《关于处理接受美国津贴的文化教育、救济机关及宗教团体的方针的报告》，接着通过了《处理接受美国津贴的文化教育救济机关及宗教团体的方针的决定》和《接受外国津贴及外资经营之文化教育救济机关及宗教团体登记条例》。其中，“条例”涉及学前教育和慈幼事业。

发文单位政务院，全称“中华人民共和国中央人民政府政务院”，是新中国国家政务的最高执行机关。1949 年 10 月 1 日创设，时任政务院总理为周恩来，郭沫若为政务院副总理兼文化教育委员会主任。1954 年 9 月，依照《宪法》改称国务院。

《人民日报》，中国共产党中央委员会机关报。于 1948 年 6 月 15 日在河北省平山县西柏坡创刊。时由《晋察冀日报》和前晋冀鲁豫《人民日报》合并而成，为华北中央局机关报，同时担负党中央机关报职能。毛泽东亲笔为《人民日报》题写报名。1949 年 8 月 1 日，中共中央决定《人民日报》为中国共产党中央委员会机关报，并沿用 1948 年 6 月 15 日的期号。1992 年，《人民日报》被联合国教科文组织评为世界十大报纸之一。

第一条　为对接受外国津贴及外资经营之文化教育救济机关及宗教团体管理便利起见，特制定本条例。

第二条　本条例所指接受外国津贴及外资经营之文化教育救济机关及宗教团体，包括中国人民接受外国津贴或常年捐助而办理的，以及外侨或外国社团出资直接经营的下列各项事业的机关团体：

（1）高等学校、中等学校、初等学校、幼稚园、盲哑学校及其他教育事业；

（2）医院、疗养院、麻疯〔风〕病院、医疗队及其他医疗机构；

（3）宗教团体及其附属事业；

（4）孤儿院、养老院、育婴堂及其他社会救济机关；

（5）报馆、印刷厂、出版社及书店；

（6）图书馆、博物馆及其他文化事业；

（7）各种文化教育团体及研究机关。

第三条　属于前条所规定之各种事业机关和团体，除应遵照政府法令规定，按照其事业性质，分别向其主管机关进行一般登记（如学校、医院登记，社团登记，工商业登记等）外，均应依照本条例向当地省（市）人民政府进行专门登记。其登记内容，主要包括事业性质、名称、地址、主持人姓名、年龄、国籍及简历、资金及津贴的来源与数目、资金及津贴使用情形、工作的内容及情况等。其具体项目，另行规定之。

第四条　为执行上述登记工作，各省（市）人民政府下，应设立接受外国津贴及外资经营之文化教育救济机关及宗教团体的专门登记处。

第五条　凡属于本条例第二条规定之各种专业机关和团体，均应恪遵《共同纲领》及政府之各种法令，不得进行违反中国人民利益的活动，并须执行下列之规定：

（1）每半年应向当地省（市）人民政府接受外国津贴及外资经营之文化教育救济机关及宗教团体的专门登记处作书面报告一次，报告其工作及经济情况。

（2）凡遇资金移动或移转，及接受国外汇来之款项时，应事先向主管政府机关及接受外国津贴及外资经营之文化教育救济机关及宗教团体的专门登记处报告。

第六条　凡违反第五条之规定，或隐瞒不报，或报告不实者，得由当地省（市）人民政府查明属实后，予以处分。其情节严重者，得经过上一级人民政府之批准，予以接管、改组或封闭。

第七条　本条例所规定之登记，在本条例公布后三个月截止。逾期不报者，经查明属实后，应由当地人民政府予以处分。

第八条　凡依照本条例进行登记之文化教育救济机关及宗教团体，在其确实与外国断绝关系后，得向省（市）人民政府申请，注销其在接受外国津贴及外资经营之文化教育救济机关及宗教团体的专门登记处之登记。

第九条　本条例之实施办法，由政务院文化教育委员会另行规定之。

第十条　本条例由中央人民政府政务院公布施行。

# 97　关于处理接受美国津贴的教会学校及其他教育机关的指示

教育部

1951年1月10日

**题　解**　本篇原载《教育文献法令汇编（1949—1952）》一书第63—66页。发文时间为1951年1月10日，出版时间为1958年6月。该指示之后所附《接受外国津贴的各级私立学校调查表》略去。

发文单位教育部，系中华人民共和国最高教育行政管理机构，1949年11月1日正式设立，位于清代的郑亲王府旧址、民国时“中国大学”校址。马叙伦为首任部长，下设普通教育、专门教育和社会教育三司。在普通教育司之下，分设幼儿教育处，领导并管理全国的幼儿教育事业。

1950年12月29日，中央人民政府政务院召开第65次政务会议上，讨论通过了《关于处理接受美国津贴的文化教育救济机关及宗教团体的方针的报告》和《接受外国津贴及外资经营之文化教育救济机关及宗教团体登记条例》，并责成政务院文化教育委员会根据此方针，会同各有关部门，迅速定出实施办法，予以完全实现。教育部据此精神，拟订了此“指示”。

至1951年年底，这一任务顺利完成。各地接管了以美国投资为主的外国在中国兴办的幼稚园、孤儿院、育婴堂、慈幼院等机构200余所，真正收回了儿童教育、社会福利事业的主权。教会幼教设施自19世纪末由传教士在中国兴办后，经历一个半世纪的发展，至此戛然终结。

有关《教育文献法令汇编（1949—1952）》，参见前文《在第一次全国教育工作会议上的总结报告要点》题解。

各大行政区、华北五省二市教育（文教）部、厅（局）：

为正确执行《中央人民政府政务院关于处理接受美国津贴的文化教育救济机关及宗教团体的方针决定》，将这一接收国家教育主权的重大工作做好，使原有接受美国津贴的各级学校不仅能维持下去，而且能办得更好，特将处理步骤与办法指示如下。

## 一、调查、登记、了解情况

拟定统一的调查项目，令全国所有接受外国津贴的各级学校普遍进行调查。高等学校（包括附属中、小学在内）于一月底前，将调查结果报部；初等学校（包括幼稚园）于三月底以前，将调查结果报部。

## 二、完成接收的思想准备工作

加强对所有接受美国津贴的教会学校师生，控诉美国文化侵略罪行运动的领导，深入进行反帝爱国主义的教育，使全校教职员工、学生，不分教徒与非教徒，更好地团结起来，打破思想顾虑，为处理工作扫除障碍。

## 三、拟定处理方案，有步骤的进行处理

（一）处理原则

（1）1951 年，将所有接受外国津贴的学校，除个别政治上十分反动者应收归自办外，一般的履行登记（专门登记处），加强管理。

（2）对接受美国津贴的学校，按下列情况作不同的处理：

（a）原来学校经费之全部或绝大部分由美国津贴，在其来源断绝后，又无改由中国人私人出资办理的条件者，接受为公立学校。

（b）原来学校经费之一部来自美国津贴，另一部分来自其他外国之津贴者，应改组

其董事会（除去美国方面的董事，增添中国方面的董事）与学校行政。其行政权，必属于中国校长。政府在停止美国津贴后，应酌予补助。但此类学校中表现十分反动者，政府应予以接办。

（c）原来学校经费之一部来自美国津贴，大部靠学费收入及由中国私人筹募者，应争取由董事会积极负责，除去一切外国籍董事，改为完全由中国人自办的私立学校。其经费有困难时，政府可予以适当补助。

（3）对人事问题，按下列原则处理：

（a）美籍董事一律解职。美籍人员一律不得担任学校行政职务。美籍教师除思想、言行反动者应予辞退外，其余应予留任。其工作不适当者，可调换其工作；其坚决不愿留任，经挽留无效者，准其辞职。

（b）对中国籍校长、教职员工，一般原职留用；个别工作不适当者，可以调换工作，使他们安心服务。

（4）在处理过程中，一律维持学校现状，不迁校、不合并、不调整院系。

（5）接收的学校，经费及教职员工的待遇照旧。

（6）高等学校中的宗教学院或神学院，暂维〔持〕现状，由中央研究处理办法，另行通知。

## （二）分工负责，逐步处理

（1）高等学校由中央教育部直接领导处理。于1月15日，召集各大行政区教育部（或文教部）负责人，及各接受美资津贴的高等学校校长及董事会开会，研究每个学校的具体情况，拟定每个学校的处理办法（包括收归自办后改为公立或私立、学校主要负责人人选、校董事名单、经费预算或补助费预算、接收时间等），报中央人民政府政务院批准，由中央教育部分别会同该大行政区教育部（文教部），组织工作组分赴各校，于四月底以前全部处理完毕。

（2）中等学校，由各大行政区教育部（文教部）直接领导处理（华北区由中央教育部会同华北事务部领导各省市处理）。各大行政区教育部，于二月中旬，召集该区有关省市教育部门负责人，及各该区接受美资津贴的中等学校校长及校董会负责人开会，研究情况，拟定各校处理办法（同前）。这类中等学校之较不重要及离大行政区中心甚远者，可委托各省市教育厅、局召集他们开会，定出处理办法。中等学校的处理办法，由大行政区军政委员会批准，并报中央教育部备案（华北五省二市报中央教育部批准）；并由各该大行政区教育部（吸收各省市教育干部参加）组织工作组分赴各校，于暑假以前完全处理完毕。

（3）初等学校（包括幼稚园），由各省市教育厅、局直接处理。各省、市教育厅、局，于三月间，召集有关市、县教育局、科及主要接受美资津贴的初等学校负责人，开会研究情况，拟定各校处理办法（同前），由省、市人民政府批准施行，并报大行政区教育部备案。于年底以前，将美国津贴的教会小学基本上处理完毕。

（三）及时解决各校经费困难

所有接受美国津贴的教会学校，在未正式处理以前，如因外汇停止、经费发生困难时，政府应适当地借给经费，以资维持。高等学校，由中央及大行政区教育部负责；中等学校，由各省、市教育厅、局负责；初等学校，由市、县人民政府负责。

（四）处理时，应特别注意以下各点

（1）将接受美国津贴的学校与接受其他外国津贴的学校区别开来。集中力量解决接受美国津贴的学校，坚决、彻底地肃清我们最凶恶的敌人美帝国主义文化侵略的影响。

（2）将美帝国主义及其走狗和美国人民区别开来。对于真正愿意帮助中国人民办教育的美国人民，我们可以告诉他们，这种愿望是善良的，但这种愿望却为美国政府的侵略政策所阻挠和破坏。

（3）将接受外国津贴的教会学校和外侨在中国办的教育其本国侨民的外侨子弟学校区别开来。外侨子弟学校管理办法，将另有规定，另作处理。但对其中的中国学生，应即设法妥为安置，使其转入中国学校。

（4）在处理教会学校时，必须保障与尊重教职员工及学生的信教自由，巩固教徒与非教徒的团结。

（5）对于私人愿意出资办学的积极性，应予以鼓励。

（6）凡学校文物、图书及其他设备，须切实负责保管，不得遗失、破坏。

以上各节，希详加研究，切实遵照执行。

# 98 有关幼稚园指令或规章辑佚

1923—1950年

**题 解** 本篇系各种报刊发表的有关幼稚园政策性消息的辑录。各条依时序编排，均保留原发表时之题目。各条均不作题解，仅进行文内注释，并在文后交代出处。

幼稚园，系中国确立的第三个法令化的学前教育机构的名称，它是由《学校系统改革案》所规定，并由《幼稚园课程标准》《小学法》《幼稚园规程》和《幼稚园设置办法》等法规所补强的。尽管此后依然有使用"蒙养院""蒙养园"等名称者，但称"幼稚园"无疑已成为主流，并且成为公立学前教育机构的标志。

## （一）批松江育婴堂添设幼稚园呈请（江苏省教育厅指令第四六四号）

令松江县知事：呈悉。该县育婴堂经董姚筠等，为注重幼稚生教育起见，拟添设幼稚园三所，自属改进教育之根本要图，应予备查。仍候省令饬遵。此令。

江苏教育厅厅长蒋维乔，中华民国十二年二月十三日

原载《江苏省公报》第3269期，1923年2月18日

## （二）三省师范附小联合会纪

苏、浙、皖三省师范附小联合会，在杭州开会。第一次大会，于二十五日上午八时，假浙教育会举行。签到校数三十八，出席人数一百零三。……提议事件：……（7）各

附属小学应设幼稚园案（浙联会）；（8）请课程标准起草委员会从速编订幼稚园课程案（浙联会）……

议决：《各附属小学应设幼稚园案》，议决办法两则：一为各附属小学应添设幼稚园一所，以示注重幼儿教育之意；二为各省附小联合会，呈请各省教育厅，令行各师范学校女子部，增设幼稚师范科，以培养幼儿教育之专门人材。

《请课程标准起草委员会从速编订幼稚园课程案》，议决除课程以外，要加保育一项。并入第十案，将第十案标题改为“规定幼稚园和小学的训练标准”。

原载《申报》1923 年 4 月 27 日 10 版

### （三）（山西）友梅幼稚园之整顿观

友梅幼稚园，近由乔君宜斋新夫人周惠明女士接办。刻已大事整顿，拟添招男女新生，以鸿教业。兹将招生简则探志如下：

（1）名额，五十名；（2）年龄，男女儿童年在四岁以上、八岁以下，身家清白者；（3）报名地址，东缉虎营三十号；（4）报名期限，八月二十二日至九月十日；（5）入学日期，随报随上课；（6）编制及待遇，专照定《幼稚园施行法》办理，凡一切儿童游戏、音乐及儿童共餐等事，无不完备；（7）修业年限三年（省垣）。

原载《来复》第 311 期，1924 年 8 月 24 日

### （四）胶澳商埠督办公署批第一〇五二号

具呈人张金相。呈一件：呈拟在台东四路创办幼稚园，请准予立案由。

呈暨简章均悉。据称，拟在台东四路创办幼稚园等情，足征热心保育、嘉惠孩童，深堪嘉许。惟该教员究竟筹有经费若干，园舍建筑若干，面积若何，是否能容二百名儿童之数；至于褓母之资格，全部之组织如何设备，是否有其他董事负责？来呈均未详细声叙，章程亦极简单，无从核办。应俟筹备成立，实行开办时，另拟详细规章，呈候派员查验，以昭实在。

所请立案一节，暂从缓议可也。仰即遵照，此批。简章存。

中华民国十三年全〔六〕月二十三日

原载《胶澳公报》第 157 期，1924 年 8 月 30 日

### （五）委任令第五号（十五年七月三十一日）

令陆秀：兹委派陆秀为京师公立第一幼稚园筹备员。此令。京师学务局。

原载《京师学务公报》第 2 卷第 10 期，1926 年 1 月 1 日

### （六）市教育局补助私校经费

上海幼稚园及三民公学，均为私立学校。开办以来，学生尚称发达。该两校校长为求扩充起见，日前特呈请市教育局准予拨资补助。

该局讨论之余，以为该两校办理甚善，非略予补助，不足以言奖励，亦不足言劝勉。

故对于上海幼稚园，议决每月补助银三十元，由督学即日前往视察，指定该补助费用途。三民公学，每月补助银五十元。均从十二月份起支。闻已通知该两校具领矣。

原载《申报》1927 年 12 月 19 日 7 版

### （七）函请扩充幼稚园

（上海）西成小学校呈请教育局，将幼稚园扩充学级、添聘教师。教育局据呈，转请市政府批示照准。

原载《申报》1928 年 3 月 7 日 14 版

### （八）甘教厅举行儿童联欢会

甘肃教育厅为引起兰州儿童之正当娱乐兴味，并使家庭、社会上注意儿童教育起见，特于上月四日至六日，在教厅平民公园中山俱乐部及幼稚园，开儿童玩具展览会。同时，在公共体育场，举行兰州市儿童联欢大会。由教厅幼稚生及各小学学生，表演各种游艺。每日到会的儿童及家属，不下万人。开幕时，省政府刘主席、马教厅长，均与会演讲。为甘肃空前之盛举云。

原载《申报》1928 年 3 月 10 日 11 版

### （九）奖励设立幼儿园条例之呈核

（上海）教育局拟具《奖励个人或团体捐资设立幼稚园条例》，呈请市政府核夺。市

政府以该项条例，应由大学院制定公布，以昭一律。已咨请大学院酌核办理云。

原载《申报》1928年4月6日13版

### （十）通过各县酌设幼稚园案

江苏大学区各县教育局联合会第二届常会，于二十日举行第三次会议，到各县局长及行政院职员。……沛县提《各县酌设幼稚园案》，又上海提议《各县酌设乡村幼稚园案》。合并讨论，议决通过。

原载《申报》1928年4月22日11版

### （十一）江大教育院为实小请求津贴

中华教育文化基金会在东大时代，对于附中、附小及鼓楼幼稚园，每年津贴国币二千元，以为提倡中小学、注重科学教育之用。自东大改为江苏大学后，该项津贴无形中止。现苏〔江〕大教育院连〔联〕合鼓楼幼稚园，请高等教育处长，转向中华文化教育基金会求继续津贴云。

原载《申报》1928年4月25日7版

### （十二）（大学院）普通教育组第三次审查报告

出席者赵廼传、徐金源、马师任、朱经农、杨廉、郑宗海、陶知行。主席陶知行，纪录郑宗海。

决议关于幼稚园条之整理者，包括陶、陈所提之七案。决议：

（1）大学院派遣全国视学时，应有幼稚教育专家一人。

（2）通令全国十年度起，各省、各县、各市实验小学及师范附小，设立幼稚园。

（3）教育研究所，应研究创造平民的、省钱的、适合国情的幼稚园。

（4）每省区应就环境适宜之地，开设幼稚师范学校；或就各省之师范或高中师范科内，添设幼稚师范科，以培养专门人才，供给良好师资。

乡村师范范围〔幼稚师范〕不易单独设立，故最初办法，应就可能范围以内，多招现任乡村教师之夫人、未婚妻或近亲训练之，方能造成一人，须得一人之用。

附陶拟《乡村师范幼稚师范院简章》，留供大学院参考。

原载《申报》1928 年 5 月 21 日 11 版

## （十三）中央大学区立幼稚园师资养成所招生广告

学额：四十五名；修业期限：一年；考期：阳历九月十五、十六日。

资格：（1）高中师范科毕业；（2）有同等学力者。

试验科目：国文、教育、常识、图画、音乐、手工、口试、体格检查。

考所及报名地点：南京女子中学。

报考手续：须请各本县教育局保送，随缴毕业证书（或修业证书及服务证明书）及报名费一元半，最近四寸相片一张。

简章函索即寄，须附邮票一分。

原载《申报》1928 年 8 月 30 日 6 版

## （十四）闽省立学校增加设备费

闽教厅程厅长，因本省各校内容极其简陋，特于本年度新增教育经费内，划拨十一万元，为省立各校并蒙养园充实教育设备费之用。特召集审查各校充实设备费委员会审核。结果定分配标准如下：……（三）属于蒙养园者，计教育玩具占百分之五〔十〕五，挂图、书报百分之二十，艺术百分之二十，其他百分之五。至此项设备费，分为五期匀发。经指定各项设备之先后顺序，不准挪作别用，并由校将购物单据送厅严格审核。如有用途不当，或不依限办理者，立即停给其翌期之设备费。

原载《申报》1929 年 2 月 13 日 17 版

## （十五）教育部关于幼稚园事项计划

我国家庭环境不良者多，儿童习染既深，矫正不易，小学教育之难收效。胥由于此，允宜提倡幼稚教育以资补救。该部业已通令全国，在实验小学及师范附属小学内，尽先设立幼稚园；普通城市及乡村小学，亦应酌量设立。又为养成幼稚园师资起见，并通令各省，于师范学校及乡村师范内，酌设幼稚师范科，以广造就。至《幼稚园课程标准》，亦与《中小学课程标准》同时聘请专家起草。草案现已完成。他若幼稚园设备标准等，亦拟陆续厘订。

原载《申报》1929年3月6日12版

（十六）豫当局注重幼稚教育

（开封）教厅令各小学添设幼稚园以端蒙正。兴扩充幼稚教育，应自培养师资着手；乃设幼稚师范练训所一处，招收学员二十四名，已于日前正式开课（十五日）。

原载《申报》1929年3月17日9版

（十七）（天津教育局）添设市立小学校、幼稚园

本局鉴于市内小学较少，不敷儿童就学需要。拟于最近期内添设市立小学十处、幼稚园十处。小学地点，已筹有四处可用。如东路天善社、南路五圣庙、西路花神庙、北路西沽村三官庙。幼稚园拟在各小学内附设之，现正积极计画，力图进行。

原载《天津特别市教育局教育公报》第2期，1929年5月1日

（十八）上海分区筹设幼稚园

上海特别市教育局长陈德征，以十七年度已告终了，特将一年间市教育依照施政大纲办理各项业务经过情形，备文呈报市府。文云：……查市小学，前仅西成一校附设幼稚园。上年度力谋发展，业于市立唐湾、南薰、尚文、巽与、仓基五校，添设幼稚园各一所，成绩颇佳。现并拟具计划，于沪南、闸北，各开办规模较大之幼稚园校一，并附设幼稚师资养成所。

原载《申报》1929年9月17日11版

（十九）（上海县）视察试验乡村幼稚园报告

做学教概况：（1）本学期开学后，杨主任因事不到。园务由朱锦文代理，另请薛光熙女士为助教。（2）一切设施，悉如上期。（3）小农场内，种有麦豆、瓜果等物。（4）游戏场仍一片荒芜，未加整理。（5）课务颇见认真，识字、识数10以内加减练习，均能循序善诱。

意见：运动场就系租地开辟，断不可任其荒芜；须从速整理，以资应用。

原载《上海县教育月刊》第21期，1929年10月

## （二十）（上海教育局二科）筹备创设闸北幼稚园

闸北一区，地方辽阔，学龄儿童极众。虽已设有小学校多所，而于幼稚园尚付阙如之。兹定于本年度第二学期起，添设闸北幼稚园一所。现已择定闸北止园路止园为园址，并令市立育德小学校，就近着手筹划一切。

原载《上海特别市教育局教育周报》第 35 期，1930 年 1 月 5 日

## （二十一）（汕头市长）训令幼稚园立案手续

为令遵事。现奉广东教育厅第二五四号指令：据本府呈《为关于幼稚园设立，立案手续未有明文规定，究应如何办理，请核示遵由》，内开呈悉。查幼稚园设立立案手续，在未奉教育部制定颁布以前，应暂照小学设立立案办法。仰即遵照，此令等因。奉此，除分令外，合行令仰该________即便遵照，从速造具幼稚园立案各项表册，呈缴来府，以凭汇报。切切此令。

市长许锡清，二月十四日

原载《汕头市市政公报》第 54 期，1930 年 3 月 1 日

## （二十二）函省府请饬教育厅转令各县尽量筹设幼稚园由

径启者：

案据江苏省妇女协会整理委员会呈称："案据苏省各县妇整会代表联席会议决议，呈请省党整会，咨省政府，饬教育厅，令饬各县教育局，迅行筹设幼稚园在案。窃幼稚教育之重要，已引起各国人士之注意。前中大行政院，亦曾决议令各县筹设在案，但迄今犹未见诸实行。妇女解放与儿童分〔公〕育及幼稚园，有密切关系；筹设幼稚园，亦即所以减轻妇女家庭教养之责，俾可多事社会活动。故此次各县妇整会代表，一致要求尽量筹设幼稚园，为特将所有缘由，具文呈请钧会，转咨省府切实施行，实为德便。"等情。查幼稚园为儿童教养兼施之所，有关国民基本教育，似应及早筹设。所请不为无见，除指令外，相应函请查照，转饬核办为荷。此致江苏省政府。

中华民国十九年三月十五日

原载《江苏党务周刊》第 12 期，1930 年 4 月 6 日

（二十三）据呈筹设（天津）市立第一幼稚园准予备案令（第一一四九号）

令教育局：为筹设市立第一幼稚园呈请鉴核备案由，呈悉，准予备案。此令。

中华民国十九年三月二十二日，市长崔廷献

原载《天津特别市教育局教育公报》第 25 期，1930 年 4 月 16 日

（二十四）呈报筹设（天津）市立第一幼稚园请鉴核备案文（第八一号）

呈为筹设市立第一幼稚园，呈请鉴核备案事。窃职局因本市幼稚教育感觉缺乏，拟价购公安局二区界内卫生胡同刘姓住房一所，以作开办幼稚园之用。曾呈奉钧府，指令照准在案。现在此项房间已经购妥，并经接收清楚，自应按照原议迅速筹设。因即定名为市立第一幼稚园，并遴委凌其瑞为该园主任，于三月一日任职。所有一切筹备组织事宜，即责成该主任悉心计画、积极进行，以期幼稚教育得观厥成。除俟将办理情形随时呈报外，所有筹设市立第一幼稚园缘由，理合备文呈请鉴核备案。谨呈天津特别市市长崔。（本文原发表件，见本篇之后另图 22）

中华民国十九年三月十八日，天津特别市教育局局长邓庆澜

原载《天津特别市教育局教育公报》第 25 期，1930 年 4 月 16 日

（二十五）改进全国幼稚教育方案·改进初等教育计画·幼稚园

（二）设置：（1）小学、幼稚园，以市县立为原则，中央与省分担补助费。（2）学区的画分，以和地方自治区一致为原则。（3）坊、镇、乡、私人、私法人，都可设立小学、幼稚园，市县政府与以补助。（4）市内，以每坊设一小学和幼稚园为原则；镇同乡的通学距离，以五里为最大限度。（5）教部，制定《小学幼稚园设置标准》；省、市、特别市厅局，订定《设置小学幼稚园的最低限度标准》。（6）由中国人设置，以中国人为教职员。

原载《申报》1930 年 4 月 16 日 11 版

（二十六）（天津市教育局）准变更办理幼稚园计画

呈一件，为变更办理幼稚园计画，拟设立小学校附设幼稚园，请鉴核令遵由。呈悉，查该园附近一带失学儿童为数甚多，所拟变更计画询〔洵〕合需要，自应准如所议，改

设市立第三十四小学校，附设市立第一幼稚园。即委该员为校长，仍兼幼稚园主任。除校长委令另发暨由本局呈报市政府备案，并请分别刊发钤记外，仰即负责筹办，随时具报。至该校长兼主任俸给，每月应支陆拾五元，从就职之日起算。统仰知照，此令。

中华民国十九年四月四日，局长邓庆澜

原载《天津特别市教育局教育公报》第 26 期，1930 年 5 月 1 日

## （二十七）浙教厅改进幼稚教育

筹设幼稚师范，研究改进办法。

浙江教育厅以幼稚教育之基础，如缺乏完善之设施，则其影响于教育事业前途甚大。查本省对于幼稚教育素不注意；而现有各幼稚园又复缺乏适合之教师。故决于本年度内，筹设省立幼稚师范一所。一面研究现在幼稚园各种设施及改进办法，规定设立幼稚园之标准；一面督促各县市，酌设幼稚园及托儿所，以期推进与提倡云云。

原载《申报》1930 年 11 月 2 日 10 版

## （二十八）鲁教育会议讨论幼稚园问题

本日（五日），为山东全省省立学校第二次教育行政会议之第四日。上午九时，举行第六次大会，地点仍在第一女子师范学校；出席会员三十六人，主席何思源、司仪刘次萧、纪录杨澎。当按议事日程开会。……（七）省立第一实验小学增设幼稚园问题。议决：由该校呈请教厅核办。

原载《申报》1931 年 2 月 10 日 10 版

## （二十九）晋省教育施政方针·幼稚园教育

（太原通讯）教育厅长冯司直近对山西教育，决以全力，积极整顿。刻已拟就《山西教育施政方针》一文，备于今日提出省府会议讨论后，即作为今后施政之标准云。兹转录原文如次：“……幼稚园教育，以全省各市县，至少以各自设立一班为原则；私人设立者，市县政府酌予补助。但须由中国人设置，以中国人为教员为限。”

原载《申报》1931 年 3 月 4 日 10 版

### （三十）中原煤矿设立幼稚园

中原公司三月十一日第十一次业务会议，议决重要案件于下：本公司办理学校甚多，每年支出教育经费已达数十万元。惟幼稚园之设立，犹付阙如。议决：由教育处筹画设立。三月十六日。

原载《矿业周报》第183期，1932年3月21日

### （三十一）浙教厅注重基础教育

设幼稚师范造就师资，各县市应酌设幼稚园。

浙省教育厅以幼稚教育为一切教育之基础，如缺乏完善之设施，则其影响于教育事业前途甚大。查浙省府于幼稚教育，素来漠视。各县市小学，鲜有附设幼稚园者；即有设立，亦复缺乏适合之教师。兹决于二十一年度，筹办省立幼稚师范一所，借以造就幼稚师资；并设模范幼稚园及婴儿院各一所。一面研究现有幼稚园各种设施应改进之点，以规定设立幼稚园之标准；一面督促各县市政府教育局，酌设幼稚园及婴儿院，以期逐渐推进。

原载《申报》1932年5月9日8版

### （三十二）筹备组织幼稚园及小学课程编订委员会

本局奉教育部颁发《幼稚园及小学课程标准》，已通饬各校于下学期起，遵令实施。但在施行该标准以前，对于应行研究各问题，如新标准之各级各数等，不能不于事先有相当之准备。故特遵照教育部《新课程实施办法》第四条之规定，由本局二、三两科组织“新课程编订委员会”。委员分各科专家、所属学校教职员及局员等三类。一切办法，现已分别计划进行。

原载《上海市教育局教育周报》第177期，1933年1月16日

### （三十三）（上海教育局）为编造智力测验举行各校幼稚园主任谈话会

本局采用美国鲍德氏迷津测验[①]材料，编造幼稚园及小学低年级智力测验。前月业

① 鲍德氏迷津测验：系美国心理学家鲍德（Porteus，通译波蒂厄斯）于1919年所编订。他将诸多难度不等的迷津绘成图形，依年龄分配其难易，运用于3～14岁儿童的智力测验。该测验主要用来检测个体的先天智能。上海教育局所主持开展的这次测试，对录达7 500余人。

经报告，兹因开始初步测验。为审慎从事，计于十七日下午，在本局会议室，召集各市校幼稚园主任及低年级级任谈话会，报告编造测验之目的，及其步骤与办法，希望各校共同襄助协作，以期智力测验之早日编订完成。

原载《上海市教育局教育周报》第179期，1933年1月30日

## （三十四）（广西教育厅）电知三高中附设幼稚园更改归属

桂林第三高中何校长、第二女中马校长：查第二女中已开办幼稚园师范科，第三高中附设之幼稚园，应由下学期起，改归第二女中办理，以资实习。仰该校长等即便遵照，于二月一日分别移交、接收清楚，并造册会报察核。

李任仁，俭印

原载《广西教育行政月刊》第2卷第7期，1933年1月

## （三十五）（福建）本厅调查各县中小学幼稚园概况

本厅近各县学校概况一项，年来虽有调查之举；然每以交通阻梗、寄递失时，往往对于各县之设校数量、班级内容、经费来源诸端，颇难得详明之记载。此种情形，不但本厅对于各县教育之设施，不易考察其真相；即欲从事各县教育之整理，亦鲜征信之实录。殊与发展地方教育，不免诸多隔膜。爰特制发《福建省中小学幼稚园概况调查表》，由县转令各教育机关，于文到十日内，根据近况，翔实填报送厅，毋得迟误云。

原载《教育周刊》第160期，1933年6月26日

## （三十六）上海市教育局公告（教字第一一七八四号）

案查本局前以教育部颁行之中小学师范学校暨职业学校各项法规，仅师范学校得设附属小学暨幼稚园，其他中等学校是否可设附属小学暨幼稚园，未有规定。曾经呈请教育部核示在案。兹奉教育部第八九八七号指令，内开“查私立中学如为事实上需要，自可并设小学及幼稚园。但此项小学及幼稚园，应遵照《私立学校规程》办理，采用专有名称，不得沿称附属小学或附属幼稚园。仰即知照”等因。奉此，除分令外，合行公告周知。此布。

中华民国二十二年九月十四日，局长潘公展

原载《申报》1933年9月15日6版

### （三十七）（广西教育厅）第五四一六号指令（十二月十一日）

令荔浦县县政府：呈送该县县立幼稚园立案表，请查核备案由。

呈表均悉，准予备案。惟该园经费，列有每年由地方粮赋附加二成义务教育经费项，下拨给二百元，殊属不合。应将前项经费拨还，留作办理义务教育之用，以符通案。至该园经费如有不敷，应由县另行设法筹补。又，课程表所列每周教学时数，应改以分钟计算。仰即遵照，并转令遵照。表存，此令。

原载《广西教育行政月刊》第 3 卷第 6 期，1933 年 12 月

### （三十八）（广东中山）转请发给第二幼稚园临时费

兹据县立第二幼稚园主任李翰碧呈缴拟购玩具估价单二纸，请转呈发给临时费一百六十四元七角。当经饬据本局督学郑达容呈复，以该园所拟购置各项目属要需；估价单所列数目，尚属核实等情。本局以库款非裕，临时费无多，经饬该园，依照原估价单价目，分别缓急，另缴价单，以凭核转。去后，旋据该园主任呈缴玩具价单二纸，计七十元。业已核明，转请照数发给，俾便购置。

原载《中山县县政季刊》第 6 期，1934 年 3 月

### （三十九）上海市教育局训令检送幼稚园卫生故事等教材（教字第二五一九〇号）

令本市市立幼稚园、已立案私立幼稚园：案查幼稚园教育中，如卫生故事健康教育上之音乐教材，体育上矫正姿势之教材，暨健康教育实施计划，凡属创作材料，本局亟待调查。除分令外，合行令仰该幼稚园，限文到十日内，将上列各项教材检齐送局，以凭考核，毋稍迟延。切切！此令。

中华民国二十三年十月三十一日，局长潘公展

原载《上海市教育局教育周报》第 264 期，1934 年 11 月 5 日

### （四十）教部通令限制小学、幼稚园不准收报名费

（南京十九日电）教部以各地学校征收新学生报名费漫无限制，更多浮用不报，难以稽核。为纠正流弊起见，制定《限制各级学校征收报名费办法》，十九日通令各厅局，

转饬遵照。其要点，小学及幼稚园，一律不得征收报名费。

原载《申报》1936年2月20日15版

## （四十一）（四川）通令所属幼稚园教员资格

案准教育部二十六年发“普肆7第三四八八号咨”节开：“查幼稚园教员，应以幼稚师范科毕业生充任为原则。如当地无从延聘此项人才时，具有《修正小学规程》第六十二条规定之资格，及经检定合格之小学教员亦得充任；服务教员二年以上、具有成绩者，得充任主任，不必再举行是项检定。”等由，除分令外，合亟令仰该署、府、局、校、督学知照，并转饬所属小学、幼稚园一体知照。此令。

主席刘湘、教育厅长蒋志澄

原载《四川省政府公报》第76期，1937年4月1日

## （四十二）组织托儿所案

理由：中国人种与世界比较，已日趋于退化。其故，由于自生以来，即未受合法之营养，如幼树然。其于初生萌芽时，已遭摧残；即至长成，深受打击。欲其强种，更不可得。且近年农村破产，人民生计穷促万状，又何能顾及儿童之前途！常存因见有苏联托儿新闻一则，其组织各种托儿所，办法殊为周密，吾人大可取法。小之可以福一乡，大之可以福国家。诸君明达，当能体察周详。爰为一得之见，以供采择。办法参考《苏联托儿所访问记》（略）。

提议者：沈常存

原载《湖社社员大会特刊》第十三届，1937年6月

## （四十三）康定市委会拟设幼稚园

康定市政委员会，鉴于此间各小学校初一、二年级小学生特多，而程度又不齐；为使儿童受得良好教育起见，拟设立幼稚园一所。以经费之筹措，并开办之计划，有待建委会之解决，特具呈建委会核示。闻建会已令由县市自行筹措，将来款项不敷，准予补助云。

原载《康导月刊》第1卷第4期，1938年12月25日

（四十四）颁令广设托儿所

最近，内政部为发动全国妇女参加抗战建国大业起见，便会同了教育部及振济会等机关，制定《私立托儿所奖励办法》公布施行，并颁令各省市政府积极倡导，普遍设立托儿所，俾妇女们减少儿女之累，均能积极参加抗建工作，以厚国力云云。这个妇女的福音，值得我们恭候其迅速实现。

原载《广东妇女》第 2 卷第 3 期，1940 年 10 月 15 日

（四十五）教部编订“幼稚园教育丛书”

自《幼稚园课程标准》颁布以来，关于幼稚园教材、课程、设备、教法及训导等书籍，坊间虽有出版，但仍乏有系统之著述。教育部有鉴于此，拟编订“幼稚园教育丛书”，以供从事学前教育者之参考。闻一部分工作已经开始云。

原载《湖南教育》第 19 期，1941 年 7 月 15 日

（四十六）幼稚园传令嘉奖

教育部根据视察报告，认为我们的幼稚园办得不错。特以“国字第五三四一三号训令”予以嘉奖。令文是这样：“据本部督学报告，该省西昌县私立惠康幼稚园，办理均属认真，著有成绩，应于嘉勉。”

这种奖励，固令我们高兴，但我们今后也得更加努力。

原载《边疆服务通讯》第 5 期，1946 年 2 月

（四十七）台湾教育处转发《幼稚园课程标准》及《设备参考》

各县（市）政府、各师范附属小学、国语推行委员会附设实验小学：兹转发部颁《幼稚园课程标准》及《设备参考》各乙〔一〕份，希查照转饬属校遵照办理为要。

处长范寿康，酉（卅五，教三）

原载《台湾省行政长官公署公报》冬字 11 号，1946 年 10 月 14 日

## （四十八）（隆昌县）令公私立各小学及幼稚园（教县字第二九九号，民国三十六年六月）

查三十六年上学期行将终了，兹规定县立公私立各小学及幼稚园，一律于七月八日起至十一日止，举行学期考试；七月十二日解学，七月十三日暑假开始。除分令外，合行令仰遵照。此令。县长张众伦。

原载《隆昌县政府公报》第 11 期，1947 年 6 月 20 日

## （四十九）小学、幼稚园实际概况部令各省市调查别表

教育部为欲明了全国公私立小学及幼稚园实际概况起见，顷特令饬各省市教育厅局依限列报，以凭查核。略谓：查全国国民中心学校、国民学校小学及幼稚园全部，仅有各省市历年所报之设校数字可资依据，关于校名、所在地址及校长、主任姓名等，各省市尚未具报，无从查考。兹为明了全国公私立是项学校及幼稚园之实际概况起见，自本年度起，应一律遵照下列各项，按期呈报，以凭查核。（后略）

原载《联合日报》1948 年 2 月 20 日第 6 版

## （五十）配合《幼稚园标准》添制教具玩具等

幼稚园教育专家陈鹤琴，近顷厘订《幼稚园设备标准》，即与上海国民教育实验区附设上海教具玩具厂配合，着手添置幼稚园校具、运动器具、普通玩具、拼图、积木、电器玩具等，以适应全国幼稚园需用。

原载《申报》1949 年 4 月 21 日第 4 版

## （五十一）文教局再度通知各小学及幼稚园：彻底废除体罚制度

北京解放后，市文教局曾明令各市私立小学及幼稚园废除体罚制度，实行民主管理，贯彻新民主主义的教育方针。但直到今天，体罚学生的现象并未彻底肃清，有些学校仍有严重的体罚学生事件发生。文教局于六月一日再度通报各校，进行检查讨论，必须彻底肃清体罚现象。（后略）

原载《人民日报》1950 年 6 月 18 日

◉呈報籌設市立第一幼稚園請鑒核備案文第八一號

呈爲籌設市立第一幼稚園呈請

鑒核備案事竊職局因本市幼稚教育感覺缺乏擬價購公安局二區界內衛生局胡同劉姓住房一所以作開辦幼稚園之用曾呈奉

鈞府指令照准在案現在此項房間已經購妥並經接收清楚自應按照原議迅速籌設因即定名爲市立第一幼稚園並遴委凌其瑞爲該園主任於三月一日任職所有一切籌備組織事宜即責成該主任悉心計畫積極進行以期幼稚教育得觀厥成除俟將辦理情形隨時呈報外所有籌設市立第一幼稚園緣由理合備文呈請

鑒核備案謹呈

天津特別市市長崔

中華民國十九年 三月 十八 日

天津特別市教育局局長鄧慶瀾

天津特別市教育局印

◉呈報識字運動宣傳委員會啟用新鈐記日期並繳銷舊鈐記仰祈鑒核備案文第八二號

呈爲呈報識字運動宣傳委員會啟用新鈐記日期並繳銷舊鈐記仰祈

鑒核備案事竊查識字運動宣傳委員會鈐記備案一案前奉 令刊發該會新鈐記一顆文曰天津特



另图 22 《呈报筹设（天津）市立第一幼稚园请签核备案文（第八一号）》原发表件

# 第二编

## 绍介 创设 办理

# 99 香山慈幼院创办史

熊希龄

另图 23 熊希龄像

1923年2月

**题 解** 本篇原载《新教育》第 6 卷第 2 期。发表时间为 1923 年 2 月。文中一、二、三、四、五等分节编号，均系编者加拟。

撰著者熊希龄（1870—1937），字秉三，别号明志阁主人、双清居士，湖南凤凰人。15 岁中秀才，22 岁中举人，25 岁中进士、点翰林。后因参与创设“湖南时务学堂”而被革职。重行新政期间被起用，历任东三省屯垦局总办、东三省农工商局总办、奉天盐法道、东三省财政监理官等职，有“理财能手”之称。中华民国成立后，历任财政总长、国务总理兼财政总长。去职后，转向慈善和教育事业。1916 年，在汉口创设“妇孺救济会”，又于故里创办“湘南红十字会”。1917 年 9 月，受命督办河北水灾善后事宜，于 11 月创办“北京慈幼局”，收养京畿难童。次年，获准在北京香山静宜园成立香山慈幼院。经过两年改建、试办后，该院于 1920 年 9 月 3 日正式开院。自任院长，先后分设婴儿园、蒙养园、小学、男子初中、女子师范、职教班、艺徒班、幼稚师范科等机构，学生一度达 1 500 余人。该院的成功办理，成为他后半生事业之所在。著作有《香山集》《熊希龄集》。

有关《新教育》，参见前文《请本社依据儿童玩具展览会审查结果，委托各地玩具店制造优良玩具，以供儿童之需求案》题解。

## 一、慈幼院创办的宗旨

慈幼院成立的原因。在民国六年九月底时候，顺直省区发生大水灾，淹没了一百零三县、一万九千零四十五村。那被灾的百姓，有六百三十五万一千三百四十四名；那成灾的田亩，有二十五万四千八百八十九顷一百六十五亩四分三厘。真是近年来很大的浩劫。

我那时奉命督办水灾善后事宜。听见各地方的灾民，因为乏食的原故，很有把他的儿女遗弃道路或标卖的。所以，在北京设立的慈幼局两所，委托英君敛之[①]去办，收养灾民的儿女。一所专收男孩，一所专收女孩，共总收了男女儿童差不多有千余人。

水灾平了以后，这些儿童渐渐被他们父母领回。可是到后来，还有二百多人没有人领。所以，水灾督办处不得不设一个永久的机关，来教育这些儿童。可是，京城里想找个合宜的地方来盖房子，是很不容易的事。幸得前任徐大总统[②]，同前清皇室的内务府商量，将香山静宜园[③]的地方，拨与我们建筑慈幼院的男女两校。

我那时想着，城内外的旗民[④]困苦的多，报纸上载着，他们的父母，往往带着了儿女去投河自尽的，又有全家子自杀的。你想，这些可怜孩子，他生下来并无罪恶，为何遭此惨累呢？我与水灾处坐办[⑤]陈汉第[⑥]、罗振才两君商议，决定建一大规模的慈幼院，可以容得下千余人；率性把城内外贫苦的民、旗孩子招进来，一同教育，免得这些孩子受苦。

遂于民国九年九月三号开学[⑦]。到今年，已有了一年零八个月。这就是我们慈幼院

---

① 英敛之，即英华（1867—1926），以字行，号安蹇，满洲正红旗赫舍里氏。幼年家贫，自学成才，并成为天主教徒。后与爱新觉罗·淑仲成婚，由慈禧赐姓“英”，家境渐富。赞同变法改良，于1902年在天津法租界创办《大公报》，兼任总理和编撰。中华民国成立后，在北京香山创办女子学校，后又主持创办了北京辅仁大学。著作有《也是集》。

② 徐大总统，即徐世昌（1855—1939），字卜五，号菊人。祖籍直隶（今河北）天津，生于河南卫辉。早年中举，后中进士。为袁世凯的谋士，颇得器重。后历任会试阅卷大臣、军机大臣署理兵部尚书、东三省总督兼管东三省将军事务、邮传部尚书。中华民国成立后，隐居青岛。1915年5月，出任北洋政府国务卿。袁世凯称帝时，辞国务卿。1918年10月，被国会选为民国大总统。

③ 静宜园：位于北京西北郊的香山，为清朝皇帝的行宫御苑。分内垣、外垣、别垣三部分；主要景点和建筑荟萃之地，包括宫廷区和古刹香山寺、洪光寺两座大型寺庙。

④ 旗民：亦称旗人。指加入满洲八旗、蒙古八旗、汉军八旗的人。因满清军制，旗人子弟世代为兵，故当清廷倾覆后，八旗子弟的生活来源断绝，多有难以为继者。

⑤ 坐办：清制官名。为非常设机构中负责日常事务者。其地位略低于总办和会办。

⑥ 陈汉第（1874—1949），字仲恕，号伏庐，浙江杭州人。清末翰林，历官房县、应城、蕲水、汉川知县，有惠政、获口碑。参与创办杭州“求是书院”，后任监院。中华民国成立后，历任国务院秘书长、参政院参政、清史馆编纂等职。编译有《商法总则》，编有《伏庐印谱》等。

⑦ 此“开学”，指香山慈幼院创办纪念日，原为每年的9月3日。1927年南京国民政府成立后，香山慈幼院的“开学”纪念日，改定为10月10日，即与“双十”节同日。

成立的历史大概了。

## 二、香山静宜园的关系

香山这个地方，本来是前清皇帝的行宫。民国元年革命的时候，每每把园里的树木私自砍了卖去。当时，马湘伯[①]、英敛之两位先生到这里来游玩，不觉非常的叹惜，就商量着怎样可以把古迹保存；他们又觉得，西山附近的人又穷苦，又没机会受教育，真是怪可怜的。

所以，他们打算设立"静宜女子学校"，由喀喇沁王福晋[②]领衔奏请于前清隆裕皇太后[③]，许他借用这个地方。这时，我正作热河都统，就提助公款，并为募了点捐款，把破旧的房屋都修理修理。静宜女子学校因此就成立了。

这十年以来，毕业的学生差不多有好几百人。后来因为民国六年的水灾，我建议以工代赈，筹拨了六万块银元，交京兆尹[④]雇用许多饥民，修通西山的马路；由万寿山起，至八大处阜城门止，取名叫做"仁慈路"。因此，香山交通更加便利。

这就是香山静宜园与慈幼院的关系。

## 三、立法的机关

这立法机关分为两种：头一种，是静宜园董事会，专管园内租地和一切自治事宜。就

---

① 马湘伯，即马相伯（1840—1939），名志德，又名钦善、建常、芗伯等，江苏丹阳（今镇江市）人。出生于天主教家庭，为天主教徒。早年从事外交和洋务活动，后任徐汇公学校长。1903年捐资创办"震旦学院"，自任院长。1905年另行筹建"复旦公学"，担任校长。中华民国成立后，一度代理北京大学校长，后又参与创办北京"辅仁大学"。著作有《马相伯先生文集》。

② 喀喇沁王福晋：喀喇沁王，实指最后一位喀喇沁王贡桑诺尔布（1872—1931）；福晋，满人皇室亲王、郡王之妻的称谓。此福晋，指贡桑诺尔布元配爱新觉罗氏。

③ 隆裕皇太后，即叶赫那拉氏（1868—1913），名静芬，满洲镶黄旗人。由慈禧太后作主，选定为光绪帝皇后。

④ 京兆尹：清廷官名，相当于今日首都的市长。

拿所得租息，作静宜女学校的经费，并拿来作为修治马路、培养树木和设立园警的用度。第二种，是慈幼院董事会，专管慈幼院的财政、教育、监督、审计的事情。

两个会的会长，都是赵公尔巽[①]兼任。对于两会很尽力的。所规定慈幼院的章程。院长，由董事会于董事中推举，责任重在对外；副院长，由院长聘请，对于院内用人行政的事，都负完全责任。这种意思，是为调和立法、行政两机关，免得有冲突的。

这就是两会划分权限和组织的情形。

## 四、行政的机关

行政的首领为院长、副院长，上文已言过了。

以下便是各股主任：第一个为事务股，管理文牍、会计、庶务的事；第二个为教务股，管理儿童教授、学籍、图书、仪器的事；第三个为保育股，管理儿童衣、食、住及疾病、卫生的事；第四个为职业股，管理农、工、商各项实业的事。

保育股又于男女两校，各设一总管理处。各宿舍的管理员，均以此两处为汇总的。教授的先生，为"师保"；管理的先生，为"父母"。

这就是合学校、家庭组织而成的特别情形。

## 五、儿童的额数及入学的规条

起初，儿童只有水灾时余留二百余人；后来，招收北京城内外民、旗孤贫的儿童五百余人。

---

① 赵尔巽（1844—1927），字公镶，号次珊，又号次山。汉军正蓝旗、奉天铁岭（今铁岭市）人。同治进士，授翰林院编修。历任安徽、陕西按察使，又任甘肃、新疆、山西布政使，后任湖南巡抚、户部尚书、盛京将军、湖广总督、四川总督等职。1911 年任东三省总督。中华民国成立后，历任清史馆总裁、善后会议议长、临时参议院议长。编有《刑案新编》，主编有《清史稿》。

民国八年，北五省旱灾，熊夫人[①]所办的“女红十字会”和“北五省灾区协助会”，在城内廊家胡同合办一个“临时灾区儿童教养院”，共有三百多个男女孩子。九年，赈务的事竣，他们父母领回一百多名，又剩了二百多个孩子。他们与我商量，送入慈幼院。于去年九月收入，现已有了九百多人了。

不料我的家乡湖南，又遭大旱；其情状，比北五省更惨。不单是卖儿卖女，且更闻有食人的惨事，真是可悲可痛的！我乃电商湖南华洋筹赈会[②]，请其收养灾孩二百名，送来慈幼院。现已有五十名将到北京，其余一百五十人，陆续派送。

可是到齐后，我们慈幼院整整有一千二百多个孩子，怎奈房子不够住，不得不另筹办法了。

至于入学的规则，有几件与别的学校不同。儿童的父母或亲戚、保护人，愿送入院者，须遵守这几个条件：

第一件，儿童入学后，非有父母的病丧大故，不准请假回家的。

第二件，儿童长大后，他们的婚姻须由院长裁可；他的父母不能擅定的。

这规则为什么如此严厉呢？因为儿童的家庭，习惯不良的多。好容易在学校尽力涤除，万一回家，又不免有点故态复萌了。青年的儿女，尤为危险。故不准其无故的回家。且儿童的知识、技能一天长一天；他的婚姻自应听其愿意。若是顽固或无识的父母，觊觎人家的财礼，糊涂的订婚，岂不是他们的终身恨事吗？所以，必须经院长裁可，就是这个原故。

但是，孤贫儿童欲进慈幼院的，须先在驻京董事会事务所报名，由董事会派员到他家中调查。如果是实在孤贫的，方能注册，次第传到。传到后，又须先入城内廊家胡同慈幼院附属收容儿童教养所，施以初步教育。等到齐了一班，再送香山慈幼院分别教

① 熊夫人，即熊希龄的夫人朱其慧（1887—1931），字淑雅，江苏宝山（今上海市）人。沅洲府太守朱其懿的同父异母妹。知文识礼，擅长诗词歌赋。早年协助丈夫办理慈善事业，共同创办香山慈幼院。1923年，与陶行知、晏阳初共同发起成立“中华平民教育促进会总会”，出任董事长。1925年，发起成立“中国妇女协会”，担任委员长。

② 湖南华洋筹赈会：中国华洋义赈救灾总会湖南分会的前身（1924年7月改）。该会发起成立于1921年6月2日。此时，正值湖南“辛酉大旱”，有96％的县遭灾。于是，湖南省议会、商会、急赈会、义赈会、外国领事团、教会，共同发起成立此会，立即投入救灾工作。公推赵恒惕、熊希龄为会长，在救灾中发挥了一定的作用。

授的。

## 六、建筑的计画

慈幼院男女儿童分为两校。男校在园之东北，原是一个空地，约有二百余亩；女校乃是前清皇室的寝宫，名曰“中宫”，不过四十余亩。两校相距不远。

男校教室十三所，宿舍八所，玩具陈列馆一所，音乐馆一所，体育馆一所，幼稚园一所，屋内体操场一所，跑冰场一所，跑马场一所，球场四所，游泳池一座，竞驶池一座，养病室一所，校医诊察室一所，四股办公室一所，总管理处一所，儿童图书馆一所，教育〔员〕宿舍一所，浴室、洗濯室、洗衣室、厕所各一所，食堂、厨房各一所，小家庭一所，饮茶室一所，反省室一所，训话室一所，工场十所，商场一所，农场二所，市政所及警察厅一所，市议会一所，电话局一所，邮政局一所，审判厅一所，各村事务所一所，烹饪室一所，中西饭店一所，库房一所。以上共七十一所。

女校教室八所，宿舍四所，教员宿舍一所，浴室、洗濯室、洗衣室、厕所各一所，食堂、厨房各一所，总管理处一所，会议厅一所，小家庭一所，饮茶室一所，市政所及警察署一所，审判厅一所，各村事务所一所，邮电分局一所，反省室一所，训话室一所，工场五所，养蚕室一所，商场三所，烹饪室一所，球场二所，音乐室一所，儿童图书馆一所。以上共四十三所。

男女公共用者，理化馆一所、图书馆一所、教育图书馆一所；两校附属者，甘露旅馆一所、电灯厂一所、避暑房屋十六所。以上，共二十一所。

建筑的房屋虽亦不少，但是尚有不完备的地方；关系教育亦是不可少的，只好慢慢的设法。可是，这个地方树木最多、山景最美，泉水尤其清洁。男校所用的水，是就碧云寺所出的泉源；女校所用的水，是就双清[①]所出的泉源。都用铁管，由高处引入，为一天然不用人力之自来水厂。

---

① 双清：双清别墅的简称。位于北京香山南麓的半山腰，原是清代皇家园林香山静宜园“松坞山庄”旧址。此处有两股泉水，因而以“双清”命名。

这是我们香山的特点。

## 七、学科的设备

初入院的儿童，多是孤贫的。有年长失学的，有半途辍学的。所以，编级很是困难。只好不论他的年龄大小，只论他的识字多寡。故一级中的儿童，年纪参差得很远。

到了一、二学期后，渐渐有点头绪。教务股特将那天才者另为一级，低能者另为一级，普通者分为数级。

现在，男校中有十五级，女校中有八级。级任的教员二十三人，又有地理、历史、物理、化学、体操、音乐、手工等科另聘教员，是为科任的教员。

学级中，有高小的四级，国民的十六级，幼稚的三级。男生年龄小的，专读不做工；年龄大的，到十四岁以上，半工半读。女生年龄十一二岁以上，即学缝纫。将来高小毕业后的儿童，优秀的仍拟设立中学班，或是送往别的中学校；国民级毕业后的儿童，有优秀或年龄不到做工的时候，仍编入高小级。年龄大者，专做工，另为设一补习班。

这是学科的大略办法。

## 八、职业的设备

工场的宗旨，有三件：一就地方所产的原料，二就儿童易于谋生的打算，三就优秀儿童求最高业基础。

所以，设立陶工厂、农场、饲育场、养蚕室、雕木、雕石等工厂，都是就第一项所产原料的；设立鞋工场、铜工厂、印刷工厂、甘露旅馆、烹饪室、理发室、花边缝纫工等工厂，电话、邮政等局，第一第二等商场、汽车公司，都是就二项易于谋生的；设立刺绣工场、染织工场、照相馆、图画馆、铁工厂、木工厂、电灯厂，都是就三项高等工业基础的。

但是，农业、雕刻亦有与第三项有关系的。不过，我们慈幼院初步是小学。职业科设的愈多，就可以察验那个儿童的性子相近，然后令习一业，才能够为他谋终身的生计。

## 九、卫生的设备

儿童的疾病，为我们慈幼院第一件要紧的事。因为人类无〔论〕贫富孩子，都是不知道卫生的。所以，孩子们由四岁至十三四岁以内，为疾病最多的时候；少〔稍〕不留意，即要害病的。何况我们这些孩子，都是贫寒家的，饮食是不饱的，营养是不良的，衣食住是不洁的；头癣呢，疥疮呢，眼病呢，肺病呢，瘰疬[①]呢，都是他们的普通病。孩子越聚得多，越不得了。

所以，设立慈幼院的时候，我即与熊夫人商量，在静宜园办了个“女红十字会”香山医院，大半为这些孩子疗治的。后来，因为有肺病的须要隔离，又设了一个肺病疗养所。有急性传染，很可怕的，又于远处设了一个急性传染病的疗治所。儿童病后，须要调养日子很久的，又设了一个病后疗养所。

但是，医院虽有这许多设备，总是病后的事；而病前不有预防的办法，亦觉不好。于是，院中又请了一个校医并看护员，专为检查儿童的身体；一切住、食，亦要校医时时注意查验的。此是事前预防的。

若是有重病的，即送往医院。再重或难治的，又承北京协和医院与中央医院的帮助，不取我们的医药费，替我们诊治孩子。我们是最感谢的。

## 十、体育的设备

儿童从他家中来到慈幼院，多数是身体不好的；况且小孩子的性质是好动的，是一刻不停的。所以，利用他这种性质，筹设许多的方法。

---

① 瘰疬（luǒ lì）：又称老鼠疮，生于颈部的一种感染性外科疾病。现代医学称颈淋巴结核。

除了器械的体操、普通的体操、兵式的体操、游戏的体操外，又添了跑马场、跑冰场、竞驶池、游泳池、秋千、浪桥、盘杠、溜梯、自行车队等种种场所。

春秋的时候，教员们带他们，到本园山上或乡村去旅行；夏天〔的〕时候，要他们赤脚不穿鞋袜，用冷水洗脸浴身。多方的锻炼，使他们身体渐渐强壮，免除许多毛病。

## 十一、娱乐的设备

儿童年龄到情、识将开的时候，最为危险。况且贫寒家的孩子，习惯是不良的，性质是多暴戾的。所以，设立了几个网球场、篮球场、军乐队、中乐队，使他们天天演习，直到日入始息，疲倦方休；涵养他〔们〕的乐趣，免除他们不良思想，才不至于有损他们的健康的身体。

## 十二、学生自治的设备

我们慈幼院的儿童，小学尚未毕业，谈何容易说到自治？但是我想，小孩子最好动的，最好新奇的，又是最负责任的。若是职教员肯耐烦指导他们，亦是可办得到的。况各国小学校教科〔书〕，都有公民自治的书，孩子们必须有点公民常识，才可算做国民。

我记得，当初在日本游历时，见我国的留学生，每次开会时，不是相骂，便是相打；飞墨盒，推桌子，秩序是不好的，我心中很不谓然。那晓得，民国元年第一届国会开幕后，许多议员都是从前留学日本的学生。所以养成不好的习惯，到了议会，仍然是紊乱秩序的。

我因此发生感想，就在慈幼院提倡自治，使他们脑筋中添些常识，习惯上遵守秩序；又有教员们从旁指导他们的言行，是决不捣乱的。所以，我们仿照上海职业学校[①]

① 上海职业学校，即中华职业教育社创立的“中华职业学校”。该校立校于1918年，先后开设了铁工、木工、搪瓷、纽扣、留学勤工俭学、商业、机械、石油机械等科。其校训为：“使无业者有业，使有业者乐业。”“手脑并用，双手万能。”

的办法，设立了一个“市议会”，两校的市事务所、警察所、初级审判所、邮政局、电话局，又将各宿舍分为八村（男女两校，各四村），即以校训“勤、谦、俭、恕、仁、毅、公、平”八字为村名，村各有长。村事务所议员及市长、村长、警察所长、审判长、检察长，市所属各科长，都是议会选举的。这是我们慈幼院学生自治的设备。

## 十三、各委员的设备

慈幼院的教育，是合学校、家庭、社会为一的。这种问题很大，不单是本院中职业员所能研究、解决的，必须集合各大教育家来考究、实验的。

所以，章程上设立一个评议会，延请北京教育界有学识、经验的为会员。但是，开学未久，材料不多，尚未敢遽行开会。拟将所经过的事实集成议案，再请各会员去讨论。

此外，因辅助学生、指导学生的关系，又设了自治指导委员会、测验智力委员会、出版委员会、体育检查委员会。将来问题愈多，其他委员会尚须逐渐添设的。

但希望，各教员职员的互相联络、互相研究，做一个有统系、有条理的模范。

## 十四、历次经过的困难

我们设立慈幼院的时候，以为多筹一文钱，多救一人的生命，故起初即一气招入六百余个孩子。那知道，这些孩子都是有病的，年纪小的，家庭少教育的，习惯不良的。越多越难管理，简直是手忙脚乱，应付不及，真个变成腐败样子。当时，若是循序渐进，分为几次收录，每次只招二三十个孩子，决不致有此困难了。

管理人的方面，我们因为省费的原故，每一人管理百余个孩子。那知道，照料难周，经验又不足，孩子遗尿的、生虱的、患病的、遗失衣裤的，真是无法清理。

教育的方面，起初本拟令其兼为管理员的，既省费，又与儿童有点感情。那知道，教员所任的一级学生，有五六十个，弄得精疲力倦，亦无暇再兼顾了。

那时候，学界的新潮正发动，都是主张自治的、互助的，我们也想仿办。于是，要学生先做织布、织袜、制鞋、缝纫等工艺。自己做的自己穿，岂不是自食其力吗？那知道，儿童年长的少，初做工，又不熟；几十人的工作，何能供给六百余个孩子使用？后来赶办不及，只得仍向北京去买了来。

互助的事亦失败。因为我们调查北京贫儿院①的章程，每一个大孩子，须照料小孩子一人，是很好的互助法子。我们也想照办。那知道，我们的孩子初来时，失学的多，习惯不好的也多。他自己尚要人去训练，才能够顾他自身；若是责令照料幼稚的儿童，真是无益而有损的。不比贫儿院成立日久，有了程度的；新来的儿童又止一二人，是可以办到的。

后来，我们想法子将管理与教授分开，各专各的责成。那知道，又闹出权限不清的争端。两方面意见很深，而且这一级教员，看见那一级的学生有不良的行为，亦不去管他。于是，我们又商量一个法子，每日朝会，由各教员轮流演说；每晚，各宿舍预备教员一间房子，亦由教员轮流值宿。这意思，是为联络、统一起见的。那知道，女教员有许多不便的地方，仍是不能完全实行。

建筑的一方面，失败的亦不少。起初，两校房图是何工程师生荣打样的。我嫌其估价太贵，交送政府工程师马荣去审度。他说可以减省，做个说明书去招人投标。中标的为桐发公②，当即令马荣做工程处监督。那知道，桐发公偷减工料，被我另派员查出，扣罚了他一万数千元，他尚不肯遵办。有人说，彼与马荣是亲戚，此中情形，难免不有毛病。后来各项工程，只得改招德国罗克格公司③去办了。

水道的工程，乃我们慈幼院最重要的一件事。因为我们千余人饮料，起初用钢管，从山上引泉水至两校。那知道，办理者不晓得，埋下地须要三尺多深。到了冬天，全行冻裂。后来，改请德工程师换用铁管，去年没有冻坏。但是，男校的泉水，用电机抽上

---

① 北京贫儿院：贫儿院，系与传统育婴堂有别的新型慈幼机构。它由私家或社团创设，较少官方色彩。虽同为收容孤贫幼童，然“教养兼施”。最早创设者，当为1906年周晋镳所创设的“上海贫儿院”。民国肇造，黄兴夫人设有“南京贫儿院”。北京贫儿院，设于1912年秋冬之季。蔡元培于1919年，在该院发表了《贫儿院与贫儿教育的关系》的著名演讲，可视为“儿童公育思潮”兴起的一个重要标志。

② 桐发公：桐发功公司的简称。

③ 罗克格公司：德国建筑师罗克格（Rothkogol）在北京所开办的建筑公司。

昭庙[①]，仍不够用；而且遇着电灯厂机器有损坏的时候，抽水机亦停了。所以，今年又添一水池，仍从山上引入慈幼院。

电灯亦为慈幼院一问题，因煤油灯有危险。起初开学时，即买了三四部煤油小电机，光亮仍不足。恐影响到儿童的眼睛，去年改用三十六匹马力的煤气引擎电机。那知装得不合法，只有二十八匹的马力。屡经与承办的公司交涉，双方试验，查出是某处的螺丝钉不好，现正在整理中。但是，只有一部机器，仍恐有停顿的时候。我们院里孩子年纪小的极多。晚上没有灯是不行的。不得不加添水汀机[②]一部，才可算有备无患呢。

孩子们疾病的事，我们慈幼院自开幕以来，忙到如今，大半都是此项问题。孩子们初来的时候，简直是人人都带了病来；每日住院有四五个，门诊的有百余个。医生与管理员都是愁闷的。好容易挨到去年夏天，孩子们身体渐壮。那知道，新收入的教养院的儿童，又多害病的；二百余个中，竟有七八十个带病来的。所以，我们想尽了方法，设立许多隔离所，许多养病所，才得慢慢的治好。人人说到教育是改造性质的，我们这里简直是改造身体呢！

我们慈幼院，尚有一问题亦是最困难的。各处普通的国民学校，都是通学[③]的儿童，课毕后各自回家。独我们这里，学校即家庭。课毕后，先生们若是不带同他们玩，孩子们便四散跑跳，弄得毫无秩序。所以，教员们每遇星期或年暑假，尚可回家；管理员是一步不能离的，一刻不得闲的。前年皖直战争[④]的时候，我们正收入慈幼局儿童移到香山，炮声一响，有些职教员皆心慌了。那时，真是急得不可开交。所以，别的学校可停课、可散学，我们这里是不行的。

以上我所说得的困难，不过几段；大概尚有许多曲折的事不可枚举，算是一言难尽了。总之，我们的困难，第一件是，向未办过此种“家庭学校”的事，纯用学校的方法，是不行的；第二件，我们教育行政的人才不够，都是笨拙的、疏忽的，遇了事，简直不能自己想出方法；第三件，关于建筑等事，均属专门的科学、技能，我们无此人才，所

① 昭庙：全称宗镜大昭之庙。位于香山见心斋以南，地处半山，坐西向东，原为清代皇家之鹿园。

② 水汀机：用烧煤的蒸汽锅炉所带动的发电机。

③ 通学：走读上学，与住宿制相对。

④ 皖直战争：皖系军阀与直系军阀所进行的战争。爆发于 1921 年 7 月，战场在京津地区。后以皖系段祺瑞战败而结束。

以失败。我们自开办以来，直可说是，无事不失败，无时不失败了。但是，我们虽失败，仍是无事、无时不改良的。

## 十五、历次改革的方法

管理的方面。我们第一学期的时候，取严格干涉的主义。因为孩子们在家时少教育，习惯多粗野的；若不用点严格法子，是难“收其放心”[①]的，是难令其守法的。到了第二学期，孩子们有点知识，我们即改宽些，渐渐向活泼方面去行。今到第三学期，大的孩子们长进很快，简直许其自治了。这是我们管理法取渐进的主义。

教授的方面。我们这里先生，都是北京女子高等师范、天津女子师范、北京保定师范等学校毕业的。教授用启发式，是很合宜的。但是国语一门，我起初亦很觉，白话文太繁曲，不如国文[②]的。近来考察高小四班，学白话文的，通的很快。我想，国民学校的学生，家寒急须谋生计的很多，他们毕业后就要做事，或农、工、商，必须能写、能应用，才可算国民。所以，白话文是顶快的、适宜的。又，我们孩子，受过多少困苦，大家都知道，应求学、应做工，才得享独立生活的幸福。这虽是他们的好处，但我从旁观察，总觉得孩子们有点偏于读书。一方面，做事时有点不敏捷、不会想主意的毛病。所以，仿照南高[③]的办法，主张用设计的教育，凡事要他们自己计画。他们各村的公园的花坛，要他们自己打样，自己栽种；两院的道路，要他们自己去修，自己去取名；图书馆的章程，要他们自己去拟；恳亲会、运动会，要他们自己去布置；新剧游艺，要他们自己去编演。先从近处切身的事起，一一都要他们自己去设计，先生们从旁指导他们去做。

职业的方面。这里农、工、商三项都有的。但是，孩子们程度浅，若是授以学理，

① 语出《尚书・毕命》。其原始表述为：“虽收放心，闲之维艰。”大意为：放恣之心今天虽然收敛了，但防闲他们还是难事。
② 国文：指中国古代使用的文言文。
③ 南高：南京高等师范学校的简称。

恐是不懂的。所以，主张先用实物的教授、实习的方法。学农的，跟着先生选种、栽地、喂牲口，使用各农器；学商的，跟着先生做徒弟，学买卖、学簿算；学工的，跟着先生们天天做工。待到件件熟悉时，他的普通学亦有程度，然后再教以农、工、商的学理，他们必定有益的。还有一件我们正想改革的。因为北高师铁工教员美国留思先生对我说及，工场的学生，最不好是讲学理，不肯同工人一样劳苦。他劝我们铁工厂，全用外边厂店办法。我由此想着，学农、工、商的儿童，虽是为他们谋一职业技能；但其中亦有天才，可为领袖资格的儿童。若是不使训练办理厂店的法子，他们学成技能后，亦不过为人佣工，博得点蝇头微利。所以我们商议，决计将农、工、商各场，全用组织公司办法。每一公司，有股东，有董事，有经理，有分科办事员。年终的时候，仍算给盈亏，分配利息。教员、学生，均可为以上的各职员；但股东、董事，必须推选敦品、不记过的儿童充当。如此，练成儿童一种习惯。我想，是与社会很相合的。

住食的方面。我上文曾说到，宿舍改村的事。因为从前省电灯、省煤炭、省管理员等费的原故，将宿舍做成统间，每间住百余个孩子。后来，发生疥疮、眼睛的传染病很快、很多。我想，此种尚是慢性的传染，已觉得可怕；倘若是急性传染，如猩红热、白喉、霍乱的病，岂不是更可危吗？而且小孩子的性质，好动好聚，随便睡人家的床枕，使用人家的物件，极容易传染的。所以决计改造，将十三岁至十八岁的孩子，改为分房制，每房住四人。以其年纪渐大，女孩子换衣等事诸多不便的原故。十岁至十二岁的孩子，改为每房二十五人；两房中间，设一女管理员，并加一女仆照料。以其年纪尚小，尚须有人帮助的原故。四岁至九岁的幼稚孩子，另居一处。有三个教员，又有三个保姆，又有四个女仆，才能照料得来。以其年纪太小，饮食起居完全要人扶助，晚间并要唤醒一二次，恐其遗尿的原故。倘若是各房中查出有疑似传染病孩子，即送医生检查，将他隔离了。至于食料，起初均用大米饭。后来我查出，厨房里北方工人不会煮饭，水沸后将饭用漏斗取出，精华均在水中，决不能滋养的。所以，午餐改用面食馒头，早餐小米，晚餐玉米，较稻米似为好点。又，孩子洗濯手巾、脸盆，起初都是几人共用的；吃菜的碗盘，亦是一样，后来免不了的传染病。所以，一律改为每人一件，刻上他的名字，不准他们随便混乱使用。

## 十六、已往的经验和效果

我们的学校教授的方面，如果有热心教育的教员天天去研究，是可以希望逐渐改良的。但是，保育的方面很难得法。因为兼了家庭的责任，那管理员必须有父母的心肠，又须有贤明慈爱、富于经验的父母知识，才可以办得下的。此项的管理员，若是小姐们，少了做父母的经验；若是太太们，有学问的又少。而且他自己若有儿女，亦断不能分他的身子来做此种事。我们年纪小的孩子，离开他的慈爱父母，交与我们教育。倘若是不用家庭的训练，随时随事去训练，将来长大了，恐怕是不能理家做事的。

人家的父母或亲戚、保护人，将他的小孩子送来，到〔倒〕有千多个，实在是很繁难的一件事。你想，有钱的人家多养几个孩子，有许多乳母、仆妇帮同照料，尚且来不及；我们一个管理员，要管四五个孩子，比较起来是容易吗？刮大风的时候，暑热的时候，流行病的时候，霍乱病的时候，春间发麻痘①的时候，我们真是发愁。冬天烧煤炉的时候，尤觉得可怕②；直到了撤炉的时候，方才放心。每晚更深时，听见电话或有人叫门，心里觉得扑扑的跳。这种责任，是很不容易负的。但是，这里有一种好处，小乡的空气好，猩红热、白喉、霍乱等症，是未曾发见的。

贫寒家的孩子，有几种能干。你看他小小年纪，他却很有力气，很能做事。四五岁的孩子，他也能自己穿着。因为他的父母，自己天天去做苦工，是不能照管他的。所以，他们从小时候，都是自动的多。他们还有一种好处，油、盐、柴、米等食物价钱，他们都知道。因为他们的父母，要他当小差使；买物呀，煮饭呀，他们都会点子。所以，比有钱〔家〕的孩子强。

我们这里种类很多，有各省的孩子，有前清皇帝宗室的孩子，有八旗的孩子，有曾做过官僚的孩子，有军警遗族的孩子，有农、工、商、学的孩子，有革命党遗族的孩子，真是无奇不有。但是论身体呢，城内不如乡下的孩子，旗籍不如汉族的孩子；汉族中，又以庄家户的孩子为最强，有终年不害病的。论天分呢，南方的孩子，稍比北方的孩子灵敏点。因为北方天冷，他们每年只有八个月做事；到了冬天，各人都住在屋内取

① 麻痘：麻疹与水痘的合称，均为儿童的急性传染病。
② 此“可怕”，是因煤气中毒的后果尤为严重。

暖，有四个月少用五官的原故。但是，我们尚未全用智力测验的法子去测验，故亦未敢去断定他们的。不过,〔以〕普通眼光观察，觉得有点分别呢。

年纪大点的孩子，习惯难得改些，小的最容易。有一个女孩子好哭，又有一个男孩子好多吃。后来病了到医院，我与大夫商量，把那好哭的关在空房里，饿了他一天，他以后总不哭了；又把好多吃的孩子，限制他的馒头，约有一个多月，他后来回到院中，送他多的吃，他也不要了。所以，我们对于年纪大的孩子，用种种方法劝导他，养全他的廉耻；年纪小的孩子，如有恶习惯，我们是用严厉干涉的。因为年小的天真烂漫，事过后却不记在心里，不晓得甚么抑郁，所以容易教导些。

孩子们有病的，气质上、性情上总有点不同。不仅是女孩子们，在经期的时候有许多变象。即如遗尿的孩子三十余个，他们的性质总有点顽皮；生瘰疬病的孩子十余个，他们性质不是暴躁，便是郁闷。现在，这两项的病，我们尚没有治疗的好法子；其他的各种病，我们也有点经验。我们的孩子在病院里，有因感冒或他病，发热的温度到顶高的时候；大夫倒很着急，以为是难得好的。我说，中国人的身体与外国人的不同；中国人少肉食，血脉是不旺的，温度高是不要紧的，请他们大夫不要怕，不要戴冰帽。后来，果然都好了。当时我所说的，非懂医理的话，原是安慰他们大夫的。但是不幸而言中，想来亦或有点道理。还有一件事，也是极好笑的。孩子们得了肺〔病〕、瘰疬、疹等等传染病的时候，他们看护员也有怕得很的。我与林大夫、李大夫等天天看他们的病。林大夫遇病危的孩子，晚上两三点钟尚起来瞧病，却是没有传染。我想，我们若是胆子大，那抵抗力必定是强的；或者将来体衰时，不免有点传染。但目前是没有此事的。

孩子们喜运动、喜模仿、喜做事，是他们的天性。做鞋工的儿子，爱学鞋工；做农家的儿子，爱种植；做厨夫的儿子，爱学做菜；修钟表的儿子，爱习机件。或者是他们父母的遗传，或者他小时看惯的，脑筋中有印象，这都是我们可利用的。所以，我们现在调查他们个性，预备将来支配他们学职业时，专科免得违反他们的本能。

我们在这一年半中，经验的事很多；可惜记不完全，只得将大概情形报告报告。此后，再随时附在《香山月刊》以供参考。但是，我们也有几宗效果可以告诉的。

我们的学校在山乡，离城是很远的，孩子们又不准请假回家，家庭的、社会的恶习惯，是没有传染的。耳朵里听不着恶声，眼睛里看不见恶行，这是很好的环境。但亦有种不便的事情，因为离城太远，与家庭、社会隔绝太久，他们又没有钱买东西，平常日用的物价亦不知道。将来出校时，岂不是一个书呆子吗？而且穿、吃均是公家的东西，习惯久了，视为自然，不晓得爱惜、节俭，岂不是害了他吗？

所以，我们想出一个法子，就在商场“打算”。要商场里“儿童储蓄银行”发行钞票六千元。有一元的票子，有几角的票子，有铜元几枚的票子。这票子，只能在院里使用。一面要四股主任办个预算，每个教室、每个管理每个村的公用品，每年每月需款若干；每个学生教育品、保育品，每年每月需款若干。男女学生的保育品，如衣服、鞋袜、杂件，每个每年每月需费八元。除公用品由职教员、管理〔员〕购用外，孩子们费用，按人每月发给所定的钞票额数，令其自向商场购买。有能节省余出的钱（如鞋子定例，每年十二双。他如只穿八双，那四双的钱是余的），仍归他自己所有。但须存在储蓄银行。如须添补用度，须由他的先生们许可。他若是毕业出院，所余的钱，付还他做资本。

这种办法，一方面可奖励他们勤俭，一方面可令他们养成买卖习惯。商场中买卖，有发票，有印花，有各种簿据，与校外社会情形，简直是一样。结果颇有效验。他们有了预算的限制，很会打算。平常用算式簿起草，多是写大字，多空处；现在因为节省打算，字也写小了，纸也写密了，其他各物，亦不敢不爱惜了。

但是，年纪大的孩子，准其自己管理钞票；小的，仍由他先生们代管。据我们商场经理说，预算数目照每月卖出的东西计算，尚只有十分之六七；是余出的，有三四分了。这是我们院内特别的情形，此效果是很大的。

又，我们学生自治会的事也有效果。他们办选举的时候，十分踊跃（选举投票，均照成人的一样）。我们定的选举法，民国二年以上的，有选举权；国民四年以上的，有被选举权；因品行记过者，剥夺他的选举权。他们年纪大的孩子，也有运动投票的。但是，投票的孩子，他们年纪虽小，他们居然不受运动；选出来〔的〕人，都是平日诚实、和气的孩子。这是孩子们无私利的原故，而且影响很大。我听得医院林大夫说，有一个孩子犯了事，林大夫要记过。他去哭求大夫，莫要记他的过。因为记了过，他明年就没有选举权了。他们的议会，议事的时候也有秩序。他们自己所起草的《食堂规则》，有几十条。虽是孩子话，也很周密的。他们的法庭，审过一次“大案”。他们的法官、律师、辩护、审判，也都不错。他们的警察，每日课后站岗，也很能尽力的服务。

卫生的事，我们是费尽心力的。头一批的孩子进院来，害病的很多。旗籍中，十人中有八人。好容易治了一年，身体都壮了。第二批进来的孩子，又是与前批一样，生疥疮的倒有百余个，病了四五个月不见得好。戈登[①]先生想出法子，限令他们天天洗澡。不到一个月全都好了。还有眼睛病的，最利〔厉〕害。上年，我们请协和医院的大夫来查，他说，九百人中，有七百多个。亏得协和医院热心帮助，派他的大夫住院诊治。现在，渐渐好了四百多个，其余三百多个，再有几个月，可希望全好了。

我们又遇一个机会，振起我们孩子的精神。就是本月奉直战争[②]的时候，第一次炮声一响，我们的生徒也有点慌了。当时，我即召集他们来演说。我说，我家在沅州、上海、天津、北京四处。元二年两次革命[③]时候，我上海家里，来了避难的亲友二十余人；四年洪宪战争[④]的时候，我沅州家里，住了避难的邻人几百人；五六年复辟[⑤]及皖直战争的时候，我天津家里，来了避难的戚友三十余人。那时，熊夫人办了妇孺救济会，我北京家里，住了避难的四百余人。救济会在战线上，振救了一千七百余人。今我们慈幼院的孩子，是被人救济的。遇到此等机会，我们不独不要怕，并要牺牲性命去救人，才算得是慈幼院的真精神。结果，孩子们踊跃从命，组织了一个救济队；四十六名分为四队，供给熊夫人的女红十字会调遣。那天出发时，男女孩子八百多人，到车站欢送。

第一、第二两队，由北京出发，到了长辛店战线，救治伤病〔兵〕、伤民数十人；并眼见他们打仗，炮子〔弹〕落在身旁亦不害怕。第三、第四两队，均是十三四岁年纪小的，由西山出发，至离长辛店不远，又在香山东边设立临时病院。奉军溃退时，救济逃难妇女数十人。溃兵到了这院里，亦没有粗暴的行为。这是我们的孩子，很有勇敢的精神。

此外，又组织了一个保卫队，共有四十名，都是学兵式操的十四〔岁〕至十八岁的孩子，他们很能勇敢服务。在女校、医院两处，外面立了三个帐棚〔篷〕，白日持枪站岗，晚间放哨，十余日都不大睡觉；其余的孩子，因他们保卫队为公家服务，替他们送饭，又替他们洗衣。他们这种互助的精神，到〔倒〕也不错。

---

① 戈登：力戈登（Phillips Gorodon），英国伦敦会宣教士。早年来华，懂医学。

② 奉直战争：奉系军阀和直系军阀所进行的战争。共进行过两次，第一次在 1922 年，直系获胜；第二次在 1924 年，奉系获胜。战场均在华北。

③ 两次革命：通称“二次革命”，即 1913 年 3 月孙中山领导的“讨袁之役”。

④ 洪宪战争：通称护国战争。因袁世凯称帝而引发，由唐继尧、蔡锷、李烈钧等在云南发动。因发生在所谓“洪宪元年”，故有此称谓。

⑤ 复辟：指张勋复辟。1917 年 6 月，张勋利用黎元洪与段祺瑞的矛盾，率兵进入北京，抬出溥仪，宣布复辟。然而 12 天后便宣告失败。

这时候，我们觉得有一件事很可笑的。我们看见许多报纸上载着，直奉军在我们香山上架着大炮；又说，甘露旅馆有好多流弹打到的。那知道，我们这里很安静，睡也睡得着。因为城内谣言，我们听不见的。但是，我们想想报馆访事的人，是未曾察看地理与军事上的关系。你想，我们香山距战线四五十里，比京城尚隔得远的；地势在弓背上，不当要冲的。就说军事，那么十几生的野战大炮，若要扛上山，非有几百千人，是抬不上去的。奉军是在芦〔卢〕沟桥、长辛店，偏在我们香山东南边。直军要打他弹子，决不会跑到四五十里的西北山里。我们把地图和军事上的常识研究研究，就明白了。

我写到此处，我们那第一、第二救护队，尚在黄村以南各灾区。只好待他们事竣后，再报告了。

## 十七、现在的缺点

教授呢?

我们的先生，从前都是受的静的教育，动的方面很少。每次教务会议的时候，他们提出议案的很少，发言争辩的很少。他们上课的时候，每日有四点多钟，个个似乎有疲倦的样子。教室外，没有与孩子们同玩的。

我上年在南高演说，我说新式教育，都希望学生们自动呀，好奇呀，互助呀；我却是希望，先生们自动呢，好奇呢，互助呢。因为先生们能自动，学生们无不自动的；先生们能好奇，才能讨论教授的方法；先生们能互助，才能有彼此公〔共〕同研究教授的心得。

我们的孩子，越小的越活泼。他们自己在他的教室前面，挖土种花草的兴味是很浓的；要他们无论做什么事，他们都是争上前的。如果我们的先生，肯利用这个机会指导他们，我想是有大效果的。

先生们还有一点急性毛病。他们只想孩子好，遇笨的孩子功课做不上来，先生们就要责罚。从前有个先生，他为人很诚直的，但是性子急，孩子没有对劲的，他就要打他。后来，暑假他辞了。我想，体罚的事总是最下乘，孩子们挨惯打的，脸皮也厚了，廉耻也忘了，此后没有法子去加重。总是用种种善诱的法子好。孩子们的天分优劣原不等。

我们这里，职业教育有几等，随他们智愚，都可学一个技能，不必个个都要做上等的。先生们因材而教，便对了。仍是不性急的好。

管理呢？

我们的职员，为孩子的衣、食、住总算很麻烦了。但是，家庭的训练，很少点细密的工〔功〕夫。孩子们能做事的，几个人转来转去，都是这几个当差。

我想，我幼稚的时候，我的父亲很严，吃饭的时候，不准仆役替我们盛饭；并且一桌上的长辈，也要我们去服伺。有客来的时候，要我们去招待；有传话的时候，要我们去传话。无论家里什么事，都要小孩子跟着学。所以，我到如今，办点庶务，也觉能做。这都是从小的时候，当过小差使的原故。所以我想，管理的责任，同他们的父母一样，应该使个个小孩子都要学做事，学礼节；并且要使那习惯不好的小孩子，都训练成一个好孩子。这才是能尽父母的责任。

孩子有不好的犯了事，我们责罚，也须有点斟酌。有一个孩子很能干，从前先生都喜欢他。那晓得他胆大，竟自偷先生的钱物。后来先生责罚了，同住的孩子都笑骂他。他的哥子很好，为他的事哭了几天，不吃饭。我恐怕这孩子不改过，又被同学的耻笑，反不利他。我将他交送他哥子管，并搬住到他哥子一个房里。他很改了。有一天，在路上检〔捡〕得一个银表，他即缴到管理处。不料先生们不注意，将他哥子调到商场里去住。他一个人，到半个月后，旧病又发了。不得已，将他送回家去。这是管理的方面少点斟酌了。

又有一个孩子，他很聪明。因为他的体子弱，须加点滋养料，要他同先生们一块吃饭。那晓得，他就骄了；后来犯的事太大，将他送回家去住了个把月。他千悔万悔，哭求再收留他。那时准了，却大意点，不应该要他仍住在原处；同学的孩子，不免总有些点耻笑他，他不快活。有一天不上课，管理的先生查出。倘若是当时罚他，便完了事。因为迟了点，那孩子有点害怕，仍旧逃回家了。这也是少点斟酌的原故。

体育呢？

我们的体操，虽是种类很多，但总有点像照例功课。孩子们因为是半工半读，又要去办各种事，似乎太忙。他们去学习打球等类的事，简直少功夫。少，则提不起兴味，没有将这件变成嗜好。所以，自然运动的事，年纪大的孩子，倒不如年纪小的多。

卫生呢？

我们尚有许多不完备的地方。因为眼病，尚有三百多个孩子。大夫太少，又太忙。两院检查身体的事，一时间难以告竣。这种统计表没有编好，所以，教授、管理两处，与生理有关系的问题，亦没有详密的解决。

孩子们总是好动的天性。他们病好一点，就嫌医院太寂寞，没有肯安心静养的。回到了学堂，不几天又病了。这种情形，也须替他想个法子。或有人在医院内，少许讲点书和故事才好。

还有，孩子中，身体强弱都不等的。若是不加生理上考察，同一样的时间教授，也是很吃亏的。有一个十三岁的孩子，他得了暴躁神经病。后来好了，教务股萧主任，将他送到女校上上课，化化他的戾气，结果尚不错。有一天，我问他身体如何。他说别的都好，只有上算学课时，他的头就有点痛。像这种的事，我们应须研究的。但是，要件件的周密完备，就须要加添职教员、医生才可办到。

教科书呢?

我们这里用的，是两书局①编的本子。我曾看了一遍，实在不合我们的用。有一天，教地理的先生请假，我替他上了一点钟的课。那一课，正是我家乡湖南省的地理。简单几句，毫无趣味。而且有最可笑的，他说湖南商务繁盛的地方为湘潭、常德、芦林潭等处。湘潭、常德是不错的，但是芦林潭，在洞庭湖里。去夏水大时，大半淹没；秋后水涸，始有人民做买卖的，添造些泥土房子，并非大商埠。编教科书的，大约误会，秋水干涸，大轮船不能直到长沙、常德的，就在芦林潭起驳，以为芦林潭是大商埠了。

我想，教地理的，只教孩子们记点名词，是干燥无味的；必须多用点图画，或是将近人旅行的日记载入，较为有趣味。但是，要免此缺点，必须我们自己编纂课本，才能适合我们特殊学校的用处。

工作呢?

我们院里，农、工、商职业的种类虽亦不少，但合于十二岁以内的小孩子的手工，尚应多添几种才好。因为小孩子最喜欢的，是做手工。小时候将他养成习惯，而且可考察他们的性质，是与那类工作相宜，以后要他学什么职业，便有几分把握了。

---

① 两书局：指商务印书馆和中华书局。

职业教习呢?

我们最困难的，是鞋工、理发、铜器等类的工场。因为此项匠师，没有受过教育的，习惯上有点不甚好的。我们默察这几个工场孩子，言语、举动，都不大文雅。就是“近朱者赤”的原故。我想，手工的教员，应须有一个养成所才好；或者替他们设一个补习班，使他们受点教育陶冶。

学生的自修呢?

我们虽定了个钟点，每日要他们复习，教员们也去监视；但是，他们复习的，都是简单的。一个课本，高声朗诵的，几遍了事。我想，是不甚有益的，似须另给他们点参考书，或是白话、故事、小说的书，使他们有点兴味，可辅助他们的课本。怎奈我们孩子太多，每人一部，款又不少了。

学生的审美思想呢?

亦似不多。有一天，我要孩子们去观察我们园中的松树，判定那一株松树长得美。他们只有一二人说得中，其余的说不出什么。我想，教育的方法，是要他们懂得是非、美恶判断的知识，将来才可应用到农、工、商职业的物品。关系是很大的。

我们的职教员的公〔共〕同心理上，尚有一个大缺点。就是他们把慈幼院，当做是我一个人办的；没有认做，这个慈幼院是大家的公产，先生们、学生们，都是这里的主人，应该完全负责的。我曾几次的演说告诉他们，生徒须要将自己的家产，个个都明白，都能管理才好。因为我的年纪大，终久要死的。我死了，人人都能管理这家产，然后才能永久发展的。但是，我虽然这么大声疾呼的讲，眼前尚未见得他们是照办的。

## 十八、将来的筹画

我们现在办的是小学校。将来毕业的孩子，普通程度的，自然是学成技能，出院去谋生计了。但是优秀的，应如何处置呢?若是送往别的中学校，再进而高等或大学校，那么学费亦须要的多。我们慈幼院能够担任吗?这也是我们的重要问题。

我去年到南边看了几处孤儿院，他那里也有许多优秀的孩子。但是因经费少，只能学一个普通工艺，你想可惜不可惜?难道有天才的孤贫孩子，竟不许他与富家的孩子同享高等教育吗?

我因此感想，想出一个计画，拟在香山附近，另建筑一个第二慈幼院，将那普通程度、只计生计的孩子，移到那边去，专习一种易于谋生的技能。现在的慈幼院，改为收养天才的孩子。高小的毕业后，开中等班；中等的毕业后，开高等职业班。好在我们院里农、工、商三项工场，均是现成的；与近来新式“六三三制”[①]，亦相合的。此种计画能成，各省的孤儿院的天才孩子，亦可招他来学的。

近来，有几处学校，要想找我们孩子做“花边教习”；又有一处的银行，要想找我们孩子去做徒弟。我都是不允许的。因为他们孩子到院，只有一年零八个月。他们的根基不稳固，若是快出去，难免他变坏。我想，总要陶镕得几年，使他们真正成一个好孩子，才不致受恶社会的传染。

我去年本办了一个负贩团[②]，要他们孩子，趁星期日到各村市里去学买卖。后来我听见，天津有一个日本某洋行经理闹了大乱子。他是日本一个孤儿院的学生，很有才具。出院后，替人到中国卖仁丹，后来卖吗啡，最后就办了这个洋行，起了野心去投机，骗了账逃走，为日本警察拿获，交送法庭去办罪。

我因此想想，根基不稳固的小孩子，眼前不敢要他去负贩了；我又因此想想，我们慈幼院既是注重养成一般良善社会的国民，将来分散到各处去做工，能够保得不受社会化吗？所以，我又想出两个计画来：

第一个计画，我想在香山附近设一个“新村”，我们的孩子长大后，愿做村民的，就在此成家立业，完全组织一个新社会。

第二个计画，我想在江苏的北边（本院已购有田地），或吉、黑两省与绥远特别区的地方，多领些土地。我们的孩子学成后，一班一班的，迁往那边组织一个“新村”。

这是我们理想的计画。能否做到，且看将来的财政如何。我想，海内的仁人君子，必定有帮助我的。

---

① 六三三制：指“壬戌学制”。该制小学六年、初中三年、高中三年，故有此称谓。

② 负贩团：由日本传入的名词，即走村串巷的小商贩。

## 十九、目前不可少的建筑

我们既是因为添收湖南省的被灾的孩子，我们的房子实在不够住，又须要建筑宿舍。所以，我想就此机会，即设一个第二慈幼院。现在地基已有了，就是那从前炮厂的地方，离我们香山只有几里地。承姜都统[①]让给我们，共有百余亩，可容得三四百个孩子。这笔建筑费，总须有五万余元。

我们的孩子有千余人。从前的大礼堂是太窄了。必须另建一个，才能集会这许多人。这也是不可少的。预算经费约须三万余元。

我们的幼稚园，是借用别的房子，不大合式；而且阳光太少，与幼稚顶不相宜的。必须另建一个。预算经费，约二万元。

我们的屋内体操场、游泳池，都是便于夏季的，冬天绝不相宜，而且检查身体尤为难用。拟仿照青年会的健身房图样，添建一个体育场。预算经费五万元。

我们既是要他们小孩子多识天然的科学，一切器物也须预备完全才可够用；而且我们地方离城太远，事事物物均须独立的。拟添建一个博物馆，征集各品。预算经费二万余元。

我们的小孩子下课后，觉得玩的物件太少。必须有关于教育及职业的游艺，才可利用。拟建一手工及游艺室。预算经费约二万余元。

我们的小孩子，有不听教，犯了革除的事，是我们最难问题。因为他们的家，大半是无父母的，我们若是革除他，便无家可归了。即是有父或有母的，我想将他送回，又恐他的父母暴戾，将他打坏；并且他又没有饭吃，岂不是大〔太〕可怜吗？所以我想，设个感化院，才能救我们的不足。预算经费二万余元。

照这样算来，目前不可少的建设，又须二十一万，教育上才可办得完备了。

---

① 姜都统：姜桂题（1843—1922），字翰卿，又作汉清，安徽亳州人，陆军上将。当时任陆军检阅使，兼管将军府事务。

另图 24　香山慈幼院幼稚园正门照

## 二十、经费不足的问题

我们两校的经费，都是由水灾督办处，将赈余、粜余等款拨来的，从未募过捐的。至于常年的经费，都是历年购买公债与股票的利息充用。结至十年六月止，共有公债九十万〔零零〕九千八百五十八元，各项股票五万元，又银三万二千两，又法国公债票五万佛〔法〕郎，合共银洋百余万元。按照六厘摊算，年约收入息金六七万元。后来不敷支出，又承前代理财政部长潘馨航[1]，将中国实业银行部股的红利，拨归我们慈幼院为经费，年约收入红息五万余元。

不料事变陡生，财政部的计画，要将元年公债，改换四折的整理公债。我们与女红十字会所购的元年公债一百一十万元，只换得整理公债四十余万元，常年费便不敷了。

---

① 潘馨航：潘馥（1883—1936），字馨航，山东微山人。早年中举，后入陆钟琦幕。中华民国建立后，在江苏都督程德全府下供职。后历任山东实业司司长、财政部参事、全国水利局副总裁、财政部次长并代理部务、财政部总长、交通部总长、内阁总理兼交通部总长等职。

后来，又承前财政部长周子廙[①]热心相助，另外加拨我们与女红十字会的抵押元年公债一百余万元。虽是尚差数万元，总算经费有了救济了。

但是，国家财政是一天不如一天的。他所有公债的利息能够照发与否，实在没有把握。我又商求财政部替我们担保，在中国银行每月透支三千元。每年六月十二日付利息的时候，尽他去扣。至中国实业银行的部股利息，也是照此办法。

我们以为是可靠了。不料去年冬天金融风潮，那两家银行变了卦，不准我们透支。那时节，我们真是要绝粮了。又承前财政部长张岱杉[②]、次长钟慧生[③]帮助，替我们与道胜银行、汇理银行两家商定，每月扣拨盐款八千元；到得六月十二日公债发息的时候，财政部自去扣还。得了此笔可靠的款[④]，我们两校始得支持。

现在的状况。这里帮助我们财政的，如朱延昱[⑤]、张训钦[⑥]、卢学溥[⑦]、卫勃诸君，都是很出力的。真正是功德无量。

照我们的预算，如果只按普通慈善事办，每个小孩子，年需教育、保育费七八十元，即可敷衍。但是，照我上文所说教育须完备、职业须完备的办法，两〔每〕个小孩子，至少年需常费一百二十元；而临时的购置和职业的原料等款，尚不在内。按照一千二百

---

① 周子廙（yì），即周自齐（1869—1923），字子廙，山东单县人。早年留学美国，后历任驻美公使馆参赞、游美学生监督、游美学务处总办、清华学堂监督。1912 年后，历任山东都督、财政总长兼盐务署督办、国务总理兼教育总长。

② 张岱杉，即张弧（1875—1938），原名毓源，字岱杉，浙江萧山人。光绪举人，曾代理福建布政使，任长芦盐运使。1912 年后，历任两淮盐运使、财政部次长、侨工事务局总裁、财政总长等职。

③ 钟慧生，即钟世铭（1879—1965），字蕙生或慧生，天津人。早年毕业于天津中西学堂，后赴美国留学，获哈佛大学法政博士学位。归国后，历任财政部次长、盐务总署署长。南京国民政府时期，历任天津明德慈济会会长，北洋大学训导长、代校长。

④ 的款：确定可靠的款项。

⑤ 朱延昱（1885—？），字耀东，江苏宝应人，副贡生。历任户部主事、清理财政处湘鄂科坐办。中华民国成立后，历任财政部佥事、财政部会计司司长、盐务署参事、代理财政部次长等职。

⑥ 张训钦（1872—1963），湖南长沙人。早年留日，毕业于早稻田大学经济科。熊希龄组“人才内阁”时，出任财政部库藏司司长，后升任财政部次长。曾兼任中华平民教育促进会总会执行董事。民国后期，挂名“北方四行”顾问。1949 年后，任上海市文史馆馆员。

⑦ 卢学溥（1877—1956），字鉴泉、涧泉、澗泉，浙江桐乡人，光绪举人。重行新政后，在家乡办理新式学堂。1906 年赴南京投身金融、外交界，后任两江督署外交科长。中华民国成立后，历任财政部秘书、公债司第一科长、公债司司长、财政部次长等职。1927 年后，历任南京中国银行监察、交通银行董事长、浙江实业银行常务董事、上海造币厂厂长等职。

个孩子扣算，每年常款，即须十四万二千四百元。如果是我们上项所固定的基本金没有变动，除收入十一万元外，尚差三万二千四百元是要另筹的。我们现已制成一部详细预算册子，什么杂用，都有细数。不日，也可刊供众览了。

预算的册子内，保育费是很不能省的。因为他们孩子的健康，须得将他〔们〕的病治好。他们虽是穷孩子，却是害的吃贵药的病。有一个孩子出麻疹，热度很高，后来吃了许多犀角、羚羊角的药，始治好他。一个人就吃了百多块钱的药。还有害肺病的、贫血的。大夫说，无药治，只有吃好的滋养品；鸡鸭呀，牛奶呀，肉呀，鸡蛋呀，都是不得不备办的。每年的医药费，要两三千元。还有眼病的七百多个孩子，天天搽眼睛用的药并器械，也花了千把块银元。这种费，你看能省吗?

孩子们走路总是跑，他们的鞋子费也就不少。一个人至少一年要穿十二双；一千二百多个孩子，每年鞋子费，就要四五千块银元。我因为他们孩子少得糖吃，过年过节的时候，送他们点糖果。每个孩子不过两三枚铜元的糖，总数就要二十三块银元。这是人太多的原故，无论何项费用都加多了。大夫说，孩子们吃的菜，总须常常掉换。每礼拜的肉食，一次也太少；应该加一次，才可有益他的身体。但是，经费不够，也无法照办了。

教务费，我们要照上文所说的缺点去改良。我想自己编辑教科的书，添买学生参考的书，加聘高等程度的教员、技师，都是要增经费的。

我们编的预算册，教务、事务、保育三股的数目，算是有点把握；独有职业股的费用，估计是不容易的。因为孩子们到了做工的年龄，不过十分之二；而且初学做工，又都是不熟的。还有半工半读的孩子，每日做工只有两三点钟，机器是有空闲的。所以，只能作为练习的使用，不敢作为营业收入的计算。

## 二十一、希望教育家及慈善家的帮助

我们的学校办法，难的是责任太大，将父母、师保的担子全都负着，有一点子不注意，就要闹出乱子。去年里，全城流行麻疹的时候，我见报上京里某育婴堂，一百个婴儿死了九十多个，我们那时真是胆战心惊的。所以，这种学校是不容易办的。

好的是，孩子都在这里住，离开了他的家庭，社会恶习惯是可渐渐化除的；他又离开他的父母，撒娇、溺爱亦是可免的。所以，孩子们长进得快。

我想，教育界的热心家，若拿这里做一个试验场，是很有益的。因为城内的小学校学生，都是通学的；有时因家庭的关系，或改校，或迁居，没有能读完的。那么我们想，要始终研究、试验他，是很难的。若是我们这里的孩子，尽他的力量，由“国民”到中学，时间是很长的，我们可以慢慢的试验他，得了一个结果的凭据。

我们这里，有许多未解决的问题，也须教育家来研究的。有一个孩子很顽皮，但是他害了大病后，却变好了；又有一个孩子他很老实，但是他害了病后，又觉得性质不好了。我想，这是生理上必有变化的，应该有一个医生专家与教育家去共同研究的。

还有男女同学的问题，我们也想试试。结果很奇怪，那小女孩子和男生同教室的，都变成男性了。回到他的女校，很不安静，简直和那班女孩子是两样。那男孩子和女生同教室的，不到几个月，升到男校班上，又多变成女性了。我想，或者是一班中男少女多、女少男多的原故。但是，我们很想用一个平均数的，再去试验这件事，也可供教育家的研究。

我们学级中虽有个低能班，但是教了一年零八个月，觉得真正低能的，不过几个人。幼稚班中有两个傻孩子，初来的时候什么都不知道；近来，也渐渐有点知识了。害遗尿病的，害瘰疬症的，他们都有点脾气。上文我已说过的。我想，这都是生理上有欠缺的。你看那平常顶和气〔的〕人，他一到病了，便不耐烦，爱发〔脾〕气。由此去推测，凡小孩子有不好性质的，必是生理上有许多关系，或者是他父母遗传上有点影响。我们教育家，果是肯研究的，尽可将他父母或保护人叫来，详详细细去问他的。

以上所举的几件事，不过是我们院里的大概。我想，供教育家研究、试验的，必定很多。但我非直接的教员，我也不能详说了。但都是关系科学的解剖，应该有各项专门家来讨论、来实验才好。这是我们希望教育家帮助的理由。

我自从办了水灾和这个慈幼院，我始知道，贫民的社会是很可怜的。我们的孩子初到的时候，害病的，多是肠胃病。有一个孩子，他是叫化子的儿子，到院几个月，他就害肠胃病死了。你想，他们在家所吃的，都是不好的东西，所以肠胃的毛病很利〔厉〕害。又有一个十五岁的女孩子，他到院几天，就害风瘟病，也死了。问他的家世。他有父母，两个人只有一间小房子，刚够他父母睡觉；他终年在屋外蹲着，所以全身害的疼痛、拘挛的病。他死的时候，熊夫人替他装殓，是很伤心的。

还有，我们孩子，第一次经过检察〔查〕的身体，他们大多数是眼睛短〔近〕视的，不如有钱的孩子好。因为他的家穷，没有灯光，都在黑暗处过的光阴。但他们的牙齿，却都比有钱的孩子好。因为他们没有钱买糖吃的原故。

儿子爱父母，是自然的天性。但是，我们幼稚班有个五岁的小孩子，他的母亲在女红十字会医院做女仆。这个小孩子，却愿意随着保姆，不愿意上他母亲那边去。问他的原故。他说，他在家里天天吃糠，他是很怕回去的。

天下最可惨的，是后母。我们女校有一个小孩子，他父亲家也有饭吃。因为他后母虐待，特地央我收了他进来。十几天，我问他道："你想回家么？"他说："不愿意。"我说："你家里吃得好，这里的饭菜是很粗的，不如你家里好。"他说他情愿吃不好的。你想，小孩子们最爱的是吃，可见得精神上痛苦更利〔厉〕害了。又有一个男孩子，他几次犯了偷人家的东西，我想将他送回家。他的姐姐在女校，我叫他来问他的家世。他姐姐哭个不了，说他家后母的种种虐待的情形。结果，我也伤感了，只得不送他回家了。

又有一个小女孩子，他是人家买来做义女的。他的母亲很恶，他父亲尚有点良心，看不过意，转托朋友将他送了来。后来他母亲知道，不答应，屡次到院里要领回。我知道这种情节，不准他领。他十分的同我们争，我只得函告北京警察厅，将他的事情立了案，杜绝他的希望。

我们收录儿童的规则。照章报名后，须经董事会派员去调查。就我们所经过的情形，我们不调查罢了，若是调查，就非收他不可。因为看见他们的情状，或是一家子无父母，只有几个小孩子，邻家去照看的。那么，非收录他全家不可。所以，我们两校的孩子，大半是兄弟姊妹的。又有一家几口人，只有一条衣裤的；大家都睡在被窝里，那个要出门，才穿那一件衣裤的。又有无衣裤的人，拿报纸做衣裤的。你看这种情状，忍不收录他吗？现在北京城内，经我们调查后，应该收录的，尚有几百个小孩子。可是，房子不够住，我们也是无法传〔办〕到了。

还有一件事，我们是最感痛苦的。我们的规则，不收残废的孩子。但是，调查那孤儿家中，也有残疾的。你若是只收好的，那么有残疾的，便应饿死了不成？我想，我们救济这些孩子，因为他没父母、没饭吃，是可怜的。那么有残疾的人，比那身体完全的小孩子，岂不更可怜吗？岂不更应该收养吗？所以，我想须添设一个残疾院，才能得圆满了。

我们香山的附近旗人的家，都穷得不堪。他们的住屋，都变卖了；一村一村的，全

另图 25　熊希龄接待来院参观的外国友人

都是凄凉的。他们小孩子，终日的检〔捡〕那烧剩了〔的〕煤渣和遗弃了〔的〕零碎菜叶子。我看见实在是可怜的。我想，我们两校的孩子得有安身的处所，那么他们也是同样的。小孩子相形的厚薄，太参差了。所以，我想在香山外找得几所公家的房子，借来做个贫民小学校，将他们的孩子招来，受点教育，每日送他几个铜子吃饭。可是没有经费。我再三央求银行公会替我募点款，他们尚未答应。这是我最失望的。

我现在所说的，都是我香山的情形。那北京城内外的穷民，更比这里多。我劝有钱的人，发点慈悲心，赶快去救他们。因为人道主义是应该注重的。贫民饿极了，去做不好的行为，富民亦是不能独饱的；贫民得着传染的疫症，富民亦是要受累的。世界的不和平，都是贫富不平的原故。我们要从这里去着想，便都肯拿钱做好事了。

而且做好事的人，决没有危险的事。因为人人都是有个良心的。现在，南北各省的匪都多；但是我们年年办赈，从未有被劫赈款、赈粮的。

上年北五省的灾荒，红十字会派了一个救济队，在京南遇着马贼，要他们下车。后来问出是红十字队。他说，你们是救人的，我们也不同你为难了。

上年湖北兵变，到处抢掠，有一家善士，他收养了六十几个灾孩子，变兵到他家里，看见这种情形，竟不去抢他。

那四年洪宪的时代，我的家乡沅洲地方，南北兵破城几次。我的母亲避在一个乡村唐姓家里，后来到了许多土匪。那唐姓以为，是我家的目标，引起土匪的来抢。那知道那匪头来说，熊老太太向来做好事，我们是敬重的，是不敢侵犯的，我们愿派几个兄弟在这里保护。后来，我的母亲愿回凤凰老家，他们匪目又派了几个人护送到凤凰的。这是我们湘西的人都知道的。可见，他们土匪也是有良心的。

我们慈幼院，在这香山的地方，那西苑的许多兵队，常常到这里游玩，都是规规矩矩，从未有不对的地方。这一次战事，那些溃兵也未有一个到这里来；只有几次，到我们所设的临时病院（离香山三里路）。那时，院中收留避难的妇女数十人住在北院，溃兵来时，告诉他有妇女们在那里，要他不进去，他都依从。只要点洗脸水，洗过就走了。

这都是我们经过的事，敢告诉海内有钱的慈善家，到了离乱的时代，尽管做好事，是决无危险的。这是我们希望慈善家帮助的理由。

我在世上，什么事都经验过了。我觉得总是悲观的。政治的罪恶，是不消说了；就是实业呢，我也曾入了股。我觉得，经理人都不是拿良心对着股东的，所以我也灰心了。就是社会事呢，我办过几年赈，觉得真是用良心做事的少，甚至有几个殷实的绅士，也要打吞赈的主意。我在北京修了几道工赈的马路[①]，约有三百多里。有一处，系与外国慈善家合办的。修好了，交与地方官去接管。那天津的报纸，忽然谓我卖路与外人。你想，社会事还能办吗？所以我很悲观。我只缩小范围，办我的慈幼院。他们孩子，都是真心的爱我，把我当他的父母，我却把他们当我的儿女。成立我们这个大家庭，这便是我的终身志愿了。

---

① 工赈马路：为以工代赈所修建的马路。如此，既解决了失业人口的温饱问题，又解决了社会基础设施的兴建问题。

新教育

NEW EDUCATION

第六卷　第二期

# 香山慈幼院創辦史

熊希齡

## 慈幼院創辦的宗旨

慈幼院成立的原因在民國六年九月底時候，順直省區發生大水災，淹沒了一百零三縣一萬九千零四十五村。那被災的百姓有六百三十五萬一千三百四十四名，那成災的田畝有二十五萬四千八百八十九頃一百六十五畝四分三釐，真是近年來很大的浩刼。　我那時奉命督辦水災善後事宜，聽見各地方的災民因爲乏食的原故，很有把他的兒女遺棄道路，或標賣的，所以在北京設立的慈幼局兩所，委託英君歛之去辦，收養災民的兒女，一所專收男孩，一所專收女孩，共總收了男女兒童差不多有千餘人。　水災平了以後，這些兒童漸漸被他們父母領回，可是到後來還有二百多人沒有人領，所以水災督辦處不得不設一個永久的機關，來教育這些兒童。　可是京城裏想找個合宜的地方來蓋房子是很不容易的事，幸



另图 26　《香山慈幼院创办史》原发表件（部分）

# 100 南昌葆灵女校幼稚园之进步

单议珊

另图 27 郭恺悌像

1923年7月4日

**题 解** 本篇原载《兴华》第 20 卷第 25 期“地方通讯”栏。发表时间为 1923 年 7 月 4 日。

撰著者单议珊，生平事迹未详，江西基督教人士。供职于教会立江西南昌医院，为该院同德会庶务委办。此期还在《兴华》上发表了《宏道中学恳亲大会之盛况》《南昌葆灵女书院游艺大会之别报》《景德镇美以美会之状况》等十数篇报道。

南昌葆灵女校，教会女学，属美国基督教美以美会布道会。创设于 1902 年，校址在德胜门外的环丘街。为了纪念美国人葆灵先生（Mr. Baldwin），所以取名叫作葆灵女书院。首任校长为美国人郭恺悌，仅设幼稚园和小学。中华民国成立后，增办女子中学。1931 年准予立案后，始有葆灵女中与葆灵小学的附设。

《兴华》，宗教周刊，其前身为创办于 1904 年的《兴华报》。1917 年 1 月由报改刊，由上海华美书局主办并发行，由传教士潘慎文主撰。旨在宣讲基督教教义，报道教会消息，介绍教会学校情况，也刊有国内外大事记、新书介绍、文学作品等。主要栏目，有时评、教务、经筵、地方通讯、传记、通论、社言、文苑、中外大事撮要等；主要撰稿人，有贾志道、康毓英、吴桂春、庞雨门、刘寿保、刘铭泉、朱立德、钱在天等。1921 年 12 月，又改回《兴华报》。周刊共出 5 卷 300 余期。

幼稚园在葆灵女校设立，迄今十有余年；先后由幼稚园毕业者，不下数百人。由幼稚园升入本校高等者，或由高等升入中学者，或入大学者，或赴各省为教育者或传道者，无不品端学纯、人人钦佩。

去年新换教职员，又极力大为更改。各项课程，用特别新法，忍耐教练；又用各种游戏、体操、跳舞、唱歌，于卫生大有裨益。

届期已满，于六月十七日在豫章中学校，特开一儿童礼拜会。到者有葆灵女学校与豫章中学校全体学生，以及中西男女教员聚集一堂。

兹将开会秩序列于后。主席，葆灵女学校教员夏女士。

（1）报告宗旨；

（2）儿童唱诗班唱赞美歌；

（3）背经（哥林多[①]前三章六、七两节，豫章小学四年生）；

（4）大众唱赞美上帝；

（5）祈祷（豫中四年生袁侠民）；

（6）唱诗《耶稣爱我幼稚园》；

（7）演讲《对于儿童之训词》（豫中副校长吴季穆牧师）；

（8）执事收捐（此捐特为本年夏令开儿童学校用）；

（9）唱诗《耶稣珍宝幼稚园》；

（10）背诵《圣经》训词（初等三年级）所说的是爱；

（11）发给儿童文凭（葆灵女学校居女士）；

（12）大众唱诗《幼童事主》；

（13）举行圣典（豫中副校长吴季穆牧师）；

（14）祝词（诗篇十九篇十四节）；

（15）唱会毕歌（幼稚园）。

至十二时始散会。

---

① 哥林多，即《哥林多前书》（Corinthians），全名为《保罗（保禄）达哥林多人前书》，是保罗（保禄）为哥林多教会所写的书信，旨在诠释基督教教义。

# 101 第二届年会会议纪要

## 中华教育改进社幼稚教育组

1923年8月19—26日

**题 解** 本篇原载《新教育》第7卷第2、3期“第二届年会报告号”。提案时间为1923年8月19—26日，发表时间为1923年10月15日。原发表时，总题为《分组会议纪录·第五幼稚教育组》。今题系编者所拟。

记录组织中华教育改进社幼稚教育组，于1922年在中华教育改进社第二届北京年会上设立。其后的南京年会、太原年会，均按期活动，提出并议决了若干有关学前教育发展的议案。

有关《新教育》，参见前文《请本社依据儿童玩具展览会审查结果，委托各地玩具店制造优良玩具，以供儿童之需求案》题解。

本组自八月二十一日起至二十四日止，共开会议四次，所提议案共有五件。[①] 其中，原提者四件，补提者一件。前四案均经议决，修改通过，并由全体学术会议表决执行；第五案未经讨论。

兹将出席人名列后：丁锡纶、江卢岫霙、王广田、郭业耜、许端、苏耀祖、仝菊圃、陆秀、杨则文、李朱韫、沈璠、余毓秀、李南屏、王崇锡、叶容玢、曹睿、罗韵文、向

---

① 此“五件”议案，顺序为：(1)《请本社设立模范儿童玩具制造所》，(2)《谋普及教育，必先普设蒙养园；普设蒙养园，必广储保姆人材案》，(3)《审查儿童玩具标准》，(4)《推广幼稚教育案》，(5)《筹设幼稚师范学院、模范幼稚园》。

瑛、董雪山、闵电飞、步以诚。

（一）第一次会议（八月二十一日）

本日出席七人。

主席：丁锡纶；书记：郭业耜。

本组去年在济南开年会时，未能成立。此次年会，加入本社之社员渐多。本日开第一次谈话会，咸认为当此幼稚教育亟应促进之时，本组有急须成立之必要。乃公推丁锡纶为主席，郭业耜为书记，即时开第一次正式会议。

主席就职，先整理议案。计有三种，依交到先后付议。讨论情形如下：

第一案主文：《请本社设立儿童玩具制造所》。

多数认为，原案有成立之必要，但办法尚须斟酌。请原提议人将原案修改，下次开会再议。

（二）第二次会议（八月二十二日）

本日出席五人。

主席：丁锡纶；书记：郭业耜。

接上次会议提出之第一案，重新讨论。多数以为，设立制造所固然很好，但本社限于经济，一时恐办不到。不如请本社依据儿童玩具展览会审查结果，委托各地玩具店制造，较为便利，且易于成功。修正通过。

前案通过，王广田临时提出《谋普及教育，必先普设蒙养园，必广备保姆人材案》一案。此案提出后，附议者二人。提案人请先讨论。主席询有无异议，众无异议，先乃讨论此案。

咸以为，主文及理由应加修改（修正案见后）。

（三）第三次会议（八月二十三日）

本日出席五人。

主席：丁锡纶；书记：郭业耜。

主席报告：前两案，上次会议业已议决，今次可续议第三案《审查儿童玩具标准案》。

此案提出后，经众讨论，谓本社既开玩具展览会，并拟推举研究员（见《展览会规程》），则审查标准，实宜预定，本案当然成立。惟六项标准，须酌加修正。俟下次再议。

（四）第四次会议（八月二十四日）

本日出席六人。

主席：丁锡纶；书记：郭业耜。

主席提出第三案付讨论，议决照修正案通过。

又继续讨论第四案《推广幼稚教育案》。经众详加研究，将原案办法第一、第五两项略加修正，第三、四两项删去，又补充两项。议决通过。

（五）本组事务纪要

八月二十一日，公推〔丁〕锡纶为分组会议主席、郭业耜为书记。

收事务所信一件、议案组信一件。

八月二十二日，收议案组信一件，内称张步月愿加入本组。

八月二十四日，本组原收议案三件，又临时提议者一件，共四件。均经会议修正通过，并经学术会议表决。

志愿加入本组之社员，原系五人。到年会出席者，只三人。开会时临时加入者，计十八人，共二十一人（姓名见前）。

八月二十五日，公推江卢岫英为整理议案委员会本组委员，并函请委员会察照。

致函董事部，请推本组委员，组织本组委员会。

# 102　九江儒励书院培植幼稚园的进步

黄醒民

1923年12月2日

**题　解**　本篇原载《兴华》第20卷第84期。发表时间为1923年12月2日。

撰著者黄醒民，女，生卒年未详，江西人，为九江儒励书院毕业生。其他生平未详，或为该校附设幼稚园，或者小学的音乐教师。仅知她在《江西地方教育》上，发表过儿童歌曲《笼中鸟》《跑跑跑》《小先锋》《我是中国人》等。

九江儒励书院，教会女学，由美国基督教美以美会创办。创办时间为1873年，校址在九江庾亮路东段。初名桑林书院，立案后更名为儒励女子中学。民国初年附设幼稚园。该校曾培养出王立明、刘清扬、林福美等知名女性。抗日战争期间，内迁至四川资中、遂宁。1946年迁回原址。1951年，与私立同文中学合并，改名为九江市第二中学。

有关《兴华》，参见前文《南昌葆灵女校幼稚园之进步》题解。

本校幼稚园之设立，十有余载。在此十余载间，幸得良师之善诱，俾有进步。而在近两载间，其进步尤见其速。

自前年贵女士去宁后，遂有谭女士儒芳[①]继任其职。女士为本校毕业生。伊于毕

① 谭儒芳（1897—1996）：女，原名腊英，江西九江人。早年肄业于九江儒励书院。毕业后，被保送入苏州景海女学幼稚师范科，1922年毕业后，即回母校主持幼稚园。1927年，又由教会资送美国印地安纳师范学院深造。1930年归国后，终身事教，并主要从事学前教育，于1961年64岁时退休。终身未婚，晚年与侄女共同生活。

另图 28 九江儒励女子中学校舍及校园

另图 29 谭儒芳像

业后，观儿童教育之弱点，幼稚领袖之缺乏，独往苏州幼稚师范专科[1]，研究幼稚教育。年限既满，颇得良法。返校后，掌教已一载余矣。

其平日之设计教授，大有心得，屡欲发展其进行方法。幸女士于教授上，得有善美之效果。缘本校幼稚学生，素无毕业举动。今暑间，始有五名幼稚毕业生。其行礼之状况，颇觉热闹。最后，亦发给证书，并备各种奖品，以讲〔奖〕勤学之学生。斯种空前之特举，询足鼓励儿童有勇敢、好善之精神。此为儒励幼稚园进步之第一点也。

考教授之良法，莫如先察学生之个性，及各学生之家庭。女士于此，殊加注重，长〔常〕与各生家长往来，交谈一切。故各生家庭之景况，女士十知其八；且于每学期间，开恳亲会一次。各学生家长，均请到会参观。所有目录，历为儿童日常所练习的。或唱诗，或游戏，或演讲故事，与〔莫〕不俱有灵巧之态度与活泼之精神。凡赴会参观者，均皆拍手称赞。此儒励幼稚园进步之二点也。

再者，本埠每有欢迎、欢送游艺，或特别纪念等会，幼稚园必有目录列于其间。客

① 此"专科"，实指苏州景海女学幼稚师范科。

岁“同文循环”，团集合城中幼稚或初小学生，于同文书院[1]内，开儿童游艺大会。本校幼稚生所演唱之目录，推为诸目之冠。其主事人，且出奖品以奖励之。期〔此〕为儒励幼稚园进步之第三点也。

考近年来幼稚园学生之数，较前为多，大有发展之象。此儒励幼稚园进步之第四点也。

① 同文书院，即九江同文书院。该校系由美国基督教美以美会创设，创办时间为1867年，初名“埠阆小学”。校址在九江湓浦路，后迁城南，扩展为同文书院。立案后，更名为私立同文中学。方志敏曾就读于该校。

# 103 第三届年会会议纪要

## 中华教育改进社幼稚教育组

1924年8月

**题 解** 本篇原载《新教育》第9卷第3期“第三届年会报告号”。开会时间为1924年8月下旬，发表时间为1924年10月。原发表时，题为《分组会议纪录·幼稚教育组》。今题系编者所拟。记录报道者未详。

有关记录组织中华教育改进社幼稚教育组，参见前文《第二届年会会议纪要》题解。

有关《新教育》，参见前文《请本社依据儿童玩具展览会审查结果，委托各地玩具店制造优良玩具，以供儿童之需求案》题解。

### （一）原提案目录

（1）《本社宜速定幼稚教育之方针案》（陈鸿璧）；

（2）《本社宜多编译幼稚教育之专门书籍以资参考案》（陈鸿璧）；

（3）《请本社组织编辑幼稚园保育法委员会案》（黄觉）；

（4）《请本社选译关于幼稚教育之书籍案》（黄觉）；

（5）《请本组规定初等教育与幼稚教育课程衔接标准以增教育效率案》（沈渔雷）；

（6）《请本社调查全国幼稚教育现状案》（吴有容）；

（7）《请政府明令各地普设平民幼稚园并指拨烟酒特税为基金案》（吴有容）；

（8）《请政府令各地女子师范附设幼稚师范讲习科案》（吴有容）；

（9）《请本组委员会编印幼稚教育季刊或年刊建议案》（丁锡纶）。

（二）会议纪要

本组自七月五日起至八日止，每日午后一时半至三时，在东南大学中二院楼上开会，共计四次。

第一次会议（七月五日）

本组正主任江庐岫霙、副主任孙世庆均未到会。依照年会规程第六案，推举丁锡纶为临时主席，并推张步月为临时书记。

主席宣布本组议案共九件，或先组织审查会审查后再议，或按议案先后次序付议，请大众讨论。

议决：照第二项办法，先议第一案《本社宜速定幼稚教育之方针案》。讨论结果，多数认为，本案主文有成立之必要，惟理由、办法须加修正。公推陈鹤琴、曹学海、唐若兰、郭业耜、甘梦丹五人，为幼稚教育方针起草委员，起草后再提出〔交〕会议。

继续讨论第二案《本社宜多编译幼稚教育之专门书籍，以资参考案》。陈鹤琴主张，与第四案《请本社选译关于幼稚教育之书籍案》合并。修正主文为《由本社请专家编译幼稚教育书籍案》。主席付表决，多数通过。

继议第三案《请本社组织编辑幼稚园保育法委员会案》。陈鹤琴提议，将议案主文"保育"二字改为教育；办法第二条"各省"二字改为中外。唐若兰附议，赞成。主席付表决，多数通过。

已至闭会时间，主席宣布散会。

第二次会议（七月六日）

出席人数太少，只就未议各案略加讨论，未开议。

第三次会议（七月七日）

主席丁锡纶，书记张步月。

依议案次序，先议第五案《请本组规定初等教育与幼稚教育课程衔接标准，以增教育效率案》。经众讨论，原案之意，系以幼稚园课程标准为前提，应将主文改为《请本社组织幼稚园课程标准委员会案》。以幼稚园课程，如有一定之标准，则不难与小学课程衔接。表决通过。

继议第六案《请本社调查全国幼稚教育现状案》。多数认为，调查幼稚教育状况，实为当今急务。议决照原案通过。

又议第七案《请政府明令各地普设平民幼稚园，并指拨烟酒特税为基金案》。经众讨论，结果对于提案本意，极表赞同；惟本社现实，无要求政府照办之把握。如通过而不能实行，不如暂时保留；俟后遇有机会，再审慎讨论。此案表决，暂行保留。

又议第八案《请政府令各地女子师范附设幼稚师范讲习科案》。因第二届年会通过议案，有与此案相同者；现各省亦多实行，故无庸再议。

遂议第九案《请本组委员会编印幼稚教育季刊或年刊建议案》。经众讨论，因我国幼稚教育尚属萌芽，编印季刊，恐材料不能充足。不如附在《新教育》内，按期发表。陈鹤琴主张，《新教育》每岁出“幼稚教育特号”一册。众赞成，表决通过。又议将原案请建议人，照议决办法自行修正。众无异议。

已至散会时间，主席宣布散会。

第四次会议（七月八日）

主席丁锡纶，书记张步月。

主席宣布，本组议案已解决者，已七件；惟第一案已推起草委员起草，尚未交到。兹可先议第九案。众赞成。

主席宣读第九案之修正主文，为《请本社征集关于幼稚教育之论文，及其他材料在〈新教育〉杂志上刊印幼稚教育特号案》，并说明理由。多数表决通过。

又议第一案。起草委员，本日既未出席；而分组会议，又只此一次，不能再延，只好将此案暂行保留，作为未能解决之案。一面请起草员将稿起出后，先在《新教育》杂志发表，并征求全国研究幼稚教育家之意见。俟下届年会开议时，依为根据。多数赞成通过。

至此，本组会议完全结束。因尚未到散会时间，主席请各社员报告各地幼稚教育状况，并陈述改进之意见。

先后由张步月、陈秀如诸君详细报告。至三时，同到梅庵摄影散会。

### （三）议决案汇录

1. 通过案五件

（1）《由本社请专家编译幼稚教育书籍案》（略，前文已录）。

（2）《请本社组织编辑〈幼稚园教育法〉委员会案》（略，前文已录）。

（3）《请本社组织幼稚园课程标准委员会案》（略，前文已录）。

（4）《请本社调查全国幼稚教育现状案》（略，前文已录）。

（5）《请本社征集关于幼稚教育之论文及其他材料，在〈新教育〉杂志内，刊印幼稚教育特号案》（略，前文已录）。

2. 保留案二件

（1）《请政府明令各地普设平民幼稚园，并指拨烟酒特税为基金案》（略，前文已录）。

（2）《本社宜速定幼稚教育之方针案》（略，前文已录）。

3. 毋庸再议案件一件

《请政府令各地女子师范附设幼稚师范讲习科案》（略，前文已录）。

4. 附件

幼稚教育方针起草委员会诸先生均览：

本组会议，至八日第四次业已期满。该日开会，未蒙将草案交到。为期限所迫，只好将此案暂行保留，并请诸先生将对本案之意见，在《新教育》杂志上详细发表，与全国研究幼稚教育者，作充分之讨论。俟下届年会时，再提出会议为荷。

幼稚教育组启

## 第六　幼稚教育組

本組正主任江慮岫雯，副主任孫世慶均未到會。依照年會規程第六案，推舉丁錫綸爲臨時主席，並推張步月爲臨時書記。

主席宣布本組議案共九件，或先組織審查會審查後再議，或按議案先後次序付議。請大衆討論。議決：照第二項辦法，先議第一案：『本社宜速定幼稚教育之方針案』。討論結果，多數認爲本案主文有成立之必要。惟理由辦法須加修正。公推陳鶴琴，曹學海，唐若蘭，郭業梠，甘夢丹五人爲幼稚教育方針起草委員。起草後再提出會議，繼續討論第二案：『本社宜多編譯幼稚教育之專門書籍，以資參考案』。陳鶴琴主張與第四案『請本社選譯關於幼稚教育之書籍案』合併。修正主文爲『由本社請專家編譯幼稚教育書籍案』。主席付表決多數通過。繼議第三案『請本社組織編輯幼稚園保育法委員會案』。陳鶴琴提議將議案主文保育二字改爲教育。辦法第二條各省二字改爲中外。唐若蘭附議。贊成主席付表決多數通過。已至閉會時間，主席宣布散會。

### 第二次會議

七月六日

出席人數太少，祇就未議各案略加討論，未開議。

### 第三次會議

七月七日

主席：丁錫綸。

書記：張步月。

依議案次序先議第五案：『請本組規定初等教育與幼稚教育課程銜接標準，以增教育效率案』。經衆討論，原案之意，係以幼稚園課程標準爲前提，應將主文改爲『請本社組織幼稚園課程標準委員會案』。以幼稚園課程，如有一定之

另图30　《第三届年会会议纪要》原发表件（部分）

# 104 “上海幼稚教育联合会”的发起成立

1925年12月20日

**题　解**　本篇原载《申报》和《励志》杂志。发表时间和卷期等，均附于各则之后。各则之题均为原题，总题系由编者所拟。

“上海幼稚教育联合会”，在发起之初，拟名为“上宝幼稚园联合会”或“上宝幼稚教育研究会”。在成立之后，则多称“上海幼稚教育联合会”。这大概由于，宝山县的幼稚园未能加入之故。除发起者尚公、广肇和广东三所幼稚园外，其后加入者，尚有西成幼稚园和上海幼稚院。此数园，均为当时上海学前教育机构中的佼佼者。

须得说明的是，早在1916年8月，便有“江苏省教育会幼稚教育研究会”的创设。该会虽名“江苏”，然中坚力量，实为上海的幼稚园。一般认为，江苏幼教研究会，为由国人创设的最早的学前教育研究社团。只因该会于1920年后便再无活动，因而便有了重设相关社团的必要。

有关《申报》，参见前文《南京燕子矶乡村幼稚园开办简章及预算》题解。《励志》，社科综合性季刊、双月刊。1917年创刊于上海，由上海工界青年励志会编辑并发行，为该会会刊。该刊以“宣传工业，交换知识”为宗旨。主要栏目，有社谈、言论、研究、丛录、文艺、杂录、通信、纪事、专件等；主要撰稿人，有葛祖洪、王育素、黄美中、陆庆麟、赵志清、庞子贤等。1926年9月终刊，共出20余期。

## 一、上宝幼稚园联合会之发起

上海、宝山二区幼稚园固多，惟向无联络研究之机会。闸北尚公幼稚园有鉴于此，特发起“上宝幼稚园联合会”。

昨日（十九〔日〕）在该校开筹备会，到有广东公学幼稚园、广肇公学幼稚园、尚公幼稚园等代表张香素、许膺福、梁淑存、曹之春、罗季昭、卢倩予、郑惠侨、梁瑞芳、刘丽群、梁连枝、刘素贞、简药芬、梁瑞麟、黄勖我〔哉〕、谢雅梅、章雪映、沈百英、胡叔异，及中华书局编辑唐谷等三十余人。

议决：由广东公学、广肇公学、尚公学校等三校，作为发起团体，向上、宝二区征求各幼稚园加入。当场推定，广东幼担任租界区，广肇幼担任闸北区，尚公幼担任南市区。定十五年一月九日，在广肇幼正式开成立会，通过简章。

次请唐谷君演讲幼稚教育。末各进茶点，相互讨论，至五时余散会。

原载《申报》1925年12月20日10版

## 二、上宝幼稚园联合会今日开大会

上宝幼稚园联合会，为尚公、广肇、广东三幼稚园发起，上月在尚公幼稚园开筹备会等消息，已志本报。

兹悉该会，定于本月九日下午二时，在广肇公学开成立大会；同时，并展览幼稚用书，及敦请名人演讲。

闻加入之学校，已有十余云。

原载《申报》1926年1月9日10版

## 三、上宝幼稚教育会成立大会

昨（九号）日下午三时，广肇公学幼稚园，举行“上宝幼稚教育研究会”成立大会

（会名“上宝幼稚园联合会”）。到有广东、西成、尚公、广肇等幼稚园代表约三十余人。

首由临时主席报告，请美国哲学博士蔡卓夫[①]演讲。略谓，美国幼稚园近来日益发达。最近，美煤油大王捐助巨资，创办幼稚站（Children Station）。凡生后十八个月的婴孩，即可送入幼稚站学习。较之我国四五岁儿童始入幼稚园，相差甚大。次谓，幼稚园当举行身心方面测量。此种测量最重要者，一为儿童平均发达测量，〔次〕为医药测量云云。

次请广东公学校长陈鸿璧演讲。陈君讲词，多实地幼稚研究经验。辞长不及多载。

次通过简章。散会时已五时余。是日，商务、中华，均有幼稚用书陈列展览云（知之）。

原载《申报》1926年1月11日10版

## 四、幼稚教育研究会定期开会

沪上曾有“幼稚教育研究会”之组织，去年开会二次。此次定后日（十六日）下午一时起，在闸北赛源路广东公学内开会。

届时，敦请省视学夏承枫[②]君及苏州景海幼稚师范主任盖培德[③]女士（美国人）莅会演讲，并展览各幼稚园儿童工作成绩。

闻该会印有入场券分发各校。凡有志研究幼稚教育者，可前往该校索券云。

原载《申报》1926年5月14日7版

---

① 蔡卓夫：蔡翘（1897—1990），又名义忠，字卓夫，广东揭阳人。早年肄业于复旦大学、北京大学。后留学美国，先后在加利福尼亚大学、印地安纳大学、哥伦比亚大学、芝加哥大学学习心理学和生理学，于1925年获哲学博士学位。归国后，受聘任复旦大学教授，执教生物学和生理学。后长期任职于中央大学医学院。著有《生理学实验》等。

② 夏承枫（1898—1935）：字湛初，江苏南京人。1917年毕业于上海第二师范，担任小学教师。1920年考入南京高师教育科。毕业后，历任江苏一中训育主任、东南大学教育科助教、江苏省教育厅督学、南京市教育局学校教育科科长、中央大学教职。因染伤寒而英年早逝。著有《地方教育行政》《现代教育行政》等。

③ 盖培德（Kote B. Hasking）：女，生卒年未详。美国女传教士，曾任景海女学幼稚师范科主任。景海女学的第一任校长为贝厚德女士，第二任校长为亮美兰女士。1918年，亮女士回美国后，盖培德继为第三任校长。

另图 31 参加上海幼稚园联合会游艺会的西城幼稚园之舞蹈表演

## 五、上海幼稚教育研究会开会

上海幼稚教育研究会，前日下午，在宝源路广东公学内开第三次会议。到会者有八十余人，均为各幼稚园教师，及有志研究幼稚教育者。

由广公幼稚园主任张香素女士主席，报告开会情形，并介绍苏州景海女师范幼稚科主任、美〔国教〕习盖培德女士演说。略述新式幼稚园与旧式幼稚园之不同，列举各种教学方法及学生成绩。

次请“广公”校长陈鸿璧女士演说。略谓幼稚园之生活，可分七种。每种中更分为若干细目。举例详明，听者动容。

演讲毕，另开事务会议。商定各项办法如下：

（1）此次展览工作成绩，由各校相互调换选取。

（2）下届开会由上海幼稚园当值。

（3）下届表演儿童游艺时间，以两小时为限，每校至多占半小时。

（4）下次定十月间开会。前一月先开筹备会，从事筹备一切。

（5）此次招待费，由各校分担。

（6）介绍川沙公立小学加入本会。

（7）请在会各校，再向本埠各幼稚园接洽，请各校加入本会，增进会中研究兴趣。

会毕，各校相互调换成绩，时已六时矣。

原载《申报》1926年5月18日7版

## 六、幼稚教育研究会

五月十六日，本会在广东公学开第三次常会。本校推派代表出席讨论。会中，展览儿童工作成绩，敦请盖塔德女士演讲及讨论下届开会一切事宜。

原载《励志》1926年第2期“馆事消息”栏

## 七、上海幼稚教育研究会游艺会开筹备会

上海幼稚教育研究会，为提倡幼稚教育，引起社会人士注意起见，将举行各幼稚园联合游艺大会。

前日在广东公学开筹备会议，到尚公、广肇、广东、上海等各幼稚园。由上海幼稚院陈济成君主席。议决大会日期，定十月二十四日；会场拟借北四川路中央大会堂；并公推上海幼稚院陈济成为大会主席。前台主任为尚公沈百英，后台主任为广肇张亦庵。

除由在会各校表演儿童游艺外，并欢迎其他各幼稚园加入表演。总筹备处为康脑脱路上海幼稚院。

原载《申报》1926年10月5日12版

## 八、上海幼稚教育研究会常会纪

上海幼稚教育研究会，于前日在养真幼稚园内开常会。到广东、上海、广肇、尚公、川沙公立等幼稚园代表陈鸿璧、张香素、黄勖哉、张亦庵、洪式孟。

由上海幼稚院院长陈济成主席，许茗芳纪录。首报告各幼稚园游艺大会结束情形，次讨论幼儿园课程问题，颇有精详之研究；并通过将本会历届会务议案等，发表于《教育杂志》；决定下届五月内大会，聘请名人演讲关于幼稚园课程问题。

推举川沙公立幼稚园如当值，开会地点即在该校举行云。

原载《申报》1926年11月2日10版

# 105　本园沿革大要

上海养真幼稚园

1925年12月

**题　解**　本篇原载《励志》1925年第4期。发表时间为1925年12月。原发表时，题为《养真幼稚园沿革大要》，题后附有如后文字："本志第二期所记本园经过，略有不合，特更述于此。"今题系编者所拟。为供参照，特将第二期所载，收作本文附录。

撰著单位上海养真幼稚园，系由商务印书馆附设之私立学前教育机构。其初，仅接受该馆负责人资助；1925年后，则提供园址，定期拨款，并附属于该馆所办理的尚公小学。此后办理，蒸蒸日上，遂成为国内办理成绩优秀的幼稚园之一。

有关《励志》，参见前文《"上海幼稚教育联合会"的发起成立》题解。

本园在清宣统年间，由美女士卜小姐，以私资倡办于美华书馆。其后与夏君瑞芳[①]等集资推广，迁移于海宁路顺征里。

后由美女士秀小姐继之，延聘张廷荣[②]夫人任保姆。旋以校址不宽，迁至宝兴西里。

---

① 夏瑞芳（1871—1914），字粹芳，江苏青浦（今上海市）人。1897年，与人合创上海商务印书馆，任经理。十年内，在20多个城市设立分馆，资本增至200万元，年出书近300种。心于社会公益事业，当选为市总商会议董。1914年1月10日，遭暗杀身亡。

② 张廷荣：生卒年、籍贯等未详。曾作上海孤儿院院长。为筹办上海孤儿院，曾专程前往日本，考察冈山孤儿院的办理，以作为镜鉴之资。后亦长期从事或关心慈幼事业。

原图 6　养真幼稚园校舍正面图

夏先生故，复由鲍仲言[①]先生筹款维持。其时，华静贞[②]女士任保姆。

逮民国二年，华女士东游留学，梁女士继之。始定名为“养真幼稚园”，旋由商务印书馆津贴经费。主持人自梁女士之后，为陈女士。因经费不充，借设于宝通路长老会堂。陈女士之后，为鲍凤菊[③]女士。民国十三年，鲍女士辞职，黄勖哉[④]女士继之。

十四年四月，由本馆总务处议决，归并尚公学校办理；将公司新购宝山路厂屋之后

① 鲍仲言：鲍咸昌（1864—1929），字仲言，浙江鄞县人。基督教徒。商务印书馆创办人之一，时任商务印书馆总经理。

② 华静贞：女，生平事迹未详。为上海清心女校第一届毕业生，后长期从事学前教育和小学教育。

③ 鲍凤菊：女，生卒年未详，浙江鄞县人。鲍咸昌之女，金陵大学校长陈裕光之妻。辞养真幼稚园职后，又长期从事商务印书馆女职工教育和基督教闸北堂事务。

④ 黄勖哉：女，生平事迹未详。接掌养真幼稚园之前，曾任北京女子师范附属幼稚园教员。撰有《幼稚园国语教学》等，编有《幼稚园的音乐》（商务 1935 年版）。

面房屋及园地一方，拨为园舍。是年六月一日修理工竣，始迁入。因开恳亲会，以志纪念焉。

附录 《养真幼稚园改组迁屋》

本园借设于宝通路长老会堂内已有年矣。虽不适用，迄无相当可迁之处。

近因公司购置谋得利琴厂其后西式住屋一所、草地一方，尚为相宜。鲍仲言先生提议于总务处，拨作本园之用，一致赞成。其议决案略谓，本馆新购谋得利厂后面住所，拨归养真幼稚园应用，并划归尚公学校管辖。每年经费，改由本馆津贴，以五百元为度。所有印刷所出售油字纸脚价，应由公司收账等语。

复由鲍先生委托谢宾来先生，派匠前往修理，务祈适于幼稚园之用。月余，始工竣。幼稚园遂定于六月一日迁入。

原载《励志》1925 年第 2 期“馆事消息”栏

# 106　上海沪江大学之附小及幼稚园

范兰恩

1926年4月

**题　解**　本篇原载《沪江年刊》第 11 卷（丙寅年刊）。发表时间为 1926 年 4 月。原系英文论著，由王佩贞、沈遗香合译为中文。原发表时，题为《本校之附小及幼稚园》。今题系编者所拟。

撰著者范兰恩，女，生平事迹未详，当为美国女传教士的中文名。时任沪江大学初小部兼幼稚园主任。

译者王佩贞（1904—1998），女，上海市人。为沪江大学 1926 届教育系毕业生，后历任杭州弘道女中、上海清心女中训育主任、教务主任。1931 年后，长期担任上海裨文女子中学校长。译者沈遗香，女。为该校 1926 届教育系新生，其后经历未详。

在沪江大学附设幼稚园的办理过程中，有一点值得注意，那就是它设园于郊区而非都市，故“邻校六里内九个乡村的儿童”，都可以沐浴到教育的雨露。这在研究中国乡村幼稚园时，值得特别注意。因为西方传教士深入到中国社会底层后发现，直接传教的阻力极大。于是，他们只能通过教育、医疗等迂回手段，来达成其传教目的。这种“无意插柳”，反使某些僻远之地，占得了教育之先机。

《沪江年刊》，1915 年创刊于上海。初仅有英文版，1923 年始中英文并行出版。由沪江大学主办、编辑并发行。该刊旨在记录学校发展概况、刊发师生代表作，以照片和图画为其特色。主要栏目，有照片、图画、章则、级史、师资介绍、毕业生简历、校风丛谈等；主要撰稿人，有树华、VC、颂笑、金鎏、君始、陆宗贤、础等。1947 年终刊，今存 13 期。

俗语说："路不行不到，事不为不成。"

我们的初级小学，起初设在本校的北房，幼稚园在思美堂。课室约十英尺宽，十二英尺长。这二十年中，我们总觉得，初小部离目的地非常的远；待将今昔的成绩比较之后，那知其进步的迅速，真是出乎意外！

## （一）初小部历史

魏校长[①]夫人，在一九一一年首创初级部。本校毕业生严其华[②]先生，是那时的教员。小学生都含羞，没训练，又害怕走进那高大的校舍。经了许多手续，小学生们方才每天到校。一天，学生中有钓鱼之戏，群众都不顾铃声的去了。魏夫人用奖品加诱腋，学生人数始慢慢的有定数了。

一九一三年，韦雅各[③]博士到沪大。他对于初等教育非常热心，提出将初等小学校移到思美堂的二层楼。当时的组织和设备稍微完全，学生也交些书费。同时，韦博士筹划一所模范乡村校舍，可以容三十五个学生，这就是我们校旁的小学。

到了这所新屋以后，付书费之外，他们也能付些学费。教员的薪金虽是比不上现在，然而，当时也得到几位很热心的教员。教育科学生常去试教，以补他们的不足。一九二四年秋季，范女士为初小部主任。那初小部同幼稚园，就并成一起。

## （二）幼稚园历史

首先的幼稚生，是道学科[④]学生的子女。后来白夫人[⑤]负"妇女扶佐会"的名义，主

---

① 魏校长，即魏馥兰（Francis John White，1870—1940），为美国北浸礼会传教士，出生于美国堪萨斯州。文科硕士，神学博士。他于 1901 年来华，1911 年接办"浸会神学院"和"浸会大学堂"后，对学校进行了改造，并在沪东军工路兴建新校。1914 年定名为沪江大学，继任校长，直至 1926 年。刘湛恩接任校长后，魏任名誉校长，直至 1936 年归国。其夫人名为伊迪丝·汤普森·怀特（Edith Thompson White），毕业于美国渥太华大学。

② 严其华：沪江大学 1916 届毕业生，后留校任教。生平未详。

③ 韦雅各：通译韦雅谷（James Benjamin Webster，1879—1929），美国里士满大学文学士、克罗泽神学院神学士、哈特弗德教育学院博士。1913—1918 年任沪江大学教授，1918—1925 年，担任该校教育学系主任。曾在沪大附中主持试行"分团教学法"。

④ 道学科，即神学科，专门研习基督教教义及教理的专业，旨在培养传教士。

⑤ 白夫人，即沪江大学前身之一"浸会大学堂"校长柏高德的夫人。

另图 32 沪江大学附小及幼稚园校舍

任一切。邻村孩童，也得机介入。可是，这幼稚园是像一个育婴室。

妇女扶佐会觉得，正式幼稚园的需要，特地聘了一位师范毕业生。幼稚园也就从思美堂搬到普济医院（本校医院）门诊所。这些学生反而倒贴学费，非用糖果、花〔画〕片去吸引他们不可。每天清晨，保姆总须出外，聚集近旁小孩，领他们走进校门。用了这个方法，学生人数增加。但是天天的学生，好些是新的，要训练他们非常困难。

一九二十〔○〕年，范女士被聘为本校教员。该女士系研究幼稚园教学。从她来了以后，我们得到完美的设备及充足的经费。一九二一年，又聘苏州景海幼稚师范毕业生戚翠珍女士。那时，幼稚园改为大学部办理。现在，我们有一所模范幼稚院，听说是欧美所少有的。这是女士竭力从美国乔其省[①]浸会妇女们那里捐来的。因此，就定它的名叫做“乔其堂”。

邻校六里内九个乡村的儿童，都受着这两校的教育；同时，使大学生有试教的良机。该部教职员共四位。一位专任初小部（二年级以上），余二位，轮流任教初小一年或幼稚园。校长督理一切校务及幼稚师范生。

校中设备，是亚东最完美的。至于小学生，无须再用糖果去引他们了；甚至在假期中，也要来校玩耍，学费也按数付讫。诸教职员也循循善诱。将来的希望是很大的。

---

① 乔其省：通译佐治亚州。为美国东南部 7 个州之一，首府亚特兰大。

# 107　南京鼓楼幼稚园概况

张宗麟　李韵清

1926年6月1日

**题　解**　本篇原载《教育汇刊》第2卷第3、4期。发表时间为1926年6月1日。

撰著者张宗麟，参见前文《南京市幼稚园课程参考》题解。

联名撰著者李韵清（1899—？），女，浙江鄞县人。早年毕业于杭州弘道女校幼稚师范科，后历任杭州培德幼稚园、苏州仓门幼稚园主任。1925年春，任鼓楼幼稚园教师。1926年夏离职，随夫迁居北京。其职由俞选清接任。

此后，张宗麟又与陈鹤琴联名，将本文易题为《一年来南京鼓楼幼稚园试验概况》，发表于《新教育评论》第2卷第24期（1926年11月12日）。内容大同小异，且删去了文中图表，故取此而舍彼。

《教育汇刊》，教育季刊。1921年3月创刊于南京，由南京高师主办，该校教育研究会主编，由中华书局印行。该刊宗旨为："研究教育学术，介绍教学方法。"主要栏目，有论著、研究、译述、讲坛、辩论、余载等：主要撰稿人，有陈鹤琴、陶知行、徐则陵、郑宗海、杨效春、夏承枫、吴俊升等。1926年6月终刊，共出2卷10期。

本篇目的，在引起国内教育家对于幼稚教育之注意，合力研究，以造成完全中国化之幼稚教育（吾国现在幼稚教育，几乎完全为外国化）。本园改组[①]伊始，一切试验方

① 此"改组"，指由原来所设"家庭幼稚园"，正式改办为"鼓楼幼稚园"。其时在1925年9月，故言"伊始"。

正开始，本篇不能有美满成绩的报告，抛砖引玉，深愿国内同志共起而研究焉。

## 一、组织及现状

### （一）略史

民国十二年春，东大[①]儿童心理教授陈鹤琴先生及幼稚教育讲师卢爱林女士（美人，来华多年，曾主持杭州弘道幼稚师范），鉴于吾国一般幼稚园办理不善，大失去创始者之本意；且一味抄袭，不能适合国情。于是有设立幼稚园之议，以试验幼稚园新法，及使受中国化为宗旨。

十二年秋，得东大教育科之补助，乃借陈教授家屋之一部分为校舍，置备教具，聘请甘梦丹[②]女士为教师，卢女士亦与焉。其时有儿童十二人，皆为附近大学教师子女，外有日本儿童二人。方法采自由发展法（natural development）[③]。未几，卢女士因事离宁，乃增聘钟女士[④]为助。自是以后，学生数渐增，办理渐臻完善，而社会亦渐加注意焉。

十四年春，韵清[⑤]来园司教职，始规划建筑新校舍，以事扩充。陈先生乃与东大教育科诸教授，共谋发起募捐。事闻于朱琛甫[⑥]先生，慨然担任募款十分之八。于是购鼓楼空地一方，计三亩有奇，鸠工兴筑平房一幢。从此，校舍有着，试验得以加进矣。

后再经中华教育改进社及东大教育科之多方赞助，遂形成今日之现状焉。

---

① 东大，即东南大学。当时是南京高师、东南大学两块校牌，一个实体。南京高师正式归并入东南大学的时间，是在 1923 年 7 月。

② 甘梦丹：女，时任东南大学附中音乐教师。参见《一个理想的幼稚园（未完稿）》题解。

③ 自由发展法：或称“自然教育法”。即教育者对儿童活动，既不进行预先设计或规定，也不进行过多干预，完全听凭儿童的兴趣。这种教育旨在发展个性，与传统教育有着实质的不同。

④ 钟女士，即钟昭华（1901—1994），女，浙江德清人。早年毕业于浙江弘道女中师范科，随之留校任教。1923 年夏，受聘执教于鼓楼幼稚园。30 年代，担任该园园长。40 年代，任教于江西幼师、上海幼专。新中国成立后，担任南京师范大学幼教系教授，后任中国学前教育研究会副理事长。

⑤ 韵清，即李韵清，参见本文题解。

⑥ 朱琛甫：曾任苏州镇守使。时兼中华职业教育社“百年基金管理委员会”委员长。

（二）宗旨

本园宗旨有三：

（1）试验中国化的幼稚教育。

中国现在所有幼稚园，大半采取西洋成法，或宗福禄培尔派，或宗蒙得梭利[①]派，稍新者则参而用之。此种方法与教材，用于外国或可适用；施之我国，则不免有削足适履之弊。因此，本园第一目的，在试验中国化的教材和适于中国儿童的教法。

凡各国所发明之新方法、新教材，非经详细考察，认为颇合国情而能实收成效者，宁弃之而勿用。盖独立国之国民性，当于孩提时培养之。此即今日吾侪教育界最大之责任也。

（2）利用幼稚园以辅助家庭。

任何教育，苟非与家庭合作，其收效必微。幼稚生初离母怀，在园之时日少，在家之时日多；倘徒有每日数小时之教育，而不一顾家庭状况，实鲜有多大成效。

吾国家庭教育，自古即有，惟施行颇多失当。儿童在家，非宠之若霸王，即贬之若盗犯。能使儿童于其固有之地位而受相当之教育者，盖寥寥无几。本园本与家庭合作之见地，一方从事改良幼稚教育，一方兼及于家庭教育焉。

（3）将试验所得最优良、最经济之方法，供全国教育界之采择。

吾国幼稚教育，之所以只抄袭西人成法者，因国中无现成方法可仿行，无现成教材可采取也。大多数幼稚园教师来自西洋，本其成规设立幼稚师范。所学如是，所教亦必如是。因果相承，彼此互袭，谬种流传，不期然而外国化矣。

本园虽不敢深信，将来试验结果定属尽善尽美；然既抱创办中国化幼稚教育之志愿，则一切进行，当不容盲从抄袭。交臂失良法，容或有之；兼收其糟粕，自信必无。请以三年为期，在此期内，所试验之成绩和结果，当尽量贡献于大众。倘能因此奠定中国化幼稚教育之基础，俾全国幼稚教育界皆群起试验，是吾侪所日夕盼望者也。

---

① 蒙得梭利：通译蒙台梭利。

另图 33 南京鼓楼幼稚园校舍校园照

另图 34 南京鼓楼幼稚园全体师生（后排中为张宗麟）

（三）组织

组织之一部分，已于历史一段上略提之。今更条举说明如下。

本园与国立东南大学教育科及中华教育改进社合办。其组织如下：

（1）本园设董事会，维持全园各项事业；

（2）主任一人，主持园中一切事务，由董事会公推、延聘之；

（3）教师及研究员若干人，由主任会同董事会延聘之。

（四）行政及杂项

本园现因经费关系，主任而外，只二人直接负责。

现任主任，即由东大陈鹤琴教授兼。对外代表全园，出席董事会及负筹划经费之责，对内则指导试验及襄理一切。

此外，有教师及研究员各一人[①]，负一切教导、试验及处理事务之责任。

各职员，除平时聚谈、商议本园进行事宜外，每晨八时以前，必讨论今日之应做事项；十一时半学生回家后，又须讨论本日作业之经过情形。再，每星期五下午，必会集一次，讨论下星期课程及作业等之事项，并决定明日旅行或参观之地点。星期日则常与东大诸教育教授，讨论试验方法。

① 此“各一人”，为教师李韵清、研究员张宗麟。

如此，经各方督促、指导后，麟等益知所以努力之方向矣。

### （五）校舍及设备

本园新校舍在南京鼓楼公园之西，环境颇佳。全园分为数部：校舍居中，前为草地及花圃；草地东隅，置各种游戏器械；后为菜圃及斜坡，动物园即在菜圃之旁。校舍建筑，因经费关系，虽不能一如理想，然亦差可适用。

数月前，宗麟南下调查[①]幼稚教育，颇觉各幼稚园设备太少，使幼稚生无物可玩，因而呆坐。归告陈鹤琴先生，陈先生亦以为然。此后本园设备，力求完足，并力求适于教育原理，现有数类如下：

（1）乐器。本园除西洋钢琴而外（拟购置唱机，以练习节奏，现暂向各教授家借用），国乐有鼓、锣、铙、钹、箫、笛、磬、钟等。

（2）户外运动。有大小秋千三种，滑梯、滑板、梯子、绳梯、沙盘、黄包车、脚踏车、电车、小车、汽车、摇动木马、赛跑兔子、绳索等，及特辟之斜坡。明春，拟更置扁柏迷径[②]等具。

（3）图画及书报。本园除与东大教育科筹备合办“幼稚教育图书室”外，关于儿童自己读物，搜集甚多。如儿童书报、教育书报、各种故事书、各种童话等等，约千余本。壁间所挂图画，时为更换。盖图画鉴赏，亦一重要课程者也。

（4）其他。尚有大小积木、洋囡囡、手工、图画之设备，及各种自然科之标本与简单之采择器。盥洗、饮具，则各儿童一副〔套〕。

## 二、教导状况

幼稚园中作业，不能分为教学与训育，而皆为整个的教育历程（教导二字，在文字

---

① 此“南下调查”，指张宗麟 1925 年 10 月在江、浙所进行的调查。可参见后文《调查江浙幼稚教育后的感想》。

② 扁柏迷径：由栽种的扁柏所构成的迷宫小径，用以练习幼儿的方向感和识记能力。

上，或不甚通行，然以之表示整个的教育历程，或者较为简核〔赅〕）。本园因试验伊始，新校舍亦初落成，学生尚未十分发达。教导时，除极少数课程以外，皆不分组。今为说明上便利计，分述如下。

### （一）全部的课程纲要——共九种课程

（1）音乐。中西音乐兼教。每星期，至少授新歌一首。教授上所用乐器，除钢琴而外，尚有留声机，作为练习“有节奏之动作”之用。中国乐器如箫、鼓、铙、钹等，亦略备。惟所有歌曲，颇难使幼稚生学唱，新歌亦一时无处寻觅。故教授中乐时，只教其敲击法，大概与节奏动作相仿。

（2）游戏。多注重个人游戏兼团体游戏。幼稚生时期，无“群”的观念，即竞争心、好胜心亦尚未发达。以故，团体游戏非其所好。而个人好动性已甚发达，凡健康之幼稚生，几无一刻停止其手足之动作。此时教导上最要之点，为供给儿童玩具，示以正当使用方法，儿童即能独自练习，其技亦能日精。至应养成几多游戏习惯，请参看下文试验表。团体游戏，为养成儿童种种良好习惯之良好机会。虽幼稚生不甚有兴趣，然亦仍须有相当之引导。本园大约每星期举行两次。举行团体游戏时，非全体儿童加入不可，否则举行部分的团体游戏。

（3）图画。凡着色、写生、印画、临画、想像画等，皆有。教授时，非但不强迫儿童作某种画，且不强迫其作任何画。图画大抵不单独教授，必与他科相联〔连〕。最有关系者，为故事、自然及手工三科。苟于此三科中，能引起儿童图画动机，则其对此科，必特感兴趣。本园学生陈一鸣[①]，甫四岁有奇，绘一物竟能毕肖（参看《一个四岁半的儿童图画汇报》）。画之种类，有蜡笔、铅笔、毛笔、粉笔等。其中，用蜡笔之次数最多，毛笔次之（专为水彩画之用）。

（4）手工。与图画、故事、自然联络教授。有下列数种：剪图、贴图、泥水、黏土、穿珠子、折纸、穿线、洗涤、木工，及日常工艺问题之参观与试做，如织布、纺纱、烹调、染色、漆作、做豆腐等。

---

① 陈一鸣：陈鹤琴长子。陈鹤琴曾以其为研究对象，进行了两年多的跟踪研究，撰写了《儿童心理之研究》一书。

另图35　鼓楼幼稚园幼稚生在沙盘中作业

（5）故事。幼稚生除游戏以外，最爱听故事。故事之功用，非但可以增进儿童之智识，且可以练习耳听、眼看、口讲，及手足等表演。本园凡遇讲故事，必用图画，以引起儿童注意。每首故事，竟有重复至三四次者。讲后，儿童有时能复述其大略，有时亦能起立表现者；教师即迎机而请其复述，或即布置场所，而使之表演。

有时，儿童能杜撰故事，而欲向大家讲述者。本园必逐字逐句记录，所以占〔觇〕儿童语言与思想发达之程序也。

（6）自然。本课当行户外教授。随时随地，遇相当自然界事物，即召集儿童教授。

本园每星期至少出外一次。或游览名胜、采取标本；或参观陈列所、博物院、邻近幼稚园、学生家庭等。目的在观察自然界事物，以为讲述、讨论根据。又于空隙之处，树植花草，饲养小动物，如鸽、蜜蜂、鸡、羊、鹅、鸭等，其用意亦同。

（7）常识。本科无独立、具体、有组织之教材，大都分散于其他各学程中教授。试看本篇试验表便知。

（8）人生习惯。亦无具体、有系统的教材，乃随时随地而施教。各种标准，请参看试验表。

（9）读法及书法。本课非全体幼稚生必修的。凡年岁较长之儿童，于相当时机内，教以单字、儿歌及简单句子。往往与图画、故事二课联络教授。教授方法，可以参看《幼稚园几种读法教学法》。盖本课即由宗麟担任试验者也。规定试验时间，为每日下午二时至三时半。然而，上午遇有相当机会，亦得举行。

至于书法，因五岁以下之儿童，几乎不能作画横、竖之正确动作，颇难教授。故只择年岁较大、识字较多者，教以极简单字的写法。写字之笔，多用粉笔，蜡笔亦间或用之；时或以薄纸、铅笔，教儿童印写书上之字。然平均计之，本园不多教书法。盖不愿儿童不能领会笔顺之字，横竖倒画，以养成其不知笔顺之恶劣习惯也。

（二）日课

幼稚生为初离母怀之儿童，天真烂漫，举止活泼，且有一种娇态、憨态，无论男孩、女孩皆可看出。彼等初入园中，骤易环境，举动无措，盖不知如何适应此新环境；几时以后，各种情形渐渐熟悉，因视幼稚园为第二家庭。而所有动作，完全与在家时无异。本园即依此二种不同之情形，而施以互异的教育。

儿童之初入幼稚园，往往哭泣。此时，须询问其母亲，是否可以逾时复常态。若以为一二日即可复常态者，家中人可不必陪坐，只由教师与以玩具，教以玩法。设仍哭泣不已，则携之赴邻近空地散步；途次与之谈话，并示以途傍所见花草及各种实物。如此，可渐与教师熟识。归园时，或有立即不哭者，或有见大门而仍哭者。前者毫无问题。后或携入园中，不使遽入室内，停于空地上片刻；若仍哭泣，则听之，移时即行停止。第二日来时，若仍有哭泣者，教师可给以玩具，并示以其他儿童之游戏，哭泣或能减少。至第三日亦如此。约一星期后，大多数儿童必能渐复原状，能随大众听故事、唱乐歌、做游戏矣。

某女孩，生甫二岁十个月，哭泣甚剧，行动非家人陪随不可。本园初亦允许之，惟教师不时与之游戏、谈话，并示以其他儿童作业。如是约二星期以后，该女孩已能自动加入大众作业。此时，虽仍然思家，然哭亦不剧，可不必令家人陪随。

对于已惯幼稚园生活之儿童，本园本上述种种课程标准，视多数儿童之好尚、需要，施以最适宜之教育。一日间之作业概况如下：

八时五十分，儿童到园。

八时五十分至九时十分，自由活动。大多数在户外个别游戏，亦有看图画者。

九时十分至九时半，检查身体。此事间日举一次（星期一、三、五）。举行时，不使群儿环坐。每个儿童，除受一二分钟之检查外；余时间，可在室外游戏。

九时半至十时，手工，或图画，或自然（大约两种继续，间有单独举行者）。

十时至十时二十分，洗手并休息。

十时二十分至十时四十分，吃点心及休息。

十时四十分至十一时半之作业甚多，有谈话（清洁成绩，及各种图画、手工，或临时遇到之事情）、唱歌、游戏，有节奏之动作、故事等。

放学时，唱《再会歌》。

惟此数种节目，非每日如此。有时儿童于某种有特别兴趣时，即延长其作业时间，而略去他种作业。又，故事之讲述，往往因年龄及经验关系，不能同听，本园即分为数班。程度最高之儿童，讲较高深之故事；年幼之儿童，则用儿童书报及各种图画讲述。然此，并非每次都讲有组织之故事。

下午课程，专为年岁稍长之儿童而设。主要者，为识字。然亦有散步郊外及各种游戏。其教法，另详《幼稚园里几种读法教学法》。

此外，每星期中，至少有一次之旅行或参观。其主要目的，大概为自然或常识教授。

（三）与家庭合作

“一暴〔曝〕十寒”是教育上最大缺点。学校教育之所以有时难见效者，正以此也。幼稚园课程，往往只有半日；即有全日者，下午钟点亦不多。其余大部分时间均在家中，故家庭教育亦非常重要。凡家庭能与幼稚园合作者，其效果在消〔积〕极方面，可以使幼稚园之工作继续做去，不致一日间只有数小时受形式的训练，过此以往即如野马脱辔；或因环境不佳，无形中受莫大影响。此幼稚园为保持自己教育继续性计，必须与家庭合作者，一也。

幼稚园有时欲施行某种教育或养成某种习惯，非与家庭合作不可者。如卫生上各种习惯，在幼稚园所能养成者甚少，大部分有待于家庭。此为养成儿童良好之习惯计，须与家庭合作者，二也。

儿童之个性，教师固可由试验及日常接触而知；然在幼稚园中所发见之个性，常有与在家时不同者。如在家不服从父母之命（因娇养惯了），而来园则颇服从师长之命；

在家颇能友爱幼小弟妹，而在园则不能与小朋友共同游戏；等等。其最著者，即初入幼稚园之儿童，往往有呆坐木立等变态；而在家时，则不如是。凡此种种，皆为施教以前之重要根据。故欲彻底明了儿童之个性，须与家庭合作者，三也。

因此种种，所以本园教导方法中，有一项为“家庭合作”。现所试行之合作法如下：

（1）访问家属。本园教师二人，上午因儿童数多，二人同时出席教导。下午识字，含有试验性质，儿童数亦不多，所以教师得闲，往访家属。平均每家每星期至少往访一次。其邻近者，则时时前去。访问目的有三：访问儿童在家庭之活动，及教师在幼稚园中调查不得之儿童已有的技能与习惯；报告其儿女在幼稚园之成绩，及幼稚园平时注意之事项；观察其家庭状况与家属之性情、习惯；等等。

（2）母亲会。此与恳亲会相似，惟并非如寻常小学校之大举动。每月于相当日期，如节气、园中特别事情等，发柬请众母亲来园，略备茶点，团坐谈笑，教师即乘此报告教导上种种事情；母亲亦任意谈种种事情；儿童唱歌、跳舞以娱来宾。无所谓致开会辞，

另图 36　南京鼓楼幼稚园家长会合影

更无所为〔谓〕演说。正如西人之跳舞会、吾国之团拜会者也。如此举行，虽无严正之形式，然引起家属合作之热忱，较恳亲会为大。

（3）儿童作〔做〕客。此为旅行与参观之一种。教师于周会中决定，本星期中某日，分团作〔做〕客某某儿童家中。先期商得该家属之同意。届期，教师引起儿童作〔做〕客之动机，联袂同往。此事，既可以练习宾主之道，又可增加家属与幼稚园之感情。

（4）母亲协助会。此在美国已试行之，成效甚佳。如哥伦比亚大学附设幼稚园中之 Mother Club[①] 等。其办法甚简便。凡园中儿童之母亲，必须来园服务。每日数人依次轮值服务。时间大约为上午九时至九时半。其职务为，协同教师检查学生清洁卫生状况，或辅助教师指导游戏，等等。此事，本园亦拟仿行，近已着手征求各母亲意见。将来如能成立，必使此会有督率幼稚园之能力，非仅协助而已也。

## 三、各种试验表

“试验”为本园目标之一。所谓试验，范围甚广。凡创制中国化的教材与教法，提议中国式的幼稚园之办法，厘定幼稚园毕业生应有之习惯与技能，调查中国儿童之个性与习惯，改良中国养护儿童方法，等等工作，皆非先有试验不可。年来，吾国幼稚教育渐为国人所注意；教育界人士抱有试验精神及改良幼稚教育之宏愿者，亦日多。然或因经济限制，或因人才缺乏，更或因社会种种阻力，在使有志之士，无法以实行其计划。既无试验，即无事实之根据以图改善；偶有所感，不经科学方法之洗炼，亦无甚价值可言耳。

本园有鉴于此，爰于暑期中，将从前试验表格，通盘修改。共得正式试验表格若干种如下。

① 所载为英文名词，可译为“妈妈会”或“母亲俱乐部”。

## （一）第一表——习惯与技能表

此表全套共六张（表11、表12、表13、表14、表15、表16）。用时，每人一套，注明姓名、性别、年岁（以开始试验之时日为准，而计算其实足年龄）。至于填写方法，甚为简单：教师平时观察儿童动作、技能，见有某种动作已成就者，即于其下注明年、月、日。有时儿童之习惯非完全养成，不过偶然发现者。此时，教师亦注明其年、月、日（用两种不同墨水），写检查之日期。凡此时期中，已有此习惯与技能者，画一“√”；尚无此习惯与技能者，画一“×”。每学期以二十星期计算，约可检查十次。至学期终，然后总结束。此表每检查一次，报告家属一次；学期终了，作总报告。

表11　习惯与技能——卫生的习惯试验记录表

| 项目 | 养成的时期 | | | | | | | | | | | | 总成绩 |
|---|---|---|---|---|---|---|---|---|---|---|---|---|---|
| | | | | | | | | | | | | | |
| 1. 身体要收拾得干净 | | | | | | | | | | | | | |
| 2. 衣服要清洁 | | | | | | | | | | | | | |
| 3. 吃东西以前要洗手 | | | | | | | | | | | | | |
| 4. 吃东西的时候要闭口 | | | | | | | | | | | | | |
| 5. 嘴里有食物，不可讲话 | | | | | | | | | | | | | |
| 6. 嘴里不要含食物太多 | | | | | | | | | | | | | |
| 7. 手指要弄得清洁 | | | | | | | | | | | | | |
| 8. 牙齿要天天刷得干净 | | | | | | | | | | | | | |
| 9. 不要把手指或别的东西，送到耳鼻口里去 | | | | | | | | | | | | | |
| 10. 不要用手揩眼睛 | | | | | | | | | | | | | |
| 11. 身边必要带一条手帕，以便揩拭 | | | | | | | | | | | | | |
| 12. 手帕要用得适当（就是先把手帕盖住鼻子，然后用力向外哼出） | | | | | | | | | | | | | |
| 13. 打喷嚏或咳嗽时，须用手帕盖着鼻子或嘴巴 | | | | | | | | | | | | | |
| 14. 不要带糖食到幼稚园里来 | | | | | | | | | | | | | |

续表

| 项目 | 养成的时期 | | | | | | | | | | | | 总成绩 |
|---|---|---|---|---|---|---|---|---|---|---|---|---|---|
| | | | | | | | | | | | | | |
| 15. 坐立的时候，身体要挺直 | | | | | | | | | | | | | |
| 16. 看图书的时候，身体要挺直，头要仰起 | | | | | | | | | | | | | |
| 17. 不要拖着脚后跟走路 | | | | | | | | | | | | | |
| 18. 大便须有定时，最好每天早晨起来就做 | | | | | | | | | | | | | |
| 19. 其他 | | | | | | | | | | | | | |

## 表 12　习惯与技能——游戏及工作的技能试验记录表（甲）

| 项目 | 养成的时期 | | | | | | | | | | 总成绩 |
|---|---|---|---|---|---|---|---|---|---|---|---|
| | | | | | | | | | | | |
| 1. 上下阶梯能互换左右足 | | | | | | | | | | | |
| 2. 能爬梯子 | | | | | | | | | | | |
| 3. 能快步行走 | | | | | | | | | | | |
| 4. 走路的步子能与音乐相合 | | | | | | | | | | | |
| 5. 敲打能与音乐相合 | | | | | | | | | | | |
| 6. 能颠足奔走 | | | | | | | | | | | |
| 7. 两足能离地跳跃 | | | | | | | | | | | |
| 8. 能穿鞋子 | | | | | | | | | | | |
| 9. 能着袜子 | | | | | | | | | | | |
| 10. 能扣钮〔纽〕扣 | | | | | | | | | | | |
| 11. 能穿衣服 | | | | | | | | | | | |
| 12. 能洗手揩手 | | | | | | | | | | | |
| 13. 能自理大小便 | | | | | | | | | | | |
| 14. 能开关门户 | | | | | | | | | | | |
| 15. 能关锁门户 | | | | | | | | | | | |
| 16. 翻书能翻得适宜 | | | | | | | | | | | |
| 17. 能拿流体物，不会倒翻 | | | | | | | | | | | |
| 18. 能用尺寸 | | | | | | | | | | | |
| 19. 用秤 | | | | | | | | | | | |
| 20. 其他 | | | | | | | | | | | |

表 13 习惯与技能——游戏及工作的技能试验记录表（乙）

| 项目 | 养成的时期 | | | | | | | | | | 总成绩 |
|---|---|---|---|---|---|---|---|---|---|---|---|
| | | | | | | | | | | | |
| 1. 跳远 | | | | | | | | | | | |
| 2. 跳高 | | | | | | | | | | | |
| 3. 能向目标掷物 | | | | | | | | | | | |
| 4. 能以手接球 | | | | | | | | | | | |
| 5. 能掷球 | | | | | | | | | | | |
| 6. 能拍球 | | | | | | | | | | | |
| 7. 能以足踢球 | | | | | | | | | | | |
| 8. 能荡秋千 | | | | | | | | | | | |
| 9. 能溜滑梯 | | | | | | | | | | | |
| 10. 能摇木马 | | | | | | | | | | | |
| 11. 能骑三轮车 | | | | | | | | | | | |
| 12. 能驾三轮颠行车 | | | | | | | | | | | |
| 13. 积木 | | | | | | | | | | | |
| 14. 穿线 | | | | | | | | | | | |
| 15. 穿珠子 | | | | | | | | | | | |
| 16. 缝纫 | | | | | | | | | | | |
| 17. 能用剪刀 | | | | | | | | | | | |
| 18. 剪图画，能依界线剪得适宜 | | | | | | | | | | | |
| 19. 贴图画能贴得方正 | | | | | | | | | | | |
| 20. 能穿针 | | | | | | | | | | | |
| 21. 敲钉，能敲入木头 | | | | | | | | | | | |
| 22. 能捏蜡笔、粉笔、图画笔等，捏得适当 | | | | | | | | | | | |
| 23. 画图画，能画成一样东西 | | | | | | | | | | | |
| 24. 画图画，能绘画一个故事 | | | | | | | | | | | |
| 25. 能写日常简单笔画的字一百〔个〕左右 | | | | | | | | | | | |
| 26. 塑泥，能塑成一样东西 | | | | | | | | | | | |
| 27. 能灌〔浇〕花 | | | | | | | | | | | |
| 28. 其他 | | | | | | | | | | | |

## 表 14　习惯与技能——智力上的试验记录表

| 项目 | 养成的时期 | | | | | | | | | | 总成绩 |
|---|---|---|---|---|---|---|---|---|---|---|---|
| 1. 他人讲述简单事情时，能领会其意义 | | | | | | | | | | | |
| 2. 能讲述简单故事 | | | | | | | | | | | |
| 3. 能表演简单故事 | | | | | | | | | | | |
| 4. 能背诵歌谣 | | | | | | | | | | | |
| 5. 能独自唱一曲调 | | | | | | | | | | | |
| 6. 能唱国歌 | | | | | | | | | | | |
| 7. 知道本国立国精神的大概 | | | | | | | | | | | |
| 8. 能讲普通方言，而无文法上之错误 | | | | | | | | | | | |
| 9. 讲话能够讲得文雅 | | | | | | | | | | | |
| 10. 能认识日常所用字二百至三百〔个〕 | | | | | | | | | | | |
| 11. 能联成简短句子 | | | | | | | | | | | |
| 12. 能读前期小学读本第一、二册 | | | | | | | | | | | |
| 13. 能读极简单之读物与故事 | | | | | | | | | | | |
| 14. 做了一事之后，能另寻有益之事去做 | | | | | | | | | | | |
| 15. 非必要时，不求救〔助〕于他人 | | | | | | | | | | | |
| 16. 对于幼稚园的公共事业，能协力合作以助其成 | | | | | | | | | | | |
| 17. 其他 | | | | | | | | | | | |

## 表 15　习惯与技能——做人的习惯试验记录表（甲，个人的）

| 项目 | 养成的时期 | | | | | | | | | | 总成绩 |
|---|---|---|---|---|---|---|---|---|---|---|---|
| 1. 按时到幼稚园 | | | | | | | | | | | |
| 2. 闻命就立刻去做，如闻上课琴声，马上去上课 | | | | | | | | | | | |
| 3. 服从师长 | | | | | | | | | | | |
| 4. 不说谎 | | | | | | | | | | | |
| 5. 弄坏玩具等，立刻报告师长 | | | | | | | | | | | |
| 6. 不任食物屑片落在地上 | | | | | | | | | | | |
| 7. 开关门户或移动器具，要轻静做去 | | | | | | | | | | | |
| 8. 用过的东西，要安放停当 | | | | | | | | | | | |
| 9. 桌子玩具书架等物，要整理得有秩序 | | | | | | | | | | | |

续表

| 项目 | 养成的时期 | | | | | | | | | | 总成绩 |
|---|---|---|---|---|---|---|---|---|---|---|---|
| | | | | | | | | | | | |
| 10. 不要暴殄天物 | | | | | | | | | | | |
| 11. 爱护有益的生物 | | | | | | | | | | | |
| 12. 爱〔护〕已经做成功的东西 | | | | | | | | | | | |
| 13. 有国旗在前，须致敬礼 | | | | | | | | | | | |
| 14. 唱国歌时，须起立致敬 | | | | | | | | | | | |
| 15. 其他 | | | | | | | | | | | |

表 16 习惯与技能——做人的习惯试验记录表（乙，处世的）

| 项目 | 养成的时期 | | | | | | | | | | 总成绩 |
|---|---|---|---|---|---|---|---|---|---|---|---|
| | | | | | | | | | | | |
| 1. 进出门户的时候，要让人先进出 | | | | | | | | | | | |
| 2. 能说请、谢谢你、再会、请你原谅等语 | | | | | | | | | | | |
| 3. 无论做事或游戏，须依次序，不要争先恐后 | | | | | | | | | | | |
| 4. 对于玩具、食物，不要择其佳者以归己 | | | | | | | | | | | |
| 5. 个人所有物或园内公共物，愿与人共用 | | | | | | | | | | | |
| 6. 年幼的小朋友，须和善待之 | | | | | | | | | | | |
| 7. 不宜随便夺去他人之物 | | | | | | | | | | | |
| 8. 不宜争斗 | | | | | | | | | | | |
| 9. 不要随便阻挠他人的行动 | | | | | | | | | | | |
| 10. 遇为难事或遗失物件等，性情须温善 | | | | | | | | | | | |
| 11. 其他 | | | | | | | | | | | |

## （二）第二表——清洁检查表

此表（表 17）间一日用一次，每星期三次。检查时间在早晨九时至九时二十分。检查时，如遇不清洁之点，教师当面诫之，使其下次注意。如某日有某人完全清洁者，即于全体谈话时告诸大众，使此儿童受大众之敬羡后而益加勉励。若继续一星期完全清洁者，奖以银色的纸星；继续两星期完全清洁者，奖以金色的纸星；其有特别不清洁者，则告之父母，使以后特别注意。

表 17　清洁检查试验记录表

| 姓名<br>事项 | | | | | | | | | | | | | | | | | | | | |
|---|---|---|---|---|---|---|---|---|---|---|---|---|---|---|---|---|---|---|---|---|
| 头发 | | | | | | | | | | | | | | | | | | | | |
| 脸 | | | | | | | | | | | | | | | | | | | | |
| 眼 | | | | | | | | | | | | | | | | | | | | |
| 鼻 | | | | | | | | | | | | | | | | | | | | |
| 耳 | | | | | | | | | | | | | | | | | | | | |
| 齿 | | | | | | | | | | | | | | | | | | | | |
| 套衣 | | | | | | | | | | | | | | | | | | | | |
| 手帕 | | | | | | | | | | | | | | | | | | | | |
| 里衣 | | | | | | | | | | | | | | | | | | | | |
| 鞋袜 | | | | | | | | | | | | | | | | | | | | |
| 手 | | | | | | | | | | | | | | | | | | | | |
| 指爪（甲） | | | | | | | | | | | | | | | | | | | | |
| ×<br>○ | | | | | | | | | | | | | | | | | | | | |

### （三）第三表——故事

此表（表 18）主要目的，在观察某故事是否适合此班儿童之好尚；教师用某种方法讲述故事是否能引起儿童注意。将来合各种成绩，即可算得此班儿童大约喜欢某类性质之故事；教师之讲述法应如何改良；表演对于领略故事有若干影响；故事是否可以影响于他种课程；等等。

表 18　故事试验记录表

故事名　　　　　　　　讲述者　　　　　　　　听讲人数
日期　　　　　　　　　地点　　　　　　　　　是第　　次讲
教师编的还是采取来的　　　　　　　　　　　　本次有表演吗
引起本故事的动机

| 姓名<br>反应 | | | | | | | | | | | | | | | | | | | | |
|---|---|---|---|---|---|---|---|---|---|---|---|---|---|---|---|---|---|---|---|---|
| 端坐 | | | | | | | | | | | | | | | | | | | | |
| 中途离席 | | | | | | | | | | | | | | | | | | | | |
| 始终不厌 | | | | | | | | | | | | | | | | | | | | |
| 中途起来表演 | | | | | | | | | | | | | | | | | | | | |
| 能还讲 | | | | | | | | | | | | | | | | | | | | |
| 能还讲大致 | | | | | | | | | | | | | | | | | | | | |
| 能表演（手足） | | | | | | | | | | | | | | | | | | | | |
| 画在纸上 | | | | | | | | | | | | | | | | | | | | |
| 要求写述 | | | | | | | | | | | | | | | | | | | | |

（四）第四表——团体游戏

幼稚生之游戏，以个人游戏为主体。团体游戏得教师从旁指导。每星期亦可行两三次。个人游戏之记录法甚难，本园亦只由教师记其大约，于各个儿童之日记簿上。下表（表 19）功用，在记载团体游戏之性质，与第四表相同。

表 19　团体游戏试验记录表

游戏名　　　　　　　　性质　　　　　　　　　指导者
游戏人数　　　　　　　日期　　　　　　　　　地点
指导方法

| 姓名<br>反应 | | | | | | | | | | | | | | | | | | | | |
|---|---|---|---|---|---|---|---|---|---|---|---|---|---|---|---|---|---|---|---|---|
| 参加 | | | | | | | | | | | | | | | | | | | | |
| 始终不倦 | | | | | | | | | | | | | | | | | | | | |
| 中途退出 | | | | | | | | | | | | | | | | | | | | |

续表

| 反应＼姓名 | | | | | | | | | | | | | | | | | | | | |
|---|---|---|---|---|---|---|---|---|---|---|---|---|---|---|---|---|---|---|---|---|
| 最注意之点 | | | | | | | | | | | | | | | | | | | | |
| 最不注意之点 | | | | | | | | | | | | | | | | | | | | |
| 中途的特别事情 | | | | | | | | | | | | | | | | | | | | |
| 做过以后之动作 | | | | | | | | | | | | | | | | | | | | |
| 从前有否玩过 | | | | | | | | | | | | | | | | | | | | |

### （五）第五表——自然

自然一科，在幼稚园中最易教授——因教材随时随地皆有。惟以儿童之旧有经验各不同，且又有其特殊畏惧物，如虫、蛇等，因而教授上大感困难。由此表（表 20）可知，有若干种自然界现象及物体，为幼稚生所喜欢，亦为人生所必须者；有若干种自然物，当未入幼稚园已知之者（此处可以推想儿童之家庭教育及其环境等等），并略及各种教授方法的大概。

表 20　自然试验记录表

目的物　　　　　　　　日期　　　　　　　　地点

教授方法

| 反应＼姓名 | | | | | | | | | | | | | | | | | | | | |
|---|---|---|---|---|---|---|---|---|---|---|---|---|---|---|---|---|---|---|---|---|
| 从前见过否 | | | | | | | | | | | | | | | | | | | | |
| 知道到如何程度 | | | | | | | | | | | | | | | | | | | | |
| 教授要点 | | | | | | | | | | | | | | | | | | | | |
| 因此发生的连带关系 | | | | | | | | | | | | | | | | | | | | |
| 有兴趣否 | | | | | | | | | | | | | | | | | | | | |
| 学生问句 | | | | | | | | | | | | | | | | | | | | |

### （六）第六表——读法

本园读法教学法，共有六种方法，试验何种最为适用（方法另详专篇）。此表（表

21）乃记录每日所施行之方法。由此可知某种方法优劣之大略情形。

表 21　读法试验记录表

姓名　　　　　　　　年岁

| 日期<br>项目 | | | | | | | | | | | | | | | | | | | | |
|---|---|---|---|---|---|---|---|---|---|---|---|---|---|---|---|---|---|---|---|---|
| 熟字 | | | | | | | | | | | | | | | | | | | | |
| 生字 | | | | | | | | | | | | | | | | | | | | |
| 各字之教法 | | | | | | | | | | | | | | | | | | | | |
| 各字之温习法 | | | | | | | | | | | | | | | | | | | | |

## （七）第七表——写字

幼稚生几乎不能写字，只能画图。此表只试验年龄较大、识字较多之儿童。教授写字最宜注意之点：即执笔之方法及身体的姿势、初学写之儿童究竟如何执笔、大约经过几次的指导可以改正，等等，在此表（表 22）上皆可查得。

表 22　写字试验记录表

姓名　　　　　　　　年岁

| 日期<br>项目 | | | | | | | | | | | | | | | | | | | | |
|---|---|---|---|---|---|---|---|---|---|---|---|---|---|---|---|---|---|---|---|---|
| 写的字 | | | | | | | | | | | | | | | | | | | | |
| 执笔方法 | | | | | | | | | | | | | | | | | | | | |
| 写的方法 | | | | | | | | | | | | | | | | | | | | |
| 坐的姿势 | | | | | | | | | | | | | | | | | | | | |
| 用具 | | | | | | | | | | | | | | | | | | | | |
| 教授要点 | | | | | | | | | | | | | | | | | | | | |
| 成绩保留 | | | | | | | | | | | | | | | | | | | | |

（八）第八表——旅行及参观

旅行与参观，寻常幼稚园中举行之次数极少。即偶尔举行，于儿童之行动，亦不甚注意。此实为最可惜之事。盖儿童经过一次旅行或参观，见到之新事物必甚多。以之为教材，以之为训练，皆为极好材料。此表（表 23），乃记录其大略情形者。

表 23　旅行及参观试验记录表

| | | |
|---|---|---|
| 地点 | 距离本园约 | 日期 |
| 去的方法 | 去的目的 | |
| 去的幼稚生数 | 同去的教师 | |

| 反应＼姓名 | | | | | | | | | | | | | | | | | | | | | |
|---|---|---|---|---|---|---|---|---|---|---|---|---|---|---|---|---|---|---|---|---|---|
| 愿意去吗 | | | | | | | | | | | | | | | | | | | | | |
| 到目的地后的情形 | 大众的 | | | | | | | | | | | | | | | | | | | | |
| | 个别的 | | | | | | | | | | | | | | | | | | | | |
| 回来后的情形 | | | | | | | | | | | | | | | | | | | | | |

上述九〔八〕种表格以外，尚有多种记录，犹未造成形式的表格；只有教师做记录，作为试验的材料。今择数种说明如下：

（1）儿童日记。儿童个性之不同，人人能道之。然而究竟何处不同，何事不同，能举具体事实以证明之者甚少。本园每个儿童，皆有日记簿一本，记录儿童动作及各种特别事项。

（2）儿童杜撰故事录。儿童往往能创作一故事，向教师或小朋友讲述。此为研究儿童语言、思想发达史之绝好材料，亦可因此觇得大多数儿童喜欢何种故事之一斑。本园凡遇儿童讲述故事时，皆逐字（依照儿童所言，一字不修改）记录，并注明日期。

（3）成绩记录。儿童的图画、手工、采取来的标本，及其动作之特别点，皆应一一保留。所以观儿童进步之历程，亦所以作改良教法之张本也。有时，且可为识字之一助。记录之要点有三：（a）姓名；（b）年、月、日；（c）物名。各种成绩，各人均有保藏箱或纸夹。如允许儿童携回家中者，则告知其父母，为其一一保存；开母亲会时，可作具体的成绩报告之一种。

（4）课程日记。本园每星期有课程讨论会，讨论下星期应有之工作。然而往往有改变，因而每日写课程日记，详载一日间所作工作，及各工作之参考图书等。有时，且记载材料之来源，如手工用品、图画用品等。期以数年之内，得有汇集品，可以作国内幼稚园课程之参考。

（5）动作分段进步表。此表（表24）举例如下。

该表用意有二：（a）记录儿童各种动作进步之程序；（b）无形中鼓励儿童学习。

此表，可为试验表一之附属品，将各种动作中，因时期而抽得数种，绘成图表，悬于壁上。记录时，请儿童参与其事，看谁做得顶好。

表24　动作分段进步表

| 姓名<br>性别<br>年岁（生日）<br>动作 | 进步的步骤 | | | | | | |
|---|---|---|---|---|---|---|---|
| | | | | | | | |
| | | | | | | | |
|  | 上车走 | | | | | | |
| | 直走 | | | | | | |
| | 转弯 | | | | | | |
| | 后退 | | | | | | |
| 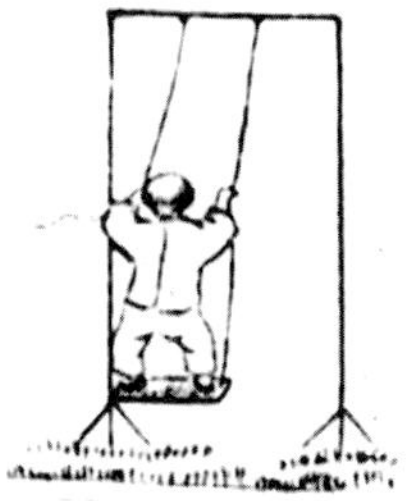 | 能站 | | | | | | |
| | 能一边动 | | | | | | |
| | 能两边动 | | | | | | |
| | 能荡时坐下 | | | | | | |
| | 能荡时跳下 | | | | | | |

续表

| 姓名<br>性别<br>年岁（生日）<br>动作 | 进步的步骤 | | | | | | |
|---|---|---|---|---|---|---|---|
|  | 能跳高度 | | | | | | |
| <br> | 上车走 | | | | | | |
| | 直走 | | | | | | |
| | 转弯 | | | | | | |
| | 后退 | | | | | | |
| | 能走 | | | | | | |
| | 七寸 | | | | | | |
| | 五寸 | | | | | | |
| | 三寸半 | | | | | | |
| | 速度 | | | | | | |

# 108 欢送江卢岫霙女士赴美

另图 37 卢岫霙像

1926年7月16日

**题 解** 本篇原载 1926 年 7 月 16 日《申报》第 21 版。欢送时间为 1926 年 7 月 15 日。原发表时，题为《南大同学欢送江卢岫霙女士赴美》。今题系编者所拟，记录报道者未详。

欢送对象江卢岫霙，即卢岫霙（Lillian Lu-Kiang，1899—？），女，广东籍美国华侨。早年在旧金山大学专攻幼稚教育。1920 年，在美国被江亢虎娶为继室，随后一同归国。翌年，随夫赴苏联和欧洲。归国后，于 1923 年 2 月受聘担任北京女子高师附属蒙养园主任。在任三年，使该园面貌一新，在园幼稚生达 200 名，成为国内规模最大的幼稚园。1922 年，在北京参与发起“产儿制限研究会”。1924 年被推举为中华教育改进社第三届年会幼稚教育组主席。1926 年底，去国回美，后定居美国奥克兰。育有子江世龙、女江世凤。2001 年 103 岁时，仍在世。去世时间未详。

有关《申报》，参见前文《南京燕子矶乡村幼稚园开办简章及预算》题解。

南方大学[①]校长江亢虎[②]夫人卢岫霙女士，系北京女师大蒙养园主任，为我国实验蒙铁利梭[③]教育法之第一人。

另图 38　卢岫霙家庭照（1989 年）（左二卢岫霙，左一江世龙，左三江世凤，右一江世凤之夫 WONG 先生）

日前由京来沪，不日赴美省亲。南大同学，特于昨日开会欢送。同学及来宾，到者甚众。席间，推田宏韬君主席致开会词，次公推徐志超君致欢送词。

继请卢女士演说。略谓此次赴美，一方省亲，一方系再研究幼稚教育；并详述，其业师蒙铁利梭教育法之精神及派别。如道尔顿制、设计教育法，均为脱胎于蒙氏；倡其学说者，即为彼之同学云云。

---

① 南方大学：民国私立大学。1919 年筹办，1922 年正式成立。本部位于上海，在北京设有分校，校长江亢虎。该校以报学系相对知名。1926 年后，胡仁源接任校长。

② 江亢虎（1883—1954），江西弋阳人。早年留学日本。归国后，任刑部主事、京师大学堂日文教习等。1910 年春游历欧洲，接受社会主义。归国后，发起成立社会主义研究会，成立社会党。1913 年，赴美国任加利福尼亚大学中国文化课讲师。1921 年，以中国社会党名义参加共产国际第三次代表大会。后转向教育界，并于 1922 年创办上海南方大学，任校长。1926 年底赴美，转加拿大，任加拿大大学中国文学院院长及汉学主任教授。1939 年，应汪精卫邀归国，任汪伪政府考试院副院长等职。1945 年 10 月被捕，判无期徒刑，后病死狱中。著有《缚虎记》《新俄游记》等。

③ 蒙铁利梭：通译蒙台梭利。

次江博士演说，谓本人从事大学教育，内人从事幼稚教育，旨趣虽别，责任无异。次同学王慕尊等相继演说，并有音乐、京剧、双簧各种游艺助兴。

今日，该校职员亦假大东酒楼公饯女士云。

# 109　组织幼稚教育研究会

青浦县教育会

另图 39　盛朗西像

1927年1月5日

**题　解**　本篇原载 1927 年 1 月 8 日《申报》第 10 版。开会时间为 1927 年 1 月 5 日。

记录社团青浦县教育会，地方性教育社团。发起成立于"五四"时期，旨在协助地方教育行政部门推进本县教育的发展。首任会长为徐震民（达漳），副会长为姚燥章（湘涛）。盛朗西为继任会长。

有关《申报》，参见前文《南京燕子矶乡村幼稚园开办简章及预算》题解。

一月五日，青浦县教育会会长盛朗西[①]，执行第五次评议会。议决案件：召集本县各校附设之幼稚园主任及保姆，组织幼稚教育研究会。

是日开会地点，假县一幼稚园。出席人员，除正、副二会长外，本县各校幼稚园主任及保姆，全体到会。

由盛朗西主席，首先报告县教育会组织幼稚教育研究会之旨趣及经过情形。次即订定会章，计九条。

---

① 盛朗西（1901—1974），江苏青浦人。早年毕业于江苏省立第二师范，在苏州一师附小执教。后考入南京国立东南大学教育科，开始发表教育文论，以稿费维持大学四年的支出。在陈鹤琴教授指导下，对青浦县小学教育进行了考察，并担任青浦县教育会会长。民国后期，长期担任上海市实验小学校长。一度回里担任青浦县教育科科长。中华人民共和国成立后，任教于上海市第一师范。著有《小学课程沿革》《中国书院制度》等。

其内第五条，述该会会务：除开会讨论实际问题外，注重分组系统研究。其研究结果，于开会时口头报告或宣读论文，并择要于县教育会出版之《教育季刊》内发表。又，每年得举行幼稚教育成绩展览会一次。

后照章选举职员。结果“县三”陈中瑾[①]、“县一”陆棫二女士，当选为研究主任；“公一”李兆桐女士，当选为书记。

又当场认定，研究组别如下。计分:（1）教具研究组，由公一担任;（2）教材研究组，由县三担任;（3）教法研究组，由县二担任;（4）识字研究组，由县一担任。

最后，讨论幼稚教育参考书报搜集办法。当推定盛朗西担任编目，函请县立图书馆酌量购置，供会员借阅；并定下届开会地点，仍在县一幼稚园，开会日期由主任临时定期通知。

---

① 陈中瑾：女，生卒年、籍贯未详。时任青浦县立第三小学附属幼稚园主任，后任中央大学实验学校附属幼稚园教师。曾在《青浦县教育月刊》上发表了《幼稚园恩物应当用福氏教具入手》一文。

# 110 南京燕子矶乡村幼稚园成立

1927年11月11日

**题 解** 本篇原载1927年11月15日《申报》第8版。典礼举行时间为1927年11月11日。记录报道者未详。

有关燕子矶乡村幼稚园，参见前文《南京燕子矶乡村幼稚园开办简章及预算》题解。

有关《申报》，参见前文《南京燕子矶乡村幼稚园开办简章及预算》题解。

南京试验乡村师范自今春开办第一院以来，试验乡村“小学教学做”，颇有成效。秋季又创办第二院，培养乡村幼稚教师。该院为试验乡村幼稚园各种教学做起见，拟设立中心幼稚园三所。第一中心幼稚园设于燕子矶，已筹备就绪，于前日在燕子矶小学举行开学典礼。

到会者，有该校全体指导员、学生、中心小学职导员，及燕子矶小学师生与邻近农民，济济一堂。九时开会：

（1）向党国旗行最敬礼。

（2）恭读总理遗嘱。

（3）校长致辞。略谓：农家在农忙之时，对于不能帮助田作之幼稚儿童，视同赘物。此于儿童及其父母，皆有极大损失。乡村幼稚园既所以谋幼稚儿童之幸福，并补助家庭教育之不足。惟吾国幼稚园，多犯外国化、贵族化及不经济三病。本园为全国乡村幼稚园之首倡者，所以力向中国化、平民化及省钱路上走去云云。

（4）演说。张宗麟、马侣贤、丁超等，皆有极诚恳言辞。

（5）余兴。小学生唱歌、笑话、进点心等。

至午，尽欢散会。

# 111　幼稚教育组开会记录

南京特别市教育研究会

1928年2月

**题　解**　本篇连载于《南京特别市教育月刊》第1卷第8期、第9期、第10期。发表时间为1928年2月、4月、5月、6月。原发表时，分别题为《南京特别市教育研究会幼稚教育组第八次会议记录》《南京特别市教育研究会幼稚教育组第九次会议记录》《南京特别市教育研究会幼稚教育组第十次会议记录》《南京特别市教育研究会幼稚教育组第十一次会议记录》和《南京特别市教育研究会幼稚教育组第十二次会议记录》。今题系编者所拟。其中的“课程参考”，统一合为一文，参见前文《南京市幼稚园课程参考》。

记录社团南京特别市教育研究会，地方性教育社团，由南京市属各学校教职员合组。发起成立于1927年9月23日。其下分设教育行政、国语、算术、自然、音乐等15个研究组；幼稚教育研究组，亦为其中之一。幼稚教育研究组，亦称“南京市幼稚教育研究会”。该组或会，定每两周集中研讨一次，轮流在各幼稚园举行。本篇即为幼稚教育研究组的部分开会记录。

有关《南京特别市教育月刊》，参见前文《南京市幼稚园课程参考》题解。

## 一、第八次会议记录

日期：三月十八日；地点：如天晴，作郊叙。讨论事物：

（一）玩具问题

（1）为什么要有玩具?

刺激儿童，件件可爱、可玩；强健心身，件件有儿童活动的可能；便于教学。幼稚园的玩具，即教材的一部分，不是为着撑场、吓外行人的。

（2）玩具的标准：

儿童化，不必太贵重；坚固耐用，敲不破、打不碎；合乎卫生，无毒，不会做传染疾病的媒介；艺术意味，有儿童的色彩、滑稽的形态等；多变化，玩的方式不止一端，并且可以拆开、凑合的；本地风光，少用外国货。

（3）怎样采办玩具?

随时随地留心，改良别人的玩具；参观幼稚园、儿童玩具展览会等；参观市上要货店，如合乎标准的，买来试用；利用废物来做，不要因为经济不裕，使儿童无物可玩。

（4）怎样利用玩具?

分期的陈列出来，分处的陈列；每天由值日生检点一次；新玩具到来，可以做一个很好的教材；玩具，要每个儿童平均机会。

（二）谈话问题

（1）为什么要有谈话?

解决问题，练习儿童发表意见；得到相当知识；养应〔成〕儿童有对个人或团体谈话的能力。

（2）怎样和儿童谈话?

引起动机；有目的物，用实物或图画来做帮助；先发问，后解说，或先叙谈话发问，或叙谈的中途发问，都可；注意儿童的座位，对着教师坐，派〔排〕成弧形。

（3）教师应有的态度。

能表情：脸上、手足、声音、姿态，都要同故事相应；注意声音：要中听的、清楚的、和平的；注意语句：每句是整句的；注意尾语：切勿带有尾语；多给儿童练习的机会；不要固定几个儿童有发言权，要机会均等；每次谈话，以一事为准则。

（4）其他应注意诸点。

随时随地，应与儿童作恳切的、和爱的谈话；教师勿常有命令式的口气；养成儿童好问的习惯，“这是什么”“怎样”“为什么”；教师应处处有研究的态度，切勿怕难为情。

（三）下二周的课程参考　三月十九日至四月一日（略）

## 二、第九次会议记录

日期：三月三十日午后三时；地点：后湖昆明小学。讨论问题：

（一）幼稚园的课程——儿童在园的活动

（1）做些什么？

儿童要〔做〕什么，就做什么；社会上这时候什么最多，就做什么；这时候最常见的是什么，就做什么；做的一切，不是教师带来的，也不是书本上的，更不是从前老师、朋友告诉我们的。

（2）为什么要这样做？

要依着儿童，自然地做去；根据儿童的活动，加上自然界、社会上的好书，稍稍组织成为单元；一个单元，可长可短，要有伸缩性；一个单元，最好要有一个具体的结果；可以分工、分科的做，不过要不失中心的原义〔意〕；不要强迫儿童做。

（3）旧法的批评：

（a）象征派的缺点——天体、宇宙，与小孩子联不起来的；小孩子好球，不是好宇宙，也不是就是宇宙；儿童的活动不能预定，为什么只规定这几种恩物就算了事呢？（b）机能派的缺点——小孩子不是低能儿；小孩子的能力，很知、很灵活的；学了打球，不就是会使心灵聪些的；一切教材，不能太十分有论理的组织；活动多得很，恩物不能尽其能事。（c）时髦派的缺点——儿童的活动受环境的影响很大，不能一味学〔赶〕时髦；教育上的改变，要有根据，经过试验的，不能忽东忽西的；教育不是装门面；简陋的设备，一样可以有极好的活动。

### （二）幼稚园的读法

（1）幼稚园里可以有读法的。

读法，也是发表意见的一种方式；读法，也是游戏的一种方式；不是符号的死记。

（2）几种方法：

方块字——骨牌或厚纸。玩法：读凑对子或拼句子，或竞得字块。图球字——小木图球。玩法：二人对玩，一名字、一动作。游戏歌谣法——玩法：先做游戏，次唱歌谣，次看图，次着色，次剪图，次再做游戏（唱着歌的做，次识字）。故事法——玩法：先讲故事，次着色，次剪图，次贴图（照字来贴），次识字。随地施教——如座上写名字，记日记、用教科书等。拼句子——缀法盘。玩法：几个人同玩，竞赛那个快而正确。

（3）几句重要的话：

材料要有文学意味的；可以发展儿童思想的；多用有韵的材料；是完全的句子，不是单字；是完全的一段事，不是无意义的东西；每次生字不可太多；是儿童的话，是日常的话，千万不可教文言文。

附《幼稚读法字汇》。

### （三）教材参考　四月二日至四月十五日（略）

## 三、第十次会议记录

日期：四月十四日午后三时；地点：中区实验学校。讨论问题：

### （一）为什么要有此科

（1）欣赏自然界的美，并能注意环境内的事物。

（2）陶冶爱物的观念。

（3）可得卫生常识，又能强健身体。

（二）怎样搜罗教材

（1）留心观察野外，庭院的花草、禽兽。

（2）留心一切衣、食、住的来源。

（3）遇到一物，常问“这是什么”“怎样的”“为什么呢”。

（4）看关于自然研究的参考书。

（5）问小朋友。

（三）教学要点

（1）以户外为原则，户内为例外。

（2）从儿童的好尚着手，或从当时的日用物着手。

（3）注意儿童的反应。

（4）要有“效用”的解释。

（5）欣赏其美，观察其详；并于无意中，免逊〔遭〕其危险。

（6）勿露怕惧的态度。

（7）比较其异同。

（8）要儿童动手做。

（9）利用空地、利用空器多植花草、多养动物。

（10）养成正当习惯。

（11）用极正当的态度回答。

（12）故事、神话的解释，可以偶一用之。

（四）举例

（1）春季——蛙。饲养小蝌蚪于玻〔璃〕瓶里，看他的变态。

（2）夏——蚕。养蚕，看从蚕子变蚕，又用桑叶饲蚕，看他做茧变蛾，做丝。

（3）秋——红叶。采红叶去，做各种红叶的装饰品，保留红叶的方法。

（4）冬——冰雪。做雪人、冰锣[①]，煮雪开水。

（五）参考

《幼稚教育专号》《幼稚园自烦〔编〕课程及其教学法》《设计小学课程论》第十章、《自然研究法》（商务）、《少年百科丛书》“自然界”“奇象”、《儿童理科丛书》（商）、《儿童百科丛书》（中）、《通俗教育丛书》（中）。

（六）临时问题

〔课〕程有困难吗：

（1）排列课程有困难吗？

（2）各园怎样教自然科的？

（3）读参考书的困难点何在？

（七）教材参考　四月十六日至二十九日（略）

## 四、第十一次会议记录

日期：四月二十八日午后三时；地点：夫子庙小学。讨论问题：

（一）园风

园风二字，定得不很恰当。请大家讨论，拟定一个较恰当时〔词〕。

（1）教师方面：

态度和蔼的、自然的，严厉的或软弱的；声音清晰、文雅的，粗暴、嘈杂的；举动轻快、有秩序的，笨拙的或杂乱的；务〔服〕装朴素的，奢华的或有刺目之色的；对儿

① 冰锣：冰饰挂件。用圆盘一只，倒入清水，再加入彩色碎纸、毛线或他种饰物，令其结冰凝固，倒出后即成冰锣。

童以爱力感化的，横暴的、势利的。

（2）儿童方面：

活泼的、拘束的；有秩序的、凌乱的；互助的、相爱的，独占的、常常相骂相当〔打〕的；游戏时尽量游戏作〔着〕，一味叫嚣或呆木的；休业时专心作业的。

（3）布置方面：

是儿童工作的表现，化〔花〕钱买来的或教师代劳的；都干净的、整洁的，污秽的、破败的；应时节的，全部都陈列的；所需要的，多无谓东西；能利用废物的，奢侈的；能利用空间的，多占地方的。

…………

（二）附告

（1）本学期预定讨论的问题，还有以下几项：

艺术、音乐、游戏、与小学沟通。倘有临时问题，随时可以插入。

诸位老师倘有特别问题，请尽量提出。倘能将问题纲要预先通知震清、宗麟，以便事先研究，然后提出讨论，尤为方面〔便〕。

（2）关于园风问题，在下二星期中，请参观本城幼稚园两处，以资互相效法。

（三）教材参考　四月三十日至五月十三日（略）

## 五、第十二次会议记录

日期：五月廿六日下午二时；地点 ＿＿＿＿＿。

几次因事赴会，失去许多讨论机会。本学期又快要完了，我们应当有相当的准备才好呢！

讨论艺术问题：

（一）总问题

（1）音乐、图画、手工，是普通称作艺术科的，对吗？

（2）整个幼稚园要美化，才算是艺术，对吗？

（二）关于音乐的问题

（1）正谱与简谱，应该将采用那种？

（2）怎样取材？

（3）怎样引起儿童唱、听琴等动机。

（4）怎样保持音乐课的教室里的幽雅、静致的空气〔氛围〕？

（5）整篇唱呢，局部唱呢？

（6）要听有名的音乐吗？

（7）先范唱吗，先听琴呢？

（8）怎样练音？

（9）音调——要尽量的高叫吗？

（10）怎样配词句？

但前听在“中央”某音乐讲演，对于日本最通行的《葡萄仙子》《麻雀与小孩子》等，批评得体无完肤。最大的缺点，就是曲的发音部位，与词的发音部位不同。

（11）默唱与欣赏的区别？

（12）上课时，教师应该多唱呢，还是应该多说话？

（13）音乐的目的？

（14）废止音乐科规定时间上课？

（15）废止风琴？

（16）听音（琴）动作。

（17）教师的表情。

（18）怎样与表情联络？

（19）儿童的座位排列问题。

（20）儿童的姿势。

（21）怎样练习得〔独〕唱？

（22）合唱的利弊？

（23）音乐课儿童也会疲倦吗？

（24）田歌、山歌的地位？

（25）天籁。

（26）中国乐器可以采入音乐科吗？

（27）西洋有四五岁就学钢琴的，对吗？

（28）留声机在小学音乐科的地位？

（29）此后我们应该教儿童唱那一类性质的歌？还应该教《毛毛雨》《妹妹我爱你》的歌吗？还是应该唱慷慨激昂、鼓起儿童保雅〔家〕、保族的精神的音乐呢？

（30）怎样使健〔得〕师范生有充分学习音乐的机会？

（31）归〔乡〕村音乐有特殊点吗？

（32）怎样随时教音乐？

（三）关于图画问题

（1）幼稚生要画吗？

（2）爱画些什么？

（3）什么叫自由画？

（4）“临画”，低年以下儿童可以用吗？

（5）写生画呢？

（6）写生有两种：写物与写事。日〔儿童〕应该注重于那种？

（7）记忆画是什么？

（8）可以在小学以下的学校里用记忆画吗？

（9）故事画是什么？

（10）故事画要手工帮助吗？

（11）欣赏在国画中的意义？

（12）欣赏什么呢？

（13）怎样欣赏？

（14）欣赏后可以模仿吗？可以批评吗？

（15）图画与道德有关系吗？

（16）图画与人身〔生〕的关系。

（17）小孩子的言语与图画的关系？

（18）图画的技能？

（19）识别色彩。

（20）蒙时的色觉是物，是图画吗？

（21）可以绝对放任儿童自由画吗？

（22）每次图画时间？

（23）可以在一定时间来教图画吗？

（24）自然界的美，可以算得是图画吗？

（25）怎样批改儿童的成绩？

（26）应有几种最低限度的设备？

（27）毛笔、铅笔、蜡笔、粉笔，在幼儿图画的价值？

（28）可以用木炭、油画吗？

（29）图画与他科联络，有普遍原则吗？

（四）关于〔手〕工的问题

（1）幼稚生与低年级儿童，可以做几类手工？

（2）纸工、木工、竹工、手工、豆工……最常用的是那种？

（3）手工的目标，可以赚钱为目标吗？

（4）手工的色觉问题。

（5）手工与装饰问题。

（6）布置活动室，完全的教师动手吗？

（7）挂图的高低。

（8）布景和时季环境的关系。

（9）手工材料的来源。

（10）利用废物是极好的方法，实行了吗？

（11）积木是手工吗？

（12）排色板和排色图是手工吗？
（13）怎么利用自然界花草等来做手工？
（14）手工和儿童的兴趣。
（15）做了自己玩的功用。
（16）“特异”与“成功”两种价值？
（17）手工与图画的关系？
（18）故事、手工，剪贴旧杂志的功用。
（19）泥工的工〔功〕用。
（20）展展〔览〕会的意义。
（21）教师怎样帮助儿童？
（22）沙箱的功用？是手工吗？
（23）手工材料要粗大耐久吗？
（24）缝纫的价值。
（25）有男女之别吗？
（26）“第一次的使他成功的”怎样解释？
（27）珠子的玩具好吗？
（28）玩具与手工的关系。
（29）“自由创作”在手工有绝对的价值吗？
（30）分析形象艺术教科书四本，可以得到相当的东西吗？

## （五）附艺术教学的参考书

（1）《教育丛书·美术及音乐教学法》；
（2）《教育丛书·工艺科教学法》；
（3）《教育杂志》二十卷一、二两期；
（4）《幼稚园课程的研究》二、四、八章；
（5）《形象艺术教科书》一、二、三、四册；
（6）《小学美术教学法》（商务）。

## （六）课程参考　五月廿八日到六月十日（略）

# 112 大江滨的乡村幼稚园
## ——一周岁的燕子矶中心幼稚园

张宗麟 王荆璞

1928年12月

**题 解** 本篇原载《广西教育》第1卷第15、16合期“幼稚教育专号”。撰成时间为1928年12月，发表时间为1929年4月21日。

本文此前曾于《乡教丛讯》第2卷第24期（1928年12月30日）上刊载。

有关撰著者张宗麟，参见前文《南京市幼稚园课程参考》题解。

联名撰著者王荆璞（1907—1984），江苏武进人（一说福建人）。早年毕业于南京第一女子师范学校，曾短期任职于小学。1928年夏，转任晓庄学校“幼稚教育指导员”。1930年夏与张宗麟成婚。后随张宗麟赴厦门集美幼师、四川乡村建设学院、湖北教育学院等地，均从事与幼稚教育相关的工作。中华人民共和国成立后，长期担任新闻出版总署托儿所所长。

有关燕子矶中心幼稚园，参见前文《南京燕子矶乡村幼稚园开办简章及预算》题解。

《广西教育》，地方教育旬刊。1928年10月10日创刊于桂林，系由广西省教育厅主办、编辑并出版。该刊旨在“研究教育学术，介绍教育方法，传布教育消息”，以推进广西教育的发展。主要栏目，有短评、专论、译述、读者论坛、书报介绍、教育要闻等；主要撰稿人，有邱大年、李安素、阮真、吴近楼、陶行知、唐谷、夏刚伯等。1929年5月终刊，共出1卷17期。

“先生！贵园有印刷品吗？”当我们对参观客报告概况以后，常常得到这样的问句。我们久久想来印一本概况，终究不成功。一来，因为我们忙得没闲；二来，实在太穷了，印刷费太贵。听说本刊有“幼稚教育专号”的编辑，我们就趁此机会作一个简单报告，并且可以应付将来参观客的需要。

## 一、咿哑〔呀〕学语的生命史

从有导师、儿童到现在，阿燕[①]不过十二月多些，正是初脱襁褓、咿哑〔呀〕学语的时代。回想这个孩子的经过，很值自家人的寻味！

### （一）在母胎里的阿燕

翻开本刊二卷四期陶先生的《燕子矶中心幼稚园开学演说词》，可知道，这孩子在母胎里就多磨难的，大要有五：

（1）陶先生听到宋调公[②]先生的农家妇女爱婴孩的苦况，又看到田头孩子的啼哭，因此发生宏愿。

（2）找地点，找人才，筹经济的困难。

（3）找到燕子矶，又找到陈鹤琴、张宗麟、陆慎如[③]诸君，又得到陈陶遗[④]先生的援助，得到五百元。

---

① 阿燕：对燕子矶乡村幼稚园的昵称。

② 宋调公：时任南京尧化门小学校长宋鼎。该校后为晓庄师范的“特约中心小学”。

③ 陆慎如：女。陶行知在筹办晓庄师范燕子矶幼稚园时，拟聘其担任该园指导员，但她在该园次年正式开办前病逝。

④ 陈陶遗（1881—1946）：名公瑶，号道一，江苏金山松隐镇（今属上海市）人。早年留学日本早稻田大学，并加入中国同盟会。不久受命回国，在上海和高旭等创办中国公学、健行公学。后参与同盟会机要工作，接办《民报》和《醒狮》月刊。宣统二年（1910）受命去南洋执教，并为同盟会募集革命经费。翌年武昌起义后，携款从南洋适时赶回，被选为临时参议院副议长。1912 年被选为国民党江苏省支部长。1925 年出任江苏省省长。两年后辞职。抗日战争爆发，日伪多次威胁利诱，要他出任伪江苏省长或上海市长，都予以拒绝。抗日战争胜利后，不满蒋介石打内战，拒绝出任上海市参议会会长，在贫病中去世。

（4）国民军到南京，孙传芳[①]几次来扰，又不幸陆慎如女士去世，因而停顿。

（5）十六年十月，张宗麟、徐世璧[②]等下乡来，遂举办此园。到十一月十一日正式开学。

### （二）睡在阿哥摇篮里的阿燕

谈何容易！一所茅屋也不是倚马可成的。因此，不得不借燕子矶小学（是本校的特约中心小校）的房子来用。在该校的最后一进，借了一间房子，用板壁隔成一大间、一小间。大间是工作室，小间是储藏室。

这时候一室空空，真是有意思。不久得到市教育局的补助，得到几张小椅子、小凳子；又向鼓楼幼稚园（也是本校特约中心幼稚园）借了一架小风琴，到师范部里借了几个破镜架，用树叶子点缀起来；买了几个小面盆、小便桶，整个的幼稚园完成了。

那时候有三十个儿童，有一个指导员，就是徐世璧女士。又有三位艺友[③]，又有张宗麟，也是时常去的。那时候，在我们初下乡的人，真有些不惯（参看宗麟《教育荒岛》序文）。但是在乡村中，已是哄动四方了。

### （三）初试新衣的阿燕

到了十七年春天，新屋落成。这新屋，地居大江之滨、燕子矶麓；式样之佳，如皇宫，如宝塔，虽然茅舍泥墙，但是既切实用，又极美观。全屋长方，东南向；中分一大间、一中间、二小间；门前一片绿草地，装了一架极质朴的秋千架和滑梯。挂了一幅〔副〕门牌〔联〕:“谁说非学校，就是非学校；彼且为婴儿，与之为婴儿。”是陶先生[④]的手笔。

---

① 孙传芳(1885—1935)：字馨远，山东历城（今济南）人。1902年底，免考保送陆军速成武备学堂。后留学日本，入东京振武学校学习。1909年归国，授予步兵科举人。后历任长江上游警备总司令兼第二师师长、福建军务督理、闽粤边防督办。1925年11月15日，在南京宣布成立浙闽苏皖赣五省联军，自任总司令，成为直系后期最大军阀。北伐战争失败后，避居天津，皈依佛门，远离政治。

② 徐世璧：参见后文《一个山村幼稚园——十个月的晓庄幼稚园》题解。

③ 此“三位艺友”，一位是时任燕子矶小学校长丁超的夫人，两位是家住附近的、年龄稍长的燕子矶小学女毕业生。

④ 此“陶先生”，即时任晓庄师范校长陶行知。

里面大间是活动室，放着积木、玩具、风琴等工具；一小间是导师研究室，另一小间是清洁室。中央一间，用布幔分为二部：前部是小图书馆，后部是指导员卧室。这时候，学生多了，足足有四十多个；艺友又增加了一个，共四个。暑假以后，因为徐世璧女士调任本校园指导部主任，阿燕交给荆璞①了。这个未满周岁的孩子，着实活泼。虽有淘气之处，倒也着实可爱！

## 二、阿燕的生活

这个真是“摸黑路”，有什么地方可指示办乡村幼稚园呢？因此，我们本着自己来创做的勇气，向前“猛干”。猛干不是“蛮干”，所以也有步骤。

### （一）草订《生活纲要》

《生活纲要》分全年、一月、每周和当天的四种。

（1）全年的。这张表名为《幼稚生生活历》。是今年春季，由宗麟与徐世璧女士共同拟订的。其中分节期、气候、动物、植物、农事、儿童玩耍、风俗、儿童卫生九〔八〕项，详见宗麟编幼稚园教育丛刊“课程”号。

（2）每月的。《幼稚生生活历》是按月编的。因为那张为着大多数幼稚园起见，又因环境上的需求起见，所以在“每月表”开始之先，有一个预算会议，决定下月应注重那几项。

（3）每周的。每年、每月都是大纲之又大纲，每周的又要详细些了。在预算每周生活的时候，要把每件活动进行步骤分析、判断一下，并且讨论找材料的地方。

在预算下周的材料的时候，我们又讨论过去的一周工作，看看进行的成绩如何。关于草订《每周生活纲要》的方法和实例，可以参考《幼稚园教育》月刊第一期的课程试验报告。

---

① 荆璞，即王荆璞，时任晓庄学校指导员。参见本文题解。

（4）当天的。每天导师、艺友到幼稚园的第一件工作，就是估定当天的工作。怎样估定呢？一来参看每周的纲要，或每月的；二来根据昨天儿童提出来的兴趣与问题。

这件事，不是容易做的，往往会出乎预料的。所以，当天的活动，最重要、最大的根据，是当天的环境和儿童的兴趣。这件，就在导师的临机应变，不能细说了。

### （二）寻找生活材料

关于这层，我们不愁没有，只怕不能充分利用。环绕我们的大江小山，四季新鲜的花草、农产，遍地的废物，都是好材料。不过，因为东西太多了，一时不能完全吃下去。所以，我们抱多吃不如细吃，宁可一件一件的吃，一口一口的吃。请看徐世璧女士所写的《一堆乡村幼稚园的材料》，可以得其概要。

### （三）生活法

有环境、有指导、有材料，没有方法，也是难有成绩的。教育整个的改进，就是方法的演进。说到幼稚园的方法，这一年比起来要好得多了。因为已经吃了许多亏，碰了许多钉子，同样的错误，我们不至于再尝〔犯〕的。

总说一句，我们所用的方法，还是继续试验第三期“设计组织”的方法。此法详细情形，请参看幼稚教育丛刊《课程》篇十三页以后。但是，还有几点是特别的，来举示一个约略。

（1）户外生活多，室内生活少。乡村儿童来自农家，倘若关在房子里，那简直是害儿童，不是教育儿童。所以，我们形式上有一幢房子，实际上还是常常到外面去的。日本的露天幼稚园，实在合乎乡村，可惜我们一时办不到。

（2）注意卫生。老实说一句，在富贵城市的幼稚园里，不必十分注意儿童卫生。因为那许多小天使，家庭里已经替他收拾得十分干净，极卫生。乡间的孩子，鼻涕、沙眼、秃子等，都是居多数。所以，我们特地替每个儿童备了手巾，又备了一面大镜子。规定吃点心的时间（点心当然只有山芋、豆子等土货），不使多吃。有时，还替儿童剪发、洗外衣，送小鞋给他们穿，又借了许多药品。后方[①]师范部医药卫生股来的时候，替小朋友医秃子、沙眼等疾病。

（3）加紧工作。唉，说来可怜，乡村儿童到了七八岁，便要废学的。在家里看小弟妹呀，放牛呀；不但受不了小学教育，甚至不能进小学的。在幼稚园时代，还不能十分帮助做家事。所以，我们应当特别加紧些工作，使这般无机会升入小学的儿童，多得些益处。所以，我们对于“读法”一门，是很注意的。这是乡村间特别情形，请城市里不要看样！

（4）看护极小的儿童。这也是乡间特有情形，一只手牵着初学步的小弟妹，一只手拉着自己没有扣好的衣服，一步一跳的进幼稚园来。这些孩子，大都在二三岁之间，是蒙养园[②]的孩子，在我们也非一肩兼挑不可。

我们不再举了，怕会太琐碎，太占篇幅。我们三个，徐世璧女士、宗麟、荆璞——正在讨论写《乡村幼稚园》，读者请将来看那本书罢。

## 三、家常琐事

诸位读者，阿燕每年用多少钱？是什么人家的？他的兄弟是那个？他的姐妹是谁？知到〔道〕吗？

（1）阿燕是晓庄的。燕子矶中心幼稚园，是中国第一个出世的乡村园，也就是晓庄学校唯一的中心幼稚园。他现有兄弟三个[③]，晓庄、万寿庵、和平门；结义兄弟[④]一个，鼓楼幼稚园。

（2）每年的费用。每年费用很难说。照经常费说，每年只一百二十元，加上六十元

---

① 此“后方”，指晓庄学校本部，即“师范部”。当时该校师生，分“前方”和“后方”两部分。前方重在教育实践，即办理幼稚园、小学和其他各种教育设施；后方重在教育理论，即集中传授相关的专业知识，并进行理论研究。前、后方学生定期轮换。

② 此“蒙养园”，实为托儿所之意。即收容3岁前的小儿施以保育。

③ 此“兄弟三个”，指晓庄学校计划其后办理晓庄幼稚园、万寿庵幼稚园与和平门幼稚园。

④ 此“结义兄弟”，指晓庄学校特约的“南京鼓楼幼稚园”。

的临时费，共需费一百八十元。还有指导员的薪俸，实在不是阿燕用的。因为指导员的工作，大部分是指导艺友与师范生，在幼稚〔园〕工作的时候，也为着他们。指导员的薪俸，全年四百五十六元。究竟算在什么人上，请读者鉴定。

（3）艺友。本园的另一目的，是训练艺友。本园现有艺友四人。怎样训练艺友？详于《怎样指导中心幼稚园教学做》一文。

（4）与燕子矶小学的关系。燕子〔矶〕小学，是江宁县立的实验小学，又是晓庄的特约中心小学。所以在系统上，与我园很有关系；在实际上，他们帮助我们的地方也不少。此后，我们还要做进一步的工作，希望该校低年级和我们联络起来，做一番乡村小学上更有效的工作。

## 四、愿阿燕强健长大

今后的阿燕，究竟怎样长养，我们不得而知。但是，依照我们的理想，下列三〔四〕个方向不会变了：

（1）燕子矶中心幼稚园的研究，是乡村幼稚园的事业；

（2）燕子矶中心幼稚园，是晓庄学校幼稚园教学做的中心事业；

（3）燕子矶中心幼稚园的试验，是中国教育上艺友制的事业；

（4）燕子矶中心幼稚园，是为燕子矶小朋友谋幸福的事业。

末了，我们记起陶校长的话来："生而不为，为而不恃。"我们愿意，尽我们的力向前干；更希望，今后全体同志都向着上述四个目标干，使阿燕壮壮实实的成人长大。不但是阿燕之福，也就是中国幼稚园教育的无量幸福！

# 大江濱的鄉村幼稚園

張宗麟
王荊璞

一週歲的燕子磯中心幼稚園

「先生—貴園有印刷品嗎？」當我們對參觀客報告概况以後，常常得到這樣的問句。我們久久想來印一本概况，終究不成功，一來因爲我們忙得沒閑，二來實在太窮了，印刷費太貴。聽說本刊有幼稚教育專號的編輯，我們就趁此機會作一個簡單報告，并且可以應付將來參觀客的需要。

(一) 咿啞學語的生命史

從有導師兒童到現在，阿燕不過十二月多些，正是初脫襁褓，咿啞學語的時代。回想這個孩子的經過，很值自家人的尋味！

一，在母胎裏的阿燕　翻開本刊二卷四期陶先生的燕子磯中心幼稚園開學演說詞，可知道這孩子在母胎裏就多磨難的，大要有五：

(1)陶先生聽到宋調公先生的農家婦女愛嬰孩的苦况，又看到田頭孩子的啼哭，因此發生宏願。

(2)找地點，找人才，籌經濟的困難。

(3)找到燕子磯，又找到陳鶴琴張宗麟陸愼如諸君，又得到陳陶遺先生的援助得到五百元。

(4)國民軍到南京，孫傳芳幾次來擾，又不幸陸愼如女士去世，因而停頓。

(5)十六年十月張宗麟徐世璧等下鄉來，遂舉辦此園，到十一月十一日正式開學。

(二)睡在阿哥搖籃裏的阿燕　談何容易，一所茅屋也不







另图 40　《大江滨的乡村幼稚园》原发表件（部分）

# 113 一个山村幼稚园
## ——十个月的晓庄幼稚园

张宗麟 徐世璧

1928年12月

**题 解** 本篇原载《乡教丛讯》第2卷第24期。撰写时间为1928年12月，发表时间为1928年12月30日。原发表时，本文排于同期发表的《大江滨的乡村幼稚园》一文之后。

有关撰著者张宗麟，参见前文《南京市幼稚园课程参考》题解。

有关联名撰著者徐世璧，参见前文《大江滨的乡村幼稚园——一周岁的燕子矶中心幼稚园》题解。

《乡教丛讯》，乡村教育半月刊。1927年1月1日创刊于南京，先为“乡村教育同志会”会刊，后为晓庄师范、晓庄学校校刊。主编陶行知，张宗麟一度担任执行主编。该刊旨在推进乡村教育，报道办学实况。主要栏目，有论著、演讲、调查、试验、报告、通讯等；主要撰稿人，有陶行知、赵叔愚、杨效春、邵仲香、唐谷、张宗麟等。1930年3月1日终刊，共出4卷75期。

## 一、晓庄的环境

名闻全国的晓庄，没有到过的人，必以为晓庄是锦绣天堂、世外桃源。那知道，到了今日，周围数里除了我校有十几幢整齐的草房，依然是山中的散农村。周围三里，户口不满三百，村子倒有十几个。北固乡是地瘠的贫乡，又加以洪杨[①]劫后，犹未复元，秃山淤河，满目荒凉。

本校社会改造部，正着手改造。农家经济在此环境中，当然不很富裕。至于晓庄，在去年三月以前，本为“小庄”，只有农家四户。我校犁宫[②]所在地，人迹罕到，本有“狼窝”之名。

## 二、晓庄幼稚园成立之史

四周散农村，本身是狼窝，所以初办小学的时候，小学生都很少。哪知道半年以后，不但学龄儿童来的很多，并且带了小弟弟、小妹妹来了。这是乡村小学必有的现象，因此创办一所幼稚园。

是师范部学生李楚材[③]君等办起来的。后来，世璧从燕子矶跑来，宗麟也从城里回来[④]，把这所幼稚园，整个的交给幼稚师范院的同学。这是今年二月里的事。

## 三、十个月的经过略情

从幼稚师范院接收后，由世璧常驻指导者约一月。这一月中，最初有四个师范生共做，约一星期。然后，交给第一组两个学生做。又一个星期，换第二组做。以后，第一组做一个月，第二组做一个月。在每月开始的时候，必有世璧与宗麟，共同来指导一个星期。

到了五月里，忽然有一位男同学黄志成君，转到幼稚师范院，当然就到幼稚园里来。

---

① 此“洪杨”，指洪秀全、杨秀清，亦即指太平天国之战乱。

② 犁宫：晓庄师范礼堂的名称，为一别致的竹架、茅草顶之建筑。

③ 李楚材（1905—1998）：江苏张家港人。为晓庄师范的第一期生，当时正受命创办中心小学。为解决小学生带弟妹来上学、影响他们上课的问题，特在小学班之外，又开设了幼稚班。

④ 此“回来”，指辞去了南京市教育局普通教育科“指导员”之职，而专职于晓庄师范。

黄君非但有浓厚的兴趣，并且有慈母的心肠与儿童领袖的态度。所以，在幼稚园里增加了不少生气。

不久，在指导会议上议决，本校以后女同学，必须到幼稚园教学做三个月至半年；男同学，可以选做三个月或半年。这样一来，于是小学师范院的女同学，也到晓庄幼稚园里去做了。这是暑期内的事了。因为我们不放暑假，所以与平时无异。

九月以后，我校组织变更，世璧因承担幼稚指导部主任，所以到晓庄来了；宗麟因为担任生活部事，所以减少到幼稚园去的时间。从此以后，每次教学做需要同学二人，时期三个月。到现在，恰恰是第一次“调防”。

## 四、全园概况

本园的产生，是出乎我们意料之外的，所以，我们只好借用别种房子。现有樱花村，本来指定做男生宿舍的。那知道，改做幼稚园倒也合用。一间大的，可以做儿童活动室；一间小的，做导师宿舍；另一间，做导师研究室；几间储藏室，就来做清洁室或储藏室。将来搬场，以前那间又可以做指导部办公室，并且离儿童运动场极近。所以，环境上实在不错了（诸位切勿以理想幼稚园的建筑来比拟）。

幼稚园本来无所谓组织。两位同学，交换做主任，交换做助手；园务，一位担任会计，一位担任庶务与保管；招待参观与伴着儿童玩的两件，每人每日轮值一件。

全园经费，十七年度经常费七十二元，特别费六十元，共计一百三十二元。大部分的用度，是添置工具与家具。儿童完全免费的。

儿童数不很多，只有三十几个，并且常常缺席的；常到的，只有二十个小朋友。

## 五、几种方法的释疑

本园是晓庄学校中心幼稚园之一，所以一切办法，有统一性的。例如，怎样指导在园的师范生的方法，详于《怎样指导幼稚园教学做》一文；又如儿童生活状况，与《大江滨的乡村幼稚园》里的“阿燕的生活”一段相仿佛。这种情形，当然不必多重复了。现在有几种方法，大多数的参观客问的，不妨来说一下：

（一）为什么不放暑假与忙假

暑假是普通学校所有的，忙假是乡村学校特有的。这两种假，乡村幼稚园都没有的。

农忙时所以不放假的理由，在本刊二卷四期陶先生《如何使幼稚教育普及》一文内，说得极透彻。暑期呢？一来也是农忙；二来暑期儿童在家里，多吃瓜果，多得疾病，所以不如到幼稚园里来。

不过，暑期的活动稍稍改变。每天七时半开始，到十时半就散学（因为此间农民，习惯暑天十时半吃午饭）。儿童往往十一时半就来。从这时候起，到下午三时止，开消夏会。其中有午睡一事。买了几条起码草席子，铺在地上来睡的。还有随意唱歌、开留声机……等快活工作。三时到五时，又继续做上午未了的活动。大约六时散学。

（二）为什么要有读法

我们也知道，四五岁的儿童以体力的活动为重，知识的活动次之。这几句话，在乡间就要变动了。

乡村儿童体力的活动很多，一切都是儿童自己动手，决没有个人代做的。到了八九岁，就到田里做农事工作去了。老实说一句，在现在中国人民经济状况之下，还谈不到四年的义务教育。

我们为着补救农村儿童不能入小学缺憾起见，所以在幼稚园里特设“读法”一门，并且有相当的重视。至于用什么方法，请参看《幼稚教育丛刊》“读法”。

（三）为什么要注重故事

讲故事给儿童听，是训练儿童最妙的方法；请儿童讲故事，是训练儿童发表能力最好的方法。

乡村儿童讲话的能力，在组织上、语气上、成语上……比较要差些。讲话不流利，不能达意，不能使听众乐听，是人生最吃亏之一。农友们忙于田间工作，当然少注意于这层，因此我们来注意。

我们所用的方法，可说是谈话。有时候没有蓝本的，不过把日常的活动拿来讲，讲得儿童快活、爱听。请儿童讲呢？也是请他们报告日常所遇到的种种。方法欲知详情，请参看宗麟等所做的《故事》。

（四）为什么注重音乐

幼稚园的材料，最缺乏的要算音乐。乡村中音乐材料极多，田里山上的农夫农妇，手中工作，嘴里高歌，是极好的音乐。但是，往往不切乎儿童的。因此，我们近来正着手搜集民间儿歌。搜寻到了，就拿来试验。

这样一来，不是在表面上看起来，极注重音乐吗？其实，我们到现在，还不过一架风琴和几件中国乐器。好在唱山歌，倒并不在乎乐器之有无。山间采野花的时候，在草地上做工的时候，都可以唱的。

关于乡间儿歌，我们也有一个疑问，就是要不要有谱？因为我们所得的儿歌，大都是没有谱的；偶而得到一个谱，都是极好极好的。例如本校的《锄头歌》《镰刀歌》，真是天籁的绝响。但是，搜集民间乐谱之难，比搜集儿歌不知难到几倍。这步工作倘若做出来，不独于幼稚教育有贡献；于纯粹音乐上，或者也有不小影响。

次之，是表情动作的问题。有歌必有舞，这大概是人类的普遍性。山歌也可以舞的（可以做表情动作的），儿歌大都可以与游戏联起来的；同时每个游戏，都可以缀上儿歌的。这步工作，我们也着手做了。游戏材料，除出随时搜集当地通行的以外，就用宗麟三年前搜集各省的游戏材料，一个一个的来试验。倘若以为可用的，就把他用文字写出来，将来或可成为幼稚教师的一助。

## 六、结论

只有十个月的历史，当然没有什么大不了的成绩。诸位要希望这个孩子长得好，还要大家都来帮助。现在，我们把今后努力的方向，再来郑重说一下：

（1）为晓庄附近的农家小孩子谋幸福！

（2）为便利晓庄学校诸同志幼稚园教学做的地方！

（3）创造试验中国乡村幼稚园的方法和材料！

前途如何，我们毫无把握。只有摸一段黑路，再来回想一段，再来向诸位报告一段。

# 114　南京鼓楼幼稚园实施课程概况

屠哲梅

另图 41　屠哲梅像

1929年2—10月

**题　解**　本篇原载《儿童教育》第 1 卷第 3—10 期。发表时间为 1929 年 2—10 月。

撰著者屠哲梅，女，生卒年未详。早年肄业于金陵女子大学，时受聘主持鼓楼幼稚园。1930 年，任上海市教育局幼稚园指导。次年任鼓楼幼稚园主任。为中华儿童教育社社员。为该社音乐教育研究委员会、家庭研究委员会委员。抗战期间，任迁至四川万县沙河的金陵中学音乐教师。与陈鹤琴合编有《幼稚园唱歌集》，撰有《谁应该学习音乐》《春夏季幼稚园可教的常识》《游戏是怎样教的》《谈谈幼稚园的唱歌教学》等。

《儿童教育》，教育月刊。1928 年 3 月创刊于南京，后迁上海编辑出版，由中华儿童教育社主办并编辑，由开明书店出版并发行。该刊面向幼稚园和小学教师，旨在探讨教育儿童的内容和方法，并致力联络家庭教育和学校教育，让全社会都重视儿童的初期教育。主要栏目，有论著、译著、学校行政、课程试验报告、学校设备、通信等；主要撰稿人，有陈鹤琴、陶行知、张宗麟、李清悚、葛承训、徐则陵、郑晓沧等。1937 年 4 月终刊，共出 8 卷 73 期。

各处幼稚园的课程，有固定的，有不固定的；教的方法，有刻板的，有自动的；所用的教材，有教师自编的，有儿童在环境上自己找的。究竟那一种课程好，那一种教法良，那一种教材有用，这都是很重要的问题。本篇所说的，只限于本园教学的大概情形，是否有当，希望各处同志指正。

上午八时至九时，儿童陆续到园，在室内或户外自由活动。户外有各种运动、游戏的设备，如秋千、滑梯、三轮车、黄包车、木马、沙盘等；室内有积木、泥工、纸工、穿珠、剪贴、书画、拼图各种玩具等。室内外的各种设备，都让儿童任意选择去活动。

这种设施，一方面可以利用这时间，让儿童一到园里，就去自由工作，不致东埃埃〔挨挨〕、西坐坐，没有兴趣，或者感觉不愉快，想回家去；一方面可以使儿童多得到学习的机会，养成他们自动做事的好习惯，发展他们的个性。所以在八时以前，教师应当将活动的各种用具或玩具，陈列在桌子上，或者放在相当的地方，能使儿童看得到、拿得着去玩。同时，教师须立在一旁，随时随地指导他们。

如有不去活动的小朋友，就用暗示的方法，或者和他们一同去玩。几日后，他自然能慢慢自动的去玩了。但是，玩的小朋友，如果天天玩一样的东西，或做一样的工作；那末教师应当也教导他去更换，使他们对于各种活动都有兴趣，而所做的都有进步。在这时间内，教师还可以布置教室，如插花、摆放花盆、挂欣赏图、排桌椅等等事情。

九时差五分摇铃。用十分钟时间，先让儿童进小间准备一切，然后出来静坐椅上。同时，让值日生整理玩具，揩黑板，撕日历，转星期牌，检查不划〔画〕到的小朋友。教师弹琴，小朋友起立，将椅子放入桌下，顺序听琴，走朝会圈，唱早会歌；或请早安，有时做自由动作；或自由谈话、检查清洁等。

九点十五分至九点四十五分，是常识科。我们教常识，大概以自然为中心，有时，以故事、社会风俗、节气、纪念日等做中心。教授方法以实物观察为主，有时，用挂图、谈话、故事、唱歌、谜语等施教，使儿童十分感觉兴趣而领悟一切。

九时四十五分至十时十五分，手工或图画。如积木、纸工（扯、折、剪、构、编）、粉泥工、穿珠子、刺缝纫，以及简单日常工艺。问题：如染色、油漆、洗涤等，或者去参观纺纱、织布等；如利用自然界的花草，如花瓣、芦草、狗尾草、树枝、棉花、麦杆〔秆〕、蚕豆、菌子、蕃〔番〕薯、玉蜀〔黍〕的包皮、花蕊，去拼成各种动物，或各种玩物等；利用废物，如香烟片、香烟盒子、报纸、招牌、碎布、小瓶、破袜、牙签等，更属经济办法。

作业前，举小朋友自己去拿用具；作业后，也由小朋友自己整理；并将小朋友画的作品，教他们自己评论一下谁做得好。这是一个很好的机会，去鼓励儿童作业，认真以求进步。

十时十五分至十月三十分休息。如天晴，最好都在户外太阳下活动；室内如有末〔未〕收拾清洁的地方，那么做小领袖的要来扫除、整理。

十时三十分摇铃，幼稚生进小间整备；同时，也须有一位教师在里面照料他们洗手等。在室内，教师应奏幽静的音乐（或留声机代替）。小朋友整备好后，就出来轻轻的回到坐〔座〕位上，将头和两手靠在桌上，眼睛闭着作睡状，听几分钟幽雅的音乐。

十时三十分至十一时，进点心。小朋友都坐好，请一位小朋友到桌前点人数，去拿杯盘来；请小朋友拿点心，再请一个小朋友拿茶盘。请小朋友，要请坐得好的，最好还要是能做事的。教师亦要在旁帮忙接送，要按次序送过去，以免争闹。小朋友送点心的时候，各小朋友要说一声“谢谢”。这一件事是很要紧的。一方面可学习礼貌，一方面秩序不致紊乱。因我曾经看见，一个幼稚园进点心的时候，秩序特别乱，这样不是养成小朋友的恶习惯吗？

还有要注意的，就是拿过杯盘的小朋友，不要先吃；要将手放下，免得放手在盘中转动，将盘子落在地上打碎。如有犯这弊病的，教师就要暗示说：“那个是最有礼貌的客人，我们就欢喜他。”幼稚园的小朋友常常有犯这种毛病的，所以教师要非常留意，使他们养成作〔做〕客的礼貌。

大家坐好后，分东西的小朋友，就立在大家的面前说：“小朋友请用。”于是全体说：“谢谢！”然后吃。

吃的时候，教他们不要有声音；口中有食物时，也不要高声谈话。吃完以后，将嘴拭清爽，手放下去。大家吃完后，再另请三个小朋友来收拾杯盘，去拿揩布，将桌上的碎屑抹去。

吃点心的时候，还有一件事可做的，就是讲故事，或唱儿歌，或猜谜语，这都是小朋友最欢喜的。不过有几点要注意的：第一，要找浅近的材料，适合儿童心理、年龄和程度，而且有兴趣的；第二，教师要很纯熟，并且感觉有兴趣，又要口音〔齿〕清楚，要有表情的姿势，使儿童容易明了而有兴趣。

十一时至十一时半，音乐。音乐教授分四种：

（1）节奏。就是合琴的节拍走、跑、跳各种动作，或简单跳舞等；

（2）唱歌表情，或音程练习（别音）；

（3）欣赏中西曲调，钢琴或留声机的各种音乐；

（4）乐器用锣、鼓、钟、铃、磬、木鱼，拍节枝和钢琴；或留声机的调子，合拍子打敲起来，是儿童最有兴趣的。

其他，如教师能吹箫、吹笛、吹口琴、拉胡琴的，同时合奏，我想也是很好。小朋友有时也可合奏。如乐器少，小朋友不能全体用，那末可以轮流打敲，或者可以另外用碗、碟、杯、盘、小方木来打敲，也是一种经济的办法。我们曾试验过，小朋友也很欢喜的。

教师如有善〔擅〕长音乐的朋友，不妨随时去请他们到幼稚园来唱唱，或者弹弹，或者去请附近的小朋友来唱；若是去参观别的小朋友唱，也是很好的一种方法，可以增进小朋友对于音乐的智识，还可以鼓励小朋友学习音乐的兴趣。

十一时三十分，上午完课（如欲参加游戏时，那末可以延长时间）。

下午一时至二时，学生随时来园。可领儿童随时静睡休息；同时，亦须有教师陪伴看护（儿童不满四足年龄者，下午可不来园）。

二时至二时二十分，故事或游戏。故事除教师讲述外，令儿童自述。如要表演，亦可进行。游戏，不拘个人或团体，惟须选用适合儿童程度及有兴趣的。

二时二十分至三时，读法。教材除用儿童日常简单语句或儿童短篇故事外，歌谣、儿童新诗，或儿童自述的句子均可。教授的方法及教具，则用黑板、认字盘、缀法盘、骨牌练习片等（详见《幼稚丛刊》第一种“读法”）。书法，可以先教笔顺，然后用牙签排字。最后去黑板上习写。

三时至三时三十分，音乐（下午的故事、游戏、音乐这三科，是和特别班合并的。因为特别班人数少，幼稚生同时也可以多得学习的机会，使他们容易进步）。

三时三十分至四时，自由活动或图画、手工、积木及康乐活动等（康乐活动，就是室内整洁，如扫除教室、整理抽屉、排列桌椅等；户外整洁，如浇花、除草、整洁亭园等。也是和特别班合作的）。

以上的课程，是每星期一起到星期五的活动。星期六上午，和特别班共同举行纪念周和周会。所以，这上午的课程，是和平日有点不同。我们的主张，是做些特别的设计。如表演爱国伟人故事、音乐、游戏或烹饪、叙餐、出游野间、检查清洁等，尽可以随机应变、更换或参加。

至于时间，亦可以稍稍延长些。因为如有烹饪，是很费事的。但是幼稚园中，这一件是很有价值的，尤其是小孩子们最欢喜的。因为可以有新鲜点心吃了。

我们的烹饪，除煮粥烧饭外，还可以做各种点心。如面、水饺、馄饨、馒头等，又可以烧蚕豆、豌豆、蕃〔番〕薯等。其他，又可以做各种糖，如花生糖、甘蔗糖、可可糖、核桃糖等。以前的教师，还试验过豆腐和外国点心。但大半是教师做，小孩子在旁观察、学习。虽然如此，小孩子们仍是很有兴趣的。我们烹饪的方法，如天晴在户外，用几块砖头搭成野灶来烧；如天雨，可在室内或厨房中活动。

程序如下：(1) 讨论烧什么东西；(2) 怎样烧法；(3) 去买办食料和用具；(4) 决定地点；(5) 布置桌椅；(6) 搭灶；(7) 预备食料（做、切、洗涤等）；(8) 上灶烧火；(9) 去拾柴或干草等；(10) 预备叙餐（拿碗、筷、汤匙盛起来）。然后，大家席地而坐，或站在露天吃，这都是很有意思的。搭灶时，要留心风的方向，不要顺着风，以致冒烟熏眼。地点最好在树荫下，地方要稍宽大一些。

以上是每天的课程活动。但是，有时各科如能联合起来，做整个的教学，也是很好。我们的活动，不一定是在教室里面的；我们要常常到户外，或附近的田地中、树荫下去工作、活动。此外，每周还要举行野外旅行，参观工厂或学校、陈列馆等。

每月中，又有体重、体高测量，各种技能、习惯的考查〔察〕。恳亲会一次，本园是单独进行的。如果小朋友不及预备各种表演，二月一次亦可。每学期之末，举行成绩考查、休业式或毕业典礼。

附　每日课程时间表

9：00—9：15，朝会、谈话；

9：15—9：45，常识；

9：45—10：15，手工、图画；

10：15—10：30，休息；

10：30—10：45，洗手、静乐、进点心；

10：45—11：00，故事、儿歌或谈话；

11：00—11：30，音乐或游戏；

11：30，散学。

下午

1：00—2：00，静睡；

2：00—2：20，故事或游戏；

2：20—3：00，读法；

3：00—4：00，图画、手工或康乐活动；

4：00，散学。

# 115 招收新生及插班生

上海幼稚师范学校

1929年7月12日

**题 解** 本篇原载1929年7月12日《申报》第5版。原发表时，题为《上海特别市教育局立案上海幼稚师范学校招收新生及插班生》。今题系编者所拟。

有关发布单位上海幼稚师范学校，参见前文《函知各校可聘上海幼稚师范学校毕业生》题解。

有关《申报》，参见前文《南京燕子矶乡村幼稚园开办简章及预算》题解。

近年来，幼稚教育渐为世人注意。于是，各地幼稚园风发〔起〕云涌，相继创设。惟师资甚感缺乏，各方向本校延聘者，纷至沓来；而本校毕业生无多，不敷分配。因于本学期起，扩充学额，招收一年级新生，并添招插班生。凡曾任教员，而程度较高者，得酌量插高年级，缩短修业期限，以应急需。

兹定即日起报名，七月念〔廿〕一日及八月十一日考试。高小毕业之女生，或同等程度而年龄较长者，均可应试。如经各地教育局保送者，得免试及减费。三年毕业。毕业后，得介绍各地任教。

又，本校附设之歌舞专科师范，亦同时招生；再，早经上海特别市教育局立案之上海幼稚院及上海小学，亦于本期起扩充宿舍，添招新生；又，上海中学初中部，亦同时招收新生。

本校素主训管严密、功课认真。凡自问旨趣相符者，可来应试。

简章函索即寄。铜图详章，需邮十分。校址：槟榔路胶州路西潘园（总办公处）、康脑脱路徐园康乐里。

校董：王伯群、陈德征、何世桢、黄明道、
郑洪年、马君武、熊克武、欧元怀等

校长：陈济成

# 116　幼稚教育组现况

## 福建省教育厅研究部

1929年10月13日

**题　解**　本篇原载《福建教育周刊》第44期“教育消息”栏。发表时间为1929年10月13日。原发表时，总题为《本厅消息·本厅研究部幼稚教育组现况》。今题系编者所拟。

撰著单位福建省教育厅研究部，设立于1919年3月13日，为福建省教育厅的下属单位，与福建省教育学会合组。由高君珊担任部主任，下设幼稚教育组、小学教育组、义务教育组、中学教育组、师范教育组、职业教育组、民众教育组、乡村教育组，各组分别举行教研活动。

《福建教育周刊》，地方教育周刊。1928年10月创刊于福州，由福建教育厅主办，由该刊编辑委员会编辑并发行。该刊旨在传布教育消息，研究教育学术，“供学者研讨”和“备行政参考”。主要栏目，有报告、函牍、法规、著述、译述、政闻、统计、报告、专载、教育新闻等；主要撰稿人，有程时煃、邱椿、张永荣、峻山、潘一尘、刘之常、盖其新、程开泰等。1929年12月终刊，共出53期。

幼稚教育组，每二星期开研究会一次。研究员均系省立小学幼稚班、幼稚园主任及教员。本学期研究员，除上学期聘定者外，又加入有省立福州第一小学幼稚园主任吴路英、陈闽贞二先生。

最近，于十月四日开第五次常会。各园均有代表列席，主席顾品月。兹将议案录下：

（1）下次开会时，各园将《每日教学实况记载簿》交会传观研究。

（2）试行教育部定《幼稚园课程〔暂行〕标准》。

（3）收集“幼稚生好习惯”条文，每园二十条。

（4）定总理诞辰开幼稚生音乐会。每园应有至少五分、至多十五分钟的表演，并各园须合唱音乐会歌及党歌。

（5）各园报告上二周教学概况。

（6）预定下二周教育中心问题。

附录一 《幼稚教育组研究会情形》

本厅研究部初等教育课幼稚教育组研究会，已于七月七日成立。到黄兰英、陈西英、包琇华、陈维祥、赵爱慈、邓琼、邱雪白、顾品月等。

公推顾品月为主席，包琇华为书记；通过简章，并定以后每二星期开研究会一次；讨论各园设计中心问题，及教材、教法、课程等等云。

原载《初等教育》第6期，1929年9月15日

附录二 《初等教育课幼稚教育组工作计划大纲》

一、研究

（1）行政组织；（2）教材；（3）教法；（4）环境、设备；（5）恩物；（6）课程；（7）保育方法；（8）个性调查；（9）家庭联络；（10）玩具审查。

二、实验

三、编辑

（1）幼稚教育刊物；（2）幼稚读物；（3）幼稚歌曲。

四、指导

幼稚教育组研究员：

福实小幼稚园，包秀〔琇〕华、陈维祥；

高中附一幼稚园，邱雪白、林式如；

高中附二幼稚园，陈西英、叶一啸；

省三幼稚园，黄兰英、龚静容；

省四幼稚园，赵爱慈、邓琼；

本厅，林泽薇、林琼、林孔安。

原载《福建教育周刊》第32期，1929年6月30日

附录三 《小学教育组、幼稚教育组开会议决的五个议案》

（1）规定一律的《儿童出缺席办法》及《点名表》，颁发各校、各园采用。

（2）规定各校、各园《月终报告单》，每月报告研究部初等教育课。

（3）收集各校簿籍，比较研究。

（4）各校、各园试用《教学周录》，记载预定学材及实施概要等。

（5）试行教育部订《幼稚园课程标准草案》。

原载《初等教育》第6期，1929年9月15日

附录四 《幼稚教育组第六次开会议决案（十月廿四）》

到会者：赵爱慈、林式如、邱雪白、陈维祥、吴路英、陈闺贞、黄兰英。

主席：顾品月。

第一件：决定音乐会歌。即日油印，分发各幼稚园，下星期一起开始教学。

第二件：这次音乐会是庆祝总理生诞，各园可做设计中心教学。

第三件：每园做些纸彩，预备布置会场用（不拘多少，不拘什么；但一园的颜色勿与他园相同。使儿童可以看得出是自己做的）。

第四件：各园点心的装置，要弄得美观。装食物的袋或花篮等等，可与儿童共同设计了共同做。

第五件：各园可与儿童共同讨论，做一面园旗（绸的或布的）。三角式或方式的均可，惟须美观。

第六件：附二、省四、省三的音乐会歌，希于本星期内交主席。

第七件：下次开会时，各园须报告表演节目。

第八件：不印入场券，儿童的家属或各校先生要来看的，可以来。

另附《音乐会歌》（略）。

原载《福建教育周刊》第48期，1929年11月12日

# 117 筹办幼稚师范科经过

安徽省立一女中

1929年12月20日

**题 解** 本篇原载《女钟》第16期“幼稚师范科专号”。发表时间为1929年12月20日。原发表时，题为《幼稚师范科》。除《序言》外，共分为如后十部分:（1）筹备经过;（2）招生始末;（3）组织行政;（4）课程纲要;（5）教导概况;（6）幼稚园概况;（7）本科要事记;（8）各种统计;（9）员生姓名录;（10）附录。本文仅录“筹备经过”。今题系编者所拟。

撰著单位安徽省立一女中，其前身为安徽省立第一师范学堂，位于合肥市。该校创设于1905年，首任监督吴季白。1912年改称安徽省立第一师范学校，由徐方汉接任校长。1928年1月，改办为安徽省立第一女子中学，校长程勉。早在1918年，该校便有师范科附属幼稚园之设；1929年秋，又增设“幼稚师范专科班”。兹将幼稚师范科办理消息及招生办法，附录于本文之后。

有关《女钟》，参见前文《关于幼稚教育议案》题解。

吾国幼稚教育始于清季，称为蒙养园〔院〕。幼稚园之名，始于民国五年。同年，教育部并令女子师范学校附设保姆科，以训练幼稚园教师，是为幼稚师范之滥觞。民国八年，北京女子高等师范学校始设幼稚师范科；江浙女师，踵起设立，均有成绩。[①]

---

① 此处有关“幼稚园”“幼稚师范科”的定制时间，均不确。准确地说，均是在1922年“壬戌学制”颁行后确立的。前此虽有此称谓，但并非定制。

安徽幼稚教育，素极幼稚。本校地居省会，俨然为女界之望。爰于民国七年，附设幼稚园一级于附小二部。十年，复于附小二部特建园址，将该园单独设立。又以幼稚教师，尤以女子充任为宜，自当力任发展全省幼稚教育之责。幼师专科之设，筹之盖有年矣。

十七年五月，前中华民国大学院召集全国教育会议，对于幼稚教育异常注意，议决："自十七年度起，各省及各县市实验小学，均应附设幼稚园；各省区应就适当地点，设立幼稚师范学校；或于中学校或师范学校，附设幼稚师范科。"厥后，大学院公布施政大纲，明定"各省师范学校内，酌设幼稚师范科"。

本校以大学院命令，实符素志，因于七月十五日呈请前教育厅长韩安，准予添招幼稚师范专科一级。旋经指令，本省经费支绌，应暂缓办。

八月五日，韩厅长转令大学院训令，有"自十七年度起，就实验小学或师范附属小学，尽先设立幼稚园；并于师范学校内，酌设幼稚师范科，以培养幼稚园师资，十八年度开始，更须设法在乡村师范学校内，酌设乡村幼稚师范科，在乡村小学内，酌设乡村幼稚园"等语。本校因于八月十一日再行呈请添设，仍无结果。

本年四月间，全省省立中等学校校长会议及教育局长会议，先后议决省立女子中学校，应设立幼稚师范科（本校提案原文见附录），足证社会需要幼稚师资之切。因于五月二日，三次呈请添设幼稚师范专科。旋奉程天放厅长指令，认为切要，候编制十八年度预算时，通盘筹划，再行决定。

本校以教育厅既有允办之意，且学期行将终了，不能不从速筹备。因拟具计划书，于八月十日呈请核准。旋奉指令准予备案，本校乃正式登报招生；一面聘请专员，主办幼稚师范科教学及行政任务。此设立本科之经过情形也。

附录　《一女中添设幼稚师范专科》

省立第一女子中学校长程勉，鉴于本省基本教育缺乏师资，拟于本年秋季，特设幼稚师范专科一班，冀可造就幼稚园良好教师。

昨将拟具招生办法，呈请教厅核示。业经教厅详加察核，准予试办；并通令各县教育局，迅即保送合格女生至少一人，前往该校投考云。兹录教厅令各县教局原文如次：

为令行事，案据省立第一女子中学校校长程勉呈称：窃属校拟于本年秋季，特设幼稚师范专科一班，以为造就幼稚园之师资地步。业已缕情呈请在案，兹谨斟酌本省基本教育状况与缺乏师资情形，权且适应需要，将该科投考资格限制从宽，毕业年限量为缩短。因此，拟具办法如下：

（1）宗旨：养成幼稚园师资，以发展儿童本位之教育。

（2）名额：六十名。

（3）资格：旧制师范科毕业，或初中及同等学校毕业，曾在小学服务一年以上者。

（4）考试科目：党义、国文、英文、算术、音乐、常识测验、口试、身体检验。

（5）考试日期：九月十日（即废历八月初八日）。

（6）待遇：不收学费，膳宿由校供给，书籍、操衣自备。

（7）毕业年限：一年毕业。

以上所拟办法是否有当，理合具文请求核示，并析令行各县教育局，保送有上开第三项之资格者，至少一人前来投考，以期普及而利进行。

等情到厅，除指令照准并分行外，合行令仰该局长，迅即保送合格女生至少一人，前往该校投考，勿得延误，切切此令。

原载《安徽教育行政周刊》第2卷第29期，1929年8月26日

# 壹 籌備經過

吾國幼稚教育始於清季，稱爲蒙養園。幼稚園之名，始於民國五年同年，教育部並令女子師範學校附設保姆科以訓練幼稚園教師，是爲幼稚師範之濫觴。 民國八年北京女子高等師範學校始設幼稚師範科，江浙女師，踵起設立，均有成績。 安徽幼稚教育，素極幼稚，本校地居省會，儼然爲女界之望。爰於民國七年附設幼稚園一級於附小二部；十年復於附小二部特建園址，將該園單獨設立。又以幼稚教師，尤以女子充任爲宜，自當力任發展全省幼稚教育之責；幼師專科之設，籌之蓋有年矣。十七年五月，前中華民國大學院召集全國教育會議對於幼稚教育，異常注意，議決「自十七年度起，各省及各縣市實驗小學均應附設幼稚園，各省區應就適當地點，設立幼稚師範學校；或於中學校或師範學校附設幼稚師範科。」厥後大學院公佈施政大綱，明定「各省師範學校內酌設幼稚師範科」。本校以大學院命令，實符素志，因於七月十五日呈請前教育廳長韓安准予添招幼稚師範專科一級，旋經指令本省經費支絀，應暫緩辦。八月五日韓廳長轉令大學院訓令有『自十七年度起，就實驗小學或師範附屬小學儘先設立幼稚園，並於師範學校內酌設幼稚師範科以培養幼稚園師資，十八年度開始，更須設法在鄉村師範學校內酌設鄉村幼稚師範科，在鄉村小學內酌設鄉村幼稚園，』等語，本校因於八月十一日再行呈請添設，仍無結果。本年四月間，全省省立中等學校校長會議，及教育局長會議，先後議決省立女子中學校，應設立幼稚師範科，(本校提案原文見附錄)足證社會需要幼稚師資之切，因於五月二日三次呈請添設幼稚師範專科。旋奉程天放廳長指令，認爲切要，候編製



另图 42 《筹办幼稚师范科经过》原发表件（部分）

# 118　本校幼稚园概况

安徽省立一女中

1930年2月1日

**题　解**　本篇原载《安徽教育》第1卷第5、6期合刊。发表时间为1930年2月1日。原发表时，题为《省立一女中幼稚园概况》。今题系编者所拟。

有关撰著单位安徽省立一女中，参见前文《筹办幼稚师范科经过》题解。

《安徽教育》，地方教育月刑，后改季刊。1929年10月创刊于安庆，由安徽省教育厅主办、编辑并发行。其宗旨为："研究教育学术，介绍教育方法，讨论教育问题，谋本省教育事业的改进与发展。"主要栏目，有教育评论、教育专论、教育译述、教育改进计划、教育实践报告、教育书报介绍与书评、科学讲话、学生园地等；主要撰稿人，有程天放、赵演、胡家健、金晓晚、孟宪承、张士一、余上沅、邹恩润等。停刊时间未详，目前收录有1929年到1934年间发行的4卷41期。

一女中幼稚园，设立已十余载。最近一年来，特请专家担任指导，成绩颇著。兹特将该园概况，介绍于次，以供关心幼稚教育者之参考。——编者

## 一、一般概况

一女中幼稚园，创于民国七年。初附设于该校实小第二部。十年夏，始在风节井[①]新建园舍，单独设立。经费困难，规模不大，扩充之事，尚待将来。

幼稚园设主任一人、教员一人，均兼任幼稚师范科学生指导。园舍南北向，纵约七丈，宽约九丈，设有中心活动室、手工间、材料间、清洁室、运动场及小花园等。

园内设备如下表（表中所列，不分新旧，一部分尚待修理）：

### （一）普通设备（表25）

表25 普通设备统计表

| 品名 | 件数 | 品名 | 件数 | 品名 | 件数 | 品名 | 件数 |
|---|---|---|---|---|---|---|---|
| 小椅子 | 8张 | 小桌子 | 6张 | 摇椅 | 2张 | 洗面架 | 1具 |
| 脸盆 | 4个 | 茶壶 | 2把 | 茶杯 | 60个 | 托盘 | 5个 |
| 碟子 | 65个 | 手巾 | 4条 | 大镜子 | 1面 | 橱柜 | 4个 |
| 花瓶 | 2只 | 痰盂 | 2个 | 抹布 | 2块 | 时钟 | 1架 |
| 窗帘 | 2个 | | | | | | |

### （二）教具及玩具（表26）

表26 教具及玩具统计表

| 品名 | 件数 | 品名 | 件数 | 品名 | 件数 | 品名 | 件数 |
|---|---|---|---|---|---|---|---|
| 钢琴 | 1具 | 粉板 | 1块 | 铃 | 1个 | 粉擦子 | 1个 |
| 彩色粉笔 | 1盒 | 剪刀 | 15把 | 蜡笔 | 18盒 | 石板 | 16块 |
| 沙箱 | 1具 | 大积木 | 1套 | 第三恩物（积木） | 24盒 | 第五恩物（同） | 14盒 |
| 口琴 | 5只 | 洋娃娃小床 | 1只 | 豆囊 | 20只 | 第八恩物（铜圈） | 1套 |

① 风节井：合肥市地名，安徽省立第一师范创立于此，1912年迁至百花亭新址。

续表

| 品名 | 件数 | 品名 | 件数 | 品名 | 件数 | 品名 | 件数 |
|---|---|---|---|---|---|---|---|
| 皮球 | 1个 | 插板 | 4块 | 彩色棒 | 2盒 | 泥工平板 | 4块 |
| 七巧板 | 4副 | 布球 | 10个 | 布做老虎 | 1个 | 小锣 | 1面 |
| 橡皮猫 | 1只 | 竹圈 | 13个 | 蛋壳动物九种共 | 9个 | 农具（铲子） | 2把 |
| 普通脚踏车 | 2架 | 马脚踏车 | 1架 | 摇篮 | 1架 | 滑梯 | 1架 |
| 国旗 | 6面 | 图画书及画片 | 10余种 | 木碗 | 若干只 | 彩纸 | 若干张 |

十八年底上学期，幼稚园学生共五十六人；内男生三十六人，女生二十人。年龄最小者，实年三岁；最大者，实年八岁；普通约五至六岁。每日出席，平均约四十余人，得总数百分之八十。

## 二、教学概况

本园课程，近正按照部颁暂行纲要加以试验。部颁课程中“各科范围”一项，颇有可以商榷之处。又，幼稚儿童究竟可以养成何种知能，似亦有研究之必要也。

本园行全日制，除星期日及星期六下午休息外，每日上午，自九时至十一时半，下午自一时半至三时。其作业如下（表27）：

表27　幼稚园一日活动表

| 上午作业 | 下午作业 |
|---|---|
| 一、早会 | 一、读法 |
| 二、常识 | 二、自由活动 |
| 三、工作及批评 | 三、唱歌 |
| 四、户外活动 | 四、故事或作康乐活动 |
| 五、餐点（餐点前分次洗手之时，教歌谣或讲故事等） | 五、散学 |
| 六、静息 | |

续表

| 上午作业 | 下午作业 |
|---|---|
| 七、音乐（唱歌、跳舞、节奏、音程练习等） | |
| 八、游戏 | |
| 九、散学 | |

各节作业时间，长短不一，视儿童兴趣的浓厚与否而定。此外，每星期至少查清洁两次，修剪指甲一次。每学期查疾病至少一次，施行健康检查若干次，不定期。

本园学生，年龄相差颇巨，而人数又多，故工作等课，随儿童兴味分组教学。例如甲组做泥工，乙组或堆积木，或作剪贴是也。读法等课，亦分组进行。

每逢星期六上午，本科学生须至幼稚园参观。故星期六上午之作业，每周不同；工作、常识、游唱、故事、识字等课，均须轮流教学，以供幼师学生之参观与研究。惟餐点、静息、游戏等例行作业，仍与平时相同。

教学方面，采取设计法。兹将双十节国庆纪念的经过，概略报告，以示一般的实例：

国庆日的前几天，在小朋友还没有到幼稚园来之前，教师挂了两张彩色鲜艳的图画在墙壁上。上面画着世界各国的小朋友，他们都拿了自己本国的旗子，大家互相牵了手，围成一个很大的圆圈，作跳舞的形状。

有几个小朋友，一跑一跳，很早到幼稚园来。一进幼稚园门，最引起注意的，就是那两张彩色的图画了。看着那两三个小朋友，不约而同的都跑到图画面前，用手一面指着，嘴里一面说着，很显出高兴的样子。

过了一会，小朋友渐来渐多了，图画面前也就多起来了。那时，好像在路上看什么猴儿把戏似的，有的小朋友因挤着难受，看了一看就走了；有的因为欣赏过了，又去欣赏别的；也有刚刚进幼稚园来，将要去看；有几个，看了还要看。

正在看得有味的时候，忽然听见叮〔丁〕铃铃的声音，小朋友都匆匆忙忙的放好了玩具，去排班预备着进行。但是有两个小朋友，仍旧站在那画面前，有说有笑，指指点点，兴趣浓厚得很。

教师就轻轻的走到他们面前，好好的对他们说："是不是好看得很？好不好，等一会儿再请小朋友去看？"于是，才肯慢慢的去排队进行。琴声一止，大家还没有十分坐定，就看见有的已经定睛望着画，指说起来了。

教师就问："小朋友都看见了吗？"

小朋友都说："看见了！上面有许多小朋友拿了旗子。"

教师又问："他们的旗子都同不同呢？"

小朋友都说："不同，不同！"

教师说："那末，当中有没有一面旗子是和墙壁上那面国旗一样呢？"

吉庆和王玱连忙站起来说："有！有一个。"

有几个小朋友说："没有，没有。"

大家都争起来了。教师就请吉庆和王玱各自取了一张画，走到小朋友面前，指给他们看了个明白。这样，声音才平〔息〕下去了。

雅各说："我们的墙壁上也有旗子插着。"

小朋友都转头去看，并说："我们的旗子少，又坏了，不好看。"

教师问："他们为什么拿了旗子，不拿别的东西才圆〔围〕圈呢？"

大家说："旗子好看。"

教师说："很对。不但好看，并且也是很宝贵、可爱的。倘是日本人把我们中华民国的旗子，抢去弄坏了，这就是我们中华民国输了。所以，我们一看见了中华民国的青天白日满地红旗子，我们都要恭恭敬敬的对他们行个礼，表明小朋友很爱他，并且要好好的保守他，或者将他挂得高高儿的。小朋友都欢喜有一面旗子吗？"

儿童都答道："欢喜，欢喜。"

后来，就说到各人来做旗子。于是：

（1）决定目的——每一个小朋友做一面旗子。

（2）讨论方面——用什么材料做？决定用：（a）白、大红、蓝三色纸；（b）浆糊、剪子。

讨论完毕以后，开始工作。材料、用具，都由小朋友分发。于是，大家都很高兴的做起来了。

结果，除了几个最小儿童外，都做得很好；并且还有几个做得快的人，情愿乐意帮助最幼的小朋友去做。当中的太阳，多半留在第二天贴。

第二天一进幼稚园，就听见小朋友说："今天要做太阳了。"等到做手工时，就看见他们的一双小手，忙得像什么似的。不一会，就听得他们高声叫道："先生，我做好了！""先生，我也做好了！"于是请了一位小朋友，将他收集起来，并讨论怎样安置这许多旗子？

有的说："贴在棍子上，执在手里。"

有几个说："用绳子挂起来，多好看呀！"

教师说："挂起来很好，大家都看得见。"

刘华插着说："请许多先生（指幼稚师范科学生）来看。"

别的小朋友听了，都快乐拍手的叫道："好，好，好！"

教师问："什么时候请呢？"

刘华又说："明天。"

教师说："今天还没有买绳子，若是明天挂不起来，许多先生不是看不见了吗？好巧得很，再过四天就是中华民国过十八岁的生日。小朋友愿意替他做生日吗？"

学生都答道："愿意，愿意。"

"那末星期四，决定请先生们来看国旗，并和我们一同开庆祝会。"

下面，是开庆祝会的经过：

1. 讨论庆祝会怎样的开呢

大家讨论结果，要做下列各种事项：

（1）放爆竹、点寿烛、挂灯笼、吃寿桃。

（2）整洁、装饰房间。

（3）要有请帖吗？决定预备请帖。

（4）怎样送去？决定送请帖的法子。

（5）定节目单。

2. 筹备情形

（1）装饰——各人做了些彩色纸条和小灯笼，又采了野藤、秋草，插在像〔相〕框上和彩条上。

（2）请帖——用图画纸，任意画什么著草〔卓〕人物。然后拣几张最好的，教师就将小朋友大家的意思，写在上面，再由小上朋友请徐致和（园仆）送去。

（3）买物——两个小朋友同徐致和一同去买的。

（4）节目——平日唱得较熟的歌，和最喜欢的动作，都放在节目里面。

3. 开会的情形

双十节那天上午，儿童兴高采烈的到幼稚园里来，按着这节目去做。节目如下：（1）点寿烛——高冬松；（2）报告——刘华；（3）祝寿歌——恭喜中华民国万岁；（4）唱歌——十个小矮人；（5）动作——飞机；（6）唱歌——国旗；（7）余兴——客人、小朋友；（8）吃寿桃；（9）放爆竹；（10）散会。

开会的时候，个个人都很高兴。客人的余兴，有幼稚师范科学生马绍桢〔讲〕《三只熊的故事》；还有几个余兴，是幼稚师范科学生和幼稚园学生同做的。

这一次的单元活动，很可以看出小朋友们的乐意、自动来。就是那两个灯烛和几串小爆竹，都是小朋友捐钱买的。他们自己决定，每人捐两个铜钞。当天下午就有半数的小朋友带了钞来。于是，教师就在圈当中摆了一只木盘，请凡是带钞来的小朋友，都走到当中，顺序的绕过盘子，将钞丢下。那时坐在位子上的小朋友，看了很是羡慕。到了第二天，没有带的都带来了。因此很高兴的也照前法做了一次。

有一天下午放了学之后，教师们就在一间房里，整理整理小朋友们做的灯笼，并且再添做几个。被两个没有回去的小朋友看见了，他们就跑进来，请教师让他们帮做。他们做了好几个，才回家去。

这一天庆祝的活动，小朋友多半感觉得兴趣浓厚。大约是因为，活动的情形和平常有点特别：就是房子装饰得比平常美丽，吃的点心是寿桃，不但吃一个，还能吃第二个。

本来做寿这件事，都是他们最喜欢的。因为他们在日常生活中，已有了很丰富的经验。他们尤其快乐的，就是请幼稚师范生来参加。做余兴的时候，有“吹蜡烛”一节，他们去请两位幼稚师范科学生，由教师把他们眼睛用手巾裹住，从十步外面踱过去吹灭蜡灯。有一位向钢琴角上吹，有一位向窗口吹。儿童们看见这种样子的吹法，个个都手舞足蹈起来。那种天真烂漫的态度，真令人看了，重复在脑经〔筋〕中，涌现出儿童时代的意境来；也不知不觉的要和他们有同样的表示了。

# 119 召集幼稚园教学讨论会

上海市教育局

1930年3月22日

**题 解** 本篇原载1930年3月27日《申报》第11版。开会时间为1930年3月22日。原发表时，题为《市教局召集幼稚园教学讨论会》。今题系编者所拟。

有关撰著单位上海市教育局，参见前文《办理幼稚教育情形呈大学院文》题解。时任局长为陈德征。

有关《申报》，参见前文《南京燕子矶乡村幼稚园开办简章及预算》题解。

三月二十二日，市教育局召集幼稚园教学讨论会第一次会议。出席者许雅敏、陆平、顾宝璠、张丽贞、张剑华、沈慕贞、杨稚如、张荔令、吴佩萱、过文农、张钦兰、宋剑青、李葆珍、王季英、屠哲梅。

主席屠哲梅，纪录杨稚如。行礼如仪。

一、主席报告

二、议决事项

（1）每次开会日期，定每月第四〔个〕星期五，下午三时至五时举行。

（2）下次开会地点，定江湾西江女校幼稚园。如有变更，当先通知指导员后，再发函通知各幼稚园。

（3）开会地点由各幼稚园轮值。如天气好，尽可在野外或公园内举行。

（4）开会时，各幼稚园当尽量供献教材，以资交换。

（5）请指导员多搜集唱歌教材，并介绍适用之教具、玩具，以资参考。

（6）集会通告，由本局令各校校长，转告幼稚教师。如单独组织者，即直接令知。

（7）集会招待费，由轮值各幼稚园自理。

（8）轮值之各幼稚园在开会时，当特别展览儿童各种成绩、玩具、教具、各科教材、各种表格、课程日记，及其他研究或纪录等。

（9）各幼稚园如有困难问题，随时将问题送交本局，以便解答。

# 120 中华儿童教育社第一届年会纪

1930年7月10日

**题 解** 本篇原载1930年7月《申报》各日。具体时间、版数，均附于各则之后。各则标题均为原发表时篇名，总题系编者所拟。

中华儿童教育社，中国知名儿童教育学术研究团体，其前身为南京幼稚教育研究会（组）。1929年7月，在杭州“西湖博览会”发起成立此会。陈鹤琴为主席，总社设在南京，上海设总事务所。其宗旨为：“研究幼稚教育、小学教育、家庭教育，注重实际问题，供给具体教材。”社刊为《儿童教育》。自1930年始，先后在无锡、上海、南京、济南、武昌、庐山、北平召开多届年会。至1937年，全国有60余个分社，4 000余名社员。

有关《申报》，参见前文《南京燕子矶乡村幼稚园开办简章及预算》题解。

## 一、中华儿童教育社第一届年会

中华儿童教育社今日在无锡开会，以研究小学教育、幼稚教育及家庭教育。该会于去年七月间，在杭州西湖举行成立大会。现有团体社员二十余校，个人社员三百余人，发行《儿童教育》月刊。

今年暑假第一届年会，昨晚先举行执行委员会。今日，各团体、个人均陆续到会，由该社特约无锡铁路饭店为会员下榻处。

今日上午九时，在梅园举行开会式。锡邑各机关均拟派代表到会，并举行演讲。有光华大学教授董任坚之《儿童中心教育运动》、中央大学教授尚仲衣之《现今初等教育之趋势》及社员胡叔异之《最近日本之初等教育》。

下午举行分组会议，并推定幼稚教育组由陈鹤琴主席，低年组由葛鲤庭主席，中高年组由马客谈主席。

十一日上午举行大会，下午游览。除社员外，并欢迎旁听。

发稿时，报到者如下：

南京——李清悚、夏永相、胡叔异、马客谈、马静轩、胡颜立、张若南、张宗麟、蒋子奇、成家和、卜仪吾；

杭州——俞子夷、杨志先、赵欲仁；

上海——陈鹤琴、胡祖荫、董任坚、张祖培、熊文敏、朱少屏、沈百英；

苏州——施仁夫、吴增芥；

扬州——张幼虹；

太仓——龚家姻、赵可师；

无锡——葛鲤庭、须小山、卢祝平、朱若圣、孙蓉仙、秦宝萱、王野韧、章芗九、蒋炳生、杨达时、吴弈光、王轶三、钱达三。

余均于今晚、黎明时可到。

原载《申报》1930年7月10日8版

## 二、纪第一届中华儿童教社年会（一）

中华儿童教育社于十日，假无锡梅园开第一届年会。兹将情形录下。

### （一）教社小史

按：该社为纯粹学术研究机关，以研究小学教育、幼稚教育、家庭教育，注重实际问题、供给具体教材为宗旨。

十五年冬，由陈鹤琴氏发起，与鼓楼幼稚园诸同志，发刊《幼稚教育》。嗣于十六年三月，联合南京各校，组织为儿童教育社。

十八年七月，在杭州开成立大会，规定社章八条。社址暂设南京西街首都市立中区实验学校。推陈鹤琴、马客谈、李清悚三人为常务委员，每月出版《儿童教育》月刊一册，现已出至二卷五期。内容切实新颖，足供小学教育界之实际参考。

该社社员日益发达，统计团体社员二十二校、个人社员三百余人，分布南京、上海、无锡、太仓、北平、广州、福州、济南、安庆、芜湖等处。

此次年会在无锡举行，由锡中、实小担任总拘〔招〕待，上海、苏州、南京、北平等处，各设分招待处。

## （二）开会日程

九日夜间，在铁路饭店举行执行委员会议，定开会日程如后：十日上午九时，开会式及演讲；十日下午、十一日上午讨论提案，十一日下午游览。

## （三）到会人员

团体社员报到者，计有京中区实校、太中实小、苏中实小、锡中实小、南京实小、扬中实小、中大实校、京西区实校、南京女中实小；个人社员到者，有陈鹤琴、董任坚、熊文敏、王伯秋、马客谈、李法怀、夏承枫等四十余人。

## （四）开幕演讲

九时开会，由马客谈主席，赵可师、朱若圣纪录。行礼如仪后，由主席报告该社成立经过、推广情形及今后希望。

报告毕，即由无锡县政府代表莫仲夔致辞。略谓："儿童教育社，纯粹为一小学教育研究机关。而第一届年会适在无锡，锡邑人士十分荣幸。将来会议结果，足资锡邑小学教育界之借镜云云。"

嗣请光华大学教育教授董任坚，演讲《儿童中心教育运动》。略谓："以前的教育的中心是教材，是民俗。自洛克主张教育以'心'为中心后，开儿童中心教育之先机。后卢梭主张'返诸自然'，康德主张'根于统觉'，由此，克伯屈、杜威、陆格诸氏，先后阐明此种运动，已有四十年之历史。至于儿童中心教育之特征，并不偏重于教法、教材或行政的片面改造，且并不限于中小学。目下进步，各大学之能力分组等，亦莫不受此影响云云。”

次请中大教育教授尚仲衣，演讲《小学教育最近之趋势》。略谓：“教育之最终期望，即在培成运用民权之健全公民。小学教育要负这种责任，非把教材、教法、行政等整个改革不为功。回顾目下之家庭及报章杂志等，都以种种关系，对于改革社会一无帮助。所以此种责任，都在小学教育界同志肩上。欲负此责任，必须扩大小学教育之范围，使儿童生活时间，整个受支配于学校势力之下；并使儿童生活范围，并不偏重于知理，而兼顾到情诸〔绪〕和意志。”

并谓：“教育的目的，向有预备与生长两说。我们对于预备说，应认明使现在之生活圆美，即为预备将来生活之最好办法；对于生长说，也应认明有方向的生长，才有价值。至于学习，必须把行为的格式，如态度、兴趣、习惯等、溶化〔融合〕在儿童行为的系统里，所谓同时的学习是也。此外，课程是讲〔沟〕通儿童与社会的重要工具。其特征为：（1）课程须继续不断的改进；（2）课程须集合各专家研究厘订；（3）课程须为整个的改造；（4）课程须顾到社会与儿童两方面云云。”

至此，即摄影、午膳。

下午二时继续开会。胡叔异报告参观日本教育心得。后讨论议案。五时散会，返城在大部聚餐。明日，并须继续讨论议案云。

（五）大会提案

（1）《怎样参照部颁小学各科课程纲要，另据儿童本位的中心，标准课程和具体设施办法案》（太中实小）；

（2）《应否规定幼稚园具体的毕业标准案》（陈鹤琴）；

（3）《应否规定幼稚园具体的目〔日〕课表案》（陈鹤琴）；

（4）《由社特约机关社员试验特种教育案》（锡中实小）；

（5）《儿童教育社每年由各团体社员选集儿童教育成绩，在适当地点开儿童教育展览会一次，以资观摩案》（陈鹤琴）；

（6）《每年或每学期举行游艺比赛一次，借以提高教育成绩、增进研究兴趣案》（陈鹤琴）；

（7）《如何规定联络儿童家庭具体的办法案》（陈剑恒）；

（8）《请本社添设儿童教育书籍及用品介绍部及代办部案》（沈善芝、葛承训）；

（9）《组织儿童教育馆或图书馆案》（金晓晚）；

（10）《如何组织一科学化及艺术化的儿童图书馆，培养儿童自学能力案》（朱若圣、赵可师、卢祝平）；

（11）《儿童教育杂志应该设法准期出版案》（沈善芝、葛承训）；

（12）《儿童教育所登文稿，编辑丛书时，应给原著作人以相当版税案》（金晓晚）；

（13）《团体社员社费，拟为每年十二元案》（金晓晚）；

（14）《增加多量社员案》（张宗麟）；

（15）《本社各地社员，可否有相当之组织，以资联络案》（陈剑恒）；

（16）《组织各地分社案》（金晓晚）；

（17）《添设通讯研究部案》（锡中实小）。

原载《申报》1930年7月11日10版

## 三、纪第一届中华儿童教社年会（二）

### （一）船中讨论

中华儿童教育社在无锡举行第一届年会情形，已详志前、昨两日本报。昨日（十一日）继续会议，由招待处预雇大船一艘，用汽船拖载。上午九时，在太湖一带出发。船中，即讨论各种议案。午刻，抵五里湖之蠡园。游览毕，返船午餐。二时游龟头渚。三时起，仍在船中继续讨论。六时回抵铁路饭店。兹将讨论各案列后。

### （二）议决案件

主席李清悚宣布开会。讨论如后：

（1）《应否规定幼稚园具体的毕业标准案》（陈鹤琴提）——议决：组织幼稚园实验研究委员会，主持处理实验联络事项。实验工作由本社社员负责进行，当推选委员五人。结果为，陈鹤琴、张宗麟、葛鲤庭、胡叔异、夏承枫当选，由陈鹤琴负责召集。

（2）《应否规定幼稚园具体的日课表》（陈鹤琴提）——议决：并入前案的委员会负

责研究，并公决请陈鹤琴先生指定二人加入工作。当即指定徐世璧、屠哲梅二人。

（3）《由本社特约团体社会试验特种教育案》（锡中实小提）——议决：遇有必要时，得特约团体社员举行之。

（4）《本社每年由各团体社员选集儿童教育成绩，在适当地点开儿童教育展览会一次，以资观摩案》（陈鹤琴提）——议决：照原案通过，暂由本社执行委员会负责办理。

（5）《每年或每学期举行游艺比赛一次，借以提高教育成绩、增进研究兴趣案》（陈鹤琴提）——议决：每年举行一次。

（6）《如何规定联络儿童家庭具体的办法案》（陈剑恒提）——议决：改为《研究如何联络并改进儿童家庭的办法》，由执行委员会在社员中聘定委员，组织委员会。

（7）《请本社添设儿童教育书藉〔籍〕及用品介绍部及代办部》（沈善芝、葛承训提）——议决：交执行委员会办理。

（8）《组织儿童教育馆或图书馆案》（金晓晚提）。

（9）《如何组织一科学化及艺术化的儿童图书馆，培养儿童自学能力案》（赵可师、卢祝平、朱君圣提）——议决：上两案合并讨论，并参照原案，修正为《推广及实验儿童图书馆案》，交执行委员会负责办理。办法如后：（a）征集各校办理计画，整理报告结果；（b）约定各校自行组织一理想的图书馆，在下届报告结果；（c）呈请教部通令各省市教育行政机关设立、推行。

（10）《儿童教育杂志应设法准期出版案》（沈善芝、葛承训提）——议决：请执行委员会注意。

（11）《儿童教育所登文稿，编辑丛书时，应给原著作人以相当版税案》（金晓晚提）——议决：组织一出版委员会处理之。

（12）《怎样实施儿童音乐教育案》（陆静山提）——议决：由下届执行委员聘请专家组织委员会，研究儿童的音乐教育。

（13）《增加多量社员案》（张宗麟提）——议决：由执行委员会处理一切介绍、审核事宜。

（14）《介绍扬中实小加入为本社团体社员案》（马客谈提）——议决：通过。

（15）《本社各地社员可否有相当之组织以资联络案》（陈剑恒提）。

（16）《添设通讯研究部案》（锡中实小提）——议决：上两案合并，讨论“通讯研究”办法。

（17）《下届大会中心问题案》——议决：仍以“儿童中心教育”为下届大会中心问题。

（18）《大会中心问题虽已确定，可否于讨论问题中，略编重几个专门问题案》——议决：否决。

（19）《组织筹备年会委员会》（董任坚提）——议决：聘社员七人为委员，主持该届年会一切社务。

（20）《下届大会日期案》——议决：在明年春季举行。

（21）《下届大会地点案》——议决：选定苏州、上海二处，再由执行委员会择一定之。

（22）《下届举行成绩展览会案》——议决：下届大会举行“儿童艺术展览会”。

（23）《下届举行儿童游艺表演会案》——议决：否定。

### （三）陈氏谈话

陈鹤琴氏今晨（十一日）对本报记者云：此届年会最重要之讨论议案，为“儿童中心教育试验研究”与“试验部颁幼稚园及小学暂行课程标准”两种。儿童中心教育，是整个的、非分课的最新教育方法，应社会上之需要，而适合于儿童生活为基本。社中所发行杂志之“儿童中心教育专号”，已于昨发行带到，均关于原理、学说及应用方法等著作也。

昨日（十日）会中，特产生后列两个研究会而试验之：（1）部颁课程实验研究委员会，鼓楼幼稚园、南京西区实小、晓庄实验学校、南京女中实小、南中实小、中大实校、南京中区实小、苏中实小、通中实小、太中实小；（2）儿童中心教育实验研究会，推举葛鲤庭、陈鹤琴、张宗麟、董任坚、胡叔异五人为委员，龚家驷、马客谈为候补委员。

### （四）开追悼会

执行委员何毓秀女士，系中大教育学院毕业，曾任南京鼓楼幼稚园主任两年。本月一日，因看护乃弟伤寒重症而受传染，病殁于京中，年仅二十有六。昨晚，该社特在铁路饭店开会追悼，并献花圈。由陈鹤琴主席，继有家属代表马达报告死前经过。社员临时赠挽联者甚多。

原载《申报》1930年7月13日11版

## 四、中华儿童教育社执委会

中华儿童教育社于七月十二日，在无锡铁路饭店开第五次执委会。到陈鹤琴、李清悚等十余人，由陈氏主席，马静轩记录。

议决要案如下:(1)执委职务的分配，议决：公推陈鹤琴、李清悚、马客谈为常务委员，董任坚、葛承训、张宗麟、胡叔异为编辑委员，陈鹤琴为主编辑，施仁夫、夏承枫为事务委员，马静轩为驻社干事。

(2)组织各项委员会:(a)出版委员会，由编辑委员担任;(b)年会筹备委员会，推请董任坚、施仁夫、雷仲简、熊文敏、葛承训、朱少屏、李邦和为委员，由董任坚、施仁夫召集;(c)联络家庭研究委员会，推请张宗麟、陈剑恒、屠哲梅、马客谈、金晓晚为委员，由马客谈召集;(d)儿童音乐教育研究委员会，推请董王瑞娴、屠哲梅、赵元任、胡周淑安、王光忻、甘梦丹、陆静山为委员，由董王瑞娴召集。

原载《申报》1930年7月16日10版

# 121　粤幼稚园最近调查
## ——二十余校，幼稚生二千余

1930年8月31日

**题　解**　本篇原载《湖北教育厅公报》第1卷第9期“外省消息”栏。发表时间为1930年8月31日。原发表时无署名。

此文还在《中华教育界》第18卷第9期（1930年9月）和《安徽教育行政周刊》第1卷第29期（1930年8月4日）发表。

《湖北教育厅公报》，地方教育半月刊、月刊。1930年4月30日创刊于武昌，由湖北省教育厅主办。该刊旨在传达政令，报道教育实况，发展地方教育。主要栏目，有中央法规、本厅法规、会议纪录、公牍、计划、报告、统计、国外消息、中央消息、省内消息、论著、特载等；主要撰稿人，有黄建中、黄昌毅、吕耀先、吴泽霖、朱季青、尹国辅等。自1933年第4卷第3期开始，改刊名为《湖北教育公报》。本刊共出4卷56期。

粤省近年来教育之发达，突飞猛进。中上学校之公私举办者，亦年有增加，洵为目前之良好现象。即以幼稚园而论，据调查所得，全省幼稚园数目亦约有二十所，幼稚生几近二千人；平均每所幼稚园经费，至少一千一百八十四元；每个幼稚生平均每期费用，要四元二角；保姆百人。

兹将幼稚〔园〕数目之分布、人数状况，录之如下。

（一）广州

（1）中大附小幼稚园。在广州文明路中山大学，幼稚生八十八人；常年经费二千一百八十四元，学生个人每期用费六元。民国十年八月设立。

（2）女师附属幼稚园。在广州大石街，幼稚生七十一人；学生每期用费五元，常年经费二千零六十四元。民纪元前五年设立。

（3）岭南大学附设幼稚园。在河南康乐，幼稚生二十五人；学生〔每期〕用费十二元，常年经费六百元。民国五年设立。

（4）市师附设幼稚园。在永汉北路，幼稚生四十七人；学生每期用费一元二角，常年经费一千四百四十元。民〔国〕十四年设立。

（5）培灵幼稚园。在广州东山，幼稚生一百二十六人；学生每期用费六元，常年经费未详。民国二年教会立。

（6）保姆附属幼稚园。在惠爱西路，幼稚生一百二十三人；学生每期用费三元，经费常年未详。民国十年设立。

（7）岭峤附属幼稚园。在雅荷塘街，幼稚生五十三人；学生每期用费四元，常年经费一千二百元。民国十年成立。

（8）礼陶附属幼稚园。在河南不忧庙直街，幼稚生共六十人；学生不收费，常年经费二千一百元。民国十一年设立。

（9）征柔附属幼稚园。在“为将军”前，幼稚生二十人；学生每期用费五元，常年经费六百元。民〔国〕十年设立。

（二）佛山

季华小学附属幼稚园，在佛山田心里，幼稚生三十四人，学生每期用费六元，常年经费七百二十九元。民国十六年设立。

（三）汕头

（1）普益社幼稚园。踦碌普益社，幼稚生一百一十六人，学生每期用费五元，经费未详。民国五年设立。

（2）普益分社幼稚园。在踦碌普益分社，幼稚生四十五人，学生每期用费三元，经费未详。民国十五年设立。

（3）培材幼稚园。幼稚生九十五人，学生每期用费四元。民国十五年设立。

（4）新民幼稚园。幼稚生一百三十一人，学生每期用费五元五角。民国十五年设立。

## （四）中山

（1）县立第一幼稚园。在中山正董街，幼稚生三十人，学生每期用费一元五角，常年经费六〔百〕元。民国五年设立。

（2）县立第二幼稚园。在中山照壁街，幼稚生四十二人，学生每期用费一元二角，常年经费六百元。民国十四年设立。

（3）沙涌幼稚园。在中山沙涌，幼稚生四十六人，学生每期用费一元五角。民国七年设立。

## （五）阳江

两阳精武体育会幼稚〔园〕。在阳江甜酒街，幼稚生三十一人，学生每期用费三元，常年经费一千六百元。民十八年设立。

## （六）新会

县立女中附属幼稚园。在城内花巷，幼稚生二十五人，学生每期用费三元，常年经费五百圆〔元〕。民国十五年设立。

## （七）惠阳

县立女师附属幼儿园。在惠州府城内，幼稚生三十二人。民国十八年设立。

122

# 中央大学实验学校幼稚园（节录）

吴增芥　陈中瑾

1930年8月

另图43　吴增芥像

**题　解**　本篇原载《首都教育研究》第1卷第1期“幼稚教育专号”。发表时间为1930年8月。原发表时，题为《我校的幼稚园》，作者名前标有“中央大学实验学校”。今题系编者所拟。本文第三部分“作业的实例”略去。

撰著者吴增芥（1906—2005），江苏江阴人。成长于教育世家，其父为吴研因。1925年考进中央大学教育系；1929年大学毕业，获教育学士。后历任中央大学实验学校、苏州女子师范、浙江大学师范学院、苏州社会教育学院等校教职。致力于教育心理学研究，并热衷于儿童心理实验。中华人民共和国成立后，长期担任江苏师范学院和苏州大学教授。著有《理想的培育法》《学习心理》《心理学与小学教育》等。

联名撰著者陈中瑾，女，生平事迹未详。曾任青浦县立第三小学附属幼稚园主任，时为中央大学实验学校附属幼稚园教师。曾在《青浦县教育月刊》上发表了《幼稚园恩物应当用福氏教具入手》一文。

中央大学，前身为东南大学、南京高师。中央大学实验学校附属幼稚园的前身，为南京高师附属幼稚园。其后稍有间断，仍于东南大学附设了实验幼稚园。该园为国内公立幼稚园中的佼佼者。

《首都教育研究》，地方教育双月刊。1930年8月创设于南京，由南京市教育局主办、编辑并发行。该刊旨在“研究教育学理论，探讨我国教育界存在的问题，以改进国民教育现状”。主要内容，包括教育行政、幼稚教育、学校训育、道德养成、青年问题、社会教育、实验报告等；主要撰稿人，有张宗麟、马客谈、李清悚、李蒸、蒋子奇、端木恺、吴研因等。1931年4月终刊，共出5期。

## 一、沿革

我校的幼稚园，创办于民国八年七月。那时园舍，是三间旧式隘陋的平房，设备也只有桌椅和必要的用具，请曹徐瑾葆[①]女士主持。她本卢梭自然发展的主张，实施我校幼稚教育的事业。

民国九年五月，“杜威院”落成——杜威院是我校建筑的新式楼房，是幼稚园和一、二年级的教室。幼稚园即于是年秋季，迁到杜威院里边去了。种种的设备，也就渐渐的添置起来了。当时的上课，因为以儿童生活的全体为根据，不分科目；不过从作业的性质上和教授的段落上，可以分“游戏”“音乐”“手工”等项。但是实际教学起来，还是因时活动，并不依照呆板的日课表。当时的教学方法，略采“联络教材”的方式。

民国十年七月，曹徐瑾葆女士辞职，由华静贞女士继任。民国十三年七月，华女士因事去职，聘林汪醒黄女士主其事。任职迄今，对于幼稚园规划不遗余力。现在共有幼稚生五十三人，都是身体健全，年龄在三足岁以上、六足岁以下的儿童。

这是我幼稚园已往的大概情形，现在的实况，分述如下列各节。

## 二、作业情形

儿童的生活是整个的。根据了这个原则，吾们的教学方法，是以儿童所需要的为作业的中心，各种活动都依了这个中心联络进行。至于各个活动的情形，随其性质的不同而互异。

在没有叙述作业概况以前，先把教学方法简单的说明，最后举“牧场设计”的实例，以见作业的一斑。

---

① 曹徐瑾葆：女，夫姓曹，生平事迹未详。曾任上海进德女学附设幼稚园教员，又曾任上海南洋公学附属小学的乐歌课教师，并与俞子夷共同编著了《幼稚园小学校音乐集》，成为我国最早的幼稚园音乐教材。1926 年 8 月赴美留学。

## （一）教学方法·故事

凡是一个小孩，对于成人的言语能够了解后，可说是没有一个不喜欢听故事的。吾们因此利用这种心理，以发展他们的想象，启发他们的思想，引起他们对于文学的兴趣；且给他们说话机会，以增进发表的能力。关于这方面的教法，有下列几种。

（1）暗示法。教师把儿童应该知道的事，编成故事讲给儿童听。例如小孩浪费金钱，行动暴燥〔躁〕。教师那时可以编一个故事："有一个小孩，母亲每天给他二个铜元，他天天不用，放在扑满[1]里。后来请他的父亲去买一样好玩的东西。他在学校里很听先生的话，对于同学也很亲爱。所以这个小孩，没有一个人不喜欢他的。"

（2）问答法。使小孩临时发展，教师随时加以指正。例如，教师说："某某小朋友，今天没有到学校里来，接到他的请假条说'有病'。"小孩听了便说："生了病睡在床上，恐怕吹风，所以不来。"这句话说得很有理，教师当加以赞许。

（3）看字编故事。教师在黑板上写一个动物的名称，如"猫"字，随即编一故事。现时已经试验，所得的结果于下。一个六岁的小孩子自述："我家养一只黑猫，生了三只小猫。隔壁赵家妈妈要讨一只，吾们的母亲就给她一只。后来老猫看看缺了一只小猫，于是四处找寻，好像要哭的样子！"

（4）看图编故事。教师画一张儿童易于了解的图（图略），全体儿童合编了一〔则〕故事说："一个小孩子站在草地上，看见一只猫和一只狗，在那边谈话。狗汪……的说：'猫先生好呀！'猫咪……的说：'谢谢你，狗先生你好呀！'狗说：'吾今天快乐得很，主人给吾一块肉。'猫说：'今天主人买一条鱼给吾吃，吾也很快乐。哈哈……吾们今天大家快乐！'"

关于幼稚生的故事讲法，说来真是头绪纷繁。在局促的时间内，狭窄的篇幅上，一时无以讨论起。这里所说的，不过举例吧〔罢〕了。他日有暇，当另为文详述。

## （二）作业情形

本园作业概况分述如于下：

---

① 扑满：储存硬币的容器，多用竹筒或陶瓷制造。

1. 恩物

（1）模仿——初入园的，对于恩物不知道玩弄的方法，只得模仿教师。

（2）自制——入学几星期，玩弄恩物的兴趣有了，就把玩具给他自由去玩，以发展他的个性。

（3）指导——玩弄多时，觉得厌倦时，如加以指导，那末他的兴趣为之增加不少。

2. 形艺

（1）自由画——由儿童自由发表，以发展他的思想和想像力。

（2）临画——教师先画很简单的图（图略），叫儿童临摹。

（3）填图——先画一个人，叫儿童自己去填图中所缺的。

（4）涂鸦画——以马粪纸一长方，中画一物体形状，将中间剪去，把这张硬纸放在白纸上面，将挖空处涂以蜡笔。画罢后，将硬纸拿去（图略）。

（5）轮廓画——涂鸦画是年龄较小的儿童画的，轮廓画是大一些的儿童画的。画的时候，也是用挖空的厚纸，小孩子照了纸板中的空轮廓，用铅笔依样画出图形来，然后再着颜色。

3. 工艺

（1）泥工——这是幼稚园重要的工作。因为小孩都喜欢玩泥的，所以，幼稚园里就利用他们这种兴趣，加以指导，养成他们的创造能力。无论看见了什么东西，就能依照他的形状做出来，并且练习手指和筋肉的活动。

（2）撕纸工——这种手工，是利用儿童破坏本能，将他引到创造的路上去。刚入学的儿童，给他做这种手工，他是最快乐、最欢迎的。其法，先给他一张方的白纸和浆糊，叫他将撕细的纸，贴成各种形色。

（3）剪贴工——可分为两种：

一种是，把纸制成各种形状。以做风车为例：把正方纸一张，两对角一折，再两对角一折，然后照折线剪开（全线约三分之一），如下面的第一图。再把四面各拿一角贴在中心，上盖一张小圆纸。另用竹签一根，麦柴二段，铅丝一根，就成了所谓风车了（图略）。

另一种方法：是把现成的图画，如香烟画片，及散见在报纸、杂志上的图形，叫儿童剪下去，贴成各幅图画。此种废物利用法，儿童甚感兴味。

（4）条子工——利用无用的纸条，贴成各种图样。

（5）折纸工——以方纸一张，对角一折，再以角向线对折。

4. 园艺

本园旁有一杜威农场，随着时节或研究上的需要，种植各种花草及蔬菜等物。此种工作，均由儿童自己担任。每天并由儿童加以灌溉，或拔除杂草。这种方法，能给儿童直接观察各种植物生长顺序的机会，身心两方，都能得到很大的益处。例如：讲豆的生长，有一种名叫"六月白"（毛豆），在清明时下种，中间经过的情形如何，叫儿童时常去观察，有时叫他做拔草、浇水的种种工作。可说，没有一个小孩不喜欢做的。到了成熟后，讨论吃的方法，或实习烧法。那时小孩吃了，现出说不出的快乐。吾前在乡村幼稚园里，也做过同样的试验。那些快乐活泼的小孩，在那里工作的情形，迄今在脑海中萦回着。

（三）音乐

幼稚园里的音乐，不单是叫儿童唱得怎么样好听；其最大的目标，在能启发儿童欣赏音乐的机能，并发展他们节奏的感觉，训练他们节奏的动作。唱的时间要短，节数宜多；字句要合儿童口气，多重复。其教材，或由教师自己编制，或从各处搜集。教法举例如下：

（1）引起动机；

（2）介绍歌词的大意；

（3）听琴独奏；

（4）教师范唱（离琴）；

（5）口授——先授二三句，唱得流利后，再继续教之（离琴）；

（6）合唱（教师合之）（离琴）；

（7）合唱（教师合之）（和琴）；

（8）分组唱（和琴）；

（9）独唱（和琴）；

（10）表情（依词意）。

## （四）游戏

游戏不单可以发展儿童的身体，并能训练他们互助合作，以养成团体生活的习惯。所以教学游戏，有团体与个人的两种方法。至于游戏的取材，那又千变万化，一时也说不完。

吾们有故事表演的游戏、有感觉的游戏，有含有数量的游戏、有模仿的游戏，等等。现姑将后二种之具体教法举例于下，以概其余吧！

（1）含有数量的游戏。例如：（a）教具——以五尺正方木板的中心，先画八寸直径的圆形，中间写一个“10”字；再画大一些的圆形，上写一个“8”字。依次的画下去，画到五个圈子为止。（b）玩法——将此板放在地上，儿童手拿皮球或豆囊，相离约五六尺，以球掷在板上。看球先着那条空格，是什么数字。叫他自己记在黑板上。等全体儿童各掷一次后，比较多少；或两次后，把两数相加而比较之。当时可视儿童兴趣如何，将比赛方法随时变化之。

（2）摹仿游戏。此乃根据儿童的自然模仿而加以指导。例如：儿童时有以木枪互打的习惯。教师碰到了这个机会，便可利用了。其法，将儿童分为两团，各团各冠以某军的名词；同时，教他们拿枪、放枪的方法，开步走的姿势。比赛两团中，那一团较有精神、较为整齐。使儿童在无形中养成合理的服从的美德。

## （五）自然和常识

自然界之各种现象，社会里的种种情形，为儿童天天所接触而熟悉的，且为儿童所喜欢研究的。幼稚园的教学，既是根据于儿童的生活，那末吾们对于这方面，不得不加以相当的注意。

吾们要利用，儿童对于这两方面的兴趣和已有的经验，把它扩充起来。故吾们对于这两方面教学的目标是：

（1）使幼稚园儿童，能够了解在他经验范围以内的事物；

（2）能用良好的方法，以达到自己的健康生活的目的；

（3）做小学研究自然和常识的准备；

（4）养成研究的兴趣。

因之吾们的教学法，在自然方面注重于观察。盖所谓科学者，也不过将每日的观察加以系统化吧〔罢〕了。在常识方面，吾们注重在日常的礼节和事物的认识，及卫生方面的知识。

### （六）识字

在幼稚园中，虽不占什么样的重要地位；但幼稚生之年龄较长的，也能识字，固没有什么人再反对的了。现姑把本园对于这方面的教学，也报告一下。

吾们对于幼稚生的识字，其目的在：

（1）引起儿童阅读的兴趣；

（2）使儿童有极简单的发表的工具；

（3）使儿童发音清楚正确，免去以后矫正之苦。

吾们在设计过程中，如须要识字时，使用以下的方法：

（1）字片——以图画纸剪成长方形，每张上写一个字，如“狗”“猫”“鸡”，或是一个动作，如“立正”“拍手”“唱歌”“鸟飞”，或是声音的表演，如“猫的叫”“小孩的哭”“小孩的笑”等。

（2）认识实物的名称——例如以瓶、砚、墨、小狗、书、碗六样东西，放在桌上，每样相离三四寸。另预备六张白的方纸，每张白纸上写一样物件的名称，折成小方，放在盆子里。叫每个小孩子拿一张，看了字块，去放在这样东西的旁边或是底下。同时，教师在旁记清放错的小孩子，事后指正他。这种方法，小孩很喜欢玩的。不过，教学时教具难找。

（3）读本——将已识的字，由教师做成浅显的句子，附以插图，编成课文。

（三、作业实例略）

## 四、余论

上面已经把本校幼稚园的概况报告过。我们觉得，现在的设施，有的地方要加以研究，以谋改进。现在把已经想到的几点写在下面，供同志讨论。

（一）幼稚园和家庭打成一片

我们大家承认，学校和家庭对于儿童的发展，都负有重大的责任。如果儿童的家庭环境不良，父母管理不得法，那末学校教育无论怎么好，还是不中用。幼稚园里所特别注意的，是儿童的健康习惯。健康和良好的习惯，不是单靠学校可以达到目的，必须联络做父母的共同注意。

不过做父母的，对于子女的教育，大多数是不大懂的。教师以教育儿童为职志的，就应该尽力指示。举凡儿童的健康、清洁、习惯等等，都要唤起家长们的注意。平时要把幼稚生在园里的各种情形，和家长面谈。如若家长不到校，就作通信谈话，务使家长和教师互通声气，打成一片。

（二）增加设备

幼稚园最要注意的，是儿童的健康。所以，除掉增添玩具和其他紧要的设备外，尤注意清洁和健康的设备。

关于健康方面，要添置弹簧钢丝小床，以备幼稚生睡眠；关于清洁方面，要在园的东旁小房间里的壁上，装置洗手的瓷盆。儿童在吃点心和游戏以后，都要洗手，以保持清洁。

（三）注意养成良好习惯

幼稚生的经验浅薄，我们当然不能希望他得到许多知识。所以我们所注意的，并不专在识多少字，能数多少数目，有几许常识。我们所最注意的，是在培养良好的和必不可少的习惯。像守秩序、靠左边走、爱清洁等良好习惯，要从幼稚园做起。

我们平时常常嫌学生活泼过分，以致没有秩序；无论在教室里或是在游戏场上，总是高声叫喊、凌乱不堪。这种情形，应该极力设法矫正。我们要寓秩序于活泼之中，使儿童有规则的做各种活动。

还有清洁、整齐，也是要注意的。幼稚园每天要查清洁。其用意就是要使儿童有清洁的习惯。我们除此之外，还要注意有清洁的环境。教室、游戏场，到处都要洁净，使儿童精神上很愉快；并且给予一种清洁的暗示，并多多增加清洁设备，使儿童能实行清洁的工作。

123　江苏省立南京中学实验小学校幼稚园概况

马客谈　徐枫吟

1930年8月

另图44　马客谈像

**题　解**　本篇原载《首都教育研究》第1卷第1期“幼稚教育专号”。发表时间为1930年8月。

撰著者马客谈（1894—1969），江苏六合人。早年毕业于江苏省立第四师范学校。1919年任镇江江苏省立第九师范附属小学校长，后历任省立四师教员、附小主任，南京中学附属实验小学校长，同时兼任南京中学师范科、南京女中师范科教员。为中华儿童教育社常务理事。1934年赴英、法等国考察教育，后赴美国哥伦比亚大学师范学院进修。抗战爆发后，率江苏省中学西迁，参与国立四川中学的创建，后任国立重庆师范学校校长。抗战胜利后，主持创建江苏省立江宁师范学校，并担任校长。1949年后，历任安徽大学、安徽师范学院和皖南大学教授。主编有《儿童良友》月刊、《儿童卫生丛书》，著有《儿童教育》《幼儿工作游戏教材》《协动实验课程》等。

联名撰著者徐枫吟，女，生平事迹未详。时任江苏省立南京中学实验小学附属幼稚园主任。为中华儿童教育社社员。抗战期间，任重庆师范附属幼稚园主任。编有《幼稚园课程》一书，由大东书局出版；还撰有《幼稚儿童训练标准的编造和实验》，由《江苏省小学教师半月刊》发表。

有关《首都教育研究》，参见前文《中央大学实验学校幼稚园》题解。

## （一）设立主旨

本园附设于南中实小，民国十七年二月创立，迄今二年有余。其设立主旨有三：

（1）实验适合时代性、国民性，并与小学教育精神一贯的幼稚园教育法；
（2）为本研究区内各县实施幼稚教育者参考、研究的机关；
（3）供本中学师范科一部分教生的幼稚教育实习。

（二）组织编制

本园暂设一班，与上级联络教导。导师二人，儿童三十余人，每月经常费一百二十七元。

（三）环境设备

本园依经济原则，造成儿童化与艺术化的环境。其实施情形，可分为数项：
（1）场所——有团体活动室、个别指导室、整洁室及草场、花园等。
（2）用具——一切用具略备，注重坚固、美观而少危险性。
（3）玩具——玩具之来源，可分三途：（a）购置。如福氏恩物、蒙氏教具，及其他户内户外游戏、运动用具等。（b）利用。由导师尽量收集，如石子、贝壳及动物羽毛、植物枝叶之类。（c）自制。自制可分为三类：导师自制的；高级儿童在工作科中制作的；本园儿童自制的。

（四）活动方式

本园根据本校实验的“协动教学法”，拟定本园儿童活动方式如下：

1. 处世活动

为改造儿童整个经验、满足儿童生活欲望起见，不取固定科目的教学；专使儿童进行含有社会性的有目的、有组织的单元活动。在此种活动中，注意下列数点：
（1）使儿童习练礼节、整洁，及发展其观察、研究、制作、语言、游戏等能力。
（2）活动资料，大都从自然界和社会中取得来的。
（3）活动时以儿童兴趣为根据，再决定全体进行，或分团进行，或个别进行。
（4）导师对于指导单元进行时的材料准备，可根据：（a）本园儿童生活月历上所载的各种事项；（b）本园所编定的幼稚园课程；（c）本校〔园〕编印的协动教学材料纲要；（d）其他各种有关系的参考图书。

2. 康乐活动

为强健儿童身体、娱乐儿童精神起见，应使儿童有自由的活动与快感。故康乐活动，各个儿童可绝对的自由进行。不论游戏、唱歌、运动、休息，或户内，或户外，皆由儿童自定；导师不过从旁导护，并不加以干涉。

3. 整洁活动

为养成儿童有爱美和秩序的习惯起见，在每日聚散及进点时，十分注意礼节和秩序。又于进点前，使儿童各自整洁一番；进点后，即检查整洁一次。

（五）每日生活

上午九时十分起，至十一时二十分止，共计一百二十分钟，为处世活动、整洁活动、康乐活动的时间。各种活动无定时，以儿童兴趣为转移。

下午一时三十分起，至二时四十五分止，共计七十五分钟，仍为处世活动和康乐活动的时间。如归家较迟的儿童，则延长其康乐活动。

（六）活动举例

本园最近举行养蚕的处世活动，兹举其活动经过概要如次（养蚕）：

（1）观察——（a）蚕子；（b）桑叶；（c）蚕、蚁；（d）头、二、三、四眠的蚕；（e）茧；（f）蛹、蛾；（g）散子。

（2）研究——（a）丝绸的来源；（b）发明养蚕的人；（c）蚕的各部和他的功用；（d）养蚕的方法；（e）蚕的发育；（f）蚕的仇敌；（g）蚕的病状；（h）标本的制法；（i）抽丝的方法；（j）织绸的方法；（k）桑的功用；（l）桑的形状。

（3）制作——（a）每个儿童养十条蚕；（b）喂桑叶；（c）做蚕的作茧器；（d）抽丝；（e）织带；（f）缝衣；（g）绘图。

（4）语言——（a）讲蚕的起源的故事；（b）练习招待来宾用的话。

（5）游戏——（a）采桑游戏；（b）唱桑歌；（c）采桑歌。

（6）礼节——（a）招待来宾；（b）开蚕子展览会。

（7）整洁——（a）保护蚕室的清洁；（b）整理养蚕的用具。

### （七）儿童研究

本园对于各个幼稚儿童生活的研究，以下列四种记录为根据，再作纵横比较和统计，以求发现儿童一般的或特异的生活现象，用为教导的标准。

（1）儿童体格检查表——此表专为考查〔察〕儿童体格的发展而设，每月检查并统计一次。

（2）儿童生活习惯检查表——此表专为考查〔察〕儿童各种生活上智能、习惯而设。每月检查一次，每学期统计一次。

（3）儿童个别生活录——此录每儿〔童〕一册，专记各个儿童日常生活情形之有研究必要的。每星期结束一次。

（4）儿童共同生活录——专记全园每日间各种活动情形。每日记录一次。

### （八）最近主张

本园最近对于实施幼稚教育的主张，约分数项，列举如下：

（1）幼稚园要增进儿童美满的生活；

（2）幼稚园要养成儿童优良的习惯；

（3）幼稚园要多给儿童自由的活动；

（4）幼稚园要活用一切玩物和教具；

（5）幼稚园要定儿童活动的标准度；

（6）幼稚园要和一年级尽量沟通活动；

（7）幼稚园不要呆板的、分科的教学；

（8）幼稚园不要机械的认字、读书。

# 江蘇省立南京中學實驗小學校幼稚園概況

馬客談
徐楓吟

## (一)設立主旨

本園附設於南中實小，民國十七年二月創立，迄今二年有餘。其設立主旨有三：

1. 實驗適合時代性，國民性，幷與小學教育精神一貫的幼稚園教育法。
2. 爲本研究區內各縣實施幼稚教育者參考研究的機關。
3. 供本中學師範科一部份牧生的幼稚教育實習。

## (二)組織編制

本園暫設一班，與上級聯絡教學，導師二人，兒童三十餘人，每月經常費一百二十七元。

## (三)環境設備

本園依經濟原則，造成兒童化與藝術化的環境，其實施情形，可分爲數項：

1. 場所　有團體活動室，個別指導室，整潔室，及草場花園等。
2. 用具　一切用具略備，注重堅固美觀而少危險性。
3. 玩具　玩具之來源，可分三途：

子、購置　如福氏恩物，蒙氏教具，及其他戶內戶外遊戲，運動用具等。

丑、利用　由導師儘量蒐集，如石子貝殼及動物羽毛，植物枝葉之類。

寅、自製　自製可分爲三類：

a. 導師自製的，

b. 高級兒童在工作科中製作的。

c. 本園兒童自製的。

## (四)活動方式

本園根據本校實驗的協動教學法，擬定本園兒童活動方式如左：

1. 處世活動　爲改造兒童整個經驗，滿足兒童生活欲望起見，不取固定科目的教學；專使兒童進行含有社會性的有目的，有組織的，單元活動，在此種活動中，注意下列數點：

子、使兒童習練禮節整潔及發展其觀察，研究，製作，語言，遊戲等能力。

丑、活動資料，大都從自然界和社會中取得來的。



另图 45　《江苏省立南京中学实验小学幼稚园概况》原发表件（部分）

# 124 南京幼稚教育研究社大会

1930年10月27日

**题　解**　本篇原载1930年10月27日《申报》第8版。开会时间为1930年10月24日下午。原发表时，题为《京幼稚教育研究社大会》。今题系编者所拟。

南京幼稚教育研究社，为地方性学前教育研究社团，发起成立于1929年11月9日。早在1927年秋，陈鹤琴担任南京特别市教育局普教科长时，便曾在南京教育研究会之下，分设有“幼稚教育研究组”，并有时称之为“南京幼稚教育研究会”。但是，在陈鹤琴于1928年秋去职后，加之张宗麟又转任晓庄学校之职，故此会无形停顿，因而有重行组会之必要。

有关《申报》，参见前文《南京燕子矶乡村幼稚园开办简章及预算》题解。

首都幼稚教育研究社成立迄今，已有一载。兹于十月二十四日下午二时，假中正街女中实小，举行十九年度第一次全体大会。

出席者，团体社员女中实小等十四机关，个人社员马客谈等三十人。由马客谈主席，李清悚纪录。

（1）开会如仪。

（2）主席报告：（a）本社发起经过及一年来工作概况；（b）本日开会秩序的说明。

（3）京市卫生局朱季青先生演讲（演辞附后）。

（4）讨论：（a）《本学期应决定研究工作案》（执委会提）。决议：与第三案合并，以实验教育部新颁《幼稚园课程〔标准〕》为本学期研究中心。(b)《本社应否组织参观团出外参观案》(执委会提)。决议：照案通过。(c)临时动议《规定研究实验办法案》(张化清提)。决议：由执委会规定通知，在会各机关进行研究。(d)临时提议《如何实现第二项议决案》。决议：组织筹备委员会，当即推定中区实校、东区实校、西区实校、南中实小、中大实校等为筹备委员。

(5)改选执行委员。结果，机关社员当选者，为中大实校、中区实小、女中实小、鼓楼幼稚园、南中实小等五校；个人社员当选者吴增芥，候补执委夏湛初。

(6)散会，时已五时矣。

# 125　浦东陈行幼稚园落成典礼记

1930年11月5日

**题　解**　本篇原载 1930 年 11 月 5 日《申报》第 11 版。典礼时间为 1930 年 11 月 4 日。原发表时，题为《陈行幼稚园落成典礼》。今题系编者所拟，记录报道者未详。

浦东陈行，当时为上海县所属陈行镇，现属上海市浦东新区。该镇在清末民初为商品集散地，市面兴旺，居住人口多，因而有设立并兴建幼稚园之必要。

有关《申报》，参见前文《南京燕子矶乡村幼稚园开办简章及预算》题解。

上海县陈行幼稚园于昨日举行新舍落成典礼。到教育局长施养勇、建设局长吴文华、地方款产管理处处长秦砚畦、第四区长毕焕、第五区长葛秀生、第五区保卫团孔团长、市立育才小学校长薛惠康、三林职业中学校长丁冠颜，及幼稚生家长倪鸿翼、火杏余、秦槐新、胡又新等，不下三百余人。

会场设在新园舍内，气象辉煌。下午一时开会，行礼如仪。

由高主任报告开会宗旨，次秦槐新报告建筑经过，次施教育局长，吴建设局长，秦处长，毕、葛二区长，丁、薛、倪诸君先后致词。

大致谓，幼稚园占教育重要地位，欧美各国均极重视。我国自国民政府成立后，已列入学制，教育界亦公认为基本教育。

上海县教育当局，先设一所于三林[①]。十八年秋，又设一所于陈行。今后次第添设，期于普及。陈行幼稚园，得秦君槐新之悉心规画，教育当局之热心提倡，及地方父老之踊跃输将，得能于最短期间，实现此美轮美奂之园舍，造福童蒙，实匪浅鲜。

更得高主任、徐教员之循循善诱、热忱服务，成绩优良，深得地方人士之信仰。今后园务发展，定无限量。希望各方面多加爱护，使幼稚园常有朝气，为吾县幼稚教育前途，成一异采〔彩〕云云。

演说毕，由幼稚生表演歌舞成绩。计有秋虫、海生格兰舞、群小羊、老虎叫门、快乐家庭、扑蝶六节。幼稚生演来，活泼天真，来宾莫不鼓掌。

表演后，由高主任给奖，并致答谢词而散。晚间叙餐，杯酒交欢，极一时盛况云。

附录　《陈行幼稚园新屋落成》

浦东陈行镇，为教育中心地点。人口虽少，而一切设备，莫不创立周详，足资各乡模楷。去年，由秦槐新等会同县教育局，捐资创办幼稚园。系义务性质。于是，弟弟、妹妹之负笈上学者，数在六十余名。因校舍不敷，特与区公所保卫团市地若干亩，于镇后兴工建屋，业已落成。空气鲜通，光线充足。已订于十一月一日行落成典礼，届时县教育局施养勇局长及建设局胡文华局长等，亦准于是日下乡，参加盛典云。

原载《申报》1930年10月28日8版

① 三林：别称“�”。时为上海县三林镇，现属上海市浦东新区，位于浦东新区西南部。

# 126　空谷幽兰
## ——介绍一个极有研究精神的幼稚园

张宗麟

1931年3月

**题　解**　本篇原载《集美初等教育界》第 2 卷第 1 期。发表时间为 1931 年 3 月。

有关撰著者张宗麟，参见前文《南京市幼稚园课程参考》题解。

《集美初等教育界》，教育季刊，一度改月刊。1930 年 3 月 31 日创刊于厦门，由集美学校主办，《集美初等教育界》编委会编辑，由集美教育推广部发行。旨在“研究初等教育实际问题，介绍新教育方法，报告实验工作”。主要栏目，有论著、译述、研究、报告、介绍书报、转载等；主要撰稿人，有王秀南、黄则吾、邓锡蕃、王登沂、张宗麟、汪养仁、梁士杰等。1934 年 12 月终刊，共出 4 卷 24 期。

在我没有到福建以前，据传闻所知，以为幼稚教育在闽南，除集美幼师以外，再没有人以为是值得研究了。

前月，我们几个人跑到漳州去参观教育展览会，看到中间有二间房子，尽是展览些四五岁儿童的作品和玩具。在别人看来，以为是无足重轻的，那知我们，竟如在大海中得了宝岛，足足看了一个多钟头，还是依依不舍。

到第二天，又跑到它的出产地——龙溪育英幼稚园——里去参观。虽然那天没有孩子在园（恰巧旧历正月初）；但是从许多设备与材料上观察所得，我觉得，这个幼稚园富有朝气、肯研究；主持的人对于幼稚园，似乎已经有了极重的瘾癖的。

主持这个幼稚园的，是一位没有嗜好的青年（一切烟酒嗜好都没有）。他姓林名杏雨，在漳州始兴汽车公司任总务科主任。他一生只有一个嗜好，就是办幼稚园。他的妻子、弟妇以及弟弟，都受他的影响，而实地在幼稚园里工作。我最初是极怀疑的，因为在中国现代社会之下，决没有一位普通商人或政客，肯真心干教育事业的。设法打听到这位林先生所以肯这样热心办幼稚园的原因，结果是毫无别的用意，只可以说是他的业余工作，是一种奇特的嗜好。

育英幼稚园，是一座极平常的房屋，利用林氏宗祠而办的。所以各间活动室都是极狭隘的；照着教育原理说来，多半是不适合的。但是，经过改造的中国式的房屋，对于光线与空气，也会得到相当合用。所以该园全部房屋，都渐能合用；庭间的花木，也种得极有意思。在花木丛中，还造了几处动物场，养着兔子、鸡子之类。屋后有空地一块，地上有础石、瓦砾，是废屋基，他正想设法改为儿童花园和运动场。在他和我们谈话之中，处处显出细心；而于儿童教育，已经摸到门径。

我对于该园内部设备，最欣赏三种东西：一是竹的小椅子；一是铁圈的沙池；一是香烟片子的故事本子。

竹制用具，在闽南是极便宜。不过据我看过的小学，很少采用竹的用具。这个幼稚园，不但能采用，并且能改良；把不很坚固的小竹椅子，只加二根有十五度角度的支柱，那末靠背就极坚固，可以用到四五年不坏。价值，每把不过小洋三角。

铁的沙池，是利用一条废铁，在庭里做了一个极好的沙池。

还有那香烟片，更有趣了。汽车公司里应酬客人以及同事们所吸的香烟，他将壳内的画片收集起来，并且在怀里放着一本小簿子，详记已经有某种画片。例如刀牌香烟，有故事画。每个故事，有上、中、下等分段。他于这种地方，也记得极详细。这是我亲眼看到的。他是一个不吸香烟的人，为着小朋友而肯搜集香烟画片，又能如此细心，真是一位有幼稚园瘾的人。

幼稚生的工作，渐渐有人注意；但是幼稚生的作业成绩品，很少有人注意，更谈不到利用成绩品，如布置用等。因为大家以为，幼稚生的能力是薄弱的，他的成绩也就不值得注意。育英幼稚园对于幼稚生的图画、手工、写字等成绩，都编上姓名、日期以及年岁，保存起来，也就用来作布置品。送到展览会去的，也大半是这些平日的成绩。我们知道，这种幼稚生成绩，可以找出许多好东西出来；许多儿童心理原则，都从这里发现的。倘若利用来做布置用，既省钱，又是儿童最喜欢的，真是唯一妙品。

育英近来也正着手自制玩具，已经初有成绩。有造屋用的积木、识字用的六角亭、计数的掷圈器数种。漳州出产竹木、果品极多，倘若向着利用土货、利用废物的路上走去，育英对于中国儿童玩具的贡献，也必定有极大的希望。

最后，我向读者进一言，就是从厦门到漳州，交通极方便，汽车二小时可达。有机会的时候，很值得去欣赏这株幽兰。

# 空谷幽蘭

## ——介紹一個極有研究精神的幼稚園——

張宗麟

在我沒有到福建以前，據傳聞所知，以為幼稚教育在閩南除集美幼師以外，再沒有人以為是值得研究了。前月我們幾個人跑到漳州去參觀教育展覽會，看到中間有二間房子，盡是展覽些四五歲兒童的作品和玩具，在別人看來以為是無足重輕的，那知我們，竟像在大海中得了寶島，足足看了一個多鐘頭，還是依依不捨。到第二天又跑到牠的出產地——龍溪育英幼稚園——裏去參觀，雖然那天沒有孩子在園，（恰是舊曆正月初）但是從許多設備與材料上觀察所得，我覺得這個幼稚園是富有朝气肯研究；主持的人對於幼稚園，似乎已經有了極重的癡癖的。

主持這個幼稚園的是一位沒有嗜好的青年，（一切煙酒嗜好都沒有）。他姓林名杏南，在漳州始興汽車公司任總務科主任。他一生只有一個嗜好，就是辦幼稚園。他的妻子，弟婦，以及弟弟都受他的影響而實地在幼稚園裏工作。我最初是極懷疑的，因為在中國現代社會之下，決沒有一位普通商人或政客肯真心幹教育事業的，設法打聽這位林先生所以肯這樣熱心辦幼稚園的原因，結果是毫無別的用意，只可以說是他的業餘工作，是一種奇特的嗜好。

育英幼稚園是一座極平常的房屋，利用林氏宗祠而辦的，所以各間活動室都是極狹隘的，照着教育原理說來多半是不適合的。但是經過改造的中國式的房屋，對於光線與空氣，也會得到相當合用，所以該園全部房屋都漸能合用，庭間的花木也佈得極有意思，在花木叢中，還造了幾處動物場，養着兔子，雞子之類。屋後有空地一塊，地上有碎石瓦礫，是廢屋基。他正想設法改為兒童花園和運動場。在他和我們談話之中，處處顯出細心，而於兒童教育已經摸到門徑。

我對於該園內部設備，最欣賞三種東西，一是竹的小椅子，一是鐵圈的沙池，一是香煙片子的故事本子。竹製用具，在閩南是極便宜，不過據我看過的小學，很少採用竹的用具。這個幼稚園不但能採用並且能改良，把不很堅固的小竹



另图 46　《空谷幽兰——介绍一个极有研究精神的幼稚园》原发表件（部分）

# 127 马来西亚槟榔屿协和幼稚园历史

1931年

**题 解** 本篇原载《光华日报二十周年纪念刊》。发表时间为 1931 年。原发表时无署名，题为《协和幼稚园历史》。今题系编者所拟，记录报道者未详。

马来西亚柡榔屿，通译槟榔屿。系马来西亚西北部的一个小岛，因盛产槟榔而得名，为马来西亚十三个联邦州之一。18 世纪后，华侨陆续来此定居；除务工、经商外，华侨教育也得以发展。先后设立有鼎新学校、华民学校、英华学校、时中学校、崇华学校、丽泽学校、福建女学校等；而幼稚园之设，则首推"协和"。

《光华日报二十周年纪念刊》，华侨报纸《光华时报》所出纪念特刊，仅此 1 期，主要刊载纪念《光华日报》办报二十年历史的文章。该报 1910 年 12 月 20 日创刊于槟榔屿，由槟榔屿华侨社团集股，《光华日报》社编辑并发行。"光华"之名，系孙中山手订，其办报大旨亦寓于其中。主要内容，除宣传革命外，还及时报道国内各方面动态；又成为维系当地华侨团结的纽带，并尽力争取华侨权益。历主笔政者，有雷铁崖、徐子木、李怀霜、金葆光、陈承谟、陈宗山等。

柡城文风丕振，学校林立。然大学校与幼稚园，三年前均付阙如，此固美中之不足。夫办大学之时机尚未成熟，而幼稚园则为目前之急务。盖幼稚园系补家庭教育之不及，而树小学教育之基础，至为紧要。

本埠教育热心家邱君清浩、黄君金榜等，有鉴及此，乃于民国十七年八月间，开设本园于油较路。又向星洲[①]幼稚园商榷，聘请该园教务长林素莲女士，以长本园教务。

按：林女士系美国乌省辛辛那第[②]幼稚师范毕业，性情活泼，经验丰富，星洲幼稚园及祖国数处幼稚园，皆彼一手所创。其成绩，均极良好。

本园校董热心办学，教师认真教授，学生踊跃入学；许多小学生乳臭未去，说话不明便能唱歌、游戏，读书、写字，称之为一个天真烂漫、非常可爱之小仙人世界，亦不为过。

本园备有专车，迎送学生，使学〔生〕父兄心安意足。为便利学生起见，又特别预备午餐，以免小学生购买外来食物妨碍卫生。又向美国办到各种恩物，以作教学标本。总之，本园一切计画，莫非发展儿童之德、智、体、群诸育，使之成为有用人材。

本园开办经费，首由校董和慈善家捐助，旋得政府头等津贴。是则本园之成绩与幼稚教育之紧要，可知矣。

春间，杨领事到校参观，题赠“精神活泼，训育有方”八字，多承奖励，感激实深。

本园教师有七，间有由福州、厦门、汕头各处幼稚师范毕业者；师资优秀，教授认真，学生日增，园务发达。甫办二年有半，学生名数几及二百；园中座无虚位，餐室权作课室，容量尚嫌不足。

本园总理黄君金榜、邱君清浩及诸校董，为发展园务起见，爰于本年双十节，设分校于对门廿九号屋内，以副求学诸君之雅意。该分校称曰“协和小学校”。其课程，均照教育部所定；然教授，则中西文并重，冀能造就广博人材，以应社会之需求耳。

原图7　协和幼稚园全体员生合影

① 星洲：亦称星岛、狮城，即新加坡。当时为英属殖民地，1965年独立为新加坡共和国。
② 乌省辛辛那第：通译俄亥俄州辛辛那提，是美国中部城市及河港。

# 128 《幼稚园、小学课程标准》编订经过

1932年10月20日

**题 解** 本篇原载《浙江教育行政周刊》第4卷第14期“专载”栏。撰成时间为1932年10月20日，发表时间为1932年12月3日。原发表时未署名。

《幼稚园、小学课程标准》，由教育部于1932年11月4日正式公布。此标准，实际由《幼稚园课程标准》和《小学课程标准》两份文件所合构。前者，本书前文已收，可参阅。

有关《浙江教育行政周刊》，参见前文《呈请教育厅添设省立中学附小幼稚园案》题解。

《幼稚园、小学课程标准》，由教育部聘任专家，组织委员会，主持其事。计自十七年十月起，至二十一年十月，经过下列的四个时期，才得编订完成。

## 第一，起草整理时期

由教育部聘任各专家，组织中小学课程标准起草委员会。于十七年十月起，约合幼稚园及小学各科研究有素者，分别担任起草、整理、审查、修订。到十八年八月，起草整理完成；由教育部令行各省市，作为“暂行标准”，试验推行。计尽力于这时期工作

的，有下列诸先生：

幼稚园课程暂行标准（以姓氏笔划多少为序）——甘梦旦〔丹〕、吴研因、金海观、胡叔异、俞子夷、马客谈、张宗麟、陈鹤琴、葛鲤庭、杨保康、蒋息岑。

小学课程暂行标准——

国语：吴研因、施仁夫、孙世庆、陈飞霞、赵欲仁；

社会：任桐君、吴研因、金海观、季禹九、胡叔异、胡宣明、马客谈、盛朗西、赵士法；

自然：王莹若、朱晸旸、吴研因、李鼎辅、金润青、胡宣明、马客谈、徐允昭、张雅焕、赵士法、潘平之、蒋息岑；

算术：沈百英、金桂荪、俞子夷、杨嘉椿；

工作：王华国、尹伯丞、吴研因、周尚志、熊翥高；

美术：宗亮寰、徐慕兰；

体育：朱士芳、吴蕴瑞、沈寿金、孙征和、杨彬如；

音乐：何明斋、吴研因、程懋筠、陈郁磐、顾西林。

全部参加意见者：朱经农、江景双、吴研因、沈百英、金海观、周尚志、俞子夷、胡叔异、施仁夫、马客谈、张宗麟、高君珊、曹守逸、孙世庆、雷震清、杨嘉椿、郑宗海。

## 第二，试验研究时期

由教育部训令各省、市教育厅、局，组织研究会，并指定学校，研究试验。限期于十九年六月以前，开具意见呈部，以供参考。去后，各省、市都遵令试验研究。

但到了十九年七月，各省、市并无意见呈部，且有请延展试验研究期限的。乃由部通令，延长试验研究时期一年，限于二十年六月以前，将结果呈部备考。到了二十年六月，各省、市把试验、研究的结果呈报到部的，有如下各区：

（1）浙江省教育厅；（2）江苏省教育厅；（3）南京市教育局；（4）上海市教育局；（5）广东省教育厅；（6）热河省教育厅；（7）吉林省桦甸县教育局。

余如江苏各实验小学，也多有意见送来；浙江省教育厅并将所属各校试验结果，详细具报，意见尤多。

## 第三，修改订正时期

教育部以“前中小学课程标准起草委员会”有变更必要，乃于二十年另行聘任专家，改组为“中小学课程及设备标准编订委员会”，从事汇集各方意见，研究修订。

计于六月十八日起，开大会及各组审查修订委员会，共三日。将幼稚园和小学各科标准，大致决定；并将未完成工作，分别推员担任。到七月二十、二十一〔日〕，又开大会及审查会两日，将各项标准议决，交由常务委员整理。

计尽力于这时期工作的，有下列诸委员：

王晋鑫、江景双、朱文叔、朱葆勤、吴研因、沈百英、沈雷渔、李清悚、李晓农、易克櫄、林端辅、胡叔异、胡颜立、施仁夫、俞子夷、马客谈、倪祝华、徐逸樵、翁之达、陈鹤琴、张国仁、彭百川、赵迺傅、赵廷为、蒋息岑、郑鹤声、 薛天汉、戴应观、谢树英、魏冰心、罗迪先、顾树森。

此外，因各科标准的研究问题，并经下列诸先生参加意见：

社会：赵钲铎、蒋子奇；

音乐：王允功、唐学咏、萧友梅。

此次标准的修订，除《幼稚园课程标准》更动极少外，《小学课程标准》和《暂行标准》不同之点，约述如下：

（1）“党义科”不特设，将党义教材充分融化〔合〕于“国语”“社会”“自然”等各科中。

（2）将《暂行标准》“社会”“自然”两科卫生部分划出，另行订定“卫生”科课程标准。

（3）改“工作”科为“劳作”科，并将“商情”部分删除；商情估价作业，纳入于“算术”等科中。

（4）“社会”科中，加入“公民”教材，并修正其内容。

（5）各科内容和文字上，都有所修正。

（6）另定“总纲”，以为各科标准之冠。

## 第四，编订完成时期

在第三期修改订正之后，本来就可颁行。不幸，部、次长审核未完，而“九一八”事变继至。这项标准，便也只好暂行搁置。

今年朱部长[①]到部后，觉得课程标准关系重要，还须加以整理、编订。因此，又重行聘定委员，加以审核修改。计自八月一日至八月五日，共开大会五天，将此项标准编订就绪。后来，朱部长觉得《小学国语课程标准》，尤关重要，又聘请文学专家，详为审核。

计自九月二十六日起开会两天，把《小学国语课程标准》再加上一番磨琢工〔功〕夫（《读书教材分量支配表》，就是在这次审核中拟定的）。

《小学公民训练标准》，八月开大会时，只有一个草案，整理后分发各委员审查；到十月六日，乃集合在京委员，开会讨论。计开会两天，这项标准，也就大致完成了。

尽力于这时期的工作的，为下列诸君：

全部课程标准参加者——

王晋鑫、吴研因、李清悚、易克櫄、胡颜立、胡叔异、施仁夫、徐苏恩、马客谈、陈鹤琴、蒋息岑、薛天汉、顾树森。

《小学国语课程标准》审核者：周予同、夏丏尊、赵景深、顾均正、顾树森。

《小学公民训练标准》参加者（除在京各委员外）：王万钟、沈子善。

此次标准，和上次不同的：

（1）增加《公民训练标准》，就是《小学训育标准》。因为小学不特设公民和修身等关于道德训练的科目，所以增加这项标准，以为公民训练的依据。

（2）删去毕业最低限度。因为原来的毕业最低限度，有的不具体，有的太主观，所以主张暂行删除。将来制定标准测验或量表后，暂行另定较客观的限度。

---

① 朱部长，即朱家骅（1893—1963），字骝先，浙江吴兴（今湖州市）人。早年肄业于同济医工学校，1914 年留学德国。1917 年归国任教于北京大学，教授德文。后再次留德，于 1922 年获柏林大学（亦称地质）哲学博士学位。归国任北大地质系教授兼德文系主任。后步入政坛，历任浙江省农工厅厅长、民政厅厅长，中山大学、中央大学校长，教育部长，交通部长、中央研究院院长等职。

此项标准编订完成后，并送请部长鉴核。由部长、次长细细地修改过一次。虽不能说毫无缺憾，但由一百多人起草修订，经全国各地方的试验、研究，历时四年之久；又经许多委员的研究、讨论才得完成，也可以算是近年来初等教育方面最重大的工作了。

可是，课程是应该不断的改进的。所望全国教育界，共同研究，以期于施行几年之后，再行编订出一种更完善的课程标准来！

教育痛哭流涕中，小学课程及设备标准编订委员会常务委员谨志。

二十一、一〇、二〇

# 129　北平师大附属幼稚园历年状况及将来计划

焦真

1932年11月1日

**题　解**　本篇原载《师大月刊》第1卷第1期。发表时间为1932年11月1日。原发表时，题为《师大幼稚园历年状况及将来计画》。今题系编者所拟。

撰著者焦真，女，生平事迹未详。此后，她在《师大月刊》上，还发表了《师范学校健康教育教材教法之研究》《师范大学附属幼稚园一年来之经过》《国立北平师范大学附属幼稚园训导实施纲要》等文。

《师大月刊》，校办学术双月刊。1932年11月创刊于北平，由国立北平师范大学主办、编辑并发行。主要编辑有钱玄同、黎锦熙等。该刊旨在反映文、史、哲方面最新学术研究成果，“不在石破天惊之发明，不在凿空探险之奇迹；而在平实正确、求一人人共由之路，以奠全国中等教育之基”。每学期共出四册，即四大专号。主要栏目，有论著、研究、译述、附载等；主要撰稿人，有李建勋、金澍荣、李祖寿、王兰荫、孙世庆、袁敦礼等。1937年2月终刊，共出32期。

## 一、引言

当此中国政治紊乱、社会飘摇之际，一般人民之生活，莫不陷于凄惨、病苦之境。论者，谓政治乃人民之心理表现。心理健全，则政治清明；心理残邪，则社会必不得稳定。因之，教育救国论高唱入云，一似惟有教育足以救国者，足以根本救国者。然究之实际则何如？教育愈提倡，则社会愈紊乱；学校日整理，而校风日陵替。此虽非教育本身之过失，然政治、社会已病入膏肓，教育之症结，亦绝非着手即可成春。

真之受任北平师大幼稚园主任也，即于此时。此时驰思骤想，观感万端；盖其心，已颠波〔簸〕于忧喜冲突之中，而似有不可解者。所忧者何？前途责任之重大与将来工作之繁难。所喜者何？日与此百余天真烂漫之儿童相聚同处，余和静、赤诚之心灵，已有所寄托耳；且幼稚时代，正当可望之期。我之理想正可于此时表现之。此所以一喜一忧、日日争战于寸衷耳。

真之来园，始满一月。此一月中，急促忙迫、碌碌终日而所得者，亦不过本园概况粗略之认识。兹乘《师大月刊》创刊号之便，爰将本园历年状况及最近将来简略之计划，公之社会人士，希加以指正焉。

## 二、沿革

本园创立于民国四年秋季，即前本校师范时代。始创之时，园址附于第二附小之东偏，简陋狭隘，不敷应用。当时，园务由附小主任孙世庆先生兼管。仅幼稚生一班，只三十人。

翌年八月，本师范以幼稚师资缺乏，开办保姆班。民国六年春，本园在师范后院，建筑新园舍。园务改由保姆主任刘亮机先生兼管。是年，添招幼稚生三十人，分甲、乙两组。自是规模粗具，而课程、设备各方面，亦渐臻完备。刘亮机去职，改由附属中学主任欧阳晓兰〔澜〕先生兼理园事。

上年八月，园舍因师校改作教室，本园乃迁往校后北附中校舍，又改由第二附小主任孙世庆先生代理主任。自是，幼稚生增至百名之多。九年二月，聘刘耿超庸先生为主任。以园务日繁，添聘事务员一员。至民国十一年九月，刘去职，由沈葆德先生继之，租得石驸马大街现在园址。

十二年二月，沈去职，由江卢岫霙先生继之。江为幼稚教育专家，到园后大事整顿，将旧生分为五组，另招新生二组，共七组，儿童总计约达二百名左右。由此继续发展，幼稚生增至十一组；园中除主任、事务员两职员外，尚有教员十一人。

十五年，江先生去职，孙又懿先生代理。一学期后，又改由孙世庆先生代理。至民国十六年，乃聘郭雁行先生为正式主任。十七年，郭去职，改由李光华先生继任。十九年，李去职，复聘全绍兰先生继之。

综观以往，以江先生主任本园时，为最盛时期。自是以后，幼稚生日渐减少。至二十年，仅有幼稚生七十余名、教员八人而已。

本年十月，真来主任本园，愿竭尽热诚，将所学致用于本园，俾使本园日臻完善。所望留心幼稚教育者，时加指导，以利进行。幸甚，幸甚！

## 三、宗旨及课程

### （一）宗旨

据前所述，本园已有十七年之历史。其间，宗旨递嬗变化，踪迹万端，殆非区区短文所能罄述。兹仅撮要，分录于次。举一反三，亦可想见一班〔斑〕矣。

（1）民国七年所定之宗旨——调护儿童之身心，培养其三育，以造就健全之国民，而为国民教育之基础。

（2）民国十一年所定之宗旨——辅助家庭教育，调护儿童生理，培养其知、情、意三育，以造就健全之国民，而为国民教育之基础。

（3）民国十三年所定之宗旨——应用科学方法，训练未达学龄之儿童；务本自由主义，以发展其天然活动力。此外，并附有规定之目的：即调和或矫正家庭生活，使儿童于入学前，有相当之智识及充分之准备，以树立国民教育之基础。

### （二）课程

课程，亦以民国七年、十一年及十三年时期，所规定者为标准。兹将每个时期所规定之课目，缕述如下：

1. 民国七年时期之课程

（1）谈话：古典——寓言、历史名人、童话；家庭——应时礼仪、饮食起居、卫生习惯、一切动作；社会——士农工商、交际状况、公益道德；物理——天象、动植物。

（2）游戏：表情游戏、运动游戏、演剧游戏、感觉游戏。

（3）手工：恩物、纸工、土工、图画。

（4）音乐：表情唱歌、运动进行、分辨韵律。

附注：每日上午九时至十一时四十五分，为上课时间。每一节段，以十分钟至三十分钟为度。

2. 民国十一年时期之课程

（1）谈话——与七年之谈话课程同。

（2）音乐——唱歌、韵律。

（3）恩物。

（4）手工——纸工、土工、木工、图画、运针。

（5）游戏——表情游戏、运动游戏、假装游戏、感觉游戏。

附注：每日上午八时三刻至十一时止，为上课时间。

3. 民国十三年时期之课程

（1）谈话——道德、卫生、历史、故事、时令、家庭状况、普通常识、天然观察等；

（2）智识训练与感觉训练（以上二种，均采用蒙铁梭利与福尔勃[①]二氏教育器具）；

（3）口齿训练；

（4）手工；

（5）图画；

（6）中西乐歌（时令歌曲）；

（7）国音字母；

（8）识字；

（9）算学初步；

（10）游戏——分自由的与指导的；

（11）简单体操（呼吸运动，辨别进退、前后、左右等）；

---

① 福尔勃：通译福禄培尔，德国学前教育家。参见前注。

（12）户外运动；

（13）饮食操作。

附注：时间每日三小时。自上午九时至十二时。惟星期〔六〕，则九时至十一时。盛暑严寒，改早改晚，临时酌定后通知。

## 四、教职员及幼稚生

### （一）教职员

本园初创之始，仅有教员一人。职员方面，虽有主任一人，但系由小学主任孙世庆先生兼充之。

至民国八年，教员增至八人，职员方面，始实设主任一人。自此以后，至十三年，教员增至十一人，职员又增一人为二人。过此，则教员渐次减少。

现在，教员为数七人，职员为三〔人〕，共计十人而已。

### （二）幼稚生

此园开办之始，仅招幼稚生三十人。民国六年，又招收三十人。至八年间，已增至九十人之多。自此，逐年增加，至十三年，已达二百人左右。

此后，日渐减少，迄今仅有一百一十人，共分三班。三班之中，复分七组：计甲班二十六名；乙班分为二组，共三十一名；丙班分为四组，共五十四名。

自开办以迄于今，前后共卒业者，约有五百余人。

## 五、经费与设备

### （一）经费

本园初创时，原附设于第二附小，经费亦由该校支付，而无独立之画〔划〕分。至民国八年，教职员薪俸及工资乃画〔划〕为独立。每月计二百零四元；其余费用，仍由师校杂费项下支付之。

至十一年，由师校后院迁至现在园址后，经费乃完全独立，每月全数计五百三十元。至十四年，增加五十元，共为五百八十元。至十六年，增至六百八十元。迨至十九年，增至千元之数。但每月实发之数，有时八成余或九成余不等。

现在每月实领八九百元。其中，教职员薪俸，计四百六十五元，工资三十八元，房租五十元；其余之数，概作邮电、医药、修膳〔缮〕、文具、杂支等之用。

惟本园园址，既系租赁而来，故建筑、设备等，未免不尽合儿童之生活；且以租赁之关系，复不能作长久之计充分修理。现本园正从事筹办新园址。

将来之新园址，务期其为自己所有，而专为儿童所设，以为办理幼稚教育之用。倘如所期，而一切设备上，如教室、游戏场、动物园、植物园，以及校具、教具等，若不事先筹备，以作未雨绸缪之计，则恐不免诸事掣肘。是以本园拟于每月经费项下撙节一二百元，储作将来一切设备之需。

## （二）设备

本园之设备，可分为两大部分:（1）园址及园舍;（2）校具与教具。

关于第一项，由沿革上观察，园址自成立迄今，凡四迁徙，而仍未有一样为自己所有，而专为儿童设备的园址。因此，以致园舍非但不能适合儿童生活之需要，且不能加以改善，以使近乎儿童之需要。

再，现在园舍，缺乏宽大铺垫黄土之游戏场。是以户外活动，亦不能使儿童舒畅活泼。又，保育室因陋就简，教员寝室兼教员休息室，办公室兼作职员寝室。凡此种种，总皆以经济与环境各方面之关系，不能不勉强对付，暂时支持，以期诸将来之发展而已。

关于第二项，校具及教具方面。以前如何，无从稽考；但仅就现在而言，除幼稚生之桌椅，尚可勉强敷用外，其余不敷应用与不堪应用者，实居多数。如校具中之办公及会议时所用之桌椅，均属不敷应用。

教具中有钢琴两架，业已损坏。第一积木二十匣，第二积木、第三积木各三十余匣，第三、第四、第五、第六积木，各十余匣；大积木，亦十余匣；第一排板二十余匣，第二、第三排板各十余匣；第一恩物二份，第二恩物十余份；节木及铁制几何形各两份（已不完全），木制的几何形一份；木钉及木钉板各十余份；豆袋六十余个。其余如五色板、圆台木、段木、阶木、塔木、听觉器、粗细板、轻重板、解组架、竹柱、五彩方木、六面图、小铁铲，以及玩具如小娃娃、小狗、小象、小模型等，率皆旧坏、腐朽，不堪应用。

## 六、感想及将来计划

（一）感想

综观上述，感想万端。似此一切因陋就简，飘忽不定，实难望其发展。爰将荦荦大者胪列如下：

（1）园址。本园园址，屡经迁移；现在园址，仍非自己所有专为办理幼稚园而设者，前已述之矣。

夫幼稚儿童之训练与培养，必须有适当之环境，方能有合理之发育及成长。今也败舍颓垣，地势狭隘，既无美满之环境，岂能获得教育之意趣。儿童处此，欲求有适当之发展及健美之生活，难矣。

（2）游戏场。尚付阙如。儿童之游戏，为儿童生活中之主要部分。今也既无游戏场所，何以谈到游戏？无游戏，直无生活之可言矣。

（3）动植物园。教育生活应适合实际环境，此为谈教育者之所公认也。夫我中国，自古以农立国。而受教育之儿童，多潜处城市之中（居于城市以外者，大半不能受相当教育），田禾远隔，五谷不分，鸟兽草木，不识其名。故愈受教育，则去实际环境愈远。倘有动植物园之设备，使儿童对此自然现象，日与耳目相接触，则于潜濡默化之中，造成将来自然科学之基础。其有利于儿童教育，岂浅鲜哉！

（4）宗旨。综观民国七年、十一年及十三年本园宗旨，七年与十七〔一〕年者大致相若。不过，十一年时，增加与家庭教育相助一层。兹将两年间之宗旨，归纳为下列二层：（a）调护儿童身心，培育三育；（b）造就健全国民，而为国民教育之基础。

查第一层，为关于儿童本身现阶段者；第二层，为将来之准备。

按此规定，均嫌稍涉空远。“调护儿童身心，培育三育”，此话过于笼统，故嫌太空；“造就健全国民”，又未免所期望之责任太远，非幼稚教育一阶段所能全负。且也，幼稚儿童有其特具之生理及心理现象，施教者必须本此现象，因势利导，循循善诱，方

另图 47 北平师大附属幼稚园“共同作业”活动课场景

可起正当之反应；若强以将来远大之目的，则儿童非盲从，即不接受。

故今之致力于教育事业者，当先认识时代与环境，以应需要；非可袭用多年故〔固〕有“德智体三育”之陈套，以造就儿童也。

至民十三所定之宗旨，应用科学方法，训练未达学龄之儿童，系本自由主义，以发展其天然活动力。

按：此宗旨太主自由，过于偏重自然经验，而漠视人为经验。如此，直可谓无教育矣。至其目的之规定——“调和或矫正家庭生活，使儿童入学前有相当之智识及充分之准备，以树立国民教育之基础。”则直视儿童幼稚园非教育之场所，仅视为辅助家庭教育之机关，似属非当。

（5）课程。现在课程科目之规定，据余个人之观察，似觉适当。惟教授内容，则系因人而异，漫无系统。夫幼稚教材，虽应注重活动，然亦不可信手拈来，一任冲动。况现在教育部已颁行《暂行课程标准》，似应根据此标准，以编制有目的、有定时、有定地及一定步骤之教材。

## （二）计划

（1）筹建园舍。本园房舍不敷分配，及不适需用之情形，已如上述。虽然，即此尚属租赁而来者。近者，房主以借词出售，屡来本园要求收房。本园以此感到，办理学校绝不可租赁房屋也。盖租赁房屋，岂惟不适合儿童需要，且不能作充分整理、修缮之工事，以使近乎儿童之需要。故非另觅完善园舍，则不足以言整顿及发展。故此后新址觅得，其第一个条件，即须主权为本园所有，而专为儿童所设者。

（2）筹开游戏场、动物园、植物园。本园现有之儿童游戏场，为旧院落改辟而成，幅员不过一教室之地。故户外运动，不能有充畅活泼之运动。是以，如将来觅得新址，须设一较大之游戏场。至动物园及植物园，亦须设法筹办。虽不必求其宽大，但能容一切习见之动植物，斯可矣。

（3）试办设计教学班。设计教学，已为一班教育家所注意。本园又系师大一附校，对于教育有倡导、辟新之责任。故筹办设计教学班，似不可缓。惟设计教学需用浩繁，故亦拟于可能范围内行之，以期造福儿童而革新教育。

（4）扩充学生名额。查本园学生，原分三班八组。甲班、乙班各两组，丙班为四组。现在除甲班两组因学生过少已归并为一组外，其余各组人数，每组均不过十余人而已。似此，于经济原则殊属不合。故拟于寒假酌招编级生，补充各组名额；每组以二十人为标准，亦可稍有出入。但如因招收之数过多，则拟另行扩充组数。

（5）添置教具。查本园现有教具，殊不敷用；且多破旧、腐朽，不堪应用。嗣后每月经费如能十足领到，当斟酌缓急，尽量添置。

（6）扩充卫生部工作。健康为教育上之主要目的。且健康教育尤以在幼稚园中收效最易。但据本园卫生部声称，以往本园卫生用费，每月不过支出三数元。故一切工作，均未免受经济之限制而碍难进行。

（7）实施教育部所定目标。鉴于已往宗旨目的之空洞，现拟尽量采取教育部所定标准——“（a）增进儿童应有之快乐与幸福；（b）培养人生基本的优良习惯（包括身体、行为等各方面的习惯）；（c）协助家庭教养儿童，并谋家庭教育的改进。”

（8）试用教员随级教学制。查已往教员授课，均采年级制。即教一年级者，专教一年级；教二年级者，专教二年级。

按：此制多用于小学、中学。但用之幼稚园，则未必能得相当效果。例如幼稚生注重优良习惯之培养，但在一年级尚未养成，即升入二年级；则二年级之教员，未必能继续前功以臻完成。且幼稚生与教员之关系，颇重感情。幼稚生之与教员相处一年，已有相当的感情基础，一旦另从新师，定觉诸多不便；且成绩显著，易于比较，教员必因而益加努力。是以本园嗣后，拟试办随级教学制，教员随学生升级；学生自入学之始以迄卒业，全归此一人担任。

（9）添造表册，采用新式簿记。查本园一切表册，多未完备。到园之初，对于一切情形，本属隔阂；一查表册，大部缺欠。询之旧日同人，则均瞠然。语云：“前事不忘，后事之师。”今也，前尘已随光阴而俱寂。诚若深夜独行，踽踽踉踉，而莫知所可也。后当添造表册。至簿记方面，仍为旧式之单式簿记，条理不清，亦无项目之划分。日后欲查其何部浪费，何部花用得当，难矣。鉴已往之混沌盲瞎，决采用新式簿记。凡一切园中经过实况，莫不尽力使之毕现于片张纸据中，以备以后之借鉴也。

（10）编制课程。幼稚园课程虽应活动，但大体亦应有相当的组织及系统。查教部所颁课程标准，大体虽全；但以地域需要之关系，其细节详目，仍应各地自行参酌本地之情势而规定之。惟此工作至属繁巨，非短期可能成就，本园对此，拟先聘本园教职员或专家，组织一课程研究委员会，由委员会以编制适合儿童需要，以及时地〔编订〕需要的教材，庶乎行之无弊，效率较大。倘于此稍有成就，此不但为真及本园之期望，亦吾国幼稚教育前途之大幸也。

130

# 一个乡村幼稚园的发动及其成立
## ——致戴自俺函

孙铭勋

另图 48　孙铭勋像

1932年12月5日

**题　解**　本篇原载《中华教育界》第 21 卷第 11 期“实施”栏。撰成时间为 1932 年 12 月 5 日，发表时间为 1934 年 5 月。原发表时无副题，此副题系由编者加拟。

有关撰著者孙铭勋，参见前文《创办试验劳工幼儿团初步计划说明书》题解。

有关致函对象戴自俺，参见前文《创办试验劳工幼儿团初步计划说明书》题解。

此“乡村幼稚园”，即江苏淮安河下镇新安小学附属幼稚园，该园创设于 1933 年春。此函所反映者，为该园的创设动机及筹办经过。陶行知、陈鹤琴以及晓庄学友，均曾对筹创此园予以大力支持。

《中华教育界》，教育月刊。1912 年 1 月（一说 3 月）创刊于上海，由中华书局主办、编辑并发行。它所确立的宗旨是：“为民国服务。”主要致力于精研教育理论，以使“教育普及于全国”。主要栏目，有专论、译述、调查、讨论、附录等；主要撰稿人，有周天冲、楼云林、顾树森、雷震清、傅任敢、陈启天等。1950 年 12 月终刊，共出 29 卷 312 期。

这是我在淮安与自俺在百泉时的通信。信里所讨论的，都是幼稚园的实际问题。现在，我们正着手把这些信件整理出来，名曰《乡村幼稚教育经验谭》，共有二十余万字。这是第一篇，先在这里发表。

## 一、发愿创办乡村幼稚园[①]

俺：

因为我遭受了一个最大的惨变，把我内心生活的情绪，弄得非常纷纭；所以一直到现在，才能来写信给您。

但这封信的内容，并不似以前一样地徒事寒暄。而我写这封信给你的期望，是在能把这封信作个开头，把我们今后的生活，开辟出一条新途径。

所以，我请你把这封信认认真真地读下去，并能给我一个有力量的答复。

我在十月二十三号接到了两封家信：一封是我的父亲写的；一封是我的一个远房的侄子写的——我的母亲，已于旧历八月二十四日去世，停柩在堂，待我回去办理丧事。

我看了这两封信后，起初，我立刻陷于悲恸之境。接着，我便半疑半信，我以为他们——我的父母，是设下这样一个骗局，想把他们这远游万里、数年不归的唯一的儿子骗回家去。

过了一周，我接到了一个和我从总角[②]以至师范，都是同学的朋友来的信，证实了我的母亲去世不是骗局。而我这当前的惨变，也就没有法子可以否定了。

俺！我从此已成了无母之儿，引领〔颈〕西云，只有长伴秋风而饮血泪！

但我对于他们停柩在堂、待我回去的这一个期待，因为现实问题的围困，我又将从何作答？

念慈来信对我说：

> ……谁使我们背井离乡，抛弃了慈祥、亲爱的母亲，而在外漂流？谁使我们有家归不得，有亲养不得？天下有多少的母亲，已经正在，或继续地在这大时代的转换中，牺牲了他们仅有的老命？而且即在临死时，欲一见其爱子而不可得！
>
> 我们在全感情化了的时候，不免于过度的悲哀。由于悲哀的击来，我们不妨放声大哭，让这爱的热泪，尽情地泻流。这也算是我们对于伟大的母爱最后的一点点报答。

---

① 此标题系编者加拟。

② 总角：泛指儿童时代。因古时少儿男未冠、女未笄时的发型，是梳成两个发髻，如头顶两角。

但是，朋友，我们须遏抑住我们的泪珠，揩干我们的泪眼，抬高我们的视线，看，看这天下有多少的慈亲，有多少的爱儿，正沦陷在这时代的命运里？这不是哭的时候，我们要硬着我们的心肠，忍住我们的眼泪，清醒我们的理智，健全我们的意志，努力我们的事业，创造未来的合理的社会，这才是报答我们已经死去了的母亲，以及拯救天下尚健在的母亲的中心任务。

因了念慈的这一番话，使我回忆起陶先生在《中国教育改造》自序里所说的，“最好的寿礼，无过于将她爱蟠桃的心推广出去，使全中国的蟠桃，都能得到他们所应得的爱护”的话。我便与达之①、和中②商议，为了母亲的纪念，为了事业的试验，为了当地的需要，为了新安的发展，决定在这里创办一所幼稚园。

而和中的母亲逝世的噩耗，亦恰于此时传来，他亦愿意将他对于母亲的悲哀，转移到幼稚园方面去，这也给了我很大的鼓舞。

当我去年到这里来的时候，便是决心来创办一所幼稚园的。未来之先，曾与友梅、和中寄了六十元钱给达之，作为幼稚园的开办费。但那时，正是新安的经济极度恐慌，常常没有饭吃，抱了两件大衣跑了三十里路，到淮阴的当铺里去，想换两元钱来买米都不可得的时期。所以我到了新安，这六十元早已因吃饭和偿债而开支完了。幼稚园之创办，因此也不能实行。到了两年后的现在，在我们的决定之夜，便写信给陶先生，请他替我们设法筹措开办费。昨天得到他的回信，陈鹤琴先生慨捐一百元。于是，我们这幼稚园的开办，不久将要实行了。

幼稚教育纯粹无利害观念存乎其间，多么淡朴！天真活泼的儿童，多么洁白！从前，我和你踏进幼稚园的时候，我们不是用这几句话互相勉励吗？这几句话，在当时自然是

---

① 达之：汪达之（1902—1980），安徽黟县人。1928年秋入晓庄学校，成为第四期生。1930年春，受命赴苏北淮安，出任新安小学校长，投身于乡村教育事业。1933年10月，组织“新安儿童旅行团”赴上海旅行修学，获得较大社会反响。1936年10月，又组织“新安旅行团”赴全国各地宣传抗日救亡，行程达2.5万多公里，作出了更大贡献。中华人民共和国成立后，历任南京晓庄师范校长、教育部师范教育司专员、广东民族学院党委书记等职。

② 和中：台和中（1908—？），甘肃秦安人。晓庄师范毕业生，奉派赴江苏淮安，与汪达之、孙铭勋共同接办新安小学。后归里任甘肃省立女子职业学校校长、甘肃省立第三女子中学校长。为生活教育社监事。

给了我们很大的力量；但说到实际的体验，在我却是现在的事情。从前我们在樱花村、在迈皋桥，[①] 虽然也会留下了很深刻的痕迹；但当时也许因为“身在此山中”，不识真面目。这几年来，时代的转变，以及我们自身所受到的折磨，回溯前尘，味道是多么的甘美！

新安的环境，是一个没落了的帆运码头。校舍是在市镇以外的偏僻处的一个冷庙，既不是繁盛的市镇，又不是纯粹的农村。三年以来，在绝对的困难当中的努力，对于庙的破的气象，虽有了不少的改观；但实际没有多少活的成绩。我们的志愿是，一方面作新教育的试验，一方面为穷苦儿童谋出路。所谓出路，也可以说就是生产。

现在中国教育的改造，无论谈得如何冠冕堂皇，倘若不从生产下手，只足以促国家之日趋于灭亡。三年以来，我们抱定了这样一个志愿，但实际得到的成绩如何，前途的希望又怎样？因为这是牵涉到整个，而不是局部；在整个社会没有改变的时候，局部是无从发展，而且还要直接或间接的受到阻碍。每一思索，不禁各样都感到茫茫。

在这各样都感到茫茫的社会里，我们实在要自己创造一个独立的体系。而一提到实际的创造，则又各样都感到茫茫。现在幼稚园里的生活，拍几拍手，走几圈圈子，吃几片饼干的点心。每天如是，每周如是，不也是不合理的八股吗？倘若幼稚生不从事于小生产，不能如苏俄的“小时造玩具，长大造飞机”的警惕，也只是徒劳，也不会有新的希望。倘若不能顾到儿童的衣、食、住、行，不能改变家长对儿童的态度，那也是收效极微。

然则怎么办呢？从前的经验，值得我们参考的有多少？一本很厚的书里面，值得我们回味的有多少？当前的问题，逼着我绞了很多的脑汁，拟定了下面的一个计划，照抄一份给你。

## 二、创办幼稚园初步计划预算说明书

### （一）创办的缘起

本校创办幼稚园之动机，早在二年以前。因为实际上种种困难，以致至今未能实现。

---

① 此“樱花村”，实指创办于此的“晓庄中心幼稚园”；此“迈皋桥”，实指创办于此的“迈皋桥中心幼稚园”。当年二人曾在此并肩实习并创业。

近以本校儿童人数之稀少，而河下大街上又有许许多多的幼稚生，终日混迹于车尘马足之间，实足惊心怵目。同人等商酌再四，均感到幼稚园之创办，不容再缓。

适于此时，本校孙、台二位先生，均接到母亲逝世的噩耗。悲恸之余，愿以慈母之遗爱，煊〔渲〕染儿童之颜色。于是幼稚园之创办，遂下决心。

（二）经费的筹措

以往的幼稚园，走上了贵族的路；一个幼稚园的开办费，五千元钱尚嫌不够。然而中国是个穷国，怎能如此花钱？我们的开办费，预算一百元，已由陈鹤琴先生慨然捐助。经常费预算，每月十元，现正由陶知行先生负责筹措。虽此时尚无着落，但幼稚园之开办，决不因而停顿。

（三）教师的物色

除本校孙先生可直接负责外，尚须征求——不是聘请，因无经费——一位有经验、有决心的同志。现在各方物色中。此外，尚拟征求当地对于幼稚教育具有热忱的妇女——男子亦可——数人，作为艺友。如各校毕业的女生、男教师的夫人等，均所欢迎。大家共师共学，在办幼稚园上，学办幼稚园。

（四）园具的置备

根据最小的经费，置备最简的园具。下列各物中，凡加△之符号者，为本校已经有了的。

（1）普通用具：条凳三十条（△）、小桌子四张、小黑板两块（△）、瓦水缸一个、小钳子一把（△）、小钉锤一个（△）、小时钟一个（△）、寒暑表一个（△）、小铃子一个。

（2）饮食用具：小锅炉一套，刀铲等一套，小茶杯三十个，碗、碟、匙、筷等三十套，锡茶壶二个（△）。

（3）清洁用具：小面盆四个；小手巾十条；镜子一面；肥皂两块；铅桶两个；小扫帚五把；小畚箕二个；小喷壶二个；抹布四条（△）；鸡毛帚一个（△）；草纸一刀，供儿童大便之用；干净的旧报纸，供儿童揩鼻涕之用（△）；洋油桶一个，装揩鼻涕的纸，此纸每日烧一次（△）。

（4）图画用具：蜡笔五盒；颜色铅笔二十枝〔支〕；粉笔一盒；新闻纸一刀；石板十块，用洋铁自己做（△）；画板三十块，自己做。

（5）沙地用具：木条或竹条削成的笔三十枝〔支〕，自己做；木条或竹条做成的圆规十个，自己做；正方、长方、三角、多角、圆形等木块若干块，自己做；小砖头、碎瓦片若干块（△）；小洋铁罐、小玻璃瓶若干个（△）。

（6）音乐用具：风琴一架（△），口琴一只（△），小锣、小鼓、小钹各一个。

（7）玩具：摇马一个；一寸立方木块一百粒（△）；木匠店里剩余的零余的零碎木块若干斤（△）；珠子一千粒（△）；铁环十个（△）；小宝宝二个，用旧袜子自己做。

（8）药品。根据此地儿童常有的疾病，治法简单者，用十元钱酌购下列用品：硼酸粉、硼酸膏、万金油、十滴水、八卦丹、金鸡纳霜丸、碘酒、酒精、枸橼〔橼〕酸铜膏、泻盐、蓖蔴〔蓖麻〕油、阿斯匹林、疳积糖、橡皮膏、灰锰养。

（9）书籍：

儿童用书——图画故事二十本、儿童画报二十本、《好朋友》十四本（△）、幼稚识字课本二十本。

教师用书——《故事》（鼓楼幼稚园出版，△）、《幼稚唱歌》（△）、《听音动作》（△）、《儿童游戏新法》（△）、《儿童科学丛书》（△）、《幼稚园小学校故事集》（△）。

（10）其他用具：圆头剪刀十把，小手锄五把，马粪纸两张，图画纸若干张，颜色纸若干张，图钉三盒，铅丝、麻线几两，洋钉若干个。

### （五）园舍的寻觅

本校校址，离河下大街较远，幼稚生来往不便。故园舍决定在河下大街上。街上原有本校的几间房子，租与别人开面馆，现可收回。惟此房前为大街，后面及左右二面，均为他人住宅，没有一点空地，太不合用；且修理亦必花钱太多。故拟另租用或借用。现在，请河下父老多方寻觅。万一寻觅不到，只有把这几间房子，勉强修理一下，暂为应用。

### （六）招生的方法

不用贴广告，教师亲到儿童家中去，与家长谈话；同时，与儿童结成朋友。这是我们招生的方法。

（七）开始的日期

预定明年三月十五日开始。

（八）训练儿童的标准

对于幼稚生内心情绪的陶养，实重于脑筋的锻炼。一切活动，除有碍健康者外，均以“好玩”为中心，务使儿童的情感，向着快乐、活泼、甜美、积极的路上走去；不要接近忧愁和苦闷，这是根本的一条原则。兹略举其大纲如下：

1. 最低限度的健康训练

（1）与家长合作，在可能范围内，谋衣、食、住、行之改善。如：废除开裆的裤子；进食应有定时与定量；不吃杂食，多喝开水；常到郊外去，吸收新鲜空气与阳光等。

（2）养成清洁习惯。如：不留鼻涕；能自己洗手、洗脸；常剪指甲；大便有一定时间与地点；不用砖瓦、泥草揩肛门等。

（3）医治通常疾病。如沙眼、秃疮、蛔虫等。

2. 最低限度的艺术训练

（1）能唱普通歌曲十数首。音调正确，态度庄重，且能表情；对于名曲，能倾耳静听。

（2）能画简单的图画。配成一幅，而能表现各物的特征；对于名画及自然界的景物，能够欣赏。

（3）能表演极简单的戏剧。于表演时，有欣赏的态度。

（4）一切言语、行动，有娴雅、和谐的态度。

3. 最低限度的科学训练

（1）对于日常接触的物件，如米、麦、油、盐、花、草、鸡、犬、牛、马、衣服、用具等，能辨认。

（2）对于日常自然现象，如花开、叶落、鸟飞、虫鸣、括〔刮〕风、下雨、打雷、闪电、寒暑等，能注意，能发问，有研究的态度。

（3）能认识天空中最显著的几个星座，如北斗、南斗、仙后、仙王、织女、牵牛、参宿、商宿等。

（4）能玩几套极简单的科学把戏，如：鸡毛与厚纸相摩能生电；杯水可以倒拿；嘴唇可以吸杯等。虽不能了解其理由，亦必知道这不是出于神怪。

4. 最低限度的生产训练

（1）能做洒扫、拂拭、洗濯等工作。

（2）能照料小花木、小菜蔬；能做浇水、拔草，捉虫等工作。

（3）能照料小动物，如羊、猫、鸡、鸽等。

（4）能利用废物制造玩具。如：鸡蛋壳做的不倒翁；火柴盒子做的火车；香烟盒子做的飞机等。

5. 最低限度的语言、文字、数学的训练

（1）能讲述简单的故事，能报告简单的一件事情的经过。

（2）能背诵当地的儿童歌谣。

（3）能认识自己的名字，及日常应用的简单的文句，而能写出来。

（4）能从一至一百数得清楚，能作十以内的加减，能认识中国及亚剌〔阿拉〕伯数字，而能写出来。

## 三、我们的主张

（1）我们主张，幼稚园是幼儿学校、幼儿工场、幼儿社会。这里面包括教育的意义，生产的意义，自由、平等、互助的意义。教师与儿童，只有工作性质之不同；大家相师相学，而没有程度地位的高下。

（2）我们主张，幼稚园不是上帝的，不是成人的，不是资本家的，不是慈善家的；而是幼稚生自己所有的。幼稚生是幼稚园真正的主人，幼稚教师是幼稚园忠实的园丁。

（3）我们主张，幼稚园是该园所在地的幼儿的共有物，应由该园所在地的幼儿来共治、共享。已入园的儿童，不能专门享受，应该出力创造。其有因特别缘故而不能入园者，于其偶然来园时，该园应竭诚招待；并于必要时举行扩大娱乐会等，以欢迎未入园之儿童。

（4）我们主张，普遍的幼儿，都有享受幼稚园的权利；但必使其家长，不因儿童之入园而增加经济的负担。故除不收一切费用——这自然是指一般贫苦者而言——外，还要指导儿童做生产工作，培植其生产能力，以开拓其自身经济。

（5）我们的主张，幼稚园是该园所在地的幼儿教育的总机关。在现今的社会，普遍的幼儿教育，实操于普遍的妇女之手。幼稚园对于该园所在地的妇女，应负训练之责。

（6）我们主张，幼稚园必须与入园儿童的母亲切实联合，方能收到切实的成效。幼稚教师应邀集入园儿童的母亲，授以母教、母歌、母游戏，并组织母亲会，共同计划儿童教育之实施。

（7）我们主张，幼稚园的基础，必须建立在当地人的身上，方可垂之久远。故幼稚园，必须培植当地热心儿童教育之妇女，以充当幼稚教师。

（8）我们主张，幼稚教师，应把该园所在地的自然现象、社会状况、出产物品，以及儿童歌谣、故事、游戏、谜语等搜集起来，加以编制，以作该园之教育材料。

你看了我上而所说的一切和这个计划以后，请就所见，给我一个指示。此外，尚有下面的几个问题，望你能给我一个有力的答复：

（1）幼稚园的新路径，究竟应该怎样创造？

（2）现在的中国，究竟什么地方对于幼稚园，才有真正的迫切的需要？

（3）我的计划里的园具，够用吗？

（4）在中国的乡村里创办幼稚园，究竟要置备些什么园具？

（5）你对于中国农村状况，是常常留意的；你所认识的中国农村现状，是如何？

再会，祝你

健康！

一九三二、一二、五，铭勋在淮安新安

# 一個鄉村幼稚園的發動及其成立

孫銘勳

這是我在淮安與自俺在百泉時的通信，信裏所討論的都是幼稚園的實際問題。現在，我們正着手把這些信件整理出來，名曰鄉村幼稚教育經驗譚，共有二十餘萬字。這是第一篇，先在這裏發表。

俺：

因為我遭受了一個最大的慘變，把我內心生活的情緒弄得非常紛紜，所以一直到現在才能來寫信給您。

但這封信的內容，并不似以前一樣地徒事寒暄。而我寫這封信給你的期望，是在能把這封信作個開頭，把我們今後的生活，開闢出一條新途徑。

所以，我請你把這封信認認真真地讀下去，并能給我一個有力量的答覆。

我在十月二十三號接到了兩封家信，——一封是我的父親寫的，一封是我的一個遠房的姪子寫的——我的母親已於舊曆八月二十四日去世，停柩在堂，待我回去辦理喪事。

我看了這兩封信後，起初，我立刻陷於悲慟之境。接着，我便半疑半信，我以為他們——我的父母是設下這樣一個騙局，想把他們這遠遊萬里數年不歸的唯一的兒子騙回家去。

過了一週，我接到了一個和我從總角以至師範都是同學的朋友來的信，證實了我的母親去世不是騙局，而我這當前的慘變，也就沒有法子可以否定了。

俺！我從此已成了無母之兒，引領西雲，只有長伴秋風而飲血淚！

另图 49 《一个乡村幼稚园的发动及其成立》原发表件（部分）

# 131　一九三〇年四川幼稚园教育概况

1933年9月

**题　解**　本篇原载《四川月报》第3卷第3期“社会一瞥”栏。发表时间为1933年9月。原发表时无署名，题为《民十九年度四川幼稚园教育概况》。今题系编者所拟。

《四川月报》，综合性月刊。1932年7月创刊于重庆，由重庆中国银行主办、编辑并发行。旨在将中外最新情形，分类编辑、报道，以供本省民众探索、借鉴。主要栏目，有财政、金融、商业、产业、交通、社会一瞥、川边、时事等；编辑者为《四川月报》社全体编辑人员。停刊原因及时间未详，目前能查到的，有1932年7月刊行的创刊号至1938年7月发行的第12卷第8期，共计13卷71期。

四川幼稚园，首由省立第一、第二女子师范及西城中学创设，时间远在民元以前。嗣后，各校亦逐渐设立。截至十九年度止，设有幼稚园者，共计四十八县。

十九年度县市幼稚园，间数共计一百二十四所。内中省立者三所，各县公私立者一二一所。儿童数，省立三二〇名，内中男一一四名、女二〇一名；各县公立四〇七九名，各县私立一二三五名，共计五三一四名。内中男三三二六名，女一九八八名。总计省县公私立，有儿童五六三四名；内中男三四四〇，女二一九四名。

教师数，男性九四名，女性一六一名，共计二五五名。

经费数，省立二七五二元，各县公私立四一九一三元，共计四四六六五元。

省立幼稚园三所，附设于省立女师及小学校；在各县区者，则附设于各县之公私立女师范及小学各校。

其组织，按照儿童年龄，分别编制。达学龄时，视其程度提升初小。

凡游戏、工作应行设备者，如恩物、戏具、图书等，悉随儿童所好购置。

至于课程教学，悉遵教育部迭次颁布《幼稚园暂行课程标准》及教育方法办理。

各省县公私立幼稚园训育方法，大都依照下列数项原则办理：（1）增进儿意应有的快乐和幸福；（2）培养人生基本优良习惯；（3）协助家庭教育儿童，并谋家庭教育改进。

盖幼稚园为最初级之教育，对于初等教育，补助实大。故欧西各国，均极重视；设立之广，就学之多，与初级小学不相上下。以吾川幼稚园概况观之，则亟宜广为提倡，力图普设，殆无疑义者也。

# 132　上海私立广东幼稚园概况

陈鸿璧

1934年1月

**题　解**　本篇原载《大上海教育》第1卷第6期“幼稚教育专号”。发表时间为1934年1月。原发表时，题为《上海市立案私立广东幼稚园概况》。今题系编者所拟。

有关撰著者陈鸿璧，参见前文《由本社请专家编译幼稚教育书籍案》题解。

《大上海教育》，地方教育月刊，1933年3月创刊于上海，由上海教育局主办、编辑并发行。该刊旨在阐扬三民主义教育原理，研究世界最新教育思潮与制度，探讨本市一切教育实际问题，及传布本市教育消息。主要栏目，有论著、译述、统计、漫画等；主要撰稿人，有吴铁城、龚家驷、潘公展、陈际云、胡怀琛、陈济成等。停刊时间及原因未详，目前收录有1933年3月第1卷第1期至1935年12月第2卷9、10合刊，共2卷15期。

## （一）本园史略

本园创自民国元年五月，由黄文龙夫人唐金铃女士、唐少峰夫人关素梅女士及予等所发起。由前南京卫戍总督捐助开办费壹千元，遂告成立。初名“旅沪广东幼稚园舍”。在东海宁路赁洋房一幢，前有小草坪盈方，亦殊适用。惟其时社会对于幼稚园，尚多未认识，以为既不背诵经书，而又偏重游戏，浪费金钱，虚耗时间，因是感怀观望、裹足不前。

开学之日，仅得幼稚生七名，而发起人之子女戚友，占过半数。唐、关二女士以家政羁身，由予自任保师，延聘黄简慧媛女士为之助。是期幼稚生，渐增至十一人。至秋季开学，竟增至三十余人。

民国二年，因园舍不敷用，遂在邢家桥路赁新建市房三幢，前有旷地卅余方。其时，幼稚生来者虽渐增，而设备上力求完备，经济遂感拮据。其始，由发起人等与典钗质珥，以资补助耳。

是年秋，唐、关二女士先后移家于天津，遂亦随唱北行，园事悉由予一人处理。

民国七年，得粤侨同乡捐助，遂以此款在闸北宝源路购地三亩。不足，由园董贷借之。

民国九年，自建园舍于宝源路。屋凡二层半，以上层为小学课室，下层幼稚作业室。大小作业室共五间，占面积约三千九百余方尺；室外有旷地，面积约八千方尺。四围植树、花卉，设浪椅、滑梯、轩轾板、沙坑、小动物园、小花园等等。至是更名“上海私立广东幼稚园”。

民国十三年，幼稚生多至一百二十余人。以人数过多，恐于教导方面有疏忽之虞，下期决定以一百名为额。而报名入园者，皆争先恐后，竟有先一二学期报名者。可见，近年社会对于幼稚园之认识，已远胜于民元时矣。

民国十六年冬，遵照教育部颁布《私立学校立案规程》，备文上海市教育局立案。十八年一月，经教育局核准，并发给立案证书。

民国廿一年“一·二八”沪变[①]，本园适在火线中，全园被毁。予与同事八人，伏匿枪林弹雨中凡四昼夜，卒由炎光接天之火窟中脱险生还。

予夙视教育为兴邦救国惟一之途径，以国家兴亡，匹夫有责。国危至此，一息尚存，安忍苟逸。遂就教于园董诸公，咸以儿童为国宝，教育是精粮。欧战八年，关系诸国即在枪林弹雨中，弦诵之声未尝或辍，可见儿童教育不可一日或缺。况兹敌忾同仇，允宜再接再厉。遂由留沪各园董暨粤侨同乡热心君子，共同协助，卒于四月杪，在英租界同孚路赁屋三椽，从事恢复。

同时，吴耀庭夫人月琴女士，复将靶子路之洋房住宅，义务借与本园。遂于廿一年

① “一·二八”沪变，即1932年1月28日爆发的“淞沪抗战”。这是日军在上海挑起的战争，使中国军民遭受重大损失。

六月，再辟幼稚园一所于靶子路。屋前有小花园，草坪油碧，树木葱茏，儿童游息其间，体魄、精神两受其益。是皆出于月琴夫人之赐也。

民国廿二年春，幼生增至七十余名。以限于教室，不能尽来者容纳；额满珠遗者，不下二三十人。现在重演草创初幕，且因地方环境、经济各项连带关系，无展足之可能。然亦万不敢因陋就简，以误来园儿童，各项设备续渐增设。现正谋重建园舍于宝源路，将于最近期内兴筑。希望廿三年春，迁回原址也。

（二）本园保师

本园创办之初，由予亲躬赴本埠务本幼稚园、爱国幼稚园、本埠保姆传习所、苏州幕家花园幼稚园及幼稚师范等处参观研究。盖本园幼稚生皆采粤语，其时为幼稚教育萌芽时期，虽以厚礼聘请保师，尚不易得，况能操粤语者乎！

民国四年，薛锦琴女士由美国留学返。薛女士在美国专习幼稚园，因请薛女士来本园指导，并训练本园助教人员；同时，陈女士自向美国伊诺亚函授学校函授幼稚教育课程，二年毕业。因此，于英文教育专书多所参阅，采其长以补我之短，其不适合于本国者则舍之，或以本国类似之事项补充之。

其后，幼稚生来者渐众，保师有不敷分派各级之虞。遂采艺友制，及今沿之。艺友除实习帮同照料幼生外，每星期须参加论理的研究，如儿童生理学、心理学、教育学、乐歌、儿童游戏及各项指导方法等类。习有心得，正式聘任之，或为介绍于家庭。学成而去，任职于家庭、幼稚园者，雇主咸称满意。

（三）本园保育概况

幼稚园与普通学校不同，幼稚园以调卫及增进幼儿身心的健康、培养人生基本的优良习惯为主要。历年设施，皆以此为鹄[①]的。开办之始，规定幼生衣服用品概尚国货；即间有取用欧美名字之幼生，亦令在园时，须另取本国名号，以免数典忘祖。

民国七年秋起，规定幼生一律穿国货布制背心式园服，取其易于洗涤，又可培养其

① 鹄（gǔ）：箭靶，射箭的目标。

另图 50 上海广东幼稚园谈话课场景

爱用国货、爱好清洁、朴实整齐等习惯也。

由是届起，每学期始及每学期终，检查幼生身体之重量及高度各一次；比较其差数，注明于报告表中。有不能按照体育发达之程序增进者，则特别提出，使其家长注意之。

民国九年秋起，每年为幼生义务的布种牛痘二次。至民〔国〕十八年冬，本市卫生局派员来园布种。自后，由卫生局按时布种。

民国十二年秋起，各级作业采用单元制。及今沿之。

民国十三年秋起，园中每晨举行清洁检查。

民国十五年起，有口腔卫生之检查。

幼生留园午膳或寄宿者，每食，小菜四味，人各一篮〔盘〕，汤各一小碗；每桌参加保师一人，以注意其食量及食时之秩序。食前洗手，睡前刷牙。如遇疾病流行之际，由园医予以消毒药水漱口，以作预防也。

（四）本园组织略述

本园设园长一人、主任一人，每级级任一人，每级助教一或二人。

定期研究会，每周聚集一次，报告本星期各级作业之经过，共同讨论改进方法，并准备下星期采用之单元。

临时讨论会，则于需要时临时召集之，无固定期。

幼稚生分甲、乙、丙、丁四级，以智能及年龄为分组标准。

甲级为最高级，丁级为最幼级。每级幼生，为十余二十人。如一级中幼生数增多，则再分组。

每级保师一位，助教一至三位；平均计算，大约每十个至十五个幼生，占教师一位。否则照顾不周，难收效果。盖幼生年稚，非保师时时注意，随时提点，随时纠正，不易养成良善之习惯也。

（五）本园设备

现在临时园舍，有作业室四大间，每室大约四百方尺。又较小的作业室一间，大约二百四十方尺。办事室一间，约一百六十方尺。洗涤及厕所，楼上下各一处。屋前有小草坪一方，面积大约一千二百方尺。

幼生桌椅，分高、中、低三种。因儿童之身躯高矮不同，以适合各个儿童之长短为准则。每幼生自有一抽屉，安放剪刀、石板、石笔、纸张、小册子及彩笔等。作业前或散课后，各生得自由图画、自由剪贴或互相观摩。

各组恩物、大小皮球、大小藤环、识数盘、木时计，动植物挂图、卫生习惯挂图、欣赏图画，各项儿童画报、图书、彩蜡、色木、玩娃、软绳、沙箱、豆囊、小鼓、木鱼、铙钹、摇马、轮车，等等，现皆已重新购置。惟须占广大面积之玩具，如滑梯、浪椅、秋千等，因地方关系，一时未能重置，殊以为憾耳。

钢琴，为每日幼生唱歌、游戏时不可缺之教具，现已购置两具矣。小动物园中，备有金鱼、小兔、芙蓉鸟、小鸡、白鼠等。设备虽远逊往昔，幸尚堪应付目前。俟明春园舍落成，当可尽量添置也。

附注：本园自民元创立以来，同人等临深履薄，万苦千辛，垂二十年。方以规模粗具，稍慰初衷，正拟鼓勇迈进，为党国陶育无量英才。岂图〔料〕“一·二八”之变，全园被毁，所有二十年来各项试验所得之纪录、研究所得之纪录、各项表册及二三百卷关于幼稚教育之中西书籍，尽成灰烬；所遗留者，仅同人一片赤诚而已矣。今虽力图恢复，而事事物物，无一非从新备办，精神时间，至不经济；各项设施，更不易一蹴而几。

承嘱将敝园概况详细报告。兹仅就记忆所及，略述如上。

# 133　上海幼稚园及上海幼稚师范史略

陈济成

1934年5月13日

**题　解**　本篇原载1934年5月13日《申报》第19版"私立上中、上小、上师、上幼立校十周年纪念大会特刊"。原发表时，署名"校长陈济成谨述"，题为《史略》。今题系编者所拟。

有关撰著者陈济成，参见前文《创设平民幼稚园缘起、计划和招生简章》题解。有关《申报》，参见前文《南京燕子矶乡村幼稚园开办简章及预算》题解。

我国自海通以来，忧时之士既兢兢以兴学育才为职志。数十年来，提倡鼓励虽未能媲美欧西，而通都大邑，亦几于学校如林矣。然夷考其实，殆莫不惘然自失。此无他，是犹筑室者之不能固其基础耳。夫爱护新篁，而后有蔽日干霄之望；翼覆雏燕，而后有高飞远引之时。

幼稚教育为教育之始基。而环顾国中，能注意于斯者，殊不多觏[①]。济成幼习师范，长而从事于教育者有年。鉴于教育始基之不固，于是有创办幼稚园之决心。又会交游中，以子弟入学不易得优良学校为言，数以立校为请。爰于民国十三年秋，斥资创办上海幼稚园及上海小学各一所，于上海西门林荫路。时学生仅四十余人。

半载后，北迁康脑脱路康乐里。蒙前江苏省教育厅及上海县公署认为，办理合法，

① 觏（gòu）：遇见。

成绩优良，准予立案；并历荷省、县视学之嘉奖；上海特别市市政府成立，又蒙市教育局首予立案。

当时沪西一带绝鲜优良中学，小学毕业生苦无升学之所。遂于民国十六年八月，增设上海中学。十七年二月，因幼稚教育渐为社会所注意，国中幼稚师范除教会设立者外，尚付阙如。乃就槟榔路潘园，斥资创办上海幼稚师范学校，而迁上海中学及上海小学、上海幼稚园之一部入焉。

对于保育方面不厌周详，订有精密规条，素为学生家属所称许。幼稚生及小学生之床铺、被褥，统由学校置备；整齐清洁，雅合卫生。寄宿舍每室有保师一人，专司保育之责；游息时间，亦由保师在旁监护。是故学生之一举一动，不出保师视线之外；不仅可免除危险，即优良习惯亦易养成。并特设保育主任一人，以综理保育事务；除会同各保师注意各生之健康外，并于牛痘之布种、时疫之预防、疾病之医治等，均商同学生家属行之。

十八年七月，幼稚师范蒙上海市教育局批准立案，四方来校者，益见增多。因又于潘园西部，添构新舍十四幢，计上下二十八间；复得党国要人、教育名流之赞助，或任校董，或亲擘划，校务得日见发达。

所聘教师亦皆绩学敦品之士，勤于诲人，严于律己。除于上课时由教师谆谆训诲、循循诱掖外，并督促学生课外作业。加以潘园全部，广袤三十余亩，花木蓊郁[①]，空气清新，亭台矗立，景物宜人，学生之负笈来者，竟至肩摩踵接，无法收容。

乃于十九年八月，租得胶州路前沪西医院暨劳勃生路，前群治大学两处为校舍。二十年四月，中学又蒙上海市教育局批准立案。二十年八月，幼稚师范因创办时仅设三年制一班，不足适应社会需要，乃增设本科一班，招收初中毕业学生，予以二年训练。因又添借劳勃生路上海广益中医院为校舍。连前计之共为五院。

又鉴于婴儿教育之重要，本研究心得而有婴儿园之附设；于潘园东偏，特建新屋十间，作为儿童寝食、游戏之所，招收二岁至四岁之婴儿，予以适度之保健营养。惟此时，中国对于儿童教育事业若托儿所等，尚未有能注意之者也。

同年十二月，中学、师范两部，同时蒙教育部予以备案。深幸基础巩固，由是而发扬

---

① 蓊（wěng）郁：形容草木茂盛。

光大，易如反掌。争〔岂〕奈翌年“一·二八”沪变猝发，百业具〔俱〕废，不得已缩小范围，仅就康脑脱路康乐里、槟榔路潘园两部，苦予维持；并受嘉定、宝山两县教育当局之托，招收战区失学学生，予以毕业上之救济。时虽承兵燹[①]之余，而学生之来者源源不绝。

迨至二十一年八月，向之五院顿复旧观。惟鉴于农村之崩溃及社会之不景气，除于师范注意实习外，中、小各部锐意改进；对于生产教育，提倡不遗余力；一切教育设施，力谋合于实用。又，中校学生寄宿校外，往往流弊孔多。乃与学生家属联络，严为防范，以冀改善人心、培养国本。因之原有校舍，又感不敷应用。因于二十二年一月，租定胶州路大夏大学原址为校舍。该处建筑雄伟，隙地宽阔，可容学生一千余人，为上海有数之优良房屋。以此，将群治大学及广益中医院两处并入焉。

时社会经济益见萧条，沪西工厂林立，工人子弟罕有寄托教育之所。爰于二十二年二月，先就沪西医院余舍，开办上海第一平民幼稚园；招收四岁至七岁之幼稚儿童，延长在学时间，予以充分训练。一切费用，概不收取，诚幼稚教育界之新纪元。

自是而后，内容外表渐臻完善，参加全市运动会，举办暑期学校，加紧军事训练，注意毕业生出路，在在不落人后。又以部颁《中学规程》中学学生男女以分校、分班为原则，特于二十三年二月，分设中学女子部于赫德路。至此，而学校规模益见备具，计分四校、五院，教师一百二十二人，学生一千九百二十四人。

毕业生，中学、高中、普通科、商科各一届，初中二届凡八十一人。升入国内外大学及就业沪地银行、公司者，实繁有徒。师范本科一届，三年制十一届，凡四百二十八人。服务地点，除上海、江苏而外，湖北、江西、安徽、浙江、福建、广西等省，有皆本校毕业生踪迹；国内各地学校之延揽幼稚教师者，莫不来校问津。至小学则举行毕业七届，毕业生二百零五人。幼稚园则举行毕业十五届，毕业生一百七十七人，学生之众冠于全沪。

惟一切经费，除由市政府、公共租界工部局酌予资助外，皆由校长勉力支持，引瞻前路。校舍未见完成，校基未见巩固，设备未见周全，内容未见充实，中心徬徨，未尝不鳃鳃[②]过虑也。

---

① 兵燹（xiǎn）：战争造成的焚烧破坏等灾害。

② 鳃：同葸（xǐ），畏惧。

另图 51 上海幼稚园小朋友表演歌舞

今者，适届立校十周纪念之期，爰撮述崖略，以为邦人君子告。倘蒙进而教之，所深幸焉。

附录 《私立上中十周纪念》

昨日为上海中学、上海幼稚师范、上海小学、上海幼稚园十周纪念之第一日。胶州路上车水马龙，来宾达万人。

到会者，有党政代表及各界闻人王延松、李大超、任显群等。上午九时，在大礼堂举行纪念典礼，由校董林康侯主席。首由校长陈济成致开会辞，吴市长、教育局潘局长，相继致训。来宾演说，有警备司令部军法处长陶百川、市教局第二科科长陈白、市教育会代表徐泽予、中等教联徐则骧等。末由主席致答词而散。

学生成绩同时开始展览，如英语室中之英译《新生活公约》、算学室中之幻数魔阵、社会室中之简明地图、商业室中之各项统计、美术室中之图案写生、劳作室中之应用物品，俱称完美。

下午，分东、西二台表演游艺。节目颇精彩，尤以幼稚生之小宝贝、初中童子军之“义勇的童子军”，获得来宾掌声不少。话剧《前线去》《父与子》，亦能演来有声有色。大操场上，有团体操、球类比赛、田径赛等，全场由高中部全体学生军、初中部全体童子军维持秩序。有《纪念特刊》及毕业生编印之《庆祝母校十周纪念特刊》，在场分发云。

原载《申报》1934 年 5 月 14 日 16 版

# 134 太仓县城中小学幼稚园概况报告

汪开基

1934年5月

题　解　本篇原载《太仓教育》第19期“调查”栏。发表时间为1934年5月。原发表时，题为《城中小学幼稚园概况报告》。今题系编者所拟。

撰著者汪开基，生平事迹未详。当为江苏太仓县教育工作者。

《太仓教育》，地方教育季刊，后不定期。1927年8月创刊于太仓，由江苏太仓县教育局主办、编辑并发行。以“交流太仓教育信息”为宗旨。主要栏目，有言论、设施、计划、规程、会议、经济与统计报告、教育演讲录、学生自治会动态、太仓地方教育大事记等；主要撰稿人，有程柏庐、陆起华、张仲青、蒋博如、李人龙、顾震白、杨效春等。该刊曾因水患、兵灾、人事纠纷及战争的影响而两度停刊。1947年复刊后，随即终刊，共出数十期。

（一）目标

1. 实施教育部规定的幼稚教育目标

（1）增进幼稚儿童应有的快乐和幸福；

（2）培养人生基本的优良习惯（包括身体、行为等各方面的习惯）；

（3）协助家庭教养幼稚儿童，并谋家庭教育的改进。

2. 实施乡土化、时代化，有国民性的小学精神一贯的幼稚教育

3. 作实施地方幼稚教育的参观和研究

## （二）组织

1. 导师方面

设主任一人、教导二人（主任兼教导）、助教一人。

2. 儿童方面

因为学生人数多，所以分为甲、乙两组。

新招学生须身体健全，在实足年龄三岁以上、六岁以下。

来园二年，测验成绩及格，年龄若符合，就可升入一年级去上课了。

## （三）设备

1. 教具

（1）获得——自制、搜集、购备、雇工制作。

（2）标准——我们购置设备的标准有二：（a）要合儿童心理的（多变北〔化〕、活泼、滑稽、想像、神怪、安全）；（b）要有教育价值的（坚固耐用、本地风光、艺术意味、合乎卫生）。

2. 用具

一切应用的用具略备。须注意于实用化、平民化和艺术化三项。

3. 图书

（1）教师用——如《儿童教育》、各种幼稚教育参考书，及各校幼稚园实施报告，等等。

（2）儿童用——如《儿童画报》《图画故事》等。

4. 场所

作业室、游音室、活动场。

## （四）课程

1. 谈话

在每天开始的课程，我们便是谈话。有的学校，第一节为朝会或晨会。所做的工作，大概是相同的，不过名词不同罢了。因为各种工作，都可以拿谈话为出发点。所以，定谈话较为妥当些。现在，把本园在谈话时间内，教师和儿童必须做的工作，简单地说一下：

（1）点名——划〔画〕一点名表，订于墙壁上。每天在儿童来园时，就在表上把自己姓名的一格里，划一个“—”。使儿童自己能认识自己的姓名。在上课时，教师再唱名，儿童应“到”。同时可看出，那一个儿童划得对或错。错的，教师就与他改正。

（2）记载报告——这是要使儿童明白，今天是什么月、日，星期几，天气和气候、风向的变化，以及来园人数的多少。记载的方法，在游音室的黑板上，教师把固定的字先写好，领儿童填写。记载时，先由教师发问，后叫儿童回答；同时叫儿童去填写，记载人数。先由一儿童逐一的数出。数完，把总数报告给大家听。每天出来数的儿童，应当天天掉换；可使每个儿童都有练习的机会。记载的式样是这样的：

今天是____月____日，星期____

天气____，温度____，风向____

到了甲组____个小朋友

到了乙组____个小朋友

在黑板上都填写好了，再叫一儿童，把黑板上所填好的，抄在一本记载簿上，以备查考。

（3）查清洁——这是要养成儿童清洁习惯的方法。凡面部、衣服、手帕、鞋子、袜子、指甲等，都一一检查。检查的方法，是请一位能力较好的儿童检查。检查的结果，逐日记载在清洁表上。遇有手不清洁的，或指甲长的儿童，由教师或佣人，替他们洗濯和修剪。若清洁的儿童，就在清洁表上，用红色铅笔做一个“☆”记号；若不清洁的儿童，用绿色铅笔做一个“△”记号。使儿童每天自己见了，可以明了自己今天不清洁，以后应当改过。

2. 康乐活动

儿童的生活，除睡觉外，整个是游戏，这是谁都承认的。为强健儿童身体、愉快儿童精神，及养成儿童有爱美和秩序的习惯起见，使儿童有音乐、游戏和休息，或户外活动等。

幼稚园的音乐，应该注意欣赏和表情；而且他的效力很大，儿童的一举一动，都可以用他来范围。方法很多。我们所用的方法，不过是下面几种：

或者由教师奏着优美的歌曲，使他们听唱；

或者在他们领会了歌词的意义后，使他们把意义发为动作，共同矫正，共同表演；

或者使儿童听了琴，就去做动作。不过起初的时候，要由教师领导；养成了习惯，就可以由他们自己去做动作。

我们所做的游戏呢？就是共同游戏和自由游戏两种：

自由游戏，就是任儿童各自运动，不限于法则的，像脚踏车、木马、跷跷板等。不过，教师也要加以指导。否则，不但容易妨害身体的健康，并且容易养成种种不良的习惯。

共同的游戏，就是有一定的法则的。像故事表演的游戏、唱歌表情的游戏、摹拟游戏、计数游戏、感觉游戏、识字游戏、竞赛游戏、表达思想的游戏、科学游戏等。教学起来，大概教师先做给学生看；同时说明他的方法，然后使他们练习。总之，幼稚园的种种游戏，都含有学习的意义的。

3. 知能活动

在这活动里，大部分是练习的工作。我们就是包括读物和数写两种：

幼稚园的读物范围很广的，有许多图画、工作等，也都是读物的一部分。所以儿童见了，也很高兴学习；我们并且还用许多竞赛或游戏的方法，使他们容易认识字的机会。

至于数的方面，就是叫他们认识数目字。也是用游戏和竞赛的方法，使儿童认识。

4. 公民活动

这个活动，换句话说，就是包括我们的故事和常识等。幼稚园的儿童，除了游戏以外，最喜欢听故事。这是一句最确切的话。并且故事是含有教育价值的功用很大的：（1）可使儿童愉快；（2）学习语言；（3）增进知识；（4）涵养性情等。若是耳听、眼看、口讲和表演等诸般具备的故事，也就是富于动作的，或在儿童经验内的，或富于本地风光的，这种故事呢，那末最为相宜。

在老师讲完后，或由儿童复述大意，或由儿童表演情节，等等；有时，也请儿童把自己所有的来讲述。故事若有所遗漏或错误的地方，老师就当和他校〔矫〕正。

至于常识方面，我们不分一科的。因为儿童最爱听的是故事，所以我们这一科包含在故事内。以很浅显的自然界方面的、生活用品方面的、常用的交通方面的、邻近的事业方面的、重要的节期方面的、邻近的社会方面的，以及家庭方面等等，都编在故事内，讲给儿童听。

5. 休闲活动

简单说起来，就是我们的工作，幼稚园的工作，包括各种玩具的装置、排列或收拾，以及艺术作品和园艺实习等。这几种作业，可以满足儿童发表的欲望，发展儿童创造的技能，并且可以发达他们的筋肉，培养儿童欣赏的情绪。

（五）习惯训练

我们对于这习惯训练，是用下面多种方法来训练的：（1）间接法；（2）替代法；（3）鼓励法；（4）协作法；（5）谈话法；（6）故事法；（7）游戏法；（8）唱歌法；等等。看时机的变化而有变换。

（六）奖励方法

若是有儿童品性优良的，或学业优良的，以及服务认真的，在学期终了时，我们给他奖品或奖状，或拍照，等等；在平常，时常用言语法，或表情法，或记载法以奖励之。

# 135 十九届年会幼稚教育组会议纪录

华东基督教教育会

1934年5月

**题 解** 本篇原载《小学教育的通讯》第15期，发表时间为1934年5月。原发表时，题为《华东基督教教育会十九届年会小学教育组及幼稚教育组会议纪录》。今题系编者所拟，并略去“小学教育组”的内容。

会议举办社团华东基督教教育会，系基督教在华宗教社团，正式筹组于1914年。该会由华东地区教会中小学教职员合组，包括中外人士。该会每年举行年会一次，研讨办学宗旨、教材与教法等事项。1922年，始专设办事处，并推选出总干事，使会务进行更为规范、顺利。这次“十九届年会”，于1934年4月4—6日，在浙江杭州弘道女子中学举行；分为行政组、课程组、公民组、国文组、英文组、算学组、小学组、幼稚组8组，分别研讨。此为幼稚组会议记录。

《小学教育的通讯》，教育双月刊。1932年1月创刊于上海，由中华基督教教育会主办、编辑并出版。旨在交流教会学校的办学经验，并对所存在的问题进行研讨，以进一步提高办学质量。主要栏目，有通讯、介绍、教材、教法、儿歌、故事、谈话等；主要撰稿人，有王佩娥、苏德兰、赵传家、卢爱德、杜桂林、李明云等。1937年6月终刊，共出6卷30余期。

出席：崇德女中附小，王佩娥；中西女中二小，盛璐德；景海女师附小，周素贞、李明云；清心女中，诸绝英；中西女中一小，朱仪珍；惠中女中，俞巾铎；弘道女中附小 E. Stribling[①]。

主领：王佩娥；书记：王佩娥。

报告：本组会议临时召集之情形与讨论计划之必要。

讨论一：各校现今最感缺乏的材料

（1）手工教材；

（2）音乐教材；

（3）画片——中国小朋友情形；

（4）补救方法——各校幼稚教师所有在各该园实施教材整理后，于下届年会本组会议时，带来共同参考。

讨论二：如何实施宗教教育与〔于〕幼稚园内

（1）在日常活动中，有一定时间——早会、餐点前的祈祷等；

（2）在课程中——故事等；

（3）遇有能引入宗教观念的机会，随时指示；

（4）组织团体——宗教性的，如日光会、主日学等。

讨论三：如何管理顽劣儿童

（1）当先研究及调查儿童一切背景；

（2）当与家庭合作。

讨论四：幼稚园的识字要用课本否

各校看自己的环境和儿童兴味而酌定。

---

① Stribling：英文人名。通译斯特里布林，生平未详。

## 讨论五：如何启发不开口的儿童

（1）调查不开口的原因；

（2）多与家长联络，多与这些小孩子接近，使能认识。

# 136　介绍“北平儿童公育院”

1935年5月5日

**题　解**　本篇原载《健康生活》第3卷第6期。发表时间为1935年5月5日。原发表时无署名，题下的提示语为：“减轻父母牵累，实施集团生活；管理看护适宜，养成健康儿童。”文后则附有说明文字：“转载上海《晨报》，原题《参观北平儿童公育院》。”

北平儿童公育院，系私立学前教养机构，且未予立案，纯系合作试办性质。约略创设于1934年秋，位于北平市北沟沿四号。当为赁屋开办。尽管当时已有不小影响，但现今已很难发现相关史料。

《健康生活》，健身半月刊。1934年8月15日创刊于天津，后迁汉口、上海，由健康生活社主办并编辑、旅行周报社发行。该刊以“宣传医药及生理卫生、保健知识，旨在使民众了解疾病康复的原理、健康的重要，做到预防与自我保健”为主旨。主要栏目，有健康方面的论著、译述、国外通讯、社会情形、生活状况、养生常识、健身图片、画报介绍等；主要撰稿人，有沈文海、林辰、马尼剌、李敏言、白自清、艾鸿儒、颜焕熙等。1941年9月10日终刊，共出25卷数百期。

苏俄的儿童公育，常常引起我们的羡慕。因为在小孩子本身，从初生到长大，都用科学的方法来教育。以合理的卫生原则，来发育儿童们的身体；以有计画的教育原理，来训练思想、制造性格。这固然是万分应当。而就父母方面讲，因为儿童公育，可以减少许多家庭琐事，不致〔至〕于把母亲牵累在几个孩子身上，致不能替社会做点较大的事业。

我们总是自己抱悲观，以为这种事业，只有望而兴羡，没有资格实行。却没有想到，虽然我们处的是另一个社会组织，却一样可以实行这种办法。

经了许久探听问讯，昨天又亲自去参观了一次的“私立儿童公育院”，说明了这话是对的。院里的一切，完全根据现社会中事实需要而设置、处理，一切在科学地进行着、管理着。几十个儿童已身受着集团生活的训练，而安然活动着、游憩着。

现在简略地介绍给读者。请大家不妨来试试办理，不要永久只羡慕人家。

从《进展月刊》社主编张仿良君，把这个组织介绍给记者后，便早已想去参观一次。昨天得到了便，兴奋地走了一次。但当我们雇了车子，在北沟沿一带往返寻觅了好些时间，再也找不到这个组织的招牌。后来听说，这个组织里的小朋友们，多半在北师附小读书，结果便去那里打听。终于从北师工友的口里，知道了这个公育院的详确地址——北沟沿四号。

这所公育院，完全是个普通的住宅，没有挂着招牌。当该院的院务主任周旭、董事李庆深接待我们、引导我们一切时，才知道因尚未正式立案，纯系一私人朋友家庭间相互帮忙的组织，所〔以〕不挂招牌。我们才明白了一切。

入院门后，经过一个小的外院，便到了内院。院子里，几十个全是小学学生模样的男女儿童，在那里欢喜蹦跳地玩着。有的跳绳，有的玩球。他们的年龄，均在七八岁以上、十三岁以下，完全是生活在这个公共家庭里〔的〕儿童。

在院子的四周，有他们的寝室，每人一张小床，盖着洁白的被单；盥漱室里，各人有各人的盥具、布巾。作业室里，各人有各人的桌椅。图书画馆，摆着应用的图书；游艺室，摆着各种玩具；浴室、厨房，没有一处不是清洁、整齐。宛然一个小小的学校。然而，这是他们日常起居、食玩的公共家庭——不属于任何个人，而属于个人集合而成的他们的家庭。

在饭厅里，我们看见了他们的饭碗，是粗质的乡农应用的笨碗；寝室里个人的床被，也都是粗布做成。这“粗”的一切里，含着深长的教育意义。

在我们参观的当儿，儿童们停止了游戏，一起爬到桌子上去念书、作画。在他们的脸上，满布着健康、活泼、亲热的气色。记者看了他们的玩、读，都极其专一，便问一个十岁左右的儿童：“家里好，还是这里好？”他的回答却是后者，并且说：“这儿有意思！”更有一个七八岁的儿童说：“这里热闹，我们不愿意〔回〕家去。”

团体生活的美点和兴趣，他们都似乎尝着了。为此想到，那些把儿童关在家里，请一个俨乎其然的老师，每天教上几个钟头听不懂、嚼不烂的书的家庭们，真不知剥夺了儿童们多少幸福，造成了他们永久与人落落寡合的特性，毁灭了民族团结的生命，这种罪恶，该有多么浩大！

我们开始询问周、李二君，关于这里组织上的一切。知道了，该院现有二十三个儿童（男十四、女九）；由周君负责一切，并聘一位段女士为导师。有一个女仆，担任洗补衣服；有厨役、听差二人，办理炊爨①、杂役。

宛如一个家庭。儿童们的日常生活，全有规律。除去上课时到外边学校上课以外，其他时间，便“过”在这个家里。这里有两个起居表：一个为平日；一个为星期。起床、盥漱、如厕、如漱、饮水、准备书包、检查书包、洗澡、游戏、读书、吃饭、洗脚、睡觉，都作着详细规定。星期日，比平日少点读书作乐，却加上郊游或欢乐会等。

但也有一定的时间，据周君云，儿童初入院时，一切都不能按照时间。但加上几天训练，便能入了轨道。有不能规律者，便施以检查，必系有一点疾病。普通病，自备药品治疗；重一点便送入医院。但因一切生活合理化的结果，儿童们疾病，已完全征服。从开办到如今——一年有余——只有两个儿童，手指与胳臂上长过一点小疮，别无任何重病发生。

① 爨（cuàn）：烧火煮饭。

# 137 劳动托儿所添设婴孩寄托抚育

上海市儿童幸福委员会

1935年5月30日

**题　解**　本篇原载1935年5月30日《申报》第11版。原发表时，题后标有："婴孩寄托抚育，内部设备异常完善，定期招待各界参观。"记录报道者未详。

有关上海市儿童幸福委员会，参见前文《劳动托儿所简章》题解。

有关《申报》，参见前文《南京燕子矶乡村幼稚园开办简章及预算》题解。

上海市儿童幸福委员会主办之劳动托儿所，定于六月一日，招待各界参观。该所并附设婴孩寄托设备及抚育，备极完善。兹将各情分志如次。

（一）招待参观

该所设于蓬莱路近泮坊，计房屋六幢。自开幕后，收容劳动儿童寄托人数，业已足三十名额。该项儿童，均系手工业工人家庭所寄托，年龄在二岁至四岁之间；至真正工厂间之工人儿童，为数尚有限。

寄托儿童，每名规定每月二元。现因家长生活困难，按情形减低，甚至完全免费。兹该所为外界明了托儿情形，使劳动阶级发生兴趣起见，特定于六月一日上午九时至十一时，下午三时至五时，招待各界参观、指导。请柬业已发出。

（二）设备一斑

所有寄托该所之儿童，每日上午七时入所，下午七时由家长领回。儿童一律穿着制服，由托儿所备制。分楼下六间，为办公室及幼稚园；楼上六间，为儿童游戏所及卧室。

每日规定，上午九时至十时半，为幼稚园训练；十时半至十二时，运动式唱歌；十二时，午膳；十二时至一时，为杂耍运动；一时至三时，午睡；三时至四时半，为幼稚园训练；至七时，晚膳。

关于运动及调养等设备，异常完善。儿童如有疾病，即由医生诊断；如有传染性之疾病，即预防隔离。

（三）婴孩寄托

该所便利市民起见，特附设婴孩寄托所。每一婴孩寄托者收费八元。该所于按定时间，喂以牛乳或代乳粉，并雇用保姆抚育。身体方面，每星期检验二次。现送所寄托者，甚为踊跃。

另图 52　上海托儿所小朋友进餐图

# 138 国内七市幼稚园教育今昔的比较观

张克勤

另图 53 张克勤像

1935年7月

**题 解** 本篇原载《中华教育界》第 23 卷第 1 期“研究与实验专号”。发表时间为 1935 年 7 月。

撰著者张克勤，生平事迹未详。国立浙江大学教育系毕业，获学士学位。时任上海中学史地教员。因该校由上海小学、上海幼稚师范院和上海幼稚园合组，因而课余致力于幼稚教育研究。此外，还撰写发表了《中国新教育运动之史的批判》《婴孩是人生中最微弱的时期》《父母须知》《生产教育及其动向的检讨》《汉字拉丁化的新文字运动》等论文。

有关《中华教育界》，参见前文《一个乡村幼稚园的发动及其成立——致戴自俺函》题解。

## 一、幼稚教育的简史

光绪二十九年十一月，张之洞、张百熙等改订了学堂章程，始将幼稚教育的办法，明白提出。是年秋间，湖北武昌首先创设幼稚园一所，这是我国幼稚园的先锋。光绪三十、三十一年，上海亦先后设立幼稚园。

务本女塾遣送吴朱哲女士，赴日研究保姆学；年半返国，就在上海公立幼稚舍附设了保姆传习所，从学者有三十六人。以后，广东广州亦设立了蒙养园及保姆传习所。

袁希涛氏在其《五十年来中国之初等教育》一文中，对于当时幼儿生的统计，他说："光绪三十三年，蒙养院幼儿数四八九三名，三十四年二六一〇名，宣统元年二六六四名。"由此可看出，幼儿生数量的年年减少，证明国人对于幼稚教育一事，在当时尚未有相当的注意了。

民国成立，男女教育渐趋于平等地位；幼稚教育亦渐为人们所注意。除女子师范必附设幼稚园外，其他如师范学校、高等师范、国民学校，均可附设，并有"保姆讲习所"的规定。

但当时的幼稚园，大半均系教会所设。张雪门氏在其《参观三十校幼稚园后的感想》一文中，曾说自民国七年起，就其所参观过的幼稚园，可分为宗教式、日本式及普通式三种。在此三十园中，宗教式者十三所，日本式者十三所，普通式者四所。而教会办者，在半数以上。

民国十三年，据王骏声氏之《幼稚园教育》一书中，对于是年幼稚园的概况，他说："据南京一女师附设幼稚师范学校民国十三年的调查，全国幼稚园，计公立二十七所，私立七所，教会十五六所，共一九〇所，幼稚生合计五九四〇名。内中我国自办者，不过三十四所，幼稚生计一五九一名，保姆一〇一人，经费二一五二八元。"

到民国十九年，对于教育事业，甫有正式的统计。据部编《全国初等教育统计》（十九年度），全国幼稚园数，公立者四四七所，私立者一八三所，共六三〇所。儿童在公立者一九三八〇名，在私立者七二九五名，共二六六七五名。教职员共一三七六人。岁费六八三二九〔元〕。

## 二、调查的经过及困难

中国幼稚教育数量上的统计，到十九年度始正式立了基础。但此次教部的统计，其中不无错误。一般而论，对于公立者的调查，比较正确；对于私立者，或缺而不计，或计而不详。故其总数，易使吾人失望或误会。

本来，统计幼稚教育，比较统计中学、大学更为困难。原因很简单，通常幼稚园，恒与小学混为一谈，合称为初等教育。所以统计幼稚教育时，恒因小学涉其间，而不能得其结果。在事实上，幼稚园附设于小学，各方面亦不能分开；尤其经费一项，实无法与小学划分。

作者知此困难，但欲一悉二十三年的幼稚园概况是否进步、进步了多少及今昔的比较？诸此问题，势非凭依确切的调查和各方面的搜集不可。故于初夏，分函各市，恳索材料。初冬，收到数市印刷品或手抄者数种（其中不免有欠详者）。兹由作者直接或间接所得之材料，加以整理，献诸社会同人。虽不能一观最近全国幼稚教育之概况，但就此七市之调查，亦可知其大概了。

## 三、各市幼稚园概况之今昔

### （一）上海幼稚园概况的今昔

（1）民国七年第一次的调查，共有幼稚园十二所，幼稚生约四三九名，教员约四十二人（据七年三月江苏教育会幼稚教育研究会报告）。

（2）民〔国〕十五〔年〕第二次的调查，幼稚园共有二十一所，幼稚生约八五一名，教员约六十二人（根据材料同上）。

（3）十九年度，教育部的统计，幼稚园共有三十二所，幼稚生一七二二名，教员九十五人；岁入四八三六二〔元〕，岁出五〇五六九〔元〕，资产七四三三〇〔元〕。

（4）二十年度，据上海市教育统计，幼稚园共有三十九所，儿童一八五六名，教员二十人，经费一九五五五〔元〕（指特区、闸北、沪南三区）。

兹将是年度该市公立、私立立案及私立未立案的幼稚园，其名称、儿童数、教职员、经费数及资产数，分别列表于下（表28、表29、表30）。

## 表 28 上海市公立幼稚园概况表（二十年度）

| 区别 | 园名 | 学生数 男 | 学生数 女 | 学生数 共 | 教职员数 男 | 教职员数 女 | 教职员数 共 | 经费数 岁入 | 经费数 岁出 | 资产数 |
|---|---|---|---|---|---|---|---|---|---|---|
| 沪南 | 江苏省立上海中学实验小学幼稚园 | 23 | 15 | 38 | | 2 | 2 | | | |
| | 务本女小幼稚园 | 21 | 26 | 47 | | 2 | 2 | | | |
| | 万竹小学幼稚园 | 49 | 30 | 79 | | 4 | 4 | | | |
| | 西成小学幼稚园 | 73 | 26 | 99 | | 4 | 4 | | | |
| | 尚文小学幼稚园 | 15 | 15 | 30 | | 1 | 1 | | | |
| | 唐湾小学幼稚园 | 63 | 35 | 98 | | 4 | 4 | | | |
| | 隆德小学幼稚园 | 18 | 10 | 28 | | 2 | 2 | | | |
| | 南薰小学幼稚园 | 25 | 15 | 40 | | 2 | 2 | | | |
| | 仓基小学幼稚园 | 12 | 10 | 22 | | 2 | 2 | | | |
| | 共计 | 299 | 182 | 481 | | 23 | 23 | | | |
| 闸北 | 闸北幼稚园 | 15 | 15 | 30 | | 2 | 2 | 1 595 | 1 595 | |
| | 其美小学幼稚园 | 13 | 19 | 32 | | 2 | 2 | | | |
| | 共计 | 28 | 34 | 63 | | 4 | 4 | | | |
| 吴淞 | 吴淞小学幼稚园 | 33 | 26 | 59 | | 2 | 2 | | | |
| | 共计 | 33 | 26 | 59 | | 2 | 2 | | | |
| 江湾 | 西江小学幼稚园 | 34 | 15 | 49 | | 2 | 2 | | | |
| | 中山小学幼稚园 | 19 | 7 | 26 | | 2 | 2 | | | |
| | 共计 | 53 | 22 | 75 | | 4 | 4 | | | |
| 总计 | | 413 | 264 | 677 | | 33 | 33 | | | |

## 表 29 上海市私立立案幼稚园概况表（二十年度）

| 区别 | 园名 | 学生数 男 | 学生数 女 | 学生数 共 | 教职员数 男 | 教职员数 女 | 教职员数 共 | 经费数 岁入 | 经费数 岁出 | 资产数 |
|---|---|---|---|---|---|---|---|---|---|---|
| 特区 | 上海幼稚园 | 46 | 22 | 68 | 1 | 8 | 9 | 2 708 | 5 412 | 6 510 |
| | 共计 | 46 | 22 | 68 | 1 | 8 | 9 | 2 708 | 5 412 | 6 510 |
| 沪南 | 林阴幼稚园 | 35 | 10 | 45 | | 7 | 7 | 1 696 | 2 190 | 2 000 |
| | 群学会幼稚园 | 26 | 7 | 33 | 2 | 2 | 4 | 962 | 984 | 8 600 |
| | 共计 | 61 | 17 | 78 | 2 | 9 | 11 | 2 658 | 3 174 | 10 600 |
| 闸北 | 广东幼稚园 | 70 | 40 | 110 | | 10 | 10 | 600 | 600 | 190 500 |
| | 修德幼稚园 | 42 | 38 | 80 | 1 | 2 | 3 | 1 000 | 973 | 1 000 |
| | 共计 | 112 | 78 | 190 | 1 | 12 | 13 | 1 600 | 1 573 | 191 500 |
| 总计 | | 219 | 117 | 336 | 4 | 29 | 33 | 6 966 | 10 159 | 208 610 |

表 30 上海市私立未立案幼稚园概况表（二十年度）

| 区别 | 园名 | 学生数 | | | 教职员数 | | | 经费数 | | 资产数 |
|---|---|---|---|---|---|---|---|---|---|---|
| | | 男 | 女 | 共 | 男 | 女 | 共 | 岁入 | 岁出 | |
| 特区 | 群化幼稚园 | 18 | 18 | 36 | | 2 | 2 | | | |
| | 广东三乐小学幼稚园 | 9 | 13 | 22 | | 2 | 2 | | | |
| | 青光幼稚园 | 6 | 12 | 18 | | 2 | 2 | 10 | 570 | 675 |
| | 培成女中附设幼稚园 | 18 | 17 | 35 | | 3 | 3 | | | |
| | 联益幼稚园 | 9 | 7 | 16 | | 1 | 1 | | | |
| | 惠中幼稚园 | 21 | 17 | 38 | | 2 | 2 | 870 | 1 026 | 403 |
| | 志毅幼稚园 | 20 | 16 | 36 | | 3 | 3 | 1 003 | 1 180 | 1 200 |
| | 兴中幼稚园 | 21 | 16 | 37 | | 3 | 3 | 715 | 1 025 | 150 |
| | 华龙幼稚园 | 16 | 7 | 23 | | 3 | 3 | 1 007 | 1 050 | |
| | 培真小学幼稚园 | 7 | 6 | 13 | | 2 | 2 | | | |
| | 渭风小学幼稚园 | | | | | | | | | |
| | 青华附小幼稚园 | 18 | 9 | 27 | | 2 | 2 | 720 | 1 085 | 450 |
| | 协进初中附属幼稚园 | 14 | 11 | 25 | | 2 | 2 | | | |
| | 共计 | 177 | 149 | 326 | | 27 | 27 | 5 725 | 5 936 | 2 878 |
| 沪南 | 沪南第一幼稚园 | 31 | 14 | 45 | | 3 | 3 | | | |
| | 明诚幼稚园 | 26 | 17 | 43 | | 1 | 1 | | | |
| | 雨化幼稚园 | 36 | 16 | 54 | | 2 | 2 | 398 | 445 | |
| | 思明幼稚园 | | | | | | | | | |
| | 共计 | 93 | 49 | 142 | | 6 | 6 | 398 | 445 | |
| 闸北 | 广东郇光幼稚园 | 144 | 150 | 294 | | 4 | 4 | 900 | 900 | |
| | 道中女学附属幼稚园 | 16 | 12 | 28 | | 3 | 3 | 546 | 520 | 1 500 |
| | 广肇女小附属幼稚园 | 33 | 20 | 53 | | 4 | 4 | | | |
| | 共计 | 193 | 182 | 375 | | 11 | 11 | 1 446 | 1 420 | 1 500 |
| 总计 | | 463 | 380 | 843 | | 44 | 44 | 7 569 | 7 801 | 4 378 |

（5）二十三年十二月十五日，《申报》载有二十二年度，上海市公私立各级学校概况统计。兹摘其幼稚园概况，列表如后（表 31）。

表 31　上海市幼稚园概况表（二十二年度）

| 立别 | 园数 | 儿童数 | 保姆数 | 经费 | 备注 |
|---|---|---|---|---|---|
| 国立 | 1 | 25 | 2 | 4 701 | |
| 省立 | 1 | 55 | 2 | 1 968 | |
| 市立 | 16 | 996 | 40 | 与小学校合计 | |
| 工部局立 | 5 | 373 | 11 | 21 126 | |
| 私立立案 | 6 | 380 | 29 | 16 664 | |
| 私立未立案 | 90 | 3 686 | 172 | 95 411 | |
| 共计 | 119 | 5 515 | 256 | | |

（6）兹将上海历年来幼稚园概况，作一比较表（表 32），以清眉目。

表 32　上海市历年来幼稚园概况比较表

| 年份 | 园数 | 儿童 | 教职员 | 经费 | | 资产 | 备注 |
|---|---|---|---|---|---|---|---|
| | | | | 岁入 | 岁出 | | |
| 民七 | 12 | 439 | 42 | — | — | — | |
| 民十五 | 21 | 851 | 62 | — | — | — | |
| 十九年度 | 32 | 1 722 | 95 | 48 362 | 50 569 | 74 330 | |
| 二十年度 | 39 | 1 856 | 110 | | 19 555 | 213 044 | |
| 二十二年度 | 119 | 5 490 | 254 | | | | |

观上表，二十二〔年〕度的幼稚园数与儿童数，骤增了三倍。其中原因，不外有二：（1）也许二十年度的统计，不如二十二年度的统计的详细；（2）也许其骤增了三倍，确为事实。如能如后说，固所愿望者也。但无论如何，上海市的幼稚教育，总在猛进之中了。

## （二）南京市幼稚园概况的今昔

（1）十五年春间的调查，南京有省立第一女师附属幼稚园、东南大学附小幼稚园、金陵大学附小幼稚园、鼓楼幼稚园、尚德幼稚园及汉成幼稚园等五所（据陈氏之《幼稚教育之历史》一文，《教育杂志》十九卷二期）。

（2）十九年度教部的统计，幼稚园公立者十七所，私立者五所，共二十二所。儿童在公立者八一〇名，在私立者一八五名，共九九五名，教员共三十二人。公立者之经费，每年为二〇一六〇〔元〕。

（3）二十一年度的统计，据《教育部视察员视察各省市教育报告》的指示，知市立者十七所。儿童，男四八六名，女三七二名，共八五二名。教员三十四人。私立者六所。儿童，男一三〇名，女一〇六名，共二三六名。教员十四人。公私总计，幼稚园二十三所，儿童一〇八八名，教员四十八人。

（4）二十三年十二月二十六日，《中央日报》载有南京市上半年教育事业统计的报告。市小附设幼稚园十六所。儿童，男五〇三名，女三八五名，计八八八名。教员二十三人。经费二二〇八〇〔元〕。私立各校幼稚园五所。儿童，男一二五名，女一一五名，计二四〇名。教员十一人。总计，幼稚园二十一所，儿童一一二八名，教员四十三人。

（5）兹将南京市历年来幼稚园概况，作一比较表（表33）于后。

表33　南京市历年来幼稚园概况比较表

| 年份 | 园数 | 儿童 | 教职员 | 经费 | 备注 |
|---|---|---|---|---|---|
| 民十五年 | 5 | — | — | — | |
| 十九年度 | 22 | 995 | 32 | 20 160（市立） | |
| 二十一年度 | 23 | 1 088 | 48 | | |
| 二十三年 | 21 | 1 128 | 43 | 22 080（市立） | |

在上面的比较表中，南京市在二十三年，幼稚园数虽然减少二所；但幼稚生数，并不因此减退，反而稍增四〇名。如果二十三年幼稚园数增加二所，幼稚生数或可更增。南京是首都，不久的将来，一定可以猛进。这是吾人对于首都的南京，满怀着热烈的希望。

## （三）杭州市幼稚园概况的今昔

（1）民国七年，张雪门氏所参观的幼稚园，在杭州有弘道女学附设幼稚园及女师附属蒙养园二所。所以杭州市幼稚园数，在民七，只〔至〕少有上2所了。

（2）据十八年度《浙江省教育统计图表》一书的报告，是年度杭市幼稚园数，公立者三所，儿童一三一名，保姆二人，职员四人，经费年支二六六八〔元〕。私立者一所，儿童数、经费等不详。所以十八年度的杭市幼稚园，总共仅4所而已。

（3）据二十年度《浙江省教育统计》一书的报告，是年度杭市幼稚园，公立者二所，儿童九六名；私立者四所，儿童一三一名。总计杭市二十年度幼稚园，共六所，儿童二二九名，教职员十一人；经费岁入四〇一八〔元〕，岁出四四七一〔元〕。

（4）据二十二年《杭州市教育概况》一书的报告，是年杭市幼稚园，公立者四所，儿童一九九名，教职员八人，平均每生每年，纳费十一元六角；私立者三所，儿童一三一名，教职员九人，平均每生每年，纳费十四元七角。总计杭市二十二年的幼稚园，只〔至〕少已有七所，儿童三三〇名，教职员十五人。兹将是年杭市幼稚园之名称、儿童数等，列表以明之。

（5）据作者的统计，二十三年十一月，杭州市的幼稚园数，至少公立者五所，儿童二五一名，教职员十人，私立者六所，儿童一九六名，教职员十三人（其中私立文化幼稚园不详）。兹将杭州市幼稚园的名称、儿童数等列表（表34、表35）以明之。

表34 杭州市幼稚园概况表（二十二年）

| 园名 | 学生数 | 教职员 | 每年纳费 | 备注 |
|---|---|---|---|---|
| 市立清波小学幼稚班 | 60 | 2 | 12 | |
| 市立横河小学幼稚班 | 49 | 2 | 8 | |
| 市立天长小学幼稚班 | 55 | 2 | 16 | |
| 市立新民小学幼稚班 | 35 | 2 | 10.6 | |
| 私立务本幼稚园 | 22 | 2 | 16 | |
| 私立培根幼稚园 | 47 | 3 | 10 | |
| 私立弘道幼稚园 | 62 | 2 | 18 | |
| 总计 | 330 | 15 | | |

表35 杭州市幼稚园概况表（二十三年冬）

| 园名 | 学生数 | 教职员 | 每年纳费 | 每年经费 | 备注 |
|---|---|---|---|---|---|
| 市立清波小学幼稚班 | 60 | 2 | 12 | | |
| 市立横河小学幼稚班 | 49 | 2 | 8 | | |
| 市立天长小学幼稚班 | 55 | 2 | 16 | | |
| 市立新民小学幼稚班 | 35 | 2 | 10.6 | | |
| 省立高中附设幼稚园 | 52 | 2 | 12 | | |
| 私立务本幼稚园 | 22 | 2 | 16 | 1 320 | |

续表

| 园名 | 学生数 | 教职员 | 每年纳费 | 每年经费 | 备注 |
|---|---|---|---|---|---|
| 私立培根幼稚园 | 47 | 3 | 10 | | |
| 私立弘道幼稚园 | 62 | 2 | 18 | 1 320 | |
| 私立鼓楼幼稚园 | 30 | 3 | 30 | 1 000 | |
| 私立浣纱幼稚园 | 35 | 3 | 24 | | |
| 私立文化幼稚园 | — | — | — | | |
| 总计 | 447 | 23 | | | |

（6）兹将杭州市历来幼稚园的概况作表（表36）于后。

表36　杭州市历年来幼稚园概况比较表

| 项目<br>年份 | 园数 | | | 儿童 | | | 教职员 | | | 经费（年） | |
|---|---|---|---|---|---|---|---|---|---|---|---|
| | 公 | 私 | 共 | 公 | 私 | 共 | 公 | 私 | 共 | 公 | 私 |
| 民七年 | 1 | 1 | 2 | — | — | — | — | — | — | — | — |
| 十八年度 | 3 | 1 | 4 | 131 | — | 131 | 6 | — | — | 2 668 | |
| 二十年度 | 2 | 4 | 6 | 96 | 133 | 229 | — | — | 11 | 4 471 | （公私总数） |
| 二十二年 | 4 | 3 | 7 | 199 | 131 | 300 | 8 | 7 | 15 | — | |
| 二十三年 | 5 | 6 | 11 | 251 | 196 | 447 | 10 | 13 | 23 | — | — |

杭州市历年来，幼稚园教育年有增进。尤以一两年来，对于教育事业，更有显著的进步。在幼稚教育方面，就作者所参观过的，有杭市省立民众学校附设托儿所一所，儿童约二十〔名〕左右，均系来自贫寒家庭；教员二人，管理周到，内部设备力求经济而有用。不如其他贵族式者，设备力求美观，以博得较好的舆论者完全不同。中国目下所最需要的幼稚教育，莫如经济而又平民化的托儿所等等的设立。

## （四）天津市幼稚园概况的今昔

（1）民国七年，据张雪门氏的调查，是年天津市，至少有仰山幼稚园、女师附属蒙养园等四所。

（2）天津市教育局，二月十八日的来函，内附手抄之《天津市幼稚教育概况表》一份（二十三年秋间的调查）。幼稚园，公立者五所，儿童二九四名，教职员十二人。私立者九所，儿童二八五名，教职员十二人。总计，幼稚园十四所，儿童五七九名，教职员二十四人。兹将二十三年天津市幼稚园的概况列表（表37）于后。

表37　天津市幼稚园概况表（二十三年秋）

| 园名 | 班数 | 学生数 | 教职员 | 备注 |
|---|---|---|---|---|
| 市立第一幼稚园 | 2 | 81 | 3 | |
| 市立师范学校附属幼稚园 | 2 | 55 | 3 | |
| 市立第五小学校幼稚班 | 1 | 57 | 2 | |
| 市立第十一小学校幼稚班 | 1 | 52 | 2 | |
| 市立第三十小学校幼稚班 | 1 | 49 | 2 | |
| 私立新民小学校幼稚班 | 1 | 31 | 1 | |
| 私立慈惠小学校幼稚班 | 1 | 45 | 2 | |
| 私立树德小学校幼稚班 | 1 | 19 | 1 | |
| 私立培才小学校幼稚班 | 2 | 102 | 3 | |
| 私立贞淑小学校幼稚班 | 1 | 16 | 1 | |
| 私立木斋小学校幼稚班 | 1 | 28 | 1 | |
| 私立培植小学校幼稚班 | 1 | 9 | 1 | |
| 私立仰山小学校幼稚班 | 1 | 30 | 1 | |
| 私立民新小学校幼稚班 | 1 | 5 | 1 | |
| 总计 | 17 | 579 | 24 | |

（3）兹将天津市七年和二十三年幼稚园概况，作一比较表（表38）于后。

表38　天津市幼稚园比较表

| 年份 | 园数 | 儿童数 | 教职 |
|---|---|---|---|
| 七年 | 4 | — | — |
| 二十三年 | 14 | 579 | 24 |

观上表，天津市在十五年内，只〔至〕少已增添了十所幼稚园。但以天津市的广大、人口的众多、工商业的繁盛，在十五年内，添了十所幼稚园，似使吾人不能谓为满意。良以国人对幼稚教育，尚未深切的了解、十分的注意所致。

## （五）北平市幼稚园概况的今昔

（1）民国七年，北平市幼稚园，已知者，有国立北京女子师范大学附属蒙养园、博氏幼稚园、京师第一蒙养园等8所。

（2）平市十九年度幼稚园概况，据教部的统计，省立者一所，私立者二所，共三所而已。实欠正确。兹据平市社会局教育科所出版的《时代教育》（一卷六期，参阅六十三页及九十六页），载平市在十九年度，幼稚园只〔至〕少有十一所，儿童只〔至〕少有五三〇名。今列表（表39）于后，以清眉目。

表39 平市幼稚园概况表（十九年度）

| 项目<br>园名 | 组数 | 教职员 | 学生 | | | 经费 | | 备注 |
|---|---|---|---|---|---|---|---|---|
| | | | 男 | 女 | 共 | 岁入 | 岁出 | |
| 平市社会局委托试验幼稚园 | 3 | 3 | — | — | — | 2 040 | 2 040 | |
| 博氏幼稚园 | 2 | 5 | 65 | 58 | 123 | 1 400 | 1 400 | |
| 第二蒙养园 | 2 | 3 | 19 | 12 | 31 | 450 | 450 | |
| 孔德小学幼稚园 | 3 | 3 | 36 | 44 | 100 | — | — | 以下八园经费，与小学经费混合，故未详 |
| 培根小学幼稚园 | 1 | 1 | 25 | 20 | 45 | — | — | |
| 盛新小学幼稚园 | 2 | 2 | 76 | — | 76 | — | — | |
| 佑贞附属小学幼稚园 | 1 | 1 | 9 | 21 | 30 | — | — | |
| 光华附属小学幼稚园 | 1 | 1 | 17 | 28 | 45 | — | — | |
| 铭贤小学幼稚园 | 1 | 1 | 20 | 16 | 36 | — | — | |
| 求知小学幼稚园 | 1 | 1 | 4 | 12 | 17 | — | — | |
| 洁民小学幼稚园 | 2 | 3 | 21 | 26 | 47 | — | — | |
| 总计 | 19 | 24 | 292 | 238 | 530 | | | |

（3）二十二年北平市幼稚园，只〔至〕少已有十二所；但儿童数、经费数等，均缺而不详，实憾事也。

（4）兹将北平市历年来幼稚园概况，作一比较表（表40）于下：

表40 平市历年来幼稚园概况比较表

| 年份 | 园数 | 儿童 | 教职员 | 备注 |
|---|---|---|---|---|
| 民七 | 8 | 未详 | — | 平市社会局统计不详，故经费等均缺而不全 |
| 民十九年度 | 11 | 530 | 24 | |
| 民二十二年 | 12 | 未详 | — | |

幼稚园在北平市，已有很久的历史，成绩亦算很不差；尤其对于幼稚园课程方面，有相当的贡献。可惜幼稚园数量方面，均欠多。这也许是一般人民，对于幼稚教育的重要，尚未有深刻的印象、切实的明白，以致幼稚园数、儿童数未能超过其他数市。

（六）青岛市幼稚园的今昔

（1）十九年度教部的统计，是年度青岛市幼稚园，公立者四所，私立者一所，共五所；儿童一五八名，教职员九人；岁入五九四六〔元〕，岁出五九四六〔元〕。

（2）二十年度，据《青岛教育》第一卷三期及九期，已有实验小学、江苏路小学、台东镇小学、黄台路小学、朝城路小学、太平路小学、顺兴路小学七校，均附设幼稚班；私立圣功女中，亦附设幼稚园一班。故共计幼稚园有八所，儿童四〇三名。

（3）青岛市历年来幼稚园的概况，兹列一比较表（表 41）于后：

表 41　青岛市历年来幼稚园概况比较表

| 年份 | 园数 | | | 儿童 | 教职员 | 经费 | | 备注 |
| --- | --- | --- | --- | --- | --- | --- | --- | --- |
| | 公 | 私 | 共 | | | 岁入 | 岁出 | |
| 十九年度 | 4 | 1 | 5 | 158 | 9 | 5 976 | 5 946 | |
| 二十年度 | 7 | 1 | 8 | 403 | — | — | — | |

观上表，青岛市在一年间，骤增约一倍的幼稚园，两倍余的儿童数。如能常此以往，前途实可乐观。

（七）汉口市幼稚园概况的今昔

十月二十一日，接到汉口市政府第一科的来函，内附该市《教育统计表》一份，计分二十年度、二十一年度及二十二年度三期的统计。兹分述之。

（1）二十年度，公立者二所，私立者无，儿童一一四名，教职员四人，经费每年三六〇〇〔元〕。

（2）二十一年度，公立者三所，私立者一所；儿童在公立者一五八名，在私立者不详，公私立教职员十人，私立者每年经费一二〇〇〔元〕，公立者每年经费五四〇〇〔元〕。

（3）二十二年度，该市幼稚园数，教职员数及经费等如旧，惟儿童在公立者，增至二〇三名。

（4）兹将汉口市历年来幼稚园概况，作一比较表（表42）于下。

表42　汉口市历年来幼稚园概况比较表

| 项目<br>年份 | 园数 | | | 儿童 | | | 教职员 | | | 经费 | |
|---|---|---|---|---|---|---|---|---|---|---|---|
| | 公 | 私 | 共 | 公 | 私 | 共 | 公 | 私 | 共 | 公 | 私 |
| 二十年度 | 2 | | 2 | 114 | | 114 | 4 | | 4 | 3 600 | |
| 二十一年度 | 3 | 1 | 4 | 158 | | 158 | 6 | 4 | 10 | 5 400 | 1 200 |
| 二十二年度 | 3 | 1 | 4 | 202 | | 3 | 6 | 4 | 10 | 5 400 | 1 200 |

汉口市幼稚园数及儿童数，似太欠〔不太〕多；但每年度儿童数的增加，亦是以明白该市的幼稚教育，正在进展中了。

## 四、各市幼稚园概况今昔的比较

### （一）各市历年来幼稚园数量的比较（表43）

表43　七市历年来幼稚园数量比较表

| 年份<br>市别 | 七年 | 十五年 | 十八年度 | 十九年度 | 二十年度 | 二十二年 | 二十三年 |
|---|---|---|---|---|---|---|---|
| 上海市 | 12 | 21 | | 32 | 39 | | 119 |
| 南京市 | | 5 | | 22 | | 23 | 21 |
| 杭州市 | 2 | | 4 | | 6 | 7 | 11 |
| 天津市 | 4 | | | | | | 14 |
| 北平市 | 8 | | | 11 | | 12 | |
| 青岛市 | | | | 5 | 8 | | 4 |
| 汉口市 | | | | | 2 | 4 | |

## （二）各市历年来儿童数的比较（表 44）

表 44　七市历年来幼稚园儿童数比较表

| 年份<br>市别 | 七年 | 十五年 | 十八年度 | 十九年度 | 二十年度 | 二十二年 | 二十三年 |
|---|---|---|---|---|---|---|---|
| 上海市 | 439 | 851 | | 1 722 | 1 856 | | 5 490 |
| 南京市 | | | | 995 | | 1 088 | 1 128 |
| 杭州市 | | | 131 | | 229 | 300 | 447 |
| 天津市 | | | | | | | 579 |
| 北平市 | | | | 530 | | | |
| 青岛市 | | | | （市立）158 | （市立）403 | | |
| 汉口市 | | | | | （市立）114 | （市立）158 | （市立）202 |

## （三）各市最近幼稚园概况的比较

兹将七市，择其各市最近的统计列表（表 45），加以比较（其中北平市的调查，最不详细，作者实无法探悉之，故暂缺）。

表 45　七市幼稚园最近之概况比较表

| 项目<br>市名 | 园数 | | | 儿童 | | | 教职员 | | | |
|---|---|---|---|---|---|---|---|---|---|---|
| | 公 | 私 | 共 | 公 | 私 | 共 | 公 | 私 | | |
| 上海市 | 23 | 96 | 119 | 1 449 | 4 066 | 5 515 | 55 | 201 | 256 | |
| 南京市 | 16 | 5 | 21 | 888 | 240 | 1 128 | 32 | 11 | 43 | |
| 杭州市 | 5 | 6 | 11 | 251 | 196 | 447 | 10 | 13 | 23 | |
| 天津市 | 5 | 9 | 14 | 294 | 285 | 579 | 12 | 12 | 24 | |
| 北平市 | 2 | 10 | 12 | — | — | — | — | — | — | |
| 青岛市 | 7 | 1 | 8 | — | — | 403 | — | — | — | |
| 汉口市 | 3 | 1 | 4 | 202 | — | 202 | 6 | 2 | 8 | |
| 总计 | 61 | 128 | 189 | 384 | 4 787 | 6 643 | 115 | 239 | 354 | |

七市的共同特点，即幼稚园百分之九十九，均是附设于他机关的；这就是说，幼稚园还未能达到完全独立的时期。观以上三表，可得下列数要点：

（1）一般的现象，数量逐年增进。

（2）除上海外，其他各市之进步率似太小〔低〕。

（3）私立幼稚园，较公立者多一倍。故儿童数等较公立者，亦随之增加一倍。

（4）平均每园有教职员二人（计算时，北平市与青岛市除外）。

（5）平均每园儿童三十七名（北平市除外）。

（6）平均教职员一人，管理儿童十七名，已达相当限度（北平市与青岛市除外）。

（7）各市幼稚园概况的平均数：（a）上海市，平均每园儿童四六. 二名，教职员二. 一人；教职员一人，管理儿童二一. 五名。（b）南京市，平均每园儿童五十三. 七名，教职员二人；教职员一人，管理儿童二六. 二名。（c）杭州市，平均每园儿童四〇. 六名，教职员二. 一人；教职员一人，管理儿童十九. 四名。（d）天津市，平均每园儿童四十一. 三名，教职员一. 七人；教职员一人，管理儿童二四. 一名。（e）北平市缺。（f）青岛市，平均每园儿童五〇. 二名（g）汉口市，平均每公〔立〕园儿童六七. 三名，教职员二人；教职员一人，管理儿童三三. 六名。

（8）兹将各市幼稚园概况平均数比较表（表 46），列之于后，以清眉目。

表 46 各市幼稚园概况平均数比较表

| 项目<br>市别 | 每园儿童平均数 | 每园教职员平均数 | 每教职员管理儿童平均数 |
|---|---|---|---|
| 上海市 | 46.2 | 2.1 | 21.5 |
| 南京市 | 53.7 | 2 | 26.2 |
| 杭州市 | 40.6 | 2.1 | 19.4 |
| 天津市 | 41.3 | 1.7 | 24.1 |
| 北平市 | — | — | — |
| 青岛市 | 50.2 | — | — |
| 汉口市 | （公立）67.3 | 2 | 33.6 |

## 五、七市幼稚园教育比较后的感想与结论

### （一）差距与原因①

看了以上数表，很显然地表示，中国近年来，对于幼稚教育事业，不能说不注意。

① 此标题系由编者加拟。

在数量上年有增进，惟所增进的数量，不过太微小了。我们且看，共产主义下的苏俄，自一九二七年至一九三一年间，每年幼稚园数和儿童数的增加，实足以使国人猛省的：

一九二七～八年：园数三一三二；儿童一〇四三八六名。
一九二八～九年：园数二四四九；儿童一二八三九二名。
一九二九～三〇年：园数三〇九三；儿童一七〇三八九名。
一九三〇～三一年：园数五六九〇；儿童三三一六二三名。
（从 *The Year Book of Education* 1933）

再看资本主义下的美国，在一九二八年，幼稚生已有七四九九四五名。回顾中国，在一九三〇一年间，幼稚园六三〇所，儿童二六六七五名，简直不能与它们相比较。姑且试一试，与同年的苏俄比较，幼稚园数相差九倍，儿童数相差十二倍；与一九二八年的美国比较，儿童数相差二十八倍。的确，我们是不及它们，七个大市尚且如此，其他县、镇那更不堪设想了。

但是，幼稚教育在中国，为什么不发达呢？究其原因有四：（1）大多数人民，尚未明白幼稚生活教育的重要；（2）政府的懈于提倡；（3）师资的缺乏；（4）经费的拮据。

但是，这四个原因都可补救：（1）与（2），只要国家多提倡，多多宣传，就可达到；（3）与（4），只要少一次内战，或少打几个欢迎外国兵舰进〔港〕口的礼炮，就可节省大批经费，什么保姆训练学校、托儿所……可大量的增进。只要在既经济且有效果的原则下办教育，就可达到普及的目的。譬如：一般贵族式的幼稚园中吃牛乳，我们可以以价廉物美的豆乳代之；一般贵族式的幼稚园中，用既好看且可博得参见者一赞的西洋玩具或设备，我们可以用就地土货或别的东西替代之……凡此种种，要皆合此经济原则，达到普及目的。

### （二）感想与出路①

幼稚教育不过近百年来的事，中间却经过三个时代：第一个时代，幼稚园是慈善性

---

① 此标题系由编者加拟。

质的，如福乐培尔[①]在乡村里办幼稚园，蒙台梭利在贫民窟里办儿童院，都是一片慈悲的热心，来救穷人的孩子。第二个时代，幼稚园是围墙高筑的，只有贵族的孩子，可在里面吃牛乳；穷人的孩子，在墙外拾甘蔗头。第三个时代，幼稚园是人人享受的，教师负的责任，是对孩子的、对社会的，而不是对金钱的、对〔权〕势的。

试问中国的幼稚教育，已踏进那个时代？

上面一八九所幼稚园中，很难找到一个幼稚园，是完全为了贫人而设的，或完全为工人、农人的子女而设立的；差不多都为了富人、达官的千金、少爷而设立的。

中国的幼稚教育，贫富的色彩太浓厚了。贫人的子女，不能与富人的子女，在同一个幼稚园里，受同样的幼稚教育。且看八月十九日的《晨报》，有微子作的《上海托儿所参观记》中说："……每月每人收费八元，但实际上，每个孩子，每月得需十二元呢……"不差，富人的孩子，每月有四元的津贴；工人、农人月收不及十数元，他们的孩子，就享不到每月四元的津贴。

既是"中华民国"，在"民国"之下，没有人上人，亦没有人下人，只有的是人。富人要受教育，穷人亦要受教育。富人富的是钱，非富"智"；穷人穷的是钱，非穷"智"。在"民国"的立场上说，在"智"的立场上说，富人与穷人受教育的机会应均等。幼稚园、托儿所、培育院，不是贵人和知识阶级的专利品，而是献给全社会的儿童。在这里，没有人上人的儿童，没有人下人的儿童，只有人的儿童。

的确，这些贵族式的幼稚园，似亦无增添的必要。吾人所希望的，是托儿所（如杭州民众实验学校附设的贫民托儿所）一类的机关。如日本的托儿所，专门为应工商业发达的需要，而产生的幼儿教育机关。它们的目的，是代替从事实业工作的父母照料儿童，使获适当的教养。

俄国的幼稚园，亦是应工商业操作的父母的需要。例如："列宁格勒的幼儿院，每日上午七时半即开始，至下午五时始止。"此外，尚有开设时间更长者。另外，俄国〔苏联〕又有所谓"儿童馆"，在这里，并不限于招收幼儿，且招收已达初等学校年龄之儿童，和生理年龄虽非幼儿，而在智慧上似未健全的儿童。

---

① 福乐培尔：通译福禄培尔。

德国亦有所谓学校式的幼稚园，专为已达学龄，而身心未臻成熟，不适于受初等教育者而开设。总之，贵族式的幼稚园，在目前并不需要；目前所最需要的，就是托儿所、儿童院、儿童馆及学校式的幼稚园等的机关。

所以，今日的幼稚教育，最需要的地方为：

（1）贫民集中之处，应设立贫民托儿所、幼稚园等机关。因为贫民们的行为，不良的多；对于保育的知识，更其缺少。我们不愿坐视整千整万的小国民，委诸不良保姆之手，而一任其自生自灭。

（2）农村的附近和大工厂的附近，应当设立托儿所、幼稚园等机关。利益，可使大人的工作效率增高，同时使他们的孩子，得到较好的幼稚教育。现在离北平十八里的清河镇，有个“农忙看孩团”，系燕京大学社会系在该镇设“清河镇乡村社会实验区”所设立的（详情参阅八月十九日的《晨报》）。该团，就是替农人管理小孩。内部设备简要，既经济又实用。

近年来，中国婴儿死亡率，较各国特别高。其中惟一的原因，因为上面的三〔二〕处，没有托儿所、幼稚园等之设立。他们的父母，终日忙于生活，孩子们的生理和心理卫生，他们亦顾不得。这些无辜的孩子们，就在这“顾不得”的情形下牺牲了。我们试想，这些整千整万的小灵魂，每于天阴之夕，四野鬼哭；在这些哭声里，谁说没有未来的牛顿和未来的安迪生[①]呢？

---

① 安迪生：通译爱迪生（Edison，1847—1931），美国发明家、企业家，发明电灯、留声机等 2 000 余项，创立美国通用电气公司。

# 139　本校附属幼稚园概况

## 广肇女子小学

1935年

**题　解**　本篇原载《广肇女子小学校校报》1935年期。原发表时题为《幼稚园概况》。今题系编者所拟。

此前，陈劲在《大上海教育》第1卷第6期，发表了《私立广肇女子小学附设幼稚园概况》一文，内容与本文多有相同之处。

拟定单位广肇女子小学，私立女子教育设施。由广东旅沪同乡会“广肇公所”集资创办。始创于1913年，为义学性质。原名“培德学校”，主要招收广州和肇庆旅沪人家的子女入学受教。1917年，女子部分出另办，是为广肇女子小学。1920年，该校附设幼稚园，男女兼收，且逐渐发展，并于1930年在上海市教育局获准立案。

《广肇女子小学校校报》，不定期校刊。1935年创刊于上海，由上海广肇女子小学主办、编辑并发行。旨在向社会展示办学成绩，方便校友之间的联络与交流，并介绍新兴学术与教育理论。主要栏目，有校史、学校概况、名人演讲、论著、文艺、杂俎、校闻等；主要撰稿人，有梁美玉、罗少鸾、冯汉华、李秀玲、陆倩芬、袁留欢、何湘文、邓雪卿等。今仅存此一期。

### （一）幼稚教育之意义

教育之意义若何？教者训也，育者养也。人无教育，以视禽兽，又何择焉！吾国数千年来，非不知教育之重要，但欲求其完善者无几。或有教而无育，或有育而无教；故开化最先，而不能与后进之欧美各国比美。

人生自婴儿而幼童，而成人，其个性之发达，每不能一致。故教育之方，亦不能强为牵合。必就幼稚时期，因材施教，以植其基。如筑室然，基础巩固，乃能构成轮奂，而不至〔致〕有颠覆之患。教育亦犹是也。

首创幼稚教育者，为德人福禄伯[①]。彼曾云："欲造成一完善之人民，必须于儿童时期，使之按步发达其天资与德性，乃能至完善地位。若幼稚时期教育不良，则成童时期之发达，必不完全。"

福禄伯之哲学理云，幼儿时期极力栽培，则以后各时期，可事半功倍，达至最完善、最高上地位。故幼稚园者，即为培植人类之花园；儿童即园中之花，教师即爱护园花之人。然爱护者，非徒尚夫人工造就；须顺其性质，使其自然发达。盖幼稚园性质，纯本天然，毫无强迫，令儿童在园中如在家庭；园中种种玩具，天然印入脑中，毋须记忆，而自能喜悦。所定课程，不外谈话、唱歌、游戏、积木、故事、手工等等。冀就各种自然教育，以发达儿童天然之自动力，及创造的才能。

彼未识保育原理之人，每于儿女三四岁时，即以文字促迫其神经发达；而不知反损害其神经作用，不啻拔苗助长，非徒无益，而又害之。吾粤旅沪同乡，颇不乏人；而幼稚园之设立，不过寥寥数所，是尚未知幼稚教育之重要耳。

兹将本园之沿革及实施方法，略述于下。

(二)本园之沿革

广肇公所董事诸公，鉴于幼稚教育之重要，遂于民国九年附设幼稚园于女学。当时校舍，占有本弄之旧房屋二间。即辟楼下一间为保育室，幼稚生人数，不过八人而已。逐年增至六七十人，教室不敷应用，乃将保育室一部，迁至弄底之旧房屋，以三间楼下为之。

后以该屋日久翻造，得校董温钦甫先生、罗芹三先生等热心筹划，建筑今日之新校舍。遂于民国十九年焕然一新。幼稚园以地方不敷应用，只得将礼堂一半为保育室。当时以旧校改组，学生人数大受影响，全校不过百余；而幼稚生一部，只得十三名耳。

---

① 福禄伯：通译福禄培尔。

下学期，即加至六十余名，渐至九十余名。因校舍不敷之故，不能多收；而向隅者，大不乏人。

“一·二八”之后，受时局影响，全校不过百余人；幼稚生仅得十余人，几经停顿。赖校董王云五先生极力维持，始得继续至今。

现有幼稚生将及百人。惜校舍不敷应用，不能多收，致本校幼稚教育未能充分发展耳。

（三）组织

本园设园长一人，主任兼教师一人，教师三人。

（四）行政

本园园务会议，园长任主席，并负规定建设上一切进行计划；主任，则任课程上一切进行计划。

（五）学级编制

现分四级，以学生之实足年龄、智力及平时课程成绩定之。

（六）设备

有偶人房子、福禄伯恩物、钢琴、储物柜、挂衣架、毛毯、草席、手工工具、材料及游戏器具等。

（七）实施之方法

（1）教学概况。根据生活教育的原则，采设计教学法。课程分为自由活动、作业、清洁、早会、律动、静息、茶点、谈话、数字、故事、识字、歌谣、游戏、唱歌及常识等。

（2）训导概况。采活泼之自由主义。

（3）课外作业。饲养动物，灌溉植物，自由活动。

（4）与外界联络。如向学生家长讯问，及举行恳亲会等。

（5）检查体格及智力检查，每学期一次。

以上种种，不过大概言之。而于识字一项，为顺社会人心理之故，年稍长者，则教以认识显浅之字。所用读本，以前是采商务书局出版者，本期则改用陈鹤琴先生所编之幼稚读本。因其不注重识字，而取材方面，适于设计教学上有联络，并能顺口诵读。尚有种种工作，合乎“手脑并用”之旨，尤感兴趣也。

今乘本校校刊出版之便，特将幼稚园之缘起及近况，概括言之。工拙所不计也。

# 幼稚園概況

(一)幼稚教育之意義　教育之意義若何。教者訓也。育者養也。人無教育。以視禽獸。又何擇焉。吾國數千年來。非不知教育之重要。但欲求其完善者無幾。或有教而無育。或有育而無教。故開化最先。而不能與後進之歐美各國比美。人生自嬰兒而幼童。而成人。其個性之發達。每不能一致。故教育之方亦不能强爲牽合。必就幼稚時期因材施教以植其基。如築室然。基礎鞏固。乃能構成輪奐。而不至有顛覆之患。教育亦猶是也。首創幼稚教育者。爲德人福祿伯彼曾云。欲造成一完善之人民。必須於兒童時期。使之按步發達其天資與德性。乃能至完善地位。若幼稚時期教育不良。則成童時期之發達必不完全。福祿伯之哲學理云。幼兒時期極力栽培。則以後各時期。可事半功倍。達至最完善最高上地位。故幼稚園者。卽爲培植人類之花園。兒童卽園中之花。教師卽愛護園花之人。然愛護者。非徒尚夫人工造就。須順其性質。使其自然發達。蓋幼稚園性質。純本天然。毫無强迫。令兒童在園中如在家庭。園中種種玩具。天然印入腦中。毋須記憶。而自能喜悅。所定課程。不外談話、唱歌、遊戲、積木、故事、手工、等等。冀就各種自然教育。以發達兒童天然之自動力。及創造的才能。彼未識保育原理之人，每于兒女三四歲時，卽以文字促廹其神經發達，而不知反損害其神經作用。不啻拔苗助長。非徒無益。而又害之。吾粤旅滬同鄉。頗不乏人。而幼稚園之設立。不過寥寥數所。是尙未知幼稚教育之重要耳。玆將本園之沿革。及實施方法。略述如左。

(二)本園之沿革　廣肇公所董事諸公。鑒於幼稚教育之重要。遂於民國九年附設幼稚園於女學。當

另图 54　《本校附属幼稚园概况》原发表件（部分）

# 140 我们办理幼稚教育的情形

## 北平市东四十二条幼稚园

1936年4月1日

**题　解**　本篇原载《时代教育（北平）》第 1 卷第 1 期。发表时间为 1936 年 4 月 1 日。原发表时，署名“市立东四十二条幼稚园”。

记录撰著北平市东四十二条幼稚园，为当时北平市知名学前教育机构。位于今北京市东四北大街东侧，现为北京市东城区第二幼儿园分园。

有关《时代教育（北平）》，参见前文《施行部颁〈幼稚园小学课程标准〉办法》题解。1936 年改季刊后，又重起为“第 1 卷第 1 期”。

根据“生活即教育”的原理，生活是动的、变化的，课程也是要动的、变化的。因为时间与空间的不同，又因为人与人的个性的不同，生活也就随着有了不同的地方。所以，我们不能把成人的生活，加诸在儿童的生活上，也就是不能把成人所学的，让儿童去学。

现在是儿童的社会了，儿童是中国将来的主人翁。应该让儿童自由生长，更要尊重儿童的意志；不能加以束缚、压迫，要自由方能生长。但在自由生活中，根据着儿童的需要，给以相当的材料与指导，使儿童在自由生活中得到一种平衡的发展。这样，方能培养出有用的国民，这才是合于儿童生活的课程。

现在仍有人不明了幼稚园里学些什么东西，以为每天到园里跳跳跑跑，是没有用的。为了使大家了解起见，把我们每日活动的情形，分述如下。不对的，还请大家指教！

（一）自由活动

四岁至六岁，是儿童最天真、活泼的时期。一种机械的上课、下课，儿童不但没有兴趣，而且觉得是最痛苦的事情。自由活动是儿童跳出一切拘束，随其所好去做。儿童的个性如何、习惯如何，都能从此而知。要想纠正儿童习惯上的错误，以及养成儿童团体互助的精神，非注重自由活动不可。

（二）语言

包括讨论计划、报告每天工作情形、故事、谈话，等等。语言在幼稚园里是很重要的。一切的活动，都是要儿童自己发动出来。根据他固有的能力与旧有的经验，受到外界一种刺激，便由他内心里发出新的力量来，创造一件新的事情。

一件新的事情发动了，怎样计划与进行？这时候，不能不借着谈话来指导儿童，共同讨论进行的方针；同时，也可以作探求另一新事情的根据。由此我们知道，谈话在幼稚园里，是不可少的。

（三）工作

幼稚教育在过去，可以说是贵族式的教育；就是现在，还没有改换那贵族的习气。为什么说是贵族的教育呢？我们看看，进幼稚园来的儿童，都穿扮得天仙一样；他们到了幼稚园，一天天只知道享乐，一点也不知道劳动。没有钱〔家庭〕的子弟，是不能享受这种教育的。

但是，目前的中国，穷到了这种样子，只知享受的分子是不能生活的。如果我们是为了教育儿童，决不应专门教育儿童只知享乐。

应该让儿童知道，不要以为自己是没有劳力的。幼稚生除了吃饭、睡觉外，他们是整天的在劳动着。幼稚生是需要吃饭的，可是他不能耕田。既然他能劳动，为什么不能耕田呢？

幼稚生有他另一种的工作。他虽不能耕田，可是煮饭的时候，他可以帮着烧火，种花、种菜，他们也可以帮助下种、浇水。即如本园的小朋友，每日吃点心以后，杯碟完全自己去洗，桌椅也由他们轮流去抹。他们不但不觉得辛苦，都是争先去做。可见，儿童不是没有劳动力量，这完全看教育者怎样教法了。

现在，本园特别的把工作看的很重要。一切儿童能做的，都由他们去做。希望家长们，不要误会我们的用意才好；更不要因为自己的孩子做了事情，而认为是辛苦的，不阻挡他做才好。

（四）美术

美术包含着图画与剪贴等。幼稚园为什么要有美术这一课？美术是儿童发表思想的工具。比如由他的一幅画，可以看见其为人。我们常看见儿童拿起笔来，就随便涂抹起来。不要以为他随便的涂抹，就认为没有用意，这正是他自由发展思想的时候。

我们为了尊重儿童的思想，发展儿童的创造力，无论他作出的东西、画出画儿是什么样子，总是替他装订起来，收藏起来。不但使他们能自由画画儿，更要引导着儿童能够欣赏。所以，幼稚园里的教室，比别的小学校，美术的画儿特别的多；不但可欣赏古人的画儿，还要能欣赏自然美的伟大，才算是达到了美术的目的。

美术还能够帮助工作上不能表现出来的地方，而用美术来补足。所以说，美术也是补助工作〔的〕一种艺术。因此，我们把美术看得很重要。

（五）文学

包括了故事、歌谣、文字。幼稚园里为什么要有故事、歌谣等功课呢？可以使儿童学习言语、陶冶感情、增加智识、培植美德；最切要的，是使儿童快乐。儿童都喜欢听故事……为了满足儿童的需要，所以我们常把故事、歌谣等，讲给儿童听。

幼稚生最喜欢听的故事，分韵律。如歌谣，念起来非常顺嘴、好听，容易记忆，儿童特别爱听。想像故事、自然科学故事、时代英雄故事、传说，等等，这类的故事讲述时，要以儿童年龄大小而定。

我们不但要讲述给儿童听，同时还要请儿童自由讲述。如果单单由教师讲给他们听，是没有多大兴趣的。为了能发表儿童自己的思想，常令儿童自己讲述。所讲的，或是自己编的，或是从别处听来的，都随他们自己的意，会讲而且要表演出来。如《三只羊》的故事，表演出来特别的有兴趣。

文字在幼稚园里，本来没有规定；但为儿童的需要以及家长们的建议，我们把故事中、工作里简单的字，教给他们。范围不出每周活动的中心，以具体的字为多。如认识

另图 55　北平东四十二条幼稚园小朋友刷牙比赛

自己姓名，以及椅子、茶杯的号数等等。数目的观念，也随着学习。

（六）音乐、游戏

音乐在幼稚园里是很重要的。倘若一个幼稚园里没有音乐，好像一个没有灵魂的人一样，行尸走肉而已。

但是，音乐教起来却是很难。他们既不懂得拍子，又不知道调子，如何教起呢？我们常是从耳朵教起。音乐的训练，是耳朵的训练；耳朵的训练，便是一切音乐的基础。若想着儿童音乐好，只有多听。

所以，我们当儿童初来的时候，不教给他们歌子，先给以节奏的训练。节奏的训练，对于儿童的一切活动，有很大的关系。节奏训练好了，他的一切活动，可以做到娴雅、优美的地步。慢慢的，再给歌曲唱。幼稚生的唱歌，词句要合于儿童语气，要有动作，适合于幼稚生的表演，而且兴趣要高尚。儿童学了音乐，可以使他的感情舒适、生活愉快。

因为幼稚生情感方面重于理智，心灵的陶冶要重于脑筋的锻炼。因此，我们每周都有新的歌曲给儿童，并且都以能表演者为多。

游戏。游戏是儿童的生命，不会做游戏的儿童，不是有病，一定是笨。儿童一天到晚的活动，在儿童的眼光，看来都是游戏。所以幼稚园里一切活动，都可以拿游戏的方式做出来。

游戏可以使儿童的动作活泼、思想敏捷、身体健壮、心灵快活。我们为了满足儿童的需要，每天最少也有十几分钟的游戏。时间的长短，以儿童的兴趣为定。

游戏的种类很多，限于篇幅的关系，不能详细的分讲。简单的分起来，节奏的训练，手指、手臂的锻炼，腿部的锻炼，触角〔觉〕的训练，听觉……不过，幼稚园里的游戏，以团体的游戏比个人的多为好，皆以强健儿童身体为要。

游戏在幼稚园里，站〔占〕了重要的地位。做教师的，应该有充分的准备才好。最低的限度，要记熟十几种游戏，以备儿童的要求。做游戏时，要与儿童一块儿去做，以身作则。这样，儿童做起来，才更有兴趣。

中国幼稚教育尚在幼稚期内。有好多的人，对幼稚园仍不大明了，以为这样小的孩子，如何会能得智识呢！到那里，也不过跳跳跑跑而已！殊不知，幼稚教育是人生的基本教育；倘若在此时期内不养成良好的习惯，不造就康健的体魄，到长大成人，再改就晚了！所以说，幼稚教育是很重要的。希望做父母的，送他们的子女到儿童乐园去；并希望学校、家庭互相联络，补助彼此顾不到的地方，使儿童得到更好教育。

因为时间忙迫，很简单的把本园儿童每日活动的情形写出来，以求大家指教！（工作报告见后）

# 141 厦门集美师范附属幼稚园概况

## 庄宝珍

1936年6月10日

**题　解**　本篇原载《福建教育》第2卷第6期“幼稚教育特辑”。发表时间为1936年6月10日。原发表时，题为《集美师范附属幼稚园概况》。今题系编者所拟。

撰著者庄宝珍，女，生平事迹未详。原任厦门集美幼稚师范学校附属幼稚园主任。1934年春，集美师范、集美幼师和集美乡师合并，担任集美师范附属幼稚园主任。她还在《福建教育》此期上发表了《幼稚园的社会和自然》，又在《集美周刊》上发表了《集美幼稚园课程的编制》。

集美师范附属幼稚园的前身，为1919年2月创设的集美幼稚园；1927年集美师范创设后，改今名。它由陈嘉庚捐资创设和办理，专建有葆真楼、养正楼等园舍，为当时设施最好、规模最大的私立幼教机构。

《福建教育》，地方教育月刊。1935年3月10日创刊于福州，由福建省教育厅主办、编辑并发行。旨在发布教育指令，刊载教育章则，报道教育实况，研讨教育问题，以推进福建教育的发展。主要栏目，有论著、研究、讲座、报告、文牍、厅令、章则、书评、专载等；主要撰稿人，有郑贞文、唐守谦、高鸿奎、朱智贤、陈希诚、檀仁梅、丁重宣等。1940年9月30日终刊，共出4卷30期。

## 一、行政方面

### （一）沿革

本园创设于民国八年二月二十二日。称为“集美幼稚园”，是一个独立的幼稚园。

九年春，始并入集美学校，改称“集美学校附属幼稚园”。

初赁集美乡里的民房一座为园舍，狭隘难堪。十四年秋，校主陈嘉庚先生，令建新舍于集美乡的东北隅。十六年夏落成，楼宇巍峨，所费凡九万余元。参观者每称，为“全国的第一幼稚园园舍”。

十六年秋，幼稚师范学校成立，改为附设幼稚园，兼办蒙学班（即小学一年级）。

十九年春，蒙学班停办，划归集美男、女小学，本园只收幼稚生而已。

十九年秋，又改附设幼稚园为“中心幼稚园”，意为幼稚师范的实验中心也。

二十三年春，幼稚师范与男、女师范合并，易名为师范学校。因是，本园又改为“集美师范附属幼稚园”。

另图 56　集美师范及附属幼稚园全景图

本园自始，采仿美园〔国〕幼稚园分级制，把幼稚园二学年分为四学期；每学期为一级——分为一、二、三、四级；每级又分若干团，有普通小学以学年编级的形式。十九年，乃取消学年编级，以年龄、智力为分级标准，仍分为四级。二十年春，又把级别取消，采取混合制度，把全幼稚园分为新、旧二团。现又把新、旧打破，分为第一、第二两部。第一部分福、蒙两级，第二部一级，共计三级，合新旧、长幼于一炉而保育之。

## （二）行政组织

（1）本园的行政系统，如下图（原图 8）：

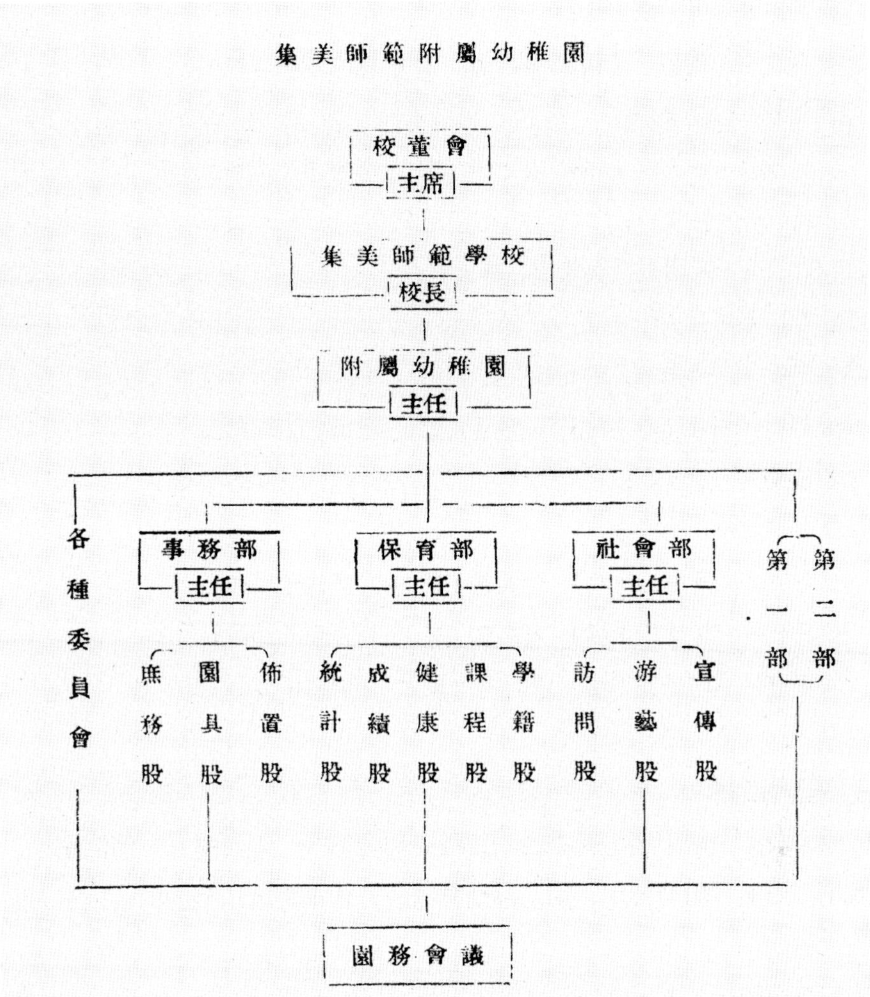


原图 8　集美师范附属幼稚园行政系统图

（2）本园为师范学校幼稚师范科研究教学的实验场所。

（3）本园设主任一人，综理本园一切事宜。

（4）本园每级又设级任导师一人，处理该级教养事宜。

（5）本园的园务会议，为讨论行政设施及研究教学的集会，每周举行一次。

（6）本园的园务工作，由级任导师及实习生共同分任，其名单如下：

保育部主任——庄宝珍；
学籍股——谢如珍（福）、陈四德（蒙）、陈东华（二部）；
课程股——庄宝珍；
健康股——陈云绑（福）、吴钦玉（蒙）、郭镜图（二部）；
成绩股——庄宝珍；
统计股——蔡杏花、吴素莲、蔡淑英；
社会部主任——叶宝球：
访问股——叶宝球、陈金菊、庄宝珍；
游艺股——曾淑华（福）、吴惠英（蒙）、张瑞宜（二部）；
宣传股——庄宝珍；
事务部主任——陈金菊；
庶务股——周先治（福）、翁柔惠（蒙）、洪龄鹤（二部）；
园具股——饶素琴（福）、张彩玉（蒙）、刘月华（二部）；
布置股——邱爱贞（福）、张兰芳（蒙）、黄素娟（二部）。

（三）园舍设备

本园园舍与第一附小连〔联〕合。每级有作业室一、唱游室一、清洁室一，其他礼堂、游戏场、厕所，均为公用；第二部幼稚园，分住集美音乐亭前的音乐室为园舍。一切设备，大概如下。

（1）用具的统计（表47）：

表47 幼稚园用具统计表

| 种类 | 数目 | 种类 | 数目 | 种类 | 数目 |
|---|---|---|---|---|---|
| 恩物类 | 152 | 体育用具 | 80 | 益智画 | 10 |
| 玩具类 | 30 | 计算用具 | 11 | 积木 | 75 |

续表

| 种类 | 数目 | 种类 | 数目 | 种类 | 数目 |
|---|---|---|---|---|---|
| 钢琴 | 1 | 风琴 | 3 | 留声机 | 1 |
| 小娃娃屋 | 1 | 椅凳类 | 234 | 桌儿类 | 62 |
| 厨〔橱〕柜类 | 11 | 茶具类 | 110 | 床铺类 | 3 |
| 镜筐 | 64 | 盆桶类 | | 书籍 | 7 |
| 报纸 | 200（幼稚园课本） | | 1（儿童晨报） | | |

（2）户外活动场所的设备。儿童天性好动，故户外活动在幼稚教育上占很重要的地位。我们的户外活动设备，除游戏场上设置秋千、浪船、滑梯、摇马、摇椅等外，其他如园艺场，都与第一附小连〔联〕合。

## （四）经济状况

本园附属于师范，经费合并于师范，故经济状况极为简单。每学期每位小朋友，纳茶点费伍角或壹元不等；其余零零碎碎纸张、笔墨等，均由师范经常项下拨给。大概用费分配如下（表 48）：

表 48　幼稚园经费收支表

<table>
<tr><td rowspan="8">收入</td><td rowspan="8">师范拨款 469.5<br>茶点费 99.5<br>合计 569</td><td rowspan="8">支出</td><td colspan="2">俸给</td><td>432</td></tr>
<tr><td rowspan="6">行政费</td><td>文具</td><td>3</td></tr>
<tr><td>纸张</td><td>12</td></tr>
<tr><td>报纸</td><td>2</td></tr>
<tr><td>茶点</td><td>10</td></tr>
<tr><td>杂器</td><td>10</td></tr>
<tr><td>杂支</td><td>20</td></tr>
<tr><td colspan="2">合计</td><td>569</td></tr>
<tr><td colspan="6">每月经费</td></tr>
<tr><td colspan="6">94.833〔元〕</td></tr>
<tr><td colspan="6">每生所占经费</td></tr>
<tr><td colspan="6">4.2〔%〕</td></tr>
</table>

（五）招生简章

第一条　本园定名为集美师范学校附属幼稚园，分三级。为第一部幼稚园福级、蒙级及第二部幼稚园。

第二条　本园以增进幼稚生应有的快乐和幸福，培养幼稚生的优良习惯，并协助幼稚生家庭改善家庭教育为目的。

第三条　本园采取混合制编级法。但各级，得再根据年龄、智力，分为甲、乙、丙三团。

第四条　本园课程暂定为谈话、音乐、儿歌、故事、游戏、社会、自然、工作、图画等。

第五条　男女儿童年龄满四岁至六岁、身体完全者，得依本园订定日期，报名入园。

第六条　本园每人每学期，缴纳茶饼费大洋乙〔一〕元，校主亲属五角。其他费用概免。

第七条　新入园儿童，应由其家长代填下列履历表（原图9）。

第八条　儿童修业，普通以二年为满期。年龄大者不在此限。期满检查及格者，给予升学书，得分别升入本校或其他男女小学。

第九条　本简章由园务会议通过后，请校长、校董核准后，施行之。

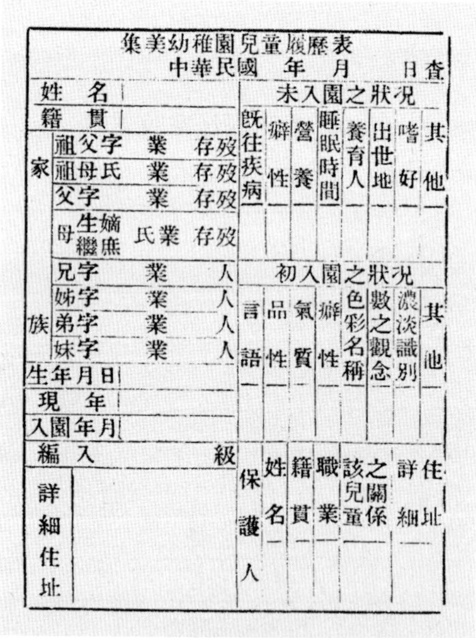
集美幼稚園兒童履歷表
中華民國　年　月　日查

姓名
籍貫
家族：祖父字　業　存歿；祖母氏　業　存歿；父字　業　存歿；母生繼嫡庶　氏業　存歿；兄字　業　人；姊字　業　人；弟字　業　人；妹字　業　人
生年月日
現年
入園年月
編入　級
詳細住址

未入園之狀況：既往疾病、癖性、營養、睡眠時間、養育人、出世地、嗜好、其他
初入園之狀況：言語、品性、氣質、癖性、色彩名稱、數之觀念、濃淡識別、其他
保護人：姓名、籍貫、職業、該兒童之關係、詳細住址

原图9　集美幼稚园儿童履历表

## 二、教导方面

### （一）教育目标

本园的设施，遵照部颁幼稚园目标：

（1）增进幼稚生应有的快乐和幸福；

（2）培养人生基本的优良习惯（包括身体、行为等各方面）；

（3）启发儿童的智慧；

（4）协助家庭教育幼稚儿童，并谋家庭教育的改进。

我们除根据上列目标，以实施幼稚教育外，并规定下列的信条，以便遵守：

（1）我们深信，教育是立国的根本大计，而幼稚教育是教育的基础。

（2）我们深信，幼稚教育是爱的教育。

（3）我们深信，要发现儿童、领导儿童，应走向儿童的队伍里去。

（4）我们深信，教育儿童应把全副精神贯注在儿童身上。

（5）我们深信，教育应以儿童为本位。

（6）我们深信，有健全的儿童，才有健全的国民。

（7）我们深信，幼稚园是一个儿童乐园。

（8）我们深信，幼稚教育是求小孩的解放和幸福。

（9）我们深信，教师是儿童的伴侣。

（10）我们深信，教育的基础，是建设在儿童的需要和生活经验上面。

（11）我们深信，幼稚教育是造就良好国民的根本教育。

（12）我们深信，幼稚教育负有改造家庭的责任。

### （二）课程大纲

本园课程，分为一学期的中心问题计划、一月间的活动大纲和一周的活动大纲。一月间的活动大纲，于每月底，由本园主任教师及师范实习生，共同拟定之；一周间之生活大纲，则由实习生轮流计划，经指导员修改之。但这大纲，并非固定；于实施时可以变动、增删之。

1. 一学期的中心问题计划表举例

（1）一学期的中心问题计划表举例（表 49）：

表 49　一学期中心问题计划表

| 周数 | 每周中心问题 | | 纪念日及预定事项 |
|---|---|---|---|
| 第一周 | 开学周 | 1. 开学式<br>2. 介绍导师及小朋友<br>3. 认识幼稚园<br>4. 认识幼稚园的生活 | 办理入学手续 |
| 第二周 | 好习惯 | 1. 准时入园，准时回家<br>2. 自己穿换衣服<br>3. 自己洗牙齿及手面<br>4. 起卧有定时 | 补行开学式<br>本校成立廿二周年纪念 |
| 第三周 | 植树节及种痘 | 1. 孙总理逝世纪念<br>2. 植树节的意义<br>3. 种痘的益〔处〕 | 总理逝世纪念<br>（植树节） |
| 第四周 | 春天的卫生 | 1 预防伤风<br>2. 常洗澡 | 北平民众革命纪念 |
| 第五周 | 春天的植物 | 1. 桃花的形状<br>2. 梅花的形状<br>3. 荷兰豆的生长 | 黄花岗纪念 |
| 第六周 | 庆祝儿童节 | 1. 古今儿童的比较<br>2. 儿童节的意义<br>3. 今后儿童应有的认识 | 春假 |
| 第七周 | 春天的昆虫 | 1. 蝴蝶<br>2. 蜜蜂<br>3. 蚕 | |
| 第八周 | 农夫 | 1. 辛苦的农夫<br>2. 农夫怎样耕田 | |
| 第九周 | 割麦 | 1. 麦的种法及收获<br>2. 麦的用途 | 清党纪念 |
| 第十周 | 蚊蝇 | 1. 蝇的生殖<br>2. 蝇的传染<br>3. 蚊的生殖<br>4. 蚊的传染 | |

续表

| 周数 | 每周中心问题 | | 纪念日及预定事项 |
|---|---|---|---|
| 第十一周 | 爱国周 | 1. 儿童是将来的好国民 | 革命政府成立纪念<br>五九国耻纪念 |
| | | 2. 救国要实行对日绝交 | |
| | | 3. 日本的横暴 | |
| | | 4. 论五一，五三，五四，五五 | |
| 第十二周 | 续爱国周 | 1. 五九国耻的酿成 | |
| | | 2. 廿一条件的内容 | |
| | | 3. 我们应如何雪国耻 | |
| 第十三周 | 播谷 | 1. 怎样播谷 | 陈英士先生殉国纪念 |
| | | 2. 怎样插秧 | |
| | | 3. 怎样除草及戽水 | |
| 第十四周 | 夏天的卫生 | 1. 流行症〔病〕的由来及预防法 | |
| | | 2. 霍乱的研究 | |
| | | 3. 吃东西的卫生 | |
| | | 4. 洗澡的益处 | |
| 第十五周 | 庆祝教师节 | 1. 教师节的意义 | 教师节纪念 |
| | | 2. 预备怎样庆祝 | |
| 第十六周 | 夏天的果子 | 1. 杨梅的食法 | |
| | | 2. 桃的形状 | |
| | | 3. 李的形状 | |
| | | 4. 吃果子的卫生 | |
| 第十七周 | 夏天的花菜 | 1. 玉兰花的种法 | |
| | | 2. 六月菊的种法 | |
| | | 3. 茄子菜瓜的生长 | |
| 第十八周 | 恳亲会 | 1. 恳亲会的意义 | 恳亲会 |
| | | 2. 开会的秩序 | |
| | | 3. 来宾的礼节 | |
| | | 4. 布置会场 | |
| 第十九周 | 结束周 | 1. 暑假中的工作 | |
| | | 2. 学业的结束 | |

（2）一月间的活动大纲举例（表 50）：

表 50　五月份活动大纲

| 气候 | 植物 | 动物 | 卫生 | 游戏 | 礼节 |
|---|---|---|---|---|---|
| 立夏 | 杨梅、桃李、甘蔗、刺瓜、芥菜 | 蝦、鳓鱼、蚊蝇 | 举行灭蝇防疫注射 | 勿忘“五九”游戏 | “五三”济南惨案、“五四”运动、“五五”总理就非常大总统职、“五九”国耻、“五卅”上海惨案 |

（3）一周间的生活计划表举例（表 51）：

表 51　集美师范附属幼稚园生活计划表

| 中心问题 | 夏天的果子 | |
|---|---|---|
| 目的 | 1. 欣赏夏果；2. 使明了吃果子的方法；3. 多吃有损身体 | |
| | 上午生活事项 | 下午生活事项 |
| 月 | 1. 纪念周、报告时事<br>2. 谈话 训练秩序 3. 唱歌 果树<br>4. 团体音游 采果子 5. 放学 | 1. 唱歌 果树<br>2. 故事 少吃果子的益处<br>3. 工作 自由折纸 4. 晚会 记日记 |
| 火 | 1. 谈话 民儿壮〔肚〕痛<br>2. 唱歌 果树 3. 识字 桃子<br>4. 工作 桃子染色 5. 放学 | 1. 儿歌 桃花红 2. 唱歌 桃树<br>3. 游戏 猫捉老鼠 4. 晚会 记日记 |
| 水 | 1. 谈话 民儿的果园<br>2. 唱歌 桃树 3. 算术 一至二十<br>4. 工作 剪贴 5. 放学 | 1. 故事 美计偷桃 2. 习写 桃子<br>3. 游戏 找桃核 4. 晚会 记日记 |
| 木 | 1. 谈话 杨梅的形状<br>2. 唱歌 少吃有滋味 3. 识字 杨梅<br>4. 工作 杨梅树染色 | 1. 故事 民儿吃梅 2. 唱歌 少吃有滋味<br>3. 表情 游戏 4. 晚会、记日记 |
| 金 | 1. 谈话 预备开果子店<br>2. 唱歌 唱歌表情 3. 出游 参观果子店<br>4. 设计 开果子店 | 1. 工作 做纸镭 2. 算术 算纸镭<br>3. 游戏 吃果子 |
| 土 | 温习 | 交谊会 |
| 参考书 | 故事 幼稚园故事一百六十篇<br>唱歌 儿童音乐教科书 | |
| 备注 | 1. 晨会、餐点、检查清洁、自由活动是每天举行的<br>2. 本计划表可依儿童的兴趣而改换之 | |

## 三、课程纲要

### （一）故事和乐歌

讲故事、唱歌是儿童最喜欢的事情。儿童的习惯性情，在故事和乐歌的生活中，不知不觉得到熏陶养成的。故事可作谈话的资料，乐歌可以歌唱，养成儿童爱善、爱美的快乐心情。

1. 各种歌词的听唱及表情

（1）家庭生活及其他社会的；

（2）自然现象的；

（3）习见动物的；

（4）习见植物的；

（5）关于时令和节日及庆典纪念的；

（6）临时发生的。

2. 节奏和听作

3. 歌谣的诵吟

4. 故事的欣赏及演习

如神仙故事、民间传说、历史故事、故事画图，其他。

### （二）游戏

游戏是儿童的生命。儿童在游戏之中，得到新经验，锻炼体格，养成习惯。所以，游戏在幼稚课程中，占了很重要的地位。如故事表演和唱歌表情、节奏和舞蹈、徒手游戏、器械游戏、民间游戏、模仿游戏、其他等。

### （三）自然与社会

我们的课程计划，前已陈述。每周均用中心问题的设计方法，有大单元及小单元的设计。在各单元当中，灌输以日常的生活常识。

（1）关于衣、食、住的生活要素，以及家庭、邻里、商铺、邮局、医院、救火队、公园等社会组织的观察研究；

（2）好习惯的演习；
（3）纪念日及节日的研究举行；
（4）身体各部的认识及卫生习惯的养成；
（5）健康及清洁的检查；
（6）党国旗及总理遗像的认识；
（7）鸟兽虫鱼、花草树木和日月、风雨、阴晴等自然现象的识别研究；
（8）日历（月、日、星期、阴、晴、雨等）的填记；
（9）动植物的喂养、培植及搜集；
（10）集会的演习，注重群体生活。

## （四）识字、计算

我们根据儿童的需要，供给课程。我们时常找到儿童有识字、计算的要求，所以有另项的必要。细目如下：

1. 关于识字方面

（1）发音的练习；
（2）认识简单的文字符号；
（3）能〔用〕动作表演的文字；
（4）儿童所要求认识的文字；
（5）应用的文字；
（6）简单的故事歌谣，或有韵律的句子。

2. 关于计算方面

（1）数人及五官；
（2）日、月、星期的填记；
（3）数物及玩具；
（4）度量衡用具的识别；
（5）数拍子及行步；
（6）大小、方圆、长短、高低的认识；
（7）邮票、银之〔元〕、纸币的认识；

（8）分合、半全的识别；

（9）其他应用的。

### （五）工作

（1）画图——自由单色画或彩色画。彩色画，用各种现成图物设计，指导儿童自己设色；或用自己所制的图物，施以颜色。

（2）沙盘装排——在沙盘中，利用各种玩具、物品，堆装、观察研究过的许多立体的东西。如村舍、城市、山景、花园景、动植物场，或其他模型等。

（3）恩物装置——用大小积木，装置成房屋和其他建筑物。

（4）泥土——用泥做成模型。如桃李、杯盘、糕饼等类，还有动物小鸡、小鸟类，都可用泥土做成。泥土工，最适于幼稚生制作，以其易于捏做也。

（5）缝纫——缝纫的动机，大概是由玩弄玩偶而来。如装饰玩偶的房屋，或为玩偶做小衣服、小被、小门帘等。这种工作，常由年龄稍大的担任；年龄较小的小孩，可用硬纸刺孔，成为苹果、萝卜、猫、狗、鸡、鸭等，让他们用彩色线编成。

（6）园艺——种菜、种豆、种花卉等，使儿童由经验获得经验，有爱好自然的兴趣。

（7）剪贴——用纸剪成各种形状，如花、鸟、兽、用具等，配合贴于纸上。

（8）织纸——用纸条编成各种物状、花纹。

（9）其他简单的手工。

### （六）餐点

幼稚生的营养，非常重要；营养不足，影响他的健康很大。幼稚生一入园，过了几小时，常有饥饿的情形，所以幼稚园备有餐点。虽非嘉珍美味，却是卫生有益的东西。我们普通的餐点，有下列几种：

（1）开水、饼干。

（2）肉面、蠔粥。

（3）园艺收获物：地瓜、金瓜、花生。

（4）令节的果品。

（七）静息

儿童劳作之后，应使休息，以待精神恢复。本园日常静息，有下列几种：

（1）坐息（闭眼，双手搁叠胸前，静默）；

（2）伏案静息（首伏案上，作假寐状）；

（3）仰卧静息。

## 四、教导方法

（1）各种活动（音乐、游戏、故事、社会和自然、工作），规定一作业中心。一切活动，都不离乎这个中心的范围。

（2）各种工作，均采取自由活动，由教师个别指导；但团体作业，每日约有三四次，以养成团体纪律。

（3）注重实际工作，养成儿童作事能力与习惯。

（4）注意户外生活，多与实事、实物相接触；而以户外的自然界，为活动场所。

（5）利用设计教学法，以训练各种活动。

（6）儿童问题，要由儿童自己解决；儿童不能解决时，教师才可从旁启发、引导之。

（7）每周土曜日〔六〕下午举行交谊会，使儿童练习唱歌、讲故事及选举好孩子，以增进儿童的德性。

（8）每周到儿童家中探访一次，尽量与家庭联络。将儿童在园情形，报告于家庭；与家庭共同督责，训练儿童的种种良好习惯。

（9）每月举行身长、体重检查一次，每日举行清洁检查一次。

（10）每学期最少举行恳亲会一次，宣传幼稚教育及家庭教育的方法。

（11）每学期，举行小运动会一次，以提倡健康教育。

（12）每学期，举行智力测验二次。第一学月举行一次，第四学月再举行一次。其他如学业成绩之调查，每半学期亦举行一次。

（13）设备方面：（a）取适合我国之民族性，简洁、坚固，尽量中国化。（b）取合乎儿童的需要，要体察儿童心理、生理、生活状况，随其需要而设备。（c）取适合教育的意义。积极方面——可以发展儿童创造力和激引儿童想像力的；可由儿童使用并自由装置或拆开的；可以引起儿童的兴趣和美感的；可以引起儿童的情爱的；可以发展儿童的智力的；有益儿童的身体的。消极方面——有碍卫生的不取；会发生危险的不取；儿童不感兴趣的不取；非儿童所能应用的不取；有损美观的不取。（d）取适合当地社会情形与本地儿童所常见的物品。（e）利用废物、天然物和日用物品。废物如旧书、旧报、破布、破袜、无用的玻璃片、电灯泡、玻璃瓶、破碗片；天然物如果核、树叶、花瓣、种子、蛤壳、贝壳、鸟羽、石子；日用品如肥皂、洋烛等可利用之，做成教育用品装饰和作业材料等。这不但省钱，并可启发儿童之创造力。

## 五、教导举例

“夏天的果子”教学举例——

作业室里满悬着果子树的图，桌上排着杨梅、李子、桃子、枇杷一大盘。

淑美最先进来看见了，马上跑出去报告其他的小朋友：“泰山、在中、荫治、嘉添、式严都进来看。”

泰山说：“先生，我家也有卖这些东西。”

嘉添、式严都说：“先生，我们也有卖哩。”

秀华说：“先生，带我们去看看好吗？”

于是，我们就带小朋友到儿童家里去。先看泰山家的店，再看嘉添、式严等家的店。秀华说：“先生，现在回去幼稚园里休息一下好吗？”

于是，一大群的小朋友笑笑嘻嘻地跑回来了。休息一会儿，铃声一响，大家齐进作业室，讨论杨梅、李子、桃等的形状、颜色，怎样吃法，用什么法子去栽培它。

谈完，石花提议说：“我们也来开个果子店。”许多小朋友齐声道：“好！”

就拿土做果子，用纸剪做铜镭[①]，用桌子做店柜。

世倩说：“先生，我要做店主。”

淑琴、淑仪说：“先生，我做卖果子的。”

---

① 铜镭：铜元、钱币。此为福建、广东方言。闽南语中称之为“镭”，系舶来自荷兰语的“duit”。

大家的兴趣油然而生，做的做，剪的剪，没有一个空闲的。铜镭剪好，预备做买卖。

石花说："先生，我来画张招牌。"

淑美说："先生，可来教我写店号'卫生果子店'？"

秀华说："杨梅一片二粒。是的，要写明价钱，李子二片买三粒，桃子二片买一粒……各写明价钱，以便人来买。"

预备好了，大家唱："新鲜的甜桃，有什么人要买？"

买客们唱："新鲜的甜红桃，我要买甜红桃。"

买卖开始，大家争先恐后的来买，非常热闹。果子快要完了！是的，我们肚子也饿了，收拾吧！"哈哈！生意做得还好，看看钱赚得多少，哈！赚得一百零五枚。"

铃声一响，大家唱着再会歌，回家吃中饭去了。

中饭刚吃过，许多小朋友已再来了，要求再做买卖。好！你们预备吧，下午让你们自己来玩。石花最高兴，剪纸做镭，用土做果子，遂继续做买卖。

快要放课时，先生说："小朋友！今天做了许多事情，你们觉得高兴吗？"

大家齐声说："很有趣，让我们记起来。"

大家选淑美记日记，其余的收拾东西。

继而琴声一起，大家随唱着："工作完毕，要回家去，整理一切，大家来行个礼……明天会。"哈哈嘻嘻地踏出校门去了。

## 六、家庭联络

儿童的生活，一部分在学校，大部分在家庭。所以，要教育发生较大的效率，学校与家庭应该打成一片，幼稚园更要与家庭联络。我们由儿童的家庭，易知儿童的好尚、习惯、营养，以及过去的一切状况；同时，我们与儿童的家庭联络，可以改良家庭教育，而促进社会。我们本着我们的宗旨，特定家庭联络办法数则：

（1）访问。教师与师范实习生，每星期到儿童家庭探访一次，查悉儿童父兄的职业，家庭状况，儿童的品性、嗜好、学习、游玩伴侣等，作我们教养的根据。

（2）通讯。报告儿童的身心发达状况，俾家庭明了儿童在园的状况。

（3）恳亲会。每学期一次，报告概况，讨论意见。

附访问登记表（表 52）。

表 52　访问登记表

儿童姓名_________　　访问_______年____月____日

| | | |
|---|---|---|
| 家庭状况 | 亲族 | |
| | 职业 | |
| | 经济状况 | |
| 儿童的品性 | 起床、睡觉的时间 | |
| | 喜欢吃什么 | |
| | 喜欢与谁做伴 | |
| | 罹病状况 | |
| | 常要求什么 | |
| 报告于家庭的 | 不良的习惯 | |
| | 身体的状况 | |
| | 学习的状况 | |
| 备注 | | |

## 七、毕业标准

（1）音乐——能唱四首歌，并能表情，能辨别简单的律动和反应。

（2）游戏——能用园中所设备的三种游戏器具，能知道游戏的简单要则。

（3）故事及儿歌——能吟唱三首简短的儿歌，能讲述二则简短的故事，清楚而流利。

（4）读算——能作三种算术游戏，能顺数一至五十，并能写一至二十的数字；能运用四种识字游戏，能用铅笔写自己的姓名及校名，笔划不错；能识别圆与方。

（5）常识——能说出三种食物的来源，能识别五种鸟、兽、鱼、虫的名称，能认识总理遗像及党国旗，有爱好清洁习惯。

（6）工作——能种二种花卉或蔬菜，能使用剪刀，能用积木建造房屋，能用蜡笔画一幅想像图，能辨别颜色，做事情不求助于人。

# 142　全国著名幼稚园一览

## 许晚成

1937年1月1日

**题　解**　本篇原载许晚成编《全国大中小学调查录》。发表时间为1937年1月1日。原发表时，目录题为《全国著名幼稚园一览》，而正文题为《全国幼稚园一览》。编者取目录之题。

编者许晚成（1905—？），字尚义，上海金山人。早年任教于小学，后考入大夏大学。1930年毕业，先任教于上海女子中学，后在上海某书局任职。未久，集资创设龙文书局，主要以出版“调查录”为业务，并经售学校教科书。撰有《上海女子中学教育现状》等，编有《全国大中小学调查录》，著有《人生问题讨论集》。

该调查录虽名为“全国”，实则多有遗漏。除上海、江苏、福建相对完备外，其他尚多有理当补益之处。原文为表格式，含校名、地址、经费、校长或主任四项。其中上海市及其他省外少数园未列出经费项，还有个别园缺校长或主任项。

《全国大中小学调查录》，教育统计刊物。系许晚成所编“三大调查录”之一，由龙文书局1937年1月出版，分上、中、下三编。上编列举全国专科以上学校最近情形；中编列举各省市中等学校个别状况；下编分列各市县初等教育概况及完全小学、规模较大之初级小学分布情形；刊末附有全国幼稚园、孤儿院等。蔡元培曾为该刊题字，并加以推荐。

### （一）上海市

（1）上海中学实验小学附设幼稚园，上海尚文路，盛朗西；

（2）上海幼稚园，一部上海康脑脱路康乐里，二部上海槟榔路潘园，陈济成；
（3）工部局荆州路小学附设幼稚园，上海荆州路一百号，胡祖荫；
（4）中山幼稚园，上海江湾新市路，丁陛朴；
（5）中振幼稚园，上海极司非而路；
（6）平民小学三校附设幼稚园，上海新闻路树德里，庄平；
（7）民智小学附设幼稚园，上海威海卫路张园后门，龚冰；
（8）光厦小学附设幼稚园，上海慕尔鸣路四十号，周乐山；
（9）西成小学附设幼稚园，上海西门蓬莱路，韩希贤；
（10）西江小学附设幼稚园，上海江湾北新浜桥西首，陈祖修；
（11）吴淞小学附设幼稚园，上海吴淞北桥贤良路，沈志容；
（12）求知小学附设幼稚园，上海漕河泾镇，杨品修；
（13）求智小学附设幼稚园，上海施高塔洛恒丰里八〔十〕六号，王明章；
（14）尚文小学附设幼稚园，上海尚文门内学前街，杨静宜；
（15）坤范初中附设幼稚园，上海青岛路口，张雯珩；
（16）林荫小学附设幼稚园，上海西门外林荫路，林舜琴；
（17）南洋小学附设幼稚园，上海开封路一号，凌祖寿；
（18）南薰小学附设幼稚园，上海南市半淞园路，朱炜；
（19）香雪小学附设幼稚园，上海城内西仓路凤鸣里，顾元明；
（20）郇光小学附设幼稚园，上海北四川路横浜桥北，谢恩椽；
（21）贞一小学附设幼稚园，上海英界新大沽路，胡绮；
（22）修德小学附设幼稚园，上海北四川路宝乐安路 19 号，顾琼瑛；
（23）仓基小学附设幼稚园，上海中华路小南门，姜梦麟；
（24）唐湾小学附设幼稚园，上海西门唐家湾，陆韫茜；
（25）务本小学附设幼稚园，上海小西门外黄家阙路，姚季瑛；
（26）启秀女中附设幼稚园，上海北四川路东宝兴路，徐婉环；
（27）清如小学附设幼稚园，上海法租界华盛路，沈清如；
（28）麦伦小学附设幼稚园，上海兆丰路六百五十号，陆文淑；
（29）卿云小学附设幼稚园，上海大通路王家沙花园路；

（30）巽与小学附设幼稚园，上海小南门外牌楼弄六号，陆织云；
（31）龙华小学附设幼稚园，上海龙华路，陆清婉；
（32）第一幼稚园，上海北浙江路东海宁路咸宁里十一号，张萏芬；
（33）爱群幼稚园，上海南市蓬莱路；
（34）万竹小学附设幼稚园，上海小北门九亩地，顾枬；
（35）群益女中附设幼稚园，上海海宁路九二〇号，吴湘云；
（36）道中女中附设幼稚园，上海爱文义路大通路口，周家鉴；
（37）沪南第一幼稚园，上海西门外黄家阙路口，茅志兰；
（38）广东中学附设幼稚园，上海闸北宝源路，陈鸿璧；
（39）乐华小学附设幼稚园，上海福煦路一六二号，朱伦家；
（40）慕尔堂附设幼稚园，上海虞洽卿路三十六号，吴静；
（41）觉民小学附设幼稚园，上海极司非而路二十一号，倪元真。

（二）江苏省

（1）县立幼稚园，丹阳公园内，潘肖琹；
（2）广育院附设幼稚园，松江西外长桥南，一五〇元，杨砚芳；
（3）第一幼稚园，松江东门外大街，一五〇元，王莲芳；
（4）第二幼稚园，松江杨家桥小学内，一五〇元，姚亚圭；
（5）第三幼稚园，松江向龙潭小学内，一五〇元，尹雅仙；
（6）第四幼稚园，松江西渡小学内，一五〇元，刘顺祺；
（7）南桥女小附设幼稚园，奉贤南桥镇，每月三〇元，吴芳荪；
（8）县立陈行幼稚园，上海县第五区陈行镇，九〇〇元，高仲英；
（9）私立怀仁幼稚舍，金山朱泾镇节孝寺，张瑟人；
（10）启蒙代用幼稚园舍，嘉定城内北义仓，五四元，姚绮琴；
（11）县立实验小学附设幼稚园，昆山仓潭，五四〇元，徐定邦；
（12）一区培本小学附设幼稚园，昆山时家园，五四〇元，顾也珍；
（13）私立爱华初小附设幼稚园，昆山琅环里，二二八元，符昌权；
（14）同里幼稚园，吴江同里南濠弄，每月五〇元，严琳；

（15）黎里幼稚园，吴江黎里，每月五〇元，徐仲瑶；

（16）盛泽幼稚园，吴江盛泽太平桥，每月九二元，马景林；

（17）震泽幼稚园，吴江盛泽祠堂桥，每月五〇元，邱钧衡；

（18）金沙幼稚园，南通金沙北川门，远宝堂；

（19）石港幼稚园，南通石港盐仓，孙金诏；

（20）张吴私立幼稚园，南通城南马家巷，吴端荣；

（21）张杨私立幼稚园，南通东北水关桥，杨景卿；

（22）县立城内幼稚园，如皋城内止静庵，五四四元，于兆昌；

（23）孔庙小学幼稚园，如皋城内学宫，四七〇元，汪期增；

（24）石庄小学幼稚园，如皋石庄镇，四七〇元，苏軏；

（25）雪岸小学幼稚园，如皋薛庵镇，四七〇元，丁正权；

（26）县立幼稚园，靖江察院巷底，全年六〇〇元，杜韵芬；

（27）省立徐州女师附小附设幼稚园，铜山徐州烈士祠，全年一二〇〇元，陈肃钰。

## （三）浙江省

（1）县立幼稚园，永嘉城区县前街，陈邃；

（2）县立幼稚园，崇德西横街，汪琮；

（3）县立月洲幼稚园，鄞县江东大步头，六六〇元，张秀清；

（4）县立养正幼稚园，鄞县鄞江桥，五七〇元，朱远苹；

（5）私立翰香幼稚园，鄞县南门仓基，九四八元，陈俊武；

（6）私立甬北幼稚园，鄞县江北岸槐花树下，一〇一〇元，桂如玉；

（7）县立天真幼稚园，镇海城双狮巷，五六三元，徐世卿；

（8）薄晖幼稚园，长兴政和镇，叶竹修。

## （四）福建省

（1）县立衣锦幼稚园，闽侯城内衣锦坊，六〇〇元，王玉英；

（2）县立琯前幼稚园，闽侯南公园左公祠，三四八元，林翰炘；

（3）化民小学附设幼稚园，闽侯城内庆城寺，三四八元，宋文杰；

（4）镇海小学附设幼稚园，闽侯北门诸古岭，三四八元，邬爱珍；

（5）郭宅中小附设幼稚园，闽侯南门外郭宅乡，三四八元，杨月英；

（6）岳峰中小附设幼稚园，闽侯东门东狱前，三四八元，姚慈安；

（7）扈屿中小附设幼稚园，闽侯内七里扈屿乡，三四八元，吴梅卿；

（8）镇立苍霞幼稚园，闽侯南台苍霞洲，三○○元，许慎玉；

（9）市立鸿麓幼稚园，厦门市普佑殿，陈淑谦；

（10）市立大同小学附设幼稚园，厦门市浮屿小学路，伍远资；

（11）市立玉紫小学附设幼稚园，厦门市靖山头，陈志伦；

（12）私立惠群小学附设幼稚园，厦门市思明南路青墓口，林士麟；

（13）私立雄正小学附设幼稚园，厦门市鼓浪屿鹿耳礁，王清辉；

（14）私立浔源校幼稚园，厦门市鼓浪屿中路，吴清华；

（15）私立培英幼稚园，厦门市竹树脚，施佩蓉；

（16）贞光幼稚园，福鼎城内，二○○元，姚和顺；

（17）县立培德幼稚园，潼浦县城区乡，六○○元，黄玉真。

（五）安徽省

县立幼稚园，寿县丰备仓小学内，四○○元，孙多芬。

（六）广东省

（1）第一幼稚园，广州惠爱西路，全年二○六八元，马汉瑶；

（2）私立德星幼稚园，东莞城内榜眼坊，全年一三二○元；

（3）私立明星中学幼稚园，东莞城内龙头第一关，全年一九六○元，伦华圃；

（4）私立两隅幼稚园，东莞西北隅社学，全年一三二○元，张瑞文；

（5）私立德华中学附设幼稚园，曲江，全年二三○元，戴惠琼；

（6）私立励群小学附设幼稚园，曲江，全年三○○元，邓镇鋆；

（7）县立第一幼稚园，潮阳学宫；

（8）县立一高幼稚园，茂名府学宫，蒋贞权；

（9）县立女小幼稚园，茂名拱宸街，何智芬。

（七）湖南省

县城幼稚园，常德城内铁家桥，全年四〇〇〇元，鄞俊。

（八）四川省

育幼幼稚园，广汉城内九龙路，蒋世儒。

（九）北平市

（1）市立永光幼稚园，北平永先寺中间；
（2）胡同幼稚园，北平北魏儿胡同二八号；
（3）东四十二条幼稚园，北平老君堂十一号；
（4）东单幼稚园，北平小牌坊胡同六十号；
（5）洁民幼稚园，北平西单北甘石桥，章淑南；
（6）委托试验幼稚园，北平府前街，张雪门；
（7）博氏幼稚园，北平大鹁鸽市，高连珍。

（十）河北省

县立女师附设幼稚园，定县城内文庙，李秀之。

（十一）察哈尔省

省立张家口女师幼稚园，张家口市中山公园。

（十二）绥远省

第一幼稚园，新城南街。

# 143　幼稚班试教经过

钟昭华

1937年1月10日

另图 57　钟昭华像

**题　解**　本篇原载《儿童教育》第 7 卷第 8 期“讲习纲要”栏。发表时间为 1937 年 1 月 10 日。

撰著者钟昭华（1901—1995），浙江德清人。1919 年毕业于浙江杭州弘道女中师范科，旋留校任教。1924 年应聘到陈鹤琴的家庭幼稚园中任教，次年去职，转任南京女师幼师科和大夏大学从事幼师培训工作。1932 年，再应陈鹤琴之邀，出任南京鼓楼幼稚园园长。在长期主持该园的过程中，认真负责，并参与多项研究实验。抗战期间，追随陈鹤琴赴江西幼师，担任“幼稚教育学”和“教材教法”课程的教学工作。抗日战争胜利后，回上海任教于“上海幼专”。中华人民共和国成立后，长期任教于南京师范大学，并兼南师附小大石桥幼儿园主任。与唐淑合著有《中国学前教育史》，并撰有多篇幼教论文。

有关《儿童教育》，参见前文《南京鼓楼幼稚园实施课程概况》题解。

## 一、绪言

中华儿童教育社第六届年会，今夏在庐山举行。昭等于赴会之余，承江西省教育厅和年会朱先生盛意，邀赴南昌，参加年会“暑期讲习会幼稚班”试教。

当时，实未敢贸然允诺。因一以既称试教，非得与儿童有相当之熟悉和了解不可；骤然与儿童接触，未免膈膜。一以尽一小时余的时间，而欲将幼稚园活动过程整个演出，决非事实所可能。疑虑再三，卒未能却讲习会诸先生盛意，只得尽一己之力，勉为其难。

试教结果，愧无成就。不过，以当时当地的环境之下，能得许多人参加批评，在昭等个人方面，可以说得益不少。这是应该在此附带声明和感谢的。

现在，把在南昌两天和幼稚生共同生活的情形记录下来，聊作同志们参考，并盼多多指教。

## 二、试教的前一天

我们在十七日晚到了南昌。十八日，和讲习会诸先生接洽，知道试教的地点在南昌省立二中大礼堂，而参加试教的幼稚生，却是江西省会幼稚园的儿童。这两处地点，平时素无关系，相离又约有一二里，知道是一个儿童不习惯的场所。

同时，因为是在放暑假的期间，非先将儿童召集不可，想和儿童作一次初步的认识，才能使儿童不生畏怯。幼稚生非成人，决不能一见如故的。因此，当天就到省会幼稚园，和该园主任黄菲萝先生接洽。承她极力的帮忙，关于幼稚生的召集，归她负责，暂定二十五名。

后来，在省会幼稚园想找些适当的材料，可以在试教时应用，结果未能如意。就在当天，添量些自由作业和音乐教学的用具。下午，黄先生访问了二十多名幼稚生的家长，结果很好。第二天早上，就在省立二中大礼堂，和二十几个不相识的儿童会见了。试教的地点，是在二中大礼堂的台上。今天，就不得不登台试演。因此，就有了以下的几段活动。

### （一）谈话

和儿童相见，彼此招呼。认识儿童的始末，认识南京来的老师；为什么这样大热天，要请小朋友来上课等。

### （二）自由作业

介绍新的作业用具和怎样玩法。大家见了未见过的东西，个个都想试一试。结果，就给儿童一个作业的机会。

分成了五六组。因为初次尝试，有几个儿童不很活动。再三的勉励，大家就活动了近三十分钟。

接着，令儿童学习收拾并整理材料。收拾完了，给大家看作业成绩，引起儿童以后继续学习的兴趣。

（三）静息儿歌

儿童活动了半天，天气又热，大礼堂的地位，是一间四面不通风和空气的庙宇般的屋子，光线黑暗到极点，不能有户外可活动，只能令儿童静息片刻。

后来，就接着学习了一首《蜻蜓》。儿歌如下（详见陈鹤琴编《分年儿童图画诗歌》第一册）：

一条长尾巴，
两个大眼睛。
飞去又飞来，
好像小飞艇。

（四）音乐

1. 唱歌

儿童到此时，已和教师熟悉了许多。教师按〔弹〕琴，令儿童坐成两排，随由教师唱《小小星》歌一曲。儿童随即学习。

先由教师范唱数遍，后来和儿童合念歌词，几次以后就跟得上了。其中有几个儿童，也能起立独唱。歌词录后（歌谱见陈鹤琴编《世界儿童歌曲》第一集）：

一闪一闪亮晶晶，
满天都是小星星。
挂在天空放光明，
好像千万小眼睛。
一闪一闪亮晶晶，

满天都是小星星。

2. 节奏

先听琴音拍手，以训练时间。待拍子正确，能分轻重后，就令儿童起立进行。大致无误，计分轻重进行，跑步等数种。结果，颇能按琴声动作。

3. 小乐队

儿童听琴声的拍子，已可感觉而有反应了。教师就另奏一曲，预备配乐器的击打。关于这一节，可以说，对儿童完全是新的感触。因为乐器都是新置办的，教师令儿童听琴声数遍后，就把乐器渐次敲出；同时，并使儿童认识各种乐器的名称，并如何玩法。

在每一种乐器的用法得到适当的指示后，就令持乐器，按拍击打。等到拍子熟了，再分段合奏的敲击几次。儿童兴趣很浓，差不多每一个人有一样乐器；所以在分段的时候，都知道注意自己的乐器，聚精会神，真像是一个小小的乐队了。

乐队停止了以后，因为觉得今天的试习，正可以使儿童略得习惯，并且和教师也已有相当的认识了。为了天气的热，不得不停止活动。就和儿童约定，明天上午八时，再在此地相会，预习方告结束。

结果虽称满意，但是照今天的情形，感到有几点困难：

（1）儿童活动的场所被限制，因为只能在一个表演的台上。

（2）教师的言语是普通话，对生长于南昌的儿童讲话，难免有使儿童不明了的地方。有时，儿童的话教师听不懂，要经黄先生解说才明了。这是言语上的隔膜，无可挽回的。

总之，今天的活动，对儿童都是新的尝试。我们只希望给儿童一次小小的经验，以便第二天的演出能自然些。虽然不能把幼稚园的整个教学情形演出，也算得了几个例子了。

## 三、几段活动过程

十九日上午八时，二中大礼堂坐满了四五百人，都是参加暑期讲习会的学员。听说当天上午，其他讲学都停止，全体都到这里来参观了。儿童到了二十二名，今天和我们相见，已能招呼，比昨天熟悉了许多。

八时半开始，先对全体参观人讲了今天要活动的几段过程，并解说了各种活动过程的内容；另外，关于教室的布置、材料的准备、教材的内容介绍，以及教学时的须注意数项，和试教与普通幼稚园一般教学的不同情形，详为解说。

而后就在台上布置一个自由作业的环境。儿童登台，先整队举行清洁和健康检查。对每个儿童，详细诊查有否皮肤病或伤风、咳嗽等情，或儿童自身是否清洁，手帕是否随身带来。结果，除少数儿童有鼻涕及指甲略长外，无他缺点。当时即为矫正，儿童就自己开始活动了。

（一）自由作业

因为限于地点的窄小和工具的缺少，只能分成以下七组，随各儿童自己愿意，参加那一项工作。

（1）自由画。桌上放着腊〔蜡〕笔、水彩颜料、画笔和纸张等。儿童选择这项工作的，约有六七人，各随着他们自己的意思，发表图画。关于水彩颜色的调和，有几个儿童不很明了，教师就趁机调给他们看。关于发表图画的意思，教师只从旁加以指导，但不更改他们自己的本旨。结果，很有几张有意义的作品。

（2）胶水图形。桌上放着胶水、画笔、纸、一盆黄沙和一些五色的碎纸屑。用胶水画成各种图形，上面散以黄沙或纸屑，就显出了很美丽的图画了。儿童选择这项工作的，兴趣似乎最好。起初，他们不会自己画图样，就由教师帮忙，画成各种动物和小船、房屋等图形；渐渐的，儿童自己也能仿画成一只小船、一只蝴蝶了。

（3）剪贴。桌上放着各种五色纸张、剪刀、浆糊和较大的白纸。儿童喜欢各种美丽、不同的颜色纸张。选择剪贴的，也有不少。他们剪成皮球、茶杯、草地、树木、宝塔、房屋、人物等等，再黏〔粘〕在大的白纸上。

（4）刺工。在预备好的硬纸上面，画着图样，并且刺好了针孔，另外备有穿好线的粗针。有几个女孩子选择了这项工作。拿针线照样针穿刺，刺成图形后，又涂上颜色，就成了一张美丽的画片了。

（5）打印图。这项工作，本来应该预备许多动物木戳。当天因为不及准备，所以就在商务买了两盒橡皮动物印。当然是价钱大而东西少，似乎不大经济。但为了要使儿童尝试这项工作，所以就将这些印子放在桌子上，给儿童应用了。他们拿印子印在白纸上，再用腊〔蜡〕笔加上颜色，再画上些旁的东西，就成了一张美丽的图画了。有的儿童印上许多马，就加画些草，成为马在吃草了。有的儿童印旁的动物形。儿童不能有意思联系时，教师就加以指示。结果，玩的儿童，就觉得有兴趣了。

（6）黏土工。因为办不到细的白泥，当天我们就用黄泥。就是颜色不大好看些，黏性倒还差不多。儿童参加这组的，随意捏塑，做成了娃娃、汽车、宝塔、皮球等件。觉得还有兴味。

（7）积木。那里没有大的建筑积木，只有几盒小号彩色方木和几盒六面画。两三个年龄较小的儿童，在自己玩着、搭着。因为太小，只能在桌上玩玩，似乎不能引起多数儿童的爱好。

上面这七组儿童，各自干着自己愿意做的工作，尚能注意自己所做的事情。教师轮流在各组间指导。儿童在某项工作上得到一个结果时，教师就拿起来给参观的学员们看，得以明了一切。也有儿童，在某项工作上得了结果以后，要求尝试另外一项工作的，就随时更换。各人有着各人的事，并且都是少数人成为一组，所以秩序和兴趣都很好。比较昨天的试习，进步了许多。这就是表明，儿童随时都可以学习的，只要教师能指导得法。这样工作着约有三十分钟，因限于试教的时间，教师提出要求整理收拾，预备作旁的活动。儿童同意，就各自整理完毕，集合在一起。

### （二）批评工作

当儿童集合在一起，注意力全都集中的时候，教师就拿各种工作的成绩，给全体儿童看，请他们共同批评或欣赏；使他们对于各项工作，能更增兴趣。有好些儿童，也能发表意见；对于工作的好坏，已有想当的了解。

### （三）儿歌

工作批评完毕后，复习昨天所学的儿歌《蜻蜓》。接着，又教了一首新的《蝴蝶》。词如下（陈鹤琴编《分年儿童图画诗歌》第二册及王瑞娴制《儿童年新歌曲》）：

身穿花花衣，
看来真美丽。

飞，飞，飞，

飞在花堆里。

讲时，并加以表情。儿童个个都能够唱，神〔眉〕飞色舞，好似自己都已变成了美丽的蝴蝶一般！

（四）唱歌

讲儿歌后，教师就奏昨天所学的《小星星》歌调，儿童都有反应，大家和合起来唱了。有的儿童单独唱。复习了一会儿，又教了一首新的歌《五只小鸟》。歌词如下（陈鹤琴编:《世界儿童歌曲》第一集）:

一二三四五，五只小鸟同一窝。

一二三四五，五只小鸟去上课。

一二三四五，五只小鸟来数数。

五只小鸟不会数，你看怎么做?

乌先生来了，小鸟吓得雀雀叫。

乌先生说道:“你们坐好听我教，

一二三四五，你数好了他来数。”

五只小鸟都会数，我说“真不错”！

教师范唱了几遍，儿童静听，好似听故事般的内容。听清楚了，然后教师逐句解说和范唱，儿童就跟着逐句的学唱。几分钟后，已能整段地唱。虽不能独唱，却能跟着唱出了。再依着歌词的意义，随儿童的意思表演。这首歌注重于数数，所以他们就更觉有兴趣。

（五）游戏

儿童在台上一点多钟的活动，都是坐着或站着的。因限于不能到户外去，就给他们做了一个活动些的游戏调剂一下。

所以，教师就解释了一个抢椅子的游戏给他们听。请全体儿童，每人拿一把椅子，排成一正一反的一行。其中有一个儿童不拿椅子。全体听着琴声前进，常步或跑步；琴声一止，立刻抢座一椅。谁坐不到椅子，就算是失败，当退出游戏。看最后谁得胜利。

解释完毕后，教师按琴，儿童就开始竞赛，兴趣非常浓厚。结果，一个得到最后胜利的儿童，受到大家的拍手赞羡。

（六）小乐队

这节活动，因为有过昨天一天的训练，儿童对乐器，约略有些认识。

教师先奏 *The Little Marionettes*（French Folk Song）[①] 一曲二三遍。儿童已能分辨节拍，就把所有的乐器木鱼、双铃、铙、钹、罄〔磬〕、鼓、小锣等二十余件，分派给每个儿童。

每人得一乐器，听着琴声击打。有时各项乐器分开来打，有时合并打。儿童对此曲，已有了相当的观念，所以打时很正确，无大错误。一个小小的乐队，已经有了相当的成功了。约有四五遍的重复奏演。

有几个儿童，也交换了乐器打几遍。这时，已经十点半了。因着天热并时间的限制，我们的试教到此结束，向儿童解释不再继续上课的意思。

当他们下台时，有几个儿童热烈地问着我们："明天要来吗，先生？""我明天还要来。"我们笑着说："不必来了。"但实在希望以后还能有机会，和这些天真、可爱的孩子们再接触呢！

## 四、尾声

综上两天的试教经过，合计约三小时。在此三小时内，儿童所已学到的：（1）能完全唱歌一首；（2）能吟儿歌两则；（3）能做游戏一则；（4）能和琴声合奏乐器；（5）能应用作业用具数种。

---

① 此英文，可译为《小木偶》（法国民歌）。

虽然以江西省会幼稚园的儿童，或许平日已很有训练；但儿童在一不同环境的情形之下，和两位素不熟悉的教师共同生活；以及在数百人注目着，而凡事感觉新奇的状态里，而能有此结果，我们认为，儿童是万能的。所以，凡事儿童能够学习的，我们务必教他。假使我们错过给儿童的学习机会，这是教师应该负责的。

我们试教过后，由陈鹤琴先生对全体学员作一次详细的解说。现在只提出几点特别须注意的，作为本文的结束。

（1）关于儿童用的桌子和椅子，要适合他们的身段，不能过高或过低，有碍儿童身体上的发展。这次试教用的椅子过低，桌子太少、太高。儿童坐着工作，似乎不很适宜的。

（2）自由作业的材料，要充分的准备，不能限于试教的几种。其他还有纸浆工、米粉工、大积木、木工、漆工、缝纫、编织、穿线、沙箱、园艺等；并且可以多利用废物，以启发儿童的创造力。作业的用具，不是像试教般限于地位，而预先按放在桌子上的。应该把各种工作用具，放在每一个作业的场所或教室里，让儿童自己去拿出来应用；或独自工作，或合组分作都可以。

（3）要多利用户外教学，使儿童多和日光、空气接触。教室的构造，也要顾到光线和空气。像试教的地点，是不适宜的。

（4）要注意儿童身体的健康。每天必须详细考察儿童身体上有无缺点。如发现有何缺点，一定要使他和大家隔离。因为健康生活，是儿童生活的大部分。有了健康，儿童的生活才得到快乐。

附注：小乐队乐谱见 William：*A First Book of Rhythm Band*。[①]

---

① 此英文，可译为威廉：《第一本节奏乐的书》。

# 144 重庆幼稚园调查

1937年1月

**题 解** 本篇原载《四川月报》第10卷第1期“社会一瞥”栏。发表时间为1937年1月。原发表时无署名，记录报道者未详。

有关《四川月报》，参见前文《一九三〇年四川幼稚园教育概况》题解。

渝市地扼长江上游枢要，教育向称发达，尤以初级学校较为众多。计重庆市公私立小学，有九十余所；巴县城乡公私立小学，共在三百所以上。惟幼稚园之设立，尚未能普遍。兹将重庆市各幼稚园近况，略志如下：

（1）体心堂之市立第一小学幼稚园，于十七年成立。全年经费九百元，现有学生八十人。

（2）三元庙之市立第二小学幼稚园，于十七年成立。全年经费九百元，主任为周载淑，现有学生七十人。

（3）江北区小横街之市立第三小学幼稚园，成立于二十一年。全年经费一百一十五元，主任为赵廷玉，现有学生八十九人。

（4）曾家岩之市三区小学幼稚园，成立于二十四年。全年经费九百元，主任为王永常，现有学生五十二人。

（5）东华观私立之新民幼稚园，成立于十一年。全年经费一百四十元，主任为石荣廷，现有学生七十一人。

（6）戴家巷之幼幼幼稚园，成立于民国二年。全年经费四百元，主任为安怀信，现有学生三十人。

（7）青年会私立之幼稚园，成立于二十一年。全年经费一百五十元，主任为余德光，现有学生五十九人。

（8）中营街之私立育德小学幼稚园，现有学生七十五人。

# 145 北平幼稚师范学校

玉冰

1937年6月30日

**题 解** 本篇原载《现代青年（北平）》第7卷第6期“青年升学向导特辑”。发表时间为1937年6月30日。

撰著者玉冰，生平事迹未详，当为《现代青年》记者。

《现代青年》，半月刊。1935年10月10日创刊于北平，由《现代青年》社主办、编辑，由北平大成书局发行。该刊以“提倡青年运动，鼓励青年修养，期为青年进德修业之助”为宗旨。主要栏目，有现代知识、名人与轶事、少年公园、读者园地等；主要撰稿人，有尹冰彦、楚人、汪洋、珞忒、林国材、汪泽坤等。1937年7月15日终刊，现存8卷30期。

在目前的中国，造就幼稚师资的学校并不多；而北平的幼稚师范，就是这不多学校中的一个。据该校负责人表示，幼稚师范学校，乃是依据平民的幼稚园生活，造就平民幼稚园师资的地方。这句话可代表他们办学的宗旨。幼师，系中华教育改进社和香山慈幼院合办的。校长为熊秉老（即熊希龄）；而实际负校务全责者，则是校务主任、幼稚教育专家张雪门氏。

## 一

幼师办学旨趣，可分作三面来说：

### （一）他们深信“教学做合一”的原则

所以各种学科，概重学〔实〕习。又因为幼稚师范乃是幼稚园师资培养的地方，故以幼稚园为中心，开始即须从幼稚园中实习。在实习方面，先参观，次参与，终至于支配。

参观时间所记录者，是建筑、教具、工具、材料等设备；教师之态度、技能、习惯与仪表，对幼稚生积极、消极之处置；作业、音乐等教学之过程，以及完整之设计。参观则自供备材料开始，渐至于儿童全部之活动。

支配时，借用平中各幼稚园下午无课之空间，视其各园经费之丰瘠，竭力补助之，裨得招收城中贫寒幼稚之儿童，使之同得受幼稚园之教育。现办者，有中心幼稚园下午一组，民众幼稚园下午一组，培根幼稚园下午一组；偏西者，求知幼稚园下午一组；偏东者，第二蒙养园下午一组，总共二百余人。即由师范二年级生，任其招生、编级、选材料及一切指导之责。

师范生对于幼稚园实习，是定有二年计画的。其余烹饪、育儿、幼稚园用之教具、玩具及故事、游戏等材料，无一不有其实际的成绩，不全靠书本上的研究。

### （二）课程的组织，须合于科学的原则；而其活动，更须使学生有自动计画的机会

对于导师，有各科希望达到之标准。每一学期，有《学科程序表》之规定及《教学态度表》的统计；每一月则有《工作录》的指定；而以知识、技能、兴趣、习惯、态度五项，考核其各科的成绩。

在学生方面，则有每月及每周《工作计画表》的分配及统计。全部课程酌采道尔顿制。道制的课程指导书，就是现用的工作录。不过，课程指导书之内容，偏于知识之推究，不如工作录之兼顾实际之工作。这是不同的第一点。

幼师导师虽亦按时指导，但所费时间，仅依照采用班级制时所规定者而已足，不必像道制之须尽日守作业室。这是不同的第二点。

幼师作业，除研究室以外，若幼稚园、婴儿园、工场及社会一切机关，无一不系求学之地，并不如道制之拘拘于作业室。这是不同的第三点。

（三）幼稚园须合于最大多数之需要，且须合于我国经济、政治的情形

所以，幼师未来教师（即现时的师范生），概须住校。即在其日常工作中，培养其民族意识、生产技能、自卫实力、反抗决心，以及平民的习惯及兴趣。

现时各生学、宿、膳、杂、零用等费，仅一百五十元，已足供其全年十二月之消费。三元五角，已合于整月之伙食。嗣后服务乡村，与真实之农民合作，当可更坚定其平民之习惯、兴趣；而民族意识、生产技能、自卫实力、反抗决心，将从实际生活之反映，形成其意识了。有了这种意识，对于乡建工作的贡献，其伟大的地方，是莫可言喻的。

二

关于幼师学生的课内外生活方面，也很值得作一介绍。

（一）课外劳作

平市是旧日的国都，封建思想极浓，暮气在所不免。一般学校，因为要迁就社会，均习于妄〔安〕逸，学生们都是以消遣的态度来读书。每日除吃饭、上课、娱乐以外，再无其他工作。

而幼稚师范却不这样。课外洗衣、扫除、做饭、敲煤、缝衣、种菜，举凡力能作到的，完全由学生自己去作。

曾记得迁到新校址——帝王庙的时候，遍地杂草，高可及人。但不到十天的工夫，完全分工合作给铲除尽了。当春天的时候，在空的地方种许多菜蔬、花果、老玉米之类。不久，菜熟、花开，吃着自己种的菜，看着自己养的花，觉得由劳力换来的享受，别有一番滋味。

（二）工作日程

他们的工作分配，均按科学的组织、时间利用的经济、工作成就的迅速。

在每月之终，由教务课发给每人《工作录》一份。里面写明下月各科应作的事项。再发给《月表》《周表》各一张。《月表》是把本月《工作录》的工作，分配为四周（此纸每月发一张）;《周表》是把这一星期的工作，分配成六天，定出每天应作的事项。在“工作实现栏”内，每日填写。如有变更，就在“变更栏”内，写明原因及补救方法。科学头脑的养成，即以此为出发点。

（三）课外组织

他们对于学生，不仅以其知识的优劣为前提，乃以其脱离学校进入社会，是否能发挥〔扬〕光大其所学，运用于实际生活为务。

所以，学生有课外团体生活的组织多种。如图书管理委员会、消费合作社、膳事委员会、体育委员会、演讲辩论会及学术研究会。目的在顺应学生之好动天性，施行积极方法。尽量与以动机，指导其从事种种正当之行为；使能由生活而获得快乐、技能、理想；并发展其群性与天才，使能利用社会训练、社会制裁，而自己管理自己、信仰自己，勇于牺牲，忠于服务。

（四）衣食住行

他们每月只吃三块半钱的饭。是由学生膳事资〔委〕员会经理，并且每人均负有洗衣、擦桌及扫地的义务。

至于衣服，一律着布的制服，由学生自己缝纫，自己洗濯。

师范生完全住校。校舍——帝王庙，虽然极富丽堂皇，然而内容却很朴素。十余人住一间大屋子，由他们自己扫除、自己整理。是故，幼师学生总数，将近二百；导师之住校者，只达十余人；而学校工友，仅只八人。

师二学生，每日分组到各平民幼稚园实习。除道路太远者，为经济时间，不得不坐电车外；其余均走去走回，不辞劳苦，且处之怡然。这就是平民化生活的表现。

最后，我们应当提到的，幼师每年招新生一次——只限女生，不招男生。幼师学生毕业后，各地都来延聘，从无失业之虞。

# 北平幼稚師範學校

玉冰

在目前的中國，造就幼稚師資的學校，並不多，而北平的幼稚師範就是這不多學校中的一個。據該校負責人表示：幼稚師範學校乃是依據平民的幼稚園生活，造就平民幼稚園師資的地方。這句話可代表他們辦學的宗旨。幼師係中華教育改進社和香山慈幼院合辦的。校長爲熊秉老（即熊希齡），而實際負校務全責者，則是校務主任，幼稚教育專家張雪門氏。

幼師辦學旨趣，可分作三面來說：第一，他們深信「教學做合一」的原則，所以各種學科，概重學習。又因爲幼稚師範乃是幼稚園師資培養的地方，故以幼稚園爲中心，開始即須從幼稚園中實習。在實習方面，先參觀，次參與，終至於支配。參觀時間所記錄者是建築，教具，工具，材料等設備，教師之態度，技能，習慣與儀表，對幼稚生極積消極之處置，作業，音樂等教學之過程，以及完整之設計。參觀則自供備材料開始，漸至於兒童全部之活動。支配時借用平中各幼稚園下午無課之空間，視其各園經費之豐瘠，竭力補助之，俾得招收城中貧寒幼稚之兒童，使之同得受幼稚園之教育，現辦者有中心幼稚園下午一組，民衆幼稚園下午一組，培根幼稚園下午一組，偏西者求知幼稚園下午一組，偏東者第二蒙養園下午一組，總共二百餘人，即由師範二年級生任其招生，編級，選材料及一切指導之責。師範生對於幼稚園實習，是定有二年計畫的，其餘烹飪，育兒，幼稚園用之教具玩具及故事遊戲等材料，無一不有其實際的成績，不全靠書本上的研究。

第二，課程的組織須合於科學的原則，而其活動更須使學生有自動計畫的機會。對於導師有各科希望達到之標準，每一學期有學科程序表之規定及教學進度表的統計，每一月則有工作錄的指定，而以知識技能興趣習慣態度五項考核其各科的成績。在學生方面，則有每月及每週工作計畫表的分配及統計，全部課程酌採道爾頓制，道制的課程指導書，就是現用的工作錄。不過課程指導書之內容偏於知識之推究，不如工作錄之兼顧實際之工作，這是不同的第一點，幼師導師雖亦按時指導，但所費時間，僅依照採用班級制時所規定者而已足，不必像道制之須盡日守作業室。這是不同的第二點。幼師作業除研究室以外，若幼稚園，嬰兒園，工場及社會一切機關，無一不係求學之地，並不如道制之拘拘於作業室，這是不同的第三點。

第三，幼稚園須合於最大多數之需要，且須合於我國經濟政治的情形，所以幼師未來教師(即現時的師範生)概須住校；即在其日常生活中，培養其民族意識，生產技能，自衛實力，反抗決心，以及平民的習慣與興趣。現時各生學宿膳雜零用等費，僅一百五十元已足供其全年十二月之消費，三元五角已合於整月之伙食，嗣後服務鄉村，與農民合作，當可更堅定其平民之習慣與興趣，而民族意識，生產技能，自衛實力，反抗決心將從實際生活之反映，形成其意識了。有了這種意識，對於鄉建工作的貢獻，其偉大的地方是莫可言喩的



另图58 《北平幼稚师范学校》原发表件（部分）

# 146 陕甘宁边区战时儿童保育第一院概况

1938年9月25日

**题 解** 本篇原载1938年9月25日《新中华报》第4版“陕甘宁边区战时儿童保育院成立特刊”。原发表时无署名，题为《边区战时儿童保育第一院概况》。今题系编者所拟。

在该期特刊上，载有毛泽东的题词“儿童万岁”。还刊有陕甘宁边区战时儿童保育分会所撰报道《战时儿童保育院第一院成立了》，战时儿童保育总会派赴延安的代表孟庆树所撰贺文《祝边区儿童保育院成立》，以及边区妇女联合会的贺诗《战时儿童保育院》等。

边区战时儿童保育第一院，亦称“陕甘宁边区第一保育院”或“延安保育院”。该院以蓝家坪托儿所为基础，1938年9月24日在延安成立。教育目标为：“增进孩子的身心健康和快乐，培养其优良的习惯和行为，使之成为抗战建国的优良小国民。”其教育原则为“保教并重”；教学方法主要为直观教学法、比较教学法、三化教学法（故事化、游戏化、歌曲化）。中华人民共和国成立后，改办为“西安市第一保育院”。

《新中华报》，中国共产党中央委员会机关报，不定期，其前身为《红色中华》。1937年1月29日创刊于延安，由陕甘宁边区政府主办、编辑并发行。旨在阐明中国共产党的方针政策，维护抗日统一战线。主要内容，有时事新闻、抗日政策、军事动态、集会演讲、边区新事等；主要撰稿人，有毛泽东、徐特立、张慕尧、马文瑞、胡耀邦、刘书亭、马千里等。1938年12月25日终刊，共出149期。

## 一、创立经过

卢沟桥事变以后，日本帝国主义者的大炮，惊醒了全国各地的青年的迷梦，一个个摩拳擦臂〔掌〕，下了抗日的决心。边区的青年男女，更是坚决的、果毅的离父母、抛儿女，拥到民族革命的最前线。政府关心到抗日战士的家属，以及长期抗战中的后备军，遂创办起我国空前未有的托儿所，收容这些被父母抛弃了的孩子。

但因当时人才缺乏（没有专门知识的人）、经济困难，不但不能副政府的期望，并且还损害了四个孩子。这是我们最憎恨、最痛心的一件事。随后调任几位热心工作、爱惜儿童的同志，来担任这项工作，托儿所才有新的气象。不过，为经济的条件所限制，不能更广泛的收容儿童。

最可为全国儿童庆幸的，是国民政府在武汉创办“战时儿童保育会”，收容战区流离失所、无家可归的儿童；在蒋夫人领导之下，经过了许多的挫折和困难，才获得很大的成绩。在教育中，发现了很多天才很高的小国民；同时，这伟大的种子，洒遍了全国各地，指示边区成立保育分会，领导保育院迅速成立。

边区保育会于七月四日正在〔式〕成立，决定把托儿所改为保育院，更加扩大起来。这就是保育院的前身和产生。

## 二、经费概况

（1）政府方面——自九月份起，由边区政府拨起，给经常费一百元，开办费二百元。

（2）募捐方面——由各机关热心儿童工作的同志及毛泽东同志、朱总司令、项英副军长等捐助了七百元。

（3）私人方面——每个儿童入院，每月由私人津贴：幼稚生每月三元，婴儿每月五元。

此次开办，除接受过托儿所建筑及购置各物等，估计约一千余元外，建筑、添置用去八百多元。一切设备，为经济所限，只能这样简单和粗陋。

## 三、院址

托儿所决定改组为保育院后，计划先收容五十名儿童。旧地（延安城南七里店）本来狭小，可是依山面水，空气清新，人家少，既适合儿童卫生，又传染不到不良习惯，便决心把旧地稍加修理、添置。计建幼稚生教室、卧室、厕所及修理办公室等房屋数间。

## 四、组织

保育院自正、副院长以下，设总务部（一人）、医务部（一人）、生活指导员（一人）、幼稚教师（四人）、保育教师（十人）。

## 五、儿童的生活

（1）衣——除婴儿之被褥、尿布外，一切完全自备。但如有特殊情形者（如父母在前线，或不在此地，以及为革命而牺牲者），公家可以代募和添置。

（2）食——幼稚生因年龄较大，每日三餐，加点心一次。婴儿科每日四次：六个月至八个月，完全乳粉；八个月至一岁，逐月增加流动性的食物，减少乳粉；至十二个月，断去乳粉。较大之孩子，在每餐之后，必喝开水一次。

本来，就是幼稚生也应当贴一顿牛奶，但因为乳粉价值〔格〕过高，每月每个孩子需要五十余元，因之经济力量只能顾到顶小的孩子。最近，准备自己买两头牛及羊，可以比较便宜些。

（3）住——按理，每个儿童该有一只木床；但因限于经济，除婴儿科全有木床外，幼稚生只有两只木床，余下都住炕上。

## 六、儿童的卫生

（1）洗澡——现在因天气渐冷，每星期减为两次。洗澡时，换衣一次。

（2）消毒——所有衣物，每星期用熏气法消毒一次，以免互相传染。被褥每星期晒一次。

（3）日光浴——每天早餐后，九至十〔时〕，晒太阳一小时。

（4）诊察——每日早餐，试体温一次。各保育员在下午二时内，必须考察每个儿童的大小便次数、多少和厚薄。

（5）水——每天喝四次开水。

## 七、儿童的教育

按儿童的年龄及发育情形，给以适当之教育（如婴儿之学习说话、坐、爬、走、立等）。幼稚生的教育，除在日常行动中订正其不良习惯外，另有游戏、唱歌等。

## 八、工作概况

（1）院长——负推动全院工作人员之责。

（2）保育员——分为三班，每班三人；分上午、下午、夜工作，每人八小时。白日班负责管理吃饭、洗换、教育等；夜班专门照料孩子撒尿、盖被等工作。

（3）总务——管理全院总务。

（4）医务——每日诊查各个儿童体温、清洁。儿童如有失常现象，即刻医治。并负训练保育员医学常识之责。

（5）幼稚教师——负全体幼稚生全责。每日一人早班、一人晚班，轮流担负。

陕甘宁边区保育分会战时儿童保育院公启

# 147 赣南儿童新村

程甦

1942年7月1日

**题 解** 本篇原载《广西妇女》第26、27期合刊“地方通讯”栏。发表时间为1942年7月1日。

撰著者程甦，生平事迹未详，当为记者。

赣南儿童新村，亦名“中华儿童新村”，为抗战时期所创设的知名儿童公育机构。它位于赣州城外的虎岗（原为义冢），占地三千五百亩，建有园舍49栋，另有运动场、菜圃、农场、牧场等设施。教育设施则有托儿所、幼稚园、完全小学和初中，为“一条龙”式的教育试验机构。经两年筹建，新村于1943年6月20日正式开幕；由蒋经国兼任村长，蒋方良为名誉村长。收容儿童最多时，达1200名。1945年1月，由于日寇入侵赣州，新村人员被迫疏散。1948年改办为“江西育幼所”。

《广西妇女》，地方妇女月刊。1940年2月8日创刊于桂林，由广西省新生活运动促进会妇女工作委员会主办、编辑并发行。以“宣传妇女运动”为主旨。主要栏目，有短评、特载、通讯、特写、文艺、书报评介等；主要撰稿人，有白崇禧、李郭德洁、林珊、杨承艾、刘英舜、程思远、哈玲等。1943年7月1日终刊，共出3卷34期。

## 一、儿童新村的前奏曲

赣南，这一片历史遗留下来的、近似荒蛮的土地，一直到今天，它还多少残留着一部分荒蛮的气味。虽则在明代中世时候，王阳明先生曾经在赣南执行“政教合一”的伟大工作，在赣南的开化历史上，也就一度放射光芒。但是从满清一直到民国以后，赣南和中国境内的四川一样，天灾人祸的交替，使赣南人民的确吃了大苦。

近两年来，蒋经国先生就任江西四区行政督察专员，对于赣南建设煞费苦心。他一方面受了总理三民主义政治思想的感召，同时又受了王阳明遗留在赣南功绩上的激励，于是赣南颁布了《三年施政计划》。全部三年施政计划，主要的是经济建设，而经济事业要从教育事业开始。这是蒋先生朝夕深思、力图展开的重要工作。

在今天，赣南有一百六十万人民，却没有一个是完备的、令人满意的小学或中学；幼稚教育机构，更是谈不上。蒋先生为发展赣南经济、推动赣南文化，并造就大批优秀的新公民起见，特着手筹办这个初级和中级的教育基础机构——儿童新村。

## 二、新的机构、新的事业

儿童新村现在在赣州东门外开始建没，经费是来自劝募一百万元，里面有幼稚园、小学部、中学部，工程是伟大的。我们为了使这个新的机构，能够广泛向国人面前介绍，现在先把它的组织系统写出来：

儿童新村的最高权力机构是董事会。董事十人至十四人，聘请热心儿童教育人士担任，并由蒋经国先生自任董事长。董事会下面，分设村务指导委员会、基金保管委员会、建设委员会、监察委员会、膳食委员会、经济稽核委员会、出版委员会、招生委员会。下面再设总务组、教导组、训导组、体育组、保育组、研究组。这是儿童新村内部的管理机构。

至于儿童的自治组织，为了训练每个儿童，能够在将来成立〔为〕真正的新中国的公民起见，依照“新县制”乡以下的自治机构组织，全村儿童十人为一甲，甲设甲长一人，由甲民会议选举；五人为一保，并设保办公处，设保长、副保长各一人，由保民大会选举。全村最高自治组织为乡，管辖二十保。乡设乡公所，乡长一人及副乡长二人。由乡民代表大会，就村民中具有下列资格者选举之：

（1）经自治干部训练及格者；

（2）普通考试在乙等以上者；

（3）曾任保甲长一年以下〔上〕，服务成绩卓著者；

（4）曾办理村务公益事业成绩卓著者。

这是儿童新村的组织大概情形。

## 三、工作与学习并重

赣南儿童新村，为了不仅教育儿童怎样读书，同时为了要教育儿童怎样做起见，除了设立直辖的行政系统外，并附设广泛的活动部门：

（1）附设天才班，选拔、收容赣南各县天才儿童，予以自由竞争之机会，从生活实践生存、战斗。

（2）附设儿童银行，为全村儿童金融流动机关，并给予儿童以充分实习之机会，使他们实践“经济人生”。

（3）附设儿童服务社，作为儿童实习商业机关。

（4）附设儿童工厂，作为儿童从事工业生产之场所。

（5）附设儿童体育场，促进全村人民之健康，并推行村民体育运动。

（6）附设儿童农场，以便利儿童从事学习农艺生产。

（7）附设中正堂，作为儿童团体活动的场所。

（8）附设图书馆，指定读物，便利儿童政治自修。

（9）附设儿童科学馆，培养儿童现代的科学知识，并指导其实习。

（10）附设儿童史地馆，启发儿童学习史地的兴趣。

（11）附设儿童艺术馆，培养儿童的审美观念及爱好艺术之习惯。

（12）附设儿童警察所及乡各级警务处，使儿童在导师指导之下，充分参与政治活动，以完成乡自治训练。

（13）附设卫生所，聘请专科医生，指导儿童从事医疗救护等卫生训练。

## 四、生活、行动的合理化

这里，我们说到收容儿童的范围。收儿童暂定一千名。收容原则，以居住赣南境内，具有下列资格为限：

（1）革命先烈直系血〔亲〕、卑亲属之无力教养者；

（2）抗战阵亡将士直系血亲有教养之必要者；

（3）因公伤亡的公务员子弟；

（4）贫苦无靠的孤儿；

（5）战区流亡儿童无力教养者；

（6）赣南各县公务员子弟无〔力〕教养者；

（7）其他经申请、核准，有教养之必要者。

儿童进村以后，一切衣、食、住、行及书籍、文具所需，都由儿童新村供给；并不分性别与年龄，均享有公民一切权力〔利〕。

至于生活及学习过程，则依照科学法则，并参酌现行法令规定：

（1）每天上午生活要紧张，下午要活泼。

（2）睡眠要保持八小时至九小时之常态。

（3）起床后，洗脸刷牙于十分钟内做完。之后，即须以紧张的情绪，参加健康操。操毕，即进行四十分钟自我学习。这时，准在户外诵读。

（4）每饭后，均须强制散步二十分钟，以免发生胃病。

（5）推理学习、理能〔论〕学习、记忆学习，规定在上午进行；技能训练、健康活动、欣赏学习，则在下午举行。

关于儿童毕业以后升学或就业，亦有规定：

（1）在儿童新村毕业以后，成绩列乙等以上，即送入新赣南中学肄业；成绩不及乙等者，则由村务指导委员会负责指导就业。

（2）在新赣南中学毕业后，成绩优良考入国立大学者，仍由儿童新村负责供给学费，及全部生活需要。

（3）受儿童新村公育之学生毕业以后，有服务儿童新村二年之义务。

另图 59　赣南儿童新村运动场全景

## 五、为赣南建设事业的前途祝福

这一个设计的科学教育环境——儿童新村，即将于本年秋季在赣南正式设立。像这样具备了最完美的初级和中级的教育机构，在抗战期中的中国境内，的确可以说是绝无仅有。

但是，在这里所感到的最重要的一个问题，就是经费问题。记者曾经拜访蒋经国先生，即询其意见，当蒙在原则上答复几点：

（1）依法赋予之收入；

（2）公有款产之收入；

（3）公营事业之收入；

（4）省政府补助金；

（5）经儿童新村乡民代表大会议决，呈准捐募之临时收入。

是的，在今天，全体赣南一百六十万人民，他们全部在集中力量，拥护政府执行三年计划。但是，我们认为，亦〔只〕有不断的提高教育水准，不断的提高人民的文化水准，不断的训练儿童干部，来承建赣南的建设事业，只有这样，才能使新赣南的建设事业，永远的进步发展。

所以，儿童新村在赣南设立以后，将不仅是赣南的教育基础开始确立；即赣南整个的经济建设和政治建设，亦将随着教育建设之展开，而得到更丰富的收获。

附录 《孩子笑了——中华儿童新村开幕典礼参观记》（节录）

彭灿

（前略）

饭后，我们参观托儿所。很慈祥的保姆，笑融融地引导我们进入了孩子的卧室。浮现在我们眼前的，尽是胖胖的婴孩；面庞微微地呈现出桃红的颜色，一齐儿沉浸在午睡中。他们胸上都盖着纯白的小被单，每个小眼都在密闭着，小嘴儿不时在颤动；静静地，还听到微微的呼息。我们也看得，两个孩子还光〔睁〕着眼睛，捏着小手在蠕动，不做一点声地在偷看旁人。保姆们像抚育自己的孩子一样，不让一只蚊子和苍蝇侵扰他们的睡眠。

我们轻轻地走过，很想多停一下才畅意。老实说，我很想自己变成孩子，来过这种幸福的生活。只可惜外间千千万万的孩子，连梦也没梦到这样幸福的环境。这真是人间一桩大憾事。

出托儿所，我们来到幼稚园，孩子们是大多了。我们去看时，他们也正在午睡。有一个孩子带着一种奇异的眼光，站在小床上看着我们。年青〔轻〕的保姆叫他睡下，登时他就躺下去了。我们走出时，他还斜射着小眼儿在送我们。

出寝室，走入正厅。那儿陈设了种种的小用具、小玩具、小书本……尽是巧小玲珑的，满含着教育的意味，使我心不自主地都抚摸了一下。我羡慕，我祝福这些幸福的小天使们。

（后略）

原载《新赣南旬刊》第6卷第1期，1943年1月

# 148　四川省立实验幼稚园一瞥

萧世杰

1943年2月15日

**题　解**　本篇原载《国民教育指导月刊（成都）》第2卷第1、2期合刊“国教动态”栏。发表时间为1943年2月15日。

撰著者萧世杰，女，生平事迹未详，早年毕业于成都华美女中，时为四川华西大学乡村教育系学生。

有关四川省立实验幼稚园，参见前文《成都实验幼稚园组织规程》题解。

有关《国民教育指导月刊（成都）》，参见前文《实验研究工作合作办法》题解。

“二十世纪是儿童的世纪”，爱伦·凯女士这种先知先觉的呼声，早已传遍了整个的世界。但是到今天，“儿童的世纪”仍然是人们一种理想，儿童们照旧是“成人世纪”中的附庸。睁开我们的眼睛去观察便会知道，理想与事实，始终是呈现着相反的两个极端。试看世界上，正不知有多少的儿童受了委屈，不知有多少儿童遭了牺牲；更不知有多少儿童，在不合理的教育下埋没了他们的天才。尤其在教育不发达、家庭环境恶劣的中国。

在家庭中，儿童是成人的附属品，是父母的私有物；在社会中，儿童是成人的牺牲品、营利品；在学校中，儿童变成了教师们的成绩品。因此，儿童整天看的，是大人们威严的、凶狠的面孔；听的，是大人们粗暴的、野蛮的吼声。他们只有在强迫禁令和虐待中，随着大人们的安排和指挥，那里还有他们自己独立的地位！更那里有他们自己生命的积极意义！因此，我们每个教育同志，都应当为“救救孩子”而努力。

华西大学乡村教育系，本年特开“儿童教养与家庭”一学程，由刘百川[①]先生讲授。便是想对儿童教养问题，作一番普遍的、深切的研究，期对儿童教养与儿童幸福有相当的贡献。本系同学研究本学程的，非常的踊跃；除本系同学外，金女大、燕大同学及本校他系同学，来参加者也不少。可见一般男女同学，对于儿童教养问题，是如何有兴趣。

我们研究的时候，除去在课堂里讨论以外，并且还用调查、访问、参观的方法，搜集研究资料。最近，刘先生领我们，参观外西四川省立实验幼稚园，使大家觉得非常兴奋与惊异。不由要赞叹：“该园才是一个儿童的乐园！”

主持这所省立实验幼稚园的，是陆秀[②]女士。她于民国九年就下决心，以毕生的精力从事于儿童幸福事业；经过不懈的奋斗，以实现她的理想事业。她在美国留学四年，是专门研究儿童保育的；又曾游历欧洲各国和日本，考察各国的幼稚教育及儿童保育实况。

归国后，曾在女师担任教席，讲授关于儿童保育的理论与方法。又曾在西北大学家政系任教，兴创“儿童保育室”，从事儿童养育的实践与实验。三十年春天，四川省教育厅乃帮她开办了这所幼稚园。她对于该园的热忱和苦干的精神，从她言谈举止上，都可以充分表现出来。听说郭厅长在幼稚园成立的那一天，曾誉她为“中国的蒙台梭利”。这是再恰当没有了！

陆先生所办的这所幼稚园，用一句直截了当话来形容，我只能说，它是一所儿童理想的乐园。

儿童的教师们是活泼天真的。除去她们的身材比孩子们高大外，她们的举动简直是

---

① 刘百川（1903—1971），江苏阜宁人。1926年中师毕业后，历任东海中学附属实验小学校长、扬州中学附属实验小学教导主任、江苏省教育厅科员、江苏省大港乡村试验区主任。抗战期间，任四川省教育厅编审秘书、义务教育委员会总干事、华西大学副教授、四川大学教授、金陵大学兼职副教授。抗战胜利后，任江苏省教育厅第四科、第三科科长，兼任江苏教育学院教授。1949年后，任无锡师范专科学校教职。著有《儿童教养与家庭看护》《现代儿童教养研究》等。

② 陆秀：女，生卒年未详，字佛依，江苏无锡人。1923年毕业于北京女子高等师范学校保育科。同年，参加中华教育改进会第二届年会，为幼稚教育组成员。1926年，受命为“京师公立第一幼稚园”筹备员，后肄业于湖北文华大学图书馆专科。曾任河北女子师范学院图书馆主任。后赴美留学，1935年获哥伦比亚大学教育硕士学位，后任剑桥大学保育教育研究员。1937年回国后，任陕西国立师范大学家政系教授。1940年，主持创建成都实验幼稚园，任园长。中华人民共和国成立后，任成都市妇联副主任，创办“婴儿之家”，是第二、三、五届全国政协委员。

一个大孩子。她们没有尊严得使孩子们见而生畏的面孔，她们更没有用粗暴的声音向孩子们威吓。她们真是儿童的朋友。

那里的儿童，一个个天真得怪可爱的。他们愉快的、无瑕疵的心灵，随时可见于他们的面孔上。那怕他们只有两岁的年龄，他们一样的独立在众人中生活。他们不是成人的缩影，他们是一个可爱的小天使！

那里的场地虽是小小的，可是各种设备确实适合了儿童的运用；玩具、图书、小床、小桌椅、小动物等，一件件都配合了儿童的需要。每一孩子，在这里都是整天的快乐、活泼；在那里游戏、唱歌，并且做他们最愿意做的活动。而厨房、饭厅、浴室、厕所、寝室，更处处为儿童作合理的打算，使他们达到生长和保育的目的。他们虽然也有课堂的生活，但是他们的课堂，已变成孩子们的家庭了。

那里更有一件值得介绍的事，就是儿童们本来是离不了妈妈的；但是巧妙得很，他们用保师代替了妈妈。卢老师便叫卢妈妈，李老师便叫李妈妈。当孩子们哭叫妈妈的时候，保师们就用她们母亲似的慈爱去呼唤他们、安慰他们。所以，这里面的孩子，慢慢的便不纪〔记〕念他们的妈妈了。因为他们都有了妈妈叫。“幼吾幼以及人之幼”，这种精神真太伟大了。

那里实际上，也可以说是一所托儿所。本来，普通幼稚园是不收三岁以下的儿童，更没有住宿的设备。而这里呢，凡是满二足岁的儿童都可以进来，并且还有很合宜的儿童住宿设备。一个人一只小床、一只小衣柜……一切都安排得很好。父母们可以很放心的将他们的孩子送到里面去，而母亲可以留出教养孩子的时间，去作社会事业。

陆先生曾说过一句动人的话。她说：“我们这里，孩子大半是省府公务〔员〕的子弟。孩子到园里来，母亲可以出外工作，无形中替省府职员们加增了二百元薪水。”这虽然是一句笑话，可是回味起来也有他的深意。

那里还有许多可以介绍的地方，还是让关心幼稚教育和儿童幸福的人，自己去发现吧。

最后，我不〔还〕愿意说我一点感想：四川应该受幼稚教育的儿童，至少有二百万人；而在实验幼稚园受教育的，不过一百几十人。其他的儿童，就不应当享受这样的幸福吗？为了这个，我希望，实验幼稚园能负起他的责任来，不断的贡献新方法、新教材，使全省每一个幼稚园，都成为儿童的乐园。

# 149 南京鼓楼幼稚园简史

葛鲤庭

1947年9月1日

**题 解** 本篇原载《活教育》第4卷第7、8期合刊。发表时间为1947年9月1日。

撰著者葛鲤庭，生卒年未详，名承训，字鲤庭，江苏太仓人。早年肄业于江苏省立第三师范学校（位于无锡），后考入南京高师教育科。在校期间，参与“智慧测验”和“设计教学法”实验，并对儿童心理学发生浓厚兴趣。毕业后，历任江苏省立无锡中学、扬州中学教师，上海工部局北区小学校长。在致力于基础教育的同时，还致力于相关理论研究，担任《儿童教育》编委，撰写了《幼稚教育》《三年来之中国幼稚教育》《儿童行为训练的先决条件》《儿童本位教育的理论与实施》等文论，编译了《儿童心理与兴味》《幼稚园的管理》《师范学校幼稚教育》《儿童心理学》（美国华特尔著）等书。

《活教育》，教育月刊。1941年2月创刊于江西泰和，名为中华儿童教育社主办，实为江西省立幼稚师范学校主办并发行，主编陈鹤琴。旨在倡导、推行“活教育”的理念，提供具体教材，讨论实际方法。主要栏目，有教育论坛、儿童训练、教法、教材、父母教育、读者园地、教育文艺、会务素描、书报介绍等；主要撰稿人，有陈鹤琴、程时煃、邱椿、钟昭华、阮康成、陈选善、罗廷光、杨亮功等。1949年9月终刊，共出7卷数十期。

民国十二年春，陈鹤琴先生创议设立幼稚园，以试验幼稚教育。是年秋，得东南大学教育科之补助，即以陈先生家屋之一部为园舍，聘东大幼稚教育讲师、美人卢爱林女士为指导，甘梦丹女士为教师，初入园儿童仅十二人。

十四年春，拟特建园舍；乃当时苏省兵乱之余，财政艰窘，公家补助势有未能。于是，徐则陵、蒋竹庄、陆志韦、涂羽卿、张子高、程其保、董任坚、艾险舟、甘梦丹、陈鹤琴诸先生，共谋发起募捐，以资购地建屋。事闻于朱琛甫先生，慨然担任募款十分之八；并得各方热心人士之襄助，购地三亩，鸠工建筑平房一座。

历年经费，由中华教育改进社、东大教育科、第四中山大学、江苏省教育厅，以及南京市教育局津贴补助。虽时续时断，终得维持而进展者，各机关之功也。

十八年添造教室、宿舍。二十二年添造楼房宿舍。××× 年又于北部添建新教室、办公室。抗战期间，园舍被敌占用。胜利以后，整理修葺，方复旧观。是皆赖热心人士及家长维护之力。

今将于附近购地，添建校舍，完成完全小学与幼稚园，以利幼稚生之升学，而副各方之厚望。

本园主旨，在试验中国化的幼稚教育；并以试验所得供全国采用。如幼稚园课程，初期之试验报告载诸《幼稚教育》及《儿童教育》两杂志。于二十三年出版《十周纪念刊》，二十八年出版《一年中幼稚园教学单元及幼稚生生活》（两书由商务发行）。即《幼稚园课程标准》之起草、修正，亦与有力焉。为促进幼稚教育，于十六年单独发刊《幼稚教育》；同时联合同志，组织幼稚教育研究会，出版《幼稚教育丛刊》。于十七年春，又联合中央大学实验学校、南京晓庄师范，刊行《儿童教育》。嗣得南京市校及江浙省校之加入，乃扩大组织，幼稚教育研究会改称为中华儿童教育社，而《儿童教育》亦归该社发行。全国儿童教育之进展，实受其影响。

首都为人文会〔荟〕萃之区，参观团体络绎不绝。本园创办迄今，将届二十五周年。一本过去试验精神，对于一切设施以至各项设备，力求改进。尤当联合同志，改进全国幼稚教育，完成创办本园之使命。

# 南京鼓樓幼稚園簡史

葛鯉庭

民國十二年春，陳鶴琴先生創議設立幼稚園以試驗幼稚教育。是年秋，得東南大學教育科之補助，即以陳先生家屋之一部爲園舍，聘東大幼稚教育講師美人盧愛林女士爲指導，甘夢丹女士爲教師，初入園兒童僅十二人。十四年春，擬特建園舍；乃當時蘇省兵亂之餘，財政艱窘，公家補助勢有未能。於是徐則陵、蔣竹莊、陸志韋、涂羽卿、張子高、程其保、董任堅、艾險舟、甘夢丹、陳鶴琴諸先生，共謀發起募捐，以資購地建屋。事聞於朱琛甫先生，慨然担任募款十分之八；並得各方熱心人士之襄助，購地三畝，鳩工建築平房一座。歷年經費，由中華教育改進社，東大教育科，第四中山大學，江蘇省教育廳以及南京市教育局津貼補助，雖時續時斷，終得維持而進展者，各機關之功也。十八年添造教室宿舍，二十二年添造樓房宿舍，×××年又於北部添建新教室辦公室。抗戰期間，園舍被敵佔用，勝利以後，整理修葺，方復舊觀。是皆賴熱心人士及家長維護之力。今將於附近購地，添建校舍，完成完全小學與幼稚園，以利幼稚生之升學而副各方之厚望。

本園主旨，在試驗中國化的幼稚教育，並以試驗所得供全國採用。如幼稚園課程，初期之試驗報告載諸幼稚教育及兒童教育兩雜誌，於二十三年出版十週紀念刊，二十八年出版一年中幼稚園教學單元及幼稚生生活（兩書由商務發行）。即幼稚園課程標準之起草修正，亦與有力焉。爲促進幼稚教育，於十六年單獨發刊幼稚教育，同時聯合同志組織幼稚教育研究會，出版幼稚教育叢刊。於十七年春，又聯合中央大學實驗學校，南京曉莊師範，刊行兒童教育。嗣得南京市校及江浙省校之加入，乃擴大組織，幼稚教育研究會改稱爲中華兒童教育社，而兒童教育亦歸該社發行。全國兒童教育之進展，實受其影響。

首都爲人文會萃之區，參觀團體絡繹不絕。本園創辦迄今將屆二十五週年，一本過去試驗精神，對於一切設施以至各項設備力求改進。尤當聯合同志，改進全國幼稚教育，完成創辦本園之使命。

# 我的半生（續）

陳鶴琴

## 第九章 研究問題

### （二）語體文應用字彙的研究

其次，要談的是「語體文應用字彙」的研究。這個工作，整整地化了我二年多的工夫，後來把結果印成一本書，名叫「語體文應用字彙」，在民國十七年由商務印書館出版。

當時，我們中國正在提倡平民教育，到處是掃除文盲的呼聲，爲供識字運動做得更有效，有幾個問題，我始終懷疑的如；我們中國通用的字彙究竟有多少？其中有多少文言文的字彙？有多少語體文的字彙？那多少字是兩種文體都有的？還有那多少字是最通用的？那多少字是次通用的？那多少字是不常通用的？，那幾多字是小學生應該學的？以及那幾多字是民衆應該學的？這許多問題，與普及教育的關係很大，但如何才能解決這許多疑問？那非得作精細的試驗與縝密的研究不可。

所以，以民國九年開始，我就同了幾位助理，着手研究語體文應用字彙的問題，可惜時斷時續，沒有做得很好。并且最倒霉的，就是民國十二年冬天，東南大學的口字房失火，把我們辛苦苦苦所研究成功的一些字彙材料，統統燒個精光！幸好助理陳紹陶君，在遭災之前，把研究所得的底稿，帶回寢室中去參用，才算把這一部份東西保存下來。

字彙的研究，在外國早已有人做過了，英文應用字彙，也有幾位先生做過；好像愛耳斯（Ayress），會根據小學生的作品以及書信，報章、文學、小說等共得字數有三十六萬八千字，他再以這許多字當中選出一千個來，作爲英文基本文字。

（下接第一八一面）

另图60 《南京鼓楼幼稚园简史》原发表件

# 150　创办幼师的动机和经过（节录）

陈鹤琴

1947年11月1日

**题　解**　本篇原载《活教育》第4卷第9、10期“活教育运动在江西特辑”。发表时间为1947年11月1日。

本文后收入上海华华书店版《活教育的创造——理论与实施》一书（1948年4月）。

有关撰著者陈鹤琴，参见前文《令各省、各市、各县实验小学先行设立幼稚园》题解。

撰写此文之际，江西幼师的专科部虽已迁来上海，然而只能寄身于上海幼师（上海女师），难觅独立的校址、校舍，且办学经费也不能按时拨付；而江西幼师师范部及其附属机构，在并入南昌女子师范学校后，则降格为幼稚师范科，命运更为不济。陈鹤琴抚今思昔，难免诸多感慨；更为重要的是，幼稚师范教育关乎中国的未来，因此，陈鹤琴饱蘸深情地撰写了此文。

有关《活教育》，参见前文《南京鼓楼幼稚园简史》题解。

幼稚教育运动，在我国已有数十年的历史。但幼稚教育师资的训练，却并未引起国人的注意。

在国内虽然也有几所培养幼教师资的学校，例如福建的协和幼稚师范学校[①]、苏州的景海女子师范幼稚师范科[②]和杭州弘道女子中学幼稚师范科[③]，都不过是教会办的学校；又如南京女子师范、大夏大学、北平师范大学，虽然也附有幼教师资培养的机构，但她们也都只是设科或设班而已。

真正由政府公立的幼稚师范学校，要算以江西省立实验幼稚师范学校的创立，才开其端。这个学校成立于战时的江西，1940 年正式开办，并于 1943 年改为国立幼稚师范学校。

这个中国第一个公立幼稚师范学校，从筹备到开办，本人都亲自参加主持。大家都以极大的希望寄托在这个学校上面；并以无比的热情，来从事于这桩创造的工作。现在回忆起来，还觉得寻味无穷。

我们为什么要办这个学校？记得那时候[④]，我到了重庆，教育部方面，曾请我来负责国民教育委员会（即现在的国民教育司）。假使我答应了，那么，就得要留在重庆。可是，我还是谢绝了，仍然赶回江西，办这个幼稚师范学校。当时我为什么会有这样大的决心与信心？其中的原因，自然并不简单，甚至还要追溯到个人过去的历史，以及所受到的各方面的影响。

第一，宗教精神的感召。

在《我的半生》[⑤]中曾经说过，从中学时代开始，我就接受教会学校的教育。宗教精神所给予我的影响，可以说是至深且巨的。她使我成为一个教育的斗士。耶稣伟大的博爱、平等与牺牲的圣灵，熏染了我的血液；无数教士们，他们深入荒山、沙漠、僻乡、

---

① 协和幼稚师范学校：简称“协和幼师”，教会单设的第二所幼师（第一所为厦门“怀德幼师”）。由美国公理会与英国圣公会联合创办。该校创立于 1915 年，校址为福州鳌峰 14 号。当时，将古田萃英女校的“幼师班”归并其中。第一任校长为安毓明（Miss Bertha H. Allen）。

② 景海女子师范幼稚师范科：知名教会女子教育机构。其前身为 1902 年创设的景海女塾，1912 年后改称景海女学。1917 年改办为景海女师，分设音乐师范科、高中师范科和幼稚师范科，并附设幼稚园，后又增设日间托儿所。该校以管理严格、教学质量高著称，甚至被誉为“淑女学堂”。

③ 弘道女子中学幼稚师范科：该校于 1912 年由三校合并而成，1916 年增设幼稚师范科。

④ 此“那时候”，指 1940 年 2 月。当时，陈鹤琴已撤离上海，经江西而飞抵重庆。时任教育部部长陈立夫，拟任命陈鹤琴为“国民教育委员会”常委。所言即指此事。

⑤《我的半生》：陈鹤琴所撰自传。该书始撰于 1939 年年底，当时他在宁波避难。1941 年由江西教育用品厂印行，次年由桂林华华书店正式出版。

穷壤，为了教义的传播，而甘历艰难险阻，甚至牺牲了自己的生命，在所不惜。

因此，在很早以前，我就立志以此生要为劳苦的民众服务；同时，抱定了这样的宗旨："凡是别人不愿干、不敢干、不屑干的，我都去干。"在清华大学时代，办工友补习班；在留学时代，从事华侨童子军工作；以及回国后，办鼓楼幼稚园，都是凭着这股信念去干的。办幼稚师范学校，也是这样。

第二，国外教育的影响。

当我还没有去美国以前，就曾读过《黑奴成功者自传》[①]。这部书给予我的启示很大。因为黑人在白种人的心目中，〔被〕认为是低下的、愚笨的民族，他们都只配做白人的奴隶。所以，黑人的社会地位，可以说是非常地低落。但这本《黑奴成功者自传》却告诉我们，黑奴是怎样地在艰苦中奋斗，怎样地为自己的种族服务。

它所描写的主人翁勃克·华盛顿（Booker Washington）[②]，原是一个贫苦的小黑奴。先是在煤矿中当小工。他为了求学，为了服务自己的民族，宁肯历尽艰辛，来贯彻自己的主张与愿望。当他在矿中听到两个工人说起一个专为有色人种而设立的学校之后，他就一直没有放弃去进那个学校的野心。经过数年的辛勤工作，把微薄的薪金积蓄起来，于是，开始了五百哩路的旅程。

在那时，西阜及尼亚州[③]与阜及尼亚州之间，没有火车联络着；除了一段可以乘火车外，其余的都只好走路。但是，他一心一意想进阜及尼亚州的那个名叫亨姆顿师范学

---

① 《黑奴成功者自传》：通译《超越奴役》（*Up from Slavery*）。该书于 1901 年首度出版，系美国黑人运动领袖布克·华盛顿（时译蒲寇·华盛顿）所著。全书 13 章，讲述了自己克服困难、走向成功的历程。在陈鹤琴留学美国前，尚无此书的中文译本。所以，陈鹤琴当时所阅读者，只可能是英文原著。1932 年方有开明书店出版的、由项远村所译的中文译本。

② 勃克·华盛顿：通译布克·华盛顿（1856—1915），美国政治家、教育家和作家。他出生于弗吉尼亚州富兰克林县，父亲是白人奴隶主，母亲是黑奴。他在体力劳动之余，学会读和写。后力争获得入学受教育的权利，肄业于弗吉尼亚汉普顿的师范和农业学院。毕业后，致力于发展黑人职业教育，并成为黑人解放运动的代言人。

③ 西阜及尼亚州：通译西弗吉尼亚（West Virginia）州，是美国东南部的一个州。系在南北战争时期，由弗吉尼亚州分裂出来的。历史上以产煤闻名。

院[①]的黑人学校。所以，川资虽极短少，而仍旧鼓足勇气，来作这次冒险的旅行。当他到达里区门特城的时候，川资已经化〔花〕光了。而那里距离亨姆顿学院的土地，还相当的遥远。不得已，只好逗留下来，镇日在轮船上做苦工度日。

结果到达了目的地。可是，主任教师不信任他，要他打扫教室。据他自己说，他把课室“打扫了三遍，又用抹布抹了四次，所有四周墙壁上的木工装饰，每条坐凳、桌子、写字台，统统用抹布来回擦过”。经过这次考验之后，主任教师非常满意。就这样，开始了他的学业。后来，成为黑人解放大业的第二伟人（有人说，解放黑奴的事业，林肯做了前半段；而勃克·华盛顿，做了后半段）。

《黑奴成功者自传》所给予我的感动，的确太大了。因此，从那时候起，我常以此自励。后来在美国，当孟禄博士（Dr. Paul Monroe）[②]带我们去参观亨姆顿学校的时候，我们还可以在每个教室与场所，看到勃克·华盛顿的照相。这使我们更受感动。

同时，我们还去参观过另外一个名叫杜斯克其（Tuskegee）[③]的黑人学校。这个学校，就是勃克·华盛顿所创办，与前面所说的亨姆顿学校是齐名的。学校中的教授、研究员，所有的都是黑人；可以说是纯粹黑人的学校。在那里，你找不到一个工友。因为每一个人，都是工友。他们建筑校舍，从瓦、砖的烧制，直到建筑工程，一切都由师生自动来做。那天晚上，他们开了一个招待会来欢迎我们，并且表演舞蹈与歌咏，留给我们深刻的印象。

这些学校与教育事业，确是我当年在美国所受到的活教育。其对于我后来，决意创办幼稚师范学校的作用很大。尤其是一九三四年，我曾经作过一次欧洲十一个国家的教育考察，对欧美新教育的理论与实施得以认识，并给我一个新的启示，而大胆地提出了“活教育”（Living Education）的主张。创办幼稚师范，目的就在于实验活教育的理论，

---

① 亨姆顿师范学院：通译汉普顿师范和农业学院（Hampton Normal and Agricultural Institute）。其创始人及第一任校长是塞缪尔·查普曼·阿姆斯特朗（Samuel Chapman Armstrong，1839—1893）。该校招收黑人，并重视职业教育，形成了独特的“汉普顿模式”。

② 孟禄：保罗·孟禄（Paul Monroe，1869—1947），美国教育家，出生于印地安纳州。1897 年获芝加哥大学哲学博士学位。1902 年后，历任哥伦比亚大学师范学院教授、院长，是教育“心理起源论”的代表人物。1917 年冬，他曾带领陈鹤琴等人，赴美国南方考察黑人教育。后文所述，即是这次考察的见闻。

③ 杜斯克其：通译塔斯基吉。塔斯基吉学校，创立于 1881 年，位于美国亚拉巴马州，是一所私立的传统黑人学校。该校升格为塔斯基吉师范及工业学院后，布克·华盛顿出任首任校长。后发展为塔斯基吉学院、塔斯基吉大学。

使她能成为全国广泛的教育运动。

第三，幼教师资的重要。

活教育的开展，要求活教师、活干部；幼稚教育的开展，同样地要求幼教师资与幼教干部。我提倡活教育，是立意创造中国化的新教育。我创办南京鼓楼幼稚园，立意是建立中国化的幼稚园。

中国化的幼稚园，需要中国化的师资。这一点，在二十年前，就已经感觉到了。那时候，鼓楼幼稚园虽说要求中国化，可是师资的来源，还是外国化的①。因为大部的师资，都来自教会办的幼稚师范学校与幼稚师范科。她们因为所受的，是外国化的训练，在“教学做”方面，未免缺乏中国的气味。结果，很难发生广泛的影响，以配合全国的要求。所以，那时我就认为，要建立真正的中国化的幼稚园，必须要同时建立中国化的幼教师资训练机构。

二十多年，这种理想终不得实现。当我负责上海工部局华人教育处工作的时期中，目的虽在收回租界教育的权利，但依法不得办理师范教育②。因此，中国化的幼教师资的养成，也就无法实现。后来，江西省主席熊式辉③先生以及教育厅长程柏庐④先生，殷切地盼望我留在江西办学；同时自己也觉得，这是实现以往教育理想的一个很好的机会。

陶行知先生办晓庄师范的时候，指青天为屋顶，指黄土为地板的那种伟大气魄，更

① 此“外国化”，是指鼓楼幼稚园创办之初的教师学历背景。1923年年初办家庭幼稚园时，所请卢爱林女士，系美籍，曾任杭州弘道女学幼稚师范科主任；而甘梦丹、钟昭华，早年均毕业于杭州弘道女学幼稚师范科。鼓楼幼稚园单设后，李韶清、俞选清、屠哲梅，也同样出身于教会学校“弘道”；而常珍秀，则出身于教会学校“景海”。

② 此“依法不得办理师范教育”，系指南京国民政府成立后，明确规定，各级各类师范教育均收归公办；私家、教会和社团，均不得办理师范学校。唯一例外是，因熊希龄的影响太大，北平幼师依旧得以办理。

③ 熊式辉（1893—1974），字天翼，别署雪松主人，江西安义人。早年毕业于江西陆军小学、中学，后为保定陆军军官学校第二期生。1921年被保送入日本陆军大学学习。1924年毕业归国后，历任广州滇军干部学校教育长、国民革命军第一师师长、淞沪警备司令、南昌行营参谋长等职。从1931年开始主政江西，直至1943年转任国民党中央设计局局长。

④ 程柏庐，即程时煃。

是我精神上的鼓励。晓庄师范开学典礼[①]的那一幕情境，给我的印象太深刻了。现在，我得亲自来作此尝试。因此，就决定留在江西。为了培养中国化的幼稚教育师资，为了培养活教育干部，我决定创办幼稚师范学校；希望在这里，孕育一批有创造光明、服务真理的活教师。

第四，行政当局的鼓励。

但另外尚有一个因素，是不容忽视的。那便是江西省前主席熊式辉先生与教育厅前厅长程柏庐先生，所给予我的精神鼓励。

一九四〇年二月，我离开了上海到内地去。因为在抗战开始以后，我一直在租界中从事于难民教育，将近三十万难民，受到我们的教育。此外，还有三千多舞女、报童，也都得到教育的机会。后来，因为本身安全发生问题，敌人曾数度派遣“便衣”来逮捕我们。因此，不得不离开上海。

既然离开了上海，就决定到内地去，准备着以自己的热情与力量，直接地献给民族解放的伟大抗日战争。当时抱定“去做事，不做官”的目的，跑向后方。记得经过江西，是在二月二十日，在泰和只停留了一天。在这一天中，我和熊式辉先生畅谈了半天一晚。虽然我们还是初次谋面，但真是一见如故。我们谈谈〔了〕很多关于教育方面的事情。熊先生竭力鼓励我，留在江西办教育。

记得那时候，熊先〔式〕辉先生对我这样说。他说：“中国教育界有四位圣人。陶行知先生是乡村教育的圣人，晏阳初先生是平民教育的圣人，黄炎培[②]先生是职业教育的圣人；而儿童教育的圣人，先生真可以当之而无愧。”他一定要我留在江西，推行儿童教育。

第二天，我虽然离开了江西到重庆去，但江西留给我的印象，却已非常的深刻。到

① 此“晓庄师范开学典礼”，是在1927年3月15日举行的，陈鹤琴应邀出席。是日雨后初晴，开学礼在旷野举行。陶行知的演说词：“我们要以宇宙为学校，奉万物作宗师。蓝色的天，是我们的屋顶；灿烂的大地，是我们的屋基。我们在这伟大的学校里，可以得着丰富的教育。”陈鹤琴在此所言，便是对当年场景的追忆。

② 黄炎培（1878—1965），字任之，江苏川沙人。早年取中秀才。1901年入南洋公学，次年中举。后创设广明小学和师范讲习所、浦东中学。中华民国成立后，出任江苏省教育司司长、江苏省教育会副会长。1917年参与创设中华职业教育社，开办中华职业学校，遂以职业教育名家。著有《黄炎培考察教育日记》《中国教育史要》等。

重庆后，又接到熊主席的来电，用孟子所谓“富贵不能淫，贫贱不能移，威武不能屈”来勉励我；还有程柏庐先生的数度邀请，使我非常感动。四月就回到江西；六月拟定预算，并且说明我办学的态度：决定以“多则五年，少则三年”，作为我留赣的期限。

说起为什么办幼稚师范，行政当局的鼓励确也不少。

第五，江西环境的特殊。（略）

以上的叙述，是我创办幼稚师范的动机。从我的人生态度，从我的教育理想，从伟大抗战的时代，从江西这个特殊的区域，这些都是促成我创办幼稚师范的主要因素。

总之，幼稚师范的创办，是活教育理论付诸实验的具体表现，为着提倡活教育运动，来创办幼稚师范。

现在，让我再谈一谈创办幼师的经过。

幼稚师范学校的创办，并不如我们想像的那么简单。尽管创办的条件，都已十分成熟；但怎样创办，还是一个严重的难题。经费的来源怎样？校舍的建筑怎样？学校的设备怎样？招些什么学生？开些什么课程？师生怎样过生活？社会与学校、民众与学生，又怎样才能打成一片？种种问题，必须费尽心力，预先筹划。

详细的情形，在拙作《松林中新生的幼师》一文中，已经说过。这里恕不赘述。不过，在创办的过程中，倒还可以告诉各位几段有趣的插话。

首先得告诉大家的，便是那时候，我们的热情都非常高昂，尤其我自己是这样。不但是为幼师创办的筹划在忙；同时，还忙于应各学校、机关的邀请，去作些演讲。于是，开始了“活教育”思想的传播。

那时对于“活教育”的体系，并未明显的确立。不过，思想的内容，则已大致具备。因此，每次演讲的时候，听的人总是很拥挤的。二十九年四月二十四日，在藻林吉安中学演讲，听的有五六百人。当我讲了以后，他们学生自治会的学术组，还特地派了一批记者来访问。他们非常关怀自己的学校，提出了许多问题，要求我回答。好像“如何保持学校清洁”等等，我一一的为他们解答，大家都非常的兴奋。这是我到江西时，最先得到关于学生的印象。

有一次，大概是同年的五月一日，江西全省召开行政会议，邀请我去演讲“活教育”的问题。听的全是专员、县长与各机关主任，一共有一百八十多人。记得那时所讲的大意是这样的：先介绍各国活教育的情形，其次道出中国死教育的事实，最后说明今后教育应怎样的改造；并就教材、教法、对象各方面加以阐述。接连的讲了好几点钟。记得邱大年①先生、马博厂②先生都在座。后来我征求他们的意见。他们异口同声表示赞成。这使我对于“活教育”体系的信念，更加坚定。

仅仅那几个月内，应了各个方面的邀请而去演讲的，共有数十次之多。这许多次的演讲，表面上看来，似乎和创办幼稚师范学校没有什么关系；其实，正因为我的各方面演讲，传播活教育的理论与思想，使大家对于活教育先有一个认识。虽然也有许多表示反对的，但表示赞助的，终究属于多数。这对于以后幼师的开办，影响很大。很多人愿意帮助幼师，支持幼师，把幼师看作是活教育的温床。一办起来，就声名远播。那几次演讲，不能说是没有作用的。

在省立实验幼稚师范学校还没有正式开办之先，二十九年的四月与六月之间，我们却先办了一个南昌实验小学的新池分校。这件事情，在大家看来，一定觉得很稀奇的：怎样会去办这样一个可怜的小学校呢？

其实不然，在抗战的江西，对这样的小学校，要求是最迫切不过了。因为在二十九年四月之后，我们整日在外面察勘校址，后来决定要在文江村地方。政府就划了三百四十亩地，来作为校舍的范围。这样大的地方，如果在江、浙一带，那着实不容易的；可是在江西，因为人口稀少、地多荒芜，只要你有〔能〕力去开发，要多少地，就有多少地。这个缘故，所以学校的范围，一圈就圈了三百多亩。

既然有地方了，我们就开始建筑与辟荒的工程。但这段时间，预计是不会很短。尽管大家怎样努力，三五个月，总是必要的。但是，这三五个月的工夫，难道就不能去作教育工作吗？尤其当时江西省政府迁在上田村，离文江约不过五公里；省教育厅就设在

---

① 邱大年，即邱椿（1897—1966），号大年，江西宁都人。1912年秋考入清华学校中等科。1920年毕业后赴美留学，先后获华盛顿州立大学教育学士、哥伦比亚大学文学硕士和哲学博士学位。归国后，历任北京女高师、清华大学、厦门大学、北京大学教授。是时，任中正大学教授。著有《西洋教育史》《教育哲学》等。

② 马博厂（1899—1966），又名博庵，江苏仪征人。早年毕业于金陵大学，后留学美国，获哥伦比亚大学民族学博士学位。归国后，历任金陵大学历史系教授、政治系主任。抗战爆发后，他赴内地与晏阳初共事，任平民教育促进会“县政考察浙江团”主持人。时任中正大学教授兼文法学院院长。

文江村，那里有很多职员的家属，孩子也很多，都需要受教育；就是文江村的老少居民，也很迫切的等待着教育机会。

所以，当我们一到文江的时候，教育厅长程柏庐先生就有意思，希望先有一个小学校在文江出现。同时，我也觉得，这个学校有必要。于是决定来办。原来打算，把这个学校定名为“天翼小学”或者“柏庐小学”。结果还是以“省立南昌实验小学”的名义来办，设立一个分校，这可以说是幼稚师范学校的前身。

分校既然决定要办，但教室没有。好，就借老百姓的祠堂吧！课桌椅没有。好，就借老百姓的桌椅吧！来求学的老少男女，都很踊跃，情绪都很紧张〔兴奋〕。就这样，我们一面办理“新池分校”，一面筹划幼稚师范。

到六月，幼师的预算完毕。照例，这个预算是要经过省政府委员会通过之后，才能生效。但在这里，却发生了一个问题。原来省府委员们，对幼稚师范学校的功能，还不大了解。因此认为，所拟的创办预算六万五千元，为数太多，不能通过。总算有熊主席与程厅长的主持，结果减为二万五千元。虽然说当时的币值还很高，但二万五千元就要创办一个新的学校，那简直有点近于玩笑。这点钱，供中正大学[①]，只够造一栋宿舍；现在，却要我来办一个学校，这岂不是寓〔故〕意的难题。

当时愈想愈气。但结果，我还是接受了这个考验。我想，既然是来做事，来办学的；那么，尽管经费少，还得要办下去的；而且还要以最少的钱，来办最好的学校。因此，后来便亲自去购木置料，自己设计校舍、开辟道路。三个月的工作，总算把学校的规模粗竖起来。

十月一日，学校正式开学。很明显的，那时候虽说开了学，但校舍的建筑、设备，都还没有完成。开学，实际上等于是全校师生集体劳动生活的开始。我们筑路，我们拓荒，我们编草，我们移植树木；一面读书，一面劳动，变荒山成乐园。在那一个年头当中，确立了跟大自然奋斗的目标。

劳动与学习是不能孤立、分离的；劳动与学习，必须在同一的过程中完成。但人终究是人，人除了劳动与学习的生活以外，他更需要感情的生活。因此，在平日，我们都

---

① 中正大学：国立大学。1940年创设于江西泰和杏岭。与江西幼师既同时，又同地。中正大学附小，还是试验“活教育”的基地之一。

有定期的游艺集会，师生同乐，如夕阳红、月光会。现在回想起来，还觉津津有味。同时，更有“醒狮团”的组织。我还记得，学生、老师组织狮子舞，情绪非常热烈。

有一首叫做《醒狮歌》的，也很流行：

醒呀！醒呀！醒，大家一起醒。
醒呀！醒呀！醒，唤起中国魂。

省立实验幼稚师范学校，仅仅一年之后，就在抗战的大后方，起了一些作用。凡来往经过泰和的教育界、文化界人士，总愿意到文江幼师来参观一趟。也许是因为，中国自办的正式的幼稚师范学校，只有这样一所的缘故，所以颇得一般人的重视。大家都盼望她能够扩充范围，我自己更有这样的愿望。但因省教育经费的限制，这种愿望显然是难能〔以〕实现的。因此当卅年的后半年中，我便从事于改“国立”的奔走。

三十一年十月初，我动身到重庆去。主要的，就是为请求“国立”的事情，借以达成扩充范围的愿望。直到十一月，有人告诉我，教育部方面，已同意改省立实验幼稚师范学校为国立幼稚师范学校。然事实上，到三十二年春天，这一个改国立的要求，才付诸实现。

到重庆去，主要的目的，固然是为请求国立的问题；而实际上，那次奔走的结果，收获是可观的。因为沿途我都曾被邀去作学术演讲；在桂林，在重庆，在福建，我作了好多次的演讲。每一次，总是介绍“活教育”给听众。虽然说演讲的时间是非常的匆促；但它对于活教育运动的开展方面，不无相当的作用。

在学校改成国立的同时，我们便添设了一个幼稚师范专修科。其目的，就是培养幼稚师范学校的师资，并训练幼稚教育运动的干部。

在开始时，幼师是二年制的；后来，才改成三年制。不论课程、教学、训导、教材各方面，也都依据活教育的原理来实施。因此，到那时为止，国立幼稚师范学校，便整整地包括了这样几个部门，即专科部、师范部、小学部、幼稚园、婴儿园等五部，还另外附设了一个“国民教育辅导委员会”。规模不能说不大。

为了使工作进行更能普遍起见，我们还联合国立中正大学附属小学、省立南昌实验小学等学校，共同来进行活教育的实验与研究。所以，在那一段时期内，大家的精神都异常的紧张与愉快。

但在战时的后方，一切事业都避免不了战事的影响；我们的学校，也不能例外。当卅三年夏天，敌人向赣江两岸流窜，樟树等地先后失陷，吉安危急，泰和亦遭受严重的威胁。各机关、学校，都准备疏散。国立中正大学战地服务团，就在那个时候，在新淦为敌人包围。在突围以后，团长姚显微教授暨团员吴克昌同学殉难，尚有四同学被俘，受伤的也有数人。我们幼师的同学，也在文江组织服务队，专为过境的受伤士兵服务；给他们的安慰，也确不少。

后来，敌人虽被击溃；但泰和，大家都觉得已不是安全的地方了。因此，在次年八月间，由于赣州专员蒋经国先生的欢迎，学校就南迁到赣县。师范部校址设在梅林地方，而专科部则设在天竹山上。因为先已有文江创校的一段经验，所以到赣县后，我们便很快地恢复了学习的生活。

赣县在蒋经国先生办理之下，空气是相当活泼的。那时，有一个叫做“儿童新村”的，实际上是赣州儿童教育的大本营。其一切设施、教学，也都采用活教育的原则来办理。所以，在赣州的这一个时期内，我们可以说，是把活教育的种子，直接散播在赣南各县的土地上。

但赣州并未让我们久居。当卅四年一月间，敌人再度发动赣江的攻势时，我们又只好向宁都一带流亡了。这一次的流亡，情形的确相当的凄惨。因为东南大块土地，已跟西南大后方切断；我们唯一的出路，就只有向闽赣边境撤退。这一带地方，全是崇山叠岭，公路崎岖。虽说也有水路可通，然因情势的紧张，交通工具确〔却〕无法获得。最后，总算感谢一位船舶管理委员会的职员的帮忙，给了我们四只民船，才算解了一时之困。

说起这位热心的职员，倒还有一段插话，本来我们是不相识。但他却早已从《我的半生》一书中，知道了我。因此，当时他非常的客气，特别地给了我们四只船。这四只船，勉强地把我们从赣州带到了宁都。许多同学只好步行数百里。

到达宁都时，学校已没有一块钱了，大家缩〔束〕手无策。可是，数百学生与教职员，是需要吃的，没有钱，那怎可以呢？结果只好东借西凑，向蔡智传①先生借了十五万元，度〔渡〕过了这段难关。直到教育部的钱汇到，我们才算透了一口气。后来，再由宁都转到广昌，在甘竹地方，定下了我们的校址，继续开始学习的生活。

这一次的流亡，确是抗战八年②中最辛苦的一次；同时，也是最后的一次。那时，我们不但为敌人的追击感到恐慌；同时，在宁都一带山地中，还时常有土匪的出没。尤其在大混乱之中，许多散兵游勇，都在山地中大肆活跃，抢案命案，时有所闻；甚至连公路上的汽车，也时遭劫掠。所以，当我们走在公路上时，总是胆颤心惊的。尤其不幸的，是国立中正大学的一个四年级学生魏百寿，就在赖村附近（银坑与宁都之间的村落），被土匪劫刺丧命。现在想想，还觉得有些寒心。

在广昌饶家堡，我们差不多住了一年多。在这一年中，我们虽然过着极艰苦的生活，校舍不够、设备不周、经费困难，许多问题，整日困扰着我们；但有一件事情值得自慰的，就是师生与当地的民众非常融洽，甚至分不出我们是从外地来的。

朴实的农民，也的确是太可爱了。老太婆们，都在学生中认女儿；有好多同学，都做了她们的干女儿。直到胜利之后，我们离开了饶家堡到上海来了，而她们干妈妈与干女儿之间，还时常通讯连络。在这种感情融洽的情形，民众教育是极易进行的。所以，在这一年中，个别的同学，都担负了“教育送上门去”的扫盲工作。

战时江西的幼师，还只是中国幼稚师范教育的一个开始。我们深信，今后定必有很大的发展。

---

① 蔡智传（1906—1988），字聪甫，江西南昌人。1931 年毕业于南京金陵大学，后历任南昌基督教青年会总干事、赣县民众教育馆馆长，创办了江西赣县基督教联合中学。为宗教爱国人士。

② 抗战八年：此为过去的说法。现今以 1931 年的“九一八”事变作为抗战的开始，一直到 1945 年 8 月日本宣布无条件投降，故称作“抗战十四年”。若从 1937 年的“七七”事变算起，则称“全面抗战八年”。

# 151　乐山进德幼稚园简述

翁德芳

1947年12月20日

另图 61　翁德芳像

**题　解**　本篇原载《女会通讯》第 1 期“教育”栏。发表时间为 1947 年 12 月 20 日。

撰著者翁德芳（1901—？），女，四川荣县人。1923 年毕业于成都协合师范幼师科，先后在荣县和协合幼师附设幼稚园任教。1935 年应聘为进德幼稚园主任教师，直至 1954 年调往珠泗塘幼儿园任教。在此园工作达 20 年，1960 年退休。终身未婚，始终从事幼儿教育，把全部的爱都献给了儿童。2001 年 101 岁上电视访谈节目时，依旧思路清晰、精神矍铄。

进德幼稚园，即乐山进德小学附属幼稚园，于 1928 年设立。系教会性质，由加拿大基督教会捐资办理。园址为进德小学中的一幢小楼（今乐山市医院中医部左侧）。抗战期间，内迁至此的武汉大学子弟，多入此园。在新组董事会成员的共同努力下，办园条件和教学质量均有提高。

《女会通讯》，基督教年刊。1947 年 12 月 20 日创刊于成都，由中华基督教会四川大会女布道会主办、编辑并出版。旨在谋各同工之知识与经验交换，增进事工之发展。主要栏目，有教育、布道、各地简讯等；主要撰稿人，有傅葆琛、尹孟儒、谢玉柯、曹汪明常、张玉琏、喻文芳等。1949 年 12 月 20 日终刊，共出 3 期。

进德幼稚园，虽然不算是合理想的幼稚园；但由于多年的苦心经营，与教会人士热心赞助的关系，它在乐山城，确已担负了她〔它〕保姆的责任。它的前途，虽然充满着困难；但在困难的后面，却有着无限的希望和光明。兹将它的情况略述如下，希望教会同人不吝时赐教言。

（一）教师

目前为幼稚师资比较缺乏的时候。但本园能有三位专门幼稚教育的老师，实在是件难能的事。这也可说是我们教会学校较其他学校特异的地方；并且她们具有同一的宗教信仰，同一的工作兴趣，这也是难得的事。

（二）经费

本园的经费，由教会补助一部分，大部分系向学生征收。本期因生活〔费〕高涨及园址的不适中，征费大费踌躇。经多方考虑之后，决定仍从少征收：读全日的学生，征九万余元；半日的则仅征八万余元。因此收入无多，大感入不敷出之苦。

（三）教学

本园教学，为力求合教育原理起见，共分甲、乙、丙暨幼儿四组。授课时间，每日于上午八钟半至十一钟半，下午一钟至三钟半。但因教师人数不够每组一位，故甲、乙两组只得合组，由一人负责教授。

（四）其他活动

教师除授课外，每周至少作一次家庭拜访，并参加主日学讨论会，以及每周的教材法讨论会等。

# 152　惠康幼稚园

马骥声

1948年7月31日

**题　解**　本篇原载《边疆服务》第25期。撰成时间为1948年7月31日，发表时间为1948年8月。

撰著者马骥声，女，生平事迹未详，辽宁人。早年师范毕业。时受中华基督教会全国总会边疆服务团派遣，来西康区部服务，主持创设惠康幼稚园，并任教其中。曾参与创设当地的儿童福利站，开展儿童保健工作。

《边疆服务》，教会月刊。1943年7月1日创刊于成都，由中华基督教会边疆服务部主办、编辑并发行。以“研究边疆问题，促进边疆建设”为主旨。主要栏目，有边疆服务模范人物、本部消息、论述、通讯、边疆大事、边务要闻等；主要撰稿人，有邵云亭、刘龄九、张伯怀、刘华阳、鲁春琛等。1948年12月终刊，共出27期。

惠康幼稚园成立于民国三十四年[①]。园址设在本部西康区西昌城内。开办之初，我们遭遇到很多的困难。因为经费细少，设备无法完善；房屋简陋，曾数度迁移。虽然后来地址确定，而人数逐渐增多；运动场所又感太小，设备亦多不能满意，有时真不免失望在心。

---

① 具体成立时间，为1945年3月6日。开学时，幼稚生共47人，其中男童30人，女童17人。

不过，当时总部张伯怀[①]主任却给我很大的鼓励，提高了我的信心。我知道总部如此坚定，要推行这种教育工作，也就尽我在东北时所获的一点经验，拿来埋头苦干下去。

不自觉地，三年匆匆过去了。孩子们用的桌椅，也充实、齐全了；各种不同的玩具，也增多了。人数从十余人，现在已增加到六十余人；个个身体结实、健康，态度端正，礼貌周到。历次在西昌健康比赛中，总是名列第一。因此而引起了地方人士普遍的注意与好感。

眼见亲手培植的乐园茁壮起来，我心中充着无限的快慰。本年是我例假期间，我决定借此机会，到京、沪一带考察幼稚教育事业。在这行将离去的时候，看那园内熟悉的情景，看那活泼可爱的孩子，真令我依依难舍。

我走后，代理园主任为朱剑锜女士。系一位学生的家长，也是有爱心而能干的人。将来惠康幼稚园的发展，一定光明无限。

三十七、七、卅一，离西昌前

---

① 张伯怀：生平事迹未详。原为齐鲁大学教授、基督教青年会总会执委。1939 年，受命出任中华基督教会全国总会边疆服务部筹备主任、主任。先后深入滇、黔、川、康边地考察，确立了先期服务的地点。为支援边疆建设、支持抗战作出了贡献。1948 年去职。

# 153　延安洛杉矶托儿所

沅芷

1949年9月

**题　解**　本篇原载《家》第44期。发表时间为1949年9月。

撰著者沅芷，生平事迹未详，当为笔名。

《家》，家政月刊。1946年1月创刊于上海，由《家》杂志社主办、编辑并发行。主要刊登有关家庭、妇女和儿童问题的内容。主要栏目，有社论、论著、婚姻、育婴、家庭问题、社会、人生信箱等；主要撰稿人，有黄嘉音、唐牧、陆知征、朱绮、吴慧贞等。1950年6月终刊，共出53期。

## 一、创立与发展

一九四〇年，这一个托儿所在困难的环境下创立了。由于陕北地方的贫瘠与文化落后，物资、人才两感缺乏。而那时正在抗日期间中，当时的解放区政府，一方面要与日敌作战，一切物质力量都要支援前线；一方面，解放区又被国民党反动派封锁，以致蒋管区的知识妇女、专门人才，不能来到解放区。儿童所需要的药品、营养品和教育用品等，也都没有来源。因此，托儿所的开办，是一件艰苦的工作。

但由于共产党的正确领导，和得到政府的帮助，他们把房屋、设备逐步建设起来了；在饮食方面，也能用肉类、鸡蛋、豆腐、豆浆等，代替了鱼肝油、维生素、代乳粉之类的滋补品。缺乏药物，则注意疾病的预防以补救之。在人员方面，则动员了农村妇女来参加了保育工作。

一九四二年，该所得到了美国洛杉矶进步人士的热情资助。而那些资助，由于宋庆龄先生的正义呼吁和助力，得以冲破封锁，到达延安。这使所中的设备和儿童的需要充实了不少。他们还得了一些药品，如盘尼西灵〔林〕、疫苗、鱼肝油精、代乳粉等。该所为了感谢美国洛杉矶的进步地方人士，遂改名为“延安洛杉矶托儿所”。

延安洛杉矶托儿所根据中共中央总卫生部的工作方针，他们特别注重疾病的预防工作，因此所中的儿童大都健康。从成立至今，不曾有过一个因病死亡的儿童。收容的儿童，从十余个逐渐增加；至国民党反动派进攻延安前，已有九十四个。前后出所及在所者，共计四百余个。

在工作方面也逐渐上了轨道，并在工作中提高了保育员的程度，把他们的情绪从不安定中安定下来。一九四五年后，调来了更多的新保育员。在上课受训与实地学习并行之下，过去识字不多或不识字的，已提高到初小或高小程度，并且了解一般保育儿童的方法。他们大多数在执行保育的业务之外，兼任儿童教员，初步做到“保教合一”。

但自一九四六年国民党反动派进攻延安后，该所不得不从事疏散，辗转播迁。他们多年来惨淡经营的一切，都被破坏。儿童生活上、教育上种种用具，都因无法携走而丢掉了。他们每到一个新的地方，不得不重新建设，重新布置；在他们的信心和毅力之下，重建那儿童的乐园。

该所在疏散以前，有九十四个儿童时，他们的保育员共有三十三人。行政人员与一般工作人员的配备，为所长二人、医生一人、护士二人、司药一人、会计一人、出纳一人、保育干事一人、文化教育一人（教保育员和事务人员）、幼稚教员二人、总务股长一人、管理员二人、采买员一人、生活员五人、炊事员十人（大伙房五人、孩子伙房五人）、运输员四人、理发员一人、勤务员二人、通讯员一人、服装保管员一人、缝衣员三人（包括纺线）、洗衣员二人（男性），共计四十人。

以上的人员配备还是很紧缩的。因为他们处于偏僻的地区，来往要爬山，运输非常不便；一切饮食、衣着等生活上的供给，需要很多的人力。吃水要挑，衣服要手工缝制；为了改善伙食，自己要种菜补助。这些都是很费人力的。

## 二、儿童生活的管理

有规律的生活，是儿童必需的。当儿童来到该托儿所时，每人都带着自己的一套生活习惯。有些儿童，由于他们的母亲缺乏教养知识，他们的习惯很坏。不论是饮食、起床、睡眠，都不正常；同时，生病的也比较多。他们入所后，便训练他们过有规律的生活，使他们按时起床、睡眠，以得到充分的休息；定时饮食，以免生肠胃病；定时洗涤，以保持身体的清洁；定时游戏与自由活动，以免过分疲劳；定时上厕大便，以养成每天至少大便一次的习惯。所中根据多年的习惯，知道凡是家庭中习惯不良的儿童，他们的身体都不大健康。送到托儿所后，习惯矫正了，他们的身体也变成健康了。

这里，可以举一个典型的例子：小青在家时，她的营养比托儿所好；但她的生活不正常，多吃零食，吃饭不按时，食物要挑选，睡眠习惯也不正常。因此，她的身体并不胖。入托儿所后，过了三个月有规律的生活之后，她的体重，便从三六. 二磅，增加到四一. 五磅，脸色比以前红润了。后来因为托儿所迁移，她回到家中去，也是三个月的功〔エ〕夫，可是她的体重不但不增加，反而减轻了，脸儿又黄又瘦。等到送回托儿所后，体重又逐月增加，恢复了健康。

该所管理儿童，一方面注重卫生，一方面使他们得到锻炼，以增强他们的抵抗力。该所对儿童的锻炼，采取下列数种方法：

### （一）户外生活

所中的儿童，除了睡眠和吃饭之外，其余的时间，若不是大风下雨，多半在户外生活；就连上课也在户外。暑天则到棚下和树荫下。于日光下在河中洗澡，晚饭后常到河边沙滩活动。这样，新鲜空气和充足的日光，使儿童们皮肤红黑，体格粗壮。

### （二）用温水和冷水刺激皮肤

所中给儿童的洗脸水，是不很热的温水，有时比较冷一点；甚至在冬天给他们的洗澡水，也不是很热的。儿童经过了这种锻炼，皮肤有了抵抗寒冷的能力，偶尔受一点凉，或脱了衣服，也不会生病。所中儿童患咳嗽、感冒的很少。

（三）上早操

每天清早起床后，较大的儿童，都要作二十分钟的柔软体操。

（四）不穿过多的衣服

给儿童稍微少穿些衣服，以锻炼他们的身体抵抗得住寒冷。所中曾有一个儿童，初进托儿所时正值冬天，她身上穿了毛衣、毛背心、棉袄、毛裤、棉裤，再外加棉大衣。这个孩子穿了这么多的衣服，却还是容易受凉、生病。她到托儿所后，他们慢慢的把她的衣服减少。到第二年冬天，她便和别个〔的〕儿童一样，一件棉袄、一件毛衣、一条棉裤就够了，同时身体也健康了。

## 三、儿童的营养

营养的好坏，对儿童的健康和发育，有密切的关系。因此，延安洛杉矶托儿所虽在恶劣的物质条件下，他们仍尽力研究，怎样维持儿童充分而平衡的营养。他们注意粮食的调节，他们把大米、小米、豆子杂粮制成大米粉、小米粉、麦粉、豆粉、包谷粉、高粱粉等。他们也注意菜蔬的调剂，有时由自己机关生产，种各种菜蔬，孵豆芽，做豆腐，做酱和酱油。有了这些适当的调剂，他们就可以做出各种花样的食物来，以增进儿童的食欲，从而促进儿童的健康和发育。

他们根据儿童的年龄及当地生产，而定菜饭谱的配备。菜饭谱分：牙齿未生齐，即二岁到三岁的一种；四岁到六岁的一种；吃奶的婴儿一种；病婴合并在一岁到三岁的一种内。患传染病发高热或下痢的，另定流质餐。研究伙食或定饭谱，由管理员、烹调人员、采买员、医生共同研究。菜饭谱每星期或二星期换一次。根据由保育员经常反映的儿童食后的情形，而不断的加以改善。

该所又注意饮食的卫生管理，如，厨房清洁、防蝇设备；碗筷每次食后煮沸消毒；儿童饭前洗手习惯的养成；夏秋发动大家灭蝇。以及伙房同志学习业务，如营养功用、食物的成分、烹调方法、卫生管理等。由医生或有卫生知识经验者给他们上课。

为了使伙食配备好，烹调适口，儿童爱吃。该所从一九四五年起，经常提出伙食研究的问题；而且组织研究小组，与伙房同志共同研究烹调方法。由于伙食的改善，儿童身体便更健康了。九十几个孩子在整整一年中，除了有十几个感冒外，没有发生其他的疾病。又如一九四八年一个月的长途行军，一路上由于工作人员想尽办法，注意儿童的营养，儿童不但不生病，有些反而胖了。

这里，还可以举一个个别的典型例子：家林自幼没有母乳吃，以人工喂哺，有营养不良和软骨病的症状，是一个出名多病的孩子。进托儿所后，在一般膳食之外，常额外增加牛奶、鱼肝油。以后，病就慢慢地减少了。最近二年来，竟没有生过一次病，而成为一个活泼、健康的孩子了。

## 四、疾病的预防

托儿所医生、护士的任务，主要不在消极的治疗，而在积极的推动、领导全所工作人员对儿童做预防工作，以减少或避免儿童生病。因此，延安洛杉矶托儿所对于这一工作是很重视的。他们做到了下面几项事情：

（1）早期发现疾病和及早防治——凡旧儿童，每三个月行一次全身检查，借以发现疾病。每月行一次局部检查，如眼、耳、鼻、皮肤、牙齿等。平时如发现儿童精神委顿、发烧等情形时，即时检查。

每天早上，则由保育员施行卫生检查工作，看儿童是否有流泪、流鼻涕、精神不好的现象；脸部有无疹子，以及其他卫生情况。在其他时间，日夜班保育员，亦随时注意查察儿童。

此外，定期测量体重、身高，借以了解儿童发育情况；并把每月测量的结果，加以研究。如果某一个月全体儿童体重不增加，或少数人增加，他们就检查是否测量手续上有错误，或儿童营养不好，或生活不正常（例如年假时，儿童被接回家去一个时候，又返回所时，体重往往减少）。如有疾病现象，即行检查、治疗。

测量体重，在找不到磅秤时，他们用中国大秤，做一个布篓子，使儿童坐在里面，然后秤〔称〕。

该所经常进行矫治与预防的疾病，有肠寄生虫病、齿龈炎和砂〔沙〕眼。因这三种病在该所较多发生；尤其是砂〔沙〕眼，儿童入所时，经医生检查，发现百分之七十的儿童患有砂〔沙〕眼。入所后，一面予以治疗，一面更注意预防工作，以免传播。必要时，将患儿予以隔离。

在托儿所疏散期间，因缺乏洗脸盆，他们想出二种卫生而简便的办法：他们用洋铁桶装一个嘴子和橡皮管，叫儿童排队，一个一个冲洗；或用水壶冲洗，以免儿童合用脸盆而致传染砂〔沙〕眼。经他们这样努力防治之后，砂〔沙〕眼患者就逐渐减少；一九四八年统计，只有百分之三十左右了。

（2）检疫、消毒和隔离——新入所的儿童，经医生检查没有传染病，才可收入。收入后再隔离二星期，在这二星期中无传染性疾病发现，才能与其他儿童共处。在旧儿童接回家，重又返家〔所〕时，也要先隔离二星期。

该所以前由于地处被封锁地区，不易得到预防疫苗。因此，只得强调平时的消毒。所中工作人员出外回所时，以及儿童家长来所会见儿童前，均须洗手、漱口、换衣服。儿童若是感冒、咳嗽，把他送入普通病房隔离；患了麻疹等传染病，则送入特别单独病房隔离；当外面传染病大流行时，或所内发生传染病时，绝对对外隔离。新儿童不接收，旧儿童不被接出，以免传播病菌。

养成儿童的卫生习惯，在预防疾病上也有重大意义。该所利用唱歌、游戏、表演等方式和实地示范的方法，以及组织儿童自己管理自己，来灌输给儿童卫生知识与养成卫生习惯。

## 五、儿童教育

前面所讲的儿童生活的管理、儿童的营养、疾病的预防，都是洛杉矶托儿所对儿童的保健措施。此外，他们根据“保教合一”的原则，以同等的注意和努力，用教育的方法，来帮助儿童发展他们的智力和生活能力。所中五六岁的儿童，已会自己铺床叠被、洗脸穿衣、表演戏剧、唱较复杂的歌、听长故事；学做很多事情，如洗东西，做手工，做木工、泥工，自己制造简单图画、玩具等。

（一）儿童组织和编班

所有儿童，都给他们编班组织起来。不论吃饭、游戏、上课、住屋，都按班进行，以养成儿童集体生活的习惯。他们有事会找班长，班长说的话，他们也肯听；就是三岁的小班儿童，班长也能领导他们唱歌、站队。

他们编班，主要是根据年龄。一般的五岁到六岁的儿童，编为幼稚大班，每班最多十六人；四岁到五岁，编为幼稚二班，每班十二人；三岁到四岁，编为幼儿大班，每班八人；二岁到三岁，编为幼儿二班，每班五人；两岁以下的叫婴儿班（该所规定不收婴儿，在特殊情况下，他们曾经收过）。

除年龄外，还要看儿童的智力和体力。若是年龄、体力都够，而智力不够，当编入小班；若是年龄、智力都够，而体力不够，为了保护他的健康，也还是编入小班。在工作人员足够时，对于不合格的儿童，编为特别班。

（二）教育的内容

该所整个儿童教育，分为幼稚教育、生活教育、卫生教育三大类。幼稚大班的课程项目，有看图识字、数数目、图画、手工、游戏、舞蹈、故事、体操、户外活动、自由发表意见、选举模范、卫生检查、卫生习惯训练。幼儿二班，除唱歌、游戏外，教他们识别周围的东西、学习讲话等。

（三）教育方法

一面口头讲述，一面实地示范，采用标本、模型，或看图示意。此外，利用表演唱歌、户外活动、自由开会等来进行教育。进行教育时，与儿童玩具、设备相配合。

（四）教育原则

（1）做儿童教育者，要爱好孩子，能与孩子打成一片，处处从孩子的观点出发。

（2）了解儿童的心理，进行适当的教育。

（3）发现儿童的创造性，帮助他发展。

（4）教材从少到多，从简单到复杂，要根据儿童实地出发。

（5）养成儿童爱劳动的习惯。

（6）研究特殊儿童的个性和教育方法。

（7）养成有礼貌、诚实、爱护生物、友爱互助的品性。

### （五）教育的设备

该所有下面那些设备：

（1）游戏场和小花园。游戏场设有小秋千、木马、天桥、沙坑等玩具；小花园内种有花草，教大的儿童自己动手，自己浇水，自己保护。

（2）动物园和小农场。里面养有鸭、鸡、猫、狗、兔子、鸟、野鸡。大人领导孩子做窝，每天派孩子轮值打扫和喂养。小农场由大人领导孩子种植菜蔬。收获的东西，给孩子们吃。

（3）专门课室和俱乐部。

（4）玩具。

（5）小博物馆和儿童成绩展览室。

# 延安洛杉磯托兒所

沅芷

## 創立與發展

一九四〇年，這一個托兒所在困難的環境下創立了。由於陝北地方的貧瘠與文化落後，物資人才兩感缺乏。而那時正在抗日期間中，當時的解放區政府，一方面要與日敵作戰，一切物質力量都要支援前綫，一方面解放區又被國民黨反動派封鎖，以致蔣管區的知識婦女，專門人才不能來到解放區，兒童所需要的藥品、營養品和教育用品等也都沒有來源，因此托兒所的開辦是一件艱苦的工作。但由於共產黨的正確領導，和得到政府的幫助，他們把房屋、設備逐步建設起來了。在飲食方面也能用肉類、鷄蛋、豆腐、豆漿等代替了魚肝油、維生素、代乳粉之類的滋補品。缺乏藥物，則注意疾病的預防以補救之。在人員方面，則動員了農村婦女來參加了保育工作。

一九四二年，該所得到了美國洛杉磯進步人士的熱情資助，而那些資助由於宋慶齡先生的正義呼籲和助力，得以衝破封鎖，到達延安，這使所中的設備和兒童的需要充實了不少。他們還得了一些藥品，如盤尼西黴、疫苗、魚肝油精、代乳粉等。該所爲了感謝美國洛杉磯的進步地方人士，遂改名爲延安洛杉磯托兒所。

延安洛杉磯托兒所根據中共中央總衛生部的工作方針，他們特別注重疾病的預防工作。因此所中的兒童大都健康，從成立至今，不曾有過一個因病死亡的兒童。收容的兒童從十餘個，逐漸增加，至國民黨反動派進攻延安前，已有九十四個，前後出所及在所者共計四百餘個。

在工作方面也逐漸上了軌道，並在工作中提高了保育員的程度，把她們的情緒從不安定中安定下來。一九四五年後，調來了更多的新保育員，在上課受訓與實地學習並行之下，過去識字不多或不識字的，已提高到初小或高小程度；並且了解一般保育兒童的方法，她們大多數在執行保育的業務之外，兼任兒童教員，初步做到保教合一。

但自一九四六年國民黨反動派進攻延安後，該所不得不從事疏散，輾轉播遷。他們多年來慘淡經營的一切都被破壞，兒童生活上、教育上種種用具都因無法攜走而丟掉了。他們每到一個新的地方，不得不重新建設，重新佈置，在他們的信心和毅力之下，重建那兒童的樂園。

該所在疏散以前，有九十四個兒童時，他們的保育員共有三十三人。行政人員與一般工作人員的配備爲所長二人，醫生一人，護士二人，司藥一人，會計一人，出納一人，保育幹事一人，文化教育一人（教保育員和事務人員），幼稚教員二人，總務股長一人，管理員二人，採買員一人，生活員五人，炊事員十人（大伙房五人，孩子伙房五人），運輸員四人，理髮員一人，勤務員二人，通訊員一人，服裝保管員一人，縫衣員三人（包括紡綫），洗衣員二人（男性），共計四十人。以上的人員配備還是很緊縮的，因爲他們處於偏僻的地區，來往要爬山，運輸非常不便，一切飲食、衣着等生活上的供給，需要很多的人力，吃水要挑，衣服要手工縫製，爲了改善伙食，自己要種菜補助，這些都是很費人力的。

## 兒童生活的管理

有規律的生活是兒童必需的。當兒童來到該托兒所時，每人都帶着自己的一套生活習慣，有些兒童由於他們的母親缺乏教養知識，他們的習慣很壞，不論是飲食、起床、睡眠都不正常，同時生病的也比較多。他們入所後，便訓練他們過有規律的生活，使他們按時起床、睡眠，以得到充分的休息；定時飲食，以免生腸胃病；定時洗滌，以保持身體的清潔；定時遊戲與自由活動，以免過分疲勞；定時上廁大便，以養成每天至少大便一次的習慣。所中根據多年的經驗，知道凡是家庭中習慣不良的兒童，他們的身體都不大健康，送到托兒所後，習慣矯正了，他們的身體也變成健康了。這裏可以舉一個典型的例子：小青在家時，她的營養比托兒所中好，但她的生活不正常，多吃零食，吃飯不按時，食物要挑選，睡眠習慣也不正常，因此她的身體並不胖。入托兒所後，過了三個月有規律的生活之後，她的體重便從三六・二磅增加到四一・五磅，臉色比以前紅潤了，後來因爲托兒所遷移，她回到家中去，也是三個月的功夫，可是她的體重不但不增加，

另图 62 《延安洛杉矶托儿所》原发表件（部分）

# 154 树基学园秋季概况

刘培瑛

1949年12月20日

**题　解**　本篇原载《女会通讯》第3期。发表时间为1949年12月20日。

撰著者刘培瑛（1921—？），女，四川成都人。华西大学社会学系毕业，原任树基儿童学园“平儿园”主任。1945年5月参与创设劳工托儿所。1946年马彬女士调沪后，继任主任。该所由中国劳动协会托儿组主办，以成都慈惠堂培根火柴厂及其附近的劳工子女为对象，招生60名，施以健全之保育。后仍回树基儿童学园工作。

树基学园，全称“儿童树基学园”。教会性质，设园于四川成都。其前身为1913年设立的协合女子师范学校。1943年夏，协合女师停办，其中的幼稚师范科、幼稚园、托儿所、婴儿园合组而成“树基学园”。而后，又增设小学部，使该园成为自数月至20余岁的“婴→托→幼→小→师”一条龙式的特别教育机构。1952年收归公办，现为成都第三幼儿园。

有关《女会通讯》，参见前文《乐山进德幼稚园简述》题解。

教会为培植健全师资人才，乃于民国二年创办协合女子师范学校，历时三十年。民国三十二年春，奉令停办（因自该时起，师范学校统由省举办）。但目前鉴于优良师资之缺乏，是以今春有华西大学特别师范科之设置。

该科分幼稚及小学教育两组。自学校名义观之，似与华大有关联；然其举办之经费及行政之机构，实属于树基儿童学园。今春录取第一班学生十九人，因时局关系，先行辍学者九〔七〕人，故本期毕业学生仅有十二人；又秋季录取第二班新生二十一名，本科两班学生共三十三人。

本园本期儿童人数，共计七百二十三名。婴儿园及幼稚园儿童，合计二百七十六人；小学部儿童计二百九十八人，福幼园[①]小学组儿童四十七人，幼稚组儿童九十七人，保健组婴儿五人。

本园福幼园于月前增设保健一组，该组收出生数月至二岁之婴孩，现已有婴儿五名。举办该班的目的有二:（1）为经济困难而又需工作的父母分劳;（2）为训练本园福幼园年龄稍长之女孩，有育婴之常识，并借此更可给予育婴的实际经验。[②]

本园于五年前即开始举办保育人员训练班，初为一年制，二年前则改为二年制。先后毕业九人，均赴各幼儿教育机关服务。该班学生现有十二人。训练的方法，以保育的知识与经验并重。

本园本期教员共二十八人。其中有基督徒十八人，另有三位是兼课教员。

① 福幼园：树基儿童学园的一个分部。

② 此“训练”对象，并非该园小学组“年龄稍长之女孩”，而是园本部之幼稚师范生及保育人员培训班的学员。

# 155 北京分司厅幼稚园的劳动教育

穆扬

1950年7月24日

**题 解** 本篇原载《人民日报》1950 年 7 月 24 日。

北京分司厅幼稚园，北京知名公立幼儿园之一，创办于 1925 年，位于繁华的安定门地区分司厅胡同。原名“京兆初高级小学附设幼稚园”，为东城界内第一所公办学前教育机构。该园保留了老北京四合院的建筑特色，幼儿活动场地宽敞，师资优良，现为北京市示范幼儿园。

撰著者穆扬，原名杨竞武（1926—2017），山东济南人。1945 年考入北平中国大学中文系，次年参加革命，转入华北联大中文系学习。1948 年 6 月毕业后，长期担任《人民日报》记者。1977 年 9 月讨论恢复高考时，所撰“内参”《招生会议代表对教育部长提出尖锐批评意见》和《全教会“纪要”是怎样产生的》受到邓小平重视，促成了当年恢复高考。还撰有《对青年和学生要多进行理想和前途教育》。

有关《人民日报》，参见前文《接受外国津贴及外资经营之文化教育救济机关及宗教团体登记条例》题解。

北京市立分司厅幼稚园的教师们，在解放后经过一个时期学习，开始接受了新的教育观点，在儿童的日常生活与游戏中，随时进行爱劳动的教育，改变孩子们已往轻视劳动的风气。

去年夏天，该园教师和工友利用校园里原来种花的一块空地，种了玉米和毛豆。成熟的时候，教师们领着儿童们去看他们秋收；也让儿童们帮助摘豆角，掰玉米，回去就煮熟了分给大家吃。儿童们吃着都特别香甜，也特别高兴，便又要求教师再种玉米和毛豆。因季节关系，改种了萝卜和白菜。教师有时领着儿童去作些拣〔捡〕砖头、捉虫、拔草等简单轻松的工作。儿童们干起来也觉很好玩，逐渐成了教师和工友叔叔的小帮手。以后，每当空出一畦地时，儿童们就关心着再种什么。现在虽然放了暑假，但孩子们来校游玩的时候，都站在篱笆外边，关心地望望园里的菜蔬。

教师们随时注意教育儿童养成尊重劳动人民的观念。有一次，一位摇煤〔球〕工人正在校园里摇着煤球，儿童们忽然无意识地唱起一支旧儿歌："你猜猜我是谁？我是一个煤黑子。黑脸蛋，白牙板，坑吃坑吃摇半天。"四岁的陈燕生也喊道："煤黑子！煤黑子！"教师听到了，觉得这个错误观念需要纠正，就问大家："他的脸原来就黑吗？""不，是煤末弄黑的。"许多声音这样回答。教师接着问："他为什么穿单衣呢？""他热了。""为什么热？我们穿着棉衣不是还冷吗？""他费力气摇煤球呵！""他给谁摇煤球呵？""给我们！"大家毫不犹豫地回答。于是教师紧跟着问："他给咱们摇煤球，咱们应该对他怎样？"陈燕生和唱过歌的儿童们听了，小脸红了一下，就跑去向摇煤球的工人道歉，要求叔叔原谅。过后，他们不再唱那个旧儿歌，而以教师编的儿歌代替了它："别看你脸蛋黑，你干的活我不会，又铲土，又挑水，为了大家你真累。"

过去，教室一直是由女工友来打扫的。可是儿童们大多不注意教室清洁，经常往小凳上踩土，地上乱扔纸屑。教师们便在这学期领导儿童们亲自进行了两次大扫除，让儿童们自己搬小椅子，试着扫扫地，并随时向儿童说明打扫与保持清洁的不容易，教育大家爱护清洁，让扫地的工友大妈少费点劲。从此，教室的清洁情况就好的多了。

有一次，该园盖房子，许多儿童都围在那里看泥水匠合〔和〕泥、扔砖。七岁的赵长海逞强地说："这谁不会呀，我也会合〔和〕泥！"教师就有意的让他去试试看。他拿着铁铲铲了几下，小脸就涨红了。这时，教师便告诉儿童们：合〔和〕泥不容易，盖房子更不容易。

分司厅幼稚园以这些方式向儿童进行教育，使孩子们爱劳动，懂得劳动成果是不容易创造的，从而懂得了要尊敬劳动人民。

# 156 港九唯一的托儿所

1951年8月7日

**题 解** 本篇原载1951年8月7日《星岛日报》。原发表时无署名，文中交代为该报“记者”。

香港的学前教育制度较为特殊，它由三部分合构：一为幼儿中心（即英国保育学校），招收0~5岁幼儿接受保育（后改0~3岁），由社会福利署管辖；二为幼稚园，招收3~6岁幼儿入园受教，由教育署管辖；三为托儿所，系由宗教社团和私家开办，保育对象为0~3岁幼儿，由“社会福利处”管辖。该处增设于1948年，为华民政务司署社会局下辖机构之一。

《星岛日报》，由胡文虎于1938年创办，是一份历史悠久、发行网覆盖全球的中文国际报章。该报除了在香港出版之外，也在美国、加拿大、欧洲、澳洲等地同时发行八份日报，倡导“有思想的新闻、有价值的报道”，并严守“中正持平”的立场，旨在为中产阶层读者群提供客观而深入的新闻报道，尤以教育和地产新闻深入人心。主要版面或栏目，有要闻、港闻、国际、政治、财经、体育、教育、副刊等。

本月9日，社会局妇女部召集的第一次各区妇女福利工作联谊会，决定在湾仔街坊会举行。听说这次主要的议案，是加强计划，筹办托儿所。为着这个问题，记者特向本港唯一的女青年会托儿所来一次访问。

本港青年会[1]托儿所，设在深水埗元洲街158号至164号一通4间的二楼，现任所长是陈宝珍先生。自1948年7月19日创办迄今，刚好是3年。当初是女青年会社会职务部的各委员，为着减轻劳工职业妇女的家庭负累、增进幼儿福利和改善幼儿教育而开办的。

（一）限额

该所规定托儿名额，托日兼托夜的，限40名；只托日的，限30名，现在共70名。内分大、中、小三组：大组由4足岁至5足岁的孩子，共30名；中组由3足岁至4足岁，共24名；小组由2足岁至3起〔足〕岁，计16名。三组中，以小组报名者最为踊跃。查该所在3年来，共受托过儿童有450名。

（二）入所手续

须经家长亲领儿童来所登记，纳报名费1元。报名后，如有空额，即用〔由〕该所派员往调查其家庭状况。认为合条件者，则通知来所。经医生检查体格及格后，则可缴费，填写儿童的个性调查表、入所志愿书、保证书。

同时，所方会给他们一本家庭通讯录，封面写着孩子的姓名和所方给他的号数。日后所方对家长的通知，便写在这本册子里；家长有什么通知所方的，也写在册子里。这是家长们与托儿所的一度〔座〕桥梁。

按着孩子们的号数，给他们该号数的徽章（家长们送孩子入所时，所方便给他们自己的徽章）。离所时，必需持此章，才可带孩子离所。同时，孩子的衣服、手巾上，也都印上该号数和名字，以免彼此换错。

（三）在所时间

日托儿童，分甲、乙两种。

---

① 本港青年会：全称香港中华基督教青年会，为香港注册慈善团体。基督教青年会源于英国伦敦，于1844年由乔治·威廉姆斯（George Williams）创立，系全球性基督教青年社会服务团体，会训为“非以役人，乃役于人”。香港中华基督教青年会于1901年创办，分男青年会和女青年会，两会先后开办平民夜校、女工识字班、职业补习学校、托儿所等教育机构。该托儿所系由女青年会主办。

甲种——上午八时三刻入所，下午六时离所，他们在所里吃早餐、午膳、午点、晚餐；

乙种——上午九时入所，下午四时半离所，他们在所吃午膳和午点。

全托儿童，逢星期六午十二时后返家，星期一上午八时入所。

（四）所内生活

自朝至暮，导师们都和他们在一起的。

从起床的日程开始，他们穿衣、刷牙、漱口、洗脸、吃点心、大小便、吃饭、游戏、睡眠，种种活动，导师们都是随时在旁去照顾他们的。因此，托儿所的导师们，总要具有慈母般的心肠；并且要懂得儿童心理与保健的常识，去陪伴这班天真无邪的孩子在一起生活。

孩子们都贪玩。二岁的孩子，只会自己玩；三至五岁的孩子，都会跟着其他的孩子一道玩。游戏中，可以锻炼儿童独立的精神、能力、自信及自任和克制自己的欲望。因此，托儿所的导师们，只要在孩子群中当心着他们的安危，却不要凡事禁止；只要是正义的、合理的，总要从旁鼓励。

因此，托儿所里具有教育意义的玩具，是必需的。举例说吧，沙、黏土落在孩子的手里，他们会用来造出糕饼，他们会分送导师们和朋友们吃，这些都是帮助他养成创造的精神；小三轮车、皮球、积木等玩具，他们可以随时拿来玩，这些都是培养其身心的发展的好东西。

有时，他们喜欢作请客人游戏，导师们也常在被请之列，他们会笑嘻嘻的走到导师跟前说："先生，请来吃点心。"那时，导师就应在无形中引导他们，怎样是有礼貌的客人，怎样是有礼貌的主人。

（五）日夜照拂

晨间的大便，我们都规定时间，每个孩子要养成定时大便的习惯。虽然他们新来的还不惯，可是久而久之，便习惯成自然的，早餐后自己也会去大便了。大便的情形，导师们都为他们详为记录，然后由保育组长去核阅。有问题的，当由所方通知家长，从速医理。

全托的儿童，从入夜睡眠起，便有两位导师分上下班轮流值夜。其中一位长值夜的导师，是一位中年的护士；还有一位导师，是按月轮值一次。值夜导师们的工作，是时刻来回巡逻于两寝室之中，去照顾孩子。

其中有些年纪较小的、身体较弱的，他们会遗尿，间中还会遗屎，那导师们就要动手替他换衣服了。被褥推开的，就要替他们盖好；新入所的孩子哭了，还要哄他、抱着他，唱催眠曲。谁咳嗽，要记录；谁撒尿了，谁撒〔拉〕屎了，要记录；谁梦中哭了，也要记录，留待明天给保育组长作参考。

（六）家长分类

家长们的职业，教员人数占三分之一，在工厂工作之女工占三分之一。其中除〔此还〕有公务员、佣工、理发〔师〕、银行〔职员〕、护士等。

所方和家长的联络，是开家长会、派员往家庭拜访，和在家庭通讯录上以文字传递、互通孩子的消息与彼此间的意见。

（七）工作人员的分配

该所共有11位工作人员。包括：一位干事，负责所内外一切事务；一位助理干事，负责教育事宜；一位保育组长，负责所有儿童健康及全所环境卫生，膳食之分配与每月为孩子磅〔称〕体重、〔量〕体高，及每月检查体格，每日晨间健康检查；一位护士，兼长期值夜。六位导师，一位事务，工友四人。

（八）经济方面

该所每月费用相当浩大，每月支出4 000余元；而每月收入，只得2 000元。不敷之数，概由青年会津贴。经济还不成为一个问题。

# 157 有关幼稚园办理辑佚

1923—1950年

**题　解**　本篇系各种报刊发表的有关幼稚园办理的辑录。各条依时序编排，均保留原发表时之题目。各条均不作题解，仅进行文内注释，并在文后交代出处。

幼稚园，系中国继“蒙养院”“蒙养园”之后，所确立的第三个法令化的学前教育机构的名称。它是由“壬戌学制”和《小学法》所规定的。尽管晚清即有“幼稚园”名称，但多为教会学前教育机构所采用。湖北幼稚园虽为官办，但在“癸卯学制”颁布后，随即便更名为“蒙养院”。民国初年也有私立“幼稚园”者，但此绝非主流。只有当1922年“壬戌学制”颁布后，不管是公立、私立，还是教会立者，其主流方名之为幼稚园。

## （一）（吴江）盛泽幼稚园十周纪念志盛

女校附设之幼稚园，此次十周纪念，开会二日。第一日（除夕）上午，成绩展览；下午，在园幼稚生唱歌表演。有来宾黎里毛君、陶君、倪女士及三高程良称君等演说，三时半散会。第二日元旦上午，三高演短剧二出……下午女校演剧……闭幕时，已万家灯火矣。是日来宾，约有一千余人之多，可谓极一时之盛云。（济）

原载《吴江》第35期，1923年1月21日

（二）上海两江女子体育、幼稚师范招生

体育部：专养成女子中小学校教师及女童子军教练员；幼稚部：造就幼稚园师资起见，试行“道尔顿制”；学额：各六十名；毕业期限：二年；资格：高小毕业或中学一、二年级修业，及有同等学力者；年龄：十六岁以上；报名：三月一日截止；报名处：本校；试期：阳历二月六日及三月一日，在本校；校址：上海虹口邓脱路。函索章程即寄。

原载《申报》1923 年 1 月 24 日 2 版

（三）松江扩充幼稚教育

育婴堂原设幼稚园两处。兹该堂为便利幼稚生就学起见，业由堂董会议，决计扩充幼稚园三处：一设西外包家桥，一设城内知事署前，一设东外朱宅。均定阴历新正开学。

原载《申报》1923 年 1 月 27 日 10 版

（四）松江筹设幼稚园

松城旧府前及东外仓桥等处，幼童众多，尚无幼稚园之设置。故由一高校长钱鲁詹等，向该堂姚总董磋商，拟在上列三处，开办第三、第四、第五幼稚园。闻姚董已经首肯。是以旧府前之第五幼稚园，业已借定寿姓房屋着手筹备矣。

原载《申报》1923 年 1 月 28 日 10 版

（五）两江女子师范日昨行开学礼

虹口邓脱路两江女子师范，日昨行开学礼。校长报告，体育暨幼稚师范，为现今社会之需要科；并欲增高学生二年毕业之程度，故试行道尔顿制。教职员相继演说，散会。定于下星期一正式上课。附设之幼稚园，亦于是日开学。

原载《申报》1923 年 3 月 8 日 18 版

（六）松江幼稚园开学

育婴堂在堂内设有第一幼稚园。于城内北仓桥于宅，设第二幼稚园。今春应地方士绅之请，推广幼稚教育，特于城厢内外，添设三、四、五幼稚园三处，并函县照请陆绅规亮等为主任。其添设之园，一在东门外接婴堂，一在知事署东封宅，一在西外包家桥东陆宅。各该园均于七日开学，由堂董、主任分莅各园，布置开会行礼而散。

原载《申报》1923年3月9日11版

## （七）（清华）幼稚园成立

本校教职子弟日益增多。为保育起见，各教职员家属已着手组织一幼稚园，并已请定王姓女教员一名，担任管理、教导之责。至地点，则暂在学务处前唐孟伦先生住宅云。

原载《清华周刊》第275期，1923年3月30日

## （八）（山西友梅）幼稚园之发达

友梅幼稚园自史梅卿女士逝世后，即由渠弟史友惠君接办。史君办理园务，一本萧规曹随之主旨，而递加改进。现在社会日渐重视幼稚教育，故儿童之入该园肄业者，甚为踊跃云。（省垣）

原载《来复》第250期，1923年5月6日

## （九）（上海）幼稚园添国民科

上海城西幼稚园，现由西门菜场暂迁至林荫路十八号。明年春，即将迁至唐家湾该校自建新校舍。自本学期起，复添设国民科。现有学生百名，内幼稚生五十人，寄宿生三十余名。该校校长为陈鼎芳，教员施侠群、周硕范、钱小蒙、龚元卓及保母吴节、张佩金、姚静安等诸女士云。

原载《申报》1923年9月10日18版

## （十）山东教育界的新活动

现山东省立各小学校……幼稚教育现在只竞进女子小学及女子师范附属小学各附设幼稚园一处。现各小学校长议决，自明年起，各校一律添设幼稚园。

原载《申报》1923年9月24日7版

## （十一）宁一女师发展状况

第一女子师范学校前因学生发达，校舍不敷，经呈请省署核准，添建新校舍。现已

次第竣工，于本月十八日开学上课。又，该校本年实行新学制，除本科四年级一级仍照旧结束，及幼稚师范一级继续办理外，共编后期师范二级、前期师范三级、高级中学二级、初级中学三级，共计十二级，学生约六百人。此外，附属小学亦有十二级，约六百人；幼稚园一级，五十人。约计一千二百五十人之众。

原载《申报》1923年9月27日10版

（十二）（南洋）巴双创设幼稚园之佳音

迩来该埠中华共和及中华女校，学生日益增加；惟有少数儿童未及初小年格，教授上颇感困难。该两校教职员特向两校董事部商办幼稚园，以培养小学教育之根本。幸校董部如颜君维汉、李君文彬、林君诗必等，见义勇为，当仁不让；闻此善举，惟恨办之不速。后因经费问题，转商树胶公会当局诸君子，均乐意赞成。结果，幼稚园之经费，仍由树胶公会完全担负，定名为“华侨幼稚园”，附设于中华女校内。闻已向国内聘请保母〔姆〕，一月后即可成立。（希周）

原载《侨务》第92期，1923年10月11日

（十三）沪江大学消息·幼稚园

该校女生学习幼稚园一科者，为数颇多；且前曾向美国富商某君，捐得美金四万元，即以此款建筑幼稚园一所。业已动工，大致今夏即可告成云。

原载《申报》1924年3月14日15版

（十四）（黎里）四四幼稚园迁移

四高四四学会私立之四四幼稚园，向借设女校内。兹因女校学生发达，增辟教室，幼稚园只得迁让。闻已租定荣禄第蒯氏大厅为暂时园址，地点尚适中云。

原载《新黎里》第21期第3版，1924年3月16日

（十五）（齐鲁大学）幼稚园之建筑

民国七八年齐大成立时，即有模范村职教员合组小学之议。至十二年春，由前聂校长，在美募捐美金五百元，专为设立小学之用。适南关蒙养园与此合并，又得基金华币

千元。同年十月，遂由筹备委办王蔚斋、秦耀庭、周干庭三人，函致巴校长，请求拨给校中公地，以作建筑小学之预备。后数日，果得董事会通过，准拨模范村北地五亩余作为校址。但经费短少，不足小学及蒙养园合并建筑之用。不得已，遂于十三年七月二日开工，先建筑蒙养园。俟一二年后经费充足，再接连建筑小学。现已兴工师，订明九月十五日收功。大约二十日即可开班云。

一九二四、八、十九，周干庭

原载《齐大心声》第1卷第1期，1924年4月

### （十六）（南洋）星洲建立中华幼稚园

本会筹备幼稚园之消息，曾已略志前报。兹将开幕秩序情形，录之于下，以供众览:（1）奏乐（徐绍赓女士）。（2）祈祷（罗之兴牧师）。（3）读经（应锡祺牧师）。（4）宣布宗旨（张士镠）。（5）来宾演说（吴倦飞君 、罗牧师、马子云君）。其演词皆谓，幼稚园教育为国民教育之基础，至为重要；而本坡幼稚生，年益增加；而幼稚园，仅一二所耳。此供不应求之现象，可想而知。今建华幼稚园，幸蒙各界之资助，至获成立。此不独“自立会”之私幸也。（6）答词（陈美英女士）。（7）唱诗（全体）。（8）学生向教职员行受业礼，祝福闭会。时维五月十四日。（黄汉光）

原载《兴华》第21卷第23期，1924年6月18日

### （十七）上海城西幼稚园校舍落成添招新生通告

本校开办以来，业已十有余年，所有卒业各生，转入其他中小学校者，人数甚多，成绩卓著，久为各界所洞悉。兹以原址窄小，乃于西门唐家湾篮维蔼路永福里，建造高大校舍，刻已落成。学生床铺，一律改用铁床，陈设完备；添聘富有教授幼儿经验者多人为本校教员。为特通告新旧各生家属，愿入本校者，请于八月三日起，径至新校舍接洽及报名可也。

原载《申报》1924年8月8日2版

### （十八）扬州教育新闻汇志

五师所建之“可”字式教式〔室〕，八中所建之饭堂，均将完工；惟五师附属小学

新建之幼稚园，尚须时日，始克完成。

原载《申报》1924年8月23日11版

### （十九）培培幼稚园之发起

海上[①]人烟稠密、空气恶浊，幼稚教育异常缺乏。兹由黄任之、欧阳予倩、成谷采、赵铁樵、戴欲仁、司徒博、吴天倪诸君之夫人，发起培培幼稚园兼小学一所，并得王壮飞、张龙海、王定中、刘德生诸君之赞助。即借西门公共体育场妇孺运动部为园址。另辟草地一大方，建筑雨天园场，足容幼稚生二三百人同时游戏。敦聘保姆，即日报名云。

原载《申报》1925年8月25日9版

### （二十）苏州景海女师范附属小学校幼稚园启事

敬启者：蒙各处教育家暨各校参观团莅临参观指教，十分欢迎。但因敝校规模小、办事人少，对于每日数起之参观团，难免招待不周；而于敝校办事上、教授上亦觉不便。今自登报日起，凡欲来校参观诸君，请先向敝校接洽，以便同日同时不再招待其他团体。又，每星期一向例休业，谢绝参观。

原载《申报》1926年5月5日2版

### （二十一）安源圣公会设立幼稚园之预备

安源人烟稠密，学校林立，惟幼稚园缺如。本会有鉴于此，今聘请幼稚师范学堂毕业生李可珍女士，为本园教习，刻下正值筹划进行。仅召〔招〕教会子弟二十余人。一俟各色器具备齐后，再贴广告，印刷章程，以备扩充。（陆亮生）

原载《圣会公报》第19卷第10期，1926年5月15日

### （二十二）（慕卫）幼稚园毕业会志盛

六月五号午后二句钟，慕卫幼稚园行毕业礼于该园大教室。来宾及诸生之家属，不

---

① 海上：亦称沪上，上海旧称，多见于清末民初的言谈和文论。

下三百余人。振铃开会，诸生表演各种秩序，均天真烂慢〔漫〕和玲珑活泼，令人称羡不已。兹将所演各节列后：（1）欢迎歌；（2）日光歌；（3）圆圈舞；（4）亲爱小朋友；（5）演说（程梅先生）；（6）飞鸟歌；（7）磨坊歌；（8）军乐歌；（9）手指跳舞歌；（10）皮匠舞；（11）英文歌剧“买花”；（12）讲故事；（13）戏剧“贪心老鼠”；（14）行军歌；（15）唱歌游戏“奇怪人”；（16）游戏“搬运矿石造房子”；（17）戏剧“奇美世界”；（18）讲故事；（19）戏剧“孝女”；（20）游戏唱歌“猜人”；（21）独唱“宝贝安睡”；（22）给证书（毕业生十六人）；（23）唱毕业歌，散会时近五句钟矣。（甦）

原载《松声》第32期，1926年6月20日

## （二十三）京师教育概况

中华教育改进社前曾发寄表格，调查民国十三年至十四年京师各校状况。现已陆续整理完竣，发行刊布，不久即可出版。内容共分两编。第一编列各项统计表，第二编载各学校简短之事纪。兹将统计之总结果，从表中摘录如下：（前略）幼稚园，共十二校，教职员五十八人，学生六百二十九人，经费七万五千零七十八元。（后略）

原载《申报》1926年6月25日12版

## （二十四）（尚公学校）幼稚园迁校纪念会

六月一日，为本园迁校纪念。凡幼稚生，各佩纪念徽章一枚，各赠纪念果一袋，并邀请小学部各级，各推代表一二人，加入小游艺若干种，以助兴趣。

原载《励志》第2期“馆事消息”栏，1926年6月

## （二十五）（上海）海格路培真幼稚园添招新生

培真幼稚园在海格路南洋大学内，原为南洋大学教职员子女而设。于本年春开办，已有学生一班。下学期增加设备，已聘定前中西女塾幼稚园主任李琼英女士为专任教员，尚有余额，可收外生，以期普及。八月二十日开学，收费甚廉，欲知详细章程，可向南洋大学凌石惠芳索取云。

原载《申报》1926年7月31日11版

（二十六）（江苏）幼稚园开办先声

刘河交通便利，文化日新，人民稠密，商业繁盛。自遭江浙兵灾之后，气象更觉一新，男女学校林立。查察失学儿童尚众，更有一般幼稚者，乡人素不注意，缺乏教育余地。张士佳牧师自本学期起，在尊经堂内创办幼稚园一所及初级一班。该项开办费并恩物等情，均于张君暂行担任，惟按月常费尚无着落。定于本月廿四日开学，报名拥挤。今请道德女士为该园主任，助教一席，限于经济，尚未聘定云。（张利亚）

原载《兴华》第 23 卷第 33 期，1926 年 8 月 24 日

（二十七）（上海）培真幼稚园进行状况

本校同人所组织之培真幼稚园，业于八月二十三〔日〕开学。本学期学生已增至二十余人；一切恩物如砂〔沙〕箱、五色球、积木等，均有设备。近复添备钢琴，以练儿童听觉。现开学虽甫及一月，而据各生家属报告，已觉儿童体魄壮硕、精神活泼。由此足见，幼稚园实为儿童将来学业之基础也。各生已能表演游戏多种，现拟于本校卅周纪念时，加入表演圆圈舞，小朋友等并唱国歌。

原载《南洋旬刊》第 3 卷第 3 期，1926 年 10 月 1 日

（二十八）（上海南洋大学）培真学校消息

培真学校分初级小学暨幼稚园两部，假本校南院盛氏宿舍开办，专为培植本校同人子女而设。校中一切开支全赖学费收入。开办已达三载，成绩斐然。非同人子女之来学者，亦日众。查该校初级小学部创办人，为沈叔逵先生；幼稚园创办人，为凌石惠芳女士。去年暑假后，经两次家属会议，决定将小学及幼稚园两部合并办理，并组织董事会，担负校中经济，请定主任主管学校事务。闻该校董事，系由学生家属中推选者，计凌竹铭、张贡九、沈叔逵、王寅清、翁六皆五人。董事会成立后，即推定翁君六皆为常务董事兼学校主任。该校现有教职员六人，学生三十八名。下学期起，拟扩充学额，添聘教员，并酌收寄宿生。暑假时，并须举办第一届毕业云。

原载《南洋旬刊》第 3 卷第 13 期，1927 年 1 月 11 日

## （二十九）光夏小学附设幼稚园之组织

兆丰路一带，自开辟马路以来，市尘日盛，居民尤多，惟缺乏完善之学校。以故，附近儿童欲觅校肄业者颇感困苦。兹有路蓉芬女士等，因鉴于此，特组织光夏小学附设幼稚园，俾附近儿童求学。刻已择定东有恒路合安里为校址。闻俟规画妥协，即刊发章程招生。无论粤籍子弟及本地儿童，凡有志求学者，均可入校肄业云。

原载《申报》1927 年 3 月 6 日 7 版

## （三十）《幼稚教育》月刊出版

东南大学教育科，前以各级教育皆有刊物，惟幼稚教育之设施与教学方法独无刊品，即根据南京鼓楼幼稚园研究试验之结果，印行教育月刊。前因时局影响停顿，现已按月出版。内容详尽，洵为改进家庭教育之导师，研究儿童教育之南针。其价目，全年一元，邮费在外。发行处在鼓楼幼稚园。

原载《申报》1927 年 6 月 27 日 11 版

## （三十一）圣玛利亚附小改组卿云学校

（上海）圣玛利亚附属小学，本系美圣公会所设立。其最初命名，为毓秀女塾，创始于前清末叶。长是校者，为西人时女士。民国初年，圣公会改委美人嘉雅美女士为校学。十三年秋、复改聘华教友桂德华女士主持校务，更名为圣玛利亚附属小学，是为华人执掌该校之始。斯时校务渐见发达，学生达二百余人；除高小、初小各级先后开办外，复添设幼稚园。校中所聘教职员、类皆一时之选。

原载《申报》1927 年 7 月 1 日 11 版

## （三十二）（上海）洁如公学添设幼稚园

法租界拉都路洁如公学，由汤洁如女士创办。本学期添设幼稚园，原有教员已不敷应付，特添聘新教员数位。该校已于十四日开学。小学部新旧男女学生，到者百余人；幼稚园新生，到者甚众，尚有寄膳者。二十二日上正课。现课程用书等早经准备完妥，日来报名者仍络绎不绝。

原载《申报》1927 年 8 月 20 日 7 版

（三十三）（南京）六校增设幼稚园

（南京）市教育局从去年秋季，将前江宁市立学校改组整顿以来，深得社会人士之信仰。一般家庭从前将子女送私塾或教会学校读书者，现纷纷改送入市立学校求学。以故，本学期各校招收新生，均拥挤不堪。……除在原校添加级数外，暂就下关及城内新街口，添设新校二所，以资调济；并就原有各校增设幼稚园六所，以广收幼稚生。正在着手组织，不日即可开学。

原载《申报》1928 年 2 月 21 日 20 版

（三十四）爱国女学毕业生赴日留学

爱国女学文科及体育科毕业生之赴日本留学者，历年甚众。昨“长崎丸”开行时，又有文科毕业生张淑媛女士挈装东行。张女士到东后，拟研究幼稚园教育数年。将来回国，欲自行创办幼稚园一所，以实施其教育。闻今夏毕业生中之准备东渡继续求学者，又有若干人云。

原载《申报》1928 年 4 月 5 日 11 版

（三十五）首都开办暑期幼稚园教师训练班

近年来国人对于幼稚教育注重，幼稚园增加甚多。即以首都而言，十五年度，全城共幼稚园五所。至今年春际〔季〕，竟增至一十所，秋季又拟增加十余所。是以教师人才极为缺乏，当局聘请教师极感困难。

于是，京市教育局与中央大学暑期学校合办暑期幼稚园训练班，招收学生二十名，用集中的训练法训练六星期。毕业后，由京市教育局与中大负责介绍服务处。

学生入学资格，为旧制女子师范毕业生或新制高中师范毕业女生。考期定七月十一日在中央大学。考试科为作文、讲儿童故事、弹唱音乐、画儿童图画等。开学日期定七月十五日。膳宿由中央大学暑校代办，约十元；学费十二元。其他待遇，与中大暑校学生同。

近已印有简章，随中大暑校章程分送。闻各县已有拟保送学生来学者，诚为幼稚教育前途之佳音也。

原载《申报》1928 年 7 月 1 日 17 版

### （三十六）（上海）市立务本女子中小校刷新经过·附设幼稚园

市教育局自接收县立务本女学校，即从事整顿刷新。适前奉大学院提倡幼稚教育之训令，该局鉴于上海公私立学校附设幼稚园者，殊属寥寥，乃从本学期起，就该校增设幼稚园一班……幼稚生招三十名，每名全年缴收学费十元。刻正由局与该校长贾佛如着手进行。该校定名为市立女子中学校云。

原载《申报》1928 年 8 月 19 日 14 版

### （三十七）县教育局设立乡村幼稚园

上海县教育局对于幼稚教育，素甚注重。自本学期起，更在浦东三林塘镇设立试验乡村幼稚园一所，由该区教育委员唐圃腴悉心规划，业已筹备就绪，并聘定幼稚教育家杨竞芳、朱锦文二女士为主任及导师。闻该园空气充足，风景良佳，于儿童身心之发展，殊属适宜。故日来报名者异常踊跃，不日即将开学云。

原载《申报》1928 年 8 月 23 日 16 版

### （三十八）上海林荫幼稚园暨小学之发达

上海西门外林荫路上海林荫幼稚园暨林荫小学校，开办多年，成绩斐然。该校本名上海幼稚园暨上海小学校，因立案反较后起者为迟，以是特加“林荫”两字以示鉴别。教员、保姆，均系品性温和，富有学识、经验，务求小儿身心发达、精神活泼，以实事求是为主旨，不务虚名，故学生异常发达，人数已二百有余。现陈鼎芳校长尽力规划，扩充校舍，即日起报名，九月二日开学。详章函索即寄云。

原载《申报》1928 年 8 月 24 日 12 版

### （三十九）实施幼稚教育之进行

（上海）市教育局八月份业务进行状况，摘要列举于后：本局计划于本学期增设幼稚园七班。现除万竹小学因校舍关系，一时未能增设幼稚园外，其已加设幼稚园者，有比德小学一班、尚文一班、仓基一班、南薰一班；又实验小学第一校，亦附设幼稚园一班。计本学期增设之幼稚园，共五班。

原载《申报》1928 年 9 月 27 日 22 版

### （四十）（上海）普益幼稚园近况

本届仍由过文农、熊素珍为正副教席。幼稚生约二十余人。园中张贴幼〔稚〕生清洁表，以红绿纸剪贴其上。红者为优，绿者为次，颇见悦目。

原载《普益月刊》第16期，1928年10月1日

### （四十一）市幼稚教育研究会昨日成立

上海特别市市立巽与小学校，前发起组织幼稚教育研究会，已于昨日假巽与小学幼稚园开成立大会。

计到蔡君禄（南薰）、杨儿如（仓基）、陈中瑾（比德）、张荔令（尚文）、首帼耀（务本）、黄翠英、宋剑青（西成）、何承湛、汪思诚、华光玄、高芝生（巽与）等二十余人。

三时半开会，公推高芝生主席、汪思诚纪录。其议事顺序如下：（1）推定主席；（2）开会如仪；（3）主席致开会词；（4）报告筹备经过；（5）通过简章；（6）讨论；（7）分配研究工作；（8）临时动议；（9）其他；（10）散会。

并讨论此次市政展览会关于幼稚教育出品问题，由各校幼稚园分担。并闻下届常会，定于十一月十四日，仍由巽与负责召集云。

原载《申报》1928年10月19日11版

### （四十二）济南市会幼稚园

济南市会所设之幼稚园，定于二月二十七日开学。教员宋铁珊夫人，对于儿童心理颇多经验，与幼儿极能亲近，故来者日增。今春开学，仍请宋夫人继任义务教职，学费免收。又，桌、椅等物，闻基督教会于春季开课收回自用，故拟定暂由董、干两部人员出资购置，免误开学。准于三月十一日再行筹募，谅一班热心教育者，定能解囊相助也。

原载《女青年月刊》第8卷第3期，1929年3月1日

### （四十三）华人教育处设幼稚园

（上海）华人教育处及华童小学，即于去秋先后成立。延聘初等小学专家陈鹤琴君为华人教育处处长，主持一切。今东区小学及幼稚园，设于汇山路四十八号；北区小学及幼稚园，设于老靶子路二百二十八号。两校合计，有教职员三十八人、学生七百人。

西区小学校经费，已由工部局规定。

原载《申报》1929年4月11日13版

## （四十四）调查幼稚园

（南京）市教育局调查市立实验学校幼稚园，已制定统计如下：计园十二所，学生共四百三十人；其中男孩二百三十七人，女孩一百九十三人；每月经常费一千三百零二元，每生平均每月所占经费为三元一角七分云。

原载《首都市政公报》第33期，1929年4月15日

## （四十五）济南幼稚园

宋铁珊夫人，任该会幼稚园义务教职已有半学期。初办时期，凡事草创，诸务不备，端赖宋夫人之经验、学识与服务之热忱，致一般儿童欣欣而来，亲之如慈母。此情深足铭感。去年腊月，该幼稚园招生广告，已布满大街小巷。至新正十六开学，报名者陆续不断，统计有四五十名；而更足庆幸者，乃宋夫人仍肯牺牲时间，继续来会助理。

原载《女青年月刊》第8卷第4期，1929年4月

## （四十六）南京女子中学行毕业礼

本月二十五日上午九时，南京女子中学及幼稚园师资养成所，在该校大礼堂举行毕业典礼。总司令部代表胡景文，考试院代表徐庆誉，教育部代表赵迺传，市党部代表张继尧、高启圭，均到会演说。闻此次毕业者，高中师范科四十人、普通科十三人、初中部六十五人、幼师二十九人。

原载《申报》1929年6月27日11版

## （四十七）首都幼稚教育研究社之发起

首都幼稚教育研究社，经京女中实小及京教育局研究部发起后，京中各校幼稚园纷纷加入。兹该社定十一月九日，假京女中大会堂开成立会。计中大尚教授及女中陶校长演讲，并有二十个幼稚园儿童表演，教育局给发奖旗等。

原载《申报》1929年11月5日10版

（四十八）慈幼会中之本校（上海广肇中小学）幼稚园出品

此次中华慈幼协济会在上海青年会举行慈幼运动大会。本校幼稚园应陈鹤琴先生之请，以幼稚生底〔的〕活动的照片及自行编制之歌曲，参加陈列。那些照片颇受参观者注意。因为摄得很自然，而题语也精警有趣。

原载《木棉》第3期，1929年12月30日

（四十九）烟台幼稚园

该园学生，去岁共有廿余名，本季遽然增加一倍，大有人满之患。故将干事宿舍改为课室，并添增教员一人。

原载《中华基督教女青年会会务鸟瞰》第3期，1930年3月

（五十）南通幼稚教育概况

全县有私立幼稚园两所、公立幼稚园四所，共计七个学级、二百四十二个学生。全年共支经常费二千七百十元。现正筹办乡村幼稚园及实验幼稚园，研究幼稚教育新理法，以促幼稚教育事业之改进；同时资送女师毕业生，专习幼稚教育，以培养幼稚教育人才。

原载《申报》1930年4月24日12版

（五十一）（汕头女中）扩充幼稚园教室及各种设备

本学期自杨校长接事后，查得附设幼稚园教室太窄，即将展宽计划呈奉市政府核准。现经改筑完竣，较旧时宽度约增一倍。又，本校操场全属露天，一遇微雨，即须停操；而在夏秋间烈日之下，尤感不便。杨校长特雇工匠，将全操场搭盖高大蓬〔篷〕棚。嗣后无论天气如何，当不至辍操。各种体育用具，在本学期中极力增设。于学生运动上，可谓顾虑周全。

原载《女中校刊》第5期，1930年4月

（五十二）（上海）市教局幼稚教育参观团出发

市教育局长陈德征，为整理市立各幼稚园及增进各教职员办事能率起见，特派幼稚园指导屠哲梅，召集市立学校幼稚教师，每校推派一人，组织参观团，赴京、苏等处参

观，以资观摩，并缜密规定参观注意事项及日程。该团定于今日（十三日）首途，共计十余人云。

原载《申报》1930年5月13日10版

## （五十三）大夏大学添办女子幼稚师范学校

大夏大学当局，近感于中国幼稚教育之重要，及幼稚园师资之缺乏，爰经第七十三次校务会议议决，自下学期起，在新校舍添办女子幼稚师范学校。聘请幼稚教育专家担任教授，造就幼稚园师资人才，以应国内需求。现正积极筹备，并已举出该校副校长欧元怀、教务长鲁继曾、教育学院院长陈选善、高师科主任黄敬思、教授董任坚等，为幼稚师范学校筹备委员云。（季光）

原载《申报》1930年5月30日29版

## （五十四）大夏添办幼稚师范

大夏大学感于吾国幼稚教育之重要，及幼稚师资人才之缺乏，特于本年秋季，在梵王渡中山路新校舍，添办女子幼稚师范学校，并附设幼稚园，以资教学考镜。延聘教育、心理专家陈鹤琴、欧元怀、鲁继曾、陈选善、黄敬思、张耀翔、董任坚、杨葆康，组织指导委员会，筹划全部设施；所有课程及设备，均力求完善。并已聘定杨葆康女士为该校主任。杨女士系美国伟力士礼女子大学学士、哥伦比亚大学硕士，专研幼稚教育，历任大同大学教授、江苏省立南京女子中学校长；在该校创办幼稚师资养成所，并创办南京中心幼稚园，对于幼稚教育，有甚丰之学识与经验。该校定七月十四日、十五日招考新生。凡女子具有初中毕业以上之资格者，均可投考。

原载《申报》1930年6月22日11版

## （五十五）教员参观集美幼稚园

该校教员徐、汪二先生，于七日、十三日先后偕往集美幼稚园参观。得幼师黄校长之指点，及该园魏主任之诚恳接待，历述设备上、教学上种种情形，以是观察时深为获益。闻二先生于七日下午，系参观各室设备及各级活动作业情形；十三日上午，适逢第三级与第四级，联络补行总理诞辰纪念会。百数十个幼稚生、十余位实习生与导师，同聚礼堂，吟诗、跳舞、献敬礼物、讲故事、茶点，一团活泼天真之气，一堆融融乐乐之容，满腔热烈恭肃之象；身心集注于此整个活动作业中，持久至一小时余勿稍衰。非训导有素，奚克臻此！徐、汪二先生引为大好际会云。

原载《集美周刊》第257期，1930年11月17日

## （五十六）（大夏大学）幼师学生参观幼稚园

本校幼稚师范所定课程，理论与实习并重。关于幼稚教育各项科目，除由主任杨葆康先生及各教员认真教学外，各生皆有一定时间分组轮流在本校幼稚园实地观察，并由杨主任率领全体学生赴本埠各著名幼稚园逐一参观，以广见闻而资印证。本月一日，往地丰路中西女塾幼稚园参观；八日往莱路参观西成小学幼稚园。往返均由本校公共汽车接送。承该二校校长殷勤招待，详细指导，参观结果，均甚满意云。

原载《大夏周报》第7卷第11期，1930年12月24日

## （五十七）山西教厅计划广设婴儿幼稚园

设立幼稚园。本市之婴儿，在未入小学以前，毫无教育可受。倘多设幼稚园，使各户之婴儿，一律送入园内，对婴儿可得相当教育，对大人亦可脱却累赘，于社会之人俱有利益。

原载《申报》1931年3月6日10版

## （五十八）（集美）幼稚园材料研究会近讯

该校为适应师生生活的需要，本研究精神、增高教育效率起见，特设立辅导学生研究会，已志前刊。闻该会教育科幼稚园材料系，由张宗麟先生担任指导，选习者甚多。于三月十五日开第一次研究会。讨论结果，议决每星期二开会一次。开会时，各研究员报告在一周内所搜集之材料及研究心得，提出问题，互相讨论云。

原载《集美周刊》第268期，1931年3月23日

## （五十九）（烟台市会）幼稚园开学盛况

幼稚园于二月四日举行开学礼，报到学生四十余人，参加者亦复不少。个个天真

活泼，煞是好看。该园为烟埠独有之幼稚园。今为提倡幼稚教育起见，特印刷简章多份，分发本埠人士。该园对于教授方法，亦大加整顿，采用最新设计教学法。三岁以上之儿童，每日有写读、识方字、数目、常识、自然、手工、图画、游戏、唱歌、讲故事等科目；循环教授，以期引起儿童之兴趣。六岁以下之儿童，除加添国语、算术外，其余科目与三岁小孩同。现在虽已开学多日，而报名者仍络绎不绝，大有人满之势云。

原载《中华基督教女青年会会务鸟瞰》第3期，1931年3月

### （六十）（汕头）推广幼稚教育

幼稚教育，以幼稚园为基础。本市幼稚〔园〕仅有8所，未能尽量容纳幼稚儿童。现为推广幼稚教育起见，本年拟分两期，逐渐增设，以植教育初基。第一期，上半年，令市立各小学各附设幼稚园一班。除市一、市三因校舍狭隘，未能举办外，其余现已开课。第二期下半年，令私立各小学各附设一班。

原载《汕头市政公报》第67期，1931年4月1日

### （六十一）大夏建筑幼师及实小校舍

大夏大学鉴于幼稚师资之缺乏，特于去年秋季添办女子幼稚师范，并附设幼稚园。主任杨葆康女士，办理认真，成绩昭著。兹该校又于今年秋季，添办实验小学。所有幼师及小学、幼稚园校舍，均经建筑师柳士英设计，由华达建筑公司承造，业于前日动工。二层楼房，计有课室、钢琴室、办公室，共十余间，均系坚固新式建筑云。

原载《申报》1931年7月15日12版

### （六十二）辽宁教育统计·幼稚园

兹将民国十九年度至本年六月底止，全省教育概况，详志于下，想亦关心东北教育者之所乐闻也……省立幼稚园一校，分四组，学生九十人，男六十一人、女二九人，保姆四人，每年经费四六四九元……各县幼稚园（八县）十三校园，男生二三〇人，女生三二一人，保姆十六人，职员六一人，每年经费三〇八〇元。

原载《申报》1931年7月21日10版

（六十三）（上海）振德女中添办师范科

爱文义路一零〔○〕九号小沙渡路振德女子中校暨附属小学及幼稚园，创办人沈琴如女士。该校校董为余楠秋、杨正宇、王西神、郑毓秀等。本市教育局已准予该校董事会立案。中学部历届毕业生，成绩均甚优良。本季已实行添设师范科及扩充幼稚园名额，另在运动场边建筑平屋三间，专为幼稚生应用。闻已登报开始报名，来学者极为踊跃。

原载《申报》1931 年 7 月 23 日 10 版

（六十四）（大夏）幼稚园小朋友增加

本校自去秋附设女子幼稚师范学校后，同时开办幼稚园于本校群英斋内。去载因创办伊始，外间鲜有知之者，故儿童不多。今春自开学后，儿童骤形增加，附近如曹家渡、愚园路等处，均有前来报名入学者，一时小朋友增加至十余人之多。计年龄最大者为五岁半，最小者为二岁七月。并闻幼稚师范同学，已实行分组赴该园视察。

原载《大夏期刊》第 2 期，1931 年 8 月

（六十五）（南京中华女子中学）添设家事科及幼稚园

该校为实施女子家政训练起见，特自去年秋季起，添设家事科，为高三必修课程，由留美家政专家郑李陶世〔氏〕师母担任教授；并为提倡幼稚教育计，特添设幼稚园一级，对于幼稚生实施最新之完美教育。

原载《中华基督教教育季刊》第 7 卷第 3 期，1931 年 9 月

（六十六）（烟台）幼稚园举行恳亲会

幼稚园本学期学生六十四人。课程，每星期二下午，教员讨论预定之课程标准，采用设计教学法，有卫生、礼貌、宗教、家庭、爱国等。三月廿四日下午二时举行恳亲会。到会者，家长与学生共有一百余人。秩序有学生唱歌、游戏、写字比赛、说谣语、礼节表演等。后有刘文琴女士讲故事。四时，学生先散会，集家长讨论议决：（1）“特日”裁布为制服；（2）举行小团体母亲讨论会。

四月六日下午二时，举行母亲讨论会。解文昌女士主领，讨论以《基督化家庭教育》为参考书，题目“如何使小孩不闹不怕生”。讨论会内精神极佳，母亲均发问。结

果，大家按所讨论的回去试验。四时散会。

原载《中华基督教女青年会会务鸟瞰》第 5 期，1932 年 5 月

## （六十七）（广州）建筑宿舍及幼稚园筹款成绩第一次报告

本会筹款建筑宿舍及幼稚园，经于六月一日分队开始征募，筹款目的为十万元。如此巨大数目，以日〔目〕前环境论之，非短促期间可以成功。未筹募以前已有此种考虑。但以此种事业关系重要，无论如何困艰，当积极进行。故定本年十月为第一期结束，七月为第一次成绩报告。现计各队捐得之款，约一万〔元〕左右。至详细数目，候第一期结束时，然后公布。望各队人员，本不屈不挠之精神，勇往迈进，竭其全力，以应付此困难环境，务达十万元之目的，俾能从事宏大之建筑。

原载《中华女基督教青年会会务鸟瞰》第 9 期，1932 年 9 月

## （六十八）上海将有平民幼稚园出现

上海幼稚师范学校校长陈济成，鉴于沪西工厂林立，而工人子弟绝鲜寄托教养之所。爰于本学期起，先就该校第三院内，开办上海第一平民幼稚园一所，招收四岁至七岁之幼稚儿童；延长在校时间，每日自午前七时起至午后五时止，予以充分训练。一切费用，概不收取。学额暂定五十名，将于二月十三日开学招生。简章函索既〔即〕寄云。

原载《申报》1933 年 1 月 31 日 15 版

## （六十九）保定平民幼稚园成立

保会去年暑假，曾一度成立幼稚园一所。惟以事属创举，学生寥寥无几。故开园未及匝月，即行停办。兹闻保定平民幼稚教育促进会会长王化民女士，对于幼稚教育颇为注意，故于年前曾与保会祁总干事接洽，合办幼稚园。此议经干部通过后，该园即行成立。现已聘定二女师幼稚教育师范班毕业生之成绩最优者张德华、宋如心二位女士，分任主任与保姆。刻正进行招生事宜，并闻费用一概免收。此诚保市儿童之福音也。

原载《同工》第 19 期，1933 年 2 月 15 日

## （七十）利生小学校幼稚园新讯

上海法租界萨坡赛路二〇一号利生小学校，本学期自开学以来，一切教学设施大加刷新，管理方面更见严格。到校学生非常踊跃。该校为便利西门路、马浪路、萨坡赛路一带幼稚生起见，本学期将原有幼稚园大加扩充；关于教授设备，均甚完善，并延聘专家教员。日来报名入学者，日必数起。闻现小学部各级，亦尚有余额可插云。

原载《申报》1933 年 2 月 27 日 11 版

## （七十一）培元小学添设幼稚园

（上海）法租界圣母院路圣达里培元小学，自创办以来，业已一载，训教严密，设备完善。现该校长盛恺叔，应学生家长之请，本学期添设幼稚园。现正从事布置教室、物色有经验之幼稚教师。闻该园以二十名为限，以期管理周密。

原载《申报》1933 年 8 月 7 日 16 版

## （七十二）沪南小学扩充幼稚园

本埠西门黄家关路沪南小学暨幼稚园，主席校董林康侯氏、校长茅志兰女士，鉴儿童教育之重要，下学期特扩充幼稚园，增加高级小学教室，为西门一带儿童有入学之所。闻该校本届高级小学毕业生，经市教育局会考，一概及格。

原载《申报》1933 年 8 月 17 日 18 版

## （七十三）（集美幼稚园）举行体格检查

为注意儿童健康起见，该园每学期均有体格检查之举。本学期于十月十七日开始检查疾病。中以蛀牙为最甚，其数约占 70%。其他发育则甚健全。体高方面，其最高者 3.6 英尺，最低者 2.7 英尺；体重方面，最重者 40 磅，最轻者 26 磅。计发达平均数，高为 3.2 英尺，重为 33 磅。

原载《集美周刊》第 14 卷第 5 期，1933 年 11 月 13 日

## （七十四）闽省幼稚师范参观团来沪

福建私立集美幼稚师范学校教育参观团一行二十四人，由杨寅初领导来沪。昨由黄

警顽君，陪往徐家汇参观天主堂学校，并将分别参观全沪各幼稚园，俾资借镜云。

原载《申报》1933年11月17日14版

## （七十五）广州托儿所

该所现容婴孩数百，每日供给小孩之食品如牛奶、代乳粉等，平均每孩三餐。而一切支出，全由广州市政府拨支。闻拟扩大组织。

原载《时代》第5卷第5期，1934年1月1日

## （七十六）（上海）寿如幼稚园

幼稚教育专家俞琼仙女士，主持各著名幼稚园有年。近鉴于上海法租界一带，幼稚园多与小学合并办理，单独设立者尚未多见。故于福履理路拉都路东二亩园内，创办寿如幼稚园一所，专收四岁至七岁男女儿童。学费仅收四元，如贫寒子弟，亦可减免。连日前往报名索章者，甚形踊跃。

原载《申报》1934年1月29日12版

## （七十七）儿童节皖举行幼稚竞技运动

皖教厅通令省垣各幼稚园，于“四四”儿童节日，在公共体育场举行幼稚竞技运动，借以促民众对儿童节注意与认识。省垣各幼稚园完全参加，共计数百人。教厅于是并分发《幼稚竞技特刊》，以广宣传。

原载《申报》1934年4月7日16版

## （七十八）（新会平山小学）幼稚园及特别课室建筑与设备

本校幼稚园及特别课室建筑计划，早已商订妥当；只以招工估价种种关系，至本年四月廿五日始克兴工。现工程方面，已大致妥当；只有装饰一项，尚须时日。但无论如何，必在八月底完竣；九月一日，便可如期开学。对于设备方面，亦早经着手进行，总以适合需要为主……

原载《平山月刊》第2卷第1期，1934年8月

## （七十九）（浙江大学）教育学系筹设实验学校

本大学文理学院教育学系，为从事教育上之实验起见，特计划附设一实验学校，自幼稚园以迄高中，成一体系；并拟与工、农两院及各该院中理科各系，密切联络，借以养成良好之中等学校师资。现此事业在积极进行中，于教育前途殊多裨益云。

原载《国立浙江大学校刊》第 182 期，1934 年 9 月 15 日

## （八十）京市最近教育概况·幼稚园

南京市二十二年度教育事业概况，近由京市社会局调查统计。兹参以暑假后最近京市教育情形，分别归纳、摘录概要于下：幼稚教育，市立各校附设幼稚园者十六校，男女儿童共八〔百〕八〔十〕八人；私立各校设有幼稚园者五校，男女儿童二百四十人。

原载《申报》1934 年 9 月 18 日 17 版

## （八十一）（温州）中学附小添设特约幼稚园之先声

本中学附小，年来鉴于永嘉幼稚儿童，就学有向隅之憾，曾先后三次，向教育厅呈请添设幼稚园。俱以预算不能增加，一时难于实现。兹为因利就便计，与本埠七圣殿巷儿童生活园接洽，拟以该园为特约幼稚园。业经呈请教厅核准备案，并征得该园董事会之同意，自民国二十四年起，决定实行。经费暂以不补助为原则，单以该园儿童，得直接升入本中学附小一年级修业为条件云。

原载《温州中学校刊》第 16、17 期，1934 年 11 月 15 日

## （八十二）实校幼稚园代办本校（中央大学）教职员子弟班

本校教职员，总数约在四百人以上，大都赁屋寄居学校附近。年来京市人口陡增，而京市小学校未能依照比例添设，年幼儿童颇多向隅。本校兹为补救起见，闻已订有《教职员子弟入幼稚园暂行办法》一种，由实验学校每隔一年，代办幼稚班一班。入学资格限于本大学教职员本人之子女。其入学年龄，悉照实校幼稚园原有之规定。闻实校遵照该项办法，已定于本月下旬起开始登记。凡本校教职员，均可径向实校领填登记表。倘请求登记之人数超过规定名额时，仍将由实校予以测验甄录云。

原载《国立中央大学日刊》第 1589 期，1935 年 1 月 7 日

## （八十三）（北平大学农学院）附设农村建设实验区成立幼稚园一所

本院附设农村建设实验区农民训练处，最近成立幼稚园一所，招收本院附近农村儿童，实施幼稚教育。报名者异常踊跃，计有数十名。预定四月四日儿童节举行开工典礼。邀请本院教职员及各生家长参加，并拟发行《儿童节活动专号》及《小先生活动专号》各一册。此项专号一俟编印完成，亦可向各处分送矣。

原载《农讯》第 32 期，1935 年 4 月

## （八十四）（上海大夏中学）幼稚园与幼师同时开学

中学为便利高中幼稚师范科学生参观及实习起见，决同时添设幼稚园一所。预计秋季，定可与幼稚师范科同时开学。

原载《大夏周报》第 11 卷第 17、18 期，1935 年 6 月 1 日

## （八十五）（上海）民智中小学・幼稚园概况

本幼稚园附设于小学部。现有男女生八十五人，分甲、乙两教室。因环境的需求，都是全日班。正教二、助教三、保姆一，共同教导、监护，不稍懈忽。

本园除两教室外，另辟游戏室二；陈列种种游戏器具，滑梯、跷跷板、小秋千、四人盘旋车等等。每当早晚或散课的时候，儿童们在这健身的乐园里，都玩得笑逐颜开；尤其是在阴雨天，不能到户外去的时候。

本园的校训，是"洁乐敬爱"。每周中心活动，即以此为目标。教学方法，采用设计。每天检查清洁，并注重游戏、音乐，锻炼儿童身心，陶冶儿童性情，使他们养成爱好清洁〔的习惯〕，快乐健康；更实行新生活，习礼仪、守秩序，敬师爱友、烂漫天真。

以上所述，因限于篇幅，十二分的简单，还望读者诸君，加以指正为幸。

原载《申报》1935 年 6 月 9 日 18 版

## （八十六）（上海）大夏中学附设幼稚园近况

本校附设幼稚园，业于九月十日开学。现有儿童十六人，园址在图书馆之东南；地位宽敞，光线充足，空气清鲜，环境幽雅。园内设备，堪称完善；儿童置身其间，如入乐园，愉快非常。该园主任严蔡如女士，系本校第一届幼稚师范科毕业生，服务教育界

有年。对于幼稚教育，学识、经验均甚丰富，故教管儿童，颇为得法。

原载《大夏周报》第12卷第2期，1935年9月23日

（八十七）杭州市蕙兰中学添设幼稚园

本校之添设幼稚园，曾建议于校董会。乃于去年度议决准予设立，本学期方开始招生。投考者约有四五十人；再三考查〔察〕，计合予授幼稚教育者，共二十八名。园长为葛烈腾夫人，对于幼稚园教育素有心得。主任教员系李凤林女士，毕业于景海女子师范学校幼稚科，曾任幼稚园主任、教员多年，学识、经验俱甚丰富。助理教员孙昭缇女士，毕业于杭州弘道女子中学师范科，教授得法，并能负责。每日齐集一堂，融融泄泄，一片天真，真不愧为幼稚之乐园也。

原载《中华基督教教育季刊》第11卷第3期，1935年9月

（八十八）（天津南开）幼稚园开幕

筹备多日之南开幼稚园，已于十一日七日上午十时举行开幕礼。是日到会者，有来宾及学生家长十余人；学生共有七人，均为各教授之小孩。黄子坚先生主席，开会如仪：小学生谒见师长；小学生分拿其平日在家之玩物，在此表演。摄影后，分散茶点，开幕礼即告完毕。

原载《南开校友》第1卷第2期，1935年11月15日

（八十九）（马来亚）昔加乜中正校将添办幼稚园

昔加乜中正学校本季开学后，及〔按〕所拟之新计划，分部着手进行。本季新生，增加颇众；而今前来报名者，源源不绝。……闻该校董事部为求儿童教育之发展，拟于新校舍落成后，添办幼稚园云。

原载《侨务月报》第2期，1936年2月

（九十）湖北宜昌教区创设幼稚园

（宠光社湖北宜昌通讯）湖北宜昌教区，因鉴于公教儿童须施以适当教育之必要，特筹划建筑一公教幼稚园于宜昌市中心区。新屋近已落成，四周环境及园内关系儿童教育之

设计，异常完备；且备有为自三岁至七岁幼稚儿童之教育玩具，因此颇引起该处市民之注意。该幼稚园成立不久，即行满额，尚有百余名要求报名入学者。其声誉之大，可以想见。此种造福儿童之重要工作，对于儿童影响殊巨。而未奉教之儿童家属，因儿童在公教幼稚园肄业而实行弃邪信奉真教者，机会甚多。该幼稚园系由圣方济各会修女管理云。

原载《公教学校》第2卷第8期，1936年3月11日

### （九十一）柔佛宽柔校增设幼稚园一班

（柔佛通讯）新山公立宽柔学校，本学期新选出司理黄金兴及总理陈合吉等，并从新聘许惟勤为校长；教员方面，亦略有更动。故近日到校报名上学之新生，统计男女两校共有四百多名，全校教员十三位。男女分校，均开设有幼稚班。但因本学期开课以来，当地儿童尚相继报名，超过原额桌位。故经会议，决呈请当地提学司，批准再添增一班幼稚科。此班学额亦告满，约容四十名左右，手续业已办妥。是班主任，则聘定该校校友朱侣仙女士。查朱女士自离开侨校后，读于星洲南华女师范，尤擅体育。闻该班已于九号开始正式上课云。

原载《侨务月报》第3期，1936年3月

### （九十二）集美幼稚园欢送实习生

本校师范附属幼稚园，每学期由师范派遣在学学生实习。现因该实习生预备毕业会考功课，未暇继续实习。该园导师陈金菊、陈文华，即于本第十周，以“欢送会”中心教材，并于五月九日下午二时，在该园开欢送会。全园合唱自编欢送歌，并由六岁幼稚生陈秀华、四岁幼稚生林仰仙、五岁幼稚生陈阿贞，相继登小讲台演说，呢喃清脆，态度天真，全场为之灿然。

原载《集美周刊》第19卷第11期，1936年5月11日

### （九十三）南洋大学附设幼稚园

本校教职员，住眷于校中及徐汇者日益众。幼稚儿童每苦无相当幼〔稚〕园可入。兹凌竹铭夫人为便利校中同人起见，于本年春，借校中余房，试办幼稚园。初只有幼稚生九人。暑期后增加设备，从事扩充。已聘定前中西女塾幼稚园主任李琼英女士为专任。

女士于幼稚教育极有经验，将来拟用国语，教授普通物事及动作，兼用英文问答。学额以三十人为限。除校中同人子女入学外，倘有余额酌收外生，以期普及。定于阳历八月二十日开学。开学前，可随时到本校头进洋房报名。拟有简章，函索即寄。

原载《南洋旬刊》第2卷第11期，1936年6月21日

### （九十四）芜湖广益中学幼稚园举行习惯调查

幼稚教育以养成儿童良好习惯为基础。顷见幼稚生在学校时，颇能表现其良好习惯。然一经课毕返家，常有多数学生不能保守其优良习惯。本园认为关系颇大。故特制订《第一期习惯调查表》（基本习惯十条），分函各家长，借图分别改进云。

原载《教育季刊（上海）》第12卷第2期，1936年6月

### （九十五）高桥农村改良会之乡村托儿所

高桥农村改良会为谋农村托儿之便利，特计划创设乡村托儿所。兹悉该会得中华慈幼协会之协助，经各界专家之苦心设计，已先后设立乡村托儿所三处，入所婴孩计七十人。此项乡村托儿所，拟每年于农忙时设立，每年共开办六个月。除此之外，该会复鉴于高桥镇人口稠密、工厂林立，为使女工在工作时无所顾忌起见，在高桥镇再设立托儿所一处。现房屋已觅妥，本月底即可布置就绪，下月可正式开幕（六月十日申）。

原载《国际劳工通讯》第3卷第7期，1936年7月

### （九十六）杭州鼓楼幼稚园毕业礼

杭州鼓楼幼稚园，为杭市首屈一指之幼稚园。其设备之完全、管理之合法，早已蜚声社会，有口皆碑。今年有学生三十余人，其中毕业者十一人。月之廿六日，开第三次毕业会，欢迎教友、来宾参加。是日天气晴朗，来宾踊跃，计到有家长、来宾百余人，济济一堂，颇极一时之盛。九时开会，行礼如仪，主席团长俞凝陆致开会辞。辞毕唱毕业歌。后由青年会总干事董承光先生给凭，叶运隆牧师致训词，来宾董承光先生致训词，康斐德小姐给奖，即开始学生表演。计十节，其中以麻雀、动物会议、小火车最有精采。末由叶牧师祈祷散会，已鸣钟十一下矣。（厉家祺）

原载《通问报》第1696期，1936年7月

（九十七）（沪北小学）幼稚园概要

（1）沿革。民国十四年设一学级；民国十六年设两学级。沪战后停办。民国二十四年春继续招生，同时添建教室及游息场。（2）组织。本园为沪北小学附属机关，故本园之一切重要事务，概由校长执行。校长以下，设园主任一人；园主任以下，设级任与助教。（3）编制。本园行全日制（星期六下午休息）。学级编制，依据儿童实足年龄及智力为标准。（4）课程。本园课程，分谈话、音乐、故事、歌谣、早会、清洁、静息、餐点、工作、常识、识字、识数、游戏等。

原载《沪民》第16期，1936年9月20日

（九十八）（江西鄱阳）第一区中心小学幼稚园开学

县立第一区区中心学校幼稚园，自县府委任彭心镜女士为主任后，筹备已及一月，如修理园舍、布置环境，并亲赴省垣购办各项教具及儿童恩物。几经擘划，始具规模，已于本月十六日正式开学，到幼稚生有四十余人。

原载《鄱阳教育》第3期，1936年9月

（九十九）（荷属东印度）先达华侨创办幼稚园

（先达通讯）本埠热心份〔分〕子，鉴于幼稚儿童基本教育之重要，出面组织先达幼稚园。现已得政府准许，一切手续已筹备就绪，八月间可以开学。并已租定本埠太子街新屋二间为园址。该处地方僻静，极少汽车经过；既合儿童读书，尤无意外危险。对面有空旷草场，最适合于儿童课外游戏。园内设备，甚为完善；一切用器玩具，均系依照园〔国〕内幼稚园，重新购置；并闻该园董事，以儿童来校诸多不便，不惜重资购买新车一辆，逐日接送儿童，以免危险。聘定沈季勋、陈锦、林淑美三女士，为该园教师。查以上三位，曾在本埠中华、国民任教多年，对于管理儿童颇有心得。林女士曾在厦门集美幼稚园充任教师，对幼稚教育自有相当研究云。

原载《侨务月报》第7、8期，1936年9月

（一〇〇）（马来亚）昔加末成立幼稚园

（昔加末通讯）本坡热心教育人士如叶奕堂等人，有鉴于坡中未及学龄之众，平日

不得适当教养，任其匍匐于路旁屋角，致发生种种疾病与不良习惯，故特提倡幼稚园。经多日之奔走筹备，先成立一理事会，选出七人为理事，均系坡中有名之热心家。各理事分头进行，至七月底，各项已告就绪。遂召开第一次理事会议，决议请林琳女士为园长，并发贴招生通告，订八月一日开学。查林女士为集美幼稚师范毕业生，对幼稚教育素富经验。该园得由彼主持，甚庆得人。更闻该园当局已订八日补行开学典礼；现经印发请柬，邀请各界观礼。想届时当有一番热闹。本坡从此，复多一个教育机关矣。

原载《侨务月报》第7、8期，1936年9月

## （一〇一）（岭南大学）幼稚园之改善

附小幼稚园，原日上课地点，密迩附小高级小学各教室。每当幼稚园游戏或唱歌之时，对于高小各级授课发生妨碍。本学期附小当局有见及此，特将幼稚园教室，迁至附小第一宿舍楼下。该处地方广阔，阳光、空气均甚充足。开学后，增购教具、玩物、画本甚多。周日在幼稚园教室前，更辟一娱乐场，设有摇椅、吊梯、斜板、沙箱、雀笼等。闻本学期附小幼稚园改善甚多，各生获益弗鲜云。

原载《私立岭南大学校报》第9卷第3期，1936年10月15日

## （一〇二）（天津师范）幼稚园消息

十月三十日上午八时半，北平幼稚师范学校教员张雪门、李韵竹两先生，率领毕业生十九人来园，参观教学及设备，同时并讨论关于幼稚园教育一切问题。至十一时四十分始行离园。

原载《市师周刊》第33期，1936年11月6日

## （一〇三）（上海）工部局小学幼稚园设施

工部局小学幼稚园，多分大、中、小三班。大班全日上课；中班、小班，上、下午轮流上课，可谓二部制。程度方面，小班相当于第一年之上学期，中班相当于第一年之下学期，大班相当于第二年。幼稚园课程依照部颁课程标准，大班另加读法一科。教学要目由各校幼稚园教师依据课程标准及上海环境，合作编定每天要目，预定作业纲要。教学时，教师参照要目及纲要进行。教学后，详记实施经过，以为日后修改要目及纲要的张本。

关于考查方面，现分学业、技能与习惯三大项。学业项下，又分音乐、故事、儿歌、游戏、常识、工作、读法七科；技能项下，又分自助技能与运动技能二种；习惯项下，又分个人帮〔的〕做人习惯与社会的做人习惯二种。第一年与第二年之考查标准，程度上略有不同。小班幼稚生达到第一年标准之半数，得升入中班；中班幼稚生达到第一年标准五分之四，得升入大班；大班幼稚生达到第二年标准五分之四，得升入小学一上级。考查时期，平日教师随时记载；学期终总考查一次，教师将考查记录记载成绩报告单上，报告学生家长。

原载《申报》1936年11月17日13版

## （一〇四）（中央大学）实校幼稚园代办教职员子弟班下学期续收学生二十名

实验学校前为便利本大学教职员子弟入学起见，曾于去年寒假代办教职员子弟班一班。兹闻本年寒假中，因缺额不多，不另招新生，仅于教职员子弟班续收学生二十名。一切手续仍照去年办理。入学资格以本大学教职员本人之子女，年在四岁以上、六岁以下者为限。登记日期定于一月廿六日开始，廿九日截止，三十日举行测验。至其他各班，下学期均不招收插班生云。

原载《国立中央大学日刊》第1837期，1937年1月15日

## （一〇五）集美小学幼稚园扩充班数

小学幼稚园，前学期原有园生一百零八人，分设两园。本学期虽毕业五十余人升入小学；惟入园学生，竟出原定额数。乃添设一园（共三园），于集美音乐室旧址，聘请李敏意先生担任主导。该师系本校幼师毕业，出校有年，对于儿童教育颇有兴趣云。

原载《集美周刊》第21卷第1期，1937年3月2日

## （一〇六）（天津师范）幼稚园消息

三月一日，系本园第三周年纪念日。上午九时举行庆祝会。除演讲外，有游艺多项。学生家长并赠送盆花、玩具甚多，以作纪念。

原载《市师周刊》第46期，1937年3月15日

### （一〇七）（上海）中西二小幼稚园一瞥

……当笔者到幼稚园的时候，大的小的儿童，分做两圈围坐着。每晨每个儿童应受清洁检查和温度测验各一次；十时进豆浆一杯，休息时坐在地毡〔毯〕上。那不受检验的儿童，随便翻阅图画，很有活泼、快乐的情态。在小班里，差不〔多〕都没读书。不过，让他们从各地方去找字看认。（爱德）

原载《小学教育的通讯》第6卷第3期，1937年4月

### （一〇八）上海幼师将举行幼稚园创造百年纪念

德国大教育家福禄培尔氏于一八三七年创设幼稚园于白兰庆堡，迄今适届百年。兹悉本埠胶州路槟榔路上海幼稚师范，为鼓励各界研究幼稚教育兴趣起见，定下月二十一日，在校举行大规模纪念会。现正着手筹备，推定江鸿起、陈伯吹、许茗芳等为筹备员，广事搜集福氏史料，并致函全国各著名幼稚教育家，及各著名幼稚师范，请其予以协助。闻上海中学、上海小学等，届时亦将合开成绩展览会。

原载《教育短波》第97期，1937年5月1日

### （一〇九）青岛劳工托儿所开幕（内分体育、睡眠、游戏、诊疗等室）

（青岛特约快讯）本市社会局创办之东镇劳工托儿所。经数月之设施与筹备，现已大部就绪。特于本月二十七日下午三时，举行开幕典礼。……预备托儿人数，以一百名为最大限。现在收容幼儿二十八人、乳儿二十四人，共计五十二人。尚有陆续请求入所者。

原载《新新月报》第3卷第5期，1937年5月

### （一一〇）杭市筹设培蕾幼稚园

杭市幼稚园常供不应求。兹有教育专家郑晓沧、俞子夷、孙简文，及党政领袖蒋坚忍、罗霞天、郑文礼、宋孟年等，发起筹设培蕾幼稚园于西大街中正桥五福里。已于七月二十五日在园组织董事会，聘徐云仙女士为园主任，筹备一切。业经呈请立案，闻不日即开始招生。想入学者，必甚踊跃也。

原载《浙江教育》第2卷第9期，1937年9月15日

## （一一一）（北平）永光寺幼稚园三周纪念

市立宣外永光寺中街幼稚园，十二日为该园成立三周年纪念日。特于上午举行庆祝会，教职员、学生百余人全体出席。参加学生家长尚小云、叶盛章等二百余人。由主席报告该园实施概况及教导方针后，即表演各项游艺，极为热闹。至十二时始欢散云。

原载《北京教育月刊》第 1 卷第 2 期，1938 年 10 月

## （一一二）香港岭英中学校舍扩充增设幼稚园

本校是期学生增至七百人，校舍不敷应用。幸赁得毗邻袖海堂。经粉饰修理，作小学及幼稚〔园〕课室。其他空地亭阁，尽量辟为游戏场、运动场及动植物园。

原载《教育季刊》第 15 卷第 2 期，1939 年 6 月

## （一一三）东莞筹备设立妇女分会及幼稚园、介绍所

东莞行政专员公署，近以妇女回邑者日众，非筹设妇女分会不足以导女权而开民治；且正待组设幼稚园、女界职业介绍所及产科医院等，设备在在借重女权。昨特劝导该县妇女速行设立分会，以辅新东亚建设，而维妇女界之道德云。

原载《华南公论》第 2 卷第 4 期，1940 年 3 月 1 日

## （一一四）（潮阳基督教会）幼稚园之创办

际兹米珠薪桂、百物腾贵、生活困难时期，开办学校之困难，人所共知。然古溪堂完全小学校，不但照常维持开办，而又添设幼稚园，聘请富有经验幼稚教师。开办迄今，业已三年，深得地方政治主管机关之赞誉、社会人士之同情。故不但造福幼稚，而且荣耀主名。

玉峡堂也在此经济拮据之时期，为适应地方环境之需要，也毅然于一年前聘幼稚园教师开办幼稚园，请施淑宜姑娘任名誉园长，又得该堂执事陈国仁、苏玉合、周健生诸先生之热心负责，故虽仅一年，而就学者踊跃，成绩斐然。

两英堂为新兴教会，眼见古溪、玉峡两堂会务之进展，也不甘居后，青年英俊之张仰衷、胡伟民两医师，毅然奋起，肩任执事圣职，努力倡办幼稚园。二人同心，会众协力，故两英堂幼稚园终于今年春天应时诞生矣。

原载《真光杂志》第 40 卷第 8、9 号，1941 年 9 月

## （一一五）（湖北）省立实验幼稚园建筑新舍

教厅为谋本省幼稚教育之发展起见，特于本年七月决定，筹备设幼稚园一所，园址暂设实验小学内，由徐伯申先生兼代园主任。现有幼稚生四十余名，于八月下旬即已开始活动。迩来，新园舍之设计、招标等事宜，均经办理妥善，日内即可开工建筑云。

原载《新湖北教育》第1卷第1期，1941年10月1日

## （一一六）（中正大学）本校附设国民教育实验学校幼稚园已开学

本校附设国民教育实验学校，今年在赤岗村添建幼稚园校舍一座，近已落成。四周古木参天，景色优美，堪为儿童游戏胜地。闻现定于本月十日（星期一）开学，并举行家长谈话会，请各家长莅园指导云。

原载《国立中正大学校刊》第2卷第5期，1941年11月11日

## （一一七）（北平）东四十二条幼稚园增班

本市教育局，以东四十二条幼稚园地当冲要，学龄儿童甚夥。本年招考新生名额，原定为四十名，而投考儿童竟达二百五十名之多。大都天资聪颖，极为优秀之儿童。但被名额所限，未免向隅，殊为惋惜。因特准予增加一班，分为二组，以资收容。现已经呈请市公署，奉准施行。

原载《北京市政旬刊》第109期，1941年12月14日

## （一一八）（重庆中央电工器材厂）扩展托儿所

托儿所试办以来，职工交口称便；委托保育之儿童，由一〔十〕二人增至十七八人。经添聘护士一名，专司其责。哺乳、睡眠，以及游嬉、活动，均有定时；适合卫生，乳孩均玉雪可爱，幼童亦天真活泼。家长既感方便，并得安心工作，确为职工福利事项之最著成效者。惟所址原附设于小学校内，人数增多，房屋不敷。现已另与图书室合建一幢，下月即可完成。除寝室外，并备有活动室及简单卫生设备。护士兼任老师，对于幼童，每日定时教图识字、剪纸、唱歌，俾提高儿童之兴趣，并与小学校之幼稚班相衔接。

原载《电工通讯》第16期，1942年4月

## (一一九)实验幼稚园将办示范家庭教育讲习班

顷悉，省立成都实验幼稚园，为举办儿童教育讲座及妇女班，拟具预算，签呈省府。经饬，依照部颁《家庭教育讲习班办法》，改办示范家庭教育讲习班，并补助经费一千元。该园主任陆秀，正积极筹备中。

原载《教育视导通讯》第 26 期，1942 年 7 月 1 日

## (一二〇)(西北公路局)托儿所扩组为幼稚园

本局所设托儿所，所址狭隘。因受托儿童日多，无法容纳，特于原处加建房屋数幢，并将托儿所扩大，改办幼稚园。园内分设两部：一为托儿部，受托儿童，由二岁至四岁；一为幼稚部，授学儿童，由四岁至六岁。托儿部一切均仍照旧，幼稚部业于本年八月一日，举行开学典礼，并于五月一日正式上课。

原载《西北公路》第 7 卷第 1、2 期，1945 年 10 月 16 日

## (一二一)(西昌惠康)幼稚园迁移新址

惠康幼稚园，原设中山西路区办事处内，地址窄狭。本年春迁移老统部街。该处院址较宽阔，儿童颇有活动余地。本年儿童节，全城儿童健康比赛，该园取得团体第一、个人第一。二九二团康团长，赠以“健康第一”锦旗一面，家长同孩子们，都喜得合不上口。

原载《边疆服务通讯》第 7 期，1946 年 6 月

## (一二二)(重庆)托儿所

胡怀蒨一九四六年八月五日，由沙坪坝学生服务社调回重庆市区，负责托儿所工作。该所经费支绌，最多只能容纳三十个小孩；而要求入所者太多，据云每天都要拒绝二人以上，深感“爱莫能助”。日前曾开父母座谈会，商讨经费等问题。现正拟发动父母会募集资金，以谋根本解决。该所除胡外，尚有教师二人、保育员及护士各一人。

原载《华西社工》第 5 期，1946 年 9 月 30 日

## (一二三)(岭英)幼稚园及礼堂落成

本校在敌人盘据〔踞〕期间，幼稚园及大礼堂迭遭毁坏。丁兹复校伊始，即速鸠工

建筑。现已落成，恢复旧观。

原载《岭英校报》第9卷第1期，1946年10月1日

（一二四）渝劳工托儿所

上月十九日杨书林到渝后，赓即往小龙坎土湾，接任劳协主办军政部第一纺织厂劳工托儿所。该所除杨与王端若外，尚有教师一人、保育员六人、事务兼营养员一人。夜间轮流值班。晨五时半开厂，即有孩子送来。所内共收托儿九十余名，分三组保育；哺乳组并有夜班。本月二十五日为该所周年纪念。是日曾开庆祝大会。

原载《华西社工》第6期，1946年10月31日

（一二五）上海浸会怀恩中小学暨幼稚园

（该校）创立于民国十三年，迄今已有廿二年之历史。抗战胜利后，即于去年在闸北东宝兴路原址复校，王家沙新址则作分校。三年前添设高中部，今秋已得教育局批准立案。本学期总分两校，高、初中学生二百四十八人；小学部学生四百廿人，幼稚园生七十二人，共七百四十人。教职员三十三人。

原载《浸会通讯》第2期，1946年11月1日

（一二六）省款拨助台北私立复兴幼稚园

幼稚教育，为国民基本教育，省教育处对此甚为重视，除令各县市政府就国民学校内附设幼稚班，并拟于明年度筹设一规模较宏之省立幼稚园外，并经拨款廿万元，补助台北私立复兴幼稚园充实设备。

原载《国民教育指导月刊（台北）》第1卷第4期，1946年11月30日

（一二七）（广州）培灵幼稚园近讯

培灵幼稚园过去之成绩颇著。去年秋季，凌履端姑娘由美返来，重开该园，学生一百八十五人。该园收费较别校廉。据凌姑娘云，不欲多收费，俾本教会之教友子女，亦能多来校肄业。现该园定于二月七日招考新生，十日上课云。

原载《两广浸信会联会会刊》第2卷第2期，1947年1月30日

## （一二八）沪东公社托儿所

本社托儿所，专为裨益劳工家庭而设。近由救济总署请得房屋两幢，并由唐叔明先生担任募集巨款，为搭置该项房舍及添置舍内设备之用。唐先生历年对本社托儿事业竭力维持；该项工作得有今日，实赖唐先生之臂助。

原载《校讯》第2卷第1期，1947年2月1日

## （一二九）（晋江）发动侨胞增建幼稚园舍

近县政府为发展国民之基层教育，兹订定办法，分函南洋各属，发动侨胞捐资建筑幼稚园舍。第一期在温陵、青阳、安海、石狮、东石、永宁、深沪、衙口、金井、浮桥各一所（包括游戏堂、厨房、办公厅、各间教室、寝室各二间）。捐建者得以其名号为园名或室名，并分别给奖，以留纪念。

原载《晋江国教通讯》第1卷第2期，1947年2月

## （一三〇）（杭州师范附小）拆建幼稚园

附小幼稚园房屋一幢，原建劳动路孔庙大成殿前。近已奉令迁移至陆军同袍社空基。业已招商承包，约四月中旬可望拆建完工。

原载《杭师通讯》第1期，1947年4月15日

## （一三一）惠康幼稚园近况

西昌惠康幼稚园，本季共收儿童六十名，整齐、健康、活泼。儿童节健康比赛又获得冠军，大家都夸奖办的好。教员三人，齐心努力，这是“惠康”成功的主要条件。所以有一位西昌的新闻记者参观了以后，曾有这样的一段话：“该园全部经费，每月仅三十多万元。因是教师待遇相当低（学生纳费，连糖果费在内，仅二万元）。但先生们并不因待遇低而倦勤；相反的是，个个工作都异常努力。这是因为她们是以耶稣的精神为精神，以服务社会为目的，并非以教育谋利啊！”

原载《边疆服务》第17期，1947年5月

（一三二）（粤汉铁路）设立苗圃幼稚园

本局为救济员工子女失学，所有沿线各大站，均经设立扶轮小学。兹为促进幼稚教育，又于总局所在地创办苗圃幼稚园一所。园址设在特别党部内，名额暂定六十名。凡本路员工之子女，年满四足岁〔以上〕、六足岁以下，经测验合于标准者，均可入园。已于本月五日举行测验，七日始业。

原载《粤汉半月刊》第2卷第22期，1947年11月15日

（一三三）涪陵明德幼稚园

涪陵明德幼稚园，为县中唯一无二之幼稚园。故每期到园报名学生甚多。但因该园仅教师三人，且校舍有限，取录学生不多，以致引起当地人士不满云。

原载《女会通讯》第2期，1948年5月1日

（一三四）台中宝觉寺创办幼稚园

台中市北区宝觉寺住持锦东和尚及该寺信徒代表等，热心于幼儿之保育，即于本年正月十五日，在该寺成立三元幼稚园，收容该寺附近农村幼儿四十余名。开园以来，成绩颇佳。现任董事长林锦东，园长吴醉如，保姆吴碧珠、苏月娇。

原载《台湾佛教》5月号，1948年5月1日

（一三五）中国幼稚教育社成立

中国幼稚教育社于四月三日下午三时，在上海愚园路幼师大礼堂举行成立大会，到李熙谋等百余人。

陈鹤琴主席，致开会辞。略谓：近二十年来，幼稚教育在欧美及苏联，已有长足发展。到今日为止，幼稚教育已不是专为贫苦儿童所设之慈善教育，而是基本教育中之一种。渠希望中国幼稚教育社之成立，将发展为全国性之教育事业组织。

后欧元怀、廖世承、杜佐周、李熙谋等，相继演说，并讨论有关幼教之提案。

最后选举理监事。杜佐周、陈鹤琴、袁昂、胡叔异、程其保、张文郁、余之介、陈选善、雷震清、刘干良、葛鲤庭、欧元怀、钟昭华、杨志先、谢循初等十五人，当选为

理事；程时煃、吴研因、李熙谋、董任坚、罗廷光等五人，当选为监事。

原载《儿童与社会》第 2 期，1948 年 5 月

## （一三六）（中山竹秀园）幼稚园招生报名踊跃

竹校为谋幼稚教育之改善，于去年秋间，商借郭孔和祠创办幼稚园，将原有附设校内之幼稚班旧生拨入施教。计有男女幼稚生八十余名，分设甲、乙两班上课，办理尚称良好。兹以年度开始，原有幼稚生分别升级肄业，乃发出通告，招收乙班新生三十名，凡年足四岁，不分性别，均得入学。查报名者纷至沓来，数日间，即告满额云。

原载《竹秀园月报·复兴版》第 13 期，1948 年 9 月 1 日

## （一三七）（潮州）仿德幼稚园定期开课

天主堂所创办之私立仿德幼稚园，设于本市花园路二号。现招收年龄足四岁〔以上〕、六岁以下新生五十名。纳费，每名十二金圆券。闻于九月十日上课。

原载《潮州乡讯》第 3 卷第 3 期，1948 年 9 月 16 日

## （一三八）（台湾）大林糖厂幼稚园开学

本厂员工励进会附设幼稚园，自本年三月八日开办以来，在陈主任委员及各位老师教导之下，成绩颇优。本月十二日，该园举行第二学期开学典礼，参加来宾、家长多人。

首由张主任致词，略谓："上学期共有小朋友九十余名，在短短数月中，他们身心日趋健康，优良习惯日渐养成。此皆应归功于各位老师。在暑假期间，其中三十余名已升入小学。自今以后，自不能每天再与他们欢乐的生活在一起。可是一想起他们欣欣向荣的光明的前途，又感到无限欣慰。新进的小朋友们，今天虽是哭哭啼啼，怕见生人。相信他们再过两三个星期，又一定会变成活泼可亲的小天使了……"

继由来宾及家长致辞。最后，并用茶点招待来宾。小朋友每人另得糖果一包。于十一时四十分，礼成散会。（防）

原载《台糖通讯》第 3 卷第 9 期，1948 年 9 月 21 日

## （一三九）（岭英）幼稚园增加设备

本校对于幼稚园恩物与教具之补充，年来不遗余力。本学期特托专家设计制造“希式大积木”全套，值价千元。此外，新添槌柱床三十八副，数目牌三十八副及数目字、色木珠、铁行马、三轮车、摇木马等甚夥。今后分班授课，更有措置裕如之感。至于幼稚园课室之美化与桌、箱、橱之添备，更无论矣。

原载《岭英校报》第 11 卷第 1 期，1948 年 10 月 1 日

## （一四〇）（台湾台纸厂）儿童福音：幼稚园决定兴办

公司所属各厂，皆已先后兴办子弟小学；独我厂专重生产，致无暇及此。今以厂内生产工作渐渐纳入正轨，乃经商准总经理，先行举办幼稚园，以后再谋扩充。现已聘请董蕙芬女士负责，即日起积极进行筹备事宜。地址则暂借俱乐部之一半。儿童活动场所，正在其对面。各项游具如秋千、滑梯等类，多已先后完成，月底可望招生开课云。

原载《台纸通讯》第 2 卷第 3 期，1948 年 10 月 25 日

## （一四一）（上海位育）幼稚园添级

本校幼稚园原设三学级。上学期终，位居附近素与本校幼稚园有姊妹园之称的博文幼稚园因故停办，学生大部分愿转入本校。经洽商后，即由本校添辟一教室，收录上项学生。原任博文幼稚园教师陈、袁二先生，亦由本校延聘，随班教学，以期驾轻就熟云。

原载《位育校刊》第 6 期，1949 年 3 月 15 日

## （一四二）（同济大学）同济幼稚园成立

工学院教职员同仁，因居处郊区，深感年幼子女入学不便，爰发起筹办一幼稚园。经多方努力，已告成立，定名为“同济幼稚园”。

聘胡翕君为导师，夏校长、李院长为名誉董事，吴师佑先生为董事长，张海根、韩毅两先生为董事，于上月廿三日正式成立董事会，积极筹备，由校方暂划工学院教授宿舍二间为园址，并在夏校长、工学院李院长名誉董事及各家长协助捐输之下，于四月一日正式上课。

开学前，并举行简单仪式。到夏校长、叶训导长、丁总务长及家长、来宾并入学儿

童等百余名，同学参加观礼者数百人。由吴师佑先生主席，夏校长夫人剪彩，情绪热烈。散会后，入学儿童即正式上课，鱼贯进入教室，秩序井然。

又，该园创办伊始，设备简陋，书籍、杂用，各家长担负甚重。殷望各热心同仁前往参观指导，并协助其发展云。

原载《同济校刊》复刊新第17期，1949年4月11日

### （一四三）（竹校）幼稚园台椅一新

竹校附设之幼稚园，在热心人士不断赞助下，设备时有加增。所聘导师，复能用心管训，尤得地方舆情赞许。最近因原置台椅未甚如式，曾于参观别园之时，留意观察，俾资改善。现已在取长舍短中，选定适当标准，雇匠依式建造五十套，且已全部完成矣。闻工料各费颇巨，均由热心保民与学生家长解囊乐助而来云。

原载《竹秀园月报·复兴版》第21期，1949年5月

### （一四四）首都保育事业发展

公私立托儿所达四十余处，组织管理等问题尚待解决。

北京解放以来，儿童保育事业进展迅速。据统计，全市现有公私立托儿所共四十二处，其中有十处是解放前的，有六处是从老解放区迁来的（洛杉矶托儿所、五四托儿所、通讯学校托儿所、荣臻幼稚园等），其余的多为机关进城后新创办的，如北海实验托儿所、青年团中央、财委会、交通部、供销处、铁道部、全国妇联幼稚园等。目前四十二处托儿所的儿童收容总数已达一千八百余人。

原载《人民日报》1949年11月19日

### （一四五）（竹校）增加幼稚园设备，文教捐赠铁蜗牛

竹校附设的幼稚国，园内设备时有增加，多数都是得自各地乡侨的热心捐助。自月前港侨发动捐助玩具一批后，该园的设备更见充实。现校董文教君不肯甘居人后，决意自行捐助自动铁蜗牛一具，俾供儿童们课余乘坐。听说这种玩具，约值港币五拾〔十〕元，经托瑞安君在港购就，且已付寄回保，转交幼稚园云。

原载《竹秀园月报·复兴版》第27期，1949年12月

（一四六）自流井培德幼稚园报告

本期于国历九月一日开始报名，十二日正式行课，共有学生四十四名。与往期人数比较，相差得远。其原因为，歧私人有放不下责任的要事累着，延至九月十一日才抵井；时间过晚，影响学生人数减少，甚为抱歉！人数虽然减少，侥幸所收入学费等，足够支付本期教师及工友们薪资。（甘鸣歧）

原载《女会通讯》第 3 期，1949 年 12 月 25 日

（一四七）庆祝六一国际儿童节，筹委会决定七项活动计划

六一国际儿童节快到了。首都市民主妇女联合会、青年团市工委会及市文教局等二十余机关团体响应中华全国六一国际儿童节筹委会的号召，于十三日在市民主妇联正式成立“首都庆祝六一国际儿童节筹委会”。准备组织分散的广泛的各种活动，使首都的孩子们能在欢乐中度过自己的节日；并通过儿童节活动，启发儿童的国际主义与爱国主义思想。筹委会决定活动计划如下：（1）以小学、幼稚园、托儿所、区为单位举行庆祝会（不超过二小时），约请首长、劳动英雄和作家与儿童见面；（2）举行一个全市代表性的庆祝会，和在京的国际小朋友联欢；（3）洽请有关机关于六一前后优待儿童看电影、游公园、买玩具和图书，乘坐电车、公共汽车等；（4）有重点地进行儿童健康检查；（5）举行母亲会；（6）请各界有名望人士在保卫儿童权利的呼吁书上签名；（7）号召儿童自愿地给苏联、人民民主专政国家及殖民地国家小朋友写信。

原载《人民日报》1950 年 5 月 15 日

**图书在版编目（CIP）数据**

中国学前教育史料集成．卷四，幼稚园论集．上册 / 喻本伐总主编；喻本伐，李先军本卷主编．— 北京：人民教育出版社，2022.8

ISBN 978-7-107-36857-8

Ⅰ．①中…　Ⅱ．①喻…　②李…　Ⅲ．①学前教育—教育史—史料—中国　Ⅳ．①G619.29

中国版本图书馆 CIP 数据核字（2022）第 131792 号

中国学前教育史料集成　卷四　幼稚园论集　上册

ZHONGGUO XUEQIAN JIAOYU SHILIAO JICHENG　JUANSI

YOUZHIYUAN LUNJI　SHANGCE

丛书责编　刘雅琴　焦　艳

本书责编　秦光兰

书籍设计　张志奇

---

出版发行　人民教育出版社

（北京市海淀区中关村南大街17号院1号楼　邮编：100081）

网　　址　http://www.pep.com.cn

经　　销　全国新华书店

印　　刷　北京华联印刷有限公司印装

版　　次　2022年8月第1版

印　　次　2022年11月第1次印刷

开　　本　787毫米×1 092毫米　1/16

印　　张　45.75

插　　页　4

字　　数　783 千字

定　　价　180.00 元

---